CONFESSIONES

고백록

KB192446

● **독자 여러분들께 알립니다!**
'**CH북스**'는 기존 '**크리스천다이제스트**'의 영문명 앞 2글자와
도서를 의미하는 '**북스**'를 결합한 출판사의 새로운 이름입니다.

세계기독교고전 8

고백록

1판 1쇄 발행 2016년 9월 5일
1판 10쇄 발행 2025년 2월 11일

지은이 성 아우구스티누스
옮긴이 박문재
발행인 박명곤   **CEO** 박지성   **CFO** 김영은
기획편집1팀 채대광, 이승미, 이정미, 김윤아, 백환희, 이상지
기획편집2팀 박일귀, 이은빈, 강민형, 이지은, 박고은
디자인팀 구경표, 유채민, 윤신혜, 임지선
마케팅팀 임우열, 김은지, 전상미, 이호, 최고은

펴낸곳 CH북스
출판등록 제406-1999-000038호
전화 070-4917-2074 **팩스** 0303-3444-2136
주소 서울시 강서구 마곡중앙6로 40, 장흥빌딩 10층
홈페이지 www.hdjisung.com **이메일** support@hdjisung.com
제작처 영신사

© CH북스 2016

세계
기독교
고전

8

CONFESSIONES

고백록

아우구스티누스 | 박문재 옮김

CH북스
크리스천
다이제스트

세계 기독교 고전 전집을 발행하면서

한국에 기독교가 전해진 지 벌써 100년이 넘었습니다. 그동안 수많은 기독교 서적들이 간행되어 한국의 교회와 성도들에게 많은 공헌을 해 왔습니다. 그러나 기독교 역사 100년을 넘어선 우리의 교회와 성도들에게 더 큰 영적 성숙과 진정한 신앙을 심어주기 위해서는 가치있는 기독교 서적들이 많이 나와야 한다고 생각합니다. 그리하여 영혼의 양식이 될 수 있는 훌륭한 기독교 서적들이 모든 성도들의 가정뿐만 아니라 믿지 아니하는 가정에도 흘러 넘쳐야만 합니다.

믿는 성도들은 신앙의 성장과 영적 유익을 위해서 끊임없이 좋은 신앙 서적들을 읽고 명상해야 하며, 친구와 이웃 사람들의 구원을 위하여 신앙 서적 선물하기를 즐기고 읽도록 권해야 할 것입니다. 이것은 하나님의 백성으로서 살기 원하는 사람은 누구나 마땅히 해야 할 의무라고도 하겠습니다.

존 웨슬리는 "성도들이 책을 읽지 않는다면 은총의 사업은 한 세대도 못 가서 사라져 버릴 것이다. 책을 읽는 그리스도인만이 진리를 아는 그리스도인이다"라고 말했습니다. 우리는 이제 한국에서 최초로 세계의 기독교 고전들을 총망라하여 한국의 교회와 성도들에게 소개하고자 합니다. 전세계의 기독교 고전은 모든 기독교인들에게 영원한 보물이며, 신앙의 성숙과 영혼의 구원을 위하여 이보다 더 귀한 것은 없을 것입니다.

이러한 취지로 어언 2천여 년의 세월이 지나는 동안 세계 각국에서 저술

된 가장 뛰어난 신앙의 글과 영속적 가치가 있는 위대한 신앙의 글만을 모아서 세계 기독교 고전 전집으로 편찬하고자 합니다.

우리는 이 세계 기독교 고전 전집을 알차고, 품위있게 제작하여 오늘날 한국의 교회와 성도들에게 제공하고 후손들에게도 물려줄 기획을 하고 있습니다. 우리는 다시 한번 다니엘 웹스터가 한 말을 깊이 생각해 보아야 할 것입니다.

"만약 신앙 서적들이 우리 나라 대중들에게 광범위하게 유포되지 않고, 사람들이 신앙적으로 되지 않는다면, 우리나라가 어떤 나라가 될지 걱정스럽다 … 만약 진리가 확산되지 않는다면, 오류가 지배할 것이요, 하나님과 그의 말씀이 전파되고 인정받지 못한다면, 마귀와 그의 궤계가 우세할 것이요, 복음의 서적들이 모든 집에 들어가지 못한다면, 타락하고 음란한 서적들이 거기에 있을 것이요, 우리나라에서 복음의 능력이 나타나지 못한다면, 혼란과 무질서와 부패와 어둠이 끝없이 지배할 것이다."

독자들의 성원과 지도 편달을 바라마지 않습니다.

CH북스
발행인 박명곤

목차

고백록 해제 | 버논 J. 버르크 ──────────────── 10

아우구스티누스 생애와 작품 연보 ──────────── 19

제1권 유소년기 : 첫 십오 년간의 이야기 ──────── 25
아우구스티누스는 신비스러운 은혜의 순례였던 자신의 삶에 대한 기억을 더듬어서 하
나님의 변함없으시고 전능하신 은혜를 찬송하기 위하여, 모든 것을 감찰하시는 하나님
의 임재 앞에서 자신의 기억의 심연을 천착해 들어가는 일에 착수하는데, 여기에서는
길게 이어지는 기도의 형식과 분위기 가운데서 자신의 유소년기를 회상하며 고백한다.

제2권 청년기 : 배나무 아래에서 ──────────── 59
아우구스티누스는 청년기로 접어들면서 정욕과 혈기가 왕성해져서 방종한 삶을 살게
되었다는 것을 먼저 고백한 후에, 고향인 타가스테에서 가까운 도시였던 마다우라에서
공부하다가 잠시 학업을 중단하고 고향에 돌아와서 불량배들과 어울려 다니며 단지 착
하게 사는 것에 대한 반감으로 악행들을 저지른 것에 대하여 말하면서, 사람이 범죄하
는 이유는 만족을 얻기 위한 것이라고 해석한다.

제3권 카르타고에서의 학창 시절과 마니교 ──────── 77
아우구스티누스는 카르타고에서 수사학 학교를 다니며 웅변술을 배우는 가운데, 키케
로의 저서인『호르텐시우스』를 읽고 철학을 접하게 되면서, 진리를 추구하고자 하는 열
망에 불타올라 하나님을 비롯한 여러 주제들에 대하여 더 깊은 사고를 하게 되고, 성경
을 직접 읽어 보고자 하지만 그 내용을 도무지 알 수가 없고 그 문제도 형편없고 보잘
것없는 것에 실망하여 포기하고서는, 하나님과 만물에 대한 참된 진리라고 주장하는
마니교 이단에 빠져들게 된다.

제4권 마니교도 시절 ·· 103

아우구스티누스는 고향인 타가스테에서 한 여자와 동거하면서 수사학을 가르치고 시가 경연대회에 나가 우승하는 등 돈과 명예를 추구하였고, 마니교에 몸담고서 점성술에도 빠져든다. 하지만 고향에서 사귄 절친한 친구가 죽자 깊은 슬픔에 빠져서 실의에 찬 나날들을 보내다가, 다시 고향을 떠나 카르타고로 가서 새로운 친구들과 어울리면서 슬픔에서 벗어나기는 하지만, 또 다른 장래의 슬픔을 잉태하는 삶을 살아간다.

제5권 마니교와 그리스도교 ·· 135

아우구스티누스는 카르타고를 방문한 마니교의 감독 파우스투스를 만나서 그에게서 자신의 문제들을 해결받을 수 없다는 것을 확인하고서 마니교의 가르침으로부터 멀어지게 된다. 카르타고에서 수사학을 가르치면서 학생들의 행태에 실망해서 로마로 가지만 도착하자마자 열병에 걸려 죽을 뻔하고, 로마의 학생들도 별 다를 것이 없다는 것을 알게 되면서, 로마 총독이 공모한 수사학 교수직에 지원하여 밀라노로 간다.

제6권 스물아홉 살의 밀라노 시절 ·· 164

어머니가 밀라노로 오고, 아우구스티누스는 그리스도교회의 예비신자로 교회에 나가지만, 자신의 개인적인 문제들을 놓고 암브로시우스와 상담하는 시간을 갖지는 못한다. 카르타고 시절부터 함께 했던 알리피우스와 지혜 탐구를 위해 밀라노로 올라온 네브리디우스가 그와 합류해서 함께 지혜의 길을 모색하지만 뾰족한 길을 찾지 못한 채 고민만 깊어 가고, 번잡한 세상을 떠나 공동체 생활을 계획하지만 허무하게 무산되고 만다.

제7권 신플라톤주의와 그리스도교 ·· 197

아우구스티누스는 하나님은 해를 입으실 수도 없으시고 타락하실 수도 없으신 분이라는 확신 속에서 하나님과 악에 대한 마니교의 가르침이 잘못되었음을 알게 되어 거기에서 벗어나게 되지만, 여전히 물질주의적인 사고에 사로잡혀서 하나님에 대하여 제대로 이해하지 못하고, 악의 기원이라는 문제로 깊은 고민에 빠진다. 그런 가운데 여러 경로를 통해서 점성술이 거짓임을 알게 된다.

제8권 무화과나무 아래에서의 회심 232
아우구스티누스는 암브로시우스의 영적인 아버지였던 심플리키아누스를 찾아가서 로마의 유명한 웅변가이자 철학자였던 빅토리누스의 회심에 관한 일화를 전해 듣고서 깊은 감명을 받지만, 여전히 정욕과 세상일이라는 쇠사슬에 매여 있는 자기 자신의 모습을 확인한다.

제9권 세례와 새 출발, 그리고 어머니의 죽음 266
아우구스티누스는 회심 후에 수사학 교수직을 사임하기로 결심하고, 친구인 베레쿤두스가 소유하고 있던 카시키아쿰의 별장으로 거주지를 옮겨서, 거기에서 성경을 읽고 묵상하며 책들을 저술하는 일을 하며 세례를 준비해서, 자신의 아들인 아데오다투스와 알리피우스와 함께 암브로시우스의 밀라노 교회에서 세례를 받는다.

제10권 기억과 욕망 302
아우구스티누스는 자신이 회심할 때까지의 삶을 회상하면서 자전적으로 고백하는 것을 다 마치고, 지금부터는 그러한 삶의 여정 속에서 중요하게 대두되었던 주제들을 분석해 나가기 시작한다. 그는 먼저 그러한 지난날의 삶과 현재의 삶의 모습을 고백하는 것이 어떤 의미를 지니고 어떤 유익을 가져다주는지에 대해 고찰한 후에, "기억"에 대한 깊은 성찰을 행함으로써, 감각이나 지식 등과 같은 우리 자신의 힘으로는 하나님을 만날 수 없고, 오직 하나님의 은혜로만 하나님을 알게 된다는 것을 보여 준다.

제11권 영원 속에 계시는 창조주와 시간 안에서의 창조 370
아우구스티누스는 과거에 대한 기억과 자신의 현재의 상태에 대하여 말한 후에, 자기가 영원하신 하나님 앞에 고백하는 목적은 자신과 사람들의 마음을 고무시켜서 하나님을 더 사랑하게 하기 위한 것임을 밝힌다. 그는 영원하신 하나님이 시간 안에서 천지를 창조하신 것의 신비를 물으면서, 하나님은 그 어떤 물질이나 시간 속에서의 어떤 음성이 아니라 영원하신 "말씀"으로 천지를 창조하신 것이며, 이 "말씀"은 만유의 "처음"이신 그리스도라고 고백한다.

제12권 창조의 신비(1) : 창세기 1:1-2에 대한 문자적 해석 411

아우구스티누스는 앞에서 "창조"와 관련해서 시간과 영원의 문제를 다룬 후에, 이제 여기에서는 창조의 신비를 본격적으로 다루어 나가기 위하여 창세기 1:1-2에 대한 자신의 해석을 제시한다.

제13권 창조의 신비(2) : 창세기 1장에 대한 은유적 해석 453

아우구스티누스는 창세기 1장에 대한 해석에 들어가면서, 자신을 비롯한 만유가 오직 하나님의 전적인 선하심으로 말미암아 존재하게 된 것이라고 선언한다. 앞에서, 그는 창조 자체의 과정에 대하여 말하면서, 하나님이 무에서 천지를 창조하셨다는 것은 절대적인 무에서 무형의 질료를 만드시고 그 후에 만유를 창조하셨다는 것임을 밝혔는데, 이제는 창세기 1:1-2에서 삼위일체를 발견한 것에 대하여 말한 후에, 각 절의 은유적인 의미를 설명해 나간다.

아우구스티누스의 『고백록』 | 이석우 505
고백록 해설 | 김명혁 512

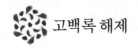

고백록 해제

버논 J. 버르크(Vernon J. Bourke)

어느 시대이든지 인류의 역사와 문화에 크게 영향을 주는 위대한 인물은 있기 마련이다. 그들은 그 당시 인류의 사상과 행동과 삶과 죽음에까지 인격적인 감동과 영향을 미친다. 20세기에 등장한 이같은 위대한 인물로 간디와 슈바이처를 생각할 수 있다. 그러나 그와같은 명예와 감화력이 과연 얼마동안 지속될런지는 아무도 모른다. 그렇지만 1,500년이 훨씬 지난 지금도 우리에게 잊혀지지 않는 사람이 있다.

북아프리카 작은 마을의 가톨릭 주교였던 그는 그가 생존했던 그 당시에 위대한 영적 감화력을 끼쳤을 뿐만 아니라 오늘에 이르기까지 모든 그리스도교 문화와 서구 문명에 불을 지른 도화선이었다. 이 사람은 바로 히포의 성(聖) 아우구스티누스(Saint Augustine of Hippo)이다. 이미 우리에게 고전적 자서전으로 알려져 있는 「고백록」(The Confessions)을 통하여 그는 젊은 시절의 감동적인 이야기를 들려 준다.

서론을 통하여 전반적인 그의 일상사를 논하고 싶지는 않다. 그러나 시대적인 배경과 상황적 배경을 살펴 본다면 독자들이 아우구스티누스를 더욱 구체적으로 이해하는데 도움을 주리라고 생각한다. 히포에서 주교로서 사역을 시작하면서 바로 아우구스티누스는 고백록을 집필하였다(A. D. 397~401).

따라서 그후 30년 동안의 그의 사역을 간단히 고찰해 보도록 한다. 그가 죽고 난 이후에도 그의 고백록은 오늘날까지 여전히 읽혀지는 불후의 명저이므로, 그의 인격과 사상이 중세와 현대 사회에 미치는 영향력도 아울러 분석해 보기로 한다.

물론 고백록은 단순한 자서전 이상의 의미를 지닌다. 이는 하나님의 은혜와 선하심에 대한 웅장한 찬양송이다. 아우구스티누스가 고백하고자 하는 것은 단순히 그의 죄악뿐만은 아니며 위대하신 하나님의 섭리와 은총에 대한 찬양인 것이다.

그는 다른 작품들과 마찬가지로 이 작품을, 성서를 통해 얻은 영감으로 기록하였다. "하나님이여, 주의 백성으로 하여금 당신께 고백하게 하시고, 모든 백성으로 하여금 주님을 찬양하게 하소서"(시 67:5 영역본 참조).

아우구스티누스는 본문을 다음과 같이 주석한다. "이 찬양의 송가는 인간의 죄에 대한 고백일 뿐만 아니라 하나님의 능력에 대한 고백이다. 우리의 범죄와 불의를 고백하며 하나님의 은총에 의지하기를 고백한다. 우리의 죄인됨을 고백함으로 하나님께 영광을 돌리려는 것이다." 따라서 본문에 기록된 "고백"(confession)의 의미는 아마도 오늘날 우리가 사용하는 "신앙 고백"(profession of faith)이란 의미와 유사한 것이다.

그의 서사시적 주제 전개와 이 작품 구조의 근간을 이루는 사상의 배경은 시간에 관한 개념으로, 그는 이에 관해 제11권에서 상술하고 있다. 우리는 현재에서만 살고 생각할 수 있다. 과거란 지나간 시제이며 미래는 아직 실현되지 못한 시제이다. 그러나 현재 시제로부터 우리는 경험된 과거를 기억(memoria)할 수 있고, 현재 진행중인 경험을 인지(contuitus)할 수 있으며, 따라서 미래를 예견(exspectatio)할 수도 있게 된다(이같은 전문 용어에 관하여는 제12권 15장을 참조하라). 아우구스티누스에게 있어서 시간의 개념은 형이하학적이며 물리학적 개념이라기보다는 의식의 심리학적 연장(psychological extension of consciousness)으로 이해된다. 따라서 우리의 모든 심리적인 경험이나 지각 현상은 기억 능력으로 수용되므로 과거 상황을 기억할 수 있을 뿐만 아니라 현재나 미래까지도 기억할 수 있게 된다.

따라서 고백록은 세 가지 부분으로 구분되어 역동적인 구조를 지니게 된다. 제1권부터 9권까지는 아우구스티누스의 과거에 대한 기억과 회상으로서 인간의 죄와 그를 도우시는 하나님의 은총과 관용에 관한 내용이다. 제10권은 두 번째 부분으로 아우구스티누스의 영적 현재 상태를 묘사해 주고 있다. 그가 고백록을 기록할 당시의 주교로서 양심에 대한 문제를 술회하고 있다. 마지막으로 제3부는 11권부터 13권까지로 하나님의 창조 계획과 목적으로 비추어 볼 때, 인생의 궁극적 의미에 관해 미래지향적으로 기록하고 있다. 따라서 마지막 부분은 실제적으로 창세기 서론에 관한 명상이다.

이 책을 처음 읽는 대부분의 독자들은 제1부분의 솔직한 표현과 고백에 즉각적으로 흥미를 느끼게 되며, 제2부분의 친숙한 개인적인 명상과 회고에 몰입하게 되고, 제3부분의 장대한 사상과 통찰에 감명을 받게 된다. 결국 이 책의 각 부분들은 각기 독특한 개성을 지니며 동시에 전반적으로 일치된 조화를 유지하고 있다. 단편적으로는 아우구스티누스의 개인적인 인생담에 얽힌 시련과 승리에 대한 이야기이지만, 전체적으로는 하나님의 피조물로서 그리스도인이 걸어가야 할 삶의 여정이라는 교훈을 준다.

아우구스티누스는 아프리카 북쪽 해안에 위치한 항구 도시 히포(Hippo)로부터 내륙쪽으로 50마일(80km) 정도 떨어진 곳에 자리잡은 작은 마을 타가스테(Tagaste)에서 서기 354년 11월 13일 태어났다. 당시 타가스테는 로마의 통치령 누미디아 지방에 속하였다. 그는 북아프리카의 산악지대에 사는 종족이었던 베르베르족 원주민의 아들이었다. 그의 부모인 어머니 모니카와 아버지 파트리키우스는 집과 작은 토지를 소유했으나 그리 넉넉한 편은 아니었다.

모니카(Monica)는 신앙열에 불붙은 그리스도인이었으나 파트리키우스(Patricius)는 이교도로서 370년에 죽기 바로 전에 그리스도교로 개종했다. 아우구스티누스에게는 두 동생이 있었는데 남동생 나비기우스와 여동생 페르페투아이다. 그러나 아우구스티누스는 한 번도 여동생의 이름을 언급한 적이 없다. 타가스테에서 초급교육 과정을 마친 그는 10살 때에 마을에서 조금 떨어진 마다우라 지방으로 문법과 고전문학을 배우기 위하여 유학했다. 대략 370년 경에 아우구스티누스는 고향으로 돌아와 1년을 하는 일 없이 허송세월했다. 고백록 제1권의 마지막 부분과 제2권의 초기 부분은 이 당시 그가 지었던 젊은 시절의 죄에 관하여 서술하고 있다.

타가스테의 부자 로마니아누스는 아우구스티누스가 카르타고에 가서 고등학문인 수사학을 배울 수 있도록 경제적인 도움을 주었다. 이는 370년 가을의 일이었다. 학문적으로 뛰어난 아우구스티누스는 곧 교사가 되어 타가스테에 문법학교를 세웠고(373-374), 카르타고에서는 383년까지 수사학을 가르쳤다.

가톨릭의 전통 안에서 성인으로 인정받는 어머니 모니카는 그녀의 훌륭한 신앙을 아우구스티누스에게 계승시키기 위하여 여러 가지 중요한 교훈을 그에게 가르쳤다. 그러나 아들에게 유아세례를 베풀게 하지는 않았다. 따라서 아우구스티누스는 명목상 그리스도교인이었을 뿐이었고, 중생을 체험한 가톨릭 교회의 교인은 아니었다. 카르타고에서 그는 이따금 교회를 방문하기도 했으나, 진실된 예배를 드리기 위하여서는 아니었다.

수년동안 그는 어느 소녀와 동거해 오던 중 372년에는 아데오다투스(Adeodatus)라는 아들까지 낳았다. 그 다음 해에 아우구스티누스는 마니교에 입교했고 이후 대략 9년 동안 충실한 마니교 신도가 되었다. 카르타고는 국제적인 항구 도시로서 지중해 연안 각처로부터 많은 사람들이 몰려 왔다. 많은 이단 종교들이 이곳에 그들의 교두보를 구축했다.

「고백록」(Confessions)과 「하나님의 도성」(City of God)에서 아우구스티누스는 그가 카르타고에서 이따금 목격한 이교도들의 음란한 예식에 관하여 이야기한다. 마니교는 두 종류의 위대한 신을 숭배한다. 하나는 빛과 선의 근원이요, 다른 하나는 어둠과 악의 지배자이다. 이같은 이원론은 선과 악의 세력 간의 영원한 투쟁설과 "처음 사람"(이따금 기독론에도 혼용하여 사용된다)에 관한 일련의 환상적인 신화에 기인한다.

그리스도의 이름에 존경을 표하는 마니교도들이지만 그러나 그 기원은 동방종교 페르시아 조로아스터교에 두고 있다. 모든 신앙과 신조를 이성으로 설명할 수 있고 또한 증명될 수 있다는 마니교의 교리는 아우구스티누스로 하여금 깊은 관심과 매력을 느끼게 하였다. 그는 철학에 관한 정규 과정을 교육받은 일도 없었으나, 독학으로 키케로의 「호르텐시우스」를 읽고 난 후 철학적 지혜에 관하여 깊은 애정과 열정을 지니게 되었다.

학문적인 열정에 불탔던 20대의 아우구스티누스는 유명한 마니교 감독 파우스투스를 만나 그로부터 마니교 교리에 관한 철학적 설명을 듣고 싶은 마음으로 가득 찼다. 드디어 파우스투스가 카르타고를 방문했다(383년, 제5권 참조). 그는 달변가였으나 학문적인 능력이나 깊이가 없음을 발견하게 되었다. 아우구스티누스의 질문을 파우스투스는 답변할 수 없었을 뿐만 아니라 오히려 아이러니컬하게도 마니교 감독 파우스투스는 아우구스티누스의 제자가 되어 그에게 배우게 되었다. 이후로부터 아우구스티누스는 마니교로부터 실망과 환멸을 느끼게 되었다.

카르타고에서 가르치는 것에 깊은 만족을 느끼지 못한 아우구스티누스는 로마

제국의 심장부인 로마로 가서 좀 더 우수한 학생들과 더불어 학문을 논하며 수사학의 대가로서 성공하려는 열망을 품게 되었다. 이때 남편을 잃고 홀로 된 모니카는 아들과 함께 로마로 가기를 소원했으나, 아들은 어머니의 눈을 피해 드디어 383년 가을에 배를 타고 로마로 출발하였다.

로마에 도착한 그는 아마도 오스티아 항구 주변의 불결하고 습기찬 소택지에서 기거한 것으로 추정되며 이때 그는 병을 앓게 되었다. 한 친절한 마니교도가 그를 집으로 데려다가 간호하여 건강을 되찾아 주었다. 마음에 안정을 찾지 못한 아우구스티누스는 로마에서도 수사학 교사로서 괄목할 만한 성공을 거두지 못했다.

그 당시 아우구스티누스는 마니교도와 완전히 최후의 결별을 선언하게 되었고 일시적으로 회의주의에 빠지게 되었다. 384년 말에 밀라노 시에서 수사학 교사를 공채한다는 소식을 듣고 로마 시장 심마쿠스 앞에서 시험을 치른 후 합격함으로 그후 다사다난한 2년(384-386)을 밀라노에서 보냈다. 아우구스티누스가 그리스도교로 개종하는데 결정적인 도움을 준 사람들을 만나게 된 곳도 바로 이곳 밀라노에서였다.

수사학 교사로서 크게 성공하여 경제적인 안정을 누리게 된 아우구스티누스는 밀라노에 저택을 마련하여 북아프리카로부터 십여 명의 친척들과 친구들을 초청하여 함께 살았다. 모니카는 나비기우스와 함께 왔고, 아데오다투스와 그의 어머니도 함께 왔다. 시골에 있던 두 사촌들인 루스티쿠스와 라스티디아누스도 이사 왔다. 로마니아누스는 그의 아들 네브리디우스를 학생으로 데려 왔다. 에보디우스와 알리피우스(후에 아프리카의 유명한 주교들이 된다)도 함께 왔다.

아우구스티누스는 밀라노에서 많은 친구들과 교제를 나눴다. 그 당시 밀라노 시민들의 삶과 문화에 커다란 영향력을 미쳤던 지도자는 가톨릭 주교였던 유명한 성 암브로시우스였다. 아우구스티누스는 그를 만나 몇 번 그의 설교를 들었으나 아직은 그리스도교의 복음을 영접할 만한 마음의 준비는 되어 있지 않았다. 그러던 중 나이 많은 사제 심플리키아누스와 만나 더욱 절친한 친구의 교제를 나누게 되었고 누구보다도 개인적으로 더욱 많은 감화를 받게 되었다.

최근의 학문적 연구 자료(쿠르셀르, 오메라 등)에 의하면 밀라노는 이 당시 신플라톤 철학파의 전성기를 맞았던 터이라 아우구스티누스 역시 지적으로 신플라톤주의 철학자들의 영향을 받았음을 시사해 준다. 어떻게 아우구스티누스는 유물론 사상의 한계점을 이해하며 초극하게 되었고, 세상에 속한 육적 쾌락을 버리고 하나님의 사랑에 헌신할 수 있게 되었는가?

이 엄청난 아우구스티누스의 회심의 단계는 제5권으로부터 제8권에 이르기까지 상술되어 있다. 386년 여름 어느날, 성경을 "들고 읽으라(take up and read)"고 들려진 찬양의 음성은 참으로 오랜 세월에 걸친 긴 방황의 끝을 알려 주는 클라이막스였다.

386년 가을, 아우구스티누스는 그의 수사학 교사직도 포기한 채 가톨릭 교회로부터 세례를 받기 위해 준비하기 시작했다. 그는 시골집(카시키아쿰)에서 친척과 친구들과 함께 조용한 세월을 보내며, 주로 철학과 종교에 관해 토론했고, 이를 기초로 대화체 형태의 초기 작품들을 집필하였다.

387년 부활절 전 토요일 오후, 성 암브로시우스는 아데오다투스 및 알리피우스와 함께 아우구스티누스에게 세례를 베풀었다. 아우구스티누스와 모니카는 고향 아프리카로 돌아가던 중 로마에 잠시 머물렀다. 387년 늦은 봄날 어머니 모니카의 충격적인 죽음에 관한 기사는 제9권에 기록되어 있다. 1946년 고고학자들이 항구 도시 오스티아에서 발굴한 묘비 석판들은, 성 모니카를 로마에서 장사지냈다는 역사성을 확증해 주었다. 이같은 사건으로 고백록에 기록된 아우구스티누스의 전기는 끝을 맺는다.

고백록을 제외한 여타의 작품들(이들 중 하나님의 도성과 그의 설교 및 편지들은 유명하다)과 그의 제자 포시디우스가 집필한 연대기와 자서전들은 그후의 아우구스티누스의 일생에 관하여 상술하고 있다. 아데오다투스, 알리피우스, 에보디우스와 함께 아우구스티누스는 카르타고를 거쳐 타가스테로 돌아왔다. 그는 그곳에다 일종의 평신도 수도원을 세웠다. 391년 여행 도중에 그는 히포(현재는 알제리의 본느)에서 사제의 서품을 받았다. 따라서 성직자로서 그의 활동적인 생애가 시작되었다. 4년 후 그는 히포의 부주교가 되었고, 396년에는 히포의 주교가 되었다.

그후 그는 대부분의 시간을 히포 교구를 위한 사역에 헌신하면서도 카르타고에서 열리는 정기 연례회의에도 거의 빠지지 아니하였으며, 많은 이단사설을 반박하는 신학적 논쟁에 관한 여러 가지 책을 저술하였다. 그는 여행을 많이 하였다. 어디를 가든지 그는 전도하였다. 성직자로서 그의 명성과 인격은 온 그리스도 교계에 알려지게 되었다.

5세기에 들어서자 최초 10년 동안 아우구스티누스는 마니교 교리와 도나투스주의 비판에 관한 강연과 저술을 자주하게 되었다. 도나투스주의란 북아프리카에서 일어난 민족교회 분리론자들의 운동을 말한다. 이같은 교회분리론자들의 세력이 5세기 초엽에는 아주 많았고 거셌다. 아우구스티누스는 411년 교회분리론자들과 가톨릭 주교단의 연합회의를 주도하였고 그의 탁월한 능력으로 말미암아 실제적으로 교회분리운동은 끝이 나게 되었다.

그후에도 그는 종교 분쟁에 참가하여 얻은 경험으로 여러 권의 책을 저술하였다. 하나님의 은총론을 중심으로 한「펠라기우스주의 반박론」과 성 삼위일체론을 중심으로 한「아리우스주의 반박론」과 신흥세력으로 부각되던 이교주의자들에 대한 논박인「신이교주의 반박론」등이 있다.

대부분 아우구스티누스의 중요한 논문들은 5세기 초엽 25년 동안에 거의 집필되었다. 이미 우리가 주지하고 있는 바로 고백록은 400년 경에 기록되었다. 400년에서 416년 사이에 그는 15권으로 기록된「삼위일체론」(On the Trinity)을 저술하였다. 이는 삼위일체 교리에 관한 중요한 교부적 논문으로 오랫동안 인정받아 온 작품이다. 거의 같은 시기(401–416)에 그의 가장 주요한 성서적 작품이 집필되었으니 곧「창세기에 관한 문자적 주석」(Literal Commentary on Genesis)이다.

로마제국 내에서 그리스도교 박해세력이 점차 강화되던 때인 413년경 아우구스티누스는 그들에 맞서 그리스도교를 변증하기 위하여 그 유명한「하나님의 도성」(City of God)을 집필하기 시작해서 426년에 22권의 작품을 완성할 수 있었다. 아우구스티누스의 많은 편지와 설교들은 조심스럽게 보관되었고, 그로부터 우리는 그의 생애와 사상에 관한 귀중한 정보들을 제공받는다. 아우구스티누스는 죽기 4년 전 많은 그의 작품들을 연대기적인 순서로 편집하였다. 많은 작품에 대한 요약인 그의「재고록」(Retractations: 426년)은 그가 직접 저술한 1,000권이 넘는 작품들에 대한 기록 연대 및 출처를 결정하는데 결정적인 근거를 제공해 준다.

물론 그는 평생동안 많은 개인적인 명성을 얻었지만 그의 일생은 결코 순탄한 것만은 아니었다. 423년 그는 동료 주교 안토니누스와의 불화로 인하여 어려움을 겪고 그의 주교직에서 물러날 것을 표명한 적도 있었다. 3년 후 그는 사제 야누아리우스 문제로 더욱 큰 고통을 받게 되었다. 아우구스티누스가 청빈의 생활을 한 것처럼 야누아리우스도 청빈의 생활을 하는 줄 알았으나 그가 죽고 난 후 그가 치부한 사실이 드러나게 된 것이다.

같은 해인 426년 밀레비스의 세베루스 주교가 세상을 떠나자 그의 후계자 문제로 인한 암투와 갈등이 심각하게 재연되었다. 노령의 몸에도 불구하고 아우구스티누스는 밀레비스로 달려가서 분쟁을 해결해 주었다. 이로 인해 그의 인격은 그리스도교계에 두루 알려지게 되었고 그가 내린 결단은 의심의 여지 없이 받아들여지게 되었다. 히포로 돌아오면서 아우구스티누스는 자신이 시무하고 있는 히포 교구의 주교직을 계승할 후계자로 사제 헤라클리우스를 지명했다.

한편 거대한 로마제국은 정치적이며 군사적인 사건들로 인하여 뿌리까지 흔들리고 있었다. 제국 내부의 부패와 방탕 그리고 분열로 인하여 로마는 외부 침략세력의 먹이가 되었다. 카이사르의 백성들은 더 이상 자신들의 생명과 체제를 지켜낼 수가 없었다. 410년 알라릭과 고트족은 로마 도성을 약탈했다. 그후 이 북방 야만족들은 스페인을 침략하여 북아프리카에 이르기까지 노략과 약탈을 계속하였다.

당시 세상의 종말이 다가왔다는 소문이 파다했다. 오늘날과 마찬가지로 그 당시에도 많은 사람들은 이교적 이념과 사상을 지닌 정복자의 압제 밑에서 살아야 할지 아니면 차라리 죽음의 길을 택해야 할런지 염려하며 망설였다. 세상의 종말이 언제인지 궁금한 백성들은 아우구스티누스에게 편지를 보냈다. 그는 편지를 통하여 그들에게 확신을 주었다(편지들 : Letters 197-199, A. D. 418-419). "이 세상의 최후 재앙의 날 즉 심판날은 아무도 모른다. 그러나 그리스도인들은 항상 자신의 죽음을 준비해야 한다."

429년 아프리카에 주둔한 로마의 지도자들은 반달족들과 휴전을 협상했으나 실패로 끝났다. 보니파체 백작의 군대는 전쟁에서 패전했고, 그는 히포로 피난하였다. 드디어 반달족은 430년 5월 히포를 포위하여 공격해 왔다. 이 폭동의 와중에서 노주교는 병들어 있었다. 그는 430년 8월 28일 운명했다.

한 위대한 그리스도교 성자의 생생한 감동적 느낌 없이 우리는 결코 고백록을 읽을 수 없다. 레베카 웨스트, 지오바니, 파피니, 루이스 버츄란드 등의 유명한 현대 문학가들이 이 거룩한 주교의 전기들을 기록했을 뿐만 아니라, 인격적이고 신앙적인 면에서 그에게 많은 감명을 받았다. 아우구스티누스가 자신의 사상과 감정을 자성적으로 분석한 업적은 후기 그리스도교 심리학의 초석을 이루는데 많은 공헌을 했다. 중세기의 신학자들과 철학자들은 아우구스티누스 사상과 지혜에 영향을 받았음을 인정한다. 특별히 캔터베리의 안셀무스, 보나벤투라, 토마스 아퀴나스와 둔스 스코투스는 아우구스티누스 사상에 심취한 이들이다. 그는 르네상스의 여러 사상가들에게도 영향을 미쳤으니 쿠사의 니콜라스와 에라스무스도 역시 이에 속한다.

아우구스티누스가 주장했던 "이성을 추구하는 믿음"은 그리스도교 지성주의의 표어가 되었다. 20세기의 많은 개신교와 가톨릭 신학자들도 아우구스티누스를 진정한 그리스도교 해석자로 인정한다. 현대 철학의 주류 중에서 키에르케고르가 주창한 유신론적 실존주의 역시 그 뿌리는 아우구스티누스의 사상에서 출발한다. 실제적인 현실 영역 속에서도 아우구스티누스의 사회 및 정치 사상은 역사에 다양한 영향을 주었다. 샤를마뉴 대제가 신국을 자신이 통치하는 신성로마제국으로 해석한 것은 의심할 여지 없이 오류적 해석이었다. 그러나 이같은 오류적 해석도 중요한 결과들을 초래했다. 신국론을 읽은 몇몇 독자들은 아우구스티누스의 사상에 입각해야만이 오늘날 세계 평화를 이룩할 수 있다고 생각하기 때문이다.

아우구스티누스는 서구 수도원 제도의 아버지라고 알려져 있다. 중세기 수도원들은 수세기 동안 학문과 고전 문화의 수용소였을 뿐만 아니라 학문적인 특수성도 계승하여 왔다. 따라서 아우구스티누스의 관심이 수도원 내의 수도생활에만 제한되지는 않았다. 결혼과 가정생활에 관한 아우구스티누스의 견해는 훌륭하여, 이러한 주제에 관한 한 최근의 교황 교서에도 자주 인용되어 왔다.

현대는 신생 아프리카의 시대이다. 이 거대한 대륙에 살고 있는 사람들이 서구 문화에 동화되어 세계의 문화국민권에 동참할 수 있는 능력을 소유하고 있느냐에 대해 많은 논란이 일고 있다. 종족차별주의 작가들은, 검은 피부를 가진 사람들은 다른 종족들에 비해 열등하다고 선언했다. 그러나 한 아프리카 원주민인 히포의 아우구스티누스에 의하여 많은 문명의 씨앗들이 유럽에 심어졌다는 사실에서 큰 교훈을 얻어야 할 것이다.

아우구스티누스 생애와 작품 연보

354년 11월 13일 아우구스티누스는 북아프리카 스미디아의 타가스테에서 출생. 부친은 파트리키우스, 모친은 모니카.

361년 타가스테의 초등학교에 입학 (7세)

367년 마다우라로 가 수사학을 배우기 시작함. (13세)

369년 집안 형편으로 공부를 중단하고 타가스테로 돌아옴. (15세)

370년 부친 별세. 로마니아누스의 도움으로 카르타고에 유학. 한 여자와 동거생활 시작. (16세)

372년 아들 아데오다투스 출생. 이 무렵 마니교에 입교. (18세)

373년 키케로의 「호르텐시우스」를 읽고 지혜에 대한 사랑에 눈뜸. (19세)

374년 학업을 끝내고 타가스테로 돌아와 문법학을 가르침. 동거하는 여자와 종교 문제 때문에 어머니와 불화의 관계. 아리스토텔레스의 「범주론」을 독학으로 이해. 암브로시우스가 34세로 밀라노의 주교가 됨. (20세)

376년 카르타고에서 수사학을 가르치기 시작. 마니교에 열중. (22세)

380년 「미와 적합론」(On the Beautiful and the Fitting) 저술—처녀작. (26세)

381년 콘스탄티노플 공의회가 열려 그리스도의 신성교리가 확립됨. (27세)

383년 이 해까지 카르타고에서 가르침, 마니교에 대한 의혹이 깊어짐. 마니교의 감독 파우스투스와 대화하고 실망함. 어머니의 반대에도 로마로 가 중병에 걸림. 진리 발견의 가능성에 절망하고 회의론에 동감함. (29세)

384년 밀라노의 수사학 교수로 임명되어 밀라노로 감. 암브로시우스를 방문하고 그리스도교를 다시 보게 됨. (30세)

385년 봄에 모니카가 옴. 아데오다투스의 모(母)와 헤어짐. 어머니 뜻에 맞는 소녀와 약혼. 태후 유스티나와 그 일파의 밀라노교회 박해사건 일어남. (31세)

386년 신플라톤파의 책을 읽고 영적 세계에 눈뜸. 암브로시우스의 설교를 듣고, 사도 바울의 서신을 읽으며 그 의미를 이해하기 시작. 심플리키아누스를 방문하여 빅토리누스가 회심한 이야기를 들음. 폰티키아누스의 방문을 받고 그의 이야기를 계기로 회심. 밀라노의 근교 카시키아쿰에 있는 베레쿤두스의 별장으로 옮겨 세례받을 준비함. 「아카데미파 반박」, 「복된 삶에 대하여」, 「질서론」, 「독백」(Soliloquies) 저술. (32세)

387년 부활절에 아데오다투스, 알리피우스와 함께 암브로시우스에게 세례받음, 귀국을 결심하고 오스티아에서 배를 기다리는 사이 모니카 별세. 귀국을 이듬해로 연기하고 로마에 체재. 「영혼불멸론」, 「영혼의 위대성에 대하여」 저술. 「음악론」 집필 시작. (33세)

388년 「자유의지론」, 「창세기에 관한 마니교 반박」, 「가톨릭 교회의 관습과 마니교도의 관습」을 쓰기 시작. 이것은 이후 15년간 지속되는 마니교 논쟁의 발단이 됨. 귀국하여 타가스테에서 친구들과 수도원과 같은 생활을 시작함. (34세)

389년 아들과의 대화 「교사론」 저술. (35세)

390년 아들 아데오다투스 죽음. 「참 종교론」 저술. (36세)

391년 히포(Hipp)의 주교가 됨. 「시편 강해」 집필 시작 (37세)

392년 「신앙의 효용성에 대하여」, 「두 영혼에 대하여」 저술. (38세)

393년 히포의 교회회의에서 「신앙과 신조에 대하여」를 강연. 미완성의 「창세기 주석」 저술. (39세)

394년 「산상수훈」, 「로마서 84명제 강해」 저술. 알리피우스가 타가스테의 주교가 됨. (40세)

395년 「갈라디아서 강해」, 「로마서 강해」(미완성) 저술. (41세)

396년 「그리스도교인의 투쟁에 대하여」, 「그리스도교 교양」 저술. (42세)

397년 암브로시우스 사망. 심플리키아누스가 밀라노 주교가 됨. 「고백록」 집필 시작. 「마니교도 파우스투스 논박」 집필 시작. (43세)

399년 「선의 본성론」 저술. 「삼위일체론」 저술 시작(419년 완성). (45세)

400년 「고백록」 완성. 「입문자 교리문답」, 「복음서의 조화」, 「보이지 않는 것을 믿음에 대하여」, 「세례에 대하여」 저술. (46세)

401년 「수도사의 사역에 대하여」, 「결혼의 선에 대하여」, 「거룩한 동정녀에 대하여」 저술. 「펠라기우스 작품 논박」, 「창세기 축자 주석」 집필 시작. (47세)

405년 「펠라기우스 작품 논박」 완성. (51세)

406년 히에로니무스(제롬)의 라틴어 성서번역 완성 (52세)

407년 「요한일서 강해」(416년 완성), 「요한복음 강해」(417년 완성) 집필 시작. (53세)

408년 「금식의 효용성에 대하여」 집필 시작. (54세)

410년 「도시의 파괴에 대하여」 저술. (56세)

411년 「죄의 보응과 용서에 대하여」(412년 완성). (57세)

412년 「영과 문자에 대하여」, 「자제론」 저술. (58세)

413년 「믿음과 행위론」 시작(427년 완성). (59세)

414년 「창세기 축자 주석」 완성. 「과부직의 선에 대하여」(60세)

415년 「자연과 은총론」, 「인간의 의의 완성론」(416년 완성). (61세)

417년 펠라기우스 이단 선고 받음. 「견인론」(63세)

418년 「그리스도의 은총과 원죄론」(64세)

419년 「결혼과 정욕에 대하여」(421년 완성), 「영혼과 그 기원론」(421년 완성) (65세)

420년 「거짓을 반박함」, 「펠라기우스 두 편지 반박」(66세)

421년 「율리아누스 반박」, 「신앙지침서」(The Enchiridion, 423년 완성) (67세)

422년 「둘키티우스의 8가지 질문에 대하여」 집필. (68세)

426년 「은총과 자유의지론」(427년 완성), 「징계와 은총론」(427년 완성), 「재고록」(427년 완성) (72세)

428년 「이단에 대하여」, 「성도의 예정에 대하여」(429년 완성), 「견인의 은사에 대하여」(429년 완성) (74세)

429년 「유대인에 대한 답변」(430년 완성) (75세)

430년 히포시가 반달족에 포위당한 가운데 8월 28일 사망. (76세)

고백록

CONFESSIONES

제1권
유소년기 : 첫 십오 년간의 이야기

아우구스티누스는 신비스러운 은혜의 순례였던 자신의 삶에 대한 기억을 더듬어서 하나님의 변함없으시고 전능하신 은혜를 찬송하기 위하여, 모든 것을 감찰하시는 하나님의 임재 앞에서 자신의 기억의 심연을 천착해 들어가는 일에 착수하는데, 여기에서는 길게 이어지는 기도의 형식과 분위기 가운데서 자신의 유소년기를 회상하며 고백한다.

먼저, 그는 오랜 세월 자신을 괴롭혔던 하나님의 존재 문제에 대해서 언급하고 하나님의 능력을 찬송하면서, 자기가 하나님 안에서 죄 사함을 받고 안식할 수 있게 해 주시기를 기도한다. 다음으로, 사람들이 자기에 대하여 해 준 말들과 자기가 유아들을 직접 관찰한 것을 토대로 자신의 유아기에 대하여 말한 후에, 소년기에 접어들어서 말을 배운 과정과 공부를 싫어하고 놀기를 좋아했던 학교 생활, 체벌과 허황된 신화를 가르치는 것의 문제점에 대해서 얘기하지만, 강제로 공부한 것이 나중에 유익이 되었다는 말도 덧붙이고, 아울러 한 번은 병에 걸려 거의 죽을 뻔해서 세례를 받으려고 했던 일도 소개한다.

마지막으로, 자신이 소년기에 저질렀던 죄악들을 고백하고, 자기로 하여금 유소년기만을 살게 하셨다고 할지라도 하나님께 감사한다는 말로 끝을 맺는다.

제1장

위대하신 주님을 찬양함

1. 주님이여,[1] 주님은 위대하시오니 크게 찬양을 받으시는 것이 마땅합니다(시 145:3). 주님의 능력은 크시고, 주님의 지혜는 무궁합니다(시 147:5). 그래서 인간은 주님이 지으신 피조물 중에서 단지 한 부분에 지나지 않는 그런 존재인데도, 주님을 찬양하기를 원합니다. 인간은 자신이 죄를 지었음을 보여 주는 증거이자 주님은 교만한 자를 대적하신다는 것을 보여 주는 증거인 죽을 수밖에 없는 숙명을 자신의 몸에 지니고 있습니다. 그럼에도 불구하고, 주님이 지으신 피조물 중에서 단지 한 부분에 지나지 않는 자가 주님을 찬양하기를 원합니다.

게다가, 주님은 우리를 일깨우셔서 주님을 찬양하는 것을 즐거워하게 만드십니다. 왜냐하면, 주님은 우리를 지으실 때에 주님을 바라보며 살아가도록 지으신 까닭에, 우리의 마음은 주님 안에서 안식할 때까지는 쉴 수가 없기 때문입니다.

주님이여, 주님의 이름을 부르는 것과 주님을 찬양하는 것 중에서 어느 쪽이 먼저이고, 주님을 아는 것과 주님의 이름을 부르는 것 중에서 어느 쪽이 먼저인지를 나로 하여금 알게 하시고 깨닫게 하여 주십시오. 주님을 알지 못하는데, 어떻게 주님의 이름을 부를 수 있겠습니까? 주님을 알지 못하는 자는 주님의 이름을 부른다고 하여도, 주님이 아닌 다른 존재를 부르는 것이 될 것이기 때문입니다. 아니면, 주님을 알기 위해서 먼저 주님의 이름을 불러야 하는 것입니까? 하지만 주님을 믿지 않는 자들이 어떻게 주님의 이름을 부를 수 있겠으며, 복음을 듣지도 않은 자들이 어떻게 주님을 믿을 수 있겠습니까(롬 10:14)? 주님을 찾는 자들은 결국 주님을 찬양하게 될 것입니다(시 22:26). 왜냐하면, 주님을 찾는 자들은 반드시 주님을 만나게 될 것이고(마 7:7), 주님을 만난 자들은 주님을 찬양하게 될 것이기 때문입니다.

주님이여, 나는 주님의 이름을 부르며 주님을 찾고자 하고, 주님을 믿고서 주

---

1) 『고백록』은 아우구스티누스가 하나님께 고백하고 찬양하는 내용을 기록한 책이기 때문에, 이 책 전체에 걸쳐서 "주님"은 하나님을 부르는 이름이고, 특별한 경우에만 그리스도를 "주님"으로 지칭한다.

님의 이름을 부르고자 합니다. 왜냐하면, 나는 주님의 복음을 이미 들었기 때문입니다. 주님이여, 주님이 사람으로 이 땅 오신 하나님의 아들과 주님이 사용하신 전도자를 통해 역사하셔서[2] 내게 주신 믿음 안에서 나는 주님의 이름을 부릅니다.

제2장
주님은 내 안에 계시고, 나는 주님 안에 있음

2. 나의 하나님이시고 나의 주님이신 내 하나님의 이름을 내가 어떻게 부를 수 있겠습니까? 내가 주님의 이름을 부른다는 것은 주님께 내 안으로 들어오시라고 청하는 것이 아니겠습니까? 그런데 내 하나님이 내게로 오셔서 좌정하실 수 있는 자리가 어떻게 내 안에 있을 수 있겠습니까? 천지를 창조하신 하나님이 어떻게 내 안으로 들어오실 수 있으시겠습니까? 주 나의 하나님이여, 주님을 담을 수 있는 공간이 어떻게 내 안에 있겠습니까? 주님이 창조하신 천지조차도 주님을 담을 수 없는데, 하물며 천지의 한 부분에 지나지 않는 내가 어떻게 주님을 담을 수 있겠습니까?[3]

아니면, 존재하는 모든 것은 주님 없이는 존재할 수 없기 때문에, 존재하는 것들은 무엇이든지 주님을 담고 있는 것입니까? 그것이 사실이라면, 주님이 내 안에 계시지 않는다면, 나는 존재할 수 없을 것입니다. 하지만 실제로 내가 지금 이렇게 존재하고 있는 것은 주님이 이미 내 안에 계신다는 것이기 때문에, 주님께 내 안으로 들어오시라고 청할 이유가 없는 것이 아니겠습니까? 나는 아직 지옥에 있지 않지만, 주님은 거기에도 계십니다. 왜냐하면, 주님은 "내가 하늘에 올라갈지라도 거기 계시며 스올에 내 자리를 펼지라도 거기 계시기"(시 139:8) 때문입니다. 그러므로 나의 하나님이여, 모든 것이 주님에게서 나오고, 주님으로 말미암으며,

---

2) 여기에서 전도자는 밀라노의 주교 암브로시우스(주후 339-397년)를 가리키는 것으로 보인다.
3) 회심하기 이전의 아우구스티누스에게는 그의 물질주의적인 사고로 인해서 하나님이 어디에 어떻게 존재하시는가 하는 것이 풀리지 않는 큰 문제였는데, 나중에 하나님은 물질적인 존재가 아니라 영적인 실체라는 것을 이해하게 됨으로써 이 문제는 해결된다.

주님 안에 있기 때문에, 만일 내가 주님 안에 있지 않다면, 나는 존재할 수 없고, 아예 처음부터 존재할 수조차 없습니다.

주님이여, 과연 그러하고, 참으로 그러합니다. 내가 이미 주님 안에 있는데, 주님께 어디로 오시라고 청하고, 어디로부터 오셔서 내 안으로 들어오시라고 청할 수 있겠습니까? 주님께서는 "나는 천지에 충만하지 아니하냐"(렘 23:24)고 이미 말씀하셨는데, 내가 천지 너머의 그 어디로 가서, 나의 하나님을 내게로 모셔올 수 있겠습니까?

제3장
주님은 어디에나 계셔서 만유를 채우고 계심

3. 그렇다면, 주님이 천지를 채우고 계신다는 것은 천지가 주님을 담고 있다는 것입니까? 아니면, 천지가 주님을 담을 수 없기 때문에, 주님이 천지를 채우고 계시고, 그것도 모자라서 넘쳐흐르고 계시는 것입니까? 만약 그런 것이라면, 주님께서는 천지를 채우시고 나서 남는 것을 어디에 쏟아 부으시는 것입니까? 아니면, 주님은 모든 것을 자신 안에 담는 방식으로 만유를 채우고 계시는 것이기 때문에, 모든 것을 담고 계시는 주님을 담을 그 어떤 것은 전혀 필요하지 않는 것입니까?

주님이 채우고 계시는 그릇들이 깨진다고 할지라도, 주님은 쏟아지지 않으시기 때문에, 그 그릇들은 주님을 붙잡아 두지 못합니다. 주님이 우리 위에 자신을 부어 주시는 때에도, 주님은 자신을 소모시키시는 것이 아니라 단지 우리를 들어 올리시는 것이고, 자신을 흩으시는 것이 아니라 우리를 한데 모으시는 것입니다.[4]

그런데 모든 것을 채우고 계시는 주님께서는 자신의 존재 전체로써 그것들을 채우고 계시는 것입니까? 아니면, 모든 것이 다 합쳐서도 주님을 온전히 담을 수

---

4) 여기에서는 흩어져서 살아가야 했던 '디아스포라' 이스라엘이 종말의 때에 하나로 모이게 되기를 간절히 염원한 것이 직접적인 배경이 된 것으로 보이는데, 이것은 많은 시편들에 표현되어 있다. 하지만 "다자"가 "일자"로 회귀한다는 신플라톤주의자들의 철학과 신적인 존재가 수많은 단편들로 흩어져 있다는 마니교의 교리도 작용하였을 가능성이 있다.

없기 때문에, 모든 것은 주님의 일부를 담고 있을 뿐이고, 각각의 것들은 주님의 그 동일한 일부를 동시에 담고 있는 것입니까? 아니면, 각각의 것들은 주님의 서로 다른 부분들을 담고 있어서, 큰 것들은 주님의 더 많은 부분을 담고 있고, 작은 것들은 주님의 더 작은 부분을 담고 있는 것입니까? 그렇다면, 주님의 어떤 부분은 더 크고, 어떤 부분은 더 작은 것입니까? 아니면, 그 어떤 것도 주님 전체를 담을 수 없기 때문에, 주님은 어디에나 전체로 존재하시는 것입니까?

제4장
주님은 지극히 엄위하시고, 그 능력은 헤아릴 수 없음

4. 그러므로 나는 이렇게 반문합니다: "나의 하나님이 주 하나님이 아니시면, 도대체 누구이시겠습니까? 주님 외에 누가 주이시겠습니까? 우리 하나님 외에 누가 하나님이시겠습니까"(시 18:31)?

주님은 지극히 높으시고, 지극히 선하시며, 지극히 능력이 많으시고, 전능하시며, 지극히 자비로우시면서도 지극히 의로우시고, 지극히 은밀히 계시면서도 가장 가까이에 계시며, 지극히 아름다우시면서도 지극히 강하시고, 늘 동일하신데도 측량할 수 없으시며, 스스로는 변하지 않으시면서도 모든 것을 변화시키시고, 새롭게 되지도 않으시고 낡아지지도 않으시면서도 모든 것을 새롭게 하시지만, 교만한 자들을 그들이 알지 못하는 사이에 낡아지게 하시고, 늘 일하시면서도 늘 안식하시며, 거두기는 하시지만 부족함은 없으시고, 붙들어 주시고 채워 주시고 보호해 주시며, 창조하시고 성장시키시고 완성하시며, 아무것도 부족함이 없으시지만 구하시는 분이십니다.

주님은 사랑하시지만 정욕으로 하지 않으시고, 질투하시지만 괴로워하지 않으시며, 후회하시지만 슬퍼하지 않으시고, 화를 내시지만 평정심을 잃지 않으시며, 방법들을 바꾸시지만 원래의 계획은 바꾸지 않으시고, 찾아서 다시 돌려받기는 하시지만 결코 잃어버리지는 않으시며, 얻으시면 기뻐하시지만 그 어떤 것도 결핍된 것은 없으시고, 탐욕은 없으시지만 분깃을 요구하시는 분이십니다.

사람들은 마땅히 드려야 할 것보다 더 많은 것을 주님께 드림으로써 주님을 빚진 자로 만들고자 하지만, 사람들이 갖고 있는 것들 중에서 이미 주님의 것이 아닌 것이 도대체 있기나 한 것입니까? 주님께서는 사람들에게 빚진 것이 전혀 없으시지만, 마치 그들에게 빚을 지신 것처럼 갚아 주십니다. 또한, 주님께서는 사람들의 빚을 탕감해 주시지만, 그렇게 하심으로써 잃으시는 것은 아무것도 없습니다.

나의 생명이시고 나의 거룩한 기쁨이 되시는 나의 하나님이여, 대체 내가 지금 무슨 말을 한 것입니까? 인간이 주님에 대해서 무슨 말을 할 수 있겠습니까? 하지만 그럼에도 불구하고, 주님에 대해서 침묵한다면, 그들에게는 화가 있을 것입니다. 왜냐하면, 우리가 주님에 대하여 아무리 많은 말을 한다고 해도,[5] 그것은 주님에 대해서 거의 아무 말도 하지 않은 것과 같기 때문입니다.

제5장
주님 안에서의 안식과 죄 사하심을 구함

5. 누가 나로 하여금 주님 안에서 안식하게 해 줄 수 있겠습니까? 누가 주님을 내 마음속으로 오시게 하여, 내 마음을 사로잡으시고, 내 죄를 지워 없애시게 하며, 나로 하여금 나의 유일한 선이신 주님을 끌어안게 해 줄 수 있겠습니까? 주님은 내게 어떤 분이십니까? 나를 불쌍히 여기셔서, 나로 하여금 알게 하시고 말할 수 있게 해 주십시오. 내가 주님께 어떤 존재이기에, 주님께서는 내게 주님을 사랑하라고 명하시고, 내가 주님을 사랑하지 않으면 노하셔서 큰 화가 있을 것이라고 경고하시는 것입니까? 그렇다면, 주님을 사랑하지 않는 것은 작은 화라는 말씀입니까? 내게는 절대로 그렇지가 않습니다.

주 나의 하나님이여, 내게 자비를 베푸셔서, 주님이 내게 어떤 분이신지를 말씀해 주십시오. "내 영혼에게 나는 네 구원이라 이르소서"(시 35:3). 그렇게 말씀하

---

5) 이것은 마니교도들을 염두에 둔 것으로 보인다. V.7.12에는 그들이 아주 말이 많은 자들이었다는 언급이 나온다.

셔서, 나로 하여금 듣게 해 주십시오. 주님이여, 보십시오. 내 마음의 귀가 주님 앞에 있사오니, 그 귀를 여시고서, "나는 네 구원이라"고 내 영혼에게 말씀해 주십시오. 나는 재빨리 그 음성을 좇아가서, 주님을 붙들겠습니다. 주님의 얼굴을 내게서 숨기지 마십시오. 설령 내가 죽는 한이 있어도, 나는 살기 위해서 주님의 얼굴을 꼭 뵈어야 하겠습니다.

6. 내 영혼의 집은 주님이 들어 오시기에는 너무 좁사오니 넓혀 주시고, 폐허로 변해 황폐해져 있사오니 회복시켜 주십시오. 또한, 거기에는 주님의 눈에 거슬릴 것이 뻔한 것들이 많이 있다는 것을 나는 알고 있고, 또한 고백합니다. 하지만 주님이 아니시면, 누가 그것을 깨끗이 치워 주겠습니까? 또한 주님이여, 내가 주님 외에 누구에게 "나를 숨은 허물에서 벗어나게" 하시고, "주의 종에게 고의로 죄를 짓지 말게 하소서"라고 부르짖겠습니까(시 19:12–13)? 내가 이렇게 말하는 것은 주님을 믿기 때문입니다(시 116:10).

주님이여, "내가 이르기를 내 허물을" 내 하나님 "여호와께 자복하리라 하고 주께 내 죄를 아뢰고 내 죄악을 숨기지 아니하였더니 곧 주께서 내 죄악을 사하셨다"는 것을 주님은 아십니다(시 32:5). 나는 진리 자체이신 주님과 논쟁하며 다투고자 하는 것도 아니고(욥 9:2), 내가 내 자신을 속여서 내 죄악이 내 자신에게 거짓말을 하게 만드는 것도 원하지 않습니다. 그러므로 나는 주님과 논쟁하며 다투지 않습니다. "여호와여 주께서 죄악을 지켜보실진대 주여 누가 서리이까"(시 130:3).[6]

제6장
유아기를 생각하며, 주님의 보호하심과 영원하신 섭리를 찬송함

7. 나는 티끌과 재일 뿐일지라도, 나로 하여금 주님의 자비하심 앞에서 말을 할

---

6) 여기까지 제1권의 처음 다섯 장은 하나님을 찬양하는 가운데 『고백록』의 핵심 주제들을 소개하는 서론으로서의 역할을 한다.

수 있게 허락해 주십시오. 나는 나를 비웃을 것이 뻔한 사람들을 향해서가 아니라,[7] 주님의 자비하심 앞에서 말하는 것이기 때문에, 나로 하여금 말을 할 수 있게 허락해 주십시오. 물론, 주님께서도 아마 나를 비웃으시겠지만, 그럼에도 불구하고 나를 불쌍히 여기시고 내게로 돌아서셔서 내 말을 들어 주실 것입니다.

주님이여, 내가 말씀드리고자 하는 것은, 내가 어디로부터 와서 "죽음을 향해 나아가는 삶," 아니 "생명을 향해 나아가는 죽음" 속으로 던져지게 된 것인지를 모르겠다는 것입니다.[8] 나는 그것을 알지 못합니다. 하지만 나는 기억하지 못할지라도, 내 육신의 부모로부터 들은 바에 의하면, 주님께서 내 육신의 부모 안에서 나를 조성하신 바로 그 때부터, 주님의 자비하심으로 말미암은 위로들이 나를 붙드셨다고 합니다.

나는 여인의 젖으로 말미암은 위로를 통해서 양육되었지만, 그것은 나의 어머니나 유모들이 나를 위해서 스스로의 힘으로 그들 자신의 유방에 젖을 가득 채워서 나로 하여금 먹게 한 것이 아니었고, 오직 주님께서 자신의 풍성한 것들을 끊임없이 만물에 나누어 주시기 위하여 정하신 규례를 따라서 나의 유아기의 양식을 내게 주신 것이었습니다.

또한, 나로 하여금 주님이 내게 주신 것 이상의 것을 원하지 않게 하신 것도 주님이셨고, 나를 양육한 사람들에게 주님이 그들에게 주신 것들을 내게 주고자 하는 마음을 품을 수 있게 하신 것도 주님이셨습니다. 즉, 그들은 주님께서 그들 속에 불어넣어 주신 사랑을 따라서 주님으로부터 받은 풍성한 것들을 기꺼이 내게 주고자 한 것이었습니다.[9] 왜냐하면, 사실은 내가 그들로부터 복을 받아서 누리게 된 것은 그들에게도 복이었기 때문입니다. 아니, 정확히 말하자면, 이것은 그들로부터 내게 주어진 복이 아니라, 주님께서 그들을 통해서 내게 주신 복이었습니다.

하나님이여, 물론 모든 복은 주님으로부터 오고, 나의 건강과 형통함과 구원도

---

7) 아우구스티누스는 "비웃는 것"에 특히 민감한 반응을 보인다. 그는 자기가 이전에 남들을 비웃는 자였다고 말하고(III.10.18; IV.4.8), 다른 사람들의 불행을 기뻐하고 "비웃는" 것은 배은망덕한 악행으로 여긴다(III.8.16).
8) 그는 인간 영혼의 기원이라는 문제를 일생 동안 해결하지 못하였다.
9) 인간의 사랑이 하나님의 사랑으로부터 나왔고 하나님의 사랑을 닮은 것이라고 말하는 것은 매우 아우구스티누스적인 사고이다.

모두 다 내 하나님으로부터 옵니다. 이것은 나중에 내가 주님께서 나와 내 주변의 모든 사람들에게 그 모든 것들을 베풀어 주시는 것을 똑똑히 보고서 알게 된 것이고, 유아기 때의 나는 단지 젖을 빨고, 편안하면 잘 놀고, 육신이 불편하면 우는 것만 알았을 뿐이고, 그 이상의 것은 아무것도 알지 못하였습니다.

8. 그 후에 나는 웃기 시작했습니다. 처음에는 자는 동안에 웃었고, 나중에는 깨어 있을 때에도 웃었습니다.[10] 이것도 누가 나에 대하여 그렇게 말해 주어서 알게 된 것일 뿐이고, 내게는 그런 기억이 없습니다. 하지만 나는 다른 아기들에게서 그 동일한 일들을 보고서는 그 말을 믿게 되었습니다.

나는 차츰 내가 어디에 있는지를 조금씩 알게 되었고, 나의 원하는 것들을 충족시켜 줄 수 있을 것이라고 생각된 사람들에게 내가 무엇을 원하는지를 말하고 싶었지만, 실제로는 그렇게 할 수 없었습니다.[11] 왜냐하면, 내가 무엇을 원하는지에 관한 생각은 내 안에 있었던 반면에, 그들은 나의 밖에 있었고, 그들의 지각으로는 내 심령을 꿰뚫어볼 수 없었기 때문입니다. 그래서 나는 팔다리를 이리저리 휘젓고 이런저런 소리들을 내어서, 비록 내가 보내고자 한 신호들과는 거리가 먼 것이었지만, 어쨌든 내 능력으로 표현해낼 수 있는 한도에서, 내가 원하는 것이 무엇인지를 전하기 위한 신호들을 보냈습니다. 그런 후에, 내가 보낸 신호들을 이해하지 못해서였든지, 아니면 내가 원한 것이 내게 해로운 것이라고 생각해서였든지, 어른들이 내가 원한 것을 들어 주지 않을 때에는, 어른들은 나의 종이 되어서 나를 섬길 의무가 있는데도 불구하고, 나를 섬기지도 않고 내게 복종하지도 않는 것에 대하여 분노해서, 큰 소리로 시끄럽게 우는 것으로 그들에게 복수하였습니다. 나는 나중에 유아들의 행동을 유심히 관찰하고 나서야, 일반적으로 유아들이 그렇게 행한다는 것을 알게 되었습니다. 그 유아들은 전혀 눈치 채지 못하였겠지만, 나는 그들 덕분에 나도 유아기에 그들처럼 그렇게 하였으리라는 것을 나를 길러 준 유모들보다도 더 잘 알게 되었습니다.

---

10) 이것은 베르길리우스의 Eclogues IV.60을 간접적으로 인용한 것으로 보인다. 일반적으로 고대 지혜에서는 인간만이 유일하게 "웃을 수 있는 동물"(animal cachinnabile)이라고 생각하였다.
11) "유아"를 가리키는 라틴어 '인판스'(infans)는 "말을 할 수 없는 자"라는 의미이다.

9. 보십시오. 나의 유아기는 오래 전에 죽었지만, 나는 여전히 살아 있습니다. 하지만 주님이여, 주님은 영원히 살아 계시고, 주님 안에는 죽은 것은 존재하지 않습니다. 주님은 창세 전에, 아니 "전에"라고 불릴 수 있는 모든 것 이전에 이미 계셔서, 주님이 창조하신 모든 것의 하나님이시자 주이신 까닭에, 모든 영원하지 않은 것들의 "원인들"과 모든 변하는 것들의 변하지 않는 "원천들," 그리고 모든 이치에 맞지 않고 덧없는 것들의 영원한 "이치들"이 주님 안에 있습니다.

하나님이여, 주님께 간구하고 있는 내게 말씀해 주십시오. 이 가련한 자를 불쌍히 여기셔서 말씀해 주십시오. 나의 유아기는 내가 그 이전에 태어나서 이 세상에서 살다가 죽은 "전생"에 이어 다시 태어나서 보내게 된 시기인 것입니까, 아니면 내가 내 어머니의 모태 안에서 있던 시기에 이어서 보내게 된 시기인 것입니까? 나는 전생에 대해서 어느 정도 얘기를 들어 왔고, 아기를 임신한 여자들을 직접 보아 왔습니다. 나의 기쁨이신 나의 하나님이여, 유아기 이전에는 내가 어디에 있었고, 어떤 모습으로 존재하였습니까? 이것에 대해서 내게 대답해 줄 사람은 아무도 없습니다. 나의 아버지나 어머니도 대답해 줄 수 없고, 다른 사람들의 경험이나 내 자신의 기억도 대답해 줄 수 없습니다. 주님께서는 이런 것들을 묻는 나를 비웃으시면서, 내가 주님에 대해서 이미 알고 있는 것들만을 가지고서 주님을 찬송하고 주님을 인정하라고 명하시는 것입니까?

10. 천지의 주재시여, 나는 나의 존재가 어떻게 시작되었고, 나의 유아기를 어떻게 보냈는지에 대해서 아무것도 기억하지 못하지만, 이 모든 것에 대하여 주님께 감사하고, 주님을 찬송합니다. 주님께서는 사람으로 하여금 다른 사람들을 보면서 자기 자신에 대하여 알게 하셨고, 여인들의 권위에 의거해서 자기 자신에 대하여 많은 것들을 믿게 하셨습니다. 유아기에 나는 존재하였고, 또한 살아 있었습니다. 그리고 나의 유아기가 끝나갈 무렵에는, 나의 생각과 감정을 다른 사람들에게 알리기 위해서 모종의 신호들을 만들어 사용하기도 하였습니다.

주님이여, 바로 그러한 생명체가 주님으로부터 온 것이 아니라면, 대체 어디에서 왔겠습니까? 또는, 그 누가 기가 막힌 능력과 솜씨가 있어서 자기 자신을 스스로 만들어 내었겠습니까? 주님이여, 주님께서 우리를 지으신 것이 아니라면, 우리에게 존재와 생명을 줄 수 있는 그 어떤 다른 원천이 과연 존재할 수 있겠습니까? 존재와 생명은 주님과 별개의 것이기는 하지만, 주님과 하나입니다. 왜냐하면, 주님 자신은 최고의 존재이심과 동시에 최고의 생명이시기 때문입니다.

주님은 최고의 존재로서 변함이 없으시기 때문에, 주님 안에서는 "오늘"이라는 날이 결코 끝나지 않지만, 우리는 "오늘"이라는 날이 주님 안에서 지나간다고 말할 수도 있습니다. 왜냐하면, "날"을 포함한 모든 것들은 주님 안에 존재하고, 만일 주님이 그것들을 붙잡아 주지 않으시면, 지나가는 것조차도 불가능하기 때문입니다. 하지만 "주의 연대는 무궁하고"(시 102:27), 주의 연대는 늘 "오늘"입니다. 무수히 많은 우리의 날들과 우리 조상들의 날들이 주님의 "오늘"을 통과해 지나갔고, 그 각각의 날들이 주님의 "오늘"로부터 각각의 독특한 존재 형태를 부여받았습니다. 마찬가지로, 앞으로 올 다른 모든 날들도 주님의 "오늘"로부터 각각의 존재 형태를 부여받아서 주님의 "오늘"을 통과해 지나갈 것입니다. 하지만 주님은 늘 동일하시기 때문에, 내일을 비롯한 장래의 모든 날들과 어제를 비롯한 과거의 모든 날들은 주님께는 늘 "오늘"이었고 늘 "오늘"일 것입니다.

어떤 사람이 이것을 이해하지 못한다고 할지라도, 내가 어떻게 할 수 있겠습니까? 하지만 그 사람으로 하여금 여전히 계속해서 기쁨 가운데서 "이것이 무엇인가"라고 묻게 해 주십시오. 또한, 그가 그 질문에 대한 대답은 발견하였지만 주님을 만나지는 못한 그런 사람이 될 바에는, 차라리 그 대답을 발견하는 데에는 실패하였지만 주님을 만나는 데에는 성공하고서 기뻐하는 사람이 되게 해 주십시오.

제7장
유아들이 저지르는 죄악

11. "하나님이여, 들어 주소서. 화로다, 사람들의 죄악이여!" 사람이 이렇게 부르짖을 때에 주님께서 그 사람에게 자비를 베풀어 주시는 이유는, 그 사람을 지으신 분은 주님이시지만, 그 사람 안에 있는 죄는 주님이 지으신 것이 아니기 때문

입니다.

　하지만 내가 유아기에 저지른 죄악들을 누가 내게 기억나게 해 주겠습니까? 주님 앞에서는 죄로부터 자유로운 자가 아무도 없고, 심지어 이 땅에서 단 하루를 산 유아조차도 예외일 수 없습니다. 하지만 도대체 누가 내게 나의 유아기의 죄악들을 기억나게 해 주겠습니까? 나는 유아기의 내 자신에 대해서 아무것도 기억하지 못하지만, 지금 내 눈 앞에 있는 유아들 한 명 한 명이 내가 유아기에 죄악들을 저질렀다는 사실을 내게 일깨워 주고 있는 것이 아닙니까? 그 때에 나는 어떤 죄들을 지었습니까? 젖을 달라고 울며 떼를 쓴 것입니까? 만일 내가 지금 젖이 아니라 내 나이에 맞는 음식을 달라고 그런 식으로 울며 떼를 쓴다면, 비웃음을 당하고 책망을 듣는 것이 너무나 당연하고 마땅한 일일 것입니다. 따라서 그 때에도 분명히 나는 책망을 들을 만한 짓을 했을 것이지만, 당시에 유아였던 나로서는 나를 책망하는 사람들을 이해할 수 없을 것이었기 때문에, 어른들은 관습이나 상식을 따라 나를 책망하지 않았을 것입니다. 우리는 나이가 먹고 자라면서, 그런 유치한 습관들을 뿌리 뽑아서 내던져 버리지만, 악한 것들을 내버리면서, 일부러 선한 것들까지 버리는 사람은 없습니다.

　유아가 갖게 되면 해로울 것임을 알고서 어른들이 주려고 하지 않는 것인데도, 내가 갖고 싶은 것들을 달라고 울며 떼를 쓴 것이나, 나보다 나이가 많고, 그 중의 다수는 나보다 더 지혜로운 사람들이며, 그들은 노예나 종이 아니라 자유인들이고, 거기에는 나를 낳아 주신 부모님도 포함되어 있는데도, 내 뜻대로 해 주지 않는다고 단단히 화가 나서 고약하게 성질을 부린 것이나, 유아인 나의 말을 그대로 들어주었다가는 나에게 해로울 것이 뻔해서, 어른들이 내 말을 들어주지 않은 것인데도, 내 말을 무시하고 들어주지 않았다고 해서 앙심을 품고 어른들을 해치려고 기를 쓴 것은, 비록 당시에 내가 유아였다고 할지라도, 선한 것들이라고 말할 수는 없지 않겠습니까? 그러므로 유아들이 순진무구하다고 말하는 것은 그들의 몸과 그 모든 기관들이 아직 때가 묻지 않았다는 의미일 뿐이고, 그들의 심령이 순수하다는 의미는 결코 아닙니다.

　나는 젖 먹는 아기조차도 질투하고 시기하는 모습을 내 눈으로 직접 보고서, 그러한 사실을 알았습니다. 그 아기는 말을 할 줄 모르는 아기였는데도, 자기와 함께 같은 젖을 먹는 다른 아기가 자기가 먹던 젖을 먹는 것을 보자, 갑자기 얼굴이 새파랗게 질린 채로 그 아기를 노려보는 것이었습니다. 누가 이것을 모르겠습니까? 어머니들과 유모들은 이것을 알기 때문에, 내가 모르는 어떤 방법을 사용해서 아기들을 달래고 얼러서 이 문제를 해결한다고 합니다. 어떤 아기가 자신이 먹는 젖이 풍부해서 배불리 먹고도 여전히 차고 넘치는데도, 너무나 배가 고파서 젖을 먹지 않으면 죽을지도 모르는 다른 아기가 자신의 그 남는 젖을 먹는 것을 용납하지 못한다면, 어떻게 그런 아기를 순진무구하다고 말할 수 있겠습니까? 그런데도 우리가 아기들의 그러한 행위들을 너그럽게 관용하는 이유는, 그런 행위들이 전혀 악이 아니거나 가벼운 악에 지나지 않기 때문이 아니라, 세월이 흐르고 나이가 먹어 가면서 그런 악들은 자연스럽게 없어지기 때문입니다. 우리는 아기들이 그런 행위들을 하는 경우에는 관대하게 받아 주지만, 어른들이 그런 행위들을 한다면 용납해 주지 않을 것입니다.

12. 주 나의 하나님이여, 이렇게 주님께서는 유아들에게 생명과 육체를 주시고서, 우리가 보는 바와 같이, 그 육체에 감각기관들을 장착해 주셨고, 팔과 다리를 붙여 주셨으며, 그 용모를 아름답게 하셨고, 생명 활동을 할 수 있게 해 줄 온갖 기능들을 그 육체에 두심으로써, 온전하고 안전하게 살아갈 수 있게 하셨습니다.

지존자시여, 주님께서는 내게 이 일들로 인하여 주님을 찬송하고 감사하며 주님의 이름을 찬양하라고 명하십니다(시 92:1). 왜냐하면, 오직 주님만이 모든 것들을 아름답게 만드시고, 주님의 법을 따라 모든 것들에 질서를 부여하실 수 있으신 분이신 까닭에, 이 일들은 주님 외에는 그 누구도 할 수 없고, 따라서 만일 주님께서 이 일들 외에 다른 일은 아무것도 하지 않으셨다고 가정하더라도, 이 일들만으로도, 주님은 전능하시고 선하신 하나님이실 수밖에 없기 때문입니다.

하지만 주님이여, 내게는 나의 유아기에 대한 기억이 전혀 없고, 오직 다른 사람들이 나의 유아기에 대하여 해 준 말들과 내가 다른 유아들을 보고 관찰해서 얻은 추측들뿐이기 때문에, 비록 그 추측들이 믿을 만한 것이라고 할지라도, 나는 나의 유아기를 내가 이 세상에서 산 나의 생애의 일부로 여기고 싶지는 않습니다. 그것은 내가 내 어머니의 모태 속에서 보낸 시기와 마찬가지로, 나의 유아기도 내가 기억하지 못하는 망각의 깊은 어둠 속에 잠겨 있기 때문입니다.

시편 기자가 "내가 죄악 중에서 출생하였음이여 어머니가 죄 중에서 나를 잉태하였나이다"(시 51:5)라고 고백하였듯이, 주 나의 하나님이여, 이 종이 언제 어디에 있었든지 간에, 죄가 없었던 때가 있었겠습니까? 하지만 나는 그 시기를 생략하고자 합니다. 나의 유아기에 대해서는 내가 그 자취나 흔적조차도 기억할 수 없는데, 그런 유아기가 나와 무슨 상관이 있겠습니까?

제8장
소년기의 언어 학습

13. 나는 계속 자라나서 유아기를 벗어나 소년기에 도달한 것이 아니겠습니까? 아니, 소년기가 내게로 와서, 유아기를 이은 것이라고 말하는 것이 더 옳을 것입니다. 나의 유아기는 가 버린 것이 아닙니다. 유아기가 가 버렸다고 말한다면, 그것은 "어딘가로" 간 것이라고 말하는 것인데, 실제로는 유아기는 어딘가로 가 버린 것이 아니고, 단지 더 이상 현존하지 않는 것일 뿐입니다. 나는 이제 더 이상 말을 할 줄 모르는 유아가 아니라 곧잘 재잘거리는 소년이 되었습니다.

나는 내가 어떻게 말을 배웠는지를 기억하고 있고, 후에는 그 기억을 더듬어서 좀 더 꼼꼼하게 숙고해 보았는데, 어른들은 나중에 내게 "글"을 가르쳐 줄 때와 마찬가지로, "말"도 어떤 정해진 교수법을 따라 내게 가르쳐 준 것이 아니었습니다. 물론, 나는 내가 말하고자 하는 모든 사람들에게 내가 말하고 싶은 모든 것을 다 표현할 수는 없었지만, 내 하나님께서 내게 주신 지성을 통해서, 서로 다른 다양한 소리들과 음성들로 이루어진 "옹알이"와 여러 가지 몸짓들을 사용하여, 내 마음의 생각들을 스스로 전달하고자 하였는데, 여기에서 기억이 중요한 역할을 하였습니다. 왜냐하면, 사람들이 어떤 사물의 이름을 부르면서, 그 말에 따라서 그 사물을 향해 몸을 움직이면, 나는 사람들이 낸 소리가 그 사물을 부르는 이름이라는 것을 알았고, 그것을 기억해 두었다가 나중에 그대로 흉내 내는 방식으로 말을 배웠기 때문입니다.

나는 만국 공통의 일종의 자연 언어인 사람들의 몸짓을 통해서, 사람들이 무엇을 말하려고 하는지를 분명하게 알 수 있었습니다. 이 자연 언어는 표정의 변화, 눈빛, 여러 가지 몸짓, 목소리의 억양을 사용해서, 어떤 사람이 지금 무엇을 구하고 있는 것인지, 아니면 갖고자 하는 것인지, 아니면 거부하는 것인지, 아니면 꺼려하는 것인지 등등과 같은 그 사람의 현재의 심정을 보여 줍니다.

나는 여러 단어들이 다양한 문장들 속에서 반복적으로 사용되는 것을 들으면서, 그 단어들이 가리키는 사물들을 점차 알게 되었고, "기호들"인 그러한 단어들을 내 입으로 흉내 내서 자꾸 표현해 봄으로써 나의 의사를 표현할 수 있었습니다. 이런 식으로, 나는 인간의 의사표시 수단인 단어들로 이루어진 "기호들"을 주위 사람들과 서로 교환하는 일을 반복함으로써, 부모님의 권위와 어른들의 지도에 의지해서 거센 풍랑이 이는 인간 사회 속으로 진입해 들어갔습니다.

제9장
공부를 싫어하고 놀기를 좋아했던 소년기 때의 학교생활

14. 하나님, 나의 하나님이여, 내가 세상에서 출세하고 성공해서 사람들로부터 존경받고 뜬구름 같은 저 거짓된 부를 누리기 위해서는 뛰어난 웅변술을 익혀야 하고, 그렇게 하기 위해서 선생님들에게 복종하여야 하는 것이 소년으로서 올바르게 사는 것이라는 말을 어른들로부터 듣고서, 학교에 가게 되었을 때부터, 나는 온갖 비참하고 불행한 일들과 우스꽝스러운 일들을 경험하게 되었습니다. 그래서 그런 목적으로 나는 공부를 배우기 위하여 학교에 보내졌지만, 사실 이 가련한 자는 공부가 어떤 쓸모가 있는지도 알지 못하였고, 그런데도 학업을 성취하는 속도가 느릴 때면 매를 맞아야 했습니다. 어른들은 소년들을 그런 식으로 훈육하는 것이 옳다고 생각하였고, 많은 사람들이 우리보다 먼저 그 동일한 삶을 살아감으로써, 저 괴롭기 짝이 없는 가시밭길을 닦아 놓은 까닭에, 우리도 그들을 뒤따라서, 아담의 자손들에게 수고와 슬픔을 더해 주는 그 길을 걸어가지 않을 수 없었습니다.

하지만 주님, 이 무렵에 나는 사람들이 주님께 기도하는 모습을 지켜보면서 그 사람들을 통해서, 당시 내가 이해할 수 있는 한도 내에서 주님이 어떤 분이신 지를 인식하게 되었는데, 그것은 주님은 어떤 위대하신 존재이시기 때문에, 우리의 감각으로부터는 숨겨져 계시기는 하지만, 우리의 기도를 들으시고 도우실 수 있으신 분이라는 것이었습니다. 나는 비록 소년이었지만, 주님이 나의 도움이시고 피난처시라고 생각하고서, 주님께 기도하기 시작하였습니다. 주님의 이름을 부르며 기도하는 가운데, 내 혀를 묶고 있던 족쇄가 깨뜨려졌고, 나는 어린 나이였음에도 불구하고, 그 나이에 어울리지 않게 꽤나 진지하게, 학교에서 매 맞지 않게 해 달라고 주께 기도하였습니다. 내가 주님께 이렇게 기도한 것은 결코 바보 같은 짓을 한 것은 아니었지만, 주님께서는 나의 기도를 들어주시지 않았습니다. 학교에서 매를 맞는 것이 내게는 너무나 심각하고 큰 고통이었음에도 불구하고, 어른들과 심지어 부모님들까지도, 물론 내가 잘못되거나 내게 나쁜 일이 일어나는 것을 원한 것은 아니었지만, 내가 매 맞는 것을 대수롭지 않게 여겼습니다.

15. 주님이여, 그 어떤 경우에도 조금도 변함없는 한결같은 사랑으로 주님을 믿고 충성하는 대단히 위대한 심령을 지니고서, 주님에 대한 큰 믿음과 신실함으로 말미암아 위대한 성정을 수여받아서, 마치 부모님들이 우리가 소년 시절에 학교 선생님들로부터 매를 맞고 고통당하는 것을 아무렇지도 않다는 듯이 웃어넘긴 것처럼, 온 땅의 모든 사람들이 극도로 두려워해서 피하게 해 달라고 주님께 온 힘을 다해 간구하고 매달리는 형틀과 쇠갈고리 등을 비롯한 온갖 다양한 고문 기구들을 아무렇지도 않게 생각하고, 모든 사람들이 그 앞에 서기만 하면 부들부들 떨 수밖에 없는 옥졸들을 보고도 웃어넘길 수 있는 그런 사람이 과연 이 세상에 있겠습니까? 세상 사람들이 고문당하는 고통을 두려워하는 것만큼이나, 우리는 정말 학교에서 선생님들로부터 매를 맞는 고통을 두려워하였고, 세상 사람들이 그런 일이 자기에게 일어나지 않게 해 달라고 주님께 간절히 기도하는 것만큼이나, 우리도 그 매 맞는 고통을 피하게 해 달라고 주님께 간절하게 기도하였습니다. 하지만 매 맞는 것을 이렇게 극도로 두려워하였음에도 불구하고, 우리는 글을 쓰거나

읽거나 이해하는 공부를 제대로 하지 않고 소홀히 하는 죄를 범하였습니다.

주님이여, 우리에게는 기억력이나 학습능력이 결여되어 있었던 것이 아니었습니다. 주님께서는 우리의 나이에 걸맞은 그런 능력들을 우리에게 충분히 공급해 주셨습니다. 하지만 우리는 공부하는 것보다는 노는 것을 더 좋아하였고, 그래서 벌로 매를 맞은 것이었습니다. 우리를 벌 준 선생님들도 노는 것을 좋아한 것은 우리와 마찬가지였지만, 어른들은 자신들이 빈둥거리거나 노는 것은 "일"이라고 말하면서, 아이들이 놀면, 공부는 안 하고 놀기만 한다고 야단치고 벌을 주었습니다.

그런데도 아이들을 동정하고 어른들을 탓하는 사람은 아무도 없었습니다. 도리어 이 일을 지켜 본 사람들은, 내가 공부해야 할 나이에 공놀이나 하면서 학업을 소홀히 한 것이기 때문에, 선생님들이 내게 매 맞는 벌을 내린 것은 합당하고 옳은 일이었다고 생각하였습니다. 하지만 나는 그 나이에 그렇게 억지로 공부를 한 탓에, 나중에 어른이 되어서 더 부끄럽고 지저분하게 "놀게" 된 것이 아닙니까?[12] 그리고 나를 때린 선생님도 나보다 더 낫게 행한 것이 있었습니까? 그 선생님도 동료 선생님과 시시한 문제로 논쟁을 벌이다가 지면, 내가 친구와 공놀이를 하다가 졌을 때보다도 더 심하게 분해하며 자존심이 상해서 어쩔 줄 몰라 하지 않았습니까?

제10장
공놀이와 연극을 좋아하여, 공부하라는 부모님의 훈계를 거역하는 죄를 범함

16. 주 나의 하나님이여, 주님은 자연에 속한 모든 것들을 창조하시고 다스리시는 분이시지만, 죄의 경우에는 창조하지는 않으시고 오직 다스리시기만 하시는 분이신데, 나는 부모님들과 선생님들의 훈계를 거슬러 행함으로써 주 나의 하나님께 범죄하였습니다. 왜냐하면, 그들이 어떤 동기에서 내게 공부하라고 훈계하

---

12) 추악하거나 "부끄러운" 일들을 하는 사람들은 성령에 의해서 그들 속에 부어진 "형상" 또는 "아름다움"을 제대로 반영하는 데 실패한 자들이다. X.27.38에 나오는 그의 탄식을 참조하라.

였는지는 모르지만, 어쨌든 나는 이 시절에 공부해 둔 것을 나중에 잘 써 먹을 수 있었고, 또한 내가 그들에게 불순종한 이유는 공부보다 더 나은 길이 있어서 내가 그 길을 선택한 까닭이 아니라, 단지 노는 것을 좋아하고, 시합에서 이김으로써 우쭐해하며 우월감을 느끼는 것을 즐기며, 사람들이 지어낸 거짓된 이야기들이 내 귀를 간지럽히는 것을 좋아하고, 그 동일한 호기심이 눈에서도 발산되어 어른들의 연극들과 놀이들을 즐기게 된 까닭이기 때문입니다.[13]

그러한 연극 일을 하는 사람들은 사회적으로 존경을 받았기 때문에, 거의 모든 사람들은 자신의 자녀들도 그렇게 되기를 원하였지만, 아이들이 어른들의 연극이나 놀이를 즐기느라고 공부를 제대로 하지 못하게 되면, 나중에 연극 일을 하는 사람이 될 수 없다고 생각해서, 그런 아이들은 벌을 받고 매를 맞는 것이 지극히 마땅하다고 여겼던 것입니다. 주님이여, 이 모든 것들을 불쌍히 여기시는 마음으로 보아 주셔서, 지금 주님의 이름을 부르는 우리를 이 모든 것들로부터 건져 주시고, 아직 주님의 이름을 부르지 않는 자들도 긍휼히 여겨 주셔서, 그들로 하여금 장차 주님의 이름을 부름으로써 이 모든 것들로부터 건짐을 받게 해 주십시오.

제11장
병에 걸려서 세례를 받고자 했지만, 금세 회복되어 세례가 연기됨

17. 나는 아직 어렸을 때, 주 우리 하나님께서 자신을 지극히 낮추시고 이 땅에 강림하셔서 교만한 우리를 찾아 오셔서 우리에게 영생을 약속하셨다는 가르침을 들었고, 주님께 큰 소망을 두고 계셨던 내 어머니의 태중에 있을 때에 이미 주님

---

13) 당시의 구경거리들은 원형경기장에서 열린 전차 경주와 검투 경기, 그리고 극장에서의 연극이 있었는데, 고대의 연극은 일반적으로 외설적인 성격의 것이었다. 이러한 구경거리들은 그리스도교는 물론이고 이교에서도 비판의 대상이었다. 그가 여기에서 고백하는 삼종의 악은 요한일서 2:16에서 세상의 죄를 "육신의 정욕과 안목의 정욕과 이생의 자랑"이라는 삼종으로 요약한 것과 대응되는 것으로 보인다. 그는 이 사고를 X.30.41에서 좀 더 자세하게 발전시키지만, 그 패턴은 이미 그의 소년기의 잘못들에서 나타난다: "놀기를 좋아하는 것"(amore ludendi)은 "육신의 정욕"으로 발전하고, "시합에서 이기고 우쭐해하는 것"(superbas victorias)은 "이생의 자랑"으로 발전하며, "호기심"(curiositas)은 "안목의 정욕"으로 발전한다.

의 십자가의 표로 인침을 받고, 주의 소금 침을 받았습니다.[14]

　주님이여, 주님께서는 내가 아직 어렸을 때에 갑자기 심한 복통을 일으켜서 거의 죽을 뻔하였던 것을 보셨습니다. 나의 하나님이여, 주님께서는 그 때에도 이미 나를 보호하시고 지키시는 분이었기 때문에, 내가 내 어머니와 우리 모두의 어머니인 주님의 교회의 경건에 내 마음이 크게 감화를 받아서, 얼마나 간절한 믿음으로 나의 하나님이자 주님이신 그리스도의 세례를 받기를 열망하였는지도 보셨습니다. 주님을 믿는 순수한 마음으로 나로 하여금 구원을 받게 하시기 위하여 늘 무진 애를 써 오셨던 내 육신의 어머니는, 내가 갑작스럽게 심한 복통을 일으키며 거의 죽게 된 것을 보고서 몹시 당혹해하다가, 세례를 받고자 하는 나의 열망을 듣고서, 이내 서둘러서 주 예수님께 죄를 고백하고 죄 사함을 구하는 구원의 성례를 통해 신앙에 입문하고 죄 씻음을 받게 하고자 하는 준비를 하셨기 때문에, 만일 내가 즉시 그 병에서 낫지 않았다면, 나는 그 때에 이미 세례를 받았을 것입니다. 이렇게 해서, 주님께서는 마치 내가 앞으로도 더 많은 죄로 더럽혀지게 될 것을 아시고서 나의 세례를 연기하신 것처럼, 나의 세례는 미루어지게 되었습니다. 왜냐하면, 세례를 받은 후에 죄로 더럽혀지면, 그 죄책은 더욱 크고 위험한 것이 되기 때문이었습니다.

　당시에 나는 이미 믿고 있었고,[15] 아버지를 제외한 온 가족도 다 믿고 있었습니다. 아버지는 아직 믿지 않았지만, 어머니의 경건이 나를 감화시킨 것을 어쩌지 못하였고, 내가 그리스도를 믿는 것을 막을 수도 없었습니다. 왜냐하면, 어머니는 나로 하여금 육신의 아버지가 아니라 하나님을 나의 아버지로 삼도록 하기 위하여 온 힘을 기울이셨기 때문입니다. 이 일에 있어서 주님께서는 나의 어머니를 도우셔서 자신의 남편을 이기게 하셨지만, 다른 일들에 있어서는 어머니가 아버지를 잘 섬기셨습니다. 왜냐하면, 주님께서는 아내에게 남편을 섬기라고 명하신 까닭에, 어머니는 아버지에게 순종하는 것이 곧 주님께 순종하는 것이라고 생각하

---

14) 이것은 예비신자가 되는 예식이었는데, 이마에 십자가의 표시를 하고 입술에 소금을 치는 것이었다.

15) 그는 예비신자가 되는 예식을 치렀다. 이 예식에는 십자가의 표시를 이마에 해서 인치는 것, 입술에 소금을 치는 것이 포함되어 있었다. 여기에서는 그가 그리스도교 신앙의 기본교리들(성육신과 영생에 대한 약속)을 알고 있었다는 것을 보여 주기는 하지만, 이렇게 예비신자가 되고 나서 교회에서 체계적인 신앙교육을 받은 것은 아닌 것으로 보인다.

셨기 때문이었습니다.

18. 나의 하나님이여, 당시에 나의 세례가 미루어진 것이 주님의 뜻이라면, 어떤 목적으로 그렇게 된 것인지가 알고 싶어서, 내가 이렇게 주님께 여쭙니다. 그런 식으로 나에 대한 고삐가 느슨해져서, 내가 죄에 빠지도록 부추겨진 것이 과연 내게 좋은 일이었습니까, 아니면 당시에 그 고삐가 느슨해지지 않았어야, 내게 더 좋은 일이 되었을 것입니까? 후자가 아니라면, "그는 아직 세례를 받지 않았으니, 자기가 하고 싶은 대로 하게 내버려 둬라"는 말이 왜 지금도 사방에서 우리의 귀에 들리는 것입니까? 육신의 건강 문제에 있어서는, "그는 아직 치료를 받지 않았으니, 그가 자신의 상처를 더 악화시키더라도 내버려 둬라"고 말하는 사람은 아무도 없습니다.

당시에 내 영혼이 일찌감치 치유를 받고 나서, 그런 후에 나와 나의 친구들이 주님께서 이미 치유해 주신 내 영혼을 주님의 보호하심 아래에서 부지런히 잘 살펴서 안전하게 지켰더라면, 그것이 내게 훨씬 더 좋은 일이 아니었겠습니까! 그것이 진정으로 더 좋았을 것입니다. 그러나 사실 내게는 소년기 이후에 얼마나 많은 큰 시험의 파도들이 엄습해 왔습니까! 내 어머니는 내게 그런 일들이 일어나게 될 것을 미리 예상하셨기 때문에, "나"라는 진흙 덩어리에 일찌감치 그리스도의 형상을 각인시키기보다는, 이 진흙 덩어리가 나중에 그 파도들을 통과하면서 자연스럽게 형태를 갖추어갈 수 있게 하는 것이 더 낫겠다고 생각하신 것이었습니다.[16]

---

16) "바다"는 타락해서 쓰디쓰게 된 인간 사회를 가리키고, "진흙" 또는 "흙"은 인간의 연약한 본성을 가리키며, 인간은 세례를 통해서 그리스도의 형상으로 다시 빚어진다. 아우구스티누스는 나중에 XIII.12.13과 17.20에서 이것을 자세하게 설명한다.

제12장
강제로 공부를 하였지만, 그것은 하나님의 역사였음을 온전히 인정함

19. 나는 나의 소년기를 청년기 때보다도 훨씬 덜한 두려움 가운데 보냈지만, 공부하는 것을 좋아하지는 않았고, 특히 강요에 의해서 공부하는 것을 싫어하였습니다. 하지만 나는 강제로 공부하지 않을 수 없었고, 사실 공부를 잘하지도 못했지만, 만일 강제로 시켜서 공부하지 않았더라면, 나는 분명히 공부를 하지 않았을 것이기 때문에, 어쨌든 그러한 강제는 내게 유익한 것이었습니다. 사람이라는 것은 자기가 하는 것이 아무리 좋은 일이라고 할지라도, 누가 강제로 시켜서 하면 그 일을 잘할 수 없습니다.

물론, 나를 강제로 공부하게 한 어른들도 결코 잘한 것이 아니었지만, 오직 나의 하나님께서는 이 모든 것이 합력하여 내게 선이 되게 하시고 유익이 되게 하셨습니다. 어른들은 자신들이 나에게 강제로 배우게 한 것들이 장차 내게 어떤 식으로 유익하게 사용될 것인지에 대해서는 관심이 없었고, 어떻게든 출세해서 부귀영화를 누려야 하겠다고 하는 채워질 수 없는 욕망을 채우려고 하는 데에만 관심이 있었을 뿐인데, 그러면서도 그것을 천하고 수치스러운 것으로 느끼지도 못하고 너무나 당연시하였습니다.

하지만 우리의 머리카락도 다 세시는 주님께서는, 나에게 강제로 공부를 시킨 모든 사람들의 잘못은 나를 위해 사용하셔서 내게 유익이 되게 하셨고, 공부하기를 싫어하였던 나의 잘못은 내게 벌을 주시는 데 사용하셨습니다. 나는 "작은" 소년이었지만, 내가 지은 죄는 "컸기" 때문에, 주님께서 그런 내게 벌을 주신 것은 마땅한 일이었습니다. 이렇게 주님은 잘못한 사람들을 들어 사용하셔서 나를 유익하게 하심과 동시에, 내 자신의 죄에 대해서는 합당하게 나를 벌하셨습니다. 마음을 바르게 쓰지 않으면, 결국 그 자체가 벌이 되어 그 자신에게 돌아오게 하신 것은 주님께서 정해 놓으신 것입니다.

제13장

라틴어 공부와 시인들이 지어낸 허황된 이야기들을 좋아함

20. 나는 소년기부터 헬라어 공부를 하는 것을 싫어했는데, 그 이유가 무엇이 었는지는 지금까지도 잘 모르겠습니다. 왜냐하면, 내가 라틴어는 아주 좋아하였고, 단지 초등교사들이 가르치는 초보적인 라틴어만이 아니라, 문법교사들이라 불리는 선생님들이 가르치는 꽤 수준 있는 라틴어도 좋아하였기 때문입니다.[17] 초등학생들이 배우는 읽기와 쓰기와 셈법은 내게는 헬라어를 배우는 것만큼이나 큰 부담이었고 고역이었습니다. 하지만 내가 그런 공부들을 부담스럽게 느낀 것이 현세의 삶에 내재되어 있는 죄와 허영으로부터 온 것이 아니면 어디에서 온 것이 겠습니까? 현세의 삶 속에서 나는 그저 "육체"일 뿐이었고, "가고 다시 오지 못하는 바람"일 뿐이었으니까요(시 78:39).

내가 앞에서 언급한 초등 과목들은 성과가 좀 더 확실한 것들이어서 내게 분명히 더 유익하였습니다. 그 과목들을 통해서, 나는 다른 사람들에 의해 씌어진 글들을 읽고, 내가 원하는 것들을 직접 내 손으로 쓸 수 있는 능력을 습득하였고, 지금도 여전히 그러한 능력을 지니고 있습니다. 반면에, 다른 과목들에서는, 내 자신의 방황에 대해서는 잊고서, 내가 알지도 못하는 "아이네이아스"라는 인물의 유랑과 방황에 대하여 공부하여야 했고, 사랑 때문에 스스로 자살한 "디도"를 위해 울어야 했으면서도, 정작 나의 생명이신 하나님을 떠나 죽어가고 있는 내 자신에 대해서는 눈물 한 방울 흘리지 않았습니다.

21. 사랑하던 "아이네이아스"가 자기 곁을 떠난 것에 상심하여 자살을 택한 "디도"를 생각하며 눈물을 흘리면서도, 내 마음의 빛이시고 내 영혼의 양식이시며, 나의 깊은 곳에 있는 생각을 퍼 올려서 나의 사고와 연결시켜 주시는 힘이신 하나님을 사랑하지 않아서 죽어 있는 내 자신을 위해서는 울지도 않고 불쌍히 여

---

17) "문법교사들"은 오늘날 이 단어가 의미하는 것보다 더 폭넓은 의미를 지니고 있어서, 당시에는 "중고등학교 교사들"이라는 정도의 의미였다.

기지도 않는 이 가련한 자보다 더 가련한 것이 어디 있었겠습니까?

나는 주님을 사랑하지 않았기 때문에, 주님을 배신하고 간음을 저질렀습니다. 내 주변에 있던 사람들도 똑같은 죄를 지으며 살아가고 있었기 때문에, 그런 나를 보고서 "잘했어! 잘했어!"라고 맞장구를 쳤습니다. 내가 이 세상과 짝하여 끈끈한 관계를 맺고 살아간 것은 주님을 배신하고 간음을 행한 것이었고,[18] 사람들은 그런 짓을 하지 않는 사람을 부끄럽게 만들기 위하여 계속해서 "잘했어! 잘했어!"라고 소리를 쳤던 것입니다.

나는 "칼끝에서" 죽음을 택한 디도를 위해서는 슬퍼하였지만, 내 자신의 그러한 가련한 모습을 생각하며 울기는커녕 도리어 주님을 버리고서, "흙"으로 지음 받은 인간이 보여 줄 수 있는 최악의 모습을 향하여 "벼랑 끝으로" 내달아서 다시 흙으로 되돌아가고자 하고 있었습니다.

만일 당시에 누가 나에게 이런 글들을 읽는 것을 금하였다면, 틀림없이 나는 나를 슬프게 하는 이런 글들을 읽지 못하게 한다고 화를 내며 슬퍼하였을 것입니다. 이렇게 나는 이런 정신 나간 짓을 하는 것이, 내가 초등 과정에서 배웠던 읽기와 쓰기보다 더 고상하고 유익한 공부라고 생각하였습니다.

22. 그러나 내 하나님이여, 이제는 "그렇지 않다! 그렇지 않다! 네가 가장 먼저 배운 것들이 훨씬 더 나은 것이었다"고 내 영혼에 소리쳐 주시고, 주님의 진리가 내게 그렇게 말씀해 주도록 해 주십시오. 지금은 내가 읽고 쓰는 것은 잊어버리고 싶지 않지만, "아이네이아스"의 유랑 같은 허황된 이야기들은 잊어버리고 싶습니다. 문법학교의 정문 위에는 지금도 여전히 휘장이 드리워져 있지만, 이제 내게 그 휘장은 깊은 신비를 간직하고 있음을 보여 주는 영예의 상징이라기보다는 자신들의 오류들이 드러나지 않게 하기 위하여 쳐놓은 차단막 같아 보입니다.[19]

---

18) 시편 73:27("음녀 같이 주를 떠난 자를 주께서 다 멸하셨나이다")을 보라. 이 비유의 배경은 하나님이 이스라엘과 맺으신 "신랑과 신부"의 관계로서의 언약인데, 이 언약은 그리스도께서 교회와 혼인하심으로써 성취되었다. 그렇기 때문에, 중대한 죄, 특히 거짓 신들과 짝하는 죄는 예언 전통에서 "음행" 또는 "간음"이라 불렸다. 여기에서 그가 이 시편 기자의 말을 사용해서 꼭 성적인 죄를 가리켰다고 볼 필요는 없다.
19) 아우구스티누스가 다녔던 "문법학교"는 기본적인 문법만이 아니라 문학과 작문의 고등 과정들을 가르치는 곳이었다. 이 학교들은 로마 제국의 다른 건물들과 마찬가지로 흔히 그 정문에 권위와 위엄의 상징으로 휘장을 걸어 놓았는데, 휘장이 클수록, 영예도 더 컸다(Sermon 51.4,5를 보라).

내가 이제 내 영혼이 원하는 것들이 무엇인지를 내 하나님께 고백하고자 합니다. 왜냐하면, 내 자신의 악한 길들을 스스로 단죄하여야만, 내 마음이 평안을 얻고, 내가 주님의 거룩한 길들을 사랑할 수 있게 될 것이기 때문입니다. 내가 그렇게 고백하는 동안에, 문법을 사고파는 자들이 나를 향하여 소리치지 않게 해 주십시오. 물론, 나는 이제 더 이상 그들을 두려워하지 않습니다.

내가 시인이 말하고 있는 대로 "아이네이아스"가 한때 카르타고에 왔다는 것이 사실이냐고 사람들에게 묻는다면, 배우지 못한 사람들은 자기들은 모르겠다고 대답할 것이고, 배운 사람들은 그것은 사실이 아니라고 말할 것입니다. 하지만 내가 "아이네이아스"라는 이름이 어떤 글자들로 이루어져 있느냐고 묻는다면, 글자를 배운 사람이라면 누구나 다 사람들이 어떤 기호들을 어떤 의미로 사용할 것인지를 서로 약속하고 합의한 바에 따라서 올바르게 대답할 것입니다. 또한, 내가 읽고 쓰는 것과 시인들이 지어낸 허구적인 이야기들 중에서 어느 쪽을 잊어버리는 것이 우리의 삶에 더 큰 불편을 초래하게 될 것 같으냐고 묻는다면, 제정신을 지닌 사람이라면 누구나 다 무엇이라고 대답할 것인지를 모를 사람이 누가 있겠습니까?

하지만 소년기에 나는 내게 유익한 것들보다도 허황된 것들을 더 좋아하는 죄, 아니 유익한 것들은 미워하고 허황된 것들은 사랑하는 죄를 범하였습니다. 당시에는 셈법에 곡조를 붙여서, "일 더하기 일은 이, 이 더하기 이는 사"라는 식으로 노래하며 셈법을 익혔는데, 나는 그런 노래가 정말 싫었습니다. 반면에, 무장한 군사들이 목마들에 가득 들어차서 몸을 숨기고 있는 장면이라든지, 트로이가 불타는 장면이라든지, 아이네이아스가 자신의 죽은 부인인 "크레우사"의 유령과 조우하는 장면 같은 것들은 내게 정말 흥미진진한 광경들이었습니다.

제14장

헬라어를 배우는 것은 몹시 싫어하였던 반면에, 라틴어는 쉽게 배운 이유

23. 그런데 나는 왜 그런 이야기들로 가득하였던 헬라어 공부는 하기 싫어하였던 것일까요? 그 이유는 호메로스(Homerus)는 그러한 허구적인 이야기들을 엮어 나가는 데 아주 뛰어나서, 그 이야기들은 비록 허황된 것이었음에도 불구하고 아주 흥미로웠지만, 헬라어 문법을 배우는 것은 소년인 나에게는 너무나 싫은 일이었기 때문이었습니다. 내가 헬라의 시인인 호메로스의 글을 강제로 배우는 것이 몹시 싫었듯이, 만일 헬라의 소년들에게 로마의 시인인 베르길리우스(Vergilius)의 글을 강제로 배우게 하였다면, 그들의 반응도 나와 마찬가지였을 것이라고 나는 믿습니다. 왜냐하면, 헬라어를 배울 때의 어려움은 헬라어로 씌어진 저 달콤한 이야기들에 담즙을 섞어서, 그 달콤했던 이야기들을 쓰디쓰게 만들어 버리는 것과 같기 때문입니다. 나는 헬라어를 단 한 단어도 알지 못하였는데, 선생님은 공포 분위기와 무시무시한 체벌을 사용해서 헬라어를 배우도록 나를 몰아부쳤습니다.

한편, 유아기에는 당연히 나도 라틴어를 전혀 할 줄 몰랐지만, 그 어떤 공포감이나 심한 체벌을 통해서가 아니라, 나의 유모들이 나를 달래기 위해서 해 주는 말들이나, 사람들이 나를 향해 미소를 지으며 던지는 농담들과 나와 함께 놀아 주고 장난치면서 하는 말들을 주의 깊게 들음으로써 라틴어를 배웠습니다. 정말 나는 체벌에 대한 그 어떤 압박감에 짓눌림도 없이, 내 마음에 있는 나의 생각이나 감정을 표현하고자 하는 욕구가 라틴어의 단어들을 배우고자 하는 나의 의지를 고취시켰습니다. 왜냐하면, 단어들을 배우지 않고서는 나의 생각이나 감정을 표현할 수 없었기 때문입니다. 하지만 나는 나를 가르친 선생님들로부터가 아니라, 내게 말을 걸어 준 사람들로부터 그 라틴어 단어들을 배웠고, 나의 생각이나 감정을 그 단어들로 다시 표현해서 그들의 귀에 다시 들려준 것이었습니다. 우리가 이것으로부터 분명하게 알 수 있는 것은, 언어를 배움에 있어서는 공포감을 조성해서 강제로 주입시키는 것보다는, 자유롭게 호기심을 자극하는 것이 더 큰 효과가 있다는 것입니다.

하지만 하나님이여, 주님께서는 우리가 지나친 자유로 방종하게 되는 것을 막으시기 위하여 징계를 허락하시는데, 주님이 정하신 징계는 학교 선생님들에 의한 회초리로부터 순교자가 겪는 시련들에 이르기까지 폭넓게 걸쳐 있습니다. 그 징계는 우리로 하여금 주님을 떠나게 만드는 저 파멸적인 쾌락에 쓰디쓴 맛을 가미해서 다시 주님께로 돌아오게 하는 유익한 효과가 있습니다.

제15장
소년기에 배운 모든 유익한 것들이 하나님을 섬기는 데 사용되게 해 달라고 기도함

24. 주님이여, 나의 기도를 들어주셔서, 내 영혼이 주님의 징계 아래에서 낙심하지 않게 하시고, 내가 주님의 자비하심을 고백하는 일에도 지침이 없게 해 주십시오. 왜냐하면, 주님께서는 그 자비하심을 내게 베푸셔서, 내가 그동안 걸어 왔던 온갖 지극히 악한 길들로부터 나를 건져내셔서, 내가 즐겨 왔던 온갖 달콤한 쾌락들보다도 주님이 내게 더 달콤한 분이 되게 하셨기 때문입니다. 내가 주님을 더할 나위 없이 열렬하게 사랑하게 해 주시고, 나의 온 마음을 다 실어서 주님의 손을 꼭 붙잡게 해 주시며, 끝까지 나를 온갖 시험으로부터 지켜 주십시오.

주님이여, 주님은 나의 왕이시고 나의 하나님이시니, 내가 소년기에 배웠던 모든 유익한 것들이 주님을 섬기는 데 사용되게 하시고, 내가 지금 말하고 쓰고 셈하는 것도 주님을 섬기는 데 사용되게 해 주십시오. 내가 헛된 것들을 배울 때에 주님께서는 내게 징계를 가하셨으나, 그러한 헛된 것들을 좋아한 나의 죄를 사해 주셨습니다. 물론, 헛된 것들을 배우면서도, 유익한 말들도 많이 배울 수 있기는 했지만, 그런 유익한 말들은 헛되지 않은 공부들을 하는 가운데서도 배울 수 있는 것들이기 때문에 소년들은 그 길로 걸어가는 것이 안전합니다.

제16장

청소년들에 대한 잘못된 교육 방식과 신화의 폐해

25. 인간의 풍습의 격류여, 네게 화가 있을 것이다! 누가 너를 거스를 수 있겠는가? 네가 고갈되고 다 말라버릴 날이 언제쯤이나 올 수 있겠는가? 너는 언제까지나 하와의 자녀들을 실어 날라서, 십자가가 있는 방주에 승선한 사람들조차도 건너기 힘든 저 무시무시한 망망대해 속으로 던져 버릴 것인가?[20] 너는 유피테르가 우레의 신(神)임과 동시에 간음한 자임을 보여 주는 이야기를 내게 들려주었지만, 그런 모순된 이야기가 어디 있느냐? 실제로 그 이야기는 간음을 비호하기 위해서 간음을 저지른 유피테르를 우레의 신으로 미화한 것이 아니고 무엇이겠는가?

문법학교에서 공부한 어떤 사람이, "이것들은 호메로스가 지어낸 허구적인 이야기들이고, 인간 세상의 일들을 신들의 세계로 옮겨 놓은 것일 뿐인데, 그가 차라리 신들의 일들을 우리에게 그대로 전해 주었더라면 얼마나 좋았을까요"라고 소리쳐 말한다면, 망토를 입은 우리의 선생들 중에서[21] 과연 그 사람의 말을 곱게 들어 줄 선생이 있을지 모르겠습니다. 하지만 나는 그 사람이 다음과 같이 말하였다면, 훨씬 더 사실에 가까웠을 것이라고 생각합니다: "이것들은 호메로스가 지어낸 허구적인 이야기들이기는 하지만, 죄악들을 저지르는 자들은 타락해서 버림받은 인간을 본받는 것이 아니라 천상의 신들을 본받는 것처럼 보이게 해서, 사람들이 저지르는 죄악들이 죄악으로 여겨지지 않게 하기 위하여, 죄악된 사람들에게 신의 속성들을 부여한 것입니다."

26. 하지만 지옥의 격류여, 그럼에도 불구하고 사람들은 여전히 네게로 뛰어

---

20) "십자가가 있는 방주에 승선한 사람들"은 직역하면 "나무에 오르는" 자들이다. 생명나무로서의 "십자가"와 생명선으로서의 노아의 방주라는 두 가지 표상이 "나무"라는 표현에 결합되어 있다. 지혜서 14:7에서는 "의를 견고히 세운 나무"라는 표현이 나온다.

21) "망토"는 원래 비가 올 때에 입는 겉옷이었다. 타키투스는 웅변가들이 법정에서 변론을 할 때에 망토를 입었다고 말하는데, 이것은 그것이 관습이었다는 것을 보여 준다. 아우구스티누스의 시대에 "망토"가 웅변술 교사임을 나타내는 표지가 되었는지는 분명하지 않다.

들어서, 네게 수업료를 지불하고서 이 모든 것들을 배우고 있고, 특히 그 선생들을 법정으로 모셔 와서 변론하게 할 때에는, 통상적인 수업료를 뛰어넘는 비용을 지불해야 한다고 규정한 법률의 비호 아래에서 더 큰 돈을 지불해야 한다. 그러므로 너는 바위투성이의 해변을 때리면서, 이렇게 포효한다: "여기는 말을 배우는 곳이다. 아울러, 여기에서 너는 네가 생각하는 것을 관철시키기 위해서 사람들을 설득하는 데 필요한 것들을 최대한으로 펼칠 수 있게 해 줄 웅변술을 습득할 수 있다."[22]

그 선생들은, 테렌티우스(Terentius)가 자신의 글에서 한 음란한 청년을 등장시켜서, 유피테르가 다나에(Danae, 아르고스 왕의 공주)에게 흑심을 품고서 그녀와 "사통하기" 위하여 "황금 비"가 되어 하늘에서 내려와서 그녀의 "아랫도리" 속으로 들어간 이야기를 그린 그림을 자신의 음란의 모범으로 삼은 장면을 쓰지 않았다면, 우리는 "황금 비," "아랫도리," "사통하다," "하늘의 신전" 등과 같은 단어들을 결코 알지 못하였을 것이라고 주장하고자 하는 것으로 보입니다.

하지만 그 청년이 그 그림을 보면서, 마치 자기가 하늘로부터 주어진 권세를 얻었다는 듯이, 정욕에 불타서 어떻게 말하고 있는지를 보십시오: "유피테르가 어떤 신인가? 그는 가장 높은 하늘의 신전을 자신의 우렛소리로 뒤흔드는 위대한 신이 아니던가. 그런 위대한 신이 그런 짓을 했는데, 언젠가는 죽어야 할 가련한 인간에 지나지 않는 내가 그 똑같은 짓을 하지 못할 이유가 어디 있겠는가? 그래서 나도 이미 그 짓을 했고, 거기에 만족하여 나의 온 마음으로 기뻐하고 있다."

사람은 이런 추잡한 이야기를 통해서 조금이라도 더 말을 잘 배울 수 있는 것이 결코 아니고, 오직 그러한 이야기를 통해 배운 말들을 통해서 추잡한 짓을 별 부끄러움 없이 자행하게 될 수 있을 뿐입니다. 나는 "말"을 탓하고 있는 것이 아닙니다. "말"은 그 자체로는 훌륭하고 귀한 그릇이기 때문입니다. 내가 통탄스럽게 여기는 것은 오류의 술에 이미 취해 있는 선생들이 우리에게 오류의 술을 계속해서 부어 주고 있고, 그 술을 마시지 않는 경우에는 분별 있는 재판관에게 호소하

---

22) 아우구스티누스 시대에 소년들이 읽었던 네 명의 표준적인 라틴 작가들은 베르길리우스, 키케로, 테렌티우스, 살루스티우스였다.

는 것조차 허용되지 않은 채로 무조건 매를 맞아야만 하는 기막힌 현실입니다.

문학 과목에서 청소년들을 교육시키는 방법이 잘못되었음을 보여 주는 한 예

27. 나의 하나님이여, 주님께서 내게 주신 은사들을 내가 얼마나 얼빠지게 남용하였는지에 대하여 조금 말할 수 있게 허락해 주십시오.[23] 당시에 내게는 나의 심령을 크게 동요시킬 과제가 주어졌습니다. 왜냐하면, 내가 그 과제를 잘해내느냐 못해내느냐에 따라서, 내게는 칭찬을 듣게 될 희망도 있었고, 창피를 당하거나 매를 맞을 수 있다는 두려움도 있었기 때문입니다. 내게 주어진 과제는, 로마 신화에 나오는 최고의 여신인 유노(Juno)가 트로이의 왕이 이탈리아 땅을 밟지 못하게 하고자 한 자신의 계획이 수포로 돌아가자 분통을 터뜨리고 괴로워하면서 한 말을 웅변으로 연기하는 것이었습니다. 나는 유노가 결코 그런 말을 한 적이 없다고 배웠습니다. 하지만 우리는 시인이 지어낸 허구적인 잘못된 이야기를 그대로 따라야 했고, 시인이 운문으로 쓴 글을 산문으로 바꾸어서 웅변 연기를 해야 했습니다. 이 웅변 연기에서는, 등장인물들의 "개성"에 맞춰서 가장 적절한 언어를 구사하여 각각의 인물의 분노와 괴로움의 감정을 가장 생생하고 훌륭하게 재현해 낸 사람이 가장 많은 칭찬을 받게 되어 있었습니다.

참 생명이신 나의 하나님이여, 나의 웅변 연기가 다수의 나의 또래들과 동급생들보다 더 많은 칭찬을 들었다는 것이 도대체 내게 무슨 유익이 있었겠습니까? 그 모든 것은 연기 같고 바람 같은 것이 아니었습니까? 주님께서 내게 주신 재능과 혀를 사용할 곳이 그렇게도 없어서, 나는 나의 재능과 혀를 그런 데에 사용하였던 것입니까? 주님이여, 성경에서 말하고 있는 대로, 내가 주님을 찬송하는 데 나의

---

23) 그는 자기가 하나님께 고백할 수 있도록 하게 해 달라고 요청하는 기도로 제1권을 시작하였는데, 제1권의 마지막도 그런 기도로 마무리한다.

재능과 혀를 사용함으로써 그 찬송이 내 마음의 연약한 가지들을 굳건하게 떠받치고 있었더라면, 내 마음은 그러한 공허하고 무익한 일에 휘둘려서 끌려 다니지 않았을 것이고, 공중에서 권세를 잡고 있는 악한 영들의 노략물이 되는 수치스러운 일도 당하지 않았을 것입니다. 사람들이 타락한 천사들에게 희생되는 방식은 결코 한 가지가 아니라는 것이 실감됩니다.

제18장
문법에 관한 약속과 영원한 구원에 관한 하나님의 약속

28. 내가 이렇게 헛된 것을 좇는 데 정신이 팔려서 나의 하나님으로부터 멀어지게 된 것은 이상한 일이 아니었습니다. 왜냐하면, 내가 모범으로 삼고 본받아야 할 사람들은, 자신들의 행위에 대하여 얘기할 때에 그 행위 자체는 악하지 않다고 할지라도 적절하지 않은 단어들을 선택해서 말하거나 문법에 틀리는 말을 한 경우에는 다른 사람들로부터 질책을 받고 부끄러워하였던 반면에, 자신들의 방탕한 행실에 대하여 얘기하더라도 적절한 단어들을 선택하고 훌륭한 수사를 사용해서 멋지게 말하면 박수갈채를 받았기 때문입니다.

주님이여, 주님께서는 이 모든 것을 다 지켜보시고서도 침묵하셨는데, 이것은 주님은 오래 참으시는 분이시고, "인자와 진실이 풍성하신" 분이신 까닭입니다(시 86:15). 그러면, 주님은 언제까지나 영원토록 침묵만 지키시는 분입니까? 어떤 사람이 주님을 찾고 주님이 주시는 즐거움을 갈급해하며, 그 마음으로 주님께 "여호와여 내가 주의 얼굴을 찾았고 앞으로도 찾으리이다"고 말한다면, 지금이라도 당장 주님께서는 그 영혼을 저 거대하고 깊은 심연으로부터 건져 내십니다.

나는 주님의 얼굴을 피하여 멀리 달아나서 정욕의 어두운 그늘 속에 있었습니다. 우리가 주님에게서 떠나거나 주님께로 다시 돌아간다고 했을 때, 그것은 우리의 발걸음을 옮기거나 장소를 이동한다고 해서 되는 것이 아닙니다. 마찬가지로, 탕자는 먼 지방에 가서, 집을 떠날 때에 아버지가 그에게 주신 모든 것을 허랑방탕한 생활로 다 탕진하기는 했지만, 그가 아버지를 떠나기 위해서는, 말이나 마차나 배를 빌리거나 눈에 보이는 날개로 날아가거나 걸어서 먼 길을 여행하여 반드시 먼 곳으로 가야 했던 것은 아닙니다. 아버지는 탕자에게 재물을 주셨을 때에도 인자하셨고, 탕자가 빈털터리가 되어 집으로 돌아왔을 때에는 더욱더 인자하셨습니다. 그러므로 정욕에 사로잡혀서 마음이 어두워지는 것, 바로 그것이 주의 얼굴을 피하여 멀리 달아나는 것입니다.

29. 주 나의 하나님이여, 사람들이 자신들의 조상들로부터 물려받은 언어의 글자들과 음절들에 관한 관습적인 "약속"은 아주 철저하게 지키지만, 주님으로부터 받은 영원한 구원에 관한 영원한 "언약"은 무시해 버리는 것을 주께서는 다 보고 계시면서도, 늘 그래 오셨듯이, 지금도 참으시고 보고만 계십니다. 그래서 오랜 관습에 의해서 일종의 법칙처럼 굳어진 발음들을 익혀서 사용하거나 가르치는 사람이, "사람을"이라는 의미를 지닌 라틴어 '호미넴'(hominem)에서 "h"의 음을 빼버리고 문법에 어긋나게 '오미넴'(ominem)이라고 발음하면, 사람들은 그 사람이 주님의 계명을 어기고 다른 "사람을" 미워할 때보다도 더 불쾌해합니다. 그런데 사실, 어떤 사람이 다른 사람을 미워하고 증오할 때, 그 어떤 원수도 바로 그 증오심보다 그 사람에게 더 큰 해악을 입힐 수 없고, 그 증오심은 그 사람이 미워하는 상대방보다 그 사람 자신을 더 황폐하게 만들지만, 사람들은 그것을 알지 못합니다.

이제 우리가 분명하게 알 수 있는 것은, 하나님께서 우리의 양심에 기록해 놓으신 글, 즉 "남에게 대접을 받고자 하는 대로 너희도 남을 대접하라"(눅 6:31)는 글보다 더 깊이 감춰진 심오한 문법 지식은 없다는 것입니다. 오직 홀로 위대하신 하나님이여, 주님은 "높은 곳에 거하시면서" 침묵하고 계시는 가운데 자신의 한 치의 오차도 없는 준엄한 법을 통해서 사람들의 사악한 욕망을 벌하셔서 그들의 눈을 멀게 하시는 분이시라는 점에서 참으로 신비롭고 은밀하게 행하시는 분이십니다.

웅변으로 명성을 얻고자 하는 사람들은 수많은 청중들에게 둘러싸인 채로 인간 재판관 앞에 서서 극도의 증오심이 담긴 말들로 자신의 적을 공격할 때, 예를 들어, "사람들 사이에서"를 뜻하는 라틴어 '인테르 호미네스'(inter homines)를 '인테르 호미니부스'(inter hominibus)라고 잘못 발음하지 않기 위해서는 극도로 신경을 곤두세우지만('호미네스'는 사람을 뜻하는 '호모'의 대격 복수형이고, '호미니부스'는 탈격 복수형인데, "사이에서"를 뜻하는 전치사 '인테르' 뒤에는 대격을 써야 한다는 문법규칙이 있다 – 역주), 자신의 분노에 찬 마음과 말들 때문에 "그 사람"이 사형선고를 받아 "사람들로부터"(ex hominibus – '엑스 호미니부스'), 즉 인간사회에서 영원히 격리될 수 있다는 사실에 대해서는 조금도 신경을 쓰지 않습니다.

제19장
소년기에 저질렀던 죄들

30. 소년이었던 나는 불행히도 이러한 관습들이 판을 치는 세상의 입구에 내던져져 있었습니다. 내가 다니던 학교는 그러한 관습들이 각축하는 경기장이었고, 거기에서 나는 내 자신이 문법적으로 틀린 말을 하면 어쩌나 하고 두려워하며 노심초사 하느라고, 문법적으로 틀린 말을 하지 않는 아이들을 부러워할 겨를도 없었습니다.

나의 하나님이여, 내가 주님께 밝히고 고백하고자 하는 것은, 나는 당시에 내 자신이 주님의 눈으로부터 멀리 떠나서 추악하고 비열한 타락의 나락으로 내던져졌다는 것을 알지 못하였기 때문에, 내 주변 사람들을 기쁘게 해 주는 것이 내게 합당한 삶이라고 생각해서 그렇게 행하였고, 그 결과 그들로부터 칭찬을 듣고 박수갈채를 받으며 살았다는 것입니다.

당시에 나는 노는 것을 좋아하였고, 헛되고 허황된 연극들을 구경하려는 마음에 들떠 있었으며, 연극들에서 본 것들을 따라하려고 애썼기 때문에, 그런 욕망들을 채우기 위해서 나의 가정교사와 학교 선생님들과 부모님들을 무수한 거짓말로 속여야 했습니다.[24] 나의 그런 모습은 나조차도 싫었는데, 하물며 주님의 눈에는 얼마나 역겹고 추악하게 보였겠습니까?

또한, 나는 부모님이 사용하는 창고와 식탁에서 물건들을 슬쩍 훔치곤 하였는

---

24) 이것은 삼중적인 시험의 또 하나의 예를 보여 준다: 보는 것에 대한 호기심, 탐식, 허영.

데, 어떤 때에는 먹고 싶어서 그렇게 하였고, 어떤 때에는 다른 아이들이 갖고 있던 좋은 장난감들을 얻어서 놀이에서 이기기 위해서 그렇게 하였는데, 내가 집에서 좋은 물건들을 훔쳐서 갖다 주면, 아이들은 자기가 아끼는 장난감도 내게 선뜻 내어주곤 하였습니다. 이렇게 나는 장난감을 가지고 하는 놀이에서도 다른 아이들보다 더 뛰어나고자 하는 헛된 욕망에 사로잡혀서 자주 부정한 방법으로 이기고자 하였습니다.

내 자신은 이런 식으로 거짓말하고 도둑질하였으면서도, 다른 아이들이 그렇게 하는 것을 보았을 때에는, 결코 참거나 용납하려고 하지 않았고, 도리어 아주 심하게 야단을 쳤습니다. 그리고 내가 그런 짓을 한 것이 발각되어서 야단을 맞을 때에는, 순순히 인정하려고 하지 않고, 도리어 씩씩거리며 싸울 기세로 덤벼들었습니다.

이것이 순진무구한 어린아이의 모습입니까? 주님이여, 이것은 아닙니다. 나의 하나님이여, 이것은 정말 아닙니다. 왜냐하면, 소년기에 아이들이 가정교사들과 학교 선생님들을 상대로, 그리고 호두와 공과 참새를 둘러싸고 저지르는 죄들은, 고관대작들이나 왕들에게로 그대로 옮겨져서, 황금과 땅과 노예를 둘러싸고 서로 싸우게 만들기 때문입니다. 하지만 소년기에는 회초리를 사용하여 행해지던 징계가 어른이 되었을 때에는 더 심한 징계로 이어지는 것과 마찬가지로, 점차 나이가 들어가면서부터는 더 심한 범죄를 저지르게 되기는 하지만, 소년기에 저질렀던 것과 같은 유치한 죄들은 저절로 사라지게 됩니다. 그래서 우리의 왕이신 주님께서는 "천국이 이런 자의 것이니라"(마 19:14)고 말씀하심으로써, 어린아이의 상태를 겸손의 상징으로 제시하셨던 것입니다.

제20장
유소년기를 살게 하신 하나님께 감사함

31. 하지만 만유를 설계하시고 창조하셔서 다스리고 계시는 지극히 뛰어나시고 지극히 선하신 주님이여, 설령 주님께서 나로 하여금 단지 소년기만을 살게 하

시고 그 이후의 삶을 허락하지 않으셨더라도, 우리 하나님은 내게 감사를 받으시는 것이 마땅합니다. 왜냐하면, 나는 그때에도 "존재하였고" "살아 있었으며" "느끼고 생각하고 있었고," 내 자신이 과연 잘 살고 있는지에 대해서도 관심을 가지고 있었는데, 이것은 나의 존재의 근원인 하나님과 나의 저 지극히 신비한 연합의 흔적이었기 때문입니다.

나는 나의 외적인 지각들로 인지하고 파악한 것들이 과연 올바른지를 나의 내적인 지각으로 살펴서, 그 소소한 것들과 그것들에 대한 나의 생각들 중에서 참된 것들을 찾아내고서는 기뻐하였습니다. 나는 속는 것을 싫어하였고, 왕성한 기억력을 지니고 있었으며, 말하고 표현하는 데에도 재능이 있었고, 우정이 주는 기쁨과 위로도 알았으며, 괴로움이나 비천함이나 무지함을 꺼려하였습니다. 이렇게 작은 생명체가 이런 일들을 해내다니, 정말 놀랍고 칭찬받을 만하지 않습니까?

하지만 이 모든 것들은 나의 하나님이 내게 주신 선물들이었습니다. 그것들은 내가 내 자신에게 준 것들이 아닙니다. 그것들은 선한 것들이었고, 그 모든 것들이 어우러져서 "나"라는 존재를 이루고 있었습니다. 따라서 나를 지으신 분은 선하신 분임에 틀림없고, 그분이 바로 나의 "선"이십니다. 일찍이 내가 소년이었을 때, 하나님이 내게 주셨던 온갖 선한 선물들에 대하여, 나는 하나님 앞에서 기뻐 뛰며 찬양을 드립니다.

당시에 나의 죄는 "즐거움"과 "영광"과 "진리"를 하나님 안에서 찾지 않고, 내 자신을 포함한 하나님이 지으신 피조물들 속에서 찾았다는 데 있었습니다. 그래서 나는 잘못된 길들로 빠져들어 방황하면서 온갖 "슬픔"과 "비천함"과 "혼란"을 겪을 수밖에 없었습니다.

나의 기쁨과 영광과 의지가 되시는 나의 하나님께 감사를 드립니다. 주님께서 내게 주신 선물들을 인하여 주님께 감사를 드립니다. 하지만 내 안에 있는 그 선물들을 잘 지켜 주십시오. 그러면, 주님께서는 나를 잘 지켜 주시게 될 것이고, 주님께서 내게 주신 그 선물들은 더욱 풍성해지고 온전하게 될 것이며, 나는 주님과 함께 있게 될 것입니다. 왜냐하면, 나의 존재는 주님으로부터 왔기 때문입니다.

제2권
청년기 : 배나무 아래에서

아우구스티누스는 청년기로 접어들면서 정욕과 혈기가 왕성해져서 방종한 삶을 살게 되었다는 것을 먼저 고백한 후에, 고향인 타가스테에서 가까운 도시였던 마다우라에서 공부하다가 잠시 학업을 중단하고 고향에 돌아와서 불량배들과 어울려 다니며 단지 착하게 사는 것에 대한 반감으로 악행들을 저지른 것에 대하여 말하면서, 사람이 범죄하는 이유는 만족을 얻기 위한 것이라고 해석한다.

특히, 그는 자기가 열여섯 살 때에 불량배 친구들과 함께 배나무에서 많은 배를 훔친 사건을 크게 다루는데, 자신의 이 모든 악한 행위들이 결국에는 하나님을 흉내 내고자 하는 죄악 된 동기에 그 근본적인 원인이 있었음을 고백한다. 이때의 "배나무 아래에서" 행한 범죄는 그가 나중에 "무화과나무 아래에서" 회심한 것과 대비가 되는 사건으로 그려진다.

제1장
청년기의 죄악을 고백함

1. 나는 이제 내가 과거에 저질렀던 추하고 부끄러운 일들과 내 영혼이 타락하여 육신적인 정욕을 따라 행하였던 일을 회상하고자 하는데, 이것은 내가 지금도

여전히 그러한 일들을 사랑해서가 아니라, 나의 하나님이신 주님을 사랑할 수 있기 위해서입니다.[1] 나의 지난날의 너무나 악한 행실들을 다시 기억하는 것이 몹시 괴로운 일임에도 불구하고, 내가 이렇게 기꺼이 그러한 괴로운 성찰을 하고자 하는 것은, 결코 실망시키는 법이 없으신 주님의 달콤한 사랑, 내게 행복과 평안을 주시는 그 사랑을 더욱 사랑하기 위한 것입니다. 그러면, "일자"(一者)이신 주님을 떠나서 "다자"(多者)의 세계로 떨어져서 산산조각이 나서 흩어져 버린 나를 주님께서는 다시 하나로 모아 주실 것이기 때문입니다.

청년기로 접어들자, 마침내 나는 육신의 비천한 욕망들을 채우고자 하는 열망으로 불타올라 여러 가지 떳떳하지 못한 애욕들에 빠져들어서 점점 황폐해져 갔습니다. 나의 용모는 망가졌고, 주님이 보시기에는 완전히 부패하여 썩는 냄새가 풀풀 나는데도, 나는 여전히 내 자신에게는 좋게 보였고, 사람들의 눈에 좋게 보이고자 했습니다.

제2장
정욕에 사로잡힌 방종한 삶

2. 당시에 나를 기쁘게 해 주었던 것이 사랑하고 사랑 받는 것 외에 무엇이 있었겠습니까? 하지만 나는 마음과 마음을 주고받으며 사랑과 우정을 나누는 밝은 길을 걸어가지 못하였고, 도리어 진흙 뻘처럼 끈적끈적한 "정욕"과 젊음에서 솟구쳐 나오는 "혈기"가 내뿜는 뿌연 안개가 내 마음을 덮어 어둡게 하였기 때문에, 청명한 날 같은 "사랑"과 안개 같이 희뿌연 "정욕"을 분별할 수 없었습니다. 이 둘은 내 안에서 서로 뒤엉켜 끓어올라서, 불안정했던 나의 청년기를 정욕의 낭떠러지로 이끌고 가서는, 소용돌이치는 치욕의 심연 속으로 던져 버렸습니다.

주님의 진노하심이 내게 머물러 있었는데도, 나는 알지 못하였습니다. 내가 죽

---

1) 인간 속의 하나님의 형상은 죄로 인해서 "타락하였다." 제2권은 아우구스티누스의 청년기에 일어난 그러한 과정을 상세하게 얘기한다. 그가 XIII.34.49에서 고백하고 있듯이, 이 하나님의 형상은 하나님의 구원 역사에 의해 다시 회복된다.

음의 쇠사슬에 묶여서 끌려갈 때에 나는 철그렁거리는 굉음으로 인해서 나의 귀가 먹어 버렸기 때문이었는데, 이것은 내 영혼의 교만에 대한 벌이었습니다. 나는 주님으로부터 점점 더 멀어져갔고, 주님은 그런 나를 내버려 두셨습니다. 나는 음란함에 사로잡혀서 온갖 짓을 다하며 내 자신을 함부로 굴리며 제멋대로 살다가 결국 다 타버리고 소진되고 말았지만, 주님께서는 침묵으로 일관하셨습니다. 나의 기쁨이신 주님이여, 주님은 왜 그리도 느러터지신 것입니까! 그때에 주님은 계속해서 침묵하셨기 때문에, 나는 주님으로부터 더욱더 멀어져서, 쓸쓸하고 외로운 황무지 속으로 점점 더 깊숙이 빠져 들어가서 교만한 우울과 불안한 피로감 가운데 놓여 있었습니다.

3. 만일 그때에 누군가가 나의 힘겨운 삶을 어루만져 주고, 나로 하여금 금방 지나가는 청춘의 아름다운 것들을 즐기는 것을 어느 한도 내에서 절제하고 나의 유익을 위하여 사용할 수 있게 해 주어서, 격렬하게 포효하는 청춘의 격류가 결혼이라는 해변으로 순조롭게 도달할 수 있었다면, 내 청춘의 격류는 잔잔해져서, 주의 율법이 정하신 대로, 나는 결혼해서 자녀들을 낳고 살아가는 것으로 만족하였을 것입니다.

하지만 주님은 죽을 수밖에 없는 우리로 하여금 "결혼"을 통해서 자손을 낳아 대를 잇게 하시는 분이기도 하시지만, 우리 인간이 낙원에서 쫓겨날 때에 지니고 나온 그 "가시"로 인한 고통을 주님의 자비로우신 손길로 완화시켜 주실 수도 있으신 분이십니다. 우리가 주님을 멀리 떠나 있을 때조차도, 주님의 전능하심은 우리에게서 결코 멀리 있지 않습니다.

당시에 나는 하늘의 구름으로부터 들려오는 음성에 더욱 주의를 기울였어야 했습니다: "장가가도 죄 짓는 것이 아니요 처녀가 시집가도 죄 짓는 것이 아니로되 이런 이들은 육신에 고난이 있으리니 나는 너희를 아끼노라"(고전 7:28). "남자가 여자를 가까이 아니함이 좋으니"(고전 7:1). "장가가지 않은 자는 주의 일을 염려하여 어찌하여야 주를 기쁘시게 할까 하되 장가 간 자는 세상 일을 염려하여 어찌하여야 아내를 기쁘게 할까 하여"(고전 7:32-33). 나는 이러한 말씀들을 더 주의 깊게 경청하여, "천국을 위하여 스스로" "고자"가 되어서(마 19:12), 좀 더 행복한 마음으로 주님의 안아주심을 기대했어야 했습니다.

4. 하지만 이 가련한 자는 주님을 떠나서 내 정욕의 용솟음치는 성난 파도를 따라, 주님께서 정하신 모든 한계를 벗어났지만, 주님의 채찍을 피할 수는 없었습니다. 죽을 수밖에 없는 존재인 사람이 어떻게 주님의 채찍을 피할 수 있겠습니까? 주님께서는 그런 내 곁에 늘 계셔서, 나를 불쌍히 여기시는 마음으로 나무라셨고, 내가 즐기던 불법적인 쾌락들에 지독하게 쓴 불만족의 찌꺼기를 섞어 넣으셔서, 나로 하여금 불만족의 쓸쓸함이 전혀 없는 즐거움을 찾도록 해 주셨습니다. 그런데 내가 주님 외에 그 어디에서 그런 즐거움을 발견할 수 있겠습니까? 주님은 우리를 가르치시기 위하여 우리에게 슬픔과 괴로움을 주시고, 우리를 고치시기 위하여 우리에게 상처를 주시며, 우리가 주님을 떠나서 죽는 일이 일어나지 않게 하시기 위하여 우리를 죽이시는 분이십니다.

내 육신의 나이가 열여섯 살이 되던 해에 나는 어디에 있었습니까? 그때에 나는 주님의 즐거운 집을 떠나 아주 멀리 가서, 내 안에서 미쳐 날뛰는 정욕에 사로잡혀서, 주님의 법이 그것을 금지하고 있는 것도 아랑곳하지 않고, 내 자신을 그 정욕에 완전히 내맡긴 채로 온갖 부끄러운 짓을 부끄러운 줄도 모르고 행하지 않았습니까? 그런데도 나의 가족이나 친지들은 그런 식으로 자멸해 가는 나를 결혼시켜서 구해 낼 생각은 전혀 하지 않고, 오직 내가 훌륭한 웅변술을 익혀서 뛰어난 웅변가가 되는 것에만 관심이 있었습니다.

제3장
학업을 잠시 중단하고 고향에서 방탕한 삶을 살아감

5. 바로 그해에 나의 학업은 중단되었습니다. 나는 내 고향인 타가스테(Thagaste)에서 30킬로미터 떨어져 있던 인근의 도시 마다우라(Madaura)에서 문법과 수사학을 공부하고 있다가, 이때에 다시 고향으로 돌아온 것입니다. 하지만 내가 고향에 있는 동안, 아버지는 나를 다시 카르타고(Carthago)로 유학을 보내기 위한

자금을 준비하고 계셨는데, 이것은 나의 아버지가 재력가였기 때문이 아니라, 집안 형편이 어려운데도 어떻게 한번 해 보자는 그런 마음에서였습니다. 나의 아버지는 타가스테의 가난한 시민에 불과하였습니다.

나는 지금 누구에게 이 얘기를 하고 있는 것입니까? 나는 이 얘기를 나의 하나님께 하고 있는 것이 아니고, 나의 하나님 앞에서 나와 같은 사람들에게, 즉 어쩌다가 이 글을 읽게 될 소수의 사람들에게 하고 있는 것입니다. 그렇다면, 나는 어떤 목적으로 이 얘기를 하고 있는 것입니까? 나의 목적은 나와 이 글을 읽는 모든 사람으로 하여금 우리에게는 "깊은 곳"이 있고, 우리는 그 "깊은 곳에서" 주님께 부르짖어야 한다는 것을 알게 하는 것입니다(시 130:1). 왜냐하면, 우리 마음의 "깊은 곳에서" 고백하는 것과 믿음으로 살아가는 것보다 더 하나님께 기쁘게 받아들여지는 것은 없기 때문입니다.

나의 아버지는 집안 형편이 어려운데도 자식을 먼 곳으로 유학 보내는 데 필요한 학비를 마련해 주신 것이었기 때문에, 사람들은 그런 아버지를 칭찬하고 칭송하였습니다. 왜냐하면, 타가스테에는 우리보다 훨씬 더 부유하게 잘사는 사람들이 많았지만, 자녀 교육을 위해서 그렇게까지 한 사람은 별로 없었기 때문입니다. 하지만 나의 아버지는 내가 주님을 향하여 얼마나 더 성장해 나가고 있는지, 또는 얼마나 정결한 삶을 살아가고 있는지에 대해서는 전혀 신경을 쓰지 않았기 때문에, 주님이 경작하시는 "나"라는 밭이 극도로 황폐해져서 불모지가 되어 있어도 그런 것에는 관심이 없으셨고, 단지 내가 웅변을 능숙하게 해내기만 하면 그것으로 만족하였습니다. 오직 주님만이 주님의 "밭"인 내 마음의 유일하게 참되시고 선하신 주인이십니다.

6. 내가 열여섯 살이 되던 해에, 나는 어려운 집안 형편으로 인해서 모든 학업을 중단한 채로 학교에 가지 않고, 집에서 부모님과 함께 지내며 쉬는 시기를 갖게 되었는데, 이때에 정욕의 가시덤불이 나의 머리 위에서 점점 자라나서 무성하게 우거져 가고 있었는데도, 그 가시덤불을 제거해 줄 손길은 전혀 없었습니다. 어느 날 목욕탕에서 아버지는 내가 이제 육체적으로 다 자라서 성인 남자로서의 뚜렷한 징후들이 내 육체에 나타나 있는 것을 보시고서는, 금방 손자라도 볼 것 같

은 기대감에 부풀어서 기쁨에 들떠 어머니에게 내 얘기를 하셨습니다. 하지만 나의 아버지가 느끼신 것 같은 그런 기쁨은, 세상 사람들이 눈에 보이지 않는 술에 취해서, 그들의 의지가 근본으로부터 왜곡되어, 그들을 지으신 창조주 하나님을 잊어버리고, 창조주 대신에 피조물들과 사랑에 빠져서 즐거워하는 그런 기쁨일 뿐입니다.

당시에 나의 아버지는 겨우 교리 학습을 마치고 예비신자가 되었을 뿐이지만, 주님께서는 내 어머니의 심령 속에 이미 주님의 성전을 짓기 시작하셨고, 주님의 거룩한 거처의 토대를 마련해 가고 계셨기 때문에, 어머니는 나를 지켜보시면서, 거룩한 두려움과 떨림으로 노심초사 하셨습니다. 왜냐하면, 나는 아직 세례를 받지는 않았지만, 어머니는 내가 주님께 얼굴을 돌리는 것이 아니라 등을 돌리는 그런 무리들에 속하여 어그러진 길을 가게 되지는 않을까 걱정하고 염려하셨기 때문입니다.

7. 내게 화로다! 나의 하나님이여, 내가 주님을 멀리 떠나 행하는 동안에 주님께서 침묵을 지키셨다고, 어떻게 내가 감히 단언할 수 있겠습니까? 그때에 주님께서는 정말 침묵을 지키셨던 것입니까? 그렇다면, 당시에 주님의 신실한 여종이셨던 나의 어머니를 통해서 주님께서 내 귀가 따갑게 들려 주셨던 그 말씀들이 주님의 말씀이 아니라면, 도대체 누구의 말이라는 것입니까? 하지만 그런데도 그 말씀들 중에서 어느 한 말씀도 내 마음속으로 들어와서, 나로 하여금 그 말씀을 행동으로 옮기게 하지는 못하였습니다.

어느 날 어머니는 내가 몹시 염려가 되셨는지, 나를 조용히 따로 불러서, "음행을 저지르지 말고, 무엇보다도 특히 절대로 다른 사람의 아내를 더럽혀서는 안 된다"고 신신당부하시며 경고하셨습니다. 나는 지금도 그 일을 똑똑히 기억합니다. 하지만 당시에 어머니의 그 말씀은 내게는 여자들이 늘상 습관적으로 하곤 하는 잔소리 같은 것으로 들렸기 때문에, 나는 그런 종류의 말을 귀담아 듣고 순종하고자 하는 태도를 보이는 것은 남자로서 부끄러운 일이라고 여겼습니다.

어머니가 내게 해 주신 말씀들은 주님으로부터 온 것이었지만, 나는 그것을 알지 못하였기 때문에, 주님은 침묵하고 계시고, 어머니만 내게 잔소리를 하시는 것인 줄로만 생각하였습니다. 그런데 사실은 주님은 내게 침묵하고 계셨던 것이 아니라, 어머니를 통해서 말씀하고 계셨습니다. 그러므로 주님의 여종의 아들인 나는 주님의 여종이셨던 어머니의 충고를 멸시함으로써 실제로는 주님을 멸시하였던 것입니다.

하지만 나는 그것을 알지 못하고서 눈이 먼 채로 막무가내로 내달렸기 때문에, 나의 친구들이 파렴치한 짓들을 저지르고서는, 그것이 마치 영웅적인 위업이라도 되는 것처럼 큰 소리로 자랑스럽게 떠벌리면서, 자기가 남들보다 더 비열하고 추잡한 짓을 저지른 것을 자랑스러워하였을 때, 내 자신이 그들만큼 뻔뻔스럽지 못한 것이 창피하였습니다. 그래서 나는 단지 쾌락을 위해서가 아니라, 주로 친구들로부터 찬사를 듣기 위해서 그런 짓을 저질렀습니다. 악을 저지르면 비난을 받는 것이 마땅하지 않습니까? 그런데 나는 친구들로부터 비난을 받지 않으려고 더욱 기를 쓰고 더 큰 악을 행하였습니다. 그리고 친구들 중에서 가장 악한 자들이 자기가 저지른 아주 못된 짓을 자랑할 때에는, 나는 실제로 그런 짓을 하지 않았으면서도, 친구들에게 무시당하지 않기 위해서, 나도 그런 짓을 했다고 말하곤 하였습니다. 왜냐하면, 내가 그런 짓을 하지 않았다고 하면, 친구들이 나를 순진하고 고상한 척한다고 무시하고 상대해 주지 않을까봐 두려웠기 때문입니다.

8. 내가 친구들과 어울려서 "바벨론"의 거리들을 쏘다니며,[2] 마치 값비싼 향품과 향유로 뒤덮인 침상이라도 되는 것처럼, 그 더러운 시궁창 속을 뒹굴었는지를 보십시오. 그리고 눈에 보이지 않는 나의 원수는 나를 그 시궁창에 좀 더 단단히 잡아 두기 위해서, 나를 발로 짓밟아서는 그 한복판으로 질질 끌고 갔는데, 그것은 내가 만만해 보였기 때문이었습니다.

내 육신의 어머니는 "바벨론"의 한복판을 이미 빠져나가서, 비록 느리기는 했지만, 그 가장자리를 향하여 서서히 나아가고 계셨기 때문에, 아버지가 나에 대하여 한 말은 들은 체도 하지 않으시고, 내게 순결을 지키며 살아가야 한다는 것을

---

2) "바벨론"은 그에게 있어서 땅에 속한 도성을 나타내는 성경적인 표상이었다. 나중에 그는 자신의 저서인 『하나님의 도성』에서 이 주제를 더욱 발전시킨다.

일깨워 주시고 충고해 주셨습니다. 어머니는 그때에 이미 나의 혈기가 내게 해악을 끼치고 있고 장래에도 위험을 초래하게 될 것임을 느끼고 계셨지만, 그 혈기가 결혼을 통해서 완전히 해소되어 근절될 수 없는 것이라면, 굳이 결혼이라는 굴레 속에 나를 가두어 둘 필요는 없다고 생각하신 것이었습니다.

어머니는 나의 결혼을 전혀 염두에 두지 않으셨는데, 그것은 내가 결혼을 하면, 어머니께서 나에게 걸고 계셨던 희망을 이루는 데 나의 처가 방해가 되고 짐이 될 것을 우려하셨기 때문이었습니다. 당시에 어머니가 내게 걸고 계셨던 희망은 주님 안에서 내세와 관련해서 내게 바라신 소망이 아니었고, 내가 공부를 열심히 해서 출세를 하는 것이었습니다. 나의 부모님은 두 분 다 내가 그렇게 되기만을 학수고대하셨습니다. 아버지는 주님에 대한 믿음이 거의 또는 전혀 없으셨기 때문에 나에 대하여 허황된 꿈을 꾸고 계셨던 반면에, 어머니는 내가 정상적인 과정을 밟아서 공부하는 것이 내게 전혀 해롭지 않을 뿐더러, 나중에 주님께로 돌아오는 데에도 상당히 도움이 될 것이라고 생각하셨습니다. 내가 지난날에 대한 기억을 더듬어서, 나의 부모님의 성향이나 기질에 대해서 생각해 내고 추측해 볼 수 있는 것은 여기까지입니다.

한편, 당시에 나에 대한 훈육의 고삐는 느슨해져 있어서, 꼭 있어야 할 일정 정도의 엄한 제재조차 없었기 때문에, 나는 놀면서 시간을 보냈을 뿐만 아니라, 내가 좋아하는 여러 가지 것들에 지나치게 탐닉하여 방탕하다고까지 할 수 있는 삶을 살았습니다. 나의 하나님이여, 이 모든 것은 짙은 안개가 되어 나의 시야를 가려서, 나는 맑고 밝게 빛나고 있던 주님의 진리를 볼 수 없었습니다. 그리고 나의 죄악은 몸의 여기저기에서 툭 튀어나온 지방 덩어리들처럼 나의 온 몸에서 불거져 나와 있었습니다.

제4장

단지 착하게 사는 것에 대한 반감으로 불량배들과 어울려 도둑질을 함

9. 주님이여, 도둑질은 하나님의 법에 의해서도 처벌을 받고, 사람이 그 어떤 죄악으로도 지워 버릴 수 없는 마음의 법에 의해서도 처벌을 받습니다. 도둑조차도 다른 어떤 도둑이 자기 물건을 도둑질을 해간다면 결코 용납하지 않을 것이고, 부자 도둑조차도 생활이 너무 힘들고 어려워서 도둑질을 할 수밖에 없었던 가난한 도둑을 결코 용납하지 않을 것입니다. 하지만 나는 도둑질을 하고자 하였고, 실제로 도둑질을 했습니다. 굶주리거나 가난해서 어쩔 수 없어서 그랬던 것이 아니라, "의"에 대한 반감과 "죄악"에 대한 강한 충동에 이끌려서 그랬습니다. 그런 동기가 작용하지 않았다면, 내가 실제로 훔친 물건들보다 훨씬 더 좋은 것들을 충분히 갖고 있던 내가 무엇이 아쉬워서 도둑질을 하였겠습니까? 나는 그 물건들이 탐났던 것이 아니라, 단지 도둑질하는 것과 죄 짓는 것 자체를 즐겼습니다.

우리 포도원에서 가까운 곳에 배나무가 한 그루 있었는데, 배가 많이 열려 있기는 하였지만, 배의 모양이나 맛이 따먹고 싶게 유혹하는 정도는 아니었습니다. 당시에 나는 젊은 불량배들과 함께 어울려서, 밤늦게까지 넓은 공터에서 노는 나쁜 습관이 있었는데, 어느 날 밤에 우리는 다함께 그 배나무로 몰려가 힘껏 흔들어서 많은 배들을 우수수 떨어뜨린 후에, 그 중에서 몇 개만 맛을 보고, 나머지는 전부 돼지들에게 던져 주었습니다. 왜냐하면, 우리는 그 배들이 먹고 싶어서 그렇게 한 것이 아니라, 단지 어른들이 우리에게 하지 말라고 하는 짓들만을 골라서 일부러 하는 것이 통쾌하고 좋았기 때문이었습니다.[3]

---

3) 그가 이 사건을 크게 다루고 있는 것은 종종 독자들을 당혹스럽게 만들어 왔다. 왜냐하면, 이 사건은 단지 십대 시절의 못된 장난에 지나지 않는 것으로 보이기 때문이다. 하지만 그는 오로지 악을 행하고자 하는 욕망으로 이 일을 저질렀다는 점에서, 이 사건을 하나님의 법을 거스른 반역이자 죄로 묘사한다. 그가 창세기의 처음 몇 장에 대하여 지대한 관심을 가지고 있었다는 사실에 비추어 볼 때, 그는 이 배나무 사건을 창세기 3장에 나오는 타락 사건과 병행되는 것으로 보았으리라는 것은 쉽게 짐작할 수 있다. 그 타락 사건 이후에 아담과 하와는 잘못된 성적 욕망에 눈을 뜨게 되는데, 여기에서 아우구스티누스는 자신이 이미 정욕에 의해서 움직이고 있었기는 하지만, 자신의 인생에 있어서의 "타락"을 상징적으로 이 사건 속에서 찾았다는 것을 우리는 알 수 있다. 또한, 그렇게 도둑질한 배들을 돼지들에게 던져 주었다는 언급은 탕자의 방황을 상기시킨다.

하나님이여, 나의 마음을 보십시오. 이것이 나의 마음이었습니다. 내 마음이 이렇게 저 깊은 심연 속에 빠져 있었는데도, 주님께서는 그런 나를 불쌍히 여기셨습니다. 이제 내 마음은 그때에 무엇을 추구하고 있었는지를 주님께 고백하고자 하는데, 그것은 내가 악을 저지르며 살고 있었을 때, 내게는 "악한 의지" 외에는, 내가 악을 저지르고자 한 다른 이유가 없었다는 것입니다. 악은 추악한 것이었지만, 나는 그런 악을 사랑했습니다. 나는 내 자신이 파멸해 가는 것을 사랑했고, 내가 나쁜 짓을 하는 것을 사랑했습니다. 나는 어떤 것을 얻기 위해서 나쁜 짓을 한 것이 아니라, 나쁜 짓 하는 것 자체를 사랑했습니다. 내 영혼은 주님이 계시는 궁창으로부터 뛰쳐나와 멸망의 나락으로 떨어져서, 어떤 것을 얻기 위해서 부끄러운 짓을 한 것이 아니라, 단지 부끄러운 짓 자체가 하고 싶어서 부끄러운 짓을 한 추악한 영혼이었습니다.

제5장

사람은 악 자체를 사랑해서가 아니라, 어떤 만족을 얻기 위해서 범죄를 저지름

10. 금이나 은 같은 모든 아름다운 대상들은 시각적인 만족을 주고, 사람의 육체를 만지는 것은 우리의 촉각에 많은 만족을 주며, 그 밖의 다른 감각들도 그 각각에 맞는 대상을 만났을 때에 만족을 얻게 됩니다. 또한, 세상에서 높임을 받고 영광을 얻는 것이나, 사람들을 지배하고 명령하는 것에도, 우리의 욕구를 만족시켜 주는 그 무엇이 있어서, 이런 것들을 둘러싸고서 사람들 간에 분쟁과 싸움이 생겨납니다. 하지만 이런 만족들을 얻기 위해서, 주님을 떠나거나 주님의 법을 어겨서는 안 됩니다. 이 땅에서 살아가는 우리의 삶도 나름대로 어느 정도의 아름다움이 있고, 이 땅에 있는 저급한 수준의 다른 온갖 아름다운 것들과 조화를 이루고 있어서, 저마다 독특한 매력이 있습니다. 또한, 사람들 간의 우애도 나름대로의 달콤함이 있어서, 많은 사람들은 그러한 우애를 통해서 하나로 연합하게 됩니다. 하지만 이 땅에 존재하는 그러한 아름답고 매력 있는 온갖 것들로 인해서, 우

리는 죄를 짓게 되는데, 그것은 우리가 겉으로만 좋아 보이는 그런 저급한 것들에 지나치게 이끌리고 매료되어서, 그런 것들보다 더 좋고 고귀한 우리 주 하나님을 떠나고, 주님의 진리와 주님의 법을 버리게 되기 때문입니다. 물론, 이 땅에 있는 온갖 아름답고 매력 있는 것들도 우리에게 기쁨을 주는 것은 사실이지만, 그 모든 것들을 창조하신 하나님과는 결코 비교조차 될 수 없습니다. 그래서 의인들은 하나님 안에서 즐거움을 찾고, 하나님은 마음이 정직한 자들의 기쁨이 되십니다.

11. 따라서 사람들이 왜 범죄를 저지르는 것이냐고 누가 그 이유를 묻는다면, 우리가 앞에서 "저급한" 수준의 좋은 것들이라고 불렀던 그런 것들을 얻고자 하는 "욕망," 또는 그런 것들을 잃어버리지 않으려고 하는 "두려움"이 그 이유라고 설명하는 것 외에는 달리 설명할 길이 없어 보입니다. 왜냐하면, 그런 것들은 천상의 지극히 고귀하고 아름다운 것들에 비하면 비천하고 저급할지라도, 어쨌든 아름답고 매력적이기 때문입니다.

어떤 사람이 살인을 했다면, 그 사람은 왜 살인을 했겠습니까? 그 이유는 자기가 죽인 사람의 아내나 재산을 가지려 하였기 때문이거나, 먹고 살기 위해서 그 사람의 물건을 탈취하고자 하였기 때문이거나, 그 사람에게 자신의 그러한 것들을 빼앗기게 될 것을 두려워하였기 때문이거나, 그 사람으로부터 어떤 해악을 입어서 복수심에 불타서 그 사람을 죽이고자 하였기 때문일 것입니다. 아무런 동기나 이유도 없이, 단지 살인하는 것이 좋아서 살인을 하는 사람이 어디 있겠습니까? 어떤 살인자가 자기는 단지 살인하는 것이 좋아서 살인하였다고 해도, 누가 그런 말을 믿겠습니까?

아무런 이유도 없이 악하고 잔인한 짓들을 저지른 자였다고 하는 저 잔인한 미치광이 카틸리나(Catilina)조차도, 그가 그렇게 행한 데에는 다 이유가 있었는데, 그는 그 이유를 "게으름으로 인해서 손이나 마음이 무디어지는 것을 막기 위해서"라고 말하였습니다. 그렇다면, 그는 무슨 목적으로 그렇게 행하였던 것입니까? 그의 목적은 그런 식으로 악하고 잔인한 짓들을 저질러서 도시를 장악하여 명예와 제국과 부를 거머쥠으로써, 법에 대한 두려움과 궁핍한 가정형편으로 인한 곤경과 죄의식에서 벗어나는 것이었습니다. 이렇게 "카틸리나"조차도 자신의 악행 자체를 좋아하였던 것이 아니고, 어떤 다른 이유나 동기가 있어서, 그런 식으로 악하고 잔인하게 행한 것이었습니다.

제6장
사람의 모든 범죄는 하나님을 흉내 내려고 하는 데서 생겨남

12. 내 나이 열여섯 살 때에 행한 어둠의 일이었던 배 도둑질이여, 이 가련한 내가 네게서 사랑했던 것은 과연 무엇이었을까? 너는 도둑질이었기 때문에, 결코 아름다운 것이 아니었다. 그런데 너의 정체가 도대체 무엇이기에, 내가 이렇게 너에 대해서 말하고 있는 것이냐?

그 때에 우리가 훔친 배들은 보기에 좋고 아름다웠습니다. 왜냐하면, 그 배들은 만물의 창조주이시고, 만유 중에서 가장 아름다우신 분이시며, 가장 선하신 하나님이시면서 나의 참된 선이신 선하신 하나님이 지으신 것이었기 때문입니다. 그 배들은 정말 보기에 좋고 아름다웠지만, 나의 가련한 영혼이 탐한 것은 그 배들이 아니었습니다. 당시에 내게는 그 나무에 달려 있던 배들보다 더 좋은 배들이 얼마든지 있었기 때문입니다. 나는 단지 도둑질을 하기 위해서, 그 배들을 도둑질한 것이었습니다. 그렇게 도둑질한 배들을 곧바로 몽땅 다 돼지들에게 던져 주어버린 것이 그 증거입니다. 내가 그 배들을 도둑질한 것에서 유일하게 느낀 만족감은 내가 죄를 지었다는 것이었습니다. 왜냐하면, 당시에 나는 죄를 짓는 것이 좋았고, 그것을 즐겼기 때문입니다. 그 배들 중에서 어느 하나를 먹었을 때, 내 입안에서 느껴진 유일한 달콤함은, 내가 도둑질한 배를 먹음으로써 나의 범죄를 분명하게 확인한 것에서 온 희열이었습니다.

주 나의 하나님이여, 이제 나는 그 배 도둑질에서 대체 무엇이 내게 기쁨을 주었던 것인지를 내 자신에게 묻습니다. 그 도둑질 자체에는 그 어떤 아름다움도 없었습니다. 거기에는 정의와 지혜 속에 있는 것 같은 그런 아름다움도 없었고, 인간의 정신과 기억과 감각과 살아 움직이는 생명 속에 있는 것 같은 아름다움이나, 자신의 궤도를 따라 운행하는 별들의 영광과 아름다움 같은 것이나, 죽어 가는 것들의 자리를 새롭게 탄생하는 것들로 끊임없이 다시 채우는 생명활동으로 충만한 땅이나 바다에서 볼 수 있는 아름다움도 없었으며, 심지어는 악을 선으로 보이게 하기 위하여 사용되는 위장된 아름다움조차도 없었습니다.

13. 오직 하나님만이 홀로 만유 위에 높이 계시는데도, 인간의 "교만"은 주님의 높으심을 흉내 내려고 합니다. 오직 하나님만이 홀로 영원토록 만유 위에 영광과 존귀를 받으시는 것이 마땅한데도, 인간의 "야심"은 자신이 영광과 존귀를 받으려고 합니다. "권력자들의 잔인함"은 사람들의 두려움의 대상이 되기를 원하지만, 우리가 두려워해야 할 분은 오직 하나님 한 분입니다. 주님의 권세에서 벗어나서 도망갈 수 있는 사람이 누가 있겠습니까? 누가 언제 어디에서 주님의 권세로부터 벗어나서 어디로 도망간단 말입니까?

"음탕한 자들의 달콤한 유혹"은 사랑이라는 이름으로 불리기를 바라지만, 주님의 사랑보다 더 달콤한 것은 없고, 모든 것을 능가하여 그 위에서 밝고 아름답게 빛을 발하는 주님의 진리를 사랑하는 것보다 더 유익한 것은 없습니다. 인간의 "호기심"은 지식에 대한 욕구를 자극해서 지식을 추구하게 만들지만, 모든 것을 가장 잘 아시는 분은 오직 주님뿐입니다.

인간의 "무지"와 "우매함"은 순진무구함이라는 이름 아래 자신의 정체를 숨겨 버리지만, 주님만큼 진정으로 순수한 사람도 없고, 주님만큼 순결한 사람도 없습니다. 그러므로 죄인은 자기가 행한 악으로 인해서 스스로 해악을 입는 것입니다. 인간의 "게으름"은 마치 안식하는 것처럼 보이기를 바라지만, 주님 안이 아니면 그 어디에 참된 안식이 있겠습니까?

인간의 "사치"는 만족함과 풍성함이라는 이름으로 불리기를 바라지만, 언제까지나 떨어지지 않고 그치지 않는 차고 넘치는 풍성함과 달콤한 만족함은 오직 주님 안에만 있습니다. 인간의 "낭비벽"은 다른 사람들에게 아낌없이 후하게 퍼주는 것처럼 보이지만, 온갖 좋은 것들을 지극히 후하고 차고 넘치게 주시는 분은 주님이십니다.

인간의 "탐욕"은 많은 것을 소유하려고 하지만, 주님은 모든 것을 소유하고 계십니다. 인간의 "시기"와 "질투"는 남들보다 더 뛰어나려고 다투지만, 주님만큼 뛰어난 사람이 어디 있습니까? 인간의 "분노"는 원수를 갚고자 하지만, 주님보다 더 공평하게 원수를 갚아 주는 사람이 어디 있습니까?

인간의 "두려움"은 자기가 아끼고 사랑하는 것들을 위협하는 낯설거나 갑작스러운 변화들에 겁을 집어먹고, 그것들을 안전하게 지키기 위하여 미리 대비를 하지만, 주님에게는 낯설거나 갑작스러운 변화라는 것이 어디 있겠으며, 주님께서 사랑하시는 것들을 주님으로부터 빼앗아갈 자가 누가 있겠습니까? 따라서 주님 안이 아니면, 그 어디에 요동하지 않는 안전함이 있겠습니까? 인간의 "근심"은 자기가 애지중지하며 좋아하던 것들을 잃어버리면, 그것들을 잊지 못해서 상심하는데, 그 이유는 주님께서 자신의 것을 잃어버리는 일이 일어날 수 없는 것처럼, 사람들도 자신의 것을 잃어버리고 싶어 하지 않기 때문입니다.[4]

14. 이렇게 영혼이 주님으로부터 돌아서서, 오직 주님 안에서만 찾을 수 있는 때 묻지 않은 순수한 것을 주님 밖에서 찾고자 할 때, 그것은 "간음"을 저지르는 것입니다. 이렇게 주님을 멀리 떠나 그들 자신을 높여서 주님과 맞서는 모든 사람은 주님을 왜곡되게 잘못 흉내 내게 됩니다.[5] 그러나 그들이 이렇게 주님을 잘못 흉내 내는 행위 자체가, 주님은 모든 자연을 창조하신 분이시기 때문에, 자신들이 주님으로부터 완전히 떠나서 갈 곳은 그 어디에도 없다는 것을 인정하는 것입니다.

그렇다면, 저 배 도둑질에서 내가 사랑했던 것은 무엇이고, 비록 왜곡되고 잘못된 방식이었기는 하지만, 내가 어떤 점에서 주님을 흉내 내려고 하였던 것일까요? 내게는 주님의 법을 어기고 반역할 힘이 실제로는 없었지만, 나는 단지 그런 시늉이라도 내서, 내가 비록 포로 된 처지에 있을지라도, 주님이 금하신 일을 벌 받지 않는 가운데 행함으로써, 주님의 전능하심의 환영(幻影)을 흉내 내어 거짓 자유를 맛보고 싶었던 것이었을까요? 보십시오. 이 종은 주님을 떠나 도망쳐서 환

---

4) 여기에서 그는 각각의 악은 하나님의 어떤 속성을 거짓되게 모방하고자 하는 왜곡된 시도라는 것이고, 오직 하나님만이 주실 수 있는 어떤 것을 하나님 없이 소유하고자 하는 것을 보여 주는 것이라는 "모방"(mimesis)의 형이상학을 제시한다.

5) 시험하는 자 마귀가 아담과 하와에게 한 약속이 여기에서 배경으로 작용하고 있다: "너희가 그것을 먹는 날에는 너희 눈이 밝아져 하나님과 같이 되어"(창 3:5).

영을 좇고 있었습니다. 오, 부패함이여! 오, 괴물 같은 삶이여! 죽음의 심연이여! 어떻게 나는 오직 배 도둑질이 하나님이 금하신 일이라는 이유 하나만으로, 그 금지된 일을 부끄러움 없이 행하고 통쾌함을 느낄 수 있었을까요?

제7장
지은 죄들을 사해 주실 뿐만 아니라, 더 많은 죄들을 짓지 않게 하신 하나님께 감사함

15. 내가 이런 일들을 다시 기억하고 회상하는데도, 이제는 내 영혼이 두려워 떨지 않게 되었으니, 내가 주님께 무엇으로 보답해야 할까요(시 116:12)? 주님이여, 내가 주님을 사랑하고 감사하며 주님의 이름을 시인하고자 하는 것은, 내가 전에 저질렀던 사악하고 가증스러운 짓들을 사해 주신 분이 바로 주님이시기 때문입니다. 내가 저질렀던 죄들이 마치 얼음이 녹듯이 다 녹아 없어져 버리게 된 것은 전적으로 주님의 은혜와 자비 덕분입니다. 또한, 내가 어떤 악을 저지르지 않았더라도, 그것도 모두 주님의 은혜 덕분입니다. 만일 주님께서 내게 은혜를 베풀어 주지 않으셨다면, 죄를 짓는 것 자체가 좋아서 죄를 지었던 내가 무슨 죄인들 짓지 않았겠습니까? 그러므로 나는 내가 의도적으로 지은 죄들만이 아니라, 주님의 인도하심으로 말미암아 내가 짓지 않은 죄들까지, 나의 모든 죄들이 사함 받았음을 시인합니다.

사람이 자신의 연약함을 안다면, 자신의 순결함과 흠 없음이 자신의 능력으로 스스로 이룬 것이라고 주장하면서, 자기는 주님께로 돌아가서 주님의 자비하심을 덧입어 죄 사함을 받을 필요가 별로 없기 때문에, 주님을 사랑할 이유가 별로 없다고 말할 자가 감히 누가 있겠습니까? 주님의 부르심을 받고 주님의 음성에 순종하여, 내가 여기에서 지난날을 회상하며 고백하는 저 부끄러운 짓들을 저지르지 않게 된 사람이 있다고 할지라도, 그 사람은 나를 비웃고 조롱해서는 안 됩니다. 왜냐하면, 나는 전에는 병자였지만, 영혼의 의사이신 주님으로 말미암아 이제 고침을 받은 것이고, 그 사람도 영혼의 의사이신 바로 그 동일하신 주님의 도우심으로 말미암아 병들게 되지 않았거나, 나보다 덜 병들게 된 것이기 때문입니다. 그러므로 그 사람은 죄로 인한 중병에서 나를 고쳐 주신 바로 그분이 자기를 지켜 주셔서 나와 똑같은 중병에 걸리지 않게 해 주신 것임을 깨닫고서, 나와 마찬가지로, 아니 나보다 훨씬 더 주님을 사랑하는 것이 마땅합니다.

제8장

배를 도둑질한 이유

16. 지금 생각해도 부끄러운 그런 짓들, 무엇보다도 특히 저 배 도둑질에서 이 가련한 내가 단지 도둑질을 하는 것을 사랑해서 배를 도둑질한 것이 아니면, 어떤 다른 목적이 있었겠습니까? 그리고 도둑질 자체는 "아무것도 아닌 것"이라는 점에서, 내가 도둑질을 사랑한 것은 더욱더 비참한 것이었습니다. 하지만 그때에 나는 혼자서는 그런 짓을 하지 않았을 것입니다. 그 당시의 나의 마음이 어떠하였는지는 지금도 생생하게 기억이 나는데, 내가 혼자였더라면 그런 짓을 절대로 하지 않았을 것입니다. 나는 당시에 친구들과 함께 하고 같이 어울려 다니는 것을 사랑하였기 때문에, 그들과 공모해서 배 도둑질도 하였던 것입니다. 그러므로 나는 단지 도둑질만을 사랑한 것이 아니었지만, 친구들과 공모한 것은 아무것도 아닌 것이었기 때문에, 사실 내가 사랑한 것은 도둑질이었고, 다른 어떤 것이 아니었습니다.

배 도둑질과 관련해서 과연 진실은 무엇입니까? 나의 마음에 빛을 비추셔서, 그 어두운 곳들까지도 드러내시는 주님 외에, 누가 그 진실을 내게 가르쳐 줄 수 있겠습니까? 대체 어떤 존재가 내 마음에 다가와서, 나로 하여금 이 일에 대해서 깊이 묻고 살피고 생각하게 한 것입니까? 만일 내가 그 때에 단지 도둑질이라는 죄를 저지르는 것만을 사랑했거나, 배를 먹고 싶었던 것이라면, 나는 혼자서 배를 도둑질하는 것만으로도 충분히 나의 욕구를 충족시키고 만족을 얻었을 것이고, 굳이 내 친구들과 함께 어울려서 도둑질을 함으로써, 나의 욕망에 부채질을 하여 활활 타오르게 할 필요도 없었을 것입니다. 그럼에도 불구하고, 나의 쾌락은 그 배에 있었던 것이 아니고, 도둑질이라는 죄를 저지르는 데 있었고, 내가 그 죄를 저지르는 데에는 친구들과의 공모가 일조를 하였던 것입니다.

제9장
친구들과 함께 어울린 것이 배 도둑질을 비롯한 온갖 못된 짓을 한 원인이 됨

17. 당시에 내 영혼의 상태는 어떤 것이었을까요? 내 영혼은 분명히 더럽고 추악하며 역겨운 것이었고, 내 영혼이 그렇게 되어 있었던 것은 내게 "화"였습니다. 그렇다면, 그것은 어떤 상태였던 것일까요? 누가 자신의 잘못을 깨달을 수 있겠습니까?

우리는 못된 짓들을 해놓고서는, 우리가 저지른 그 일들로 인해서 손해를 입은 사람들이 그러한 진상을 알았더라면, 불같이 화를 내고 분해하였을 것인데, 실제로는 그렇게 된 것을 까맣게 모르고 있을 것이라고 생각하니, 그것이 너무나 웃겨서 배꼽을 잡고 웃었습니다. 그런데 나는 왜 이렇게 재미있는 일을 나 혼자서는 하려고 하지 않았을까요? 그것은 그런 일을 나 혼자서 하면 재미도 없고 배꼽을 잡고 웃지도 않게 될 것이었기 때문이 아니었겠습니까? 사람들은 혼자 있을 때나 혼자서 어떤 일을 할 때에는 별로 웃지 않습니다. 물론, 다른 사람들이 아무도 없고 혼자 있을 때에도, 너무나 웃기는 일이 생각이 난 경우에는 갑자기 웃음보가 터지는 일이 종종 있기는 합니다. 하지만 나는 혼자 있을 때에는 웃은 적이 없었고, 혼자 있을 때에는 어떤 경우에도 절대로 웃지 않았습니다.

보십시오. 나의 하나님이여, 지난날에 내 영혼이 어떻게 지내왔는지에 관한 생생한 기록이 주님 앞에 있습니다. 나는 혼자서는 배를 도둑질하지 않았을 것입니다. 왜냐하면, 나는 배가 먹고 싶어서가 아니라, 도둑질을 하는 것 자체에서 기쁨을 느꼈기 때문입니다. 또한, 혼자서 도둑질을 했더라면 그런 기쁨을 느끼지 못했을 것이기 때문에, 내가 혼자였더라면 도둑질을 하지 않았을 것입니다.

친구들과 함께 어울리는 것은 내게 너무나 해로운 것이었고, 나의 마음을 이루 말할 수 없이 미혹하는 것이었습니다.[6] 그래서 나는 친구들과 함께 있을 때에는, 내 자신에게 그 어떤 유익도 없고, 누구에게 원수 갚고자 하는 의도가 없는데도, 심심풀이로 장난삼아서 맹목적으로 다른 사람에게 해가 되는 언행을 일삼았고, 친구들이 "이렇게 하자"고 말하면, 부끄러운 일들을 아무렇지도 않게 저질렀습니다.

제10장
참된 평안과 생명이신 하나님을 떠나 황무지가 되어 버림

18. 이렇게 잔뜩 꼬이고 헝클어진 매듭을 누가 풀어 줄 수 있겠습니까? 그것은 더럽고 지저분한 것이어서, 생각하기도 싫고, 쳐다보기도 싫습니다. 나는 오직 순결한 눈과 갈급한 심령을 지닌 자들에게 너무나 아름답고 고귀한 의로우심과 순전하심 그 자체이신 주님을 열망합니다. 주님께는 참된 평안이 있고 요동할 수 없는 생명이 있어서, 주님 안으로 들어가는 자는 "주인의 즐거움"에 동참하여서(마 25:21), 두려움이 없게 되고, 지극히 선하신 분 안에서 지극히 복된 삶을 살게 됩니다. 하지만 청년기의 나는 내 하나님으로부터 멀리 떨어져 나가서, 나의 참된 의지가 되시는 주님을 떠나 이리저리 떠돌아 다녔습니다.[7] 이렇게 해서, 나는 내 자신에게 황무지가 되어 버렸습니다.

---

6) 그는 우정을 대단히 높이 평가하고 소중하게 여겼지만, 여기에서 말하는 것은 타락하고 부패한 우정이고, 이것이 제2권의 주제이다.
7) 여기에서 그는 자신의 청년기가 탕자의 이야기를 재현한 것임을 보여 준다.

제3권
카르타고에서의 학창 시절과 마니교

아우구스티누스는 카르타고에서 수사학 학교를 다니며 웅변술을 배우는 가운데, 키케로의 저서인 『호르텐시우스』를 읽고 철학을 접하게 되면서, 진리를 추구하고자 하는 열망에 불타올라 하나님을 비롯한 여러 주제들에 대하여 더 깊은 사고를 하게 되고, 성경을 직접 읽어 보고자 하지만 그 내용을 도무지 알 수가 없고 그 문제도 형편없고 보잘것없는 것에 실망하여 포기하고서는, 하나님과 만물에 대한 참된 진리라고 주장하는 마니교 이단에 빠져들게 된다.

어머니는 그런 아들에게 실망하여 집에서 내보내지만, 울며 기도하는 가운데 꿈에서 결국 아들이 돌아오게 될 것이라는 하나님의 응답을 받고, 아울러 암브로시우스 주교에게서도 그 동일한 응답을 받고 나서 다시 아들과 함께 살게 된다.

제1장
정욕에 빠져서 더럽고 추한 삶을 살았으면서도 고상하고 세련된 사람으로 보이고자 함

1. 나는 "카르타고"(Carthago)로 왔는데, 거기에서는 내 주변의 도처에서 추악한

애욕의 "솥단지"(sartago)가 큰 소리를 내며 펄펄 끓고 있었습니다.[1] 나는 아직 애욕에 빠지지는 않았지만, 애욕을 사랑하고 있었고, 내 안에는 분명히 애욕에 대한 숨겨진 굶주림이 있는데도, 그 굶주림을 좀 더 강렬하게 느끼지 못하고 있는 내 자신이 싫었습니다. 나는 애욕을 사랑하고 있었고, 덫으로부터 벗어나 있는 안전하고 순탄한 길이 싫었기 때문에, 애욕의 대상을 찾아다녔습니다.

내 안에는 내 영혼의 양식이신 나의 하나님에 대한 굶주림이 있었지만, 나는 그 굶주림을 느끼지는 못했기 때문에, 썩지 않는 양식에 대한 갈망도 없이 지냈습니다. 이것은 내가 이미 썩지 않는 양식으로 배불러 있었기 때문이 아니었고, 내 안에 그 양식이 결핍되어 있을수록, 그 양식이 싫어서 구역질이 났기 때문이었습니다.

그런 까닭에, 내 영혼은 건강할 수 없었고, 종기들이 가득하고 곪아 터져서 몹시 가려웠기 때문에, 나는 감각적인 것들과의 접촉을 통해서, 그러한 가려움증을 무마해 보려고 했습니다.[2] 하지만 감각적인 것들 속에는 영혼이 없었기 때문에, 그런 것들은 나의 애욕을 충족시켜 줄 수 없었습니다.

따라서 사람과 애욕을 주고받는 것이 내게 달콤한 것이었고, 나의 애욕의 대상이 된 사람의 육체를 즐겼을 때에는 훨씬 더 큰 달콤함을 느꼈습니다. 이렇게 나는 우애의 샘물을 더러운 정욕으로 오염시켰고, 그 샘물의 청정함을 정욕의 끈적끈적한 부유물로 혼탁하게 만들어 버렸습니다. 이렇게 나는 추악하고 정직하지 못한 자였지만, 여전히 지독한 허영에 사로잡혀서, 내 자신이 사람들에게 우아하고 고상하며 점잖은 사람으로 보이기를 강력하게 원하였습니다. 나는 내가 그토록 갈망해 왔던 애욕 속으로 급격하게 빠져들었습니다.

나의 자비로우신 하나님이여, 주님께서는 그 무한하신 선하심으로 말미암아 내가 즐기던 그 달콤함에 나를 위해서 많은 쓰디쓴 것들을 섞어 넣으셨습니다! 그러므로 내가 애욕의 달콤함을 즐길수록, 애욕은 은밀하게 점점 더 나를 옥죄어 왔

---

1) 그가 열일곱 살 때에 간 카르타고는 한 세기 이상이나 알렉산드리아와 제국의 제2의 도시 자리를 놓고 다툴 정도로 매우 번영한 도시였다. 거기에서는 그리스도교가 일찍부터 뿌리를 내리고 있었기는 하지만, 이교도 여전히 강하였다. 여기에서 그는 "카르타고"(cartago)와 '솥단지'를 뜻하는 '사르타고'(sartago) 간의 단어유희를 사용하고 있다. 이 해변의 대도시는 방탕하기로 유명한 곳이었다.
2) 이것은 욥을 가리키는 것일 가능성이 크지만(욥 2:7-8), 나사로를 염두에 둔 것일 수도 있다(눅 16:20).

습니다. 달콤함은 지독한 괴로움과 뒤섞여 짜여 있어서, 나는 시기와 의심, 두려움과 분노와 다툼 등과 같은 벌겋게 달구어진 쇠막대기로 채찍질을 당하고 있었던 것입니다.[3]

제2장
연극을 보면서 쓸데없는 감상에 젖어들고, 그것이 마음을 병들게 함

2. 연극 무대는 내 자신의 비참한 모습들과 비슷한 장면들로 가득 차 있어서, 나는 연극에도 푹 빠졌고, 이것은 나의 정욕의 불길에 기름을 부었습니다.[4]

사람들은 왜 자신이 직접 슬프고 비극적인 일들을 겪기는 싫어하면서도, 그런 장면들을 보면서 슬픔에 젖는 것을 좋아할까요? 연극을 관람하는 사람들은 그런 장면들을 통해서 슬픔을 맛보려고 하고, 그들에게는 슬픔이라는 감정 자체가 쾌락이 되는데, 이것이 완전히 정신 나간 짓이 아니고 무엇이겠습니까? 왜냐하면, 사람이 그런 장면들에 감동을 받으면 받을수록, 그 사람은 그런 감정에 점점 더 깊이 빠져들어서 건전한 삶을 살 수 없게 되기 때문입니다. 사람들은 그런 일들을 직접 겪게 된 경우에는, 그것을 "불행"이라고 부르고, 그런 일들을 겪고 있는 다른 사람들과 함께 슬퍼해 주는 경우에는, 그것을 "연민"이라고 부릅니다.[5] 그러나 현실이 아닌 허구적인 이야기 속에서 사람들이 슬퍼하는 것에 동조해서 함께 슬퍼하는 것이 어떻게 "연민"일 수 있겠습니까?

관객들은 극 중에 등장하는 사람들을 도와주도록 요청받는 것이 아니라, 그들을 위해 슬퍼해 주도록 초대받습니다. 그리고 극 중의 배우들은 자신들의 연기가 관객들로부터 더 큰 슬픔을 이끌어낼수록, 관객들로부터 더 큰 칭송을 받습니다.

---

3) 불에 달군 쇠막대기로 고문하는 것은 로마의 사법체계에서 특히 노예들을 심문할 때에 흔히 사용되었다.
4) "구경거리들"로는 연극들(아우구스티누스는 특히 여기에 탐닉하였다), 검투사들의 경기(알리피우스의 약점, VI.8.13), 전차 경주가 있었다.
5) 그는 "불행"(miseria – '미세리아')과 "연민"(misericordia – '미세리코르디아')을 사용한 단어유희를 좋아하는데, 자신의 글인 『가톨릭적인 생활방식』(27.53)에서는 어떤 사람이 다른 사람의 불행에 공감하여 불쌍히 여기는 감정이 들 때에 그 사람의 "마음"(cor – '코르')이 "불행해지기"(miserum – '미세룸') 때문에 '미세리코르디아'라 불리는 것이라고 말한다.

따라서 배우들이 역사적인 인물을 연기한 것이든, 아니면 전적으로 허구적인 인물을 연기한 것이든, 등장인물들이 겪는 비참한 일들을 연기했는데도, 관객들의 심금을 울리지 못한 경우에는, 관객들은 불만이 가득해서 화를 내며 그 자리를 떠납니다. 반면에, 배우들이 자신들의 심금을 울리는 연기를 하면, 관객들은 배우들에게서 눈을 떼지 못하고 몰입해서 연극을 보며 기뻐서 눈물을 흘립니다.

3. 이것을 보면, 사람들은 슬퍼하는 것도 사랑하는 것 같습니다. 사람이라면 누구나 다 기뻐하기를 원한다는 것은 분명합니다. 따라서 사람은 자기가 불행하게 되어서 슬퍼하는 것을 좋아하는 것은 아니고, 단지 "남을 불쌍히 여기는 것"을 좋아하고, 남을 불쌍히 여기려면 슬퍼하여야 하기 때문에, 그런 이유로 슬퍼하는 것을 사랑하는 것입니다. "남을 불쌍히 여기는 것," 즉 동정도 "우애"라는 저 물줄기로부터 생겨납니다. 그렇다면, 그 "우애"라는 물줄기는 어디로 가고, 어디로 흐르는 것입니까? 왜 "우애"라는 물줄기는, 자신의 의지에 의해서, 저 추악하고 역겨운 욕망들의 거대한 물살들이 용솟음치는 탁류 속으로 흘러들어가서, 하늘에 속한 원래의 맑고 순수함에서 벗어나 왜곡되고 타락하여, 원래의 모습을 알아볼 수 없을 정도로 변질되고 훼손되어 버린 것입니까? 그렇다면, 우리는 남을 불쌍히 여기는 것, 즉 동정 자체를 배격해야 합니까? 결코 그렇지 않습니다.

내 영혼아, 너는 다른 사람을 동정하여 슬퍼하고 아파하는 것이 마땅한 경우가 종종 있지만, 만유 위에 계셔서 영원히 찬송과 존귀를 받으시기에 합당하신 우리 조상들의 하나님이자 나의 하나님이신 주님의 보호하심 아래에서, 그 동정이 더러운 것으로 변질되지 않도록 조심하고 주의하여야 한다.

물론, 당시에 남을 동정하는 마음이 나에게 전혀 없었던 것은 아닙니다. 하지만 그때에 나는 극장의 무대 위에서 연인들이 서로에 대하여 부끄러운 쾌락을 즐길 때, 비록 그것이 극 중에서 허구적으로 행해진 것이었기는 하지만, 그 연인들과 더불어 그것을 함께 즐기고 기뻐하였고, 그 연인들이 서로 헤어지게 되었을 때에는, 마치 그들을 동정이라도 하듯이, 그들과 더불어 슬퍼하였습니다. 따라서 나는 "기쁨"과 "슬픔"을 둘 다 좋아한 것입니다.

하지만 지금의 나는, 사실은 해로운 것인 어떤 쾌락을 누리지 못하게 되었거나, 사실은 비참하고 불행한 것인 어떤 행복을 잃어버렸다는 이유로 힘들어 하는 사람보다는, 부끄러운 죄악을 저지르는 가운데 기뻐하고 즐거워하는 사람을 훨씬 더 불쌍히 여깁니다. 이것이 좀 더 참된 동정이라는 것은 분명하지만, 나는 그 사람을 동정하면서 느끼는 슬픔을 기뻐하지도 않고 즐기지도 않습니다. 왜냐하면, 불행을 겪고 있는 자를 불쌍히 여기는 사람은 그를 사랑하여 동정하는 것인 까닭에 칭찬을 받아 마땅하기는 하지만, 남을 진정으로 동정하는 사람은 자기가 동정하고 슬퍼할 것이 전혀 없게 되는 것을 더 기뻐하기 때문입니다. 진정으로 선한 의지가 악한 의지가 되어 버리는 경우는 있을 수 없지만, 오직 그런 경우에만, 진정으로 남을 불쌍히 여기는 마음을 지닌 사람은 어떤 불행한 일을 겪고 있는 사람들이 존재해서 자기가 그들을 불쌍히 여길 수 있게 되기를 바랄 것입니다. 그러므로 남을 동정하여 슬퍼하는 것이 옳고 칭찬 받을 만한 일인 경우가 있지만, 그런 경우에도 그 동정과 슬픔 자체를 좋아하거나 즐겨서는 안 됩니다. 주 하나님이여, 바로 그렇게 행하시는 분이 주님이십니다. 왜냐하면, 주님은 우리의 영혼을, 우리가 사랑하는 것보다 훨씬 더 순수하게 사랑하셔서, 지극히 고결하고 더할 나위 없이 깊이 불쌍히 여기시지만, 그 어떤 슬픔에 의해서도 스스로 해를 입지 않으시기 때문입니다. 하지만 사람들 중에서 그렇게 온전히 남을 불쌍히 여기고 동정하면서도, 슬픔에 의해서 전혀 해를 입지 않을 사람이 누가 있겠습니까?

4. 반면에, 당시에 이 가련한 나는 슬퍼하는 것을 좋아하고 즐겼기 때문에, 나를 슬프게 해 줄 것들을 찾아다녔고, 극 중에 나오는 등장인물들이 겪는 괴로움과 슬픔은 허구적인 것에 불과한 것인데도, 배우들의 그러한 연기를 너무나 좋아하였고, 거기에 완전히 매료되어서, 눈물을 흘리곤 하였습니다. 하지만 한 마리의 가련한 양인 내가 주님의 보호하심을 못 견뎌하여 주님의 양 무리를 떠나서 길을 잃고 헤매다가, 더러운 병에 걸리게 된 것이 무슨 이상한 일이겠습니까?

내가 슬픔을 사랑하였다고 해서, 그 슬픔이 나의 마음속으로 아주 깊이 침투한 것은 아니었습니다. 왜냐하면, 나는 그런 슬픈 일들을 지켜보는 것만을 좋아하였을 뿐이고, 그런 일들이 내게 일어나기를 바랐던 것은 아니었기 때문이었습니다. 따라서 내가 연극들을 보면서 느낀 슬픔들은, 그러한 허구적인 일들을 보고 들음으로써 생겨난 그런 종류의 슬픔이었기 때문에, 내 마음의 표면만을 살짝 긁고 지나갔을 뿐이었습니다. 하지만 그 슬픔들은 마치 독이 묻어 있는 손톱들처럼, 나의 마음에 염증을 일으켜서, 내 마음은 점점 부풀어 올랐고, 결국 썩어 문드러지게 되었습니다. 이것이 당시의 나의 삶이었습니다. 하지만 나의 하나님이여, 이것을 정말 "삶"이라고 말할 수 있겠습니까?

제3장
교회에서조차도 정욕을 억누르지 못하였으면서도, 수사학 학교에서는 불량학생들을 혐오함

5. 주님의 신실하신 자비하심은 저 멀리서 내 위를 맴돌고 계셨습니다. 나는 큰 죄들에 빠져 내 자신을 소진시켜 가고 있었고, 신성모독적인 호기심에 사로잡혀, 주님을 떠나서 가장 거짓되고 기만적인 것들 속으로 깊이 빠져들어 악한 영들의 노예가 되어 나의 악행들을 그들에게 제물로 바쳤지만, 주님께서는 이 모든 일들 가운데서 나를 징계하시는 일을 그치지 않으셨습니다.

심지어 나는 주님의 교회의 담장 안에서 주님을 예배하는 엄숙한 의식이 거행되고 있는 동안에도, 그 자리에 앉아서 정욕에 사로잡혀 나중에 죽음의 열매를 맺게 될 그런 일을 머릿속으로 꾸미기까지 하였습니다. 주님께서는 나중에 그 일로 인해서 엄중한 벌로 나를 징계하셨지만, 그러한 벌은 내가 저지른 죄에 비하면 아주 가벼운 징계였을 뿐입니다. 도리어, 나는 주님의 길이 아니라 내 자신의 길을 사랑하고, 주님에게서 도망쳐서 누리는 자유를 사랑해서, 주님을 아주 멀리 떠나, 목을 뻣뻣이 세우고서, 저 무시무시한 위험들 사이에서 배회하고 있었지만, 내게 지극히 자비로우셨던 나의 하나님께서는 그런 나를 거기에서 건져 주신 나의 피난처이셨습니다.

6. 내가 당시에 추구하고 있던 학문들은 사람들에 의해서 고상한 것으로 여겨졌지만, 실제로는 법정 싸움에서 뛰어난 언변을 사용해서 이기는 것을 주목적으

로 하고 있었습니다. 그런데 법정에서 이기기 위해서는 사람들을 기만하여야 했기 때문에, 교묘한 언변으로 사람들을 더 잘 속일수록, 사람들로부터 더 큰 찬사를 받았습니다. 사람들의 눈먼 상태는 너무나 심각해서, 자신들이 눈먼 것을 자랑하기까지 하였습니다.

그즈음에 나는 수사학 학교에서 가장 우수한 학생이었고, 그러한 영예를 몹시 자랑스러워하고 기뻐하였으며, 교만함으로 부풀어 올라 있었습니다. 하지만 주님께서 아시듯이, 나는 꽤 차분한 성격의 사람이었기 때문에, "뒤엎어 놓는 자들"이라고 불린 그런 부류의 학생들과는 거리를 두었는데,[6] 그들은 듣기에도 안 좋고 마귀적인 이 명칭을 마치 도시인들의 자랑스러운 표지라도 되는 것처럼 생각하였습니다. 그래서 나는 그들 가운데서 생활하면서, 부끄러운 짓들을 전혀 부끄러워하지 않고 대담하게 저지르는 그들처럼 되지 못하는 내 자신을 부끄러워하면서 지냈습니다.

나는 그들과 함께 생활하면서, 종종 그들의 끈끈한 우정에는 호감이 가기도 했지만, 그들이 저지르는 일들, 즉 "뒤엎어 놓는 행동들"은 늘 몹시 싫어하였습니다. 그들은 지나가는 무고한 사람들에게 아무런 이유도 없이 무례하게 시비를 걸고 욕을 해서 괴롭힘으로써, 자신들의 악한 욕구를 충족시키고 만족을 얻었기 때문이었습니다. 그들의 그런 짓들보다 더 마귀가 행하는 짓들을 닮은 것은 있을 수 없었기 때문에, 그들이 "뒤엎어 놓는 자들"이라고 불린 것은 아주 적절한 것이었습니다. 왜냐하면, 그들이 다른 사람들을 조롱하고 속이는 짓들을 행하며 즐거워하고 있을 때, 그들을 미혹시켜서 그렇게 하게 만든 속이는 영들은 뒤에서 은밀하게 그들을 보면서 비웃고 조롱하고 있었던 것인 까닭에, 가장 먼저 완전히 뒤엎어져서 파멸당하고 있었던 것은 바로 그들 자신이었기 때문입니다.

6) 문자적으로는, 도시를 발칵 뒤집어엎고 전복시키며 약탈하는 자들이라는 의미이다.

제4장

열아홉 살 때에 키케로가 쓴『호르텐시우스』를 통해 "철학"을 접함

7. 나의 일생에서 가장 불안정했던 시기라고 할 수 있는 이때에, 나는 그런 자들과 함께 웅변술에 관한 책들을 배웠는데, 인간적인 헛된 영광을 기뻐하고 추구하는 허영심에 사로잡혀서, 웅변술에 뛰어난 사람이 되고자 하는 것이 나의 목적이었습니다. 학교에서 정한 교과 과정을 따라 공부하다가, 나는 우연히 키케로(Cicero)가 쓴 어떤 책을 접하게 되었습니다.[7] 당시에 키케로의 정신이나 영혼은 아닐지라도, 적어도 그의 언변은 거의 모든 세상 사람들로부터 칭송을 받고 있었습니다. 내가 접한 책은『호르텐시우스』(Hortensius)라 불린 책으로서, 사람들에게 철학을 권유하는 내용이 담겨 있었습니다.[8]

그 책은 내 마음을 바꾸어 놓아서, 나로 하여금 주님을 향하여 기도하게 만들었고, 이전과는 다른 희망과 소원을 갖게 해 주었습니다. 갑자기 지금까지 내가 지니고 있던 온갖 헛된 희망들이 전혀 가치 없는 것들로 생각되었고, 불멸의 지혜를 추구하고자 하는 열망이 내 마음속에서 믿을 수 없을 정도로 강렬하게 불타올라서, 나는 주님께로 돌아가기 위하여 일어서기 시작하였습니다. 이것은 내 나이가 19세 되던 때의 일이었습니다. 아버지는 2년 전에 이미 돌아가셔서,[9] 나는 어머니가 보내 주신 돈으로 수사학 공부를 하고 있었기 때문에, 마치 나의 혀를 더욱더 날카롭게 하기 위해서, 키케로가 쓴『호르텐시우스』를 내가 공부하고 있는 것처럼 보였지만, 사실은 내 마음을 움직였던 것은 문체가 아니라 내용이었습니다.

---

7) 키케로(Marcus Tullius Cicero, 주전 106-43년)는 웅변가이자 정치가, 철학자였고, 아우구스티누스 자신의 증언에 의하면 라틴어권에서의 철학의 아버지였다. 키케로는 주로 그의 수사학과 언어 쪽에서의 탁월성으로 인정을 받았지만, 아우구스티누스는 그의 철학적인 재능도 존중한다.

8) 이 책은 멸실되었지만, 주로 아우구스티누스의 다른 저작들에 나오는 인용문들을 통해서 단편적으로 알려져 있다. 그는 50년 동안이나 계속해서 이 책을 직간접적으로 인용한다: *Contra Academicos*, III. 14:31; *De beata vita*, X; *Soliloquia*, I.17; *De civitate Dei*, III.15; *Contra Julianum*, IV. 15:78; *De Trinitate*, XIII.4:7, 5:8; XIV.9:12, 19:26; *Epist.* CXXX.10.

9) 아우구스티누스는 아버지의 죽음에 대해서는 지나가는 말로 잠깐 언급하고 마는 반면에, 어머니의 죽음에 대해서는 아주 길게 얘기한다(IX.10-12). 이것은 그의 초점이 어디에 있는지를 보여 준다.

8. 나의 하나님이여, 그 때에 내 마음은 아주 뜨겁게 활활 타오르고 있었습니다! 땅에 속한 일들을 훌훌 떨쳐 버리고 날아올라서 다시 주님께로 돌아가고자 하는 열망이 내 속에서 뜨겁게 타오르고 있었지만, 나는 주님께서 나를 어떻게 하려고 하시는 것인지를 전혀 알지 못하였습니다. 왜냐하면, 그런 지혜는 오직 주님 안에 있기 때문입니다.

"철학"은 헬라어로 "지혜에 대한 사랑"을 의미하는데, 키케로의 책은 내 안에 바로 그런 사랑이 활활 타오르게 만들었습니다. 사람들 중에는 철학이라는 위대하고 매력적이며 존귀한 이름을 사칭해서, 자신들의 잘못된 오류들을 덧칠하고 미화하여, 사람들을 미혹하는 자들이 종종 있기 마련이어서, 키케로는 자기 시대와 그 이전 시대들에서 그런 짓을 자행한 사람들 거의 모두를 그 책에서 언급하며 비판하였습니다.

또한, 주님께서 자신의 선하고 경건한 종을 통해서 말씀하신 성령의 지극히 유익한 권면을 아주 생생하게 해설해 놓은 것 같은 그런 내용도 그 책에 담겨 있었습니다: "누가 철학과 헛된 속임수로 너희를 사로잡을까 주의하라 이것은 사람의 전통과 세상의 초등학문을 따름이요 그리스도를 따름이 아니니라 그 안에는 신성의 모든 충만이 육체로 거하시고"(골 2:8-9).

내 마음의 빛이신 주님께서 알고 계시듯이, 당시에 나는 주님의 사도가 이 말씀을 했다는 것을 전혀 알지 못하였기 때문에, 이 말이 키케로의 권유인 줄로만 알고서, 그 권유를 기뻐하고 거기에 자극을 받아, 이런저런 학파를 따지지 않고, 지혜 자체를 사랑하여, 지혜를 담고 있는 글이라면, 어느 학파의 것이든 다 탐독하여 받아들여서 내 것으로 만들고자 하는 열망에 불타올라 있었습니다. 이렇게 지혜에 대한 열망으로 불타올라 있던 나에게 단 한 가지 마음에 걸린 것이 있었는데, 그것은 키케로의 그 책에 그리스도의 이름이 나오지 않는 것이었습니다. 왜냐하면, 주님께서는 내게 자비하심을 베푸셔서, 나의 마음이 아직 딱딱해지지 않고 부드럽고 연할 때, 나로 하여금 나의 구주이시며 주님의 아들이신 그리스도라는 이름을 내 어머니의 젖과 함께 경건하게 먹고서 나의 심령 깊은 곳에 간직하게 하셨기 때문입니다. 그래서 아무리 박식하고 교양 있는 내용을 뛰어난 문체로 진실하게 쓴 글이라고 할지라도, 그 글 속에 그리스도라는 이름이 빠져 있는 경우에는,

그런 글들은 그 어떤 것도 나를 완전히 사로잡지는 못하였습니다.

제5장
키케로와 성경

9. 그래서 나는 내 마음을 성경으로 돌려서, 성경은 도대체 무엇이라고 말하고 있는지를 알아보기로 작정하였습니다. 하지만 막상 성경 속으로 들어가 보니, 거기에 있는 말씀들은 신비에 싸여 있어서, 교만한 자들에게는 무슨 말인지 알 수가 없어 보이고, 어린아이들에게는 확연히 드러나지 않으며, 처음에 들어가는 길은 쉬워 보이지만, 그 길을 따라 올라갈수록 가파르고 그 끝이 보이지 않았습니다. 당시의 나는 성경 속으로 들어가서 거기에서 말하고 있는 것이 무엇인지를 제대로 꿰뚫어 볼 수 있는 그런 상태에 있지도 않았고, 성경이 이끄는 대로 묵묵히 따라가고자 하는 그런 준비도 되어 있지 않았습니다. 당시에 내가 성경을 읽으면서 느낀 것은 지금 내가 성경에 대하여 말하고 있는 것과는 달랐습니다. 키케로의 장엄하고 웅장한 문체에 비하면, 성경의 문체는 너무나 보잘것없고 형편없어 보였습니다. 교만으로 부풀어 올라 있던 나의 마음은 성경의 보잘것없는 문체를 피해서 달아났고, 나의 날카로운 통찰력도 성경의 그러한 문체 속에 담겨진 깊은 뜻을 꿰뚫어 보지 못하였습니다. 성경의 말씀들은 어린아이 같은 마음에 뿌려져야 잘 자라는 것이었지만, 나는 어린아이 같이 되는 것을 오히려 경멸하였고, 교만으로 부풀어 올라서, 내가 마치 다 자란 어른이 된 것처럼 생각하고 있었습니다.

제6장
하나님과 만물의 원리에 대한 참된 지식을 갖고 있다고 자랑하는 마니교에 빠짐

10. 나의 마음 상태가 그랬기 때문에, 그 때에 나는 어떤 부류의 사람들과 어울

리게 되었는데, 그들은 교만함에 빠져서 미쳐 날뛰던 사람들로서, 너무나 육신적인 자들이었고, 말이 많은 사람들이었는데, 그들의 입에서 나오는 말들은 하나님의 이름과 우리 주 예수 그리스도의 이름과 "보혜사" 성령의 이름으로 된 여러 말씀들을 뒤섞어서 만들어 놓은 마귀의 올무 그 자체였습니다.[10] 그들은 이 이름들을 늘 입에 달고 살았지만, 단지 입에 발린 소리였을 뿐이고, 그들의 마음에는 진리라는 것이 없었습니다. "진리, 진리"라는 말을 밥 먹듯이 하였고, 내게도 그런 말을 귀가 따갑게 많이 들려주었지만, 정작 그들 속에 진리는 없었습니다. 진리자체이신 주님에 대해서만이 아니라, 주님께서 지으신 이 세계를 구성하는 기본적인 요소들에 대해서도, 그들은 거짓을 말하였습니다. 가장 선하시고 모든 아름다운 것들 중에서 가장 아름다우신 나의 아버지여, 사실 나는 주님을 사랑하였기 때문에, 주님께서 지으신 피조물들에 대하여 비교적 진리를 말하는 철학자들조차도 붙잡지 않고 그냥 보내 주어야 하였습니다.

오, 진리이신 주님이여, 그들이 비록 말뿐일지라도, 나는 그들의 교리를 적어놓은 많은 방대한 책들 속에서 여러 가지 다양한 방식으로 자주 주님의 이름을 접하게 되었을 때조차도, 바로 그 이름 때문에 내 영혼의 골수는 얼마나 간절하게 주님을 사모하며 탄식하였습니까! 주님에 대하여 굶주려 있던 나에게, 그러한 글들은 주님 대신에, 해와 달 같이 주님이 지으신 아름다운 것들을 내 앞에 차려 놓은 것과 같았습니다.[11] 해와 달은 단지 주님이 지으신 피조물들일 뿐이었고, 주님 자신도 아니고, 심지어 주님이 가장 먼저 지으신 피조물들도 아니었습니다. 왜냐하

---

10) 그들은 마니교도들을 가리킨다. 마니교는 페르시아의 종교지도자였던 마니(Mani, 주후 216-277년경)가 창시한 그리스도교를 표방한 분파였다. 그들의 체계는 선과 악 간의 영속적인 긴장관계에 깊은 관심을 가지고 있던 사람들에게 엄청난 영향력을 미쳤다. 마니교도들은 신화들을 매개로 해서 우주의 기원에 관한 문제를 다루었고, 그 체계는 철저하게 이원론적인 것이었기 때문에, 물질세계에서의 악에 대한 그들의 설명은 하나님의 전능하심을 부정하는 결과를 초래할 수밖에 없었다. 빛의 세계의 지배자가 존재하였는데, 그는 정통 그리스도교의 하나님과는 판이하게 다른 존재였다. 또한, 우주적인 "그리스도"가 존재하였는데, 그의 "권능"은 달에 있었고 그의 "지혜"는 해에 있었다. 역사적인 그리스도는 진정으로 인간이 된 것이 아니었다. 이 분파의 창시자였던 마니는 자기 자신을 보혜사 성령과 동일시하였다. 이 분파의 추종자들은 엄격한 금욕적인 규율을 지킬 의무를 진 성직자들이었던 "완전한 자들"(perfecti)과 규율을 지킬 의무는 없고 가르침만을 받으면 되었던 "듣는 자들"(auditores)로 구분되었다. 이 분파의 주된 매력은 자연과 인간 경험 속에서 인식되는 악의 문제를 직설적이고 심오하며 합리적으로 풀어낸 것에 있었다.

11) 마니교의 신앙 속에서 해와 달은 사람들에게 빛의 요소들을 전해 주어서 정결하게 하여 이 세상으로부터 해방되어 다시 빛의 나라로 가게 해 주는 수단들로서의 역할을 하였다. 따라서 해와 달은 중요하였고, 어떤 의미에서는 신적인 존재들이었다.

면, 물질적인 피조물들은, 아무리 그것이 하늘에서 밝게 빛나는 것이라고 할지라도, 영적인 피조물들보다 나중에 지어졌기 때문입니다. 내가 겪고 있던 굶주림과 목마름은 주님이 가장 먼저 지으신 피조물들에 의해서조차도 채워질 수 있는 것이 아니었고, 오직 "변함도 없으시고 회전하는 그림자도 없으신" 진리 자체이신 주님만이 채워 주실 수 있는 것이었습니다(약 1:17). 하지만 그들이 내게 먹으라고 차려 놓은 것은 실체는 없고 겉만 번지르르한 허상들뿐이었습니다. 지금 생각해 보면, 그때에 내가 눈에만 그럴 듯하게 보이게 해서 사람의 마음을 속이는 그런 허상들을 사랑하지 말고, 차라리 적어도 실제로 존재하기 때문에 속이는 것은 아닌 현실의 해나 달을 사랑하는 것이 더 좋았을 것이었습니다.

나는 그 허상들이 주님으로부터 온 것이라고 생각해서 먹기는 하였지만, 그런 허상들은 주님 자신이 아니었기 때문에, 나의 입맛에 주님처럼 달콤하지는 않았기 때문에, 게걸스럽게 먹은 것은 아니었고, 또한 그것들로부터 자양분을 섭취하기는커녕, 도리어 피폐해져 갔습니다. 꿈속에서 먹은 음식은 깨어 있을 때에 먹은 음식과 똑같아 보이지만, 그것은 사람이 자면서 꿈에서 먹은 것이기 때문에, 그 음식으로부터는 자양분을 섭취할 수 없다는 것이 다릅니다.

주님께서 이제 내게 말씀해 주신 것처럼, 그 허상들은 어떤 식으로도 주님과 똑같을 수 없었습니다. 왜냐하면, 그것들은 실체가 없는 거짓된 허상들이었기 때문입니다. 그런 것들에 비하면, 우리의 육안에 보이는 현실의 대상들은, 하늘에 있는 것이든 땅에 있는 것이든, 훨씬 더 확실한 것들입니다. 그러한 현실의 대상들은 우리만이 아니라 짐승들과 새들에게도 인식되는 것들이기 때문에, 우리의 상상 속에 있는 대상들보다 더 확실합니다. 또한, 그러한 현실의 대상들에 대하여 생각하는 것은, 그러한 현실의 대상들을 토대로 해서, 아예 존재하지 않는 어떤 더 크고 무한한 대상들에 대하여 상상하는 것보다 더 확실합니다.

당시에 나는 그런 빈껍데기들만 먹었기 때문에, 실제로는 먹은 것이 아니었습니다. 하늘에 있는 대상들은, 우리의 눈에 보이는 것이든 보이지 않는 것이든, 모두 다 주님이 지으신 것들이기 때문에, 그 어떤 것도 내가 힘을 얻기 위하여 사모하는 나의 사랑이신 주님도 아니고, 또한 주께서 자신의 가장 뛰어난 피조물들이라고 여기시는 것들도 아닙니다. 그러므로 주님은 내가 지니고 있던 허상들, 즉 실체가 전혀 없는 대상들에 대하여 내가 품고 있던 허상들과는 너무나 거리가 먼 분이십니다! 실제로 존재하는 대상들에 대한 심상(心象)들은 그러한 허상들보다 훨씬 더 확실합니다. 실제로 존재하는 대상들은 그 심상들보다 더 확실한 것들이지만, 그런 대상들조차도 주님이 아닙니다. 또한, 어떤 대상의 생명인 영혼은 그 대상 자체보다 더 확실한 것은 분명하지만, 그러한 영혼조차도 주님인 것은 아닙니다. 내 영혼의 생명이신 주님은 영혼들의 생명이시고, 자기 자신 속에 생명을 갖고 계시는 분이시며, 결코 변하지 않으시는 분이십니다.

11. 그때에 주님은 어디에 계셨고, 나로부터 얼마나 멀리 떨어져 계셨습니까? 나는 주님으로부터 멀리 떠나서, 심지어 돼지들이 먹는 "쥐엄 열매"조차도 먹지 못한 채로, 낯선 땅을 배회하고 다녔습니다(눅 15:16). 문법학자들이나 시인들이 들려 주는 이야기들이 마니교도들이 쳐 놓은 올무보다는 훨씬 더 나았습니다. 즉, 그들이 만들어 낸 시나 노래들, 용이 끄는 마차를 타고 하늘을 날았던 메데아(Medea)에 관한 이야기 등은, 마니교도들이 "어둠의 다섯 동굴"에 대응되는 것으로 제시한 "다섯 원소"보다 분명히 더 유익한 것이었습니다. 왜냐하면, 마니교도들이 말한 "어둠의 다섯 동굴"이나 "다섯 원소" 같은 것들은 그 어느 것도 실제로 존재하는 것들이 아니었던 까닭에, 그들의 말을 믿은 자들은 파멸로 치달을 수밖에 없었기 때문입니다.[12]

시나 노래는 얼마든지 내 마음을 위한 양식으로 활용할 수 있었고, 하늘을 날아다니는 "메데아"를 노래하거나 들었을 때에는, 그저 부르고 들었을 뿐이고, 그 이야기가 사실이라고 믿지는 않았습니다. 반면에, 마니교도들이 내게 들려준 것들은 나는 진리라고 믿었습니다. 화로다! 화로다! 나는 여러 단계들을 거쳐서 서서히 점점 더 "지옥의 심연"으로 끌려 내려가게 되었습니다.

하지만 내게 진리가 없어서 괴로워서 안절부절못하며 애가 타서 이리 뛰고 저리 뛰고 할 때조차도, 사실 나는 내 하나님이신 주님을 찾고 있었습니다. 지금 와

---

12) 마니교에 의하면, 어둠의 나라는 다섯 개의 동굴로 되어 있었다: 어둠의 동굴, 연기의 동굴, 악의 동굴, 바람의 동굴, 악한 불과 물의 동굴. 우주적인 인간은 빛과 공기와 바람과 불과 물의 선한 요소들로 무장하고서 그 동굴들과 싸움을 벌였다.

서 내가 이렇게 고백을 하고 있지만, 주님께서는 당시에 내가 아직 그런 고백을 하지 않았는데도, 나를 불쌍히 여기시고 내게 긍휼을 베풀어 주셨습니다. 하지만 나는 그때에 주님께서 사람으로 하여금 만물의 영장이 되게 하시기 위하여 주신 "마음의 지각"이 아니라 단지 육신의 감각을 의지해서 주님을 찾고 있었습니다. 그러나 주님은 나의 내면의 가장 깊은 곳보다도 더 깊은 곳에 계셨고, 내가 도달할 수 있는 가장 높은 곳보다도 더 높은 곳에 계셨습니다.

당시에 나는 솔로몬이 잠언에서 든 비유에 등장하는 저 지각없고 뻔뻔스러운 음녀를 만났던 것입니다. 이 음녀는 자기 집 문 앞의 의자에 앉아서 내게 이렇게 말했습니다: "도둑질한 물이 달고 몰래 먹는 떡이 맛이 있다"(잠 9:17). 이 음녀는 내 영혼이 원래 있어야 할 곳에 있지 않고 밖으로 나와, 내 육신 속에 자리를 잡고 살면서, 육신이 좋아하는 음식을 먹고 계속해서 되새김질하는 모습을 보고서는, 나를 유혹하였던 것입니다.

제7장
"하나님의 형상"과 족장들의 "의"에 관한 성경 말씀을 공격한 마니교가 잘못된 것임을 말함

12. 당시에 나는 물질적인 존재 이외에 진정으로 존재하는 또 다른 존재가 있다는 것을 알지 못하였습니다. 그래서 저 어리석기 짝이 없는 사기꾼들이었던 마니교도들이 "악은 어디로부터 오겠느냐? 사람이 하나님의 형상으로 지음 받았다고 하는 것이 사실이라면, 하나님이 사람의 형상을 하고 계셔서, 사람의 몸의 형태에 의해서 제한되고, 머리카락이나 손톱을 가지고 계신다는 것이 되는데, 그것이 말이 되겠느냐? 여러 명의 아내들을 동시에 거느리거나, 사람들을 죽이거나, 살아 있는 동물들을 도살해서 제사를 드린 족장들이 과연 의인이라고 할 수 있겠느냐?"고 내게 말하면, 나는 아주 예리한 통찰이라고 생각해서, 그들의 말에 지지를 보냈습니다. 그런 문제들에 무지했던 나는 그런 말을 들으면 무척 당혹해하면

서도, 그들의 말을 수긍할 수밖에 없었습니다.[13]

나는 진리로부터 점점 더 멀어져 가고 있었는데도, 내게는 내가 진리를 향하여 점점 더 나아가고 있는 것처럼 보였습니다. 그 때에 나는 "악"이라는 것은 단지 "선"이 완전히 다 없어져서 결여된 것을 지칭한다는 사실을 아직 알지 못하였기 때문이었습니다. 내 눈은 물질적인 것들만을 보고 있었고, 내 마음은 허상들만을 보고 있었는데, 어떻게 내가 그러한 사실을 알 수 있었겠습니까?

또한, 나는 하나님은 "영"이시기 때문에, 길이와 넓이를 지닌 그 어떤 구성부분도 가지고 계시지 않고, 부피를 지닌 존재도 아니시라는 것을 알지 못하였습니다. 부피를 지닌 존재는 언제나 전체의 일부로서 전체보다 작을 수밖에 없고, 어떤 것이 무한한 부피를 지닌 존재라고 할지라도, 특정한 제한된 공간을 차지하는 것이기 때문에, "무한"이라는 전체보다 작을 수밖에 없습니다. 그러므로 만일 하나님이 부피를 지닌 분이시라면, 그런 하나님은 "영"이신 하나님과는 달리, 그 어디에나 빠짐없이 계실 수 없게 됩니다. 또한, 나는 우리 안에 하나님과 닮은 그 무엇이 존재하기 때문에, 성경에서 사람이 "하나님의 형상대로" 창조되었다고 말한 것이라는 것을 전혀 몰랐고(창 1:27), 따라서 그 말씀이 옳은 것인지도 몰랐습니다.

13. 또한, 나는 인간사회의 관습에 따라서가 아니라, 전능하신 하나님의 지극히 올바른 법에 따라서 판단하는 좀 더 깊은 참된 "의"에 대해서도 알지 못하였습니다. 하나님의 법 자체는 언제 어디서나 늘 동일하고, 시대와 지역에 따라서 달라질 수 없지만, 사람들은 하나님의 법을 가져와서, 자신들이 살아가는 시대와 지역에 맞춰서 도덕과 관습을 형성합니다.

아브라함과 이삭과 야곱과 모세와 다윗을 비롯해서 하나님으로부터 칭찬을 받은 모든 사람들은 이 하나님의 법에 따라서 의롭다 하심을 받았지만, 인간적인 기

---

13) 그는 마니교의 교리를 체계적으로 자세히 우리에게 말해 주고자 하는 관심은 없지만, 그를 괴롭혔지만 만족할 만한 대답을 얻지 못했던 마니교의 세 가지 문제점을 언급하고, 제5권부터 제7권에 걸쳐서 역순으로 그 해법들을 논의하는데, 첫 번째는 악의 기원에 관한 것이었고, 두 번째는 구약에서 하나님이 인간의 모습을 한 것으로 묘사하고 있는 신인동형론에 관한 것이었으며, 세 번째는 구약의 족장들이 도덕적으로 문제가 있는 것으로 묘사되고 있는 것에 관한 것이었다. 이 시기에 그는 이러한 문제들에 대한 적절한 대답을 발견할 수 있는 처지에 있지 않았기 때문에, 세 번에 걸쳐서 "나는 몰랐다"고 말한다.

준으로 판단할 뿐만 아니라 자신들의 도덕과 관습이라는 부분적이고 편협한 잣대로 인류의 보편적인 도덕과 관습인 하나님의 법을 판단한 어리석고 무지한 자들에 의해서는 불의한 자들이라는 정죄를 받았습니다.

그들이 그런 식으로 의인들을 정죄하는 것은, 마치 갑옷을 입을 때, 어떤 것을 몸의 어느 부분에 사용해야 하는지를 알지 못해서, 정강이보호대를 머리에 쓰고, 투구를 발에 신고서는, 갑옷이 자기 몸에 전혀 맞지 않는다고 불평하는 것과 같습니다. 또한, 그것은 공휴일 오후에는 그 어떤 사업도 하지 못하게 법으로 금지되어 있어서, 장사를 하지 못하게 하는 것인데도, 어떤 장사하는 사람이 오전에 장사를 허용했으면, 오후에도 허용해야 하는 것이 아니냐며 불평하는 것과 같습니다.[14]

또한, 그것은 어떤 사람이 어느 집에서 술을 담당한 종은 술만을 취급하고, 음식을 나르는 종은 음식만 나르고, 서로의 일에 관여하지 못하게 하며, 마구간에서 일하는 종이나 식탁 시중을 드는 종도 각자의 일을 하고 다른 사람의 일에 관여하지 못하게 하는 것을 보고서는, 한 집에서 모든 종들이 다 똑같은 일을 하게 하는 것이 마땅한데, 그렇게 하지 않는다고 화를 내는 것과 같습니다. 이 비유에서 그 사람이 그런 식으로 말하며 화를 내는 것은, 하나님의 법에 의해서 어떤 일이 이전에는 의인들에게 허용되었지만 지금은 허용되지 않고, 하나님이 그때그때 어떤 이유가 있으셔서 이전에는 의인들에게 이런 일을 명하셨지만 지금은 저런 일을 명하신 것이라는 말을 듣고서는 참을 수 없어 하는 것과 같습니다. 왜냐하면, 하나님이 이전에 이렇게 명하셨고 지금은 저렇게 명하셨다고 할지라도, 의인들은 이전이나 지금이나 동일하게 하나님의 의로우신 뜻을 준행하는 것이기 때문입니다.

자신의 잣대로 판단하여 불평하고 화를 내는 사람들은, 동일한 사람과 동일한 날과 동일한 집이라고 할지라도, 서로 다른 지체들이 서로 다른 일들을 하는 것이 합당하고, 이전에는 허용되었던 일이 세월이 흐른 후에는 허용될 수 없는 일이 될

---

14) 여기에서 아우구스티누스는 로마인들의 주된 생활의 장이었던 군대와 법정과 가정으로부터 비유를 가져온다.

수도 있으며, 한 지역에서는 허용되거나 의무적으로 행해져야 하는 일이 다른 지역에서는 금지되고, 어기는 경우에는 벌을 받는 것이 합당한 것일 수 있다는 것을 알아야 합니다.

그렇다면, "의"는 하나가 아니고 여럿이며 변할 수 있는 것입니까? 그렇지 않습니다. 그런데도 "의"가 하나가 아니고 여럿인 것처럼 보이고, 시대와 지역에 따라 변할 수 있는 것처럼 보이는 것은, "의"가 적용되는 각각의 시대들이 늘 똑같은 것이 아니라 끊임없이 변하여서 서로 다른 시대들이 되기 때문입니다. 그런데 이 땅 위에서 살아가는 사람들의 삶은 짧아서, 자신들이 경험하지 못한 이전 시대들과 사람들이 자신들이 경험해서 알고 있는 시대와 사람들과 다르게 생각하고 행한 이유를 알 수 없는 반면에, 동일한 사람의 몸이나 동일한 날이나 동일한 가정에서는 각각의 지체나 각각의 시간들이나 각각의 사람들에게 가장 합당한 것이 무엇인지는 쉽게 알 수 있습니다. 그래서 사람들은 전자에 대해서는 화를 내고, 후자에 대해서는 수긍을 하는 것입니다.

14. 당시에 나는 그런 원리를 알지 못하였고, 관심을 갖지도 않았습니다. 내 눈은 도처에서 그런 원리를 접하고 있었지만, 나는 그것을 보지 못했고 알지 못했습니다. 그때에 나는 시들을 짓곤 하였습니다. 그런데 시를 지을 때에는 각운을 멋대로 아무 데나 붙여서는 안 되었고, 어떤 보격의 시냐에 따라서 각운을 붙이는 방식이 달랐으며, 심지어는 하나의 동일한 시에서조차도 각운을 붙이는 곳이 모든 대목에서 동일하지도 않았습니다. 하지만 어떤 보격의 시를 짓더라도, 시를 짓는 원리만큼은 서로 다르지 않고 모두 동일하였습니다.

그런데도 나는 하나님이 모든 시대마다 모든 것들을 동일하게 명하신 것이 아니라, 각 시대마다 그 시대에 적합한 것들을 명하셨지만, 하나님이 명하신 각각의 것들은 "의"라는 점에서는 본질적으로 서로 다른 것이 전혀 없었고, 도리어 모든 선하고 거룩한 자들이 순종하였던 저 지극히 뛰어나고 고귀한 "의"를 동일하게 담고 있었다는 사실을 알지 못하였습니다. 이렇게 눈이 멀어서 아무것도 몰랐던 나는, 하나님이 명하시고 감동을 주신 대로 자신의 시대를 살았고, 하나님이 계시해 주신 대로 장래의 일들을 전하였던 경건한 조상들을 비난하였습니다.

제8장
본성을 거스르거나 남들에게 해를 끼치는 죄악들이 일어나는 이유

15. 어느 시대 또는 어느 지역에서 "마음을 다하고 목숨을 다하고 뜻을 다하여" 하나님을 사랑하고 "이웃을" 자기 자신 같이 사랑하는 것이 불의한 일일 수 있겠습니까(마 22:37, 39)? 마찬가지로, 옛적에 소돔 사람들이 그랬던 것과 같은, 본성을 거스르는 부끄러운 악행들은 언제 어디서나 혐오하고 벌하는 것이 마땅합니다. 이 땅의 모든 족속들이 그런 식으로 행한다면, 그들은 모두 다 하나님의 법에 의해서 동일한 정죄를 받게 될 것입니다. 왜냐하면, 하나님의 법에서는 사람들이 서로를 그런 식으로 대하라고 정해 놓은 것이 아니기 때문입니다. 하나님이 만드시고 정하신 저 본성을 우리의 사악하고 뒤틀린 욕망으로 더럽힐 때, 하나님과 우리 간에 마땅히 있어야 할 정상적인 교제는 파괴되고 맙니다.

또한, 각각의 시대와 지역에 따라서 서로 다르게 형성된 다양한 도덕이나 관습이, 본성을 거스르는 부끄러운 악행들을 금하고 있을 때에는 그런 악행들을 피하는 것이 마땅하기 때문에, 어느 도시나 나라의 구성원들 간의 합의나 약속에 의해서 정해지고, 관습이나 법에 의해서 확정된 것들은, 그 지역의 주민이든 타지인이든, 제멋대로 어겨서는 안 됩니다. 어떤 부분이 전체와 조화롭게 잘 어우러지지 않는다면, 그 부분은 추하고 볼썽사납게 되고 말기 때문입니다.

하지만 하나님이 어느 특정한 도시나 나라에서 통용되고 있는 도덕이나 관습이나 합의와는 다른 어떤 것을 명하신 때에는, 그것이 그 도시나 나라의 구성원들에 의해서 이전에는 단 한 번도 행해진 적이 없는 것이라고 할지라도, 그들은 하나님이 명하신 것을 행하여야 하고, 그들의 도덕이나 관습에 이전부터 그런 규정이 존재하였는데도 지켜 오지 않은 것이라면 그 사문화된 규정을 다시 되살려야 하며, 그런 규정이 아예 존재하지 않았다면 이제라도 신설하는 것이 마땅합니다. 한 나라를 다스리는 왕에게는, 자기 자신이나 선왕들을 비롯해서 아무도 명령한 적이 없는 일을 명령할 수 있는 권한이 주어져 있고, 왕들에게 순종하는 것은 인간 사회의 일반적인 합의이기 때문에, 왕의 명령에 순종하는 것이 공공의 이익을 해치는 것이 아닌 한, 그 명령에 순종하는 것이 마땅한 일이라면, 하물며 모든 피조물을 다스리시는 왕이신 하나님이 명령하시는 것이라면 무엇이든지 다 아무런 의심이나 주저함 없이 기꺼이 순종하는 것은 너무나 마땅한 일이 아니겠습니까? 인간 사회의 질서에 따르면, 낮은 권세보다는 높은 권세에게 더 우선적으로 순종하는 것이 합당한 것과 마찬가지로, 하나님은 모든 권세 위에 계신 분이신 까닭에, 그 어떤 권세보다도 하나님께 더 우선적으로 순종하는 것이 합당합니다.

16. 이것은 모욕적인 언사를 통해서, 또는 실제적으로 신체에 해악을 가함으로써, 적극적으로 다른 사람을 해치고자 하는 범죄 행위들에도 그대로 적용됩니다. 사람들은 원수를 해치는 것과 같이 보복하기 위해서 그렇게 하기도 하고, 강도가 여행자에게 하는 것과 같이 다른 사람들로부터 어떤 이득을 취하기 위해서 그렇게 하기도 하며, 자기가 두려워하는 사람을 해치는 것과 같이 자신이 당할지도 모르는 해악을 미연에 방지하기 위하여 그렇게 하기도 하고, 불행한 처지에 있는 사람이 행복한 사람을 해치는 것과 같이 시기나 질투로 말미암아서 그렇게 하기도 하며, 잘 나가는 사람이 다른 사람이 자기와 대등해지는 것을 두려워하거나, 자기와 대등한 사람을 미워해서 그렇게 하기도 하고, 검투사들의 시합을 보는 관중들이나 다른 사람들을 조롱하고 비웃는 사람들처럼 단지 남들이 고통 받는 것을 즐기기 위해서 그렇게 하기도 합니다.

이러한 것들은 "육신의 정욕과 안목의 정욕과 이생의 자랑"(요일 2:16) 중의 어느 한 가지, 또는 두 가지, 또는 세 가지 모두가 작용해서 생겨나는 주된 죄악들입니다. 지극히 높으시고 인자하신 하나님이여, 사람들은 이런 식으로 하나님에 관한 세 가지 계명과 이웃에 관한 일곱 가지 계명으로 이루어진 열 줄로 된 수금 같은 십계명을 어기며 살아가고 있습니다. 하지만 인간의 부끄럽고 더러운 악행들이 결코 더럽혀질 수 없으신 주님을 어떻게 더럽힐 수 있겠으며, 남에게 해악을 가하는 인간의 범죄 행위들이 결코 해악을 입으실 수 없으신 주님을 어떻게 해칠 수 있겠습니까?

하지만 주님께서는 사람들이 자행하는 그런 악행들을 벌하셔서, 그런 악행들을 저지른 자들이 스스로 해악을 입게 하십니다. 즉, 그들이 주님을 거역하여 죄를 지을 때, 그것은 그들 자신의 영혼에도 해악을 입히게 됩니다. 왜냐하면, 죄를 짓는 것은 주님께서 지으시고 정하신 그들 자신의 본성을 부패시키고 왜곡시키는 것이어서, 자신들의 영혼을 속이고 기만하는 행위가 되기 때문입니다. 그들은 원래는 허용되어 있는 것들을 지나치게 무절제하게 사용하거나, 본성을 거스르는 것이어서 원래부터 허용되지 않는 것들을 행함으로써 죄를 짓기도 하고, 주님을 거슬러 반역을 행하여, "가시채를 뒷발질하며"(행 26:14), 화가 나서 마음과 말로 주님을 대적하거나, 대담하게도 인간 사회의 규범을 깨뜨리고서, 자신들의 사적인 좋고 싫음에 따라서 제멋대로 이합집산하여 파당을 이루는 것을 기뻐함으로써 죄를 짓기도 합니다. 생명의 샘이신 하나님은 만유의 유일하게 참되신 창조주와 통치자이신데도, 사람들이 그런 하나님을 버리고, 스스로 교만하게 되어서, 만유 중에서 일부를 선택하여, 마치 그것이 전체인 것처럼 잘못 착각하여 사랑할 때, 이런 일들이 일어나게 됩니다.[15]

그러므로 우리로 하여금 "모든 것의 선"이신 주님보다 "우리 자신의 선"을 사랑하게 하여, 더 많은 것들을 갖고자 하는 탐욕으로 말미암아 모든 것을 잃게 만드는 저 "거짓 자유"의 뿔을 곤두세우고서 주님을 대적하는 것이 아니라, 우리 자신을 낮추고서 경건한 마음으로 주님께 돌아가기만 하면, 주님께서는 우리를 깨끗하게 씻어 주셔서 악한 습성으로부터 벗어나게 해 주시고, 우리가 고백한 죄악들을 긍휼히 보아 주시며, 죄의 사슬에 묶여 노예가 된 우리의 신음소리를 들으시고서는, 우리가 스스로 만들어 내어서 우리 자신을 옭아매었던 저 사슬을 풀어 주십니다.

제9장
사람들의 행위에 대한 하나님과 인간의 판단이 서로 다름

17. 이러한 부끄러운 악행들과 범죄 행위들을 비롯한 온갖 죄악들 중에는, 영적으로 성장하고 진보해 나가는 와중에서 저질러지는 죄들도 있습니다. 이런 죄

---

15) 신플라톤주의자들에 의하면, 인간에게 주어진 소명은 "일자"를 사랑하고 꼭 붙드는 것이다. 죄는 "일자"로부터 등을 돌리고 떠나서 감각들의 삶에 사로잡혀서, 거짓된 중심 또는 거짓된 "일자"를 세우는 데 있다.

들은 "온전함"이라는 잣대에 의해서 엄격하게 판단하면 비난 받아야 마땅하지만, 그 당사자들은 마치 싹이 나서 자라가는 곡식처럼, 장차 열매를 맺게 될 것이라는 소망을 보여 주고 있다는 점에서 칭찬을 받아 마땅합니다.

또한, 겉보기에는 악행이나 범죄 행위처럼 보이기는 하지만, 주 우리 하나님이나 사회 관습을 거스르는 것이 아니기 때문에, 죄가 아닌 그런 행위들도 있습니다. 예컨대, 불확실한 미래를 대비해서 미리 재물을 비축해 두는 것은 소유욕에 의한 것이라고 할 수 없고, 사람들의 행실을 교정하기 위한 목적으로 합법적으로 세워진 기관들이 죄악을 저지른 사람들을 벌하는 것은 남을 해치고자 하는 욕구에서 나온 것이라고 할 수 없기 때문에, 그런 행위들은 죄가 되지 않습니다.

따라서 사람들에게는 긍정될 수 없는 행위들이 주님에 의해서는 긍정되는 경우도 많고, 사람들로부터 칭찬 받는 일들이 주님에 의해서는 정죄 받는 경우도 많습니다. 왜냐하면, 행위 자체의 성격이나, 그 일을 행한 사람의 마음의 의도나, 그 사람이 그 일을 행하였을 때의 숨겨진 정황 같은 것들이 천차만별로 서로 다르기 때문입니다.

하지만 주님께서 전혀 생각지도 못한 아주 이례적인 어떤 일, 아니 주님이 전에는 금지하셨던 어떤 일을, 갑자기 예기치 않게 그 이유에 대한 어떠한 설명도 없이 행하라고 명하신다면, 그 일이 인간 사회의 일부 관습과 반대되는 것이라고 할지라도, 우리가 그 일을 행하여야 마땅하다는 것을 의심할 사람이 어디 있겠습니까? 왜냐하면, 인간 사회는 주님께 순종할 때에만 의로울 수 있기 때문입니다. 그러므로 주님께서 명하신 것을 알고 순종하는 사람들은 복이 있습니다. 주님을 섬겨 순종한 사람들이 행한 일들은, 당시에 꼭 필요한 것들을 보여 주거나 장래에 있을 것들을 미리 알려 준 것이기 때문입니다.

제10장
땅에서 나는 열매들에 관한 마니교의 가르침을 비판함

18. 나는 그런 것을 전혀 몰랐기 때문에, 저 거룩한 주님의 종들과 선지자들을

비웃고 조롱하였습니다. 하지만 내가 주님의 종들을 비웃고 조롱해서 얻게 된 것은, 내 자신이 서서히 아주 조금씩 마니교도들의 터무니없는 말들을 믿게 됨으로써, 반대로 내가 주님으로부터 비웃음과 조롱을 당하게 된 것이었습니다.

나는 사람들이 무화과 열매를 따면, 무화과나무가 운다고 믿었고, 무화과나무에서 나오는 우윳빛 수액은 눈물이라는 것을 믿었습니다. 또한, 어떤 사람이 그런 식으로 무화과 열매를 따는 죄를 지었다고 할지라도, 마니교의 성직자가 그 열매를 먹고서 자신의 위에서 소화를 시킨 후에, 호흡을 통해서 다시 몸 밖으로 내어놓으면, 천사들의 모습이 되어 나온다는 것도 믿었습니다. 즉, 무화과 열매 속에는 지극히 높으시고 참되신 하나님의 입자들이 갇혀 있지만, "선택된 자"라고 불리는 마니교의 성직자가 자신의 이빨로 씹고 배로 소화를 시킨 후에는, 그 하나님의 입자들이 무화과 열매로부터 해방되어서, 그가 기도하는 가운데 탄식할 때에 밖으로 나오게 된다는 것이었습니다.

하나님은 사람들을 위해서 땅의 열매들을 지으신 것인데도, 가련한 나는 사람들보다도 땅의 열매들을 불쌍히 여겨야 한다고 믿었습니다. 그래서 어떤 사람이 너무나 굶주려서 땅에서 난 어떤 열매를 달라고 애걸할 때에도, 그 사람이 마니교도가 아닌 경우에는, 그 열매를 한 입이라도 그 사람에게 주는 것은 사형에 처해질 일을 하는 것이라고 여겼습니다.

제11장
하나님이 어머니에게 내가 결국에는 회심하게 될 것임을 꿈으로 보여 주심

19. 주님의 신실한 여종인 내 어머니가 자신의 자녀가 죽어서 통곡하는 어머니들보다도 더 비통하게 나를 위하여 주님께 울며 간구한 덕분에, 주님께서는 마침내 "위에서부터 주의 손을 펴사"(시 144:7), 마니교라는 저 깊은 어둠으로부터 나를 꺼내 주셨습니다. 어머니는 주님으로부터 받아서 갖게 된 믿음과 성령을 통해서, 내가 죽어가고 있는 것을 보셨고, 주님은 어머니의 기도를 들으셨습니다. 주님은

어머니의 기도를 들으셨고, 기도하는 곳마다 그 눈에서 쏟아져서 땅바닥을 흥건히 적신 어머니의 눈물을 멸시하지 않으셨습니다. 주님은 어머니의 기도를 들으셨습니다. 주님께서 기도를 듣지 않으셨다면, 어떻게 어머니가 꿈을 꾸시고 위로를 받으셔서, 내가 다시 집에 들어와서 어머니와 함께 살면서, 한 상에서 식사를 같이 하는 것을 허락하셨겠습니까? 그 꿈을 꾸시기 전만 해도, 어머니는 내가 마니교의 잘못된 교훈에 빠져서 신성모독을 저지르고 다니는 것을 미워하시고 몹시 못마땅해하셔서, 나를 집에서 내보내시고, 나와 함께 식사하는 것도 피하셨었습니다.

꿈속에서 어머니는 나무로 된 어떤 "잣대" 위에 서서 괴로움과 슬픔에 짓눌려 계셨는데, 그때에 온 몸에서 광채가 나는 한 청년이 기뻐하면서 어머니에게 미소를 지으며 다가오는 것을 보셨다고 합니다. 그 청년은 어머니에게서 무엇인가를 알아내려고 하는 것이 아니라, 도리어 무엇인가를 가르치려는 태도로, 어머니가 슬퍼하고 괴로워하면서 날마나 우는 이유가 무엇이냐고 물었고, 어머니는 내 영혼이 멸망을 받아 지옥에 떨어지게 될 것이 걱정되어서 슬퍼하고 우는 것이라고 대답하였답니다. 그러자 그 청년은 어머니에게 안심하라고 명하고서는, 어머니가 있는 곳에 나도 있는 것을 주목하여 보라고 말하였고, 어머니가 주목해서 보았더니, 정말 내가 그 동일한 잣대 위에서 어머니 옆에 서 있더랍니다.

주님께서 내 어머니의 간절한 마음에 귀를 기울이시지 않으셨다면, 이런 꿈이 도대체 어디로부터 왔겠습니까? 선하시고 전능하신 주님이여, 주님은 마치 오직 한 사람만을 돌보시는 것처럼 우리 각 사람을 돌보시고, 우리 모두를 마치 한 사람인 것처럼 돌보십니다.

20. 또한, 어머니가 자신이 꿈에서 보신 것에 대하여 내게 말씀하셨을 때, 나는 어머니도 언젠가는 나와 같이 되실 것이기 때문에 절망해서는 안 된다는 것이 그 꿈의 의미라고 말씀드렸지만, 어머니는 한 치의 망설임도 없이 계속해서, "나는 네가 있는 곳에 나도 있게 될 것이라는 말씀을 들은 것이 아니라, 내가 있는 곳에 너도 있게 될 것이라는 말씀을 들은 것이기 때문에, 나의 꿈은 네가 말한 그런 의미가 아니다"라고 말씀하셨는데, 이것도 주님이 나를 돌봐 주신 것이 아니고 무엇

이겠습니까?

주님이여, 다른 일들에서도 이런 말을 종종 해 왔지만, 나는 이 일에 대해서도 내가 기억해 낼 수 있는 한도 내에서 최선을 다해 주님께 고백을 하고 있습니다. 그때에 나는 그 꿈 자체도 내게 감동이었지만, 주님께서 깨어 계셨던 내 어머니를 통해서 내게 해 주셨던 응답, 즉 어머니가 나의 그럴 듯하지만 잘못된 꿈 해석에 흔들리지 않으시고, 자신이 꿈속에서 보신 것의 의미가 무엇인지를 너무나 분명하게 알고 계셨다는 사실이 내게 더 큰 감동으로 다가왔습니다. 왜냐하면, 나는 어머니가 말씀해 주시기 전에는 그 꿈의 의미가 그런 것인지를 분명하게 알지 못하고 있었기 때문입니다.

이렇게 주님은 이 꿈을 통해서 먼 훗날에 이루어질 기쁜 일을 미리 보여 주심으로써, 이 경건한 여인이 당시에 겪고 있던 괴로움을 위로해 주신 것이었습니다. 왜냐하면, 나는 그 후로도 거의 9년 가까이 마니교라는 저 깊은 수렁에 빠져서 온통 거짓으로 가득한 어둠 속에서 허우적거렸고, 여러 번 그 수렁에서 벗어나려고 발버둥을 치기도 했지만, 그럴 때마다 더욱더 깊이 처박혀 버리는 삶을 살았는데도, 그 오랜 세월 동안 주님께서 사랑하신 저 고결하고 경건하며 분별 있는 과부였던 내 어머니는, 한편으로는 한결같이 나를 위해 애통해하시면서, 나를 주님께 올려 드리는 가운데 울며 간절하게 기도하시는 것을 그치지 않으셨으면서도, 다른 한편으로는 소망에 넘쳐서 활기찬 삶을 살아가셨기 때문입니다.

어머니의 기도는 주님 앞에 상달되었지만, 주님께서는 내가 그 어둠 속에 빠져서 계속해서 허우적거리도록 내버려 두셨습니다.

제12장
하나님이 주교를 통해서 어머니에게 내가 꼭 돌아오게 될 것이라는 응답을 주심

21. 이 시기에 주님께서는 내 어머니에게 또 하나의 응답을 주신 것으로 나는 기억합니다. 내가 주님께 좀 더 절실하게 고백하고 싶은 것들로 속히 넘어가기 위

해서, 나는 지금 많은 일들을 말하지 않고 생략한 채로 지나가고 있습니다. 물론, 내가 아예 까마득하게 잊어버린 일들도 많습니다. 하지만 이때에 주님께서 내 어머니에게 주신 또 하나의 응답은 꼭 짚고 넘어가고 싶은데, 그 응답은 "주님의 교회"에서 자라나서 "주님의 책들"에 정통한 "주님의 성직자"였던 어느 주교를 통해서 왔습니다.

어머니는 그 주교에게, 나와 대화를 나누는 시간을 갖고서 나의 잘못들을 지적해 주고, 나로 하여금 악을 버리고 선을 배울 수 있도록 도움을 주기를 간청하였는데, 어머니가 이런 부탁을 하실 수 있었던 것은, 실제로 그 주교는 자신의 권면을 받아들일 준비가 되어 있는 사람들에게는 종종 그런 식으로 만나서 대화를 나누고 교훈을 주곤 하였기 때문이었습니다. 그런데 내가 나중에 알게 된 일이지만, 그 주교는 내 어머니에게 다음과 같이 대답하고서는, 그 부탁을 거절하였다고 합니다. 그리고 그것은 지혜로운 처사였습니다. 왜냐하면, 그 주교는 어머니가 나에 대하여 말한 것을 듣고서는, 내가 이미 마니교라는 이단이 가르치는 이상한 교리에 푹 빠져서 기고만장하여, 많은 어리숙하고 무지한 사람들을 여러 가지 교묘한 질문들로 헷갈리게 하고 현혹시키고 있는 까닭에, 다른 사람이 그 어떤 말을 해도 지금은 듣지 않을 것이라고 대답하였다고 하기 때문입니다.

또한, 그 주교는 어머니에게 이렇게 말하였다고 합니다: "한동안은 아드님을 그대로 내버려 두시고, 오직 아드님을 위해서 하나님께 기도하는 것만 하십시오. 아드님은 언젠가는 책들을 읽다가, 자기가 빠져 있는 마니교의 오류가 무엇인지를 스스로 알게 될 것이고, 그 이단과 자기가 하나님에 대하여 얼마나 지독한 불경죄를 범하고 있는 것인지도 스스로 깨닫게 될 것입니다." 그리고 그 주교는 계속해서 내 어머니에게 자기 얘기도 들려주었는데, 자기도 청소년 시절에 미혹된 어머니에게 이끌려 마니교에 빠져서, 그들이 읽는 거의 모든 책들을 읽었을 뿐만 아니라, 심지어 그 책들을 필사하기까지 하였지만, 마니교가 잘못되었음을 증명하는 다른 사람의 반박 같은 것들을 전혀 듣지 않았음에도 불구하고, 그 이단으로부터 떠나야 한다는 것을 절실하게 깨닫고서, 마니교를 떠나게 되었다고 말하였답니다.

하지만 어머니는 그 주교가 자기에게 해 준 말들이 성에 차지 않아서, 계속해서 더 많은 눈물을 펑펑 쏟으며, 나를 한 번만 만나서 대화를 좀 해 봐 주시라고, 더욱 간절하고 끈질기게 반복적으로 간청을 하였답니다. 어머니가 이렇게 막무가내로 조르자, 결국 그 주교는 약간 짜증 섞인 목소리로, 이렇게 말하더랍니다: "이제 가 보십시오. 당신이 이렇게 살아서 아들을 위해 눈물을 흘리며 기도하는데, 그런 아들이 멸망을 당할 리가 없습니다." 어머니는 그 후에 나와 대화하시면서 가끔씩 이 얘기를 들려주실 때면, 그때에 그 주교가 대답해 준 말은 자기에게 하늘로부터 주어진 음성으로 받아들여졌다고 말씀하셨습니다.[16]

---

16) 그가 이 "하늘로부터의 음성"으로 제3권을 엄숙하게 마무리하고 있는 것은 제8권에서 그가 동산에서 그런 음성을 듣는 장면과 병행을 이룬다.

제4권
마니교도 시절

아우구스티누스는 고향인 타가스테에서 한 여자와 동거하면서 수사학을 가르치고 시가 경연대회에 나가 우승하는 등 돈과 명예를 추구하였고, 마니교에 몸담고서 점성술에도 빠져든다. 하지만 고향에서 사귄 절친한 친구가 죽자 깊은 슬픔에 빠져서 실의에 찬 나날들을 보내다가, 다시 고향을 떠나 카르타고로 가서 새로운 친구들과 어울리면서 슬픔에서 벗어나기는 하지만, 또 다른 장래의 슬픔을 잉태하는 삶을 살아간다.

아름다움이라는 주제를 깊이 생각하다가 『아름다운 것들과 어울리는 것들』이라는 최초의 저서를 쓰고, 아리스토텔레스의 『십 범주』를 비롯한 교양 학문의 책들을 별 어려움 없이 섭렵한다. 하지만 하나님과 영적인 것들에 대한 무지로 인해서 물질주의적인 사고에 빠져 허황된 망상들을 머릿속에서 만들어 내고, 그 속에 갇혀서 살아가는 삶이 계속해서 이어진다.

제1장
나의 인생에서 스스로도 속고 남도 속였던 가장 불행한 시기

1. 내 인생에서 열아홉 살부터 스물여덟 살까지 9년이라는 기간 동안, 나는 여러 가지 욕망들에 사로잡혀서 스스로 "미혹되고" 다른 사람들을 "미혹하며," 스스

로 "속고" 다른 사람들을 "속이는" 그런 삶을 살았습니다. 나는 공적이고 공개적으로는 "교만"으로 가득한 채로 교양학문들이라 불리는 것들을 가르치면서, 사적으로 은밀하게는 종교라는 거짓된 이름하에 "미신"에 빠져서 그런 삶을 살았는데,[1] 나의 그런 삶은 공적인 것이든 사적인 것이든 헛되고 헛된 것이었습니다.

공적인 삶에서 내가 추구한 것은 대중으로부터 명성을 얻고 유명해지고자 하는 헛된 일이었는데, 나는 그런 절제할 수 없는 욕망에 사로잡혀서, 심지어 대회에서 우승하여 지푸라기만도 못한 면류관을 쓰고 겉보기만 화려한 무대에 등장하여 대중의 우레 같은 박수갈채를 받으려고, 극장에서 열린 시가(詩歌) 경연 대회에 참여하기까지 하였습니다.

반면에 사적인 삶에서는, 나의 그러한 추하고 더러운 짓들을 씻어내어 정결하게 되고자 하는 마음으로, 마니교에서 "선택된 자" 또는 "성자"라 불린 자들에게 음식을 갖다 바쳤는데, 이것은 그들이 그 음식을 먹고 위에서 소화를 시키고 나면, 그들의 호흡을 통해서 천사들과 신들이 밖으로 나와서 우리를 해방시켜 준다는 그들의 가르침을 믿었기 때문이었습니다. 나는 나와 마찬가지로 속고 있었기도 하고, 나로 말미암아 속고 있었기도 한 내 친구들과 함께 그런 일을 계속해 나갔습니다.

사람들을 구원하시기 위한 내 하나님의 채찍을 맞는 일을 겪지 않아서 아직 납작 엎드리지 않은 교만한 자들은 이런 나의 모습을 보면서 비웃겠지만, 그럼에도 불구하고 나는 주님을 찬송하기 위하여 나의 부끄러운 모습을 숨김없이 드러내어 주님께 고백하고자 하오니, 나로 하여금 현재의 기억을 더듬어 올라가서, 내가 과거에 잘못했던 것들을 생각나게 하셔서, 주님께 감사하며 기쁨의 제사를 드릴 수 있게 해 주시기를 간구합니다(시 27:6).

주님이 나와 함께 하시지 않는 가운데, 내가 내 자신을 인도한다면, 나는 절벽에서 떨어져 죽을 수밖에 없지 않겠습니까? 내가 가장 잘 나갈 때에도, 나는 단지 주님이 주시는 젖을 먹고, 영원토록 썩지 않는 양식이신 주님을 먹고 살아가는 젖

---

1) 이것은 이 분파가 주후 4세기의 대부분 동안 교회와 국가에 의해서 공식적으로 금지되어서 은밀하게 활동해야 했기 때문이다. 하지만 이 금령은 엄격하게 집행되지는 않았다.

먹이에 지나지 않는 그런 존재가 아닙니까? 어떤 사람이 제아무리 날고뛰는 재주가 있다고 할지라도 그저 사람에 불과하지 않습니까? 그러므로 강하고 힘 있는 자들은 우리를 비웃겠지만, "가난한 자와 궁핍한 자"(시 74:21)인 우리는 주님께 모든 것을 내어 놓고 고백할 뿐입니다.

제2장
한 여자와의 동거, 그리고 수사학을 가르침

2. 당시에 나는 돈을 벌고자 하는 욕망에 사로잡혀서, 수사학을 가르친다는 미명 하에, 말재주로 사람들을 이기는 기술을 팔고 있었습니다. 그렇기는 하지만, 내가 선하고 정직한, 아니 선하고 정직하다고 생각되는 사람들을 나의 학생으로 받아서, 비록 사람들을 속이는 말재주이긴 하지만, 죄 없는 자의 목숨을 해치기 위해서가 아니라, 죄 지은 자의 목숨을 종종 구해 주는 데 사용할 수 있도록 최선을 다해서 정말 정직하고 성실하게 가르치고자 하였다는 것은 주님께서 잘 아십니다.

하나님이여, 나는 남들을 속여서라도 세상에서 헛된 영광을 얻어 보겠다고 나를 찾아 온 학생들을 지도하면서, 내 자신도 내가 가르치던 학생들과 전혀 다를 바 없는 그런 사람이기는 하였지만, 저 미끄러운 길에서 자욱한 연무에 휩싸여서 넘어지면서도 약간의 신의(信義)의 불꽃들을 그들에게 보여 주고 있는 것을, 주님께서는 저 멀리서 보고 계셨습니다.

이때에 내게는 한 여자가 있었고, 나는 그 여자와 정식으로 결혼하지 않은 채로 함께 살고 있었습니다. 그녀는 내가 분별없이 정욕을 좇아 이리저리 방황하며 제멋대로 행하고 다닐 때에 만난 여자였지만, 나의 유일한 여자였고, 그녀에게 계속해서 신의를 지켰습니다. 나는 그녀와 함께 살면서, 정식으로 결혼을 한 경우에는 부부가 둘 사이에서 자녀들을 낳아 기르고 싶어 하는 반면에, 정욕에 의해서 맺어져서 동거하게 된 경우에는, 두 사람은 사실상의 부부이고, 자신들 사이에서 원하지 않았던 자녀들이 생겼을 때에는 그 자녀들을 사랑하게 되기는 하겠지만, 그 이전까지는 자녀를 두고 싶어 하지 않는다는 점에서, 큰 차이가 있다는 것을 경험적으로 알게 되었습니다.[2]

3. 나의 기억 속에 남아 있는 또 한 가지 일이 있는데, 그것은 내가 극장에서 열린 시가 경연대회에 나가기로 작정하였을 때, 어떤 주술사가 나를 찾아와서, 그 경연대회에서 이기게 해 주면, 자기에게 무엇을 주겠느냐고 물었는데, 그 주술사가 누구였는지는 지금은 전혀 생각이 나지 않지만, 나는 그런 더러운 주술 의식을 몹시 싫어하고 가증스럽게 여기고 있었기 때문에, "우승한 자에게 주어지는 월계관이 진짜 황금으로 만들어진 것이라고 할지라도, 나는 그 월계관을 얻기 위해서 파리 한 마리조차 죽이기를 원치 않는다"고 대답했던 일입니다. 내가 이렇게 대답했던 이유는, 그 주술사는 산 짐승들을 죽여서 귀신들에게 제물로 바쳐서, 나를 도와서 그 경연대회에서 우승하게 해 달라고 기원하고자 하였기 때문이었습니다.

나는 그런 악한 짓을 하는 것을 거절하였지만, 그것은 내 심령의 하나님을 향한 순수한 사랑에서 나온 것은 아니었습니다. 왜냐하면, 당시에 나는 하나님을 광채를 발하는 물질 정도로밖에는 생각할 수 없었던 까닭에, 어떻게 하는 것이 하나님을 사랑하는 것인지를 전혀 알지 못하였기 때문입니다. 사람들이 지어낸 허구적인 교훈들을 좇는 심령은 주님을 떠나서 간음하는 것이고, 거짓된 것들을 믿는 것이며, "바람을 먹고"(호 12:1) 사는 것이 아니겠습니까? 나는 이렇게 나를 위해서 귀신들에게 제사를 드리는 것을 거절하였지만, 내 자신은 여전히 마니교의 미신에 빠져서 귀신들에게 제사를 드리고 있었습니다. 귀신들에게 먹을 것을 바치는 것, 즉 하나님을 떠나 잘못된 길로 들어서서 온갖 죄악들을 저지름으로써, 귀신들에게 조롱하고 비웃으며 즐거워할 수 있는 기회를 주는 것이, "바람을 먹고" 사는 것이 아니고 무엇이겠습니까?

---

2) 그의 아들 아데오다투스는 그가 여전히 학생이었을 때인 주후 371년이나 372년에 태어났음에 틀림없는 것으로 보인다(IX.6.14). 이 9년간의 그의 연대기는 정확하지 않는데, 포시디우스(Life. 1.2)는 아우구스티누스가 카르타고에서 수사학을 가르치기 이전에 타가스테에서 "문법"을 가르쳤다고 말한다.

제3장

점성술에 심취한 나와 카르타고 총독의 설득

4. 나는 "점성술사들"이라 불린 또 다른 사기꾼들에게도 아무런 거리낌 없이 조언을 구하였는데, 그들은 점을 치기는 하지만, 제사를 드리지도 않았고, 귀신의 도움을 청하지도 않았기 때문이었습니다.

하지만 그리스도교적인 참된 경건을 지닌 사람이라면, 그런 점성술을 반드시 거부하고 단죄하는 것이 마땅합니다. 왜냐하면, "여호와여 내게 은혜를 베푸소서 내가 주께 범죄하였사오니 나를 고치소서"(시 41:4)라고 주님께 고백하고서, 죄 사하심의 은혜를 받고 나서, 그것을 죄를 지어도 좋다는 면허증으로 여겨 악용하지 않고, "보라 네가 나았으니 더 심한 것이 생기지 않게 다시는 죄를 범하지 말라"(요 5:14)고 하신 주님의 말씀을 기억하는 것은 좋은 일인데, 점성술사들은 "네가 죄를 짓게 되는 것은 하늘에 의해서 결정된 필연적인 결과"라고 말하고, "이 일은 금성이나 토성이나 화성으로 말미암아 일어난 것"이라고 말함으로써, 하나님의 입에서 나온 모든 선하고 유익한 말씀들을 폐하려고 하기 때문입니다.

즉, 그들은 세상에서 자행되는 모든 죄악에 대하여, 혈과 육에 불과하고 교만하여 썩어 문드러진 존재일 뿐인 인간에게는 전혀 책임이 없고, 오직 하늘과 별들을 창조하시고 운행하시는 분이신 하나님에게 모든 책임이 있다고 말합니다. 그러나 만유를 창조하시고 운행하시는 우리 하나님은 오직 "의"의 원천이실 뿐만 아니라, 자비하심 그 자체이시기 때문에, "각 사람에게 행한 대로 보응하시는"(롬 2:6) 분이심과 동시에, "상하고 통회하는 마음을 멸시하지 아니하시는"(시 51:17) 분이십니다.

5. 당시에 그 지역을 다스리고 있던 총독은 지혜로운 사람이었고, 의술에도 정통해서 아주 유명한 인물이었는데,[3] 내가 경연대회에서 우승을 하였을 때, 그 사

---

3) 이 의사는 VII.6.8에 언급된 빈디키아누스(Vindicianus)였을 것이다. 그는 발렌티아누스 황제의 주치의였다가 포상을 받아 총독이 되었다.

람이 직접 나의 머리에 월계관을 씌워 주었지만, 나의 병든 머리를 고쳐 준 것은 결코 아니었습니다. 왜냐하면, 나의 병든 머리를 고쳐 주실 수 있으신 분은, "교만한 자를 물리치시고 겸손한 자에게 은혜를 주시는"(약 4:6) 주님뿐이시기 때문입니다. 하지만 언제나 나를 실망시키지 않으시는 주님께서는 그 노인을 통해서 나를 도우셨고, 그를 사용하셔서 내 영혼을 고쳐 주셨습니다.

나는 그 사람을 더 잘 알게 될수록, 그의 말을 집중해서 경청하게 되었는데, 그의 말은 세련되거나 우아하지 않고, 도리어 소박하고 단순했지만, 살아 움직이는 생동감이 있었고, 유쾌하고 진지하였습니다. 그는 내가 하는 말을 듣는 중에, 내가 점성술에 관한 책들에 많이 심취되어 있다는 사실을 알고서는, 아버지 같은 인자한 마음으로, 그런 책들을 다 내다 버리고, 더 나은 것에 써야 할 시간과 노력을 그런 쓸데없는 것에 허비하지 말라고 내게 충고해 주었습니다.

그 사람은 자기도 젊은 시절에 한때 점성술사가 되어서 생계를 유지할 목적으로 점성술을 공부한 적이 있었다고 말하면서, 자기는 이미 의술을 배워서 히포크라테스(Hippocrates)를 잘 알고 있었기 때문에, 점성술을 아주 잘 배울 수 있었다고 말하였습니다. 하지만 그는 점성술이 완전히 사기라는 것을 알고서, 이 단 한 가지 이유 때문에, 사람들을 속이는 일로 돈을 벌어 생계를 꾸려가고 싶은 마음이 없어서, 점성술을 포기하고 의술에 정진하게 되었다고 했습니다. 그런 후에, 그는 이렇게 말하였습니다: "자네는 수사학을 가르쳐서 얼마든지 먹고 살아갈 수 있어서, 생계를 유지하기 위해서가 아니라 단지 재미 삼아서 이 거짓된 점성술을 해 보고 있는 것인 반면에, 나는 생계를 유지하기 위한 직업으로 삼기 위해서 점성술을 아주 철저하게 공부한 것이기 때문에, 더욱더 내 말을 믿어야 하네."

나는 그에게 점성술사들이 사람들에게 말해 주는 것들 중에서 상당수가 그대로 들어맞는 이유가 무엇인지를 설명해 줄 수 있느냐고 물었고, 그는 사물의 본질 속에는 어디에나 "우연"이라는 것이 존재하기 때문에 그런 일이 일어나는 것이라고, 아주 이치에 맞는 대답을 내게 해 주었습니다. 그래서 어떤 사람이 우연히 어느 시인이 쓴 시집을 펴서 어느 구절을 읽을 때, 그 시인은 전혀 다른 의미로 그 구절을 쓰고 노래한 것이라고 할지라도, 그 독자는 흔히 그 구절이 마치 자신의 현재의 처지를 꼭 집어서 말하고 있는 것이라고 느끼고서는 깜짝 놀라는 일이 심심치 않게 벌어지게 된다는 것이었습니다.[4] 그 사람은 계속해서 이렇게 말하였습니다: "점성술사가 자기를 찾아 온 고객을 보았을 때, 그 고객이 무슨 일로 무엇을 바라고 자기를 찾아 왔는지를 종종 알게 되는 것은, 우리가 알지 못하는 인간의 내면에 있는 어떤 고차원적인 본능이 작용해서 우연히 알게 되는 것일 뿐이고, 결코 점성술에 의한 것이 아니기 때문에, 전혀 놀라운 일이 아니라네."

6. 이렇게 주님께서는 그 사람을 통해서, 또는 그 사람을 사용하셔서 진정으로 나를 돌보아 주셨고, 그 사람이 내게 해 준 모든 말들을 나의 기억 속에 각인되게 하셔서, 나중에 내가 스스로 그 말들을 다시 되새겨 볼 수 있게 해 주셨습니다. 또한, 당시에 나의 가장 친한 벗이자 정말 선하고 고결한 청년이었던 네브리디우스(Nebridius)도 점성술이라면 질색을 하고 코웃음을 쳤지만, 그 총독이나 나의 이 절친한 벗도 나로 하여금 점성술을 버리도록 설득하지는 못했습니다. 왜냐하면, 내게는 이 두 사람보다도 점성술에 관한 책들을 쓴 저자들의 권위가 더 크게 다가왔었고, 점치는 사람들이 장래의 일들에 대해서 예언한 것들이 들어맞는 것은 점성술 덕분이 아니라 단지 우연에 의한 것임을 의심할 여지 없이 확실하게 보여 주는 증거가 내게 제시되었어야 하는데, 내가 원하던 그러한 증거는 그때까지만 해도 내게 제시되지 않았기 때문이었습니다.

제4장
고향에서 사귄 절친한 친구의 죽음으로 인한 큰 충격과 암울했던 나날들

7. 고향에서 처음으로 수사학을 가르치기 시작하던 바로 그 무렵에, 나와 비슷한 공부를 하고 있던 아주 친한 벗이 한 명 있었는데, 그 친구는 나와 거의 나이가

---

4) 이것은 어떤 책을 무작위로 펼쳐서 눈에 가장 먼저 들어온 구절을 신탁으로 받아들이는 관습을 말하는데, 이때에 특히 베르길리우스의 책이 사용되었다.

같아서, 나와 마찬가지로 젊음이 활짝 꽃피는 시기로 접어들고 있었습니다. 우리는 어린 시절에 같이 학교를 다니고 놀면서 함께 자란 사이였지만, 그때에는 친구로 지내지 않았고, 솔직히 말해서, 그 후로도 진정한 의미에서 친구인 적은 없었습니다. 왜냐하면, 주님께서 "우리에게 주신 성령으로 말미암아" "우리 마음에 부은 바" 된 저 "하나님의 사랑"을 통해서 서로 묶어 주신 주님께 속한 사람들 사이에서만 참된 우정이 존재할 수 있기 때문입니다(롬 5:5).

그럼에도 불구하고, 우리는 서로 의기투합하여 동일한 것을 열정적으로 추구하였기 때문에, 우리 두 사람의 우정은 아주 돈독해졌습니다. 왜냐하면, 그 친구는 아직 젊어서 참된 신앙을 철저하게 지니고 있지 않았던 까닭에, 나는 그런 그를 참된 신앙에서 돌아서게 하여, 사람들이 꾸며낸 저 미신적이고 해로운 가르침인 마니교를 받아들이게 만들었기 때문이었습니다. 어머니는 그런 나의 모습을 보며 가슴을 치며 우셨습니다. 이렇게 해서, 그 친구의 영혼은 나처럼 잘못된 길에서 방황하게 되었고, 내 영혼은 그 친구 없이는 살아갈 수가 없을 정도가 되었습니다.

하지만 보십시오. 주님은 원수를 갚으시는 하나님이심과 동시에, 자비와 긍휼의 원천이 되시는 분이시기 때문에, 주님으로부터 도망치는 자들을 바짝 쫓으셔서, 기이한 방식으로 우리를 주님께로 돌아오게 하십니다. 보십시오. 주님께서는 그 친구를 이 세상으로부터 데려가 버리셨고, 당시까지 나의 삶 속에서 내가 맛보았던 모든 달콤했던 것들보다도 더 달콤하게 무르익었던 우리 두 사랑의 우정은 채 일 년도 다 채우지 못하고 끝나고 말았습니다.

8. 자기만이 혼자서 경험한 모든 일들 하나하나에 대하여 주님을 찬송할 수 있는 사람이 누가 있겠습니까? 나의 하나님이여, 그때에 주님께서는 대체 무슨 일을 하신 것입니까? 주님의 판단은 너무나 깊어서, 우리는 그 뜻을 도저히 헤아릴 수가 없습니다.

그 친구는 아주 심한 열병에 걸려서, 마치 죽은 것처럼 오랫동안 의식도 없이 땀을 흘리며 누워 있었기 때문에, 사람들은 그가 회복하는 것은 불가능하다고 여기고서는, 아무런 의식도 없는 그로 하여금 세례를 받게 하였습니다. 그때에 나는 그가 의식도 없이 육체만 살아 있는 상태에서 받은 세례보다는, 지금까지 나를 통해서 받아들였던 것들을 그의 영혼이 더 잘 간직하고 있을 것이라고 생각해서, 그가 세례를 받든 말든 그런 것에는 별 관심을 두지 않았습니다. 하지만 나의 그런 생각은 빗나갔습니다.

얼마 후에 그 친구는 열병에서 회복되어 살아났습니다. 우리는 너무나 깊이 서로를 의지하고 있던 사이여서, 나는 병든 그 친구의 곁을 떠나지 않고 계속해서 지키고 있었기 때문에, 그가 깨어나서 말을 할 수 있게 되자마자, 그에게 말을 걸면서, 그 친구가 의식이 없는 상태에서 세례를 받은 것에 대하여 농담을 한 마디 건넸습니다. 그 친구는 이미 자기가 그런 식으로 세례를 받았다는 사실에 대하여 들어 알고 있었기 때문에, 내가 그런 농담을 건네면, 그 친구도 당연히 나의 말에 맞장구를 쳐 줄 것이라고 나는 생각하였습니다.

하지만 그 친구는, 마치 내가 자기 원수라도 되는 것처럼 정색을 하고 나를 쳐다보더니, 갑자기 깜짝 놀랄 정도로 아주 직설적으로 단호하게, 계속해서 자신의 친구가 되고자 한다면, 다시는 그런 말을 하지 말아 달라고 충고했습니다. 나는 망치에 얻어맞은 것처럼 너무나 놀라고 당혹스러웠지만, 그가 병에서 다 나아서 건강을 완전히 회복하면, 그때에 이 문제를 다시 얘기해 보는 것이 좋겠다고 생각해서, 애써 나의 그런 감정을 다 숨기고 아무런 내색도 하지 않았습니다. 그러나 나의 그런 계획과는 달리, 주님께서는 그 친구를 나의 광기로부터 떼어내셔서, 자기 곁에 두시고 지켜 주시기 위하여, 얼마 후에 그를 데려가셨는데, 나중에 생각해 보았을 때, 이것은 내게 너무나 다행스러운 일이었습니다. 그 친구는 며칠 후에 내가 없는 사이에 열병이 재발해서 죽었습니다.

9. 내 마음은 슬픔으로 뒤덮여 어두워졌고, 어디를 둘러보아도 내 눈에 보이는 것은 죽음뿐이었습니다. 고향은 내게 고통스러운 곳이 되어 버렸고, 아버지의 집은 이상할 정도로 불행한 곳이 되어 버렸으며, 그 친구와 함께 했던 모든 것들은, 그가 떠나고 없는 지금에 있어서는, 끔찍스럽게 괴로운 것들로 변해 버렸습니다. 나의 눈은 어디에서나 그 친구를 찾고 있는데, 그는 그 어디에서도 보이지 않았습니다. 나는 그 친구가 보이지 않는 모든 장소들을 싫어하였습니다. 그가 살아 있

을 때에는, 내가 어느 곳을 가든, 비록 거기에 그가 없더라도, 그곳은 내게 "보아라, 그가 오고 있지 않느냐"고 말해 주었지만, 이제는 내게 그렇게 말해 주는 곳은 단 한 곳도 없었습니다.

"나"라는 존재는 내 자신에게 큰 의문덩어리였기 때문에, 나는 내 영혼에게, "네가 어찌하여 낙심하며 어찌하여 내 속에서 불안해 하는가"(시 43:5)라고 물었지만, 내 영혼은 내게 무슨 대답을 해 주어야 할지를 전혀 알지 못하였습니다. 그때에 내가 내 영혼에게 "너는 하나님께 소망을 두라"(시 43:5)고 말하였더라도, 당연히 내 영혼은 거기에 순종하지 않았을 것입니다. 왜냐하면, 내 영혼이 사랑했다가 떠나 보낸 "그 친구"는 실제로 존재했고 서로 마음이 아주 잘 맞는 그런 존재였던 반면에, 내가 순종하라고 명한 저 하나님은 내 영혼에게는 아무런 실체도 없는 "허상"이자 낯선 존재일 뿐이었기 때문이었습니다. 내가 그 친구를 위해 흘린 눈물은 그 친구가 내 영혼에게 주었던 위로를 대신할 수 있는 유일한 것이었기 때문에, 나는 오직 눈물을 흘리며 울 때에만 위로를 받을 수 있었습니다.

제5장
슬플 때에 눈물을 흘리며 우는 것이 위로가 되는 이유

10. 주님이여, 이제 그 일은 지나갔고, 시간이 흐르면서, 나의 상처도 아물어 갔습니다. 하지만 나는 아직도 왜 불행을 당한 자들이 눈물을 흘리고 울고 나면 슬픔이 가라앉고 마음에 위로를 얻게 되는 것인지, 그 이유를 알고 싶습니다. 내가 진리이신 주님으로부터 기꺼이 배우고자 하고, 내 마음의 귀를 주님의 입에서 나오는 말씀에 기울이고자 하오니, 그 이유를 내게 말씀해 주십시오.

먼저, 주님께서는 어디에나 계셔서 모든 것을 다 보고 계시면서도, 우리의 불행 따위에는 아무런 관심이 없으신 것입니까? 우리가 온갖 고통과 괴로움 속에서 나뒹굴고 있어도, 주님께서는 아무 일도 없다는 듯이 홀로 초연히 계시는 것입니까? 하지만 우리가 눈물을 흘리고 울며 주님께 큰 소리로 부르짖어서 하소연을 한다고 해도, 주님께서 우리의 하소연을 들어주시지 않으신다는 것이 사실이라면,

우리가 믿고 기댈 곳은 그 어디에도 없게 될 것입니다. 또한, 그것이 사실이라면, 우리가 신음하고 울며 탄식하고 애곡하는 쓰라리고 고통스러운 인생 가운데서도, 슬픔이 가라앉고 위로를 얻는 달콤한 열매를 딸 수 있는 것은 어떻게 설명될 수 있는 것입니까?

아니면, 우리가 그런 가운데서도 위로를 얻는 것은, 주님께서 우리의 기도를 들어주실 것이라는 소망을 지니고 있기 때문입니까? 물론, 기도라는 것은 오직 주님께로 나아가는 것만을 목적으로 하는 것이기 때문에, 기도를 할 때에 위로를 얻게 될 것임은 분명합니다. 하지만 나는 당시에 단지 내가 사랑한 사람을 잃은 슬픔에 빠져서 헤어 나오지 못하고 몹시 괴로워하고 고통스러워하였던 것일 뿐이고, 기도를 한 것이 아닌데, 그런 경우에도 그런 설명이 똑같이 적용될 수 있는 것입니까? 나는 그 친구가 다시 살아나서 돌아올 것이라는 소망을 전혀 갖고 있지 않았고, 그런 기도를 주님께 드리며 눈물을 흘렸던 것도 아니었습니다. 나는 단지 내가 몹시 기뻐하던 친구를 잃어버리고서, 내 자신이 너무나 불행하고 비참하고 슬퍼서 울었을 뿐입니다.

아니면, 눈물을 흘리며 우는 것은 그 자체로는 쓰라리고 괴로운 것이지만, 우리는 그렇게 눈물을 흘림으로써, 우리가 전에 좋아했던 것들로부터 정을 떼게 되기 때문에, 그렇게 정을 떼는 과정에서 우리에게 달콤한 위로가 주어지게 되는 것입니까?

제6장
절친한 친구를 잃고나서 "반쪽"으로 살아간 불행하고 낯선 삶과 죽음에 대한 두려움

11. 지금은 그런 질문들을 할 때가 아니라, 주님께 고백할 때인데, 내가 왜 이런 말들을 하고 있는 것일까요? 어쨌든 나는 당시에 불행했고 비참했습니다. 영원하지 않은 것들을 좋아하여 거기에 묶여 있는 영혼을 지닌 사람은 누구든지 불행하고 비참한데, 그 영혼은 그것들을 잃었을 때에 갈기갈기 찢어지고, 그제야 그것

들을 잃기 이전부터 이미 자신이 처해 있던 그 불행함과 비참함을 깨닫게 됩니다.

당시의 내가 그랬습니다. 나는 지독히도 비통하게 울었지만, 그 비통하고 쓰라림 속에서 마음의 안정과 평안을 찾았습니다. 그래서 나는 친구를 잃어서 불행하고 비참하게 된 것이었지만, 이제는 그 친구보다도 나의 불행하고 비참한 삶을 더 사랑해서 꼭 붙들었습니다. 왜냐하면, 나의 불행하고 비참한 삶에 변화를 주고자 하는 마음이 내게 없었던 것은 아니었지만, 나의 그러한 삶을 잃는다고 생각하니, 그것이 앞서 내 친구를 잃었을 때보다도 더 끔찍하게 느껴졌기 때문이었습니다. 오레스테스(Orestes)와 필라데스(Pylades)에 관하여 전해 내려오는 전설에 의하면, 두 사람 중에서 어느 한 사람이 없는 삶은 죽음보다 더 못하다고 생각해서, 두 사람이 한 날 한 시에 죽고자 하였다고 하는데, 그 이야기가 사실이든 아니든, 나도 과연 그들처럼 죽은 내 친구와 함께 있기 위해서 기꺼이 나의 삶을 버릴 수 있었을지는 의문입니다.

당시에 내 속에서는, 그 두 사람이 가지고 있던 생각과는 정반대되는 어떤 알 수 없는 감정이 이미 자리를 잡고 있었는데, 그것은 한편으로는 사는 것이 참을 수 없을 정도로 지겹고 넌더리가 나면서도, 다른 한편으로는 죽는 것에 대한 두려움이 뒤섞여 있는 감정이었습니다. 내 친구를 못 잊고서 그리워하면 할수록, 내 친구를 내게서 **빼앗아** 가 버린 저 지독하게 잔인한 원수인 죽음은 내게 더 큰 증오와 두려움의 대상으로 다가왔습니다. 왜냐하면, 한순간에 갑자기 내 친구의 목숨을 앗아간 버린 그 죽음은 그 누구의 목숨도 그렇게 앗아가 버릴 것이라는 생각이 내 마음을 꽉 채우고 있었기 때문이었습니다. 내 마음의 상태가 그랬다는 것을 나는 아직도 생생하게 기억합니다.

나의 하나님이여, 나의 마음을 보아 주시고, 나의 중심을 보아 주십시오. 나의 소망이신 주님이여, 당시에 내가 어떠하였는지를 잘 기억하고 있사오니, 주님께서 내게서 그런 더러운 감정을 씻어내셔서 나를 정결하게 해 주시고, "내 눈이 항상 여호와를 바라보게" 해 주시며, "내 발을 그물"과 올무에서 "벗어나게" 해 주십시오(시 25:15).

다른 사람들은 살아서 돌아다니고 있는데, 내가 그토록 사랑했고 절대로 죽지 않을 것 같았던 내 친구는 죽고 없다는 사실이 내게는 너무나 이상하고 낯설었습니다. 그리고 그러한 사실보다 더욱더 이상하고 낯설었던 것은, 그 친구는 죽고 없는데, 그 친구의 "나머지 절반"이었던 나는 이렇게 멀쩡하게 살아 있다는 사실이었습니다.

어떤 사람이 자기 친구를 "자신의 영혼의 나머지 절반"이라고 부른 것은 적절한 것이었습니다. 왜냐하면, 나와 그 친구는 비록 몸은 서로 각각이었지만, 그 몸속에 들어 있는 영혼은 동일하다고 나는 느꼈기 때문입니다. 그래서 절반만을 가지고는 살고 싶지 않았기 때문에, 내게는 그런 나의 삶이 끔찍하였습니다. 하지만 그 친구의 나머지 절반인 나마저 죽는다면, 내가 그토록 사랑했던 그 친구가 완전히 죽게 될 것이었기 때문에, 내게는 죽음에 대한 두려움이 강하게 자리잡고 있던 것일지도 모릅니다.

제7장
다시 고향을 떠나 카르타고로 감

12. 정신이 나가서, 인간을 인간으로서 합당하게 사랑하는 법도 알지 못하였고, 어리석고 우둔하여서, 죽을 수밖에 없는 인간의 운명을 그대로 받아들이지 않고 끝까지 고집을 부렸던 것 — 이것이 당시의 나의 모습이었습니다. 그랬기 때문에, 나는 안절부절못하며 한숨을 쉬고 울며 혼이 다 나가 버려서, 쉴 수도 없었고, 제대로 생각이라는 것을 할 수도 없었습니다.

나는 내 영혼이 산산조각이 나서 피를 흘리고 있었고, 나에 의해서 이리저리 끌려 다니는 것을 참을 수 없어 한다는 것을 알고 있었지만, 딱히 내 영혼이 쉴 만한 곳을 찾을 수 없었기 때문에, 그런 내 영혼을 끌고 다닐 수밖에 없었습니다. 아름답고 멋진 숲에서도, 노래 부르며 즐겁게 노는 곳에서도, 향기를 발산하는 꽃들이 만발한 정원에서도, 온갖 산해진미가 차려진 잔치 자리에서도, 향락이 있는 침실에서도, 책들이나 시가들에서도, 내 영혼은 안식과 평안을 발견할 수 없었습니다.

내게는 모든 것이 끔찍하게 여겨졌고, 심지어 빛조차도 끔찍하게 느껴졌습니다. "내 친구"가 아닌 모든 것이 내게는 고통스럽고 넌더리가 나는 것들이었기 때문에, 나는 오직 내가 슬퍼하며 눈물을 흘리고 우는 것에서만 그나마 작은 안식과 쉼을 얻을 수 있었지만, 눈물을 그치면, 또다시 "참담함"이라는 무겁고 큰 짐이 다시 내 영혼을 짓눌러 왔습니다.

내게서 그 무거운 짐을 벗겨 주실 수 있으신 분은 오직 주님뿐이시라는 것을 알고 있었지만, 내게는 그렇게 하고자 하는 의지도 없었고, 그렇게 할 수도 없었습니다. 당시에 나는 주님을 분명한 실체가 있는 어떤 확실한 존재라고 생각하지 않았기 때문에, 내가 주님을 의지하여 그 무거운 짐을 벗는 것은 더욱더 불가능하였습니다. 그때에 내가 생각한 하나님은 만유의 주님이신 참 하나님이 아니라, 나의 망상 속에서 내 멋대로 만들어 낸 허구적이고 실체가 없는 유령 같은 것이었습니다. 내가 나의 무거운 짐을 나의 망상 속의 하나님께 맡기고 안식을 얻으려고 할 때마다, 그 무거운 짐은 허공을 가르고 떨어져서, 또다시 나를 더욱더 무겁게 짓누르곤 하였습니다.

이렇게 나는 내 자신에게 비참하고 불행한 곳이었기 때문에, 내 자신은 그곳을 떠나고 싶은 마음이 간절하였지만, 떠날 방법이 없어서 꼼짝없이 머물러 있을 수밖에 없었습니다. 내 마음이 내 마음을 피해서 어디로 도망칠 수 있겠으며, 내가 내 자신을 피해서 어디로 도망칠 수 있겠습니까? 내가 어디로 가든, 내 자신은 나를 따라오지 않겠습니까?

하지만 어쨌든 나는 내 고향으로부터 도망쳤습니다. 내 눈으로 늘 그 친구를 보곤 했던 곳을 떠나서 다른 곳으로 가면, 내 눈도 그 친구를 조금은 덜 찾을 것 같았기 때문이었습니다. 이렇게 해서, 나는 내 고향 땅인 타가스테(Thagaste)를 떠나서 카르타고(Carthago)로 갔습니다.

제8장
새로운 친구들과 어울리면서 절친한 친구를 잃은 슬픔에서 벗어남

13. 시간은 아무 일도 하지 않고 빈둥거리며 흘러가는 것이 아니라, 우리의 지각을 통해서 우리의 마음에 기이한 일들을 만들어 나갑니다. 시간이 왔다가 가면,

오늘이 지나고 내일이 옵니다. 이렇게 시간은 왔다가 가는 것을 반복하면서, 내게 이전과는 다른 소망들과 기억들을 날라다 줌으로써, 내가 전에 좋아했었지만 친구를 잃은 슬픔으로 말미암아 내팽개쳐 버렸던 것들을 다시 내게 서서히 조금씩 회복시켜 주었습니다. 이렇게 해서, 내 마음에는 친구를 잃은 슬픔 대신에 어떤 다른 것들이 자리를 잡게 되었는데, 그것들은 어떤 다른 새로운 슬픔들 자체는 아니었지만, 장차 그 새로운 슬픔들이 생겨나게 될 원인을 제공해 주는 것들이었습니다.

이전에 친구를 잃은 슬픔이 나의 마음을 그렇게 쉽게, 그리고 그렇게 깊게 꿰뚫고 들어올 수 있었던 것은, 내가 언젠가는 죽을 수밖에 없는 사람을, 마치 영원히 죽지 않을 존재인 것처럼 사랑해서, 부어도 부어도 끝이 없이 흡수해 버리는 모래 위에 내 영혼을 전부 다 쏟아 버렸기 때문이 아니겠습니까? 그런데 이번에도 나는 주님을 사랑하게 된 것이 아니라, 그 대신에 다시 새로운 친구들을 사귀어서, 내가 좋아하는 것들을 그들과 함께 어울려 즐기는 것에서 위로를 얻게 되었는데, 거기에서 얻은 위로는 내가 슬픔에서 벗어나서 기운을 차리고 회복하는 데 큰 힘이 되었습니다. 내게 위로를 준 것들은, 한 마디로 말해서, 하나로 이어진 거대한 "꾸며낸 이야기"이자 "거짓말"이었고, 나의 영혼은 내 귀를 간지럽히는 그 거짓된 이야기를 껴안고 뒹굴며 영적 간음을 행함으로써, 타락하고 부패하여 갔습니다.[5]

당시에 내가 빠져 있던 그 거대한 "꾸며낸 이야기"는, 함께 어울렸던 친구들 중의 한 명이 죽는다고 해서, 끝날 그런 이야기가 아니었습니다. 그 친구들과 어울리면서, 내 영혼을 사로잡았던 것들이 있었는데, 함께 모여 담소하는 것, 서로에게 친절을 베푸는 것, 재미있는 책들을 함께 읽는 것, 가벼운 농담을 주고받기도 하고 아주 무거운 주제들을 놓고 진지하게 대화하기도 하는 것을 자유롭게 넘나드는 것, 대화를 하다가 서로 의견이 다르더라도, 서로를 자기 자신처럼 여기고서 불쾌해하거나 악감을 품지 않는 것, 대화를 나누는 과정에서 아주 드물게 의견이

---

5) 디모데후서 4:3-4를 보라: "혼인을 금하고 어떤 음식물은 먹지 말라고 할 터이나 음식물은 하나님이 지으신 바니 믿는 자들과 진리를 아는 자들이 감사함으로 받을 것이니라 하나님께서 지으신 모든 것이 선하매 감사함으로 받으면 버릴 것이 없나니." "거짓된 이야기"는 마니교의 교리 체계를 가리킨다.

나뉘더라도 결국에는 의견의 일치를 보는 유종의 미를 거두는 것, 서로를 가르치고 서로에게서 배우는 것, 그 자리에 없는 친구를 몹시 보고 싶어 하고, 그러다가 다시 만나면 기뻐하며 반겨 주는 것 등과 같은 것들이 그런 것들이었습니다. 이런 것들은, 우리가 서로 사랑을 주고받으면서 마음으로부터 우러나와서, 얼굴 표정이나 목소리나 눈이나 그 밖의 다른 수많은 몸짓을 통해서 밖으로 표출되어, 우리의 영혼을 활활 타오르게 하는 땔감 역할을 해서 다수인 우리를 하나로 만들었습니다.

제9장
사람을 사랑하는 것과 하나님을 사랑하는 것의 차이

14. 친구끼리 서로 "사랑한다"는 것은, 자기에게 사랑을 되돌려 주는 친구를 사랑하고, 자기를 사랑해 주는 친구에게 사랑을 되돌려 주는 것이기 때문에, 친구 간에는 "선의"를 보여 주는 증거 외에는 그 어떤 것도 바라지 않는 것인데, 친구 사이에서 그렇게 하지 않는 경우에는, 우리의 양심은 스스로를 정죄하게 됩니다. 그렇기 때문에, 친구가 죽으면, 우리는 애통해하며 슬픔에 잠기게 되고, 그 슬픔으로 인해서 온 세상이 캄캄해지며, 우리의 마음은 슬픔에 젖어서, 지금까지 달콤했던 모든 것들이 쓰디쓴 것으로 변해 버리고, 죽은 자의 생명이 없어짐으로 인해서 산 자들은 죽은 자들처럼 살아가게 됩니다.

주님을 사랑하고, 주님 안에서 친구를 사랑하며, 주님을 인하여 원수를 사랑하는 사람은 복 있는 사람입니다. 왜냐하면, 절대로 잃어버릴 염려가 없는 하나님 안에서 모든 사람을 사랑하면, 그 사람은 자기가 사랑하는 사람들을 단 한 명도 잃어버리지 않을 것이기 때문입니다. 그 하나님이 천지를 창조하시고, 천지에 충만하신 우리의 하나님이 아니라면, 대체 누구겠습니까? 하나님은 천지를 자기 자신으로 충만하게 하시는 방식으로 천지를 창조하셨기 때문에 천지에 충만해 계십니다. 따라서 주님을 버리고 떠나가지 않는 한, 주님을 잃게 될 사람은 아무도 없습니다. 하지만 그 누가 주님을 버리고 떠난다고 할지라도, 그 사람이 갈 데가 어디 있으며, 도망칠 데가 어디 있겠습니까? 그 사람은 오직 그를 기뻐하신 하나님을 떠나서 그에게 노하시는 하나님에게로 가는 것일 뿐입니다. 왜냐하면, 그 사람은 어디를 가든 그 곳에서 그를 벌하시는 주님의 법을 만나게 될 것이기 때문입니다. 주님의 법은 진리이고, 진리는 주님 자신입니다.

제10장
만물은 결국 사멸되고 마는 것이 하나님이 정하신 법칙

15. "하나님이여 우리를 돌이키시고 주의 얼굴빛을 비추사 우리가 구원을 얻게 하소서"(시 80:3). 왜냐하면, 사람의 영혼은 주님께로 돌이키지 않는 한, 그 어디를 향하든지, 슬픔에 붙잡힐 수밖에 없기 때문입니다. 내 영혼이 눈을 돌린 것들이 아무리 아름다운 것들이라고 할지라도, 그것들이 주님 밖에 있고 내 영혼 밖에 있는 것이라면, 내 영혼은 슬픔에 빠질 수밖에 없습니다. 주님으로부터 온 것이 아니라면, 그 어떤 것도 아름다운 것일 수 없기 때문입니다.

주님으로부터 오지 않은 것들은, 비록 아름다워 보일지라도, 생겨났다가 결국에는 사멸되고 맙니다. 그것들은 생겨나서 그 존재를 시작하여 성장 과정을 거쳐서 전성기에 도달하지만, 전성기에 도달하자마자 시들고 쇠퇴하는 과정을 거쳐서 사멸되는데, 시들고 쇠퇴하는 과정을 거치지 않는 것들이라고 할지라도, 모든 것은 하나도 예외 없이 결국 사멸되고 맙니다. 그러므로 그것들이 생겨나서 존재를 시작하고 나서 더 빨리 성장할수록, 사실 그것은 사멸을 향하여 더 빨리 달려가는 것일 뿐입니다.

이것이 주님께서 만유에 대하여 정하신 법칙입니다. 즉, 주님은 만유가 모두 한꺼번에 동시에 존재하게 하신 것이 아니라, 만유의 구성 부분인 사물들이 끊임없이 생성되고 사멸되는 가운데 전체로서 만유를 구성하게 하신 것입니다. 예컨대, 우리가 사용하는 언어를 보십시오. 한 문장은 여러 가지 서로 다른 의미들을 지닌 소리들로 구성되어야 하기 때문에, 그 문장의 일부를 이루는 각각의 단어들을 나타내는 모든 소리들이 연속해서 발음되어야만, 온전한 뜻을 지닌 문장이 완성될 수 있습니다.

하나님이여, 내 영혼이 이 모든 것들을 인하여 만유의 창조주이신 주님만을 찬송하게 해 주시고, 육체의 감각들로 말미암아 그것들에 연연해하고 집착하여 사로잡히는 일은 없게 해 주십시오. 왜냐하면, 그것들은 결국에는 사멸되어야 할 것들인 까닭에, 각자에게 정해진 길을 다 행한 후에는 반드시 사멸되고 말 것들인데도, 내 영혼은 그것들을 사랑하여 함께 있고자 하고, 그것들 안에서 안식과 평안을 얻고자 함으로써, 그러한 치명적인 갈망으로 인하여 파멸로 치닫기가 너무나 쉽기 때문입니다.

그것들은 영원히 존재할 수 있는 것들이 아니고, 언젠가는 내게서 떠나가 버릴 것이기 때문에, 그것들 안에서는 내 영혼이 안식과 평안을 누릴 수 없습니다. 육체의 감각들을 지닌 사람이 그렇게 떠나가는 그것들을 어떻게 따라갈 수 있겠으며, 그것들이 아직 함께 있을 때에 떠나가지 못하도록 붙잡아 둘 수 있겠습니까? 육체의 감각은 말 그대로 육체의 감각일 뿐이기 때문에 더디고 느린데, 그것이 감각이 갖는 한계입니다. 육체의 감각들은 하나님이 그것들에게 원래 행하라고 하신 일들을 하는 데에는 충분하지만, 사물들이 하나님께서 정해 주신 길의 처음부터 끝까지 달려가는 것을 막아서는 데에는 역부족입니다. 왜냐하면, 하나님의 말씀으로 창조된 그것들은, "여기서부터 저기까지"라고 그 길과 한계를 정해 주신 하나님의 말씀만을 청종하기 때문입니다.

제11장
피조물을 사랑하는 것과 창조주를 사랑하는 것

16. 내 영혼아, 쓸데없이 헛된 짓을 하는 것을 이제 그만두고, 허영에 들떠 소란을 피움으로써 네 마음의 귀로 아무것도 듣지 못하게 하는 것도 이제는 그만두어라.[6] 잘 들어 보아라. "말씀"이 돌아오라고 너를 부르신다. 거기에는 그 누구도

---

6) X.27.38에 나오는 유명한 구절과 비교해 보라. 거기에서 그는 하나님이 자신의 듣지 못하는 귀를 풀어 주

방해할 수 없는 평안이 있고, 거기에서는 네가 먼저 사랑을 버리지 않는 한, 네게서 사랑이 떠나가는 일은 절대로 없다. 보라, 이것들은 지나가고, 다른 것들이 와서 그 자리를 채움으로써, 비록 가장 낮은 차원에서이기는 하지만, 만유를 구성하는 모든 부분들이 서로 연합되어 온전한 하나를 이루게 되지 않느냐.

하나님의 말씀은 "나는 일점일획이라도 절대로 없어지지 않는다"고 말한다. 그러므로 내 영혼아, 너는 그 말씀 안에 너의 거처를 정하고, 네게 있는 모든 것을 그 말씀에 의탁하여라. 너는 이제 거짓과 속임수에 넌더리가 나고 지칠 대로 지쳤으니, 진리로부터 와서 네 속에 있게 된 모든 것들을 진리에 의탁하여라. 그러면, 너는 아무것도 잃지 않게 될 것이고, 네게서 곰팡이가 나고 썩어 버린 것들이 다시 소생하여 꽃을 피우게 될 것이며, 네게서 쇠약해졌던 모든 것들은 고침을 받게 될 것이고, 네게서 사멸해가던 것들은 다시 회복되어 제 모습을 되찾아 온전하게 되어서, 그 사멸의 종착지까지 너를 끌고 가던 길을 멈추고, 영원토록 계시고 항상 계시는 하나님 앞에 너와 함께 서서 영원히 거하게 될 것이다.

17. 그런데도 내 영혼아, 왜 너는 이렇게 엇나가서 네 육체를 따르고 있는 것이냐? 네 육체로 하여금 돌이켜서 너를 따르게 하라. 네가 육체를 통해서 알게 된 것은 부분적인 것들일 뿐이기 때문에, 너는 그 전체를 알고 있지 못하지만, 어쨌든 그 부분적인 것들도 네게 즐거움을 주고 있다. 너의 육체의 감각은 주님의 의로우신 벌로 인해 제한을 받아서 전체의 일부만을 아는 데서 그치게 되었지만, 만일 그렇게 되지 않고 지금도 여전히 전체를 다 알 수 있었다면, 너는 전체를 통해서 더 큰 즐거움을 얻기 위하여, 네게 지금 존재하는 부분적인 것들을 기꺼이 놓아 주고자 하였을 것이다.

우리가 하는 말을 너의 육체의 감각을 통해서 들을 때, 너는 각각의 음절들을 붙들어 두고자 하는 것이 아니라, 그 음절들을 빨리빨리 놓아 주어서, 다른 음절들이 올 수 있게 하여서, 그 모든 음절들로 구성된 하나의 말을 전체적으로 듣고 싶어 한다. 이와 같이, 어떤 사물이 동시에 존재할 수 없는 여러 부분들로 구성되

섰다고 고백한다.

어 있는 경우에는, 각각의 부분들을 따로따로 아는 것보다는 그 사물 전체를 아는 것이 더 큰 즐거움을 선사한다. 따라서 만유를 지으신 우리 하나님은 그 자리를 대신할 존재가 없어서 결코 사멸될 수 없으신 분이시기 때문에, 하나님을 아는 것은, 만유를 구성하는 각각의 사물을 알 때보다도 훨씬 더 큰 즐거움을 우리에게 준다.

제12장
하나님 안에서 사람과 만물을 사랑하는 것이 합당함

18. 어떤 물질적인 대상들이 네게 즐거움을 주거든, 너는 그것들을 인하여 하나님을 찬송하고, 그것들을 지으신 분께 사랑을 돌려드림으로써, 네게 즐거움을 주는 것들로 인해서 하나님을 노하시게 하는 일이 없게 하라. 어떤 영혼들이 네게 즐거움을 주거든, 너는 그들을 하나님 안에서 사랑하라. 왜냐하면, 그 영혼들도 그 자체로는 변할 수밖에 없고, 단지 하나님 안에서만 견고하게 설 수 있는 존재들이어서, 하나님 없이는 언젠가는 사멸되고 말 것이기 때문이다. 그러므로 너는 하나님 안에서 그들을 사랑하고, 그들에게 이렇게 말하고서는, 할 수 있는 한 많은 영혼들을 네 자신과 마찬가지로 하나님께로 이끌어라.

"하나님은 친히 이 모든 것들을 지으신 분이시고, 이 모든 것들로부터 멀리 계시지 않으시는 분이시니, 우리가 그분을 사랑하는 것이 마땅하다. 하나님은 그것들을 지으시고 나서, 그것들로부터 떠나가신 것이 아니다. 도리어, 그것들은 하나님으로부터 나서 하나님 안에 있다. 보라, 진리가 있는 그곳에는 하나님도 계신다. 하나님은 우리 마음의 가장 깊은 곳에 계시지만, 우리 마음은 하나님을 떠나 잘못된 길에서 방황해 왔다.

죄 지은 자들아, 너희의 마음으로 돌아와서, 너희를 지으신 주님을 굳게 붙잡아라. 주님과 함께 서라. 그러면, 너희는 견고히 서게 될 것이다. 주님 안에서 안식하라. 그러면, 너희는 안식하게 될 것이다. 너희는 그 험한 길을 따라 어디로 가고 있는 것이냐? 도대체 어디로? 너희가 사랑하는 좋은 것들은 주님으로부터 온 것들이기 때문에, 다시 주님께 돌려질 때에만, 진정으로 좋고 달콤한 것들이 될 수 있다. 주님으로부터 온 것들을 올바르게 사랑하지 않아서, 피조물들을 사랑하여 창조주를 버린다면, 그 좋고 달콤한 것들은 쓰디쓴 것들로 변해 버리게 될 것이다.

그런데도 도대체 너희는 왜 지금도 여전히 그 어렵고 힘든 길을 걸어가고자 하는 것이냐? 그 길에는 너희가 찾는 안식은 존재하지 않는다. 너희가 찾고 있는 것을 거기에서 부지런히 찾아 보아라. 그러나 거기에는 너희가 찾는 것이 없다는 사실을 기억하라. 너희는 죽음의 땅에서 복된 삶을 찾고 있는 것이다. 거기에는 복된 삶 같은 것은 존재하지 않는다. 거기에는 삶 자체가 존재하지 않는데, 어떻게 복된 삶이 존재할 수 있겠느냐?"

19. 반면에, 우리의 생명이 되시는 주님께서는 이 땅에 내려오셔서, 우리의 죽음을 짊어지시고서는, 그 풍성하신 생명으로 죽음을 없애신 후에, 우리를 큰 소리로 부르셔서 자기에게로 돌아오라고 하시고, 주님이 우리에게 오시기 전에 계셨던 저 은밀한 곳으로 오라고 하셨다. 주님은 거기에 계시다가, 처음에는 동정녀의 모태 속으로 들어가셔서, 인성을 입으시고 우리의 죽을 몸과 하나가 되셔서, 이제 그 몸이 영원히 죽지 않을 수 있는 길을 마련하시고서, '그의 신방에서 나오는 신랑과 같고 그의 길을 달리기 기뻐하는 장사 같이'(시 19:5) 나오셔서, 지체하지 않으시고, 말씀과 역사, 죽음과 부활, 강림과 승천 등과 같은 달려가실 길을 달려가시며, 자기에게 돌아오라고 우리에게 큰 소리로 외치셨다.[7]

주님께서는 우리의 눈 앞에서 떠나가시면서, 우리로 하여금 우리 자신의 마음으로 돌아가서, 거기에서 주님을 찾게 하셨다. 주님은 떠나셨지만, 보라, 여기에 계신다. 주님은 육신으로는 우리 곁에 오래 계시고자 하지 않으셨지만, 그것은 우리를 완전히 떠나시기 위해서 그러신 것이 아니었다. 주님께서는 세상을 떠나신 적이 없으셨기 때문에, 사실 세상에 오셨다가 떠나셨다고 말하는 것은 옳지 않다.

---

7) 시편 19:6-7을 보라: "하늘 이 끝에서 나와서 하늘 저 끝까지 운행함이여 그의 열기에서 피할 자가 없도다 여호와의 율법은 완전하여 영혼을 소성시키며 여호와의 증거는 확실하여 우둔한 자를 지혜롭게 하며." 교부 전통은 이 시편을 성육신의 알레고리, 즉 신성과 인성이 그리스도의 인격 안에서 혼인한 것을 나타내는 알레고리로 해석하였다. 암브로시우스는 자신의 유명한 찬송(6.17-20)에서 그것을 송축하였기 때문에, 아우구스티누스는 틀림없이 이것을 알고 있었다.

왜냐하면, '세상은 그로 말미암아 지은 바 되었고'(요 1:10), 주님은 이 세상에 계셨으며, 죄인들을 구원하시기 위하여 이 세상에 오신 것이기 때문이다. 내 영혼은 주님에 대하여 범죄하였기 때문에, 내 영혼이 자신의 죄를 주님께 고백하면, 주님은 내 영혼을 고쳐 주신다.

인생들아, 너희는 도대체 언제까지 그렇게 둔한 마음으로 살아가고자 하는 것이냐? 생명 자체이신 분이 너희에게 강림하신 지금도, 왜 너희는 그분을 의지하여 하늘로 올라가서 살려고 하지 않는 것이냐? 너희는 이미 너희가 올라갈 수 있는 가장 높은 곳에 올라서, 하늘을 거슬러 대적하는 말들을 하고 있는데, 어디로 더 올라가려고 하는 것이냐? 너희가 올라가려면, 즉 하나님에게까지 올라가려면, 너희는 먼저 내려와야 한다. 왜냐하면, 너희는 하나님을 대적하여 위로 올라가려고 하다가 떨어진 자들이기 때문이다."

너는 네가 사랑하는 영혼들에게 이 말을 들려주어서, 그들로 하여금 눈물 골짜기에서 통회하고 자복하게 하고, 그런 그들을 이끌어서, 너와 함께 하나님께로 나아가게 하라. 네가 사랑의 불로 활활 타서 이 말을 그들에게 들려준다면, 너는 성령을 의지해서 그들에게 전한 것이 되어서, 그렇게 할 수 있게 될 것이다.

제13장
아름다움을 주제로 책을 씀

20. 당시에 나는 그런 것들을 알지 못하고서, 저급한 수준의 아름다운 것들을 좋아하여서, 저 어둠의 심연 속으로 점점 더 깊숙이 가라앉아 가고 있었기 때문에, 나의 친구들에게 이렇게 말하였습니다: "우리는 오직 아름다운 것들을 사랑하는 것이 아니겠는가? 아름다운 것들이라는 것은 무엇이고, 아름다움이라는 것은 무엇이며, 우리를 은근히 이끌어서, 우리가 사랑하는 것들과 하나가 되게 하는 그것은 무엇인가? 그것들 속에 우아한 격조와 특별한 아름다움이 없다면, 우리가 그것들에 끌리는 일은 아마도 없을 것이다."

나는 이 문제를 골똘히 생각하다가, 우리가 인식하는 대상들에는 두 종류의 아름다움이 존재하는데, 하나는 그 자체에서 생겨나는 것이고, 다른 하나는, 신체의 어떤 부분이 전체와 잘 어울리거나, 신발이 발에 잘 맞는 것 등과 같이, 상호 간에 서로 잘 맞고 어우러져서 생겨나는 것이 있다는 것을 알게 되었습니다. 이런 생각이 내 마음속 깊은 곳에서부터 생겨나서 나의 뇌리에 떠올랐기 때문에, 나는『아름다운 것들과 어울리는 것들』(De Pulchro et Apto)이라는 제목으로 두세 권의 책들을 썼지만, 그 책들은 어떻게 된 영문인지 내게서 없어져 버려서, 나는 지금 그 책들을 갖고 있지 않습니다. 따라서 오직 주님만이 내가 그 책들을 썼다는 사실을 알고 계실 뿐입니다.

제14장
내가 쓴 책을 히에리우스에게 헌정함

21. 주 나의 하나님이여, 나로 하여금 그 책들을 로마의 웅변가였던 히에리우스(Hierius)에게 바치도록 내 마음을 움직였던 것은 무엇이었습니까? 내가 한 번도 본 적이 없었던 그 사람을 사랑하게 된 것은, 한편으로는 그 사람이 박식하기로 명성이 드높고 유명하였기 때문이었고, 다른 한편으로는 그 사람이 했다고 하는 몇몇 말들이 내 마음에 들었기 때문이었습니다. 하지만 내가 그 사람을 더욱 마음에 들어했던 이유는, 다른 사람들이 그 사람을 찬양하고 그 사람에 대하여 경외감을 품고 있었기 때문이었습니다. 시리아 출신이었던 그 사람은 처음에는 헬라어로 웅변을 배웠었는데, 그 후에 라틴어 웅변도 배워서 발군의 실력을 뽐내었고, 철학에 속한 주제들에도 아주 해박하였다고 합니다.

이렇게 우리는 한 번도 본 적이 없는 사람을 찬양하고 사랑하기도 하는데, 이런 사랑은 찬양하는 말을 하는 사람의 입으로부터 그 말을 들은 사람의 마음속으로 들어가는 것입니까? 그렇지 않습니다. 그것은 사랑의 불꽃을 지니고 있는 사람에게서 다른 사람에게로 옮겨 붙는 것입니다. 그런 까닭에, 어떤 사람이 특정한 인물을 거짓 없는 마음으로 찬양하고 있는 것이라고 믿겨질 때, 즉 그 인물을 진심으로 사랑하는 사람이 그 인물을 찬양할 때에만, 우리는 그 인물을 사랑하게 됩니다.

22. 나의 하나님이여, 이렇게 당시에 나는 아무도 속이지 않으시는 주님의 판단이 아니라 다른 사람들의 판단을 의지해서 사람들을 사랑하였습니다. 그 사람에 대한 나의 감정은, 대중들에게 훨씬 더 인기 있고 유명하였던 저 전차 경주자들이나 검투사들에 대한 나의 감정과 너무나 달라서, 나는 그 웅변가를 유독 진지하고 열렬하게 찬양하였고, 내 자신도 그런 식으로 찬양을 받고 싶었는데, 그 이유가 도대체 무엇이었을까요? 나는 연극배우들도 찬양하고 사랑하였지만, 사람들이 연극 배우들을 찬양하고 사랑하는 그런 식으로 내가 사람들로부터 찬양받고 사랑받기를 원하지는 않았고, 도리어 그런 식으로 유명해지는 것보다는 차라리 유명해지지 않는 편이 더 낫고, 그런 식으로 사랑을 받기보다는 차라리 미움을 받는 편이 더 낫겠다고 생각했습니다.

영혼은 하나인데, 그 어디에 이렇듯 서로 다른 무게를 지닌 다양한 종류의 사랑들이 산재하여 자리를 잡고 있는 것일까요? 우리는 다 똑같은 사람인데, 내가 어떤 것을 객관적으로 미워하지는 않지만, 내 자신이 그렇게 되는 것은 싫으면서도, 다른 사람이 그렇게 되는 것은 좋아하는 것은 또 어떻게 된 영문입니까? 물론, 사람이 훌륭한 말(馬)을 아무리 아끼고 사랑하더라도, 실제로 말이 되고자 하는 사람은 없을 것이지만, 그런 논리는 우리와 똑같은 사람인 연극배우를 사랑하는 경우에는 그대로 적용될 수 없습니다. 하지만 나는 연극배우를 좋아했으면서도, 내 자신은 연극배우가 되고 싶지는 않았습니다.

인간은 끝도 없이 깊은 심연과 같은 존재입니다. 그러므로 주님께서는 사람의 머리카락들을 다 세시고, 주님의 허락 없이는 머리카락 하나도 땅에 떨어지지 않지만, 사람의 머리카락을 다 세는 것이 사람의 마음의 감정이나 움직임을 헤아리는 것보다 더 쉬운 일입니다.

23. 하지만 앞에서 말하였던 그 웅변가는 내가 너무나 사랑하고 흠모하는 사람이었을 뿐만 아니라, 내 자신도 그렇게 되고 싶었던 그런 사람이었습니다. 이렇게 나는 교만함에 사로잡혀서, "온갖 교훈의 풍조에 밀려"(엡 4:14) 잘못된 길에서 헤

매고 있었지만, 주님께서는 아주 은밀하게 나를 이끌어 가고 계셨습니다.

이제 나는 내가 그 웅변가를 사랑했던 것은 사람들이 찬양하는 훌륭한 재능들이 그 사람에게 있었기 때문이 아니라, 사람들이 그를 열렬히 찬양하였기 때문이었다는 사실을 알고 있고, 확신을 가지고 주님께 그렇게 고백할 수 있습니다. 왜냐하면, 만일 당시에 그를 찬양하였던 바로 그 사람들이 그를 찬양하기는커녕, 도리어 그의 재능들에 대하여 험담을 하고 경멸하면서 그를 비판하였다면, 내 속에서는 그를 사랑하고 흠모하는 뜨거운 열정이 불타오르지 않았을 것이기 때문입니다. 그런데 사실, 사람들이 그 웅변가를 찬양하든 비판하든, 그가 지니고 있던 재능들은 달라지는 것이 하나도 없고, 그 사람 자신도 달라지는 것이 전혀 없습니다. 다만, 그에 대하여 말하는 사람들의 감정만이 달라진 것일 뿐입니다.

확실한 진리에 의해서 지지되고 있지 않은 영혼은 허약하기 짝이 없어서, 견고히 서지 못하고, 힘없이 픽픽 쓰러져 버리고 맙니다. 자신들이 알고 있다고 생각하지만, 사실은 갖가지 추측만을 지니고 있는 사람들의 폐부에서 "말(言)"이라는 산들바람이 불어오면, 우리의 영혼은 그 바람의 향방에 따라서 이리저리 흔들리고 전후좌우로 요동치고, 거기에 가려서 빛이 희미해져서, 진리가 우리의 눈 앞에 있는데도, 그 진리를 볼 수 없게 됩니다.

그래서 나는 내가 쓴 글과 나의 열정을 그 웅변가에게 어떻게든 알려야 한다는 생각에 사로잡혀 있었습니다. 그래서 만일 그가 나를 인정해 준다면, 나는 그를 더욱더 사랑하고 흠모하게 될 것이었지만, 그가 나를 인정해 주지 않는다면, 주님의 확실한 진리에 서 있지 않아서 허약하고 공허하기 짝이 없던 나의 마음은 상처를 입게 될 것이었습니다. 내가 써서 그 웅변가에게 헌정하였던 『아름다운 것들과 어울리는 것들』이라는 책을 알아주는 사람은 아무도 없었지만, 나는 혼자 그 책을 읽고, 그 책에서 다룬 주제들을 묵상하면서, 내가 아주 훌륭한 글을 썼다고 스스로 흡족해하였습니다.

제15장

영적인 것들에 대한 무지와 물질주의적인 사고

24. "아름다움"의 본질에 관한 이 중요한 주제의 핵심이 "홀로 기이한 일들을 행하시는"(시 72:18) 전능하신 하나님이 만물을 지으셨다는 사실에 있다는 것을 그때까지만 해도 알고 있지 못하였기 때문에, 나는 사물들의 유형적인 형태들만을 고려해서, 그 자체로 아름다움을 지닌 "아름다운 것들"과 여러 사물들이 서로 어우러져서 아름다움을 빚어내는 "어울리는 것들"로 구분해서, "아름다움"을 정의한 후에, 여러 구체적인 예들을 들어서, 그러한 논증이 옳다는 것을 입증해 보이고자 하였습니다.[8]

또한, 나는 영혼의 본질에 대해서도 관심을 돌렸지만, 영적인 것들에 대하여 내가 갖고 있던 잘못된 생각들이 내가 진리를 보는 것을 방해하였습니다. 내가 보지 않으려고 해도, 진리가 자체적으로 지닌 힘을 사용해서 나의 눈 속으로 밀고 들어왔지만, 내 영혼은 숨이 차고 답답하여 견딜 수가 없어서, 영적인 것들을 피하여, 선이나 색깔이나 형태 등과 같은 물질적인 속성들로 얼른 눈을 돌려 버리고서는, 나의 영혼에게서는 그런 속성들을 볼 수 없기 때문에, 내가 내 영혼을 아는 것은 불가능하다고 생각하였습니다.

또한, 나는 "미덕"에 수반되는 평화를 사랑하고, "악"으로부터 생겨나는 불화를 미워하였기 때문에, 미덕에는 연합시키는 힘이 존재하고, 악에는 분열시키는 힘이 존재한다고 보고서, 연합시키는 힘으로는 "이성적인 정신"과 "진리의 본성"과 "최고의 선"이 있고, 분열시키는 힘으로는 "모종의 비이성적인 생명의 실체"와 "최고의 악의 본성"이 있으며, 이 악은 단지 하나의 "실체"일 뿐만 아니라 실재하는 "생명"이라고 생각하였지만, 이 악만은 모든 것의 근원이 되시는 나의 하나님이신 주님으로부터 온 것은 아니라고 믿었습니다. 나는 연합시키는 힘을 "모나드"(Monad), 즉 성(性)의 구별이 없는 정신과 같은 "단자"(單子)라고 불렀고, 분열시키

---

8) 이것은 『고백록』을 쓴 성숙한 아우구스티누스의 마음에 있던 제2위 하나님을 가리키는 것으로 보인다. 그러한 관점에서 볼 때, 그가 여기에서 말하고 있는 그의 최초의 저서인 『아름다운 것들과 어울리는 것들』은 창조에 있어서 제2위 하나님과 제3위 하나님의 나타남들을 추적하고자 하는 초기의 시도로 볼 수 있다.

는 힘은 "디아드"(Dyad), 즉 폭력에 있어서의 분노나, 부끄러운 악행에 있어서의 정욕과 욕망으로 표출되는 "양자"(兩子)라고 불렀습니다.[9]

하지만 나는 내가 무슨 말을 하고 있는지를 알지 못하였습니다. 왜냐하면, 당시에 나는 악이라는 것은 현실적으로 실재하는 어떤 실체인 것이 전혀 아니고, 우리의 정신도 영원불변의 최고의 선이 아니라는 사실을 알지도 못하였고, 그런 가르침을 받은 적도 없었기 때문이었습니다.

25. 범죄의 충동이 생겨나는 원천인 영혼의 정서가 악해져서 오만방자하게 제멋대로 움직일 때에 범죄들이 일어나고, 육신의 정욕이 생겨나는 원천인 영혼의 욕망이 제어되지 않고 그 고삐가 풀렸을 때에 부끄러운 악행들이 일어나는 것과 마찬가지로, 이성적인 정신 자체가 악해졌을 때에는, 잘못된 오류들과 거짓된 생각들이 우리의 삶을 오염시키게 되는데, 당시에 나의 삶이 그랬습니다. 나는 내 영혼이나 정신은 그 자체로 진리의 본성을 지니고 있지 않기 때문에, 진리에 참여하기 위해서는, "다른 빛"에 의해서 조명을 받아야 한다는 것을 알지 못하였습니다. 하지만 "나의 등불을 켜셔서" "내 흑암을 밝히실" 수 있으신 분은 오직 하나님 뿐이시고(시 18:28), "우리가 다 그의 충만한 데서 받으니"(요 1:16), 주님은 "참 빛 곧 세상에 와서 각 사람에게 비추는 빛"(요 1:9)이십니다. 하나님은 "변함도 없으시고 회전하는 그림자도 없으신" 분입니다(약 1:17).

26. 나는 주님의 위치로 올라가기 위하여 애를 썼지만, 주님은 나를 밀쳐내셔서 죽음을 맛보게 하셨습니다. 왜냐하면, 주님은 "교만한 자를 대적하시는" 분이시기 때문이었습니다(벧전 5:5). 나는 완전히 정신이 나가서, 내 자신이 본성적으로 주님과 다를 것이 없다고 생각했는데, 이것보다 더 큰 교만이 어디 있겠습니까? 물론, 내 자신은 얼마든지 변할 수 있는 존재라는 것을 나는 알고 있었습니다. 내

---

9) "단자"와 "양자"라는 용어들은 피타고라스에게서 유래한 것이었지만, 주후 5세기의 아프리카에 잘 알려져 있었다. 아우구스티누스는 마니교의 신화론적인 교리들을 자신의 지성으로 좀 더 쉽게 받아들일 수 있는 용어로 재구성하고자 했던 것으로 보인다.

가 지혜로워지고자 하는 것은 덜 지혜로운 상태에서 더 지혜로운 상태로 변하고자 하는 욕구로부터 생겨난 것이기 때문에, 이 한 가지만으로도, 그것은 내게 너무나 명백한 것이었습니다. 하지만 나는 내가 변할 수 있는 존재이고 주님은 변할 수 없는 존재이기 때문에, 나와 주님은 다르다고 생각한 것이 아니라, 주님도 나와 마찬가지로 변할 수 있는 존재라고 생각하였습니다. 이런 이유로, 주님은 나를 밀쳐 내셨고, 나의 황당한 교만을 대적하셨습니다.

나는 계속해서 물질적이고 유형적인 것들만을 생각하였고, 스스로 육신을 입고 있었으면서도 육신을 정죄하고서, "가고 다시 돌아오지 못하는 바람"(시 78:39)이 되어, 주님께로 돌아가지는 않고, 주님에게나 나에게나 육신 속에나 그 어디에도 존재하지 않는 것들을 붙잡으려고 끝없이 떠돌며 방황하였는데, 그것들은 주님의 진리가 내 안에서 만들어 낸 것들이 아니라, 내 자신이 물질적인 것들을 토대로 삼아서 나의 허황된 상상력이 만들어 낸 것들이었습니다.

나는 비록 유배 상태였기는 하지만, 어쨌든 나도 알지 못하는 가운데 주님의 신실한 자녀들과 동일한 하늘의 시민이었음에도 불구하고, 어리석고 시건방지게도 그들에게, "하나님이 지으신 영혼이 왜 잘못을 저지르는 것이냐?"고 질문을 던지곤 하였지만, 다른 사람이 내게 "하나님이 왜 잘못을 저지르는 것이냐?"고 질문하는 것은 못마땅하게 여겼습니다. 나는 내 자신의 변하기 쉬운 본성이 자유의지로 잘못된 길로 행하여서, 거기에 대한 벌로 오류에 빠지게 된 것이라고 생각하기보다는, 주님의 본성은 변하지 않지만, 어쩔 수 없는 사정에 의해서 주님이 잘못을 저지르는 것이라고 주장하였습니다.[10]

27. 온갖 유형적인 사물과 대상들이 내 마음의 귀에 대고 요란한 소리를 내면서 내 속에 만들어 내었던 온갖 허상들을 정리해서 두세 권의 책으로 써낸 것은 내 나이 스물여섯 또는 스물일곱이 되었을 때였습니다.[11] 나는 "아름다운 것들과 어울리는 것들"에 대하여 깊이 생각하면서, 나의 내면에서 들려오는 달콤한 진리이

---

10) 마니교에서 말하는 빛의 신은 전능한 신이 아니었다.
11) 이것은 이 일이 주후 380년 12월과 382년 12월 사이에 일어났음을 보여 주는데, 이때는 그가 마니교도로 지낸 9년의 기간이 끝나갈 무렵이었다.

신 주님의 곡조에 귀를 기울이려고 애썼고, 주님 곁에 머물며 주님의 음성을 들으며, "신랑의 음성"을 듣고 크게 기뻐하게 되기를 바랐습니다(요 3:29). 하지만 당시에 나는 내 속에서 아우성치던 잘못된 음성들에 이끌려서 밖으로 이끌려 나왔고, 내 자신의 교만의 무게로 인해서 점점 더 깊이 가라앉고 있었기 때문에 그렇게 되는 것은 불가능하였습니다. 주님은 "내게 즐겁고 기쁜 소리를 들려 주지" 않으셨고, 나의 "뼈들도" 아직 주님에 의해 꺾여서 낮아지지 않았기 때문에 "즐거워할" 수 없었습니다(시 51:8).

제16장
아리스토텔레스의 『십 범주』

28. 내가 스무 살 정도 되었을 때, 아리스토텔레스(Aristoteles)가 쓴 『십 범주』라고 불리던 책이 나의 수중에 들어왔는데, 카르타고에서 내게 수사학을 가르쳐 주었던 선생님을 비롯해서 박학다식하기로 이름 난 여러 사람들이 늘 대단한 자부심을 가지고서 입에 침이 마르도록 이 책을 칭송하였기 때문에, 나는 그 책이 정말 대단하고 신성한 책일 것이라고 생각해서, 그 책을 읽게 될 날이 오게 되기만을 손꼽아 기다렸다가, 마침내 그 책을 읽고 이해하였지만, 그 책은 내게 아무런 유익도 주지 못하였습니다.

나는 그 책을 읽었다고 하는 사람들과도 얘기를 나누어 보았지만, 별 소득이 없었습니다. 그들은 선생들의 도움을 받아서 그 책을 읽었는데, 선생들이 말로만이 아니라, 모래에 많은 도표들을 그려가면서 설명해 주었는데도, 자신들은 그 책을 잘 이해할 수 없었다고 말하면서, 내가 혼자 스스로 읽어서 알게 된 것 이상의 것을 내게 말해 주지는 못하였습니다.

『십 범주』라는 책은 "사람" 등과 같은 "실체들," 그리고 그 실체들의 "속성들"에 대하여 아주 분명하게 말해 주는 것으로 보였습니다. 예를 들면, "사람"이라는 "실체"의 "속성들"로는, 그 사람이 어떤 사람인가("질"), 그 사람의 키는 얼마나 큰가("양"), 그 사람의 가족 관계는 어떠한가("관계"), 그 사람은 어디에서 태어났는가

("장소"), 그 사람은 언제 태어났는가("시간"), 그 사람은 앉아 있는가 아니면 서 있는가("상태"), 그 사람은 신을 신고 있는가 아니면 무장을 하고 있는가("소유"), 그 사람은 무엇을 하고 있는가("능동"), 그 사람에게 무엇이 행해지고 있는가("피동") 등이 있는데, 이 속성들은 아홉 가지 범주들을 구성하고, "실체"도 하나의 범주를 구성한다는 것입니다. 따라서 모든 사물들은 내가 방금 위에서 예로 든 아홉 가지 범주들에 속하거나, "실체"라는 범주에 속하게 된다는 것입니다.

29. 이 모든 것들은 내게 유익이 되지 못하였고, 도리어 실제로는 내게 방해가 되었습니다. 왜냐하면, 나는 존재하는 모든 것들을 이 십 범주 안에 다 포함시킬 수 있다고 생각해서, 저 기이할 정도로 단순하시고 영원불변하시는 주 나의 하나님조차도 그런 관점에서 이해해서, 마치 크거나 아름다운 것이 어떤 사물의 속성들인 것과 마찬가지로, 주님의 크심이나 아름다우심도 주님 자신의 속성들로서, 그 주체이신 주님 안에 존재하는 것으로 생각하였지만, 사실은 주님의 크심과 아름다우심은 주님의 속성들이 아니라 주님 자신이고, 어떤 사물이 위대하고 아름답거나 위대하지도 않고 아름답지도 않은 것도 사실은 그 사물 자체의 속성이 아니라 주님과의 관계로 말미암는 것이기 때문입니다. 주님에 대하여 내가 생각한 것들은 참된 것이 아니라, 거짓되고 잘못된 것이었고, 내가 주님으로부터 복을 받은 상태로부터 형성된 진리가 아니라, 비참하고 불행한 상태에 있으면서 내 멋대로 만들어 낸 허구였습니다. 주님께서 "땅은 너로 말미암아 저주를 받고 … 네게 가시덤불과 엉겅퀴를 낼 것이라 … 너는 네 평생에 수고하여야 그 소산을 먹으리라"(창 3:17-18)고 하신 말씀이 내게 그대로 이루어졌습니다.

30. 나는 "교양학문"이라고 불리는 것에 속한 책들 가운데서 내가 입수할 수 있었던 모든 책들을 스스로 다 읽고 이해하였지만,[12] 당시의 나는 악한 욕망의 노예

---

12) 교양학문은 일곱 과목이었다: 문법, 수사학, 논리학 또는 변증학, 음악, 기하학, 천문학, 산술. 아우구스티누스는 교양학문의 목적은 영혼을 물질주의적인 사고로부터, 즉 오직 물리적이고 물질적인 현상들만이 실재라고 믿는 잘못된 인식으로부터 해방시켜 주는 것이라고 말한다(『질서에 대하여』 I.1.3) 하지만 교양학문을 배웠다고 해서, 도덕적으로 사악한 습성들의 굴레로부터 해방될 수 있는 것은 아니었다.

가 되어서 그렇게 한 것이었기 때문에, 그것이 내게 무슨 유익이 되었겠습니까? 나는 그 책들을 즐겁게 읽기는 하였지만, 그 책들 속에 들어 있던 참되고 확실한 것들이 어디로부터 오는지를 알지 못하였습니다. 왜냐하면, 나는 빛을 등지고서, 내 얼굴은 그 빛이 비치고 있는 사물들을 향하고 있었던 까닭에, 빛을 받고 있던 사물들을 향하여 있던 나의 얼굴은 정작 빛을 받지 못하였기 때문이었습니다.

나는 수사학, 논리학, 기하학, 음악, 산술에 관하여 쓴 책들을 그 누구의 도움을 받지 않고도 큰 어려움 없이 이해할 수 있었습니다. 주 나의 하나님께서 아시듯이, 이 모든 것은 주님께서 내게 빠른 이해력과 예리한 통찰력을 은사로 주신 덕분이었습니다. 그런데도 나는 그러한 은사들을 내게 주신 주님께 감사의 제사를 드리지 않았던 까닭에, 그 은사들은 내게 유익이 아니라 도리어 해악이 되었습니다. 왜냐하면, 나는 주님이 내게 은사로 주신 것들 중에서 대부분을 내 자신의 힘을 키우는 데 활용하고자 하였고, 나중에 주님을 위하여 사용하기 위한 목적으로 나의 힘을 축적하는 일에 활용하지는 않고, 도리어 주님을 떠나 먼 곳으로 가서 기생집에 드나들며 정욕을 채우는 데 다 허비해 버리고 말았기 때문입니다.

좋은 것들이라고 해도, 좋은 곳에 제대로 사용하지 않는다면, 그것들이 내게 무슨 유익을 가져다주겠습니까? 당시만 해도, 나는 열심히 공부하는 사람들이나 영리한 사람들조차도 그런 책들을 이해하기가 무척 어렵다는 사실을 알지 못했는데, 나중에 그 책들에 나와 있는 내용들을 다른 사람들에게 설명해 주려고 하는 과정에서, 가장 뛰어난 학생들조차도 나의 설명을 즉시 알아듣지 못하고 아주 느리게 이해하는 것을 보고서야, 그 사실을 깨닫게 되었습니다.

31. 하지만 진리 되시는 주 하나님이여, 나는 주님을 무한히 큰 빛나는 물체이고, 나는 그 물체의 한 조각이라고 생각하였는데, 그런 책들을 읽고 이해한 것이 내게 무슨 유익이 되었겠습니까? 나는 하나님이 어떤 분이신지를 몰라도 너무나 모르고 있었습니다! 하지만 그것이 당시의 나의 모습이었습니다. 그러나 나의 하나님이여, 당시의 내가 사람들 앞에서 공공연하게 주님을 모독하는 말들을 하고, 주님을 향해 개처럼 짖어대고도 부끄러워하지 않았던 것처럼, 지금의 나는 주님께서 내게 베푸신 자비와 긍휼들을 주님 앞에서 고백하거나, 주님의 이름을 부르

는 것을 부끄러워하지 않습니다.

당시에 나는 내가 앞에서 말한 그러한 학문들을 선생의 도움 없이도 혼자 아주 빠르게 익힐 수 있었고, 여러 난해한 책들도 어렵지 않게 이해할 수 있었지만, 경건에 관한 교훈에 있어서는 너무나 끔찍한 오류에 빠져서 부끄럽기 짝이 없는 신성모독을 일삼고 있었으니, 나의 그러한 재능이 내게 무슨 유익이 되었겠습니까? 반대로, 주님의 자녀들이 재능은 나보다 훨씬 못하다고 할지라도, 주님을 떠나서 제멋대로 사는 데 그 재능을 사용하지 않고, 주님의 교회에 그대로 둥지를 틀고서, 건강한 믿음의 양식을 먹고 자양분을 섭취하며, 안전하게 양육을 받아, 깃털이 나고, 결국에는 사랑의 날개가 돋게 된다면, 재능이 별로 없다는 것이 그들에게 무슨 해가 되겠습니까?

오, 주 우리의 하나님이여, 우리로 하여금 주님의 날개 그늘 아래에서 소망을 갖고 살아가게 하시고, 우리를 지켜 주시며, 우리를 안아서 데려가 주십시오. 우리가 주님 안에서 강할 때, 그것은 진실로 참된 강함이 되지만, 우리가 우리 자신 안에서 강할 때에는, 그것은 지극히 허약한 것일 뿐이오니, 우리가 아직 어릴 때에나, 백발이 성성할 때에나, 우리를 안아서 데려가 주십시오.

주님 안에서 살아갈 때, 우리의 선함은 영원하지만, 주님을 싫어하여 떠나 버리면, 우리는 그 즉시 악으로 떨어지고 맙니다. 우리의 선은 주님 자신이기 때문에, 우리가 주님 안에 있을 때에만, 우리의 선은 아무런 흠 없는 선이 될 수 있사오니, 우리로 하여금 이제 주님께로 돌아가게(revertor) 하셔서, 우리가 멸망하는(evertor) 일이 없게 해 주십시오. 우리는 원래 우리가 있던 아버지의 집에서 떨어져 나온 것이기 때문에, 우리가 돌아갈 곳이 없으면 어쩌나 하고 걱정할 필요도 없고, 우리의 집은 주님이 계시는 영원한 집이기 때문에, 우리가 그 집을 나오고 난 후에, 그 집이 무너져 버렸으면 어쩌나 하고 걱정할 필요도 없습니다.

제5권
마니교와 그리스도교

아우구스티누스는 카르타고를 방문한 마니교의 감독 파우스투스를 만나서 그에게서 자신의 문제들을 해결 받을 수 없다는 것을 확인하고서 마니교의 가르침으로부터 멀어지게 된다. 카르타고에서 수사학을 가르치면서 학생들의 행태에 실망해서 로마로 가지만 도착하자마자 열병에 걸려 죽을 뻔하고, 로마의 학생들도 별 다를 것이 없다는 것을 알게 되면서, 로마 총독이 공모한 수사학 교수직에 지원하여 밀라노로 간다. 거기에서 그리스도교회의 주교 암브로시우스를 만나서, 그의 알레고리적인 성경해석을 통해서 그동안 그가 지니고 있던 그리스도교에 대한 거부감이 해소됨으로써, 이미 거짓된 것임이 밝혀진 마니교와 완전히 결별하고, 그리스도교회의 예비신자가 된다. 하지만 아우구스티누스는 여전히 물질주의적인 사고방식에 젖어서 하나님을 제대로 이해하지 못한다.

제1장
우리의 영혼이 하나님을 찬송하고 고백하는 것이 합당함

1. 내 혀로 드리는 나의 고백의 제사를 받아 주십시오.[1] 주님께서 내 혀를 지으

---

1) 아우구스티누스는 『하나님의 도성』(X.5-6)에서 "제사"의 본질에 대한 자신의 가장 성숙한 사고를 보여 준

시고 놀릴 수 있게 하신 것은 주님의 이름을 찬송하게 하시기 위한 것이기 때문입니다. 나의 모든 뼈들을 고쳐 주셔서, 그 뼈들로 하여금 "여호와와 같은 이가 누구냐"(시 35:10)라고 외치게 해 주십시오. 사람이 주님에게 고백하는 것은 자신의 마음속에서 어떤 일들이 벌어지고 있는지를 주님께 가르쳐 드리기 위한 것이 아닙니다. 왜냐하면, 사람이 자신의 마음을 아무리 굳게 닫아걸어도, 주님께서는 그 마음을 다 꿰뚫어 보시고, 우리의 마음을 아무리 완고하고 딱딱하게 하여도, 주님의 손길을 물리칠 수는 없기 때문입니다. 주님께서는 어떤 때에는 자비와 긍휼을 통해서, 어떤 때에는 원수 갚으심을 통해서 사람의 마음을 부드럽게 하실 수 있으시기 때문에, 주님의 열기를 피해 숨을 수 있는 사람은 아무도 없습니다(시 19:6).

그럴지라도, 내 영혼으로 하여금 주님을 찬송하는 것으로 그 사랑하는 마음을 표현할 수 있게 해 주시고, 주님이 베풀어 주신 자비와 긍휼들을 고백하는 것으로 주님을 찬송할 수 있게 해 주십시오. 주님께서 지으신 모든 피조물들이 다 단 한시도 쉬거나 침묵하지 않고 주님을 찬송하고 있습니다. 각 사람의 영은 자신의 입을 통해서 주님을 찬송하고 있고, 생물들이나 무생물들은 그것들을 바라보는 사람들의 입을 통해서 주님을 찬송하고 있습니다. 우리의 영혼은 이렇게 주님을 찬송함으로써, 무기력에서 벗어나서 주님을 향하여 올라가고, 주님께서 창조하신 것들을 발판으로 삼아서, 주님께서 기이하게 창조하신 그것들을 뛰어넘어 주님께로 나아가서, 주님 안에서 새롭게 되어 참된 힘을 얻습니다.

제2장
하나님을 피해 도망치는 것은 불가능함

2. 불의한 자들은 불안해하며 주님을 떠나 멀리 도망치지만, 그럴지라도 주님

다: "눈에 보이는 제사는 눈에 보이지 않는 제사의 성례전, 또는 거룩한 표징이다 … 참된 제사는 우리가 하나님을 꼭 붙잡고서 거룩한 교제를 나누면서 행하는 모든 행위이다… 영혼은 세상의 정욕을 버리고서, 사랑으로 불타올라서 자기 자신을 하나님께 드리고, 자신의 존재의 불변하는 본이신 하나님께 순종함으로써, 하나님의 아름다우심에 참여하여 하나님을 기쁘게 해 드릴 때에 그 자신이 제사가 된다."

은 그들을 보고 계시고, 주님의 눈은 그들이 멀리 도망쳐서 숨어 있는 그 어두운 그늘들을 꿰뚫어 보십니다. 보십시오. 그들을 둘러싸고 있는 모든 것은 다 아름다운데, 오직 그들만이 더럽고 추합니다. 하지만 그들이 무슨 수로 주님께 해를 끼치겠으며, 하늘에서부터 이 땅의 가장 후미진 곳까지 모든 곳을 하나도 빠짐없이 의롭고 흠 없이 온전하게 다스리시는 주님의 통치를 욕되게 할 수 있겠습니까?[2]

또한, 그들은 주님의 얼굴을 피하여 도망치지만, 그들이 도망쳐서 숨을 곳이 어디 있겠으며, 설령 그들이 꼭꼭 숨었다고 생각한다고 해도, 주님이 찾아 내실 수 없으신 곳이 어디 있겠습니까? 주님은 자기가 지으신 것들을 단 하나도 버리지 않으시기 때문에, 그들은 주님이 보기 싫어서 도망쳤지만, 주님은 여전히 그들을 보고 계시고, 도망친 그들은 눈이 멀어서 주님과 부딪쳐서 다치게 됩니다. 불의한 자들이 온유하신 주님을 떠나 도망치다가, 공의로우신 주님과 부딪쳐서, 주님의 엄위하심 앞에서 넘어지게 되는 것은 합당한 일입니다. 주님은 어디에나 계시고, 어느 한 곳에 묶여 계시지 않으며, 주님을 아주 멀리 떠나 있는 자들에게도 가까이 계시는 분이시지만, 그들은 그것을 꿈에도 알지 못합니다.

그러므로 그들로 하여금 다시 돌이켜서 주님을 찾게 해 주십시오. 그들은 주님을 버렸을지라도, 그들을 지으신 분이신 주님은 자신이 지으신 것들을 결코 버리시는 분이 아니시기 때문입니다. 그들로 하여금 돌이켜서 주님을 찾게 해 주십시오. 보십시오. 힘들고 고된 방황을 끝내고서, 주님 앞에 나아와 고백하고, 자신을 주님께 맡기며, 주님의 품에 안겨 우는 자들의 마음속에는 주님이 계십니다. 주님은 그들이 흘린 눈물을 부드럽게 닦아 주시고, 그들은 감정이 북받쳐서 더 큰 소리로 엉엉 울 때에, 그 흘리는 눈물 속에서 기쁨을 맛보게 됩니다. 왜냐하면, 주님은 혈과 육일 뿐인 인간이 아니시고, 자신이 창조하신 것들을 재창조하시고 위로하실 수 있으신 하나님이시기 때문입니다. 내가 주님을 찾고 있을 때, 나는 어디에 있었습니까? 주님은 바로 내 앞에 계셨지만, 나는 내 자신으로부터도 멀리 떠

---

2) 검은 색은 전체의 아름다움을 부각시키기 위한 목적으로 그림에서 사용될 수 있다는 의미에서 악조차도 다른 종류의 악들과 함께 전체의 아름다움에 기여한다. 아우구스티누스는 그러한 사고를 『질서에 대하여』 II.4.11-13; 『하나님의 도성』(II.23; XI.23)에서 시사하고 있고, 플로티노스의 *Enneads* III.2.11.10에도 그러한 사고가 나온다.

나서, 내 자신도 찾을 수 없었기 때문에, 주님을 찾는 것은 더더욱 불가능하였습니다.

제3장
자연법칙에 관한 철학자들의 지식과 마니교의 가르침

3. 이제 나는 하나님이 보시는 앞에서 내 나이 스물아홉 살 되던 해에 있었던 일들을 말씀드리고자 합니다. 그 때에 파우스투스(Faustus)라고 하는 마니교의 감독이 카르타고에 오는데,[3] 그는 마귀가 사용하고 있던 큰 올무여서, 많은 사람들이 그의 매력적인 언변과 감언이설에 걸려들었습니다. 나도 그의 화려한 언변에 감탄을 금치 못하였지만, 그즈음에 나는 어떤 것이든지 그 진실을 알려고 애쓰고 있었기 때문에, 그 화려한 언변이 과연 진실을 담고 있는 것인지 그렇지 않은지를 어느 정도는 구별할 수 있어서, 비록 파우스투스가 사람들 가운데서 명성이 자자한 인물이었을지라도, 그가 내 앞에 먹으라고 내 놓은 음식인 "지식"에 더 관심이 있었고, 그 지식이라는 음식을 담은 그릇인 언변 자체에는 별 관심이 없었습니다.

나는 그를 만나기 전에 이미, 그가 모든 학문에 조예가 깊고, 특히 교양 학문들에 아주 뛰어난 박학다식한 인물이라는 평판을 들어서 알고 있었고, 내 자신도 이미 철학자들이 쓴 많은 책들을 읽어서, 그 내용들을 내 머릿속에 넣어 두었기 때문에, 철학자들이 말한 것들과 마니교의 저 장황하게 꾸며낸 이야기들을 비교해 보았더니, 전자가 옳을 가능성이 더 높아 보였습니다. 왜냐하면, 철학자들은 비록 세계를 창조하시고 다스리시는 주님을 만나지는 못했지만, 그들이 말한 것들은 사람들로 하여금 세계에 대하여 올바른 판단을 할 수 있게 해 주기에는 충분해 보였기 때문이었습니다.

---

3) "행운아"라는 의미를 지닌 파우스투스라는 이름의 마니교 감독은 타가스테에서 100마일 가량 떨어진 북아프리카의 누미디아 지역에 있던 밀레브(Milev) 출신이었다. 그는 카르타고에 온 주후 382년에는 이미 감독이 되어 있었고, 주후 385년경에 지중해의 한 섬으로 유배를 가서 구약성경을 격렬하게 단죄하는 글을 썼다. 아우구스티누스는 자신의 『마니교도 파우스투스를 반박함』에서 그 글을 길게 비판한다.

주님이여, 주님께서는 "높이 계셔도 낮은 자를 굽어살피시며 멀리서도 교만한 자를" 아시고(시 138:6), 오직 그 마음에 통회하는 자들만을 가까이 하십니다. 반면에, 교만한 자들은 아주 치밀한 솜씨로 별들과 모래들을 세고, 성좌들의 위치를 꿰고 있고, 천체들의 궤도를 추적하여 알아내는 재능을 지니고 있다고 할지라도, 주님을 찾아내지는 못합니다.

4. 그들은 주님께서 그들에게 주신 지성과 재능으로 그런 것들을 연구해서, 여러 해 후에 광명체들인 해와 달에 일식과 월식이 일어날 것을 알아내어, 어느 날 어느 시에 어느 정도의 일식이나 월식이 일어날지를 미리 예고하였고, 그들의 예측은 정확히 맞아떨어져서, 그들이 예측한 일식이나 월식은 그대로 일어났습니다. 그리고 그들은 자신들이 탐구하여 발견해 낸 법칙들을 글로 기록해 놓았기 때문에, 오늘날에도 사람들은 그러한 기록들을 읽고서, 어느 해, 어느 달, 어느 날, 어느 시에 달이나 해가 어느 정도나 가려질 것인지를 예측할 수 있고, 일식이나 월식은 사람들이 예측한 그대로 일어납니다. 그러한 법칙들을 알지 못하는 사람들은 그러한 예측을 기이하게 생각하고 놀라워하고, 그러한 법칙들을 알고 있는 사람들은 몹시 흡족해하며 기고만장하게 되어, 전자나 후자나 모두 불경스럽고 교만하여져서, 주님의 빛을 버리고 떠나가 버립니다.

하지만 그들은 일식이 언제 일어날지에 대해서는 정확하게 예측하면서도, 지금도 계속해서 그들 자신에게서 일어나고 있는 일식은 보지 못하는데, 그것은 자신들이 이런 것들을 탐구할 때에 사용하고 있는 재능이 어디에서 온 것인지에 대해서는 주의깊게 살피지 않기 때문입니다. 또한, 그들은 주님께서 그들을 지으셨다는 것을 알고 있으면서도, 그들 자신을 주님께 바쳐드려서, 주님이 자신이 지으신 것들을 올바르게 지키시고 보호하시게 해드리고자 하지 않습니다.

또한, 그들은 주님이 지으신 것이 아니라, 그들 자신이 인위적으로 만들어 낸 것들을 죽여서 주님께 제물로 바치지도 않습니다. 즉, 그들은 공중에서 날아 다니는 새들 같은 그들 자신의 "교만"이나, 바다의 물고기들처럼 깊은 곳의 은밀한 길들을 따라 이곳저곳을 들쑤시고 돌아다니는 그들 자신의 "호기심"이나, 들짐승들과 같은 그들 자신의 "방종"을 죽여서 주님께 제물로 바침으로써, "소멸하는 불"(히

12:29)이신 주님으로 하여금 그들을 사망으로 이끌 그런 것들을 다 불사르시고, 그들을 새롭게 하셔서, 영원히 살 수 있게 하시도록 하고자 하지도 않습니다.

5. 그들은 "길"을 알지 못하고 있는데, 그 "길"은 주님의 말씀입니다. 그들이 일식이나 월식을 예측할 때에 계산해 내는 모든 것들, 그것들을 계산하는 사람들, 그들이 계산할 때에 사용하는 여러 지각들, 그들이 계산해 낸 것들이 어떤 의미인지를 알아낼 때에 사용하는 지성은 모두 다 주님께서 말씀으로 창조하신 것들입니다. 또한, 그들은 주님의 지혜는 계산할 수 있는 것이 아니라는 것도 알지 못합니다. 하지만 하나님의 독생자께서는 "우리에게 지혜와 의로움과 거룩함"이 되셨고(고전 1:30), 우리 중의 하나가 되셔서, "가이사"에게 세금을 바치시기까지 하셨습니다(마 22:21). 그들은 이 "길"을 통해서 그들 자신으로부터 내려와서 그로 말미암아 그에게로 올라갈 수 있는데도, 이 "길"을 알지 못합니다. 그들은 이 "길"을 알지 못하였기 때문에, 자신들이 빛나는 별들과 하늘들 사이에서 노닐고 있는 것으로 착각하였습니다. 하지만, 보십시오. 그들은 땅으로 떨어졌고, "그들의 미련한 마음은 어두워졌습니다"(롬 1:21).

그들은 피조물들에 대하여 맞는 말들을 많이 했지만, 진리가 되실 뿐만 아니라 만유를 설계하시고 지으신 분을 경건한 마음으로 찾지 않기 때문에, 하나님을 만나지 못하고, 설령 그런 하나님을 만나서 알았다고 하여도, 하나님을 영화롭게 하지 않고 감사하지도 않기 때문에, 그들의 생각은 허망해져서, 자신들이 지혜롭다고 말하고, 주님이 하신 일들을 마치 자신들이 한 것인 양 그들 자신에게로 돌리며, 또한 지독하게 뒤틀리고 눈이 멀어서, 하나님이 그들 같은 줄로 여기고서는, 자신의 속성들을 주님께로 돌려서, 진리이신 주님께 온갖 거짓 것들을 갖다 붙여서는, "썩어지지 아니하는 하나님의 영광을 썩어질 사람과 새와 짐승과 기어다니는 동물 모양의 우상으로 바꾸어," "하나님의 진리를 거짓 것으로 바꾸어 피조물을 조물주보다 더 경배하고 섬깁니다"(롬 1:22-25).

6. 나는 그들이 피조물들에 대하여 말한 맞는 말들을 많이 간직하고 있었고, 그들의 그런 말들이 수학적인 계산이나 계절들의 순환이나 별들에 의한 가시적인

증거와 일치한다고 생각하였기 때문에, 마니교의 창시자인 마니(Mani)가 한 말들과 비교해 보았습니다. 마니도 그러한 주제들에 대하여 아주 많은 글들을 미친 듯이 썼습니다. 하지만 나는 그의 글들 속에서는, 하지나 동지, 춘분이나 추분, 일식이나 월식, 또는 내가 세속 철학자들의 책에서 배운 내용에 대한 그 어떤 설명도 발견할 수 없었습니다. 마니교도들은 내게 마니가 말한 것들을 믿으라고 강요하였지만, 그 말들은 수학적인 설명이나 내 눈으로 관찰한 것과 일치하지 않았고, 아주 많이 달랐습니다.

제4장
하늘과 땅에 속한 만물에 관한 지식이 아니라 오직 하나님을 아는 지식만이 행복을 가져다줌

7. 진리의 주 하나님이여, 어떤 사람이 피조물들에 대한 지식을 가지고 있다고 해서, 과연 그런 이유로 주님께서 그 사람을 기뻐하시겠습니까? 어떤 사람이 이 모든 것을 다 알고 있다고 할지라도, 주님을 알지 못한다면, 그 사람은 불행할 수밖에 없습니다. 반면에, 그런 것들을 전혀 알지 못한다고 할지라도, 주님을 아는 사람은 행복하고 복된 사람입니다. 어떤 사람이 주님도 알고 그런 지식도 갖고 있다고 해도, 그 사람은 그 지식으로 인하여 더 행복해지는 것은 아니고, 오직 주님으로 인하여 행복해지는 것입니다. 그러므로 사람은 오직 주님을 알고, 그렇게 주님을 알게 해 주신 것에 대하여 주님께 합당한 영광과 감사를 돌리며, 그 마음에서 허망한 생각을 하지 않게 될 때에 행복하게 됩니다.

자기가 소유하고 있는 나무의 높이와 넓이가 얼마나 되는지를 알지 못하지만, 자신이 그 나무를 소유하고 있으면서 유용하게 사용하게 하신 것에 대하여 주님께 감사하는 사람은, 그 나무에 관한 모든 지식을 다 갖고 있어서 그 나무의 가지들이 몇 개인지까지도 알지만, 그 나무를 소유하고 있지도 않고, 그 나무를 지으신 창조주를 알거나 사랑하지도 않는 사람보다 더 행복할 것입니다. 마찬가지로, 믿는 사람은 비록 어떤 별들이 모여서 북두칠성을 이루는지를 알지 못한다고 할지라도, 자신이 만물을 다스리시는 주님께 속하여 있음으로써, 자기 자신은 아무것도 가지고 있지 않지만, 세상의 모든 것을 소유하고 있는 사람이기 때문에, 하늘들을 측량하거나 별들을 세거나 원소들의 무게를 잴 줄은 알면서도, 만물의 경계와 수와 무게를 정하신 하나님을 모르는 사람보다 분명히 더 행복하다는 것을 의심하는 것은 어리석은 짓입니다.

제5장

마니교의 창시자가 자행한 신성모독

8. 피조물들에 대한 지식 없이도 얼마든지 경건을 배울 수 있는데, 도대체 누가 마니(Mani)에게 그런 것들에 관한 글들을 쓰라고 명하거나 요구했는지, 나는 정말 모르겠습니다. 왜냐하면, 주님께서는 "보라 주를 경외함이 지혜요"(욥 28:28)라고 말씀하심으로써, 경건이 곧 지혜라는 것을 보여 주셨기 때문입니다. 마니는 피조물들에 대해서는 완벽하게 알았을지 몰라도, 경건에 대해서는 무지하였음이 분명합니다. 하지만 사실 그는 피조물들에 대해서조차 잘 알지 못하였으면서도, 아주 뻔뻔스럽게도 그런 것들을 가르치고자 한 것을 보면, 그에게 경건이라는 것은 전혀 없었던 것이 분명합니다. 왜냐하면, 경건이라는 것은 주님께 고백하는 것(confiteri)인 까닭에, 자신에게 세상적인 것들에 대한 지식이 있다고 할지라도, 자기가 그러한 지식을 알고 있다는 것을 온 세상에 알리고 다니는 것(profiteri)은 헛된 일이기 때문입니다. 마니는 자신이 그런 것들에 대한 지식이 있다고 생각해서 이리저리 돌아다니며 많은 말을 하다가, 그런 것들에 대하여 참된 지식을 갖고 있던 사람들에 의해서 잘못된 것임이 밝혀져서, 거기에 비추어 볼 때, 더 은밀하게 감추어져 있는 영적인 문제들에 대해서는 그가 알지 못할 것이라는 사실이 분명하게 알려지게 되었습니다.

마니는 사람들이 자기를 만만하게 보지 못하도록 하기 위해서, 하나님을 믿는 자들을 위로하시고 풍성하게 하시는 성령이 친히 충만한 권능 가운데 자기 안에 거하고 계신다는 것을 사람들에게 믿게 하고자 하였습니다. 그래서 그가 하늘과 별들, 해와 달의 운동에 대하여 말한 것들이 거짓임이 밝혀지자, 비록 그런 말들은 종교적인 교리와는 상관이 없는 것들이었을지라도, 그가 그동안 오만방자하게도 신성모독을 저질러 왔다는 것은 아주 분명해졌습니다. 왜냐하면, 그는 단순히 자기가 알지도 못하는 것들만이 아니라 거짓된 것들을 가르쳤고, 교만과 망상과 광기에 사로잡혀서, 자신은 신적인 존재인 까닭에, 자기가 하는 말들은 다 진리라고 주장하였기 때문입니다.

9. 어떤 그리스도인 형제가 피조물들에 대하여 잘 알지 못하고 다른 견해를 말할 때에는, 나는 그의 견해를 굳이 반박하려고 하지 않고 묵묵히 들어 줍니다. 왜냐하면, 그 형제가 만물의 창조주이신 주님께 합당하지도 않고 용납될 수도 없는 것들을 믿고 있는 것이 아니라면, 주님이 창조하신 피조물들의 구조나 성질에 대하여 모른다고 해도, 그것은 그 형제에게 해가 되지 않는다고 보기 때문입니다. 하지만 만일 그 형제가 그런 지식이 경건에 관한 가르침의 본질에 속한다고 생각하거나, 실제로는 자기가 잘 알지 못하는 그런 지식을 고집스럽고 완고하게 붙들고서 집착한다면, 그런 지식은 그에게 해가 됩니다. 하지만 어떤 형제가 주님을 믿고 새 사람이 된 후에, 그 신앙의 초기에 그러한 연약한 모습을 보인다고 할지라도, 사랑이신 주님은 그가 "온전한 사람"으로 성장하여, "온갖 교훈의 풍조에 밀려 요동하지 않게" 될 때까지(엡 4:13-14), 그를 용납해 주고 계속해서 붙들어서 견인해 줍니다.

반면에, 마니는 자신의 말에 설득된 자들을 모아 하나의 종교를 창시하여, 그 종교의 종사이자 지도자이며 수장으로 자처하고서, 자기를 추종하는 자들로 하여금 자기는 단순히 사람이 아니라 성령이라고 믿게 하였습니다. 그러므로 그가 한 말들이 거짓으로 밝혀진 후에, 그의 그러한 광기 어린 언동을 지극히 혐오하고 단호하게 거부해야 할 것으로 생각하지 않을 사람이 누가 있겠습니까?

나는 낮과 밤이 서로 교대하면서 더 길어지거나 짧아지는 것, 일식과 월식, 그리고 내가 다른 책들에서 읽었던 그 밖의 여러 가지 것들이 그가 한 말들로 제대로 설명될 수 있는 것인지의 여부에 대해서는 아직 분명하게 알 수 없었지만, 설령 제대로 설명될 수 있다고 할지라도, 그의 말들이 옳은 것인지에 대해서는 여전히 확신을 하지 못하고 있었습니다. 그런데도, 나는 거룩한 자라는 그에 대한 사람들의 평판을 믿고서, 그의 권위를 신뢰하기로 했습니다.

제6장

언변만 좋았던 마니교의 감독 파우스투스

10. 나는 거의 9년 동안이나 마니교의 가르침들을 듣고 배우면서도 확신을 갖지 못하고 계속해서 갈팡질팡하고 있었기 때문에, 파우스투스(Faustus)라는 인물이 카르타고에 오기만을 내내 애타게 기다리고 있었습니다. 왜냐하면, 내가 그 가르침들과 관련해서 의문이 들어서, 다른 마니교도들을 만나서 물어보면, 그들은 나의 의문들에 대답해 줄 수 없을 때마다, 언제나 이구동성으로 파우스투스가 오면 그에게 물어보라고 말하면서, 그와 얘기를 하면, 내가 제기한 의문들은 물론이고 그런 것들보다 더 어려운 문제들에 대해서도 아주 시원하고 명쾌한 대답을 얻게 될 것이라고 장담을 하였기 때문이었습니다.

그가 카르타고에 왔을 때, 그를 만나서 얘기를 해 보았더니, 그는 아주 붙임성이 좋고 말을 아주 재미있게 하는 그런 사람이었습니다. 그는 내가 만난 마니교도들보다 더 언변이 좋고 말을 재미있게 하긴 했지만, 그 내용은 그들이 내게 해 주었던 말과 조금도 다르지 않았습니다. 하지만 기가 막히게 우아하고 품위 있게 차려 입은 종업원이 최고로 값비싼 술잔을 내어 온다고 하여도, 거기에 좋은 포도주가 담겨져 있지 않다면, 그것이 나의 갈증을 해소하는 데 무슨 도움이 되겠습니까? 나의 귀는 그런 종류의 말들을 이미 지겹도록 들어 왔기 때문에, 말을 잘한다고 해서 더 나아보이지도 않았고, 온갖 수사와 미사여구를 사용하여 말한다고 해서 더 참되어 보이지도 않았으며, 그의 용모가 훤칠하고 그의 언변이 뛰어나다고 해서, 그의 영혼이 지혜로워 보이지도 않았습니다.

그러므로 내게 파우스투스를 소개해 주고 잔뜩 기대감을 갖게 한 사람들은, 그가 재미있고 매력적으로 말하는 것을 듣고서는, 그를 지혜롭고 현명한 인물로 여긴 것이었기 때문에, 그에 대하여 제대로 판단하고 평가한 사람들이 아니었습니다. 반면에, 어떤 사람이 진리를 전하기 위해서 우아하고 뛰어난 언변을 사용해서 진리를 전해도 의심하고서 믿으려고 하지 않는 그런 부류의 사람들도 있다는 것을 나는 알고 있었습니다.

하지만 나의 하나님이여, 주님께서는 정말 기이하고도 은밀한 방식으로 이미 나를 가르치고 계셨습니다. 왜냐하면, 당시에 내가 파우스투스와의 사건을 통해 알게 된 것은 참된 것이었고, 이 세상에는 선생이라고 자처하는 사람들이 많지만, 언제 어디서나 참된 것이 존재할 때마다, 그 참된 것을 가르치시는 선생은 오직 주님뿐이신 까닭에, 나는 그때에 나를 가르치신 분이 주님이셨음을 믿기 때문입니다.

이렇게 해서, 당시에 내가 주님으로부터 배운 것은, 어떤 사람이 말을 유창하게 잘한다고 해서 반드시 참된 것을 말하는 것도 아니고, 말을 두서없이 더듬거리며 서툴게 한다고 해서 반드시 거짓된 것을 말하는 것도 아니며, 무례할 정도로 아주 단호하게 말한다고 해서 반드시 참된 것을 말하는 것도 아니고, 화려한 언변을 구사한다고 해서 반드시 거짓된 말을 하는 것도 아니며, 단지 지혜로움과 우매함은 각각 몸에 좋은 음식과 해로운 음식 같고, 우아하고 세련된 언변과 투박한 언변은 각각 금은 그릇과 질그릇 같아서, 몸에 좋은 음식이나 해로운 음식은 금은 그릇에 담아 낼 수도 있고 질그릇에 담아 낼 수도 있다는 것이었습니다.

11. 나는 파우스투스라는 인물을 아주 오랫동안 아주 간절하게 기다려 왔었기 때문에, 어떤 문제들을 놓고서 사람들과 논쟁할 때에 보여 준 그의 태도와 몸짓과 감정, 그리고 자기가 말하고자 하는 내용들을 아주 적절한 단어들을 선택해서 사람들에게 쉽게 전달하는 모습은 정말 마음에 들었습니다. 그렇게 마음에 들었기 때문에, 나는 다른 많은 사람들과 더불어서, 아니 그들보다 더 그를 높이고 칭송하였습니다. 다만, 나를 괴롭혀 왔던 문제들을 공개적인 집회에서 제기하고 그와 허심탄회하게 대화를 주고받을 수 있는 기회가 주어지지 않은 것이 내게는 못내 아쉬운 일이었는데, 그러던 참에 나와 내 친구들이 그와 얘기를 나눌 수 있는 적당한 기회가 찾아와서, 나는 그동안 나를 괴롭혀 왔던 몇 가지 문제들을 그 사람 앞에 내어 놓았습니다.

나는 그 사람이 문법 외에는 교양 학문들에 대하여 무지하다는 것과 문법도 평범한 수준에서 알고 있다는 것을 금방 알아차렸습니다. 그는 키케로의 몇몇 연설문들, 세네카(Seneca)가 쓴 책들 중에서 한두 권, 시집 몇 권, 마니교의 교리를 라틴어로 잘 써 놓은 몇 권의 책을 읽은 정도였지만, 천부적인 재능과 매력을 지니고 있었던 데다가, 매일같이 많은 강연을 하고 다니다 보니, 사람들의 마음을 사로잡고 매료시키는 뛰어난 언변을 익힐 수 있었던 것으로 보였습니다.[4]

내 양심의 심판자이신 주 나의 하나님이여, 내가 지금 제대로 올바르게 기억해 내고 있는 것인지요? 나의 마음과 지난날에 대한 나의 기억은 주님 앞에 있습니다. 주님께서는 그때에도 자신의 모습을 감추신 채로 은밀한 섭리로 나를 인도하시면서, 나의 부끄러운 잘못들을 내 앞에 두셨는데, 그것은 나로 하여금 그것들을 똑똑히 보고 미워하게 하시기 위한 것이었습니다.

제7장
파우스투스를 만나고 나서 실망하여 마니교로부터 멀어짐

12. 파우스투스가 교양 학문들에 대하여 박식하다는 말을 자주 들어서 실제로 아주 잘 알 것이라고 생각하였다가, 사실은 그런 것들에 대하여 무지하다는 것이 너무나 분명하게 밝혀지자, 그동안 나를 괴롭혀 왔던 문제들을 그가 명쾌하게 해결해 줄 것이라는 나의 기대는 절망으로 변하기 시작하였습니다. 물론, 만일 그가 마니교도가 아니었다면, 그런 것들에 대해서는 무지하더라도, 경건에 관한 진리는 알고 있었을 가능성도 없지 않았지만, 그는 마니교도였기 때문에, 그럴 가능성은 없었습니다. 왜냐하면, 마니교의 경전들에는 하늘과 별들, 해와 달에 관한 허황된 이야기들이 장황하게 기록되어 있었기 때문입니다.

그래서 나는 내가 그동안 그토록 간절하게 알고 싶었던 것, 즉 마니교의 경전

---

4) 그는 『고백록』을 쓴 직후인 주후 397-399년에 파우스투스를 반박하는 형식으로 마니교를 반박하고 비판하는 자신의 주저인 『마니교도 파우스투스에게 답함』을 썼다.

들에 담겨 있는 설명들이 내가 다른 책들에서 읽어서 알고 있던 수학적인 설명들보다 더 낫거나 적어도 뒤지지 않는 것인가 하는 질문에 대하여, 파우스투스가 만족할 만한 대답을 해 줄 수 있을 것이라는 믿음을 접고서, 단지 이런 문제들이 반드시 고찰되고 논의될 필요가 있다고 생각한다는 말만을 하였더니, 그는 자신이 그런 것들에 대하여 무지하다는 것을 알고 있었고, 그런 사실을 고백하는 것을 부끄러워하지도 않았으며, 자기는 그런 일을 감당할 만한 재목이 아니라고 아주 겸손하게 대답하였습니다.

나는 지금까지 내가 알고 싶은 것들을 가르쳐 줄 수 있다고 장담하면서도, 실제로는 말만 장황하게 늘어놓을 뿐이고, 정작 내가 알고 싶은 것들은 아무것도 가르쳐 줄 수 없었던 사람들을 많이 만났는데, 파우스투스는 그런 사람은 아니었습니다. 사실, 그는 주님을 향해서 바른 마음을 지니고 있지는 않았을지라도, 적어도 자기 자신에 대해서는 아주 솔직한 그런 마음을 지니고 있었습니다.

자신의 무지함을 전혀 모르고 있지도 않았고, 자기가 궁지에 몰려서 쉽게 또는 우아하게 빠져나올 수 없는 그런 논쟁에는 성급하게 뛰어들려고 하지도 않았는데, 나는 그의 그런 모습 때문에 더욱더 그를 좋아하게 되었습니다. 내가 알고 싶어 했던 그러한 지식들보다도 자신의 한계를 인정하고 고백하는 태도가 더 아름다웠습니다. 또한, 나는 그가 온갖 어렵고 미묘한 문제들을 접할 때마다 그런 태도를 보인다는 것을 알았습니다.

13. 이렇게 해서, 마니교의 선생들 중에서 평판이 자자한 파우스투스조차도 내가 고민해 왔던 많은 문제들에 대하여 제대로 된 답을 줄 수 없었다는 것을 알고 난 후에는, 마니교의 책들에 대하여 내가 그동안 보였던 열렬한 관심은 한풀 꺾였고, 마니교의 다른 선생들에 대해서도 더욱더 실망하게 되었습니다. 파우스투스는 문학을 배우는 데 큰 관심을 가지고 있었고, 당시에 나는 카르타고에서 청년들을 가르치고 있던 수사학자였기 때문에, 우리는 함께 만나서 그가 읽고 싶어 한 책들이나, 내가 볼 때에 그의 성향과 능력에 맞겠다고 생각된 책들을 같이 읽었습니다.

하지만 그동안 마니교를 좀 더 깊이 알기 위해서 내가 기울여 왔던 모든 노력들은, 그 사람을 알게 됨으로써 완전히 끝이 났습니다. 하지만 마니교도들과 완전히 결별한 것은 아니었습니다. 나는 더 나은 것을 아직 발견하지 못하였기 때문에, 어떻게 해서 더 나은 것이 나타날 때까지는, 내가 어쩌다가 발을 들여놓게 된 마니교에 당분간은 그대로 머물러 있기로 마음을 먹었습니다. 이렇게 해서, 수많은 사람들에게 죽음의 올무가 되어 왔던 파우스투스는, 자기가 원하지도 않았고 알지도 못하였겠지만, 그 올무에 사로잡혀 있었던 나를 풀어 주기 시작하였습니다.

나의 하나님이여, 이 일도 주님께서 내 영혼을 버리지 않으시고, 주님의 감추어진 섭리 가운데서 주님의 손으로 인도하신 덕분이고, 내 어머니가 피 맺힌 가슴으로 밤낮으로 눈물을 쏟으며 나를 위해 주님께 제사를 드린 덕분이며, 주님께서 기이한 방식으로 몰고 가 주신 덕분입니다. 나의 하나님이여, 이 모든 것을 행하신 이는 바로 주님이셨습니다. 왜냐하면, 주님은 "사람의 걸음을 정하시고 그의 길을 기뻐하시는"(시 37:23) 분이시기 때문입니다. 자신이 빚으신 것을 다시 새롭게 빚어 내시는 주님의 손길이 아니라면, 어떻게 우리가 구원을 얻겠습니까?

제8장

수사학을 제대로 가르쳐 보고자 하는 생각으로 카르타고를 떠나 로마로 감

14. 주님은 내게 확신을 주셔서, 나로 하여금 로마로 가서, 카르타고에서 가르쳤던 것을 거기에서 가르치도록, 나를 몰고 가셨는데, 내가 어떻게 그런 확신을 갖게 되었는지를 고백하지 않고 그냥 넘어갈 수 없는 이유는, 이 일에 있어서도 주님께서는 은밀한 곳에 숨어 계신 채로 저 깊고 오묘한 섭리를 따라 내게 놀라운 자비와 긍휼을 아주 극명하게 나타내셨다는 사실을, 우리가 깊이 묵상하고 선포하지 않으면 안 되기 때문입니다.

내가 로마로 가기로 결심한 것은, 내 친구들이 내게 거기에 가면 더 좋은 보수와 더 나은 대우를 받을 수 있다고 말해 주었기 때문이 아니었습니다. 물론, 그러한 것들에 대한 고려가 나의 결심에 영향을 미친 것은 사실이지만, 내가 로마로 가기로 결심한 주된 동기, 아니 거의 유일한 동기는, 로마에서는 학생들이 좀 더 정숙한 분위기 속에서 공부를 하고, 좀 더 엄격한 규율 가운데서 질서가 잘 잡혀 있어서, 마음 내키는 대로 교실을 들락날락하거나, 남의 교실에 함부로 불쑥 난입하는 일이 없고, 선생의 허락 없이는 자기가 등록하지 않은 수업에는 들어갈 수도 없다고 들었기 때문이었습니다.

반면에, 카르타고에서는 학생들이 지나치게 무질서하고 방종해서, 제멋대로 뻔뻔스럽고 무례한 짓들을 아무렇지도 않게 자행하였습니다. 그들은 시도 때도 없이 무례하게 거의 정신 나간 사람처럼 수업 중인 교실로 난입해서, 학생들이 제대로 공부할 수 있도록 하기 위하여 선생들이 정해 놓은 규율들을 엉망으로 만들어 놓곤 하였습니다.

또한, 그들은 만일 관습에 의해서 보호받지 않았다면, 법에 따라 처벌을 받아 마땅하였을 그런 부끄럽고 악한 많은 행동들을 경악스러울 정도로 뻔뻔스럽게 아무런 부끄러움도 없이 태연하게 자행하였는데, 관습이 그런 행동들을 보호해 주고 있었기 때문에, 그들의 불행과 비참함은 더욱더 가중되었습니다. 왜냐하면, 그들의 그런 행동들은 관습에 의해서는 허용되는 것들이었다고 할지라도, 주님의 영원한 법에 의해서는 결코 허용될 수 없는 것들이었기 때문입니다. 그들은 자신들이 그렇게 행동하여도 벌을 받지 않는다고 생각해서 그런 행동들을 계속하였던 것이지만, 그들의 눈이 멀어서 그것들이 죄라는 것을 몰랐다는 것 자체가 그들이 받은 벌이었기 때문에, 사실 그들은 자기가 남들에게 가한 것보다 비교할 수 없을 정도로 훨씬 더 큰 해악을 스스로 입은 것입니다.

내가 학생으로서 공부하였던 때에는 그런 행동들을 하고자 하지 않았지만, 선생이 되어 가르치게 된 후에는, 학생들이 그런 행동들을 하는 것을 어쩔 수 없이 감내하지 않으면 안 되었습니다. 그래서 나는 이러한 사정을 아는 모든 사람들이 이구동성으로 로마에서는 그런 일이 절대로 없다고 장담하였기 때문에, 로마에 가기로 결심한 것이었습니다. 하지만 사실 카르타고에 있던 나를 이렇게 가축을 몰 때에 사용하는 가시채로 찌르셔서 그곳에서 몰아내시고, 로마에 미끼들을 두시고 내게 보여 주시고서는 나를 거기로 끌어당기심으로써, 내 영혼의 구원을 위하여 이 땅에서의 나의 거처를 바꾸게 하신 분은, "나의 피난처시요 살아 있는 사람들의 땅에서 나의 분깃"(시 142:5)이신 주님이셨습니다.

그렇게 하실 때, 주님은 죽음이 지배하는 삶을 사랑했던 자들, 즉 한편으로는 정신 나간 행동들을 하던 자들, 다른 한편으로는 헛된 기대감을 심어 주었던 자들을 사용하셨습니다. 이렇게 주님은 나의 발걸음을 바로잡아 주시기 위하여, 그런 사람들과 나의 잘못된 것들을 은밀하게 사용하셨습니다. 왜냐하면, 카르타고에서 여유롭게 살고 있던 나의 마음을 사정없이 휘저어 놓았던 자들은 추악한 광기에 사로잡혀 눈이 멀어 있던 자들이었고, 로마로 오라고 나를 유혹하였던 자들은 세상의 맛을 이미 보았던 자들이었기 때문입니다.[5] 이렇게 해서, 나는 인간의 비참한 실존을 적나라하게 보여 주고 있었던 카르타고에 염증을 느끼고서, 거짓된 행복을 찾아 로마로 떠났습니다.

15. 하나님이여, 주님께서는 내가 카르타고를 떠나서 로마로 가야 했던 이유를 아셨지만, 내게나 내가 떠나는 것을 몹시 슬퍼하셔서 항구까지 따라 나오셨던 내 어머니에게는 알려 주지 않으셨습니다. 어머니는 나를 꽉 붙으시고서는, 다시 집으로 돌아가든지, 아니면 자기도 함께 가겠다고 애원하셨지만, 나는 순풍이 불어서 내 친구가 배를 타고 출항하게 될 때까지는 꼼짝없이 기다려야 한다고 거짓말로 둘러대고는, 그렇게 애원하시는 어머니의 만류를 뿌리쳤습니다. 하지만 주님은 추악함과 더러움으로 가득하였던 나를 "바다의 물들"(aquae maris)로부터 건져 내셔서 주님의 "은혜의 물"(aqua gratiae)로 깨끗하게 씻어 주셔서, 나를 위해 주님께 매일같이 눈물을 흘려서 땅을 적신 내 어머니의 눈물의 강이 마르게 하시기 위하여, 나의 이런 잘못들도 그 자비하심으로 용서해 주셨습니다.

어머니는 혼자서는 집으로 돌아가지 않으려고 하셨기 때문에, 나는 어머니를

---

5) 빌립보서 3:18-19을 보라: "내가 여러 번 너희에게 말하였거니와 이제도 눈물을 흘리며 말하노니 여러 사람들이 그리스도의 십자가의 원수로 행하느니라 그들의 마침은 멸망이요 그들의 신은 배요 그 영광은 그들의 부끄러움에 있고 땅의 일을 생각하는 자라." 이것은 마니교도들에게 꼭 들어맞는 묘사인 것으로 보인다. 왜냐하면, 그들은 그리스도가 십자가에 못 박힌 것은 하나의 환영일 뿐이라고 믿음으로써 "그리스도의 십자가의 원수"였고, 아우구스티누스가 III.10.18과 IV.1.1에서 조롱하고 있듯이, "자신들의 배를 신으로 섬기는" 자들이었기 때문이다. 마니교도들과의 인맥은 아우구스티누스가 로마에 정착하는 데 도움이 되었던 것으로 보인다.

어렵사리 설득해서, 우리가 타고 갈 배에서 아주 가까운 곳에 있었던 키프리아누스(Cyprianus) 기념 성당에서 그날 밤을 함께 지내게 되었습니다.[6] 그리고 어머니가 그 성당에서 울며 기도하시는 사이에, 나는 그곳을 몰래 빠져나왔습니다. 내 하나님이여, 어머니는 거기에서 눈물을 쏟으시며 밤을 새워 기도하신 것이, 주님께서 나로 하여금 배를 타고 로마로 가지 못하게 해 주시라는 것이 아니면, 다른 무엇이었겠습니까? 하지만 주님은 모든 것을 가장 깊이 보시고 헤아리시는 분이셔서, 내 어머니가 진정으로 원하시는 것이 무엇인지를 알고 계셨기 때문에, 어머니가 나를 위해 지금까지 늘 눈물로 간구해 오셨던 바로 그것을 들어주시기 위하여, 그 밤에 기도하신 것은 들어주지 않으셨습니다.[7]

마침내 순풍이 불어서, 우리가 타고 갈 배에 달려 있던 돛들이 일제히 부풀어 올랐고, 해안은 우리의 시야에서 멀어져 갔는데, 그날 아침에 어머니는 가슴이 메어지는 슬픔 가운데 바로 그 해안에 서서, 하소연과 탄식으로 주님의 귀를 가득 채우셨지만, 주님은 내 어머니의 기도를 끝내 들어주지 않으셨습니다. 반대로, 주님은 한편으로는 나의 욕망들을 끝장내시기 위하여, 내가 욕망들에 이끌려 로마로 가는 것을 허락하셨고, 다른 한편으로는 어머니가 나에 대하여 육정(肉情)으로 매달리신 부분에 대해서는 가슴이 메어지는 슬픔으로 (어머니를) 징계하셨는데, 이것은 합당한 일이었습니다. 왜냐하면, 어머니는 여느 어머니들과 마찬가지로 나와 함께 있기를 좋아하셨을 뿐만 아니라 그 정도가 지나쳐서, 주님께서 나로 하여금 어머니를 떠나게 하심으로써, 장차 어머니를 위해 더 큰 즐거움을 준비하고 계신다는 것도 알지 못하셨기 때문이었습니다.

어머니는 이것을 알지 못하셨기 때문에, 소리 내어 부르짖으며 통곡하셨고, 슬픔과 고통 가운데서 낳은 자녀를 슬픔과 고통 가운데서 찾는 모습을 보이심으로써, 하와로부터 물려 받은 유산이 자신 속에도 존재한다는 사실을 증명하셨습니

---

6) 카르타고의 주교이자 교회의 일치의 선봉이었던 키프리아누스는 주후 258년에 발레리아누스 황제 치하에서 순교하였다. 아우구스티누스는 그의 저술들과 그에 대한 기억에 의해서 많은 영향을 받아서, 나중에 키프리아누스 기념 교회에서 설교하고자 하였다.
7) 그는 두 경우에 있어서 결과는 판이하게 달랐기는 하지만, 아이네아스에 의해서 해변에 버려진 디도의 처지와의 병행을 염두에 두었음이 분명하다.

다. 하지만 어머니는 내가 어머니를 속이고 모질게 대한 것에 대하여 나를 나무라신 후에는 집으로 돌아가셔서, 다시 나를 위한 중보기도를 주님께 계속해서 드리셨고, 나는 로마로 향하였습니다.

제9장

로마에서의 열병과 어머니의 중보기도

16. 보십시오. 로마에서 나를 기다리고 있었던 것은 육신의 질병이라는 채찍이었고, 나는 그 질병 가운데서, 모든 사람을 아담 안에서 죽을 수밖에 없게 만드는 원죄의 족쇄에 묶여서 내가 지은 여러 가지 죄들만이 아니라, 주님과 내 자신과 다른 사람들에게 그런 죄들을 뛰어넘어 지은 수많은 심각하고 중대한 죄들까지 포함한 모든 무거운 죄의 짐을 짊어지고서, 지옥으로 내려가고 있었습니다. 왜냐하면, 주님께서는 나의 이 모든 죄들 중 그 어느 것도 아직 그리스도 안에서 사해 주지 않으셨고, 내가 나의 그러한 죄들로 말미암아 주님께 불러일으켰던 적대감도 그리스도의 십자가로 해소해 주지 않으셨기 때문이었습니다.

당시에 나는 아무런 실체도 없는 허구적인 십자가만을 믿고 있었는데, 어떻게 나의 죄들이 사함을 받고, 나에 대한 주님의 적대감이 해소될 수 있었겠습니까? 나는 그리스도께서 육신으로 죽으셨다고 하는 것은 "거짓"이라고 보았기 때문에, 내 영혼이 죽어 있다는 것은 "사실"이었고, 그리스도께서 육신으로 죽으셨다는 것이 "사실"이었기 때문에, 그 사실을 믿지 않은 내 영혼이 살아 있다는 것은 "거짓"이었습니다.

나의 열병은 점점 심해져서, 나는 거의 죽게 될 지경에 이르렀습니다. 만약 그때에 죽었더라면, 나는 옴싹달싹도 하지 못한 채로, 그동안 자행해 온 나의 온갖 죄악들을 따라 주님의 진리의 법대로 심판을 받아서, 꼼짝없이 저 지옥의 불못에 던져져서 영원토록 고통을 받게 되지 않았겠습니까? 어머니는 나의 이러한 사정에 대해서는 아무것도 알지 못하신 채로, 멀리서 나를 위해 계속해서 기도하고 계셨습니다. 하지만 주님은 어디에나 계셔서, 어머니가 계신 곳에서는 나를 위한 어머니의 기도를 들어주셨고, 내가 있던 곳에서는 내게 자비와 긍휼을 베풀어 주셔서, 내 육신의 건강을 회복시켜 주셨습니다.

하지만 나의 마음은 여전히 정신을 차리지 못하고 광분하여 하나님을 모독하고 있었습니다. 나는 거의 죽을 지경이 되었는데도, 주님에 대하여 신앙을 고백하고 세례를 받고자 하지 않았습니다. 내가 이미 얘기하고 고백하였듯이, 내가 소년기에 많이 아팠을 때에는, 어머니의 신앙에 의지해서 세례를 받고자 간청하였다는 사실을 생각해 보면, 소년기의 나의 상태는 이때보다 더 나았습니다. 병에서 회복된 후에, 나의 수치스러운 언행은 그 정도가 더 심해졌고, 정신이 나가서 미쳐 있던 나는 주님께서 나 같은 죄인도 두 번 죽도록 내버려 두지 않으시기 위하여 처방해 주신 온갖 약들을 다 비웃고 조롱하였습니다. 만일 내가 그런 식으로 살다가 죽었더라면, 어머니의 마음은 결코 치유될 수 없는 상처를 받으셨을 것입니다. 왜냐하면, 어머니가 나에 대해서 얼마나 큰 사랑을 품고 계셨는지, 그리고 나를 영적으로 거듭나게 하시기 위하여, 육신으로 나를 낳으셨을 때보다도 얼마나 더 큰 산고를 치러야 하셨는지에 대해서는, 내가 도저히 말로 다 표현할 수 없기 때문입니다.

17. 그러므로 만약 내가 여전히 죄 가운데 있을 때에 죽어서, 어머니가 나에 대한 그 지극한 사랑을 담고 계셨던 자신의 심장이 관통되는 상처를 입으셨다면, 과연 그 상처가 다시 치유될 수 있었을지, 사실 나는 상상이 잘 안 됩니다. 정말 그런 일이 일어났다면, 어머니가 그동안 쉬지 않고 간절하게 나를 위해 주님께 드려오셨던 기도들은 도대체 무엇이란 말입니까? 그것들은 하나같이 주님을 향해 드려진 기도들이었습니다. 지극히 자비로우신 하나님께서, 정절을 지키고 고결하며 경건한 과부가 자신을 낮추고 통회하며 밤낮으로 드려 온 기도를 어떻게 멸시하실 수 있으시겠습니까?

어머니는 기회가 있을 때마다 자주 구제를 행하셨고, 주님의 성도들을 받들어 섬기셨으며, 주님의 제단에 제물을 바치는 것을 하루도 거르지 않으셨고, 매일같이 아침과 저녁으로 교회에 가는 것을 결코 빼먹지 않으셨는데, 어머니가 교회에 가신 것은 나이 든 부인들이 함께 모여 잡담을 하고 수다를 떨기 위한 것이 아니라, 주님의 말씀에 대한 강론들을 듣고, 주님께 기도하기 위한 것이었습니다. 어머니는 금이나 은이나 결국에는 없어질 어떤 덧없는 것들을 구하신 것이 아니라, 자기 아들의 영혼을 구원해 주시기를 구하신 것이었고, 그것도 주님께서 어머니에게 주신 감동을 따라 그렇게 기도하신 것인데, 어떻게 주님이 그런 눈물의 기도를 멸시하시거나 무시하실 수 있으셨겠으며, 그 기도에 대한 응답을 거절하실 수 있으셨겠습니까?

주님은 절대로 그렇게 하실 수 없으셨고, 반대로 어머니의 옆에 계셔서 그 기도를 들어주심과 동시에, 자신이 이미 예정하신 계획이 차질 없이 이루어지도록 실행해 나가고 계셨습니다. 어머니는 주님으로부터 이런저런 꿈들을 비롯한 여러 가지 방식으로 자신의 기도에 대한 응답들을 받으셨는데, 주님이 그런 응답들에서 어머니를 속이셨을 리는 만무합니다. 나는 그런 응답들 중에서 어떤 것들에 대해서는 이미 얘기했고, 어떤 것들에 대해서는 얘기하지 않았지만, 어머니는 마치 그런 응답들이 주님의 친필 서신들인 것처럼 여기시고 마음에 간직해 두고 계시면서, 기도하실 때마다 그것들을 주님 앞에 내밀며, 거기에서 약속하신 그대로 이루어 주시라고 간구하셨습니다. 왜냐하면, 주님의 자비와 긍휼은 영원하셔서, 주님께서는 자신에게 빚진 모든 자들의 빚을 다 탕감해 주실 뿐만 아니라, 이제는 반대로 그들에게 약속들을 주심으로써, 기꺼이 그들에 대하여 빚진 자가 되고자 하시는 그런 분이시기 때문입니다.

제10장
물질주의적인 사고 방식과 그리스도교의 성육신 교리

18. 주님이 나를 병에서 회복시켜 주시고, 주님의 여종의 아들의 육신을 한동안 건강하게 만들어 주신 것은, 장차 나에게 더 낫고 확실한 건강인 영적 구원을 주시기 위한 것이었습니다. 이 일 후에, 나는 로마에서도 다시 사람들을 미혹시키고 스스로도 미혹된 저 마니교의 "거룩한 자들"과 교류하게 되었는데, 내가 병들었을 때부터 회복될 때까지 머물렀던 바로 그 집의 주인 같은 "듣는 자들"이라

불린 평신도들만이 아니라, 마니교의 성직자들인 "선택된 자들"과도 교류하였습니다.

당시에 나는 죄를 짓는 것은 우리가 아니라, 정확히 무엇인지는 알 수 없지만, 우리 안에 있는 어떤 본성이라고 생각하였고, 이런 생각은 내 자신을 죄책에서 벗어나게 해 주었기 때문에, 나의 교만을 즐겁게 해 주었습니다. 그래서 어떤 죄를 저질렀을 때, 그것은 주님을 거슬러 범죄한 것이기 때문에, 마땅히 그 죄를 인정하고 주님께 고백하는 것이 마땅했음에도 불구하고, 나는 내 자신이 죄를 시었다는 것을 인정하지 않고, 정확히 무엇이라고 말할 수는 없어도, 내 안에 있지만 내가 아닌 다른 그 무엇이 그 죄의 주범이라고 단죄하고는, 내게는 그 죄에 대한 책임이 없다는 식으로 변명하기를 좋아하였습니다. 하지만 사실은 내가 죄의 주범이라고 단죄한 바로 그것은 다름 아닌 바로 나였는데도, 나의 불경건이 나를 이렇게 둘로 구분하여, 마치 그것이 내가 아닌 것처럼 생각하였던 것에 불과하였습니다.

내 자신이 죄인이 아닌 것처럼 생각하였다는 점에서, 나의 죄는 한층 더 고침 받을 수 없는 죄였고, 내 안에서 전능하신 하나님으로 하여금 나를 이기시게 해드려서 구원에 이르려고 하기보다는, 도리어 내가 하나님을 이기고서 스스로 멸망을 자초하기를 좋아하였다는 점에서, 나의 죄는 가증스럽기 짝이 없는 죄였습니다.[8] 그러므로 주님께서는 나의 입과 입술의 문 앞에 보초를 세우지 않으셨고, 그 결과 나의 마음은 악한 말에 귀 기울이게 되고, 죄를 저지르면서도 그 책임은 내게 있지 않다고 변명하면서, 악을 행하는 자들과 어울리며, 마니교의 "선택된 자들"과도 여전히 교류를 계속하였습니다. 하지만 나는 이미 마니교에 대하여 실망하고서, 이제 그 거짓된 가르침으로부터는 어떤 유익도 얻을 수 없다는 것을 너무나 분명하게 알고 있었기 때문에, 더 나은 것을 발견할 때까지만 머물러 있겠다고 생각했던 마음까지도 점점 더 느슨해지고 엷어지고 있었습니다.

---

8) 마니교도들은 인간의 "선한 영혼"은 하나님의 입자라고 믿었기 때문에, 어떤 사람이 범죄하였을 때, 하나님이 패배를 당한 것이라고 믿었다.

19. 이 무렵에 "신플라톤주의자들"이라 불리는 철학자들이 인간은 모든 것을 의심하는 쪽으로 사고하여야 하고, 인간에게는 진리라는 것 자체를 이해할 수 있는 능력이 없다고 설파하고 다닌다는 말을 듣고서, 그들이 다른 그 누구보다도 더 현명하다는 생각을 하게 되었습니다.[9] 물론, 그들이 주장하는 사상이 정확히 무엇인지를 분명하게 알고 있지는 않았지만, 일반적으로 사람들의 입소문을 통해 떠돌아다니던 그들에 대한 평가가 틀림없을 것이라고 믿었습니다. 그래서 마니(Mani)가 쓴 책들을 가득 채우고 있던 저 허황된 이야기들을 철석 같이 믿고 있던 나의 집 주인에게, 마니교를 지나치게 맹신해서는 안 된다고 충고하기까지 하였습니다.

그럼에도 불구하고, 마니교라는 이단과는 아무 관계도 없던 신플라톤주의자들보다는 마니교도들과 여전히 더 친밀하게 교류하였습니다. 물론, 이전처럼 마니교를 열렬하게 옹호한 것은 아니었지만, 당시 로마에서 은밀하게 활동하고 있던 상당수의 마니교도들과 친하게 지내고 있었기 때문에, 어떤 다른 길을 찾고자 하는 노력은 느슨해졌습니다. 특히, 마니교도들은 나로 하여금 그리스도교로부터 돌아서게 만들어 놓았기 때문에, 나는 천지의 주재이시며, 눈에 보이거나 보이지 않는 모든 것들을 창조하신 하나님의 교회에서는 진리를 찾을 수 있을 것이라는 소망도 가질 수 없었습니다.

하나님이 인간의 육신의 모습을 하고 있을 수 있고, 우리와 같은 사지(四肢)와 육신이라는 유형적인 형태 속에 갇혀 있을 수 있다고 믿는 것 자체가, 너무나 큰 거부감을 갖게 하였습니다.[10] 왜냐하면, 나는 모든 것은 "물체"로만 존재하고, 물체가 아닌 것들은 존재하는 것이 아니라고 알고 있었던 까닭에, 하나님에 대해서 생

---

9) 여기에서 그들은 신플라톤주의에 속한 회의론자들을 가리킨다. 주전 3세기에 플라톤 학파의 아르케실라오스(Arcesilaus)와 카르네아데스(Carneades)에 의해서 확립된 회의주의적인 전통을 추종하는 사람들은 진리와 관련된 모든 질문들에 대한 판단을 정지하고, 개연성 이상의 동의를 허락해서는 안 된다고 가르쳤다. 이 전통은 아우구스티누스 시대에는 주로 키케로의 저작들을 통해서 알려졌다. 이러한 회의주의는 안일함에 빠져 있던 아우구스티누스를 심하게 흔들어 놓았다. 그는 회의주의에 의해서 초래된 문제를 해결하고자 하는 노력에서 주후 386년경에 자신의 첫 번째 대화록들 중의 하나인『플라톤주의자들을 반박함』을 썼다.
10) 사람이 하나님의 형상대로 지음 받았다는 창세기 1:26-27의 말씀은 마니교도들로부터 조롱거리가 되었고, 아우구스티누스도 영적인 실체에 대한 개념을 이해하게 될 때까지 이 문제를 해결하지 못해서 많은 괴로움을 겪었다.

각할 때에도, 하나님은 거대한 물체라고밖에는 생각할 수 없었기 때문이었습니다. 나의 이러한 사고는 나로 하여금 필연적으로 오류에 빠질 수밖에 없게 만든 가장 큰 요인이자 거의 유일한 요인이었습니다.

20. 따라서 나는 "악"이라는 것도 모종의 어떤 물체로서, 추악하고 흉측한 덩어리로 되어 있다고 믿었는데, 마니교도들은 이 악이 덩어리로 뭉쳐 있는 것을 "땅"이라고 불렀고, 이 악이 공기처럼 엷고 가벼운 형태로 존재하는 깃들인 악한 영들이 그 땅을 기어다니고 있는 것이라고 생각했습니다. 하지만 내게는 신앙이라는 것이 조금은 남아 있어서, 선하신 하나님이 악한 본성을 지닌 어떤 존재를 창조하셨을 리가 없다고 믿었기 때문에, 선과 악이라는 서로 상반되는 두 거대한 물체는 둘 다 무한하기는 하지만, 어쨌든 상대적으로 악은 좀 더 작은 물체이고, 선은 좀 더 큰 물체라고 생각하게 되었고, 이 전염병 같은 단초로부터 나의 그 밖의 다른 온갖 신성모독적인 언행심사가 파생되어 나왔습니다.

내 영혼은 그리스도교 신앙으로 되돌아가려고 했지만, 그리스도교 신앙은 내가 생각했던 그런 것이 아니었기 때문에, 나는 뒤로 물러나 버렸습니다. 그리스도교에서는 하나님이 인간의 육신의 모습으로 오심으로써, 모든 면에서 유한하게 되셨다고 생각하였지만, 내게 큰 자비를 베풀어 주신 나의 하나님은 모든 면에서 무한하시지만, 악이라는 거대한 물체와 대립되어 존재하신다는 바로 그 측면에서만 유한하시다고 믿는 것이, 내게는 더 경건한 생각으로 보였습니다. 왜냐하면, 하나님을 이렇게 인식했을 때에는, 내가 생각한 악이 하나님이 창조하신 것도 아니고 하나님으로부터 온 것도 아니라고 믿을 수 있었기 때문이었습니다. 당시에 나는 "정신"이라는 것도 특정한 공간에 엷게 퍼져 있는 어떤 물체라고 생각하는 것 외에 달리 생각할 수 없었던 까닭에, "악"을 단지 현실에 존재하는 하나의 실체로만 본 것이 아니라, 유형적인 물체로 보았기 때문에, 그런 식의 논리를 펼 수밖에 없었습니다.

나는 심지어 우리의 구주이시고 하나님의 독생자이신 예수 그리스도조차도, 지극히 밝은 빛을 발하는 덩어리 물체이신 하나님이 우리의 구원을 위하여 자기 자신을 확장하신 것이라고 생각하였기 때문에, 그리스도교에서 예수 그리스도에 관하여 가르친 말씀들 중에서, 나의 그러한 허황된 생각들과 부합하지 않는 것들은 그 어떤 것도 믿을 수 없었습니다. 따라서 나는 하나님과 동정녀 마리아의 육체적인 결합 없이는 그런 존재는 탄생할 수 없다고 생각하였고, 신적인 존재가 육체적인 것과 결합될 때에는 반드시 악에 물들게 되어 있다고 생각하였기 때문에, 내가 생각한 것과는 정반대로 말하는 그리스도교의 가르침을 도저히 이해할 수가 없었습니다. 따라서 이런 사고 방식 하에서, 나는 예수 그리스도께서 육체로 태어나셨다는 것을 믿는다면, 동시에 그분은 육체로 말미암아 죄에 물들게 되었다는 것도 믿지 않을 수 없었기 때문에, 성육신 교리를 믿는 것을 두려워하였습니다. 지금 주님의 신령한 자녀들은 나의 이러한 고백을 읽으면서 내게 온유하고 사랑스러운 미소를 지어 보이겠지만, 바로 그것이 당시의 나의 모습이었습니다.

제11장
마니교의 가르침을 비판한 엘피디우스

21. 마니교도들은 성경이 말하고 있는 것들이 잘못되었다고 비판하였지만, 나는 그들의 비판을 수긍하거나 받아들일 수 없었기 때문에, 내가 성경과 관련해서 궁금해 해왔던 것들에 대하여, 성경을 아주 잘 알고 있는 사람과 얘기를 나누어서, 그것들에 대하여 어떻게 생각하는지를 알고 싶은 마음이 이따금씩 들었습니다. 왜냐하면, 나는 카르타고에 있을 때, 엘피디우스(Elpidius)라는 사람이 마니교도들과 얼굴을 맞대고 토론을 하면서, 그들의 주장들을 정면으로 반박하는 말을 듣고서, 이미 감동을 받은 경험이 있었기 때문이었습니다.

당시에 엘피디우스는 성경에 근거해서 마니교도들이 쉽게 반박할 수 없는 논리를 폈던 반면에, 마니교도들의 반론은 내게 초라하고 빈약해 보였고, 게다가 그러한 반론은 공개적으로가 아니라, 우리끼리만 모인 자리에서 은밀하게 행해졌습니다. 그 자리에서 마니교들은 신약성경을 구성하고 있는 책들은 유대교의 율법을 그리스도교 신앙과 접목시키려고 어떤 사람들에 의해서 개작되어 훼손되었다고 주장하였지만, 개작되거나 훼손되지 않은 원래의 신약성경의 책을 단 한 권도 증거로 제시하지 못하였습니다.

하지만 나는 여전히 모든 것을 물질적인 관점에서 사고하는 것에 사로잡혀 있었고, 그러한 사고 방식에 의해서 상당한 정도로 질식되어 있는 상태가 되어서, 그 무거운 짐에 짓눌려 헐떡이며, 주님의 진리의 공기를 마시기를 갈망하였지만, 오염되지 않은 순수한 형태로 그 공기를 마실 수는 없었습니다.

제12장
로마 학생들의 행태

22. 내가 로마에 온 목적은 수사학을 가르치기 위한 것이었기 때문에, 이제 나는 그 일에 박차를 가하기 시작하였습니다. 내가 가장 먼저 한 일은 몇 명의 학생들을 내 집에 모아서 가르치는 것이었는데, 그들을 통해서 내 이름이 사람들에게 점점 알려지게 되었지만, 나는 카르타고에서도 겪지 않았던 그런 악행들이 로마에서 자행되고 있다는 사실을 알았습니다. 물론, 이미 사람들이 내게 말해 주었던 대로, 로마에서는 불량한 학생들이 난동을 부리며 뒤집어 엎어 놓는 일은 없었습니다. 하지만 많은 학생들이 돈을 사랑하고 정의를 하찮게 여겨서, 선생들에게 수업료를 지불하지 않기 위하여, 함께 공모를 해서 갑자기 한꺼번에 다른 선생에게로 옮겨가 버리는 행동을 하여, 신의를 저버린다는 것이었습니다.

내 마음은 그런 행동을 하는 학생들을 미워하기는 했지만, 내가 그들을 미워한 것은 결코 의로운 것이 아니었습니다. 왜냐하면, 내가 그들을 미워한 것은, 그들이 불법적인 일들을 저지른 까닭이라기보다는, 내 자신이 그들로 인해서 손해를 보게 될 것을 염려한 까닭이었음이 분명하기 때문입니다. 하지만 그런 학생들이 비열한 자들이라는 사실에는 변함이 없습니다.

그들은 세상의 허망한 재미들과 더러운 이득을 사랑하여, 주님을 떠나 간음을 행하면서, 자신들의 손을 더럽히는 자들이고, 영원히 살아 계시는 주님이 자기에게로 돌아오라고 그들을 부르시며, 자기를 떠나 간음을 일삼던 영혼이라도 자기에게 돌아오기만 하면 그 모든 죄를 사해 주신다고 하시는데도, 그런 주님을 멸시하고 비웃으며, 덧없는 세상을 꼭 끌어안고 있는 자들입니다. 지금도 나는 그런 사악하고 비뚤어진 자들을 미워하지만, 아무리 그런 자들이라고 할지라도, 마음을 고쳐먹고서 돈보다도 자신들이 배우는 학문을 더 사랑하고, 특히 진리이시고 절대적인 선의 충만이시며 지극히 거룩한 평화이신 주님을 그런 학문보다도 더 사랑한다면, 그들을 사랑하게 될 것입니다. 하지만 당시에 내게는 주님으로 인하여 그들이 선한 자들이 되기를 바라는 마음보다는, 나 때문에 그들이 악한 자들이 되는 일이 벌어지지 않게 되기를 바라는 마음이 더 강했습니다.

제13장
밀라노 생활의 시작과 암브로시우스 주교

23. 그 후에 밀라노 총독이 수사학 교수를 한 명 선발해서 국비로 자신들에게로 보내 달라고 요청하는 공문을 로마 시장에게 보냈고, 나는 저 허황된 마니교에 취해 있던 자들을 통해서 거기에 지원하였는데, 내가 밀라노로 가는 것은 곧 그들을 떠나는 것을 의미하는 것이었음을 그들이나 나나 아무도 몰랐지만, 로마 시장이었던 심마쿠스(Symmachus)는 나에 대한 심사과정을 거쳐서 나를 밀라노로 보냈습니다.

나는 마침내 밀라노로 갔고, 거기에서 주님의 경건한 종으로서 세상에서 가장 훌륭한 인물들 중의 한 사람으로 명성이 자자하였던 암브로시우스(Ambrosius)라는 그리스도교의 주교를 찾아갔습니다. 당시에 그가 유창한 언변으로 행한 설교들은 주님의 백성들에게 "기름진 밀"(시 81:16)과 "즐거움의 기름"(시 45:7)과 "사람의 마음을 기쁘게 하는 포도주"(시 104:15)를 풍성하게 제공해 주었습니다. 주님께서 내가 알지 못하는 사이에(nesciens) 나를 그에게로 이끄신 것은, 그로 하여금 나를 이끌어서, 내가 주님이 어떤 분이신지를 충분히 알고서(sciens) 주님께로 나아가게 하시기 위한 것이었습니다.

그 하나님의 사람은 마치 아버지처럼 나를 맞아 주었고, 내가 밀라노에 온 것을 주교의 자격으로 환영해 주었습니다. 내게는 그를 좋아하는 마음이 생겼지만,

나는 이미 주님의 교회에서 진리를 찾을 수 있을 것이라는 희망을 완전히 버린 상태였기 때문에, 물론 처음에는 그를 내게 진리를 가르쳐 줄 선생이 아니라, 단지 내게 친절을 베푼 사람으로 좋아하게 된 것이었습니다.

또한, 나는 그가 사람들에게 행한 설교를 주의 깊게 경청하였지만, 올바른 동기에서 그렇게 한 것이 아니었고, 단지 과연 그가 명성대로 유창한 언변을 보여 주는지, 아니면 그의 언변이 내가 들어 왔던 명성보다 더 뛰어나거나 명성에 못 미치는지를 알아보기 위해서 그렇게 한 것이었습니다. 그래서 나는 그의 언변을 관찰하는 데에만 온 힘을 집중하였고, 그가 전하는 내용에 대해서는 마치 방관자처럼 전혀 관심을 두지 않고 무시해 버렸습니다.

그의 언변은 파우스투스(Faustus) 같이 사람들의 마음을 즐겁게 해 주고 어루만져 주어서 사람들을 끄는 매력은 부족했지만, 품위와 격조가 있었기 때문에, 나는 그의 언변이 지닌 매력을 좋아하였습니다. 게다가, 그들이 전한 내용과 관련해서는, 서로 비교조차 되지 않았습니다. 왜냐하면, 파우스투스는 마니교의 거짓된 가르침들을 통해서 사람들을 미혹시키고 있었던 반면에, 암브로시우스는 구원에 관한 교훈을 지극히 올바르게 가르치고 있었기 때문입니다. 하지만 "구원은 악인들로부터 멀리 있고"(시 119:155), 당시의 나는 그런 악인들에 속해 있는 자였습니다. 그럼에도 불구하고, 나도 모르는 사이에, 나는 서서히 점점 더 구원을 향하여 가까이 가고 있었습니다.

제14장
마니교를 완전히 떠나 그리스도교회의 예비신자가 됨

24. 나는 암브로시우스가 무슨 말을 하는지에 대해서는 아무런 관심도 없었고, 오직 그가 어떤 식으로 말을 하는지만을 알아보려고 하였는데, 이것은 내가 사람이 주님께로 가는 길을 발견할 수 있을 것이라는 희망을 이미 완전히 버린 상태에서, 내게는 그런 헛된 관심만이 남아 있었기 때문이었습니다. 하지만 이 둘은 서로 떼어 놓을 수 있는 것이 아니었기 때문에, 나는 내가 관심이 있던 그의 언변에

만 집중하였는데도, 내가 무시했던 그의 설교의 내용도 내 마음속으로 들어왔습니다. 내가 마음을 열고서, 그가 얼마나 유창하게(diserte) 말하는지를 알기 위하여, 그의 설교를 유심히 듣고 있는 동안에, 그가 얼마나 진실되게(vere) 말하고 있는지도 정말 점진적으로 들어오기 시작하였습니다.

내게 가장 먼저 들어오기 시작한 것은, 그가 전한 내용들이 옹호될 수 있는 것들이라는 것이었습니다. 지금까지는 그리스도교 신앙에 대한 마니교도들의 공격들은 반박될 수 없는 것들이라는 것이 나의 생각이었지만, 이제는 그리스도교 신앙을 갖는 것이 전혀 부끄러운 일이 아니라고 생각하게 되었는데, 특히 과거에 내가 문자적으로 이해하였을 때에 나를 죽게 만들었던 바로 저 구약성경의 난해한 구절들을 그가 은유적으로 풀어서 해석해 주는 것을 듣고 나서는 나의 그러한 생각은 한층 더 강화되었습니다. 이렇게 그가 구약성경의 많은 구절들을 내게 그런 식으로 설명해 주었을 때, 나는 구약성경의 율법과 예언서들을 싫어하고 비웃었던 마니교도들에 대하여 반론을 제기하는 것은 불가능하다고 믿고서 절망하였던 내 자신에 대하여 자책하게 되었습니다.

하지만 나는 그리스도교의 유능한 선생들이 그리스도교에 대하여 제기된 반론들을 아무런 무리 없이 충분히 합리적으로 반박하였기 때문에 내가 그리스도교 신앙의 길을 받아들여야 한다고 생각하지도 않았고, 그리스도교나 마니교나 둘 다 똑같이 옹호될 수 있는 것들이라고 여겼기 때문에 내가 지금까지 믿어 왔던 마니교를 이제는 단죄하여야 한다고 생각하지도 않았습니다. 이렇게 내게는 아직 그리스도교가 패배한 것으로 보이지도 않았고, 승리한 것으로 보이지도 않았습니다.

25. 그즈음에 나는 마니교도들이 거짓을 자행하고 있다는 것을 확실하게 증명할 수 있으려면 어떻게 해야 하는지에 대하여 한층 더 진지하게 고민하고 있었습니다. 만일 내가 그때에 영적인 실체가 존재한다는 것을 생각할 수 있었더라면, 그들의 모든 속임수들은 일거에 와해되었을 것이고, 내 마음으로부터도 완전히 쫓겨나게 되었을 것이지만, 나는 그런 생각을 할 수가 없었습니다.

그러나 나는 사람이 육신의 감각으로 인식할 수 있는 이 세상의 모든 물체들과 자연 전체에 대하여 심사숙고를 거듭하고, 그러한 것들에 대한 여러 견해들을 비교해 본 후에, 많은 철학자들이 거기에 대하여 생각하고 이해한 것이 더 옳을 가능성이 높다고 결론을 내리게 되었습니다. 이렇게 해서, 나는 신플라톤주의자들이 주창한 대로, 모든 것에 대하여 의심해 보고 모든 것을 저울질해 보고 나서, 마침내 마니교를 버리기로 결심하였는데, 이것은 많은 철학자들의 견해가 마니교의 견해보다 더 우월하다는 결론을 이미 내린 상황에서는, 비록 내가 아직 의심하고 회의하는 가운데 있다고 할지라도, 더 이상 마니교에 남아 있을 수는 없다고 생각히였기 때문이었습니다.

　하지만 철학자들에게는 인간을 구원하시는 그리스도라는 이름이 없었기 때문에, 나의 병든 영혼에 대한 치유를 그들에게 맡기는 것은 단호하게 거부하였습니다. 그래서 나는 어떤 확실한 것이 나타나서 나의 길을 인도해 줄 때까지는, 나의 부모님이 내게 그토록 신신당부하셨던 대로, 그리스도교회의 예비신자가 되기로 마음을 먹었습니다.

제6권
스물아홉 살의 밀라노 시절

어머니가 밀라노로 오고, 아우구스티누스는 그리스도교회의 예비신자로 교회에 나가지만, 자신의 개인적인 문제들을 놓고 암브로시우스와 상담하는 시간을 갖지는 못한다. 카르타고 시절부터 함께 했던 알리피우스와 지혜 탐구를 위해 밀라노로 올라온 네브리디우스가 그와 합류해서 함께 지혜의 길을 모색하지만 뾰족한 길을 찾지 못한 채 고민만 깊어 가고, 번잡한 세상을 떠나 공동체 생활을 계획하지만 허무하게 무산되고 만다.

결혼을 해서 안정된 신앙생활을 하기를 바라는 어머니의 압박에 못 이겨서 유력한 가문의 나이 어린 소녀와 약혼한 것을 계기로, 그동안 동거해 왔고 아들까지 낳은 여자를 내보내지만, 정욕 때문에 2년 후에 있을 결혼 때까지를 기다리지 못하고 또 다른 여자와 동거한다.

제1장
어머니가 밀라노로 오심

1. 어릴 때부터 나의 소망이셨던 주님이여(시 71:5), 주님께서는 어디에 계셨고 어디로 물러나 계셨습니까? 주님은 나를 지으시고, 들짐승들과 공중의 새들로부터 구별하셔서, 그것들보다 더 지혜롭게 하지 않으셨습니까? 그런데도 나는 어둠

속에서 미끄러운 길을 헤매며, 내 자신 밖에서 주님을 찾아다녔기 때문에, 내 마음의 하나님을 발견할 수 없었습니다. "바다 깊은 곳"까지 내려가서 절망에 빠져 (시 68:22), 신앙도 잃어버렸고, 진리를 찾을 수 있을 것이라는 소망도 잃어버렸습니다.

그때에 어머니는 믿음의 담력으로 모든 위험 중에서 오직 주님만을 의지하여 산 넘고 물 건너 내게로 오셨습니다. 항해 도중에 풍랑을 만나 위험에 처할 때마다, 바다에 문외한인 여행자들이 불안에 떨면, 선원들이 그들을 안심시키는 것이 보통인데, 어머니는 주님이 보여 주신 것이 있었기 때문에, 안전하게 목적지에 도착하게 될 것이니 안심하라고 도리어 선원들을 다독이셨다고 합니다.

어머니는 내가 진리를 찾는 것에 대하여 절망함으로써 심각한 위험에 빠져 있다는 것을 아셨습니다. 또한, 내가 아직 그리스도교 신자가 되지는 않았어도, 적어도 이제는 마니교도는 아니라고 말씀드렸을 때에도, 전혀 기대하지 못하셨던 말을 들으신 것처럼 뛸 듯이 기뻐하지는 않으셨습니다. 왜냐하면, 어머니는 신앙과 관련된 나의 비참한 모습을 보시고서, 오래 전부터 이미 나를 죽은 자로 여기시고서, 죽은 나를 어머니의 가슴 속에 있는 관에 넣으신 채로, 나를 다시 살려 주시라고 애통해하며 주님께 간절하게 부르짖어 기도해 오셨던 까닭에, 주님이 전에 나인 성 과부의 아들에게 그러셨듯이, 언젠가는 관 속에 있는 나에게도 "청년아 내가 네게 말하노니 일어나라"(눅 7:14)고 말씀하실 것이고, 그때에 내가 다시 살아나서 말하게 되면, 나를 어머니에게 돌려 주실 것이라고 이미 확신하고 계셨기 때문이었습니다.

그래서 어머니는 자신이 날마다 가슴을 치고 애통해하며 눈물로 기도해 왔던 것들 중에서 상당 부분이 이미 응답되어서, 내가 아직 진리에 이르지는 못했지만 거짓된 것으로부터는 이미 건짐을 받았다는 것을 들으시고도, 그 마음이 환희로 요동쳐서 크게 기뻐하지는 않으셨던 것입니다. 도리어, 어머니는 주님이 온전한 것을 약속하셨기 때문에, 언젠가는 나머지도 이루어 주실 것임을 확신하시면서, 주님을 온전히 신뢰하는 마음으로 아주 침착하고 담담하게, 자기가 이 세상을 떠나기 전에, 내가 그리스도교 신자가 되어 있는 것을 보게 될 것임을 그리스도 안에서 믿는다고 내게 말하시고서는, 더 이상 다른 말은 내게 하지 않으셨습니다.

하지만 어머니는 자비의 근원이신 주님께 이전보다 더 집중적으로 기도와 눈물을 드리시면서, 주님께서 속히 나를 도우셔서, 나의 어둠에 빛을 비쳐 주시기를 간구하셨고, 교회에도 더 열심히 나가셔서, "영생하도록 솟아나는 샘물"(요 4:14)을 갈망하며, 암브로시우스가 전하는 말씀에 모든 것을 거셨습니다. 어머니는 암브로시우스를 하나님의 사자로 여기고서 흠모하셨습니다. 왜냐하면, 어머니는 내가 당시에 비록 의심하고 회의하는 상태이긴 하여도, 어쨌든 신앙의 단초를 발견하게 된 것이 암브로시우스 덕분이라는 것을 아시고서는, 비록 내가 건강한 상태로 회복되기 전에 의사들이 "위기"라고 부르는 좀 더 위험한 단계를 거치기는 하겠지만 언젠가는 병든 상태에서 벗어나 건강한 상태가 될 것임을 온전히 확신하셨기 때문이었습니다.

제2장
어머니와 암브로시우스 주교

2. 어머니는 아프리카에서 하시던 관습을 따라 밀라노에서도 순교자들을 기념하여 세운 교회에 죽과 떡과 포도주를 바치러 갔다가, 그곳을 지키던 경비원에 의해서 제지를 당하였는데, 암브로시우스 주교가 그런 금지령을 내렸다는 것을 아시고서는, 그 금지령을 존중하여 거기에 순종하여 순순히 받아들이셨습니다. 나는 어머니가 암브로시우스가 내린 금지령에 이의를 제기하지 않고, 도리어 자신이 따라 왔던 관습이 잘못되었음을 아주 기꺼이 인정하는 모습을 보고서 깜짝 놀랐습니다.

술에 빠져 사는 사람들이 물을 탄 술을 질색하는 것과 같이, 남녀를 불문하고 아주 많은 사람들이 술을 마시지 말라고 권하는 노래를 질색하였지만, 어머니는 술에 빠져 있지도 않으셨고, 술을 좋아해서 진리를 싫어하는 일도 없으셨습니다. 순교자들에게 바칠 음식과 술을 바구니에 담아서 가져가셔서도, 자신이 먼저 맛을 보시고서는 나머지를 드리셨는데, 그때에도 자신의 입맛에 맞게 물을 타서 부드럽게 희석시킨 포도주를 작은 잔에 따라서 예의상 맛을 보셨을 뿐이고, 그 이상으로 많이 마시지는 않으셨습니다. 음식을 바쳐 공경해야 할 순교자들을 기념하여 세워진 교회들이 많은 경우에는, 자기가 처음에 사용하였던 그 작은 잔을 가지고 다니시면서 모든 곳에서 사용하셨습니다. 이 작은 잔에 든 포도주는 많은 물로 희석되어 있었을 뿐만 아니라, 여기저기 가지고 다니느라고 아주 미지근하게 되었지만, 어머니는 그 잔을 주위 사람들과 함께 한 모금씩 나누어 마셨는데, 이것은 그들의 향락을 부추기기 위한 것이 아니었고, 그들의 신앙과 경건을 자극하기 위한 것이었습니다.

그런데도 어머니는 저 유명한 설교자이자 지극히 경건한 주교인 암브로시우스가, 이 관습은 좋은 의도로 행해지는 경우에도 본의 아니게 악용되어서, 이미 술에 취한 자들에게 술주정을 할 기회를 주게 될 뿐만 아니라, 죽은 자들을 기념하여 음식을 바치는 것은 이교도들이 조상들에게 제사를 지내는 미신적인 관습과 아주 흡사하다는 이유를 들어 금지하였다는 것을 알게 되자마자,[1] 아주 기꺼이 그러한 관습을 그만두셨습니다. 이렇게 해서, 어머니는 땅의 소산들을 가득 담은 바구니 대신에, 그런 것들보다 훨씬 더 순수한 기도들로 가득한 자신의 가슴을 순교자들을 기념하는 교회들로 가지고 가서 드리고, 전에 순교자들에게 바치기 위하여 바구니에 담아 왔던 음식들은 이제는 가난한 사람들에게 나누어 줄 줄을 알게 되심으로써, 순교자들이 주님의 수난을 본받아서 자기 자신을 희생제물로 드리고서 면류관을 얻은 바로 그곳들에서 주님의 몸을 나누는 성찬에 올바르게 참여할 수 있게 되었습니다.

하지만 주 나의 하나님이여, 이 일에 대한 나의 생각을 주님 앞에 있는 그대로 드러내 보인다면, 만일 내 어머니가 그토록 흠모하고 있던 암브로시우스 주교가 아닌 다른 사람이 그러한 금지령을 내렸다면, 아마도 어머니는 자신이 지금까지 지켜 왔던 관습을 그렇게 쉽게 포기하지는 않으셨을 것이 거의 틀림없다는 것입니다. 어머니는 나의 구원을 위하여 그를 지극히 흠모하셨고, 그는 어머니의 지극히 신앙적이고 경건한 행실로 인해서 어머니를 진정으로 좋게 여겼습니다. 왜냐

---

1) 로마의 이교적인 축제 가운데는 조상들의 혼령들에게 제사를 지내는 것을 특징으로 하는 "조상제"(Parentalia)라는 축제가 매년 2월 18–21일에 열렸다.

하면, 어머니는 신앙에 대한 열심이 특별하셔서, 선한 일들을 많이 하셨고, 교회에서 늘 살다시피 하셨기 때문이었습니다. 그래서 그는 나를 보면 자주 어머니를 칭찬하는 말들을 쏟아내고서는, 그런 어머니를 둔 것을 감사하여야 한다고 말하곤 하였지만, 그런 어머니가 어떤 아들을 두고 있었는지는 알지 못하였습니다. 그즈음에 나는 여전히 모든 것에 대하여 의심하고 회의하고 있었기 때문에, 내가 생명의 길을 발견할 수 있을 것이라는 생각을 전혀 할 수가 없었습니다.

제3장
암브로시우스의 모습을 가까이에서 지켜 봄

3. 그때까지도 나는 괴로움 가운데서 신음하며, 나를 도와주시라고 주님께 간절하게 기도하지 않았고, 도리어 나의 마음은 오직 지식을 추구하고 논쟁을 하는 데에만 몰두하였으며, 내로라 하는 유명인사들도 암브로시우스를 존경하고 있었기 때문에, 세상 사람들이 생각하는 기준에 따라서, 그를 행복한 사람이라고 생각하였지만, 다만 그의 독신 생활이 내게는 괴롭고 힘들 것으로 보였습니다.

"그는 어떤 소망을 품고 살아가고 있을까? 자신의 높은 지위에 따라오는 시험들에 맞서 어떤 싸움을 싸워 나가고 있을까? 역경 속에서는 어떤 위로를 받는 것일까? 성찬에서 주님의 몸인 떡을 받아 먹을 때, 그의 마음에 있는 저 숨겨진 입은 어떤 달콤한 기쁨을 맛보는 것일까?" 그를 보면, 이런 생각들이 들었지만, 나는 그 대답을 추측으로 알 수도 없었고, 경험으로 알 수도 없었습니다. 또한, 그도 나의 고민들이나 내가 처해 있는 위험의 깊이를 알지 못했습니다. 왜냐하면, 문제가 있는 사람들의 고충을 듣고 돌보아 주는 것이 그의 일이어서, 그의 곁에는 늘 많은 사람들이 북적였던 까닭에, 내가 그에게 말하고 그에게서 들을 기회는 차단되어 있었고, 따라서 나는 그에게 묻고 싶은 것들이 있어도 실제로 물을 기회가 없었기 때문이었습니다.

찾아온 사람들이 없어서 그가 혼자 있게 된 경우에는, 비록 아주 짧은 시간에 불과하였어도, 꼭 필요한 음식으로 육신의 힘을 재충전하거나, 독서로 심령을 회복하였습니다. 그가 독서할 때에는, 눈으로는 책 속의 문장들을 쭉 훑었고, 마음으로는 그 문장들의 의미를 헤아렸지만, 목소리와 혀는 침묵하였습니다. 자신의 집무실에 누가 들어오는 것을 금하지 않았고, 사람들이 방문한 것을 그에게 알리게 하지도 않은 것이 그의 관례였기 때문에, 우리는 종종 그의 집무실에 들어가서는, 그가 그런 식으로 혼자 독서하는 모습을 지켜볼 수 있었습니다. 우리는 독서에 몰두해 있는 그를 방해할 수 없어서, 그렇게 한참 동안을 아무 말 없이 앉아 있다가, 그가 자신에게 주어진 아주 짧은 시간에라도, 다른 사람들의 문제들에 휘말려서 소란함을 겪는 것으로부터 떠나서 혼자 한가롭게 마음의 쉼과 새 힘을 얻고자 한다는 것을 깨닫고서, 조용히 그 자리를 나오곤 하였습니다.

아마도 그가 소리 내지 않고 눈으로만 책을 읽은 이유는, 소리를 내어서 읽게 되면, 자기가 읽고 있는 책의 저자가 어느 대목을 모호하게 표현한 경우에, 그 자리에 있던 어떤 의심 많고 주의력 깊은 사람이 그에게 그 대목을 설명해 달라고 하거나, 그 대목과 관련해서 좀 더 난해한 문제들을 토론하자고 요청해 와서, 거기에 시간을 사용함으로써, 자신이 원래 읽고자 했던 만큼의 분량을 다 읽을 수 없게 될 것을 우려하였기 때문이 아니었을까 생각됩니다. 물론, 그가 책을 소리 내어 읽지 않은 진정한 이유가, 조금만 사용해도 쉽게 쉬어 버리는 자신의 성대를 보호하기 위한 것이었는지도 모릅니다. 어떤 이유에서 그가 소리 내어 책을 읽지 않았든, 아무튼 그것은 그에게 유익한 것이었을 것임에 틀림없습니다.[2]

4. 내가 묻고 싶었던 문제들은 짧은 시간 안에 대답될 수 있는 것이 아니었기 때문에, 나는 실제로 그런 문제들을 암브로시우스의 가슴속에 있는 주님의 저 거룩한 신탁 앞에 내놓을 기회를 얻을 수 없었습니다. 왜냐하면, 내 속에서 들끓고 있던 문제들을 내놓고 얘기를 나누려면 긴 시간이 필요했는데, 그는 너무 바빠서,

---

2) 여기에서는 암브로시우스와 제5권에 나온 달변가인 마니교의 감독 파우스투스를 대비시키고자 하는 의도가 분명히 드러난다. 아우구스티누스는 지혜를 얻으려고 파우스투스에게 접근하지만 단지 그럴듯한 말만을 들을 수 있을 뿐이라는 것을 발견하였던 반면에, 암브로시우스에게는 그가 소문대로 과연 말을 잘하는지를 확인하기 위해서 접근하였다가, 자신이 그가 전하는 내용에 매료된 것을 발견하게 된다. 아우구스티누스는 나중에 주교가 되어서 암브로시우스에게서 보았던 것과 똑같이 자신의 시간들을 사용하고자 했고 (XI.2.2), 다른 사람들에게 성경을 풀어 주는 사람은 먼저 침묵 속에서 하나님의 음성을 듣는 시간을 많이 가져야 한다는 것을 암브로시우스에게서 배워서 그것을 실천하고자 애썼다.

내게 그런 긴 시간을 내줄 수 없었기 때문이었습니다. 하지만 나는 주일마다 회중들에게 진리의 말씀을 올바르게 풀어 주는 그의 설교를 들으면서, 우리를 속인 저 마니교도들이 성경을 비방하기 위하여 얼기설기 엮어 놓았던 저 교묘한 매듭들이 풀릴 수 있다는 것을 점점 더 확신하게 되었습니다.

또한, 그런 과정에서 나는 마니교도들은 "하나님이 자신의 형상을 따라 사람을 지으셨다"는 성경의 말씀을, 하나님은 사람의 형상을 하고 있고, 따라서 그 형상에 의해서 제한을 받고 있다는 의미로 해석하였던 반면에, 주님이 "어머니 교회"를 통해서 은혜로 말미암아 거듭나게 하신 주님의 영적인 자녀들은, 그 말씀을 그런 식으로 이해하지 않고 있다는 것도 알게 되었습니다. 물론, 나는 영적인 실체가 어떤 것일지에 대해서는, 단지 희미하게나 모호하게조차도 전혀 생각할 수 없었지만, 내가 그토록 오랜 세월 동안 내내 목소리를 높여 으르렁거리며 사납게 짖어 댔던 대상이 참된 그리스도교 신앙이 아니라, 나의 육신적인 생각으로 만들어 낸 허구적인 그리스도교 신앙이었다는 것을 알고서는, 한편으로는 기뻤으면서도, 다른 한편으로는 부끄러워서 얼굴이 화끈거렸습니다. 왜냐하면, 나는 그리스도교 신앙이 무엇인지를 진지하게 탐구하여 제대로 알려고 하거나 확인하려고 하지 않고, 아주 성급하고 불경건하게 그리스도교 신앙은 이런 것이라고 내 멋대로 단정하고서 단죄해 버린 것이었기 때문이었습니다.

주님은 가장 높이 계시면서도 우리와 가장 가까이에 계시고, 아무도 찾지 못하게 가장 은밀하게 숨어 계시면서도 우리 곁에 가장 분명하게 임재해 계시며, 크고 작은 지체들을 가지고 계시지 않고, 그 어느 특정한 공간에 묶여 계시지 않지만 어디에나 전체로 계시며, 우리와 같은 유형적인 육체를 가지고 계시지 않지만 자신의 형상을 따라 사람을 지으셔서, 머리부터 발까지 공간 속에 존재하게 하셨습니다.

제4장
암브로시우스의 알레고리적인 성경해석

5. 나는 "하나님의 형상"이 어떤 식으로 사람 안에 존재하는지를 알지 못하였기 때문에, 그것을 어떤 식으로 이해해서 믿어야 하는지를 질문을 던져 알기 위하여 문을 두드려야 했었지만, 실제로는 그렇게 하지 않고, 그리스도교인들이 그것을 문자 그대로 믿는다고 제멋대로 오해하고서는, 그리스도교 신앙을 욕하고 반대해 왔었습니다. 이런 생각이 내게 엄습해 오자, 내가 과연 무엇을 확실한 것으로 여기고서 붙잡을 수 있겠는가 하는 염려가 나의 폐부를 더욱더 날카롭게 찔러 왔고, 그토록 오랜 세월 동안 확실한 진리들만을 가르친다는 마니교도들의 약속에 미혹되고 속아서, 너무나도 확실하지 않은 것들이었던 그들의 많은 가르침들을 확실한 것들인 것처럼 생각하고서, 유치하기 짝이 없는 오류에 빠져 열성적으로 떠들고 다녔던 내가 더욱더 부끄러워 견딜 수 없어졌습니다.

마니교의 가르침들이 거짓이었다는 것은 나중에 가서야 내게 분명해졌지만, 이제 나는 그 가르침들이 확실한 것들이 아니라는 것에 대해서는 확실히 알게 되었습니다. 하지만 과거에 나는 그 가르침들이 확실하다고 생각하였기 때문에, 주님의 교회를 맹목적으로 목소리를 높여 비난하고 단죄하였었습니다. 나는 그때도 교회가 진리를 가르친다는 확신을 갖고 있지는 않았지만, 내가 과거에 아주 격렬하게 비난하였던 바로 그런 가르침을 교회가 가르치고 있지 않다는 것은 이제 알게 되었습니다. 그런 점에서, 나는 분명히 무너져 내리고 있었고, 변화되어 가고 있었습니다.

또한, 나의 하나님이여, 나는 하나님의 독생자의 몸이면서, 어린 시절의 나를 그리스도의 이름으로 인쳐 주었던 하나뿐인 교회가, 과거에 내가 그리스도교 신앙에 대하여 오해하여 멋대로 만들어 내었던 바로 그 유치한 것들을 가르치고 있지 않았고, 그리스도교의 참된 교리가, 만유의 창조주이신 주님은 무한히 거대하시기는 하지만 인간의 육신처럼 어쨌든 공간 속에 갇혀 사방으로 제한된 상태로 존재하신다는 그런 터무니없는 교리를 포함하고 있지 않다는 것을 기뻐하였습니다.

6. 또한, 나는 과거에는 주님의 성도들이 구약성경의 율법서와 예언서를 문자적으로 읽어서, 그렇게 읽었을 때에 도출되는 터무니없는 의미를 그대로 받아들이고 있다고 오해해서, 성경과 그리스도교 신앙을 싸잡아 욕하고 공격하였었지만, 이제는 그런 것과는 완전히 다른 새로운 시각에서 성경의 그런 책들을 읽을 수 있게 된 것을 기뻐하였습니다. 암브로시우스는 회중들 앞에서 한 설교들을 통해서, 흔히 "율법 조문은 죽이는 것이요 영은 살리는 것이니라"(고후 3:6)는 성경 본문을 성경 해석의 원리로 삼아야 한다는 것을 자주 역설하였을 뿐만 아니라, 아울러 그 원리를 성경 본문들에 구체적으로 적용하여, 신비에 싸여 있던 휘장을 걷어내고서, 문자적으로 해석할 때에는 불합리하고 이상한 의미가 도출되는 본문들로부터 그 영적인 참된 의미를 밝히 드러내 보여 주었는데, 나는 그의 그러한 성경 해석을 기쁜 마음으로 경청하였습니다.

나는 그가 가르친 것들이 과연 참되고 옳은 것인지를 아직 확실하게 알지는 못하였지만, 그의 가르침들 속에는 내게 거리끼거나 거슬리는 것들은 전혀 없었습니다. 당시에 내게는 내 자신이 또다시 오류 속으로 빠져들면 어쩌나 하는 두려움이 있어서, 그 어떤 가르침이든 내 마음이 거기에 동의하는 것을 극도로 꺼리고 있었습니다. 그런 식으로 나는 이것도 저것도 아닌 허공에 대롱대롱 매달린 채로 질식되어 가고 있었기 때문에, 7에 3을 더하면 10이 되는 것이 확실한 것처럼, 눈에 보이지 않는 것들에 대해서도 그런 확실한 대답을 원했습니다. 물론, 나는 눈에 보이지 않는 것들은 우리 인간이 알 수 없다고 믿을 정도로 정신 나간 상태는 아니었고, 단지 나의 감각으로 인식되는 유형적인 물체들이든, 내가 물질적인 관점에서 이해할 수밖에 없었던 영적인 대상들이든, 그런 것들을 덧셈만큼이나 확실하게 알기를 원하였던 것일 뿐이었습니다.

만약 그때에 내가 믿음을 가질 수만 있었다면, 나는 고침을 받을 수 있었을 것이고, 그 결과 내 영혼의 눈이 밝아져서, 영원히 거하고 결코 부족함이 없는 주님의 진리를 어떤 식으로든 바라볼 수 있었을 것입니다. 하지만 나쁜 의사를 만나 죽을 고생을 한 사람이 좋은 의사에게 자신을 맡기는 것조차 두려워하는 것처럼, 나의 경우에도 내 영혼이 오직 믿음으로 말미암아서만 고침받고 건강하게 될 수 있는데도, 또다시 거짓된 것들을 믿게 되면 어쩌나 하는 두려움 때문에, 주님은 이미 믿음이라는 약을 준비해 두시고서, 그 약으로 온 세상의 질병들을 고치심으로써, 이미 큰 효험을 보이셨음에도 불구하고, 나는 주님의 그러한 치유의 손길을 거부하였습니다.

제5장
성경의 권위와 믿음

7. 이때부터 나는 마니교는 자신들은 확실한 지식을 가르친다고 경솔하게 약속하고, 무턱대고 믿는 것을 비웃으면서도, 실제로는 수많은 허구적이고 터무니없는 것들을 제시하고서는, 그런 것들은 증명될 수 없는 것이기 때문에 믿어야 한다고 말하며 신도들에게 믿음을 강요한 반면에, 그리스도교는 자신들이 말하는 것들은 일부 사람들을 제외하고는 증명될 수 없거나 아예 모든 사람들에게 증명될 수 없는 것들이기 때문에 믿을 것을 요구한다는 점에서, 그리스도교의 가르침이 마니교의 가르침보다 더 겸손하고 훨씬 덜 기만적이라고 느꼈기 때문에, 그리스도교의 모든 가르침들을 더 선호하게 되었습니다.

그러자 주님은 조금씩 점진적으로 지극히 온유하시고 자비로우신 손길로 내 마음을 만져 주시고 안정시켜 주셨고, 내가 어떤 것들을 내 눈으로 직접 보지도 않았고 어떤 사건들이 일어난 현장에 직접 있지도 않았지만, 세계사의 많은 사건들, 가 보지 않은 지역들과 도시들에 관한 여러 가지 말들, 나의 많은 친구들이나 의사들, 그 밖의 이런저런 수많은 사람들에 관한 여러 가지 것들과 같은 많은 것들을 믿지 않았다면, 나는 이 세상에서 아무것도 할 수 없었을 것임을 깨닫게 해 주셨습니다. 또한, 나는 나를 이 세상에 태어나게 해 주신 분이 나의 부모님이라는 것을 아무런 의심 없이 철석 같이 믿어 왔지만, 사실 그것도 내가 다른 사람들이 내게 해 준 말들을 믿지 않았다면 불가능한 일이었을 것입니다.

이렇게 해서, 주님은 나로 하여금 주께서 세상의 거의 모든 민족과 나라에서 그토록 큰 권위를 지니게 하신 성경을 믿는 자들이 잘못된 것이 아니라, 믿지 않는 자들이 잘못된 것임을 깨닫게 해 주셨고, 어떤 사람들이 내게 "너는 도대체 무슨 근거로, 이 성경이 유일하시고 지극히 참되신 하나님의 영으로 말미암아 인류에게 주어진 것이라고 말하는 것이냐"고 말할지라도, 그들의 말에 귀 기울일 필요가 없다는 것도 깨닫게 해 주셨습니다. 무엇보다도 중요한 것은 믿는 것이었습니다. 왜냐하면, 내가 하나님이 어떤 분이신지를 잘 모른다고 할지라도, "하나님이 계신다는 것"과 "인간의 일들을 주관하시는 분은 하나님이시라는 것"을 확고하게 믿고 있을 때에만, 철학자들이 자기모순에 빠져서 온갖 신성모독적인 반론들과 공격들을 퍼붓는다고 해도, 나의 믿음은 흔들리지 않을 것이었기 때문입니다.[3]

8. 나의 그러한 믿음은 어떤 때에는 강렬하였다가 어떤 때에는 희미하게 되기도 하였지만, 나는 하나님이 계신다는 것과 하나님께서 우리를 돌보고 계신다는 것을 늘 믿고 있었습니다. 하지만 하나님의 실체를 무엇이라고 생각해야 하는 것인지, 그리고 어떤 길을 통해서 하나님께 갈 수 있고 돌아갈 수 있는 것인지에 대해서는 알지 못하였습니다. 이렇게 우리 인간은 너무 연약하여서 우리 자신의 이성만으로는 진리를 발견할 수 없기 때문에, 우리에게는 성경의 권위가 반드시 필요하다는 것을 깨닫고서, 나는 이제 주님이 모든 곳에서 성경에 그토록 탁월한 권위를 부여하신 것은, 사람들로 하여금 성경을 통해서 주님을 찾고 성경을 의지해서 주님을 믿게 하시기 위한 것이었다는 믿음이 생기기 시작하였습니다.

나는 지금까지 성경에 나오는 많은 구절들이 앞뒤가 맞지 않고 불합리하며 터무니없다고 생각해서 못마땅하게 여겨 왔었는데, 그 구절들을 충분히 수긍할 수 있게 풀어 주고, 그 구절들 속에 담겨 있는 심오한 영적 의미를 드러내 주는 설교들을 들은 후에는, 성경의 권위는 존중받을 만하고, 사람들로부터 거룩한 믿음을 불러일으킬 만하다는 것을 한층 더 인정하게 되었습니다. 왜냐하면, 성경은 그 의미가 아주 명확한 단어들과 소박한 문체로 되어 있어서, 누구나 쉽게 접근해서 읽을 수 있게 되어 있으면서도, 그 심오한 의미 속에 엄청난 비밀을 담아 두고 있어서, 아무리 진지한 사람이라도 온 마음을 다하여 집중해서 읽을 것을 요구함으로

---

3) 스토아 철학자들과 신플라톤주의자들을 포함한 대부분의 철학자들은 하나님의 존재와 세계에 대한 하나님의 통치에 관한 기본적인 진리들에 사실상 동의하고 있었다. 키케로의 『신들의 본질에 대하여』 II.1.3을 보라.

써, 한편으로는 누구에게나 활짝 열려 있는 문을 통해서는 누구라도 다 자신의 품에 품으면서도, 다른 한편으로는 그 좁은 문을 통해서 소수의 사람들을 주님께로 인도하고 있었기 때문이었습니다. 하지만 성경이 최고의 권위를 지니고서 우뚝 서 있지 않았거나, 그 거룩한 겸손으로 자신을 지극히 낮추어서 많은 무리들을 자신의 품으로 이끌지 않았더라면, 그렇게 많은 사람들을 주님께로 인도할 수는 없었을 것입니다. 내가 이런 것들을 계속해서 생각하고 있을 때, 주님은 나와 함께 해 주셨고, 내가 한숨을 쉴 때에는 니의 한숨을 들어주셨으며, 내가 흔들릴 때에는 나를 인도해 주셨고, 내가 세상의 넓은 길을 방황할 때에도 나를 버리지 않으셨습니다.

제6장
거지의 행복과 나의 불행

9. 나는 명예와 돈과 결혼을 원하고 있었고, 주님은 그런 나를 비웃고 계셨습니다. 나는 그러한 욕망들을 추구해 나가면서, 지독한 곤경에 처하여 아주 쓴 맛을 보았지만, 주님은 그런 내게 더욱 큰 은혜를 베풀어 주셔서, 나로 하여금 주님 외에는 다른 그 어떤 것에서도 만족할 수 없게 하셨습니다. 이것을 다시 기억해 내어서 주님께 고백하게 하신 주님이여, 내 마음을 보십시오. 이제 주님께서는 저 끈질기고 집요한 죽음의 마수에서 내 영혼을 빠져나오게 해 주셨사오니, 내 영혼이 주님께 꼭 붙어 있게 해 주십시오. 내 영혼이 얼마나 불행하고 비참했습니까! 주님은 그런 내 영혼의 아픈 상처를 찌르셔서, 모든 것을 버리고, 모든 것 위에 계시면서 모든 것으로 하여금 존재하게 하시는 주님께로 돌아가서, 회심하여 고침을 받게 하셨습니다.

당시에 나는 너무나 불행하고 비참했는데, 주님은 어느 날 내 모습이 얼마나 불행하고 비참한지를 뼈저리게 느끼게 해 주시기 위해서, 어떤 사건을 준비하셔서 거기로 나를 몰아 가셨습니다. 그날 나는 황제를 찬양하는 대중연설을 준비하고 있었는데, 거기에서 많은 거짓말들을 할 것이었고, 대중들은 내가 거짓말을 하고 있다는 것을 알면서도 박수를 보낼 것이었습니다. 그런 생각들로 인해서 내 마음은 질식할 것 같았고, 초조하고 불안한 생각에 열이 나고 가슴이 터질 것 같이 답답해서, 밀라노의 어느 거리를 거닐다가, 우연히 한 거지가 술에 잔뜩 취해서 아주 즐거운 듯이 다른 사람들과 농담을 하고 있는 모습을 목격하게 되었습니다.

그 모습을 본 나는 나의 처지가 너무나 괴로워서 한숨을 쉬었고, 내 주변의 친구들에게, 우리가 미쳐서 어리석게 살다 보니 수많은 괴로움과 고통을 겪을 수밖에 없는 것이라고 말하였습니다. 왜냐하면, 당시에 나는 욕망의 부추김 아래에서 그 욕망을 이루기 위하여 온갖 노력을 다하고 온 힘을 다하여 수고하는데도, 그것은 단지 내 불행의 짐을 끌고 가는 것에 불과한 것이었고, 게다가 그 짐은 끌고 갈수록, 점점 더 무거워질 뿐이었기 때문이었습니다.

결국 내가 궁극적으로 원한 것은 오직 아무런 염려나 괴로움이 없이 기쁘고 즐겁게 살아가는 행복한 상태에 도달하는 것이었는데, 그 거지는 나보다 먼저 그런 상태에 이미 도달해 있었고, 나는 그런 상태에 결코 도달하지 못할 것 같았습니다. 그 거지는 구걸을 해서 몇 푼의 동전을 얻음으로써 그러한 행복을 이미 얻고 있는데, 나는 그런 행복, 즉 저 덧없는 행복을 얻기 위해서, 온갖 고통과 괴로움으로 가득한 저 끝없이 꾸불꾸불 이어진 길을 계속해서 걸어가고 있었습니다. 물론, 그 거지는 참된 기쁨이나 행복을 얻은 것은 아니었지만, 내가 여러 가지 욕망들에 사로잡혀서 얻고자 하였던 것은 한층 더 거짓된 행복이었습니다.

아무튼 그 거지에게는 기쁨과 즐거움이 있었던 반면에, 내게는 염려와 불안이 있었습니다. 그는 편안해하였던 반면에, 나는 초조해하였습니다. 만약 그때에 누가 내게 "즐거운 것과 두려운 것 중에서 어느 쪽이 더 좋으냐"고 물었다면, 나는 당연히 즐거운 것이 더 좋다고 대답하였을 것입니다. 하지만 누가 또다시 내게 "그렇다면, 너는 저 거지처럼 살고 싶으냐, 아니면 지금처럼 계속해서 살고 싶으냐"고 물었다면, 나는 당시의 나의 삶이 비록 염려와 두려움이 있는 삶이라도 할지라도, 그런 나의 삶을 버리고 거지처럼 사는 쪽을 택하지는 않았을 것입니다. 하지만 내가 그런 선택을 한 것은 잘못된 선택이 아니었겠습니까? 과연 그것이 옳은 선택이었을 가능성이 있겠습니까? 나는 내가 그 거지보다 더 많이 배워서 유식하다는 이유를 들어서, 나의 삶이 그의 삶보다 더 낫다고 생각해서는 안 되었습니다. 왜냐하면, 나는 나의 지식으로부터 아무런 기쁨도 얻지 못하였고, 단지 그 지식으로 사람들을 기쁘게 해 주려고 하였을 뿐이기 때문입니다. 나는 사람들을 가르치려고 하지는 않았고, 그들을 기쁘게 해 주려고 하기만 하였습니다. 그래서 주님은 징계의 회초리로 나의 뼈들을 꺾어 놓으셨습니다.

10. 사람들은 "사람이 어디에서 즐거움을 찾느냐에 따라, 그 즐거움에는 큰 차이가 있는데, 그 거지는 술에 취하는 것에서 즐거움을 찾았고, 너는 영광을 누리고자 한 것이다"라고 말하지만, 내 영혼이 그런 말을 하는 자들을 가까이 하지 않게 해 주십시오. 주님, 나는 주님 안에 있는 영광을 찾지 않은 것이 분명한데, 그렇다면 도대체 어떤 영광을 추구한 것일까요? 그 거지가 누렸던 즐거움이 참된 즐거움이 아니었던 것처럼, 내가 추구하였던 영광도 참된 영광이 아니었기 때문에, 내 영혼은 더욱더 엉망진창이 되어 있었습니다. 그 거지는 그날 밤에 술 취한 것에서 깨어났을 것이지만, 나는 내 영혼이 엉망진창이 되어 있는 상태로 잠들었다가 다시 일어나고, 다시 잠들었다가 또다시 일어나기를 무수한 날들 동안 반복하였고, 주님은 그것을 너무나 잘 알고 계십니다!

사람이 어디에서 즐거움을 찾느냐에 따라서 그 즐거움에 큰 차이가 있다는 것은 사실이고, 나는 그것을 잘 알고 있습니다. 참된 소망으로부터 오는 즐거움은 내가 추구하였던 저 헛된 영광으로부터 오는 즐거움과는 비교할 수 없을 정도로 큰 차이가 있는 것은 물론입니다. 하지만 그 거지와 나도 서로 차이가 있었습니다. 왜냐하면, 그 거지가 나보다 더 행복한 사람이었다는 것은 의심할 수 없는 사실이었기 때문입니다. 내가 온갖 염려들로 애를 태우는 동안, 그는 즐거움이 차고 넘쳐서 유쾌한 삶을 살았습니다. 내가 헛된 영광을 얻기 위하여 온갖 거짓말들을 늘어 놓는 동안, 그는 사람들이 잘되기를 빌어 주고 술을 얻어 마셨습니다.

그즈음에 나는 나와 친한 사람들에게 이런 취지의 말들을 많이 하였고, 그럴 때마다 자주 그들도 나와 똑같이 느껴 왔다는 것을 금방 알 수 있었기 때문에, 내가 잘못되어 있다는 것이 틀림없다는 참담한 생각이 들어서, 나의 고통과 괴로움은 배가되었습니다. 그때에는 설령 행운이라는 것이 내게 미소를 짓고 다가온다고 해도, 내가 붙잡으려고 하는 순간 날아가 버릴 것 같아서, 그러한 기회조차 붙잡기가 싫은 그런 심정이었습니다.

제7장
카르타고에서 검투 경기에 빠진 알리피우스

11. 나는 나와 함께 살며 친하게 지냈던 사람들과 이런 얘기를 나누면서 같이 고민하곤 하였지만, 특히 알리피우스(Alypius)와 네브리디우스(Nebridius)에게는 좀 더 허심탄회하게 이런 얘기를 나누었습니다.[4]

알리피우스는 내 고향에서 태어난 동향 사람으로서, 그의 부모님은 그 도시의 최상류층에 속한 사람들이었습니다. 그는 나보다 늦게 태어났기 때문에, 내가 처음에 고향에서 가르치기 시작했을 때만이 아니라 나중에 카르타고에서 가르칠 때에도 계속해서 내 밑에서 공부를 하였는데, 내가 선하고 실력이 있어 보인다고 생각해서, 나를 많이 좋아하였고, 나도 그가 미덕과 관련해서 그런 나이의 청년들에게서는 흔히 볼 수 없는 타고난 자질을 지니고 있다고 여겨서 그를 좋아하였습니다.

하지만 그는 무익한 구경거리들에 열광하고 있던 카르타고 사람들의 폐습의 소용돌이에 휩쓸려 정신이 나가서, 원형극장에서 열렸던 검투사들의 경기 같은 것들을 관람하는 데 빠져 있었습니다. 이렇게 그가 비참하게 그러한 것들에 빠져서 허우적대고 있는 동안에, 나는 그 도시에서 학교를 열고 사람들에게 수사학을 가르치고 있었지만, 그즈음에 나와 그의 아버지 사이에 어떤 불편한 감정이 있어서, 아직 그는 나의 수업을 듣지 않고 있었습니다.

나는 그가 원형극장에서 열리는 경기들에 완전히 미쳐서 폐인이 되어 있다는 것을 알고서는, 내가 그에게 걸었던 기대를 그가 이미 내팽개쳐 버렸거나, 아니면 앞으로 내팽개쳐 버릴 것이라고 생각되었기 때문에, 나의 마음은 몹시 괴롭고 질

---

4) 네브리디우스에 대해서는 IV.3.6을 보라. 알리피우스는 저 유명한 회심 장면에 아우구스티누스와 함께 있었을 뿐만 아니라 함께 회심하였고(VIII.12.28-30), 그와 함께 카시키아쿰의 별장으로 가서 함께 세례 받을 준비를 하였으며, 나중에 타가스테의 주교가 되었다.

식할 것 같이 답답했습니다. 하지만 나는 친구로서의 호의로 그에게 충고를 해 줄 수도 없었고, 스승의 권위로 어떤 강제적인 수단을 써서 그를 바로잡아 줄 수도 없었습니다. 왜냐하면, 당시에 나는 나에 대한 그의 감정은 나에 대한 그의 아버지의 감정과 같을 것이라고 생각하였기 때문이었습니다. 하지만 나의 그러한 생각은 틀린 것이었습니다. 그는 나에 대한 그의 아버지의 감정에는 아랑곳하지 않고서, 내게 반갑게 인사하기 시작하였고, 종종 내 강의실에 들러서 한참 동안 나의 강의를 듣다가 가곤 하였습니다.

12. 나는 그가 헛되고 무익한 유희에 빠져서 분별 없이 열을 올리느라고, 자신의 아까운 재능을 썩히지 않도록 하기 위하여, 어떻게 해서라도 그가 그렇게 하지 못하도록 말려야 한다는 사실을 잠시 잊고 있었지만, 만유를 창조하시고 자신의 뜻대로 주관하시며 다스리시는 주님은 장차 주님의 백성 가운데서 주님의 성례전을 집례하는 주교가 될 그를 잊지 않으시고서, 나도 모르는 사이에 나를 통해서 역사하셔서 그를 바로잡아 놓으셨는데, 주님께서 그렇게 하신 것은 그 일을 하신 분이 주님이시라는 것을 분명하게 보여 주시기 위한 것이었습니다.

어느 날 나는 여느 때와 마찬가지로 학생들 앞에 앉아서 강의를 하고 있었는데, 그가 들어와서는 내게 인사를 한 후에 자리에 앉아서, 내가 강의하고 있던 내용을 집중해서 듣고 있었습니다. 강의 도중에 어떤 것을 설명하려고 하는데, 문득 원형극장에서 벌어지는 경기들과 관련된 비유가 떠올랐고, 나는 그런 경기들에 사로잡혀 정신이 나가서 열을 올리는 사람들을 조롱하고 꼬집어 주는 말을 이 대목에서 학생들에게 해 주면, 내가 전달하고자 하는 내용을 좀 더 재미있고 쉽게 이해시킬 수 있겠다는 생각이 들었습니다.

나는 그때에 알리피우스의 저 병을 고쳐 주려고 일부러 그런 말을 한 것이 결코 아니었고, 이것은 우리의 하나님이신 주님이 더 잘 아십니다. 하지만 그는 내가 일부러 자기에게 들려주기 위해서 그런 말을 한 것이라고 믿고서는 그대로 다 받아들였습니다. 만약 내가 다른 사람에게 그런 말을 했다면, 내게 불같이 화를 냈을 것인데, 이 바르고 정직한 청년은 내게 화를 낸 것이 아니라, 나의 말을 순순히 받아들여서 자기 자신에게 화를 내고, 이것을 계기로 해서 나를 더욱 좋아하게 되었습니다. 주님은 이미 저 옛적에 자신의 책에, "지혜 있는 자를 책망하라 그가 너를 사랑하리라"(잠 9:8)고 기록해 두셨습니다. 사실 나는 그를 책망한 것이 아니었지만, 주님은 사람들이 알게든 모르게든, 자신만이 아시는 올바르고 의로운 질서를 따라 모든 것들을 사용하셔서 선을 이루시는 그런 분이시기 때문에, 이때에도 내 마음과 혀를 활활 타는 숯불로 사용하셔서, 장래가 촉망되는 이 청년의 죽어가는 영혼을 지지셔서 그 병을 고쳐 주신 것이었습니다.

주님의 자비하심을 생각할 때마다, 주님을 찬송하지 않을 사람이 누가 있겠습니까? 나도 내 마음 깊은 곳에서부터 주님의 자비하심을 고백할 수밖에 없습니다. 정말 알리피우스는 내 말을 들은 후에 강한 절제심을 발휘하여서, 그동안 자기가 원해서 저 깊은 구덩이에 빠져들어 완전히 눈이 먼 채로 전에는 경험해 보지 못했던 쾌락 속에서 뒹굴었던 삶으로부터 빠져나와서, 원형극장에서 벌어지고 있던 온갖 추악한 경기들을 멀리하였고, 다시는 그런 것들을 가까이 하지 않았습니다. 또한, 그는 나와 불편한 관계에 있던 아버지를 설득해서, 내 밑에서 공부하는 것을 허락해 줄 것을 간청하였고, 결국 그의 아버지는 자신의 뜻을 꺾고 아들의 간청을 받아 주었습니다. 이렇게 해서, 그는 다시 내게서 배우게 되었지만, 나와 함께 저 미신에 휘말려들어서, 마니교도들의 겉만 번지르르한 금욕적인 삶을 진정으로 덕 있는 삶으로 생각해서 좋아하게 되었습니다. 하지만 그들의 그러한 금욕적인 삶은 정신 나간 짓이었고, 참되고 깊은 덕이 어떤 것인지를 아직 알지 못해서, 겉보기에는 그럴 듯해 보이지만 사실은 모습만 비슷한 모조품에 불과한 거짓된 덕에 쉽게 속아 넘어가는 귀한 영혼들을 미혹시키는 것이었습니다.

제8장
로마에서 다시 검투 경기에 빠져든 알리피우스

13. 알리피우스는 자신의 부모님이 늘 자기에게 가라고 노래를 불렀던 저 세상적인 길을 뿌리치지 못하고, 법학을 공부하기 위해서 나보다 먼저 로마로 갔는데, 그곳에서 검투사들의 경기에 믿을 수 없을 정도로 열광하게 되었고, 믿을 수 없을

정도로 깊이 빠져들게 되었습니다. 그는 처음에는 로마에서도 그런 경기들을 꼴도 보기 싫어하며 질색하였지만, 어느 날 점심을 먹고 돌아오던 한 무리의 친구들과 학우들을 우연히 만나게 되었고, 마침 그날은 검투사들이 죽어 나가는 저 잔인한 경기가 있던 날이어서, 그들은 그런 곳에는 절대로 가지 않겠다고 격렬하게 저항하고 버티던 그를 거의 강제로 원형극장으로 끌고가다시피 했습니다. 그는 끌려가면서도, "너희가 나를 끌고 가서 내 몸을 거기에 앉혀 놓을 수는 있겠지만, 나의 마음과 눈으로 하여금 강제로 그 경기를 보게 하지는 못할 것이기 때문에, 나는 거기에 앉아 있더라도 마치 그 자리에 없는 것 같이 행하여 그 경기를 보지 않음으로써, 내가 너희를 이겨 먹을 것이다"라고 소리쳤습니다.

그들은 그가 그렇게 말하는 것을 다 들었으면서도, 그를 경기장으로 끌고 갔는데, 그것은 아마도 과연 그가 자신이 말한 대로 할 수 있는지를 살펴보기 위한 것이 아니었나 싶습니다. 그들이 원형극장에 도착해서 자리를 잡고 앉았을 때, 그곳은 전체가 잔인한 쾌락에 사로잡혀서 흥분되어 온통 열광의 도가니가 되어 있었습니다. 하지만 알리피우스는 눈을 질끈 감고서, 그 자리에서 벌어지고 있던 저 사악한 짓에 자신의 마음이 끌리지 않게 하려고 하였습니다. 하지만 그는 자신의 귀도 막았어야 했습니다! 왜냐하면, 거기에서 서로 싸우던 검투사들 중 한 명이 쓰러지자, 모든 관중들은 일제히 그곳이 떠나갈 정도로 고래고래 소리를 질렀는데, 이러한 고함 소리는 그의 귀를 세차게 때렸고, 호기심을 견딜 수 없었던 그는 자기가 그 어떤 광경을 보더라도 다 무시하고 아무렇지도 않게 넘어갈 수 있을 것이라고 생각해서, 감았던 눈을 뜨고 말았기 때문입니다.

그 순간, 그는 자신의 눈으로 보고자 했던 그 쓰러진 검투사가 입었던 육체의 상처보다도 더 깊은 상처를 자신의 영혼에 입고서, 그 검투사가 관중의 떠나갈 듯한 고함 소리를 불러일으키는 가운데 쓰러졌던 것보다도 더 비참하게 쓰러졌습니다. 관중들의 고함 소리는 그의 귀 속으로 들어가서 그의 눈을 뜨게 하였고, 마침내 그의 영혼에 상처를 입히고 쓰러지게 만들었습니다. 그의 영혼은 강하지 못했는데도, 그는 경솔하게 행하였습니다. 그의 영혼이 강하지 못하고 연약했던 이유는, 주님을 의지하지 않고, 자기 자신을 의지해서 행하였기 때문이었습니다.

그는 그 검투사가 피흘리는 것을 보자마자, 마치 그 피를 마신 야수처럼 갑자기 돌변하여, 검투사들의 피비린내 나는 경기를 외면하기는커녕 도리어 거기에 빠져들어서 눈을 떼지 못하고 뚫어져라 쳐다보았고, 사람을 광분하게 만드는 술을 자기도 모르게 들이마시고서는, 잔인한 쾌락에 취하여, 그 사악한 경기를 즐겼습니다. 그는 이제 더 이상 이 경기장에 들어왔을 때의 그가 아니었고, 그 자리를 가득 채우고 있던 관중들과 일심동체가 되어 있었으며, 그를 이 자리로 끌고 왔던 친구들이나 학우들과 진정한 동지가 되어 있었습니다. 사정이 이렇게 되었는데, 무슨 긴 말이 더 필요하겠습니까?

그는 검투사들의 경기를 구경하면서 광분하여 고함을 질렀고, 경기장을 나와서도 그 광분함은 가라앉지 않아서, 그를 자극하여 다시 경기장으로 돌아오게 하였는데, 이제는 처음에 자기를 경기장으로 끌고 왔던 친구들과 함께 온 것은 말할 것도 없고, 먼저 그들을 부추겨서 같이 오기도 했고, 경기장에 오지 않던 다른 사람들을 끌고 오기도 하였습니다. 하지만 주님은 권능과 자비하심이 지극히 크신 그 손으로 그를 이 모든 것으로부터 건져내시고 가르치셔서, 자기 자신을 신뢰하지 않고 주님을 신뢰하게 하셨습니다. 하지만 그것은 오랜 후에야 이루어질 일이었습니다.

제9장
카르타고에서 도둑으로 몰린 알리피우스

14. 내가 앞에서 알리피우스와 관련해서 말한 것들은 그의 기억 속에 저장되었다가 나중에 그가 고침 받게 될 때에 약으로 사용되게 될 것이었는데, 그가 카르타고에서 내 밑에서 공부하고 있을 때에도 앞으로 그에게 좋은 약이 될 그런 사건이 하나 일어났습니다. 나는 학생들에게 교과서 중의 어느 부분을 암기해서 발표하게 하곤 하였는데, 어느 날 정오에 알리피우스는 자기에게 주어진 부분을 연습하기 위해서 광장에 갔고, 주님은 거기에서 그가 도둑으로 몰려서, 그 광장을 경비하던 사람들에게 붙잡히게 하셨습니다. 나는 우리 하나님이 이런 일이 그에게 일어나도록 허락하신 이유는, 장차 큰 일을 하게 될 알리피우스로 하여금, 어떤

일들을 판단할 때, 다른 사람들이 하는 말들을 경솔하게 믿고서, 함부로 쉽게 사람을 정죄해서는 안 된다는 것을 배우게 하시기 위한 것이었다고 생각합니다.

그가 서판과 펜을 들고서 혼자 재판정 앞을 거닐고 있는데, 학생이면서 진짜 도둑이기도 하였던 한 청년이 은밀하게 도끼를 지닌 채로, 그가 보지 못한 사이에, 몰래 은행 건물 위로 쳐져 있던 납으로 된 창살로 올라가서 그 창살을 부수기 시작하였습니다. 이때에 그 밑에 있던 은행 건물에서 일하던 사람들이 이 도끼 소리를 듣고서는, 조용히 의논한 후에, 사람들을 밖으로 보내어, 그들의 눈에 띄는 사를 잡아오게 하였습니다. 그 도둑은 건물 안에서 사람들이 웅성거리는 소리를 듣고, 잡히게 될까봐 겁을 집어먹고서, 도끼를 버리고 줄행랑을 쳤습니다.

알리피우스는 그 도둑이 거기로 들어가는 것을 보지 못했다가, 어떤 사람이 거기에서 뛰어 나와서 황급히 달아나는 것을 보고, 무슨 일인지가 궁금해서, 그곳으로 가 보았고, 거기에서 도끼를 발견하고서는, 무슨 일이 있었던 것인가 하고 의아해하며 서 있었습니다. 바로 그 때에 도끼로 창살을 부수는 소리를 듣고 깜짝 놀라서 도둑을 붙잡기 위해 그 곳으로 온 사람들이, 그가 도끼를 들고 혼자 있는 모습을 보고서, 그를 붙잡았습니다. 그를 붙잡은 사람들은 그 광장에서 일하거나 장사하는 사람들이 몰려들자, 마치 자신들이 도둑을 현행범으로 붙잡은 것처럼 의기양양해하였고, 법정에 세우기 위해서 그를 끌고 갔습니다.

15. 하지만 주님은 알리피우스에게 교훈을 주는 데에는 이것으로 충분하다고 여기셨기 때문에, 그가 무죄하다는 것을 증명해 줄 유일한 증인으로서, 자신의 무죄한 자를 구하시기 위하여 지체 없이 움직이셨습니다. 그가 그들에 의해서 감옥이나 취조실로 끌려가던 도중에, 주로 공공건물들을 맡아 관리하는 일을 하고 있던 어떤 건축가를 우연히 만나게 되었습니다. 그 건축가는 광장의 공공건물들을 관리하면서, 거기에서 물건이 도둑맞는 사건이 일어날 때마다 자주 그들이 범인들일 것이라고 의심해 왔던 사람이었기 때문에, 그들은 그 건축가를 만나게 된 것을 아주 기뻐하였습니다. 왜냐하면, 이제는 마침내 지금까지 그런 도둑질을 해 왔던 자가 누구인지를 그 건축가에게 똑똑히 알게 해 줄 수 있을 것이라고 생각하였기 때문이었습니다. 그런데 그 사람은 한 원로원 의원에게 문안인사를 드리기 위

하여 자주 그 의원의 집을 드나들면서, 거기에서 종종 만난 적이 있던 알리피우스를 금방 알아 보고서는, 그의 손을 잡아 이끌어서, 무리들로부터 그를 떼어 놓고, 어쩌다가 이런 험악한 일을 당하게 된 것인지를 그에게 물어서, 이 모든 일의 자초지종을 다 알게 되었습니다. 그런 후에, 그 사람은 아직도 여전히 노기가 등등해서 위협적인 기세로 자기와 알리피우스를 둘러싸고 있던 무리들에게, 자기와 함께 가볼 데가 있다고 하면서, 같이 가 보자고 하였습니다.

이렇게 해서, 그들은 진짜 이 일을 저지른 바로 그 청년의 집으로 가게 되었습니다. 그 집 문 앞에는 노예 소년이 서 있었는데, 그 소년은 자기가 어떤 말을 하면 자기 주인이 해를 입게 될 것이라는 것을 전혀 인식할 수 없을 정도로 나이가 아주 어렸기 때문에, 묻는 말에 대해서 한 치의 거짓도 없이 자기가 본 것들을 그대로 말해 줄 그런 아이였습니다. 그날 그 소년은 자기 주인을 따라서 광장에 갔었기 때문에, 알리피우스는 그 소년을 알아보고서는, 건축가에게 귀뜸을 해 주었고, 그 건축가는 그 소년에게 도끼를 보여 주면서, 누구의 것이냐고 물었습니다. 그러자 그 소년은 대뜸 "우리의 것"이라고 대답하였고, 추가적으로 여러 가지를 더 묻자, 모든 것을 다 그대로 말해 주었습니다. 이렇게 해서, 그 집 주인이 이 일을 저질렀다는 것이 분명하게 밝혀졌고, 알리피우스를 도둑이라고 확신하고 의기양양해했던 무리들은 창피를 당하게 되었지만, 장차 주님의 말씀을 맡아 사람들에게 나누어 주며, 주님의 교회에서 많은 일들을 맡아 처리하게 될 알리피우스는, 이 일을 통해서 좋은 경험을 쌓고 더 많은 것을 배운 후에 집으로 무사히 돌아갈 수 있었습니다.

제10장
공정한 관리였던 알리피우스와 지혜를 탐구하기 위해 밀라노로 온 네브리디우스

16. 그 후에 나는 로마에서 알리피우스를 다시 만나게 되었습니다. 그는 나를 몹시 따라서 가급적 한시도 떨어져 있지 않으려고 하였고, 내가 밀라노로 옮겨갈

때에도, 나를 따라 나섰는데, 그것은 자기가 원해서가 아니라 부모님의 뜻을 따라 공부했던 법률이지만, 밀라노에서 법률 사무소를 열어서 사무를 본다면, 나와 떨어져 있지 않아도 될 것이었기 때문이었습니다.

그는 이미 세 번이나 고위관료의 보좌관으로 일하였으면서도, 뇌물을 전혀 받지 않아서, 다른 사람들은 그를 이상하게 생각하였지만, 그 자신은 사람들이 정직하게 일하는 것보다 뇌물을 받는 것을 더 좋아한다는 것을 도리어 이상하게 생각하였습니다. 또한, 그는 타고난 천성이 성실하고 올바르기도 했지만, 그를 돈으로 유혹하거나 협박을 통해 겁을 집어먹게 하여 불의한 일을 하게 만들고자 하는 일을 겪으면서 더욱더 연단이 되었습니다.

그가 로마에서 이탈리아의 재무장관의 보좌관으로 있을 때, 아주 대단한 권력을 쥔 원로원 의원이 한 명 있었는데, 많은 사람들이 그의 신세를 졌고, 그를 두려워하는 사람도 많았습니다. 그는 여느 때처럼 자신의 권력을 믿고서 법으로 금지되어 있던 일을 허용해 달라고 요구해 왔고, 알리피우스는 그의 그런 요구를 거절하였습니다. 뇌물을 주겠다는 제안이 들어 왔지만, 그것도 웃으며 무시해 버렸고, 이런저런 협박들이 들어 왔지만, 그것도 깔아뭉개 버렸습니다. 그 원로원 의원은 막강한 권력과 재력을 지니고 있어서, 자신에게 우호적인 사람들에게는 아낌없이 도움을 주고 자신의 적들에게는 얼마든지 치명적인 해악을 입힐 수 있다는 것은 아주 널리 알려져 있는 사실이었기 때문에, 모든 사람들은 이렇게 알리피우스가 그에게 잘 보이려고 하지도 않고 그의 적이 되는 것을 두려워하지도 않는 것을 보고서는, 아주 특이한 사람이라고 말하며, 놀라고 이상하게 여겼습니다. 사실, 알리피우스가 보좌하고 있던 재무장관도 그 의원에게 그러한 불법적인 일을 허용해 주는 것을 원하지 않았지만, 보복이 두려워서 그의 요구를 공개적으로 거절하지는 못하고, 자신의 보좌관이 동의해 주지 않는다는 핑계를 대면서, 모든 책임을 알리피우스에게 떠넘겼던 것이었습니다. 하지만 사실은 재무장관은 자신의 권한으로 그 일을 허가해 줄 수 있었고, 만일 그렇게 하였더라면, 알리피우스는 그 자리를 그만두어야 하였을 것입니다.

한번은 학문에 대한 열심으로 인해서 유혹에 져서 거의 넘어갈 뻔한 일도 있었습니다. 그는 나라의 일을 하는 사람이었기 때문에, 자기가 사적으로 갖고 싶은 책들의 사본을 만들 때에도, 공적인 업무에 필요한 책들의 사본을 만들 때와 마찬가지로, 얼마든지 나라에서 납품받을 때의 가격만 지불하고 사본들을 만들어 개인적으로 소장할 수 있었습니다. 하지만 그는 정의에 입각하여 생각해 보고서는, 나라의 관리 신분인 자기에게 주어진 그러한 특권을 이용해서 금전적인 이득을 보는 것보다는, 정의에 입각해서 공정한 가격을 지불하는 것이 자기에게 훨씬 더 유익할 것이라고 생각해서, 자기가 갖고 싶은 책들의 사본을 공공납품가격으로 제작하여 갖고자 했던 생각을 버리고, 원래 개인이 책들의 사본을 만들고자 했을 때의 가격을 지불하기로 마음먹었습니다.

이것은 작은 일이었지만, "지극히 작은 것에 충성된 자는 큰 것에도 충성되다"(눅 16:10)는 말씀이 옳다는 것을 입증해 주는 것이었습니다. 주님은 "너희가 만일 불의한 재물에도 충성하지 아니하면 누가 참된 것으로 너희에게 맡기겠느냐 너희가 만일 남의 것에 충성하지 아니하면 누가 너희의 것을 너희에게 주겠느냐"(눅 16:11-12)고 말씀하셨는데, 주님의 입에서 나온 말씀이 어떻게 틀릴 수 있겠습니까? 당시에 나와 꼭 붙어 다녔던 알리피우스는 그런 사람이었고, 나와 마찬가지로, 어떤 삶을 살아갈 것이냐 하는 문제를 놓고 방황하고 있었습니다.

17. 네브리디우스(Nebridius)도 카르타고 인근에 있는 자신의 고향과 자기가 오랫동안 살아 왔던 카르타고를 떠나서, 아버지의 아주 좋은 농장과 집, 그리고 그를 따라 오고자 하지 않으셨던 어머니를 뒤로 하고, 밀라노로 왔는데, 나와 함께 살면서 진리와 지혜를 추구하고 싶은 활활 타오르는 뜨거운 열정이 그가 그렇게 한 유일한 이유였습니다. 그는 나와 함께 고민하고, 나와 함께 방황하면서, 진짜 행복한 삶이 무엇인지를 열정적으로 찾았고, 아주 어려운 문제들을 대단히 날카롭고 철저하게 분석해 내곤 하였습니다. 이렇게 굶주린 세 사람의 입은 가쁜 숨을 몰아쉬며 자신의 배고픔이 어떠한지에 대하여 서로 나누면서, 주님이 "때를 따라 그들에게 먹을 것을 주시기"만을 갈망하고 있었습니다(시 145:15).

우리가 세상적인 일들을 할 때면 늘 그 뒤끝이 쓰고 괴로운 것은 사실 우리를 향하신 주님의 자비하심 때문이었지만, 당시에 우리는 왜 우리가 그런 괴로움들을 늘 겪어야 하는지, 그 이유를 알 수 없어서, 그것을 알아내려고 하였어도 캄캄

한 어둠에 부딪힐 뿐이어서, 씁쓸하게 돌아서서 한숨지으며, "도대체 이런 일들이 언제까지 반복되어야 하는 것인가"라고 말하며 탄식할 수밖에 없었습니다. 우리는 자주 그런 얘기를 나누었지만, 그러면서도 세상적인 일들을 버리지는 못하였는데, 그것은 우리가 그런 것들을 버리고서 그 대신에 붙잡을 수 있는 다른 어떤 확실한 것을 아직 발견하지 못하였기 때문이었습니다.

제11장
열아홉 살 때부터 지혜를 추구해 왔지만 진척이 없는 것에 대한 고민이 깊어짐

18. 내 나이 열아홉 살 때에 내 속에서 처음으로 지혜를 탐구하고자 하는 열정이 불타오르기 시작하면서, 지혜를 찾기만 하면, 헛된 희망들도 모두 다 버리고, 헛된 욕망들을 좇아 광분하여 살아가는 거짓된 삶도 모두 다 버리겠다고 결심했었지만, 그때부터 오랜 세월이 지나서, 내 나이가 머지않아 삼십 줄에 들어서는데도, 여전히 그때와 마찬가지로 그 동일한 수렁에 깊이 빠져서 여전히 나를 망치는 덧없는 세상 것들을 즐기고 있는 내 모습에 생각이 미치자, 나는 갑자기 너무나 묘한 감정에 휩싸여 혼란스러워서, 속으로 혼자 이렇게 말했습니다.[5]

"내일이면 지혜를 찾게 될 거야. 그래, 그러면 지혜는 분명하게 드러날 것이고, 나는 그것을 꼭 붙들면 되는 거야. 파우스투스가 와서 모든 것을 설명해 준다고도 했고, 위대한 신플라톤주의자들은 인간은 그 어떤 것도 확실하게 알 수 없기 때문에, 인생을 이끌어 줄 그 어떤 것도 찾을 수 없다고도 했어. 하지만 그럴수록 우리는 절망하지 말고 더욱더 부지런히 찾아야 하는 것이 아닌가?

그래, 전에는 불합리하게만 보였던 성경도 이제는 불합리하게 보이지 않고, 이전과는 다르게 올바르게 해석할 수 있게 되지 않았는가. 그러니, 나는 분명한 진

---

5) 여기에서 지난 십 년 동안 엉망진창으로 살아 왔던 자신의 삶과 여전히 혼란스럽고 아무것도 알 수 없는 현재의 곤경을 요약해서 제시하는 아우구스티누스의 긴 독백이 시작된다.

리를 발견하게 될 때까지, 어릴 적에 부모님이 나를 두신 바로 그 자리에 발을 딛고 굳건히 서 있어야 하지 않겠는가? 그렇다면, 그 진리를 언제 어디에서 찾는단 말인가? 암브로시우스는 시간이 없고, 나도 성경을 읽을 시간이 없다. 성경 사본을 어디에서 구한단 말인가? 어디에서 어떻게 그 사본을 구하지? 누구한테 빌리나? 시간표를 짜서, 내 영혼의 건강을 위한 시간을 따로 마련해야 할 텐데.

나는 전에 그리스도교가 엉터리 같은 것들을 가르친다고 오해해서 비난하고 욕했었지만, 지금 보니 그것은 내가 잘못 생각한 것이었고, 그리스도교 신앙은 내가 생각했던 것과는 다른 올바른 것들을 가르치고 있다는 것을 알았으니, 내게는 엄청난 소망이 생겨난 것이 아닌가. 그리스도교의 선생들도 하나님이 사람의 육신의 형태에 의해서 제한을 받고 있다고 믿는 것을 불경죄로 여긴다. 그러니, 나도 내가 의심하고 회의하는 다른 문제들을 해결 받을 수 있는 문이 내게 열리도록 계속해서 문을 두드려야 하는 것이 아닌가?

나의 오전 시간은 학생들을 가르치는 데 사용해야 하지만, 나의 나머지 시간들은 지금 어떤 것들을 하며 보내고 있는 거지? 왜 그 나머지 시간들에 성경을 읽지 않는가? 하지만 그 시간들을 성경을 읽는 데 사용한다면, 나를 지지하고 후원해 주는 나의 유력한 친구들은 언제 만나고, 수업 준비는 언제 하며, 일 때문에 이것저것 신경 쓰느라고 피곤해진 내 마음은 언제 쉬어 주어서 힘을 차리게 한단 말인가?"

19. "그런 쓸데없고 헛된 생각들은 다 버리고, 모든 염려를 다 내려 놓고서, 오로지 진리를 찾는 데에만 전념하면 어떨까. 인생은 비참하고, 사람은 언제 죽을지 모른다. 죽음이 갑자기 찾아오면, 나는 어떤 상태로 세상을 떠나게 될까? 그렇게 되면, 나는 여기에서 찾지 못한 진리를 어디에서 찾는단 말인가? 그리고 나는 여기에서 진리를 찾지 못했다고 해서, 거기에 가서 벌을 받게 되는 것은 아닐까?

혹시, 사람이 죽으면, 그것으로 모든 염려와 지각은 다 흔적도 없이 사라져 버리고, 모든 것이 다 끝나게 되는 것은 아닌가? 이것도 연구해 봐야 할 과제이긴 해. 하지만 절대로 그럴 리는 없지. 그리스도교 신앙의 권위가 이렇게 온 세상에 드높이 우뚝 세워져 있는 것이 이유가 없는 것도 아닐 것이고 사기극도 아닐 것이니까. 만일 육신이 죽을 때, 사람의 영혼도 함께 죽어서 없어지는 것이라면, 하나님이 우리 인간을 위해서 그토록 크신 일들을 행해 오셨을 리가 만무하지 않는가. 그런데도 왜 나는 세상에 대한 온갖 희망들을 버리고, 하나님과 저 복된 삶을 찾는 일에 내 자신을 온전히 바치는 것을 주저하고 있는 것인가?

하지만 잠깐 기다려 달라. 세상의 것들도 우리에게 즐거움을 주고, 그 자체로 적지 않은 달콤함을 지니고 있으니, 그런 것들을 경솔하게 버리려고 하는 것도 문제가 있다. 그런 것들을 그런 식으로 경솔하게 버렸다가, 이게 아니다 싶어서 다시 그런 것들로 되돌아간다면 창피한 일이 되지 않겠는가.

지금 내게는 사회적으로 명성을 얻어서 나의 입지를 다져 나가는 일이 아주 중요하다. 그렇게만 된다면, 내가 무엇을 더 바라겠는가? 내 옆에는 힘 있는 친구들이 많이 있기 때문에, 나는 가만히 있어도, 오히려 그 친구들이 먼저 발 벗고 나서서, 나를 한 지역의 장 정도는 시켜 줄 것이다. 그러면, 나는 돈 많은 여자와 결혼해서, 경제적인 부담 없이 살게 될 것이고, 나의 욕망은 다 충족될 것이다. 사람들의 본이 될 만한 많은 위대한 인물들도 결혼 생활과 지혜에 대한 탐구를 병행하지 않았던가?"

20. 내가 속으로 이런 것들을 생각하고 말하고 있는 동안에, 나의 생각의 바람은 그 방향이 이리저리 바뀌었고, 거기에 따라 나의 마음도 이리저리 흔들렸습니다. 이렇게 시간은 흘러갔고, 나는 주님께 돌아가는 것을 계속해서 미루었습니다. 나는 이렇게 "주님 안에서 생명을 얻어 살아가는 것"은 하루하루 연기할 수 있었지만, 내가 날마다 "내 자신 안에서 죽어가는 것"은 연기할 수 없었습니다. 나는 행복한 삶을 원하였으면서도 그 행복한 삶이 있는 자리로 가는 것은 두려워하고 있었고, 행복한 삶을 찾고 있었으면서도 실제로는 그 행복한 삶으로부터 도망치고 있었습니다.

당시에 나는 만일 내가 결혼을 하지 않고 여자 없이 혼자 살아가야 한다면, 그것은 불행하고 비참한 삶이 될 것이라고 생각하였고, 주님이 그 자비하심으로 나의 그러한 연약함을 고쳐 주실 수 있으시다는 것을 전혀 생각할 수 없었습니다. 왜냐하면, 그때까지 나는 그런 시도를 단 한 번도 해 본 적이 없었기 때문입니다. 성경에서는 하나님께서 허락하지 아니하시면 아무도 독신으로 살아갈 수 없다고 말씀하고 있음에도 불구하고, 나는 그런 말씀이 있는 줄을 알지 못하였기 때문에, 어리석게도, 사람이 독신으로 살아가려면, 순전히 자기 자신의 힘으로 정욕을 이겨내야 한다고 생각하였고, 내 자신에게는 독신으로 살아갈 수 있는 힘이 없다고만 생각했습니다. 그러므로 만일 그때에 내가 내 마음 중심에서 탄식하며 간절히 주님께 구하고, 확고한 믿음 가운데서 나의 염려를 주님께 맡겼다면, 주님은 틀림없이 내게 독신의 은사를 주셨을 것입니다.

제12장
독신 생활에 대한 알리피우스와 나의 견해

21. 사실 내가 결혼하는 것을 막은 사람은 알리피우스였습니다. 만일 내가 결혼을 하게 된다면, 우리가 오랫동안 염원해 온 대로, 그 누구의 방해도 받지 않고 함께 살면서 시간적인 여유를 갖고 지혜를 사랑하고 추구하는 일에 몰두하는 것은 더 이상 불가능하게 되리라는 것이 그의 주장이었습니다. 그는 그때에도 성적인 욕구를 절제한 채로 여자를 일절 가까이 하지 않고 살아가고 있었는데, 내게는 그것이 경이로운 일이었습니다. 왜냐하면, 그는 사춘기가 시작될 무렵에 여자와 잔 경험이 있었지만, 계속해서 거기에 붙잡혀 있지 않았고, 도리어 자기가 그런 짓을 한 것을 역겨워하고 괴로워하고서는, 그 이후로는 철저하게 성적 욕구를 절제한 채 여자를 가까이하지 않는 삶을 살아 왔기 때문이었습니다. 하지만 나는, 결혼을 했으면서도 여전히 지혜를 소중히 여기고 하나님을 기쁘시게 해 드리며 친구들을 사랑하고 신의로 대한 인물들의 예를 들어서, 그의 주장을 반박하였습니다.

정작 말은 그렇게 했지만, 나는 그런 인물들이 지니고 있던 위대한 영혼과는 한참이나 거리가 먼 사람이어서, 육신의 질병과 그 치명적인 쾌락의 사슬에 묶여서, 그 사슬을 끌고 다녔고, 내 자신이 그 사슬에서 풀려나는 것을 두려워하였습니다. 그래서 나는 알리피우스의 그런 말이 나를 묶고 있던 그 사슬에 손을 대서 나의 상처를 들쑤시게 될 것이 두려워서, 그의 올바른 조언을 그대로 받아들이지 않고,

도리어 반박을 했던 것이었습니다. 또한, 나는 거기에서 한 술 더 떠서, 저 옛 뱀의 대변인이 되어서, 그의 거칠 것이 없고 정직하고 올바른 발이 걸려서 실족하게 하기 위하여, 나의 혀를 통해서 달콤한 덫들을 그가 다니던 길의 여기저기에 설치해 놓기까지 하였습니다.

22. 알리피우스는 자기가 대단한 사람이라고 생각했던 내가 성적인 쾌락에 그토록 끈질기게 집착해서, 우리기 결혼 문제를 놓고 의견을 나눌 때마다, 나는 절대로 독신으로 살 수 없을 것이라고 역설하는 모습을 보고서 놀랐습니다. 그가 놀라는 것을 보고서, 나는 내 자신을 변호하기 위하여, 그는 한때 잠깐 여자를 경험한 것일 뿐이고, 그 후로는 그것을 거의 잊어버리고 살아서, 이 문제가 그렇게 어려워 보이지 않고, 쉽게 처리할 수 있는 문제인 것처럼 생각하는 것이지만, 나 같은 경우에는 이미 그 쾌락이 몸에 배어 있는 것이기 때문에, 이 두 경우는 큰 차이가 있다고 역설하고서는, 또한 결혼을 해서 결혼 생활이라는 존귀한 이름 아래에서 그러한 쾌락을 충족시키면 아무 문제도 되지 않는 것인 까닭에, 내가 그러한 쾌락의 삶을 멸시하지도 않고 버릴 수도 없다고 하여도, 거기에 대하여 놀랄 필요는 전혀 없는 것이라고 덧붙여 말하였습니다.

그러자 그는 자기도 결혼하고 싶다고 말했지만, 그것은 성적인 쾌락에 대한 욕구에 사로잡혀서가 아니라, 단지 호기심에서 그런 말을 한 것일 뿐이었습니다. 왜냐하면, 그는 자기는 나의 삶이 아주 행복한 삶이라고 생각하였는데, 정작 본인인 나 자신은 그러한 쾌락이 없는 삶은 결코 삶이라고 할 수 없고, 도리어 형벌일 것이라고 말하는 것을 듣고서, 도대체 그 쾌락이 무엇이기에, 내가 그렇게까지 말하는 것인지를 알고 싶어졌다고 말하였기 때문이었습니다. 그의 마음은 그러한 쾌락의 사슬에 묶여 있지 않고 자유로웠기 때문에, 내가 그러한 쾌락의 노예가 되어 있다는 것에 대하여 놀랐고, 한편으로는 그렇게 놀라면서도, 다른 한편으로는 스스로도 그것을 경험해 보고자 하는 마음이 들었던 것이었습니다. 만약 그가 실제로 그것을 실험해 보고자 한다면, "사망과 더불어" "언약"을 맺어야 할 것이었고 (사 28:18), 그 다음 수순은 점점 더 쾌락에 빠져들어서 그 노예가 되는 것임은 불 보듯 뻔한 일이었습니다. 왜냐하면, 성경에서는 "위험을 무릅쓰기를 좋아하는 자는 위험에 빠지게 될 것"이라고 말씀하고 있기 때문입니다.

어쨌든 우리는 좋은 부부관계를 유지해 나가고 자녀들을 낳아서 잘 기름으로써 훌륭한 결혼 생활을 영위하는 데에는 별 관심이 없었습니다. 나는 나를 몹시 괴롭히는 저 주체할 수 없는 성욕에 사로잡혀 그 노예가 되어 있었기 때문에, 결혼 생활은 나의 그러한 욕구를 채우는 수단이라고 생각했을 뿐이었고, 알리피우스는 단순히 결혼 생활에 대한 호기심과 동경심에 사로잡혀 있었을 뿐이었습니다. 지극히 높으신 하나님, 주께서 티끌에 지나지 않는 우리 같은 가련한 자들을 불쌍히 여기셔서, 경이롭고 비밀스러운 방식으로 우리를 도우러 오실 때까지, 우리는 그런 상태에 있었습니다.

제13장
어머니의 압박으로 어린 소녀와 약혼하게 됨

23. 결혼에 대한 강한 압박이 내게 지속적으로 가해졌습니다. 나는 청혼을 했고, 그녀는 받아들였는데, 어머니가 가장 많이 애를 쓰셨습니다. 어머니가 바라신 것은 내가 어떻게든 결혼을 해서 구원의 세례로 죄 사함을 받는 것이었기 때문에, 내가 날마다 세례 받을 준비를 착착 해 나가는 모습을 기뻐하셨고, 그렇게 해서 내가 정식으로 신앙을 갖게 되는 순간, 어머니의 서원과 주님의 약속이 둘 다 성취되는 것이라고 생각하셨습니다.

이때에 어머니는 내가 요청하기도 했고 어머니 자신도 그렇게 하고 싶으셔서, 나의 결혼 생활이 앞으로 어떠할지에 대해서, 꿈이나 환상으로 무엇인가를 보여 주시라고, 마음으로부터 간절하게 부르짖으며 주님께 날마다 간구하였습니다. 하지만 주님은 아무것도 보여 주지 않으셨습니다. 어머니는 단지 사람의 마음이 어떤 것에 골몰하고 있을 때에 그 영향으로 인해서 꾸게 되는 몇몇 헛된 개꿈들만을 꾸셨을 뿐이고, 내게 그 꿈들을 들려주기는 하셨지만, 주님이 꿈으로 보여 주실 때에 어머니가 보여 주셨던 것과 같은 그런 확신은 없으셨기 때문에, 그 꿈들을 무시해 버리셨습니다. 왜냐하면, 어머니는 자기에게는 무엇인가 말로는 표현할 수 없는 느낌이 있어서, 주님이 보여 주신 계시인 꿈과 자신의 마음이 만들어 낸 꿈을 구별하실 수 있으시다는 말씀을 늘 하셨기 때문입니다.

하지만 나의 결혼은 그대로 추진되어서, 법적으로 결혼할 수 있는 나이보다 두 살 어린 소녀와 약혼하게 되었습니다.[6] 그 소녀는 내 마음에 들었기 때문에, 나는 그 소녀가 혼인할 수 있는 나이가 될 때까지 기다리기로 하였습니다.

제14장
친구들과의 공동체를 계획함

24. 당시에 나를 비롯한 많은 친구들은 서로 얘기를 나누는 가운데, 인간 세상이 너무나 번잡하고 괴로워서 염증이 난다는 데 의기투합하여, 함께 번잡한 속세를 떠나서 여유롭고 한가로운 삶을 살기로 결정하는 단계까지 거의 도달했습니다.[7] 그런 공동체를 만들어 살기 위해서, 우리는 우리 각자가 소유하고 있는 모든 재산들을 한데 모아서 공동 재산을 만든 후에, 우정을 믿고 어느 누구도 자신의 재산임을 주장하지 않고, 그 공동 재산을 모두의 것인 동시에 각자의 것으로 하고서, 각자에게 필요한 것들은 그 공동 재산으로부터 지출하기로 계획을 세웠는데, 이 공동체를 이루고 살 사람은 대략 열 명 정도가 될 것으로 보였습니다. 그 중에는 큰 부자들도 있었습니다. 특히, 로마니아누스(Romanianus)는 나와 동향 사람으로서, 어릴 때부터 나와는 아주 친한 사이였는데, 그즈음에 아주 골치 아픈 문제가 생겨서, 이곳의 법정을 드나들고 있었습니다.[8] 그는 이 계획에 가장 적극적이고 열성적이었고, 그가 가진 재산은 우리와는 비교가 되지 않을 정도로 많았기 때문에, 그의 말은 우리에게 큰 영향을 미쳤습니다. 또한, 우리는 해마다 우리 중에서 두 사람을 관리인으로 선출해서, 공동체 운영에 필요한 모든 일들을 맡기고,

---

6) 유스티니아누스 법전(Inst. 1,22)에 의하면, 여자들은 열두 살이 되어야만 결혼할 수 있었다.
7) 고대 세계의 식자들에게 있어서 "여가"(otium)의 이상은 철학이나 문학, 또는 학문에 정진하는 것이었다.
8) 아우구스티누스의 재정 지원자였던 타가스테의 로마니아누스(Romanianus)는 마니교도였는데, 아우구스티누스는 나중에 그로 하여금 세례를 받게 하려고 애썼다.

다른 사람들은 그런 것들에 신경을 쓰지 않고 살아갈 수 있게 하자는 데에도 의견을 같이하였습니다. 그런데 우리 중에서 몇몇 사람은 이미 결혼을 하였고, 다른 사람들도 결혼을 할 생각이었기 때문에, 과연 부인들이 우리의 이러한 계획에 동의해 주겠는가 하는 문제가 제기되기 시작하자, 우리가 지금까지 잘 짜놓은 계획은 우리의 손에서 산산이 깨져서 버려지고 말았습니다.

이렇게 해서, 우리는 한숨을 쉬고 신음하는 가운데 세상의 단단하게 다져진 넓은 길들(마 7:13)을 다시 따라가게 되었습니다. 일이 이렇게 된 것은 우리의 마음에 많은 생각들이 있을지라도, 오직 "여호와의 계획"만이 "영원히 서기" 때문입니다(시 33:11). 주님께서는 이미 우리에 대한 계획이 있으셨기 때문에, 우리가 세운 계획을 비웃으시고, 우리에 대한 주님 자신의 계획을 진행시켜 나가고 계셨습니다. 바로 그 계획을 따라, "주는 때를 따라" 우리에게 "먹을 것을 주시며, 손을 펴사" 우리의 "소원을 만족하게" 하십니다(시 145:15-16).

제15장
오랫동안 동거해 왔던 여자를 내보냄

25. 그 사이에 나는 계속해서 죄에 죄를 더해 가고 있었습니다. 나는 나와 동거해 왔던 여자를 내 결혼에 방해가 된다는 이유로 내 곁에서 떼어 보내야 했는데, 그녀와는 오랫동안 한 이불을 덮고 살아 와서 정이 깊이 들어 있었기 때문에, 그녀를 보내고 나서, 나의 마음은 갈기갈기 찢어져서 상처를 입고 피를 흘렸습니다. 그녀는 다시는 다른 남자를 만나 같이 살지 않겠다고 주님께 맹세하고는, 나와의 사이에서 낳은 내 아들을 내게 남겨 두고 아프리카로 돌아갔습니다.[9]

---

9) 이것은 관습에 의한 사실혼이었고 거의 14년 동안 지속되었다. 이러한 사실혼은 아우구스티누스의 동시대 인들에 의해서 정상적이고 용인될 수 있는 것으로 여겨졌고, 심지어 교회에서도 결혼하지 않은 사람들에게 그런 식의 사실혼을 권장하기까지 하였다. 톨레도 공의회(주후 400년)의 교회법 제17조를 보라. 아우구스티누스는 『고백록』을 쓰고 나서 몇 년 후에 『혼인의 고결함』(5.5)에서 자신의 이러한 상황을 피력하면서, 이것이 실질적인 결혼이었다고 말한다. 그가 이 사실혼을 깬 것은 모니카, 그리고 아마도 암브로시우스의 압력에 의한 것일 가능성이 크지만, 주석자들은 이 문제와 관련해서 그를 호되게 비판하는 경향이 있다.

하지만 나는 그 여자만도 못한 자여서, 그녀가 떠난 후에 너무나 외로워서, 내가 원한 약혼자를 맞이하기 위해서는 2년을 기다려야 했는데, 그 2년이라는 기간을 참고 기다릴 수가 없어, 정부인이 아닌 또 다른 여자를 얻었는데, 이것은 내가 결혼 생활을 좋아하는 자였기 때문이 아니라, 정욕의 노예가 되어 있었기 때문이었습니다. 이렇게 나는 오랫동안 지속되어서 내 몸에 밴 악한 습성으로 인해서, 또 다른 여자를 얻어서 나의 정욕을 채워야 했고, 그 결과 내 영혼의 질병은 내가 정식으로 결혼할 때까지 그대로 유지되었을 뿐만 아니라, 한층 더 악화되어 깄습니다.

게다가, 나의 이전의 동거녀를 강제로 내 곁에서 떼어내 보내고서 내 마음이 받은 상처도 치유되기는커녕, 도리어 심한 열과 통증 후에 곪기 시작하더니, 어느 순간에 무디어졌지만, 사실은 아픔을 느끼지 못하는 상태가 더 위험한 것이었습니다.

제16장
죽음과 심판에 대한 두려움

26. 자비의 근원이신 주님께 찬송과 영광을 돌립니다. 내가 더 불행해지고 비참해지자, 주님은 내게 더 가까이 오셨습니다. 주님께서는 이미 내 옆에 가까이 오셔서, 그 오른손으로 나를 수렁에서 건져 주시고 깨끗하게 씻어 주실 준비를 이미 마쳐 놓고 계셨지만, 나는 그것을 알지 못했습니다. 내가 육신의 쾌락 속으로 더 깊이 빠져들지 못하도록, 나를 불러 돌려 세운 것은, 다름아닌 죽음과 장차 있을 주님의 심판에 대한 두려움이었습니다. 나의 다른 모든 생각들은 수시로 바뀌고 변했지만, 그 두려움은 내 가슴속에서 단 한 번도 떠난 적이 없었습니다.

나는 내 친구들인 알리피우스와 네브리디우스와 함께, 선과 악의 결말에 대하여 토론하곤 하였는데, 에피쿠로스(Epicurus)가 믿고자 하지 않았던 것, 즉 사람이 죽은 후에도 그 영혼은 계속해서 살아남아서 각 사람이 생전에 행한 일들을 따라 합당한 심판을 받게 된다는 것을 나는 믿었기에 망정이지, 나도 똑같이 그런 것을 믿지 않았더라면, 내 영혼 속에서 에피쿠로스가 승리의 종려나무를 가져갔을 것이었습니다. 나는 그 친구들에게 이렇게 말하였습니다: "만일 우리가 죽지 않고 영원히 살아서 육신의 쾌락을 계속해서 누릴 수 있고, 그 쾌락을 잃게 될 염려도 없다면, 우리가 행복하지 않을 이유도 없고, 다른 행복을 찾을 이유도 없지 않겠는가?"

내가 이렇게 수렁에 깊이 빠져 눈이 멀어 있어서, 육신의 눈으로는 볼 수 없고 오직 마음의 눈으로만 볼 수 있는 존귀함과 아름다움의 빛을 분별하여 무조건적으로 받아들여야 하는데도 그렇게 하지 못하고 있는 것이, 나의 불행과 비참함의 근본적인 원인이라는 사실을 나는 알지 못하고 있었습니다. 또한, 당시의 나의 모습이 더욱 참담했던 것은, 내가 친구들과 이렇게 추잡한 것들에 대하여 얘기를 나누면서도, 그 가운데서 즐거움을 느끼고 있는데, 그 즐거움이 과연 어디에서 오는 것인지를 깊이 생각해 보지도 않았고, 내가 그때에 지니고 있던 행복에 대한 개념에 비추어 보더라도, 육신의 쾌락을 아무리 많이 누린다고 하여도 내게 친구들이 없다면 나는 행복할 수 없었는데, 그 이유가 무엇인지에 대해서도 깊이 생각해 보지 않았다는 것입니다. 그래서 나는 이 친구들을 무조건적으로 사랑하였고, 그 친구들로부터도 내가 무조건적인 사랑을 받고 있다고 느꼈습니다.

오, 구부러지고 뒤틀린 길들이여! 주님을 떠나서 무엇인가 더 나은 것을 발견하기를 바랐던 나의 저 오만하기 짝이 없는 영혼에 화가 있으라! 내 영혼이 이리 뒤척이고 저리 뒤척이며, 똑바로 누워 보고, 옆으로 누워 보고, 배를 깔고 누워 보고, 어떻게 해 보아도, 내 영혼은 결코 편하지 않았습니다. 내 영혼의 안식처는 오직 주님뿐이기 때문입니다. 보십시오. 주님은 우리 곁에 계셔서, 그릇된 길에서 방황하는 가련한 우리를 건져내어, 주님의 길 위에 세워 놓으시고는, 우리를 위로하시며 이렇게 말씀하십니다: "그 길로 달려가라. 내가 너를 안고 업어서 끝까지 데려다 주리라"(사 46:4).

제7권
신플라톤주의와 그리스도교

아우구스티누스는 하나님은 해를 입으실 수도 없으시고 타락하실 수도 없으신 분이라는 확신 속에서 하나님과 악에 대한 마니교의 가르침이 잘못되었음을 알게 되어 거기에서 벗어나게 되지만, 여전히 물질주의적인 사고에 사로잡혀서 하나님에 대하여 제대로 이해하지 못하고, 악의 기원이라는 문제로 깊은 고민에 빠진다. 그런 가운데 여러 경로를 통해서 점성술이 거짓임을 알게 된다.

그러다가 신플라톤주의자들의 글들을 읽고서 물질주의적인 사고에서 점점 벗어나게 되면서 하나님과 하나님이 지으신 피조세계에 대한 새로운 인식에 눈을 뜨게 되고, 하나님도 선하시며 피조세계도 전체적으로 선하다는 것과 악은 실체가 아니라는 것을 깨닫게 된다.

이렇게 해서 하나님에 대한 진전된 이해에 도달하게 된 그는 이전과는 다른 인식과 느낌으로 바울의 서신들을 탐독하기 시작한다. 이때가 그의 나이 30세가 된 해였고, 밀라노로 온 지 2년째가 되는 해였다.

제1장

하나님을 물질적인 존재로 생각함

1. 악하고 가증스러웠던 나의 청년기는 갔고, 이제 장년기로 접어들었는데,[1] 나이가 들어갈수록, 나의 헛되고 추한 모습은 더 심해져 갔습니다. 당시에 나는 눈으로 볼 수 있는 것 외에는 그 어떤 실체도 생각할 수 없었지만, 더 이상 하나님이 인간의 육신의 모습을 한 존재라고 생각하지는 않았습니다. 암브로시우스로부터 하나님의 지혜에 대하여 조금 듣기 시작한 후로는, 하나님을 인간의 모습을 한 존재라고 생각했던 지난날의 잘못된 생각을 늘 멀리하였고, 우리의 영적 어머니인 주님의 교회에서 그러한 잘못된 생각을 멀리한다는 사실을 발견하고서는 기뻐하였습니다. 하지만 하나님을 어떤 존재로 생각해야 할지에 대해서는 딱히 알 수가 없었습니다.

나는 죄악으로 가득 물들어 있는 너무나 형편없는 인간이긴 하였지만, 주님을 지극히 높으시고 유일하시며 참되신 하나님으로 생각하려고 노력하였고, 주님은 죽지 않으시고 해를 입으실 수 없으시며 변할 수 없으신 분이심을 내 마음 깊은 곳에서부터 믿었습니다.[2] 내가 어떻게 그리고 왜 그렇게 믿게 되었는지는 알 수 없었지만, 죽을 수밖에 없는 존재가 영원히 죽지 않는 존재보다 열등하다는 것은 너무나 분명한 것이었고, 해를 입을 수 없는 존재가 해를 입을 수밖에 없는 존재보다 우월하다는 것도 너무나 분명한 것이었으며, 절대로 변할 수 없는 존재가 늘 변할 수밖에 없는 존재보다 더 낫다는 것도 너무나 분명한 것이었기 때문에, 그것을 아무런 주저함 없이 확신할 수 있었습니다.

나의 마음은 나를 괴롭혀 온 온갖 허황된 생각들을 향하여 이 진리를 큰 소리로 목이 터져라고 외쳤고, 내 마음의 눈 주위를 맴돌며 앵앵거리는 더러운 파리 떼를 이 한 방으로 쫓아내 버리려고 애썼지만, 그 파리들은 잠시 흩어졌다가는 곧 다시 모여들어서, 내 마음의 눈으로 돌진하여 나의 시야를 가려 버리곤 하였습니다.

---

1) 아우구스티누스는 15세부터 30세까지가 청년기였고, 31세부터는 장년기이기 때문에, 자신의 밀라노 시절을 이미 청년기가 지난 시기로 보았다.
2) 하나님의 불변성은 아우구스티누스에게 핵심 사상이었는데, 그것은 특히 고백록에서 분명하게 나타난다.

이렇게 나는 이제 더 이상 하나님을 인간의 몸의 모습을 한 존재라고 생각하지는 않았고, 하나님은 죽지 않으시고 해를 입지 않으시며 변할 수 없으신 분이시기 때문에, 죽을 수밖에 없고 해를 입을 수밖에 없으며 변할 수밖에 없는 존재들보다 더 우월하신 존재라고 생각하기는 하였지만, 그래도 여전히 하나님을 공간을 차지하고 계시는 어떤 물체, 즉 세상 속으로 스며들어 계시거나 세상 밖에 무한대로 퍼져 계시는 어떤 물질적인 존재로 인식할 수밖에 없었습니다. 왜냐하면, 나는 공간을 차지하고 있지 않은 것은 전혀 존재하시 않는 "무," 즉 비어 있는 것을 의미하는 "허공"도 아니고 절대적인 "무(無)"라고 보았기 때문이었습니다.

내가 그것을 "허공"이 아니라 "무"라고 한 것은, 어떤 물체를 그 물체가 차지하고 있던 특정한 공간에서 빼내거나, 어느 공간에서 그 공간을 채우고 있던 땅이나 물이나 공기나 하늘 같은 온갖 물체들을 제거하고 비운다고 할지라도, 그 공간은 여전히 비어 있는 공간, 또는 아무것도 없는 공간으로 존재하는데, 우리는 그렇게 존재하는 공간을 "무"가 아니라 "허공"이라고 부르기 때문입니다.

2. 이렇게 나는 내 자신조차도 제대로 보지 못하는 둔한 마음을 지니고 있어서, 일정한 공간 안에 걸쳐 있거나 산재해 있거나 뭉쳐 있거나 부풀어 있거나, 어떤 식으로든 공간을 차지하고 있거나 차지할 수 있는 것이 아니라면, 그것은 절대적으로 존재하지 않는 "무"라고 생각했습니다. 내 눈이 공간에 있는 어떤 형체들을 볼 때, 내 마음에는 그 형체들의 상이 맺히게 되어서, 내가 그 형체들의 존재를 알게 되는 것이라고 생각했습니다. 하지만 그 형체들의 상을 내 마음속에 형성해 내는 바로 그 정신 작용이, 만일 또 다른 어떤 실체를 갖고 있는 것이 아니거나, 그 형체들과 똑같은 물질적인 형체라면, 그 형체들의 상을 형성해 낼 수 없을 것이기 때문에, 그런 형체들보다 더 큰 어떤 실체일 수밖에 없을 것임은 알지 못했습니다.

그래서 나는 내 생명의 생명이 되시는 주님까지도, 무한대의 공간에 걸쳐 계시고, 만유의 모든 물질 덩어리들에 침투해 계시며, 모든 곳에서 모든 것들을 뛰어넘어 무한히 끝도 없이 뻗어 계시는 거대한 존재이기 때문에, 주님은 땅에도 계시고, 하늘에도 계시며, 만유에 계시지만, 그 모든 것들은 주님 안에서 제한을 받는 반면에, 주님은 그 어디에서도 전혀 제한을 받지 않으시는 것이라고 생각하였습니다. 따라서 나는 태양의 빛이 땅 위에 퍼져 있는 저 공기라는 물체에 의해 가로막혀서 그 공기를 파괴하거나 가르고 지나가는 것이 아니라, 도리어 공기 속으로 침투하여 온전히 채우는 것과 마찬가지로, 주님도 하늘이나 공중이나 바다만이 아니라 땅에 있는 크고 작은 만물들 속으로 침투해 들어가실 수 있으시기 때문에, 만물이 주님의 임재를 받아들일 수 있고, 주님은 만물의 안과 밖에서 은밀한 감동을 통해서, 자신이 창조하신 만물을 다스리고 계시는 것이라고 생각하였습니다.

내가 이렇게 생각했던 것은 하나님을 물질적인 존재가 아닌 다른 그 어떤 존재라고 생각할 수 없었기 때문이지만, 나의 그러한 생각은 틀린 것이었습니다. 왜냐하면, 그런 식으로 생각한다면, 땅을 더 많이 차지하고 있는 것들에는 주님이 더 많이 임재해 계시고, 땅을 더 적게 차지하고 있는 것들에는 주님이 더 적게 임재해 계신다는 결론이 도출되기 때문입니다. 즉, 만물은 주님의 임재로 가득 채워져 있지만, 코끼리는 참새보다 더 많은 공간을 차지하고 있기 때문에, 참새보다 코끼리에게 주님이 더 많이 임재해 계시는 것이 됩니다. 또한, 주님의 임재는 수많은 단편적인 조각들로 나뉘어서, 세상에서 공간을 더 크게 차지하고 있는 것들에는 주님의 임재도 크고, 공간을 더 작게 차지하고 있는 것들에는 주님의 임재도 작게 되는 결과가 생겨나지만, 사실 주님은 그런 분이 아닙니다. 그런데도 주님은 어둠 가운데 있던 내게 아직 빛을 비쳐 주지 않으셨기 때문에, 나는 그것을 알지 못하였습니다.

제2장
하나님은 해를 입으실 수 없는 존재라는 것을 근거로 마니교를 반박함

3. 주님, 이제 내게는, 스스로 속아서 다른 사람들도 속이고 있고, 많은 말을 하지만 주님의 말씀은 단 한 마디도 하지 않기 때문에 벙어리라고 말하는 것이 합당한 마니교도들을 반박할 수 있는 충분한 근거가 있었습니다. 그 충분한 근거라는 것은, 오래 전에 카르타고에 있을 때, 네브리디우스가 자주 했던 말을 가리키는데, 그때에 마니교에 빠져 있던 나는 그 말을 듣고 크게 동요하고 흔들렸었습니

다. 그는 이렇게 말했습니다: "마니교도들은 저 어둠의 나라가 하나님을 대적하여 싸우고 있다는 말을 입에 달고 사는데, 설령 그렇다고 하더라도, 하나님이 그들과 싸우고자 하지 않으신다면, 그들이 하나님을 어떻게 할 수 있겠는가?"[3]

이 반론에 대해서, 만약 마니교도들이 하나님이 그들과 싸울 의향이 없으셔도, 어둠의 나라가 하나님께 해를 입힐 수 있다고 대답한다면, 그들은 하나님이 해를 입으실 수도 있으시고 죽으실 수도 있다는 것을 인정하는 것이 되고 말 것입니다. 반면에, 어둠의 나라가 하나님께 전혀 해를 입힐 수 없다고 내답한다면, 네브리디우스가 편 논리처럼, 하나님은 굳이 그들과 싸우실 이유가 전혀 없게 됩니다.

마니교도들은, 하나님의 일부분이고 하나님의 지체인 존재, 또는 하나님이라는 실체로부터 생겨난 존재가 하나님에 의해서 창조되지 않은 적대 세력과 뒤섞이면서, 그 적대 세력에 의해서 타락하고 부패하고 변질되어, 복된 상태로부터 불행하고 비참한 상태로 전락하게 됨으로써, 주님의 도우심 없이는 그 상태로부터 구원을 받아 깨끗하게 될 수 없게 되었기 때문에, 하나님과 어둠의 세력 간에는 싸움이 있을 수밖에 없는 것이라고 주장합니다.

또한, 그들은 이렇게 하나님이라는 실체로부터 생겨났으면서도 적대 세력의 노예가 되어 더럽혀지고 타락한 존재가 바로 인간의 영혼인데, 하나님의 말씀은 바로 그러한 인간의 영혼을 노예 상태로부터 해방시켜 주고 더럽혀진 것을 깨끗하게 해 주며 타락한 것을 회복시켜 온전히 흠 없이 만들어 줄 수 있다고 가르치면서도, 하지만 하나님의 말씀 자체도 인간의 영혼과 동일한 실체이기 때문에 타락할 수 있다고 주장합니다.

따라서 마니교도들이 만일 하나님이 어떤 존재이시든지, 하나님의 실체는 타락할 수 없다고 말한다면, 그것은 그들이 지금까지 가르쳐 왔던 모든 것들과 모순되는 말이 되기 때문에, 그들의 모든 가르침은 거짓이 되고 가증스러운 것이 되고 말 것이고, 만일 하나님의 실체가 타락할 수 있다고 말한다면, 그것은 너무나 자

---

3) 빛과 어둠의 싸움은 마니교의 대전제였다. 이 싸움에서 빛의 나라의 일부가 물질과 어둠이라는 함정에 빠지게 되었다. 빛의 나라는 모든 자연에 다 스며들어 있지만, 그 가장 지고한 표현은 인간의 영혼이었다. 여기에서 아우구스티누스가 밝혀낸 마니교의 자기모순은 나중에 그가 마니교도인 펠릭스를 공개적으로 반박하는 데 사용되었다.

명하게 거짓된 것이기 때문에, 그런 말은 듣자마자 그 즉시 가증스럽게 여기는 것
이 마땅합니다.

그러므로 네브리디우스의 반론을 따른 이러한 논증은, 우리의 마음과 생각을
가득 채우고 있던 마니교도들의 저 역겹고 가증스러운 거짓들을 하나도 남김 없
이 다 토해내 버려야 한다는 것을 보여 주기에 충분한 것이었습니다. 이렇게 그들
은 하나님을 타락할 수 있는 분이라고 말함으로써 자신들의 마음과 혀로 하나님
에 대하여 끔찍한 신성모독을 저지르지 않고서는, 자신들의 가르침에 내재되어
있던 모순에서 달리 벗어날 길이 없었던 그런 자들이었습니다.

제3장
자유의지의 문제

4. 나는 그때까지도 계속해서 하나님은 우리의 영혼만이 아니라 육신을 지으
신 분이시고, 우리의 영혼과 육신만이 아니라 만유와 만물을 지으신 분으로서, 해
를 입으실 수도 없으시고 타락할 수도 없으시며 조금도 변하실 수 없으신 참 하나
님이시라는 것을 굳게 믿고 있었지만, 악의 원인에 대해서는 분명하게 알 수도 없
었고 설명할 수도 없었습니다. 하지만 악의 원인이 무엇이든지, 내가 그 문제를
탐구하였을 때, 변하실 수 없으신 하나님을 변할 수 있는 존재로 믿도록 내게 강
요하는 그런 대답이 나와서, 악의 원인을 찾고 있던 내 자신이 바로 그 악의 원인
이 되어 버리는 일이 벌어져서는 안 된다고 생각하였습니다.

그래서 나는 이제 마니교도들이 말해 왔던 것들은 참된 것일 수 없다는 것을 확
신하고서, 온 마음을 다해 그들을 멀리하는 가운데, 악의 원인에 관한 문제를 편
안한 마음으로 탐구할 수 있었습니다. 왜냐하면, 나는 그들이 자신들의 실체가 악
을 행하고 있는 것이 아니라, 하나님의 실체가 악에 의해 해를 입으시고 있다고 생
각하기를 더 좋아함으로써, 악이 어디로부터 오는지를 탐구하고 있다고 말하면서
도, 도리어 그들 자신이 악으로 가득 차 있다는 것을 알았기 때문이었습니다.

5. 나는 우리에게 주어진 자유의지가 우리가 악을 행하는 원인이고, 하나님의

의로우신 심판이 우리가 고난을 겪게 되는 원인이라는 말을 듣고서는, 그것을 이해해 보려고 애썼지만, 명확하게 이해할 수가 없었습니다. 그래서 이 깊은 구덩이로부터 내 마음의 시선을 빼내려고 했지만, 다시 거기로 빠져 들어갔습니다. 자주 시도해 보았지만, 그때마다 또다시 거기로 빠져 들어갈 뿐이었습니다.

그런 와중에서도 나를 들어올려서 주님의 빛을 한 가닥 볼 수 있게 해 준 것이 있었는데, 그것은 내가 살아 있다는 사실과 마찬가지로, 내게 의지가 있다는 사실도, 내가 확실하게 알고 있다는 것이었습니다. 그리고 내가 어떤 것을 행하기를 원하든지 원하지 않든지, 그것을 행하기를 원하거나 원하지 않는 것은 다름아닌 "나"라는 것도 너무나 확실한 것이었기 때문에, 그제야 나는 거기에 나의 죄의 원인이 있다는 것을 알게 되었습니다. 하지만 나의 의지와는 반대로 원하지 않은 일을 행한 경우에는, 내가 그 일을 행한 것이 아니라, 단지 어쩔 수 없이 하게 된 것이기 때문에, 나는 그것을 "죄"가 아니라 "벌"이라고 보았고, 하나님은 의로우신 분이신 까닭에, 내게 내리신 그 벌도 불의한 것이 아닐 것임을 순순히 인정할 수 있었습니다.

하지만 나는 다시 다음과 같이 반문하였습니다: "누가 나를 지으셨는가? 단지 선하실 뿐만 아니라 선 자체이신 하나님이지 않으신가? 그렇다면, 내가 악을 행하고자 하고 선을 행하고자 하지 않는 것은 도대체 어디로부터 온 것인가? 또한, 내가 받는 벌이 의롭고 합당한 이유는 무엇인가? 나의 모든 것은 지극히 선하신 하나님에 의해서 지음 받았는데, 누가 내 속에 악을 행하고자 하는 마음을 두어서, 나로 하여금 이 쓰디쓴 형벌을 맛보게 하였단 말인가? 마귀가 그렇게 한 것이라면, 그 마귀는 어디에서 온 것인가? 선한 천사의 모든 것을 만드신 분은 선하신 창조주이신데, 선한 천사가 자신의 악한 의지로 마귀가 된 것이라면, 마귀가 되겠다고 작정한 그 천사의 악한 의지는 도대체 어디에서 온 것인가?"

나는 이러한 생각들에 짓눌려서 또다시 질식할 것 같기는 하였습니다. 하지만 마니교도들처럼, 사람이 악을 행하는 것이 아니라, 하나님이 악한 세력에 의해서 해를 입고 계시는 것이라고 잘못 생각하고서는, 하나님을 인정하거나 감사하기는커녕 도리어 신성모독만을 저지르는 저 지옥 속으로 빠져드는 일은 다시는 내게 일어나지 않았습니다.

제4장

악은 하나님으로부터 나올 수 없음을 확신함

6. 나는 타락할 수 없는 존재가 타락할 수 있는 존재보다 더 우월하고, 하나님은 어떤 분이시든지 간에 적어도 타락할 수 없으신 분이라는 것을 이미 발견하고 고백하였기 때문에, 그런 전제 위에서 다른 문제들도 해결해 보려고 애를 썼습니다. 왜냐하면, 인간은 최고의 선이자 지고의 선이신 주님보다 더 나은 존재를 지금까지 생각해 낼 수 없었을 뿐만 아니라, 앞으로도 생각해 낼 수 없을 것이었기 때문이었습니다. 타락할 수 없는 존재는 타락할 수 있는 존재보다 더 우월하다는 것은 너무나 참되고 너무나 확실하다는 것이 내게 인정되었기 때문에, 만일 하나님이 타락할 수 있는 존재라면, 하나님보다 더 나은 존재를 생각해 보아야 하겠지만, 하나님은 타락할 수 없는 존재이고, 타락할 수 없는 것은 타락할 수 있는 것보다 더 우월하다는 것을 이미 알고 있는 나로서는, 하나님을 찾고, 악이 어디로부터 오는지, 즉 하나님의 실체에 그 어떤 해도 입힐 수 없는 타락이 어디로부터 오는지를 찾는 것이 마땅하다는 결론을 얻게 되었습니다.

우리의 하나님은 참 하나님이시고, 자기의 의지로 원하시는 것이 선이며, 자기 자신이 바로 선이시기 때문에, "타락"은 의지에 의해서나 필연에 의해서나 예기치 않은 우연에 의해서나, 그 어떤 식으로도 하나님께 해를 입힐 수 없습니다.

첫째, 타락할 수 있는 것은 선이 아니기 때문에, 하나님은 자신의 의지로 타락하실 수 없습니다. 둘째, 하나님의 의지는 하나님의 능력보다 더 크지 않기 때문에, 하나님은 자신의 의지에 반하여 어떤 일을 행하도록 강요받으실 수 없습니다. 만일 하나님이 자기 자신보다 더 크시다는 말이 성립된다면, 하나님의 의지는 하나님의 능력보다 더 클 것이지만, 그것은 불가능합니다. 왜냐하면, 하나님의 의지도 하나님 자신이고, 하나님의 능력도 하나님 자신이기 때문입니다. 셋째, 하나님은 모든 것을 아시고, 하나님이 알지 못하시는 것은 아무것도 없기 때문에, 하나님에게 우연이라는 것은 존재할 수 없습니다.

만일 하나님의 실체가 타락할 수 있다면, 그런 하나님은 이미 하나님일 수 없습니다. 그런데도 하나님의 실체가 타락할 수 없다는 것을 증명하기 위해서, 우리가 이 이상으로 더 많은 말을 해야 할 필요가 있겠습니까?

제5장
악의 기원에 대하여 고민함

7. 나는 "악"(malum)이 어디로부터 오는 것인지를 찾고 있었지만, "잘못된 방식으로"(male) 찾고 있었고, 나의 탐구 방식 자체에 어떤 "잘못"(malum)이 있는지를 보지도 못했습니다. 왜냐하면, 나는 피조세계 전체, 즉 땅과 바다와 공기와 별들과 나무들과 동물들 같이 눈으로 볼 수 있는 모든 것들, 그리고 저 위에 있는 하늘의 궁창과 모든 천사들과 온갖 영적인 존재들 같이 눈으로 볼 수 없는 모든 것들을 나의 마음 눈 앞에 펼쳐 놓기는 하였지만, 눈에 보이지 않는 것들도 눈에 보이는 것들과 마찬가지로 물질적인 존재로서 어떤 식으로든 공간을 차지하고 있는 것으로 생각해서, 내 멋대로 여기저기에 배치해 놓았기 때문이었습니다.

나는 주님이 창조하신 피조세계는 서로 구별되는 다양한 종류의 물체들로 이루어진 하나의 거대한 덩어리인데, 어떤 것들은 실제로 물질로 이루어진 물체들이고, 어떤 것들은 눈에 보이지 않는 영으로 된 물체들이라고 생각했습니다. 물론, 나는 이 덩어리가 얼마나 큰 지는 알 수 없었지만, 내가 생각해 볼 수 있는 한에서 가장 크고 거대한 덩어리라고 생각했으면서도, 여전히 모든 방향으로 끝이 있는 유한한 것이라고 생각했습니다.

반면에, 나는 하나님은 이 덩어리를 완전히 둘러싸고 계시고 그 안에 침투해 계시지만, 모든 방향으로 무한하신 분이라고 보았습니다. 마치 바다가 사방으로 무한히 뻗어 있어서 하나의 거대한 바다를 이루고 있지만, 그 안에는 엄청나게 크면서도 유한한 스펀지가 있어서, 그 스펀지의 모든 구석구석에 저 거대한 바다가 스며들어 있는 것과 같이, 주님이 창조하신 피조세계도 유한하고, 무한하신 주님이 거기에 충만해 계시는 것이라고 생각하고서, 속으로 이렇게 말했습니다.

"하나님을 보고, 하나님이 창조하신 것들을 보라. 하나님은 선하시고, 그 모든 피조물들과는 비교할 수 없을 정도로 탁월하시다. 하지만 하나님은 선하시기 때문에, 이 모든 것들을 선하게 창조하셨다. 하나님이 이 모든 것들을 어떻게 둘러 싸고 계시고 그 안에 침투하셔서 충만하게 하고 계시는지를 보라.

그렇다면, 악은 어디에 존재하고, 어디로부터 와서, 하나님이 창조하신 피조세 계로 들어온 것인가? 악의 뿌리는 무엇이고, 악의 씨앗은 무엇인가? 혹은, 악은 원래 존재하지 않는 것인가? 그렇다면, 왜 우리는 존재하지도 않는 악을 두려워 하고 피하는 것인가? 정말 악이 존재하지도 않는데, 공연히 두려워하는 것이라면, 바로 그 두려움 자체가 우리의 마음을 쓸데없이 찌르고 괴롭히는 악임에 틀림없 고, 그것은 존재하지 않아서 두려워할 이유가 없는데도 두려워하는 것이기 때문 에, 더 큰 악이라고 할 수 있다. 그러므로 우리는 악이 존재하기 때문에 악을 두려 워하는 것이거나, 악은 존재하지도 않는데 우리가 쓸데없이 두려워하는 것이 바 로 악이라고 결론을 내릴 수 있다.

선하신 하나님이 이 모든 것들을 선하게 창조하셨는데, 악은 어디로부터 오는 것인가? 하나님은 더 큰 선이시고 최고의 선이신 반면에, 하나님이 창조하신 피 조물들은 더 작은 선들이기는 하지만, 창조주나 피조물들은 모두 선하다. 그렇다 면, 도대체 악은 어디로부터 오는 것인가?

혹은, 어떤 악한 물질이 있었고, 하나님은 그 악한 물질을 사용하셔서 모든 피 조물들을 선하게 창조하시고서는 각각 있어야 할 자리에 두셨는데, 선한 것으로 바뀌지 않고 악한 것을 그대로 간직한 것들이 피조세계의 일부에 존재하게 된 것 인가? 하나님이 정말 그렇게 하신 것이라면, 왜 그렇게 하신 것인가? 하나님은 전 능하시지만, 피조세계라는 덩어리 전체를 선한 것으로 바꾸셔서 악한 것이 하나 도 남아 있지 않게 하실 수는 없으셨던 것인가?

마지막으로, 왜 하나님은 그런 악한 물질을 사용하셔서 어떤 것을 만들려고 하 셨던 것인가? 그 전능하신 능력으로 애초부터 그런 악한 물질이 존재할 수 없게 하실 수는 없으셨던 것인가? 과연 그런 악한 물질이 하나님의 의지에 반하여 존 재할 수 있었을까? 그런 악한 물질이 영원부터 존재하였다면, 왜 하나님은 무한 히 긴 지난 시간 동안에는 그대로 방치해 두셨다가, 아주 오랜 시간이 지난 후에 야 그 악한 물질을 사용해서 어떤 것들을 만들고자 하셨던 것일까? 하나님이 어 느 시점에 갑자기 어떤 것들을 창조하고자 하신 것이라면, 그 전능하신 능력으로 그 악한 물질을 없애 버리시고서, 완전하고 참되며 최고이자 무한한 선이신 자신만이 홀로 존재하시는 상태에서 어떤 것들을 창조하고자 하지 않으신 것인가? 선하신 하나님이 선하지 않은 것들을 지으시고 창조하신 것이 선하지 않은 일이라면, 왜 하나님은 그 악한 물질을 제거하시고 없애 버리신 후에, 선한 물질을 만드셔서, 그것을 사용하여 만물을 창조하지 않으신 것인가? 왜냐하면, 하나님이 자기가 만들지 않으신 그 악한 물질의 도움을 받지 않으시고서는 선한 것을 만드실 수 없으셨던 것이라면, 그런 하나님은 전능하시다고 말할 수 없을 것이기 때문이다."

나는 이러한 복잡한 생각들을 내 황량한 가슴속에 담아두고서 끝없이 고민하고 번민하면서, 이러다가 진리를 찾기도 전에 죽게 되는 것은 아닐까 하는 두려움에 사로잡혀 몹시 불안해하였습니다. 하지만 그리스도교회의 가르침 덕분에, 우리의 주이시자 구원자이신 그리스도에 대한 믿음은 내 마음속에서 점점 견고하게 자리를 잡아가고 있었습니다. 물론, 많은 점에서 나의 믿음은 제대로 형성되어 있지 않았고, 정통적인 가르침으로부터 벗어나서 오락가락하는 것이었습니다. 하지만 나는 그 믿음을 버리지 않았고, 도리어 날이 갈수록 나의 믿음은 점점 더 커져갔습니다.

제6장
점성술의 오류

8. 또한, 그 무렵에 나는 점성가들의 거짓된 점술과 불경스러운 망언들을 버리게 되었는데, 이것도 내 하나님이 나를 불쌍히 여겨 주신 덕분이었음을 내 영혼의 깊은 곳에서부터 고백합니다! 주님은 죽음이라는 것을 모르는 생명이시고, 스스로는 빛을 필요로 하지 않으시면서도, 빛을 필요로 하는 영혼들에게 빛을 주시는 지혜이시며, 그 지혜로 만유를 통치하시되, 바람에 흔들리는 나뭇잎까지도 주관하시는 분이시기 때문에, 오직 주님만이 온갖 오류들 속에서 죽어 있는 우리를 생

명으로 불러내실 수 있으십니다.

전에 내가 점성술에 푹 빠져 있었을 때, 주님은 나로 하여금 한편으로는 대단히 지혜롭고 명민한 노인이었던 빈디키아누스(Vindicianus), 다른 한편으로는 놀라운 재능을 지닌 청년이었던 네브리디우스(Nebridius)와의 격렬한 논쟁을 통해서, 점성술을 고집하던 나의 마음을 흔들어 놓으신 적이 있었습니다. 그때에 빈디키아누스는 아주 단호하게, 그리고 네브리디우스는 자주 조금은 조심스럽게 내게 이렇게 말해 주었습니다: "장래의 일들을 미리 내다볼 수 있게 해 주는 기술이라는 것은 존재하지 않는다. 다만 사람들이 추측으로 하는 말들이 종종 우연히 맞는 경우가 있고, 많은 말들을 하다 보면, 그 중에서 더러는 나중에 실제로 현실이 되는 경우가 있지만, 그런 말들을 한 사람들은 자기가 말한 일들이 나중에 실제로 그대로 일어나게 될 줄을 알고서 그런 말들을 한 것이 아니고, 단지 이런저런 말들을 하다 보니, 그 중의 일부가 나중에 일어난 일들과 우연히 일치하게 된 것일 뿐이다."

그 후에 주님은 나를 점성술로부터 벗어나게 하시기 위하여, 친구 한 명을 내게 더 붙여 주셨는데, 그 친구는 점성술에 아주 조예가 깊은 사람은 아니었지만, 호기심에 이끌려서 점성가들을 자주 찾아다니는 사람이었습니다. 그 사람은 자기는 아버지에게서 들어서 점성술에 대하여 어느 정도의 지식을 갖고 있기는 하지만, 점성술에서 말하고 있는 것들을 반박하여 뒤집을 만한 정도의 지식을 갖고 있지는 않다고 말했습니다.

그의 이름은 피르미누스(Firminus)였는데, 고등교육을 받아서 교양을 갖추고 있기도 했고, 수사학에 대해서도 꽤 공부를 한 사람이었습니다. 그는 나를 아주 친한 친구로 여겨서, 점성가들이 별자리 운세라고 부르는 것에 비추어 보았을 때, 자신의 세상적인 출세가 걸린 이런저런 일들이 앞으로 어떻게 되어갈 것 같은지를 내게 한 번 봐 달라고 요청했습니다. 그 무렵에 나는 점성술과 관련해서 네브리디우스의 견해에 점점 기울기 시작하고 있었지만, 그의 요청을 딱 잘라 거부할 수 없어서, 내 마음에 떠오르는 생각들을 별 확신도 없으면서 그에게 말해 주고 나서, 나는 이제 이런 것들은 허황되고 터무니없는 것들일 뿐이라는 것을 거의 확신하고 있다는 말을 덧붙였습니다.

그러자 그는 자기 아버지도 점성술에 관한 책들에 지대한 관심을 가지고서 거기에 빠져서 산 적이 있었는데, 아버지에게는 자기와 마찬가지로 점성술에 푹 빠진 한 친구가 있어서, 그 두 사람이 의기투합하여 함께 점성술을 연구하고 별자리를 관찰하다 보니, 이 말도 안 되는 것에 완전히 빠져서, 심지어 자기 집에서 기르던 말 못하는 가축들이 새끼를 낳아도, 그 시간을 정확히 알아내고, 그 시간의 별자리들의 배치도 알아내어서, 점성술과 관련된 새로운 실험 증거들을 수집하기까지 히였다는 말을 내게 해 주었습니다.

　또한, 그는 자기 아버지에게서 들은 것이라고 하면서 이런 얘기도 내게 들려 주었습니다. 자기 어머니가 자기를 임신하였을 때, 아버지와 함께 점성술을 연구하던 바로 그 친구의 여종도 임신을 했답니다. 아버지의 친구는 자기 집에서 기르던 개들이 새끼를 낳았을 때에도 새끼들이 태어난 일시를 아주 정확하게 기록해 놓는 그런 사람이었기 때문에, 자기 집의 여종이 임신한 사실도 그의 눈을 피할 수 없었습니다. 이렇게 해서, 자기 아버지는 자기 어머니를, 아버지의 친구는 자기 집 여종을 아주 면밀하게 관찰해서, 정확히 어느 날 몇 시 몇 분에 아이를 낳는지를 알아냈는데, 공교롭게도 이 두 여자는 분 단위까지 똑같은 시간에 아이를 낳았습니다. 그래서 자기 아버지는 자신의 아들에게, 아버지의 친구는 자신의 종에게 똑같은 별자리를 배정할 수밖에 없었고, 따라서 이 두 아이의 별자리 운세는 한 치의 틀림도 없이 완전히 동일할 수밖에 없었습니다.

　아버지와 아버지의 친구는, 어머니와 여종이 산통을 시작하게 되면, 그 즉시 자기 집에서 무슨 일이 일어나고 있는지를 상대방에게 알리고, 어머니와 여종이 아이를 낳으면, 그 즉시 종을 보내어서, 아이가 태어난 정확한 시간을 상대방에게 알리기로 미리 약속해 두었다고 합니다. 그런데 피르미누스의 말에 의하면, 어머니와 여종이 각각 아이를 낳자마자, 각자의 집에서 출발한 종들은 두 집의 중간 지점에서 서로 만났다는 것입니다. 이렇게 이 두 집에서 태어난 아이들은 분 단위까지 아주 정확히 동일한 시간에 태어났기 때문에, 둘의 별자리 운세는 정확히 똑같았고, 아주 작은 부분들까지 동일할 수밖에 없었답니다. 하지만 피르미누스는 아주 큰 부자였던 부모에게서 태어난 덕분에 세상에서 출세가도를 달려서[4] 승승장 구하여 부와 명예를 거머쥐게 되었던 반면에, 여종에게서 태어난 사람은 종의 멍에를 벗지 못하고, 여전히 계속해서 자신의 주인들을 섬기며 종으로 살아가고 있다는 것입니다. 피르미누스는 여종에게서 태어난 그 사람을 잘 알고 있었기 때문에, 그 사람이 어떻게 살아 왔고 지금 어떻게 살아가고 있는지에 대한 부분까지도 내게 정확히 말해 줄 수 있었습니다.

9. 이 말은 아주 믿을 만한 사람이 들려준 것이었기 때문에, 나는 그 말을 믿었고, 점성술에 대한 나의 모든 미련은 다 녹아 내려서 사라졌습니다. 먼저, 나는 피르미누스가 점성술에 대한 호기심에서 벗어날 수 있게 해 주기 위하여 그에게 이런 말을 해 주었습니다.

"만일 점성술이 정말 옳은 것이라면, 피르미누스가 내게 자신의 별자리 운세가 어떠냐고 물어 온 경우에는, 나는 그의 별자리만을 보고서, 그의 부모님들이 사람들 사이에서 아주 유력한 분들이고, 그의 가문이 그 도시에서 명문가이며, 그가 자유민으로 태어나서 제대로 교육을 받고 고등교육을 받은 사람이라는 것을 정확히 알아냈어야 하고, 반면에 피르미누스와 정확히 동일한 시간에 태어난 종이 내게 별자리 운세를 봐 달라고 한 경우에는, 피르미누스와 정확히 동일한 별자리 속에서, 그 종이 비천한 부모님들 사이에서 태어나서 계속해서 종으로서 비천한 삶을 이어나갈 수밖에 없는 운세라는 것을 읽어 내어서, 피르미누스에게 말해 주었던 것과는 모든 면에서 완전히 다르고 정반대인 말들을 그에게 해 주어야 한다. 그런데 동일한 별자리에서 이렇게 정반대되는 운세를 읽어 내어서 두 사람의 장래에 대하여 정반대되는 분석을 해 주는 것은 불가능하기 때문에, 나는 오직 별자리 운세만을 근거로 해서, 두 사람의 운명이나 장래가 동일할 것이라고 말해 줄 수밖에 없는데, 그렇게 했을 경우에는 적어도 어느 한 쪽의 운세는 반드시 틀릴 수밖에 없게 된다. 그러므로 우리가 이것으로부터 얻을 수 있는 결론은, 어떤 사람이

---

4) 여기에서 "출세가도"는 직역하면 "희게 칠해 진 도로들"로서, 석회를 사용해서 그 표면에 흰색 칠을 했던 로마의 도로들을 암시하는 것으로 보인다.

별자리 운세를 보았는데, 거기에서 말해 준 운세가 맞는 것이었다면, 그것은 점성술이 순전히 별자리를 분석해서 얻은 지식에 의거한 것이 아니라, 단지 우연히 맞은 것일 뿐이고, 거기에서 말해 준 운세가 맞지 않았다면, 그것은 점성술이 서툴러서 운세를 잘못 본 것이 아니라, 단지 우연히 맞지 않은 것일 뿐이라는 것이다."

10. 내가 그런 식의 접근방식으로 점성술을 바라보게 되자, 점성술이 잘못된 것임을 보여 줄 비슷한 예들도 생각나기 시작했습니다. 나는 점성가들이 그런 식으로 사람들을 등쳐먹고 살아간다고 생각하니, 그들이 하는 말들을 여지없이 반박하여 꼼짝도 하지 못하게 만들어 버리고 웃음거리로 만들어 버려야 하겠다는 마음이 생겨서, 만일 그 정신 나간 자들이 피르미누스가 내게 거짓말을 한 것이거나, 그의 아버지가 그에게 거짓말을 한 것이라고 역공을 해 온다면, 쌍둥이로 태어난 사람들의 경우를 생각해 내게 되었습니다.

대체로 쌍둥이들은 모태에서 거의 연이어서 태어나기 때문에, 둘 사이의 그 짧은 시간차는, 점성가들이 거기에 어떤 의미를 부여하든지 간에, 사람들의 육안으로 확인할 수도 없고, 점성가들이 운세를 알아보기 위해서 사용하는 천궁도에도 표시될 수 없습니다. 그렇기 때문에, 쌍둥이들에 대하여 점성술이 말해 주는 운세는 맞을 수가 없습니다. 왜냐하면, 쌍둥이로 태어난 에서와 야곱의 별자리는 똑같아서, 점성술에서는 그들의 운세가 동일하다고 말할 수밖에 없는데, 실제로 이 두 사람은 서로 상반된 삶을 살았기 때문입니다. 그러므로 점성가들이 동일한 별자리를 타고 난 이 두 사람에게 동일한 운세를 말해 준다면, 그 운세는 틀릴 수밖에 없습니다. 반대로, 점성가들이 이 두 사람의 운세를 정확히 예언하려면, 동일한 별자리에서 정반대되는 두 가지 운세를 읽어내야 하는데, 그것은 그 자체로 모순이 됩니다. 이것은 점성가들이 사람들의 운세를 맞추는 것은 점성술에 의한 것이 아니라 단지 우연일 뿐이라는 것을 보여 주는 것입니다.

주님이시여, 만유를 가장 의롭게 다스리고 계시는 주님은 점성가들이나 점치러 온 자들이 알지 못하는 은밀한 감동을 통해 역사하셔서, 주님의 헤아릴 수 없이 깊고 의로우신 판단 가운데서, 우리에게는 숨겨져 있는 각 사람의 영혼의 상태에 가장 합당한 것들을 각 사람에게 들려주십니다. 그러므로 사람은 "이것은 어떻게 된 일이고, 저것은 어떻게 된 일입니까?"라고 물어서는 안 됩니다. 절대로 그런 식으로 말하지 마십시오. 왜냐하면, 우리는 그저 사람일 뿐이기 때문입니다.

제7장

물질적인 사고에 붙잡혀서 신음하고 괴로워함

11. 나의 도움이신 주님은 이렇게 해서 나를 점성술이라는 사슬에서 풀어 주셨지만, 나는 악이 어디로부터 오는 것인지에 대하여 묻고 있었고, 그 대답은 찾지 못했습니다. 이렇게 나의 생각은 여전히 흔들거리고 있기는 하였어도, 주님은 믿음이 내게서 떠내려가도록 허용하지 않으셨기 때문에, 나는 하나님이 존재하신다는 것, 하나님의 실체는 변하지 않는다는 것, 하나님은 모든 사람들을 돌보시고 장차 심판하시리라는 것, 하나님의 교회의 권위로 밑받침된 하나님의 아들이자 우리의 주이신 그리스도와 성경 안에서 하나님이 인간의 구원의 길, 즉 사람이 죽은 후에 가게 될 저 내세에서 영원한 생명을 얻을 수 있는 길을 마련해 놓으셨다는 것을 여전히 믿고 있었습니다. 이러한 확신들은 내 마음속에 안전하고 확고하게 자리를 잡고 있었지만, 악이 어디로부터 오는 것인지는 도무지 알 수가 없어서 속을 끓이며 번민하고 있었으니, 나의 하나님이여, 이러한 산고를 겪으며 신음하고 있던 내 마음은 얼마나 괴롭고 힘들었겠습니까!

그때에 주님은 내 곁에 계셔서 나의 신음소리를 듣고 계셨지만, 나는 그것을 알지 못했습니다. 내가 침묵 가운데서 간절하게 이 문제에 대한 대답을 찾으면서, 내 영혼이 속으로 슬퍼하고 낙심하며 애를 끓이고 있을 때, 그것은 주님의 자비하심을 바라는 울부짖음이었습니다. 내가 그때에 겪은 고통을 주님은 아셨지만, 사람들은 아무도 몰랐습니다. 나는 가장 친한 사람들에게조차 그들의 귀에 대고 내혀를 통해서 그 고통을 표현하는 것이 거의 불가능하였습니다. 시간도 충분하지 않았고, 내 혀도 짧았는데, 내 영혼의 온갖 소란함이 어떻게 그들에게 전달될 수 있었겠습니까? 하지만 내 마음이 신음하며 울부짖는 모든 것들이 주님의 귀에는 들어가서, 내 소원은 주님 앞에 있었지만, "내 눈의 빛"은 내게 있지 않았습니다(시

38:9-10). 왜냐하면, 그 빛은 내 안에 있었는데, 나는 내 안이 아니라 밖만을 바라보고 있었기 때문이었습니다.

그 빛은 공간 속에 있는 것이 아니었지만, 나는 공간 속에 담겨 있는 것들만을 생각하였기 때문에, 그런 것들 속에서는 내가 쉴 만한 곳을 찾을 수 없었습니다. 그런 것들은 내 입에서 "여기 있는 것이 좋사오니"(마 17:4)라는 말이 나올 정도로 나를 흡족하게 해 주지도 않았고, 내가 좋다고 느끼고 만족하다고 말할 수 있는 그 어떤 곳으로 돌아가도록 나를 놓아 주지도 않았습니다. 왜냐하면, 나는 주님보다는 아래에 있는 존재였지만, 그런 것들보다는 위에 있는 존재였기 때문이었습니다.[5] 따라서 내가 주님께 순종하였을 때에야, 주님은 내게 참된 기쁨이 되셔서, 주님이 나보다 못하게 창조하신 모든 것들로 하여금 내게 순종하게 하실 것이었습니다. 이것이 내가 구원을 받아서 주님의 형상을 간직하고서 주님을 섬기며 나의 육신을 다스리며 살아가게 해 줄 수 있는 중용의 길, 곧 좌로나 우로나 치우치지 않는 중간 지대였습니다.

하지만 나는 교만해져서 주님을 대적해서 봉기하여, "목을 세우고 방패를 들고 하나님께 달려 들었기" 때문에(욥 15:26), 나보다 못한 그것들이 내 위로 올라타서는 나를 무겁게 짓누르고 있어서, 내게는 쉼이라는 것이 있을 수 없었고, 숨 돌릴 틈도 없었던 것이었습니다. 내가 눈을 뜨면, 그것들은 사방에서 떼를 지어 새까맣게 내게 달려들었고, 내가 눈을 감고 생각에 잠기면, 그것들의 영상들이 주님께로 돌아가고자 하는 나의 길을 가로막고서는, "이 추악하고 더러운 자야, 네가 지금 어디로 가려고 하는 것이냐"고 말하는 것만 같았습니다. 이 모든 것들은 주님이 내게 허락하신 상처로부터 생겨난 것들이었습니다. 왜냐하면, 주님은 상처를 통해서 교만한 자를 낮추시는 분이시고, 나는 마치 얼굴의 살이 너무나 부어올라 눈을 덮어 버려서 볼 수 없게 된 것처럼, 교만함으로 잔뜩 부어올라서 주님으로부터 떨어져 나온 그런 자였기 때문이었습니다.

---

5) 아우구스티누스는 하나님과 피조물들 사이에 영혼이 자리하고 있고, 영혼을 끌어 올리거나 끌어 내리는 "무게"가 사랑이라는 사상을 발전시킨다(XIII.9,10).

제8장

내 마음이 오류 속에 안주하지 못하게 하심

12. 주님은 영원히 계시지만 우리에게 영원히 진노하지는 않으시는 이유는, 티끌과 재일 뿐인 우리를 불쌍히 여기시기 때문입니다. 그래서 주님은 그 기쁘신 뜻 가운데서, 나의 흉측한 모습을 고치셔서 아름다운 모습으로 변화시켜 주시기로 작정하시고서는, 내 마음의 눈으로 주님을 분명하게 보게 될 때까지, 나의 심령을 계속해서 아프게 찌르셔서, 나로 하여금 안절부절못하게 하셨습니다. 이렇게 해서, 나의 부어오른 마음은 주님의 은밀한 치료의 손길 덕분에 가라앉았고, 병들어서 어두워진 내 영혼의 시력은 주님이 준비하신 고통과 슬픔이라는 아주 좋은 안약 덕분에 날이 갈수록 더 좋아져 갔습니다.[6]

제9장

신플라톤주의 철학

13. 주님은 "교만한 자를 물리치시고 겸손한 자에게 은혜를 주신다"(약 4:6)는 것, 그리고 그 지극히 크신 자비하심으로 말미암아, "말씀"이신 자기 아들이 "육신이 되어 우리 가운데 거하게" 하심으로써(요 1:14) 사람들에게 그 겸손의 길을 보여 주셨다는 것을 그 무엇보다도 먼저 나로 하여금 알게 하시기 위하여, 헬라어에서 라틴어로 번역된 신플라톤주의 철학자들이 쓴 몇 권의 책을, 지독한 교만으로 똘똘 뭉친 어떤 사람을 통해서 내게 허락하셨는데,[7] 나는 그 책들이 동일한 표현들

---

6) 아우구스티누스는 자신의 『요한복음 강해』(2.16)를 비롯한 저서들에서 이 단어를 성육신 한 그리스도에 대하여 사용한다. 그는 IX.13.35에서 십자가에 걸려 있는 약에 대하여 말하고, IX.8.18에서는 우리를 돌보는 약에 대해서 말한다.

7) 번역자는 마리우스 빅토리누스였다. 그런데도 아우구스티누스가 이것을 자세하게 밝히지 않은 것에는 어떤 의미가 있을 것이지만, 주석자들은 그것을 그대로 내버려 두지 않았다. 그는 플로티노스의 저작들을 알고 있었고, 포르피리오스의 글도 단편적인 격언 형식으로 밀라노에서 읽었을 것이다. 그는 『하나님의 도성』(VIII.12)에서 플로티노스, 이암블리쿠스, 포르피리오스, 아풀레이우스를 "매우 고상한 인물들"의 예로 든다. 어쨌든 그는 암브로시우스의 설교와 자신과 교류하던 식자들로부터 신플라톤주의 철학을 상당

을 사용하지는 않았어도, 서로 다른 다양한 많은 근거들을 들어서, 완전히 동일한 한 가지 명제, 즉 요한복음 1:1-5에 나오는 말씀을 논증하고 있다는 것을 발견하였습니다: "태초에 말씀이 계시니라 이 말씀이 하나님과 함께 계셨으니 이 말씀은 곧 하나님이시니라 그가 태초에 하나님과 함께 계셨고 만물이 그로 말미암아 지은 바 되었으니 지은 것이 하나도 그가 없이는 된 것이 없느니라 그 안에 생명이 있었으니 이 생명은 사람들의 빛이라 빛이 어둠에 비치되 어둠이 깨닫지 못하더라."

또한, 나는 인간의 영혼은 "빛에 대하여 증언하고" 있기는 하지만, 인간의 영혼 자체는 "빛"이 아니고, "하나님"이시기도 한 "말씀"이야말로 "세상에 와서 각 사람에게 비추는 빛"이라고 말하는 것(요 1:6-9)도 그 책들에서 읽을 수 있었고, "그가 세상에 계셨으며 세상은 그로 말미암아 지은 바 되었으되 세상이 그를 알지 못하였다"(요 1:10)는 것도 그 책들에서 읽을 수 있었습니다. 하지만 나는 그가 "자기 땅에 오매 자기 백성이 영접하지 아니하였으나 영접하는 자 곧 그 이름을 믿는 자들에게는 하나님의 자녀가 되는 권세를 주셨다"(요 1:11-12)는 것은 그 책들에서 읽을 수 없었습니다.

14. 또한, 나는 그 책들에서, 하나님이시기도 한 "말씀"이 "혈통으로나 육정으로나 사람의 뜻으로 나지 아니하고 오직 하나님께로부터 났다"(요 1:13)는 것은 읽었지만, "말씀이 육신이 되어 우리 가운데 거하셨다"(요 1:14)는 것은 읽을 수 없었습니다.

또한, 그 책들은 "아들"은 "하나님의 형상"이셨고, 근본적으로 "하나님의 본체"이셨기 때문에, 자기 자신을 "하나님과 동등하다고 여기셨어도," 그것은 참람한 일이 전혀 아니었다는 것(빌 2:6)에 대해서는 여러 가지 방식으로 다양하게 말하고 있었지만, 그가 "자기를 비워 종의 형체를 가지사 사람들과 같이 되셨고 사람의 모양으로 나타나사 자기를 낮추시고 죽기까지 복종하셨으니 곧 십자가에 죽으심이라 이러므로 하나님이 그를" 죽은 자들 가운데서 다시 살리시고 "지극히 높여

___

히 흡수하였을 것이다.

모든 이름 위에 뛰어난 이름을 주사 하늘에 있는 자들과 땅에 있는 자들과 땅 아래에 있는 자들로 모든 무릎을 예수의 이름에 꿇게 하시고 모든 입으로 예수 그리스도를 주라 시인하여 하나님 아버지께 영광을 돌리게 하셨다"(빌 2:7-11)는 것에 대해서는 전혀 말하지 않았습니다.

또한, 하나님의 독생자는 모든 시간 이전에 존재하셨고, 모든 시간을 초월하여 존재하시며, 하나님과 더불어 언제까지나 변함이 없으시고 똑같이 영원하시다는 것, 사람의 영혼은 그 독생자의 충만하심으로 말미암아서만 복될 수 있다는 것, 사람의 영혼은 자신 속에 내주해 있는 지혜에 참여함으로써 새로워지고 지혜로워지게 된다는 것은 그 책들에 있었지만, "때가 차매" "우리가 아직 죄인 되었을 때에 그리스도께서 우리를 위하여 죽으셨고"(롬 5:8), 하나님은 "자기 아들을 아끼지 아니하시고 우리 모든 사람을 위하여 내주셨다"(롬 8:32)는 것은 거기에 없었습니다.

이 모든 것은 주님이 "이것을 지혜롭고 슬기 있는 자들에게는 숨기시고 어린 아이들에게는 나타내셔서"(눅 10:21), "수고하고 무거운 짐 진 자들"이 주님께로 나아와서 "쉬게" 하시기 위한 것이었습니다(마 11:28). 왜냐하면, 주님은 "마음이 온유하고 겸손하셔서"(마 11:29), "온유한 자를 정의로 지도하시고 온유한 자에게 그의 도를 가르치시며," 우리의 "곤고와 환난을 보시고" 우리의 "모든 죄를 사하시는"(시 25:9, 18) 분이시기 때문입니다. 하지만 자기가 많이 배웠다고 생각해서 그 마음이 한껏 높아져 있는 자들은 "나는 마음이 온유하고 겸손하니 나의 멍에를 메고 내게 배우라 그리하면 너희 마음이 쉼을 얻으리니"(마 11:29)라고 하신 말씀을 들으려고 하지 않습니다. 그들은 "하나님을 알되 하나님을 영화롭게도 아니하며 감사하지도 아니하고 오히려 그 생각이 허망하여지며 미련한 마음이 어두워졌나니 스스로 지혜 있다 하나 어리석게 된"(롬 1:21-22) 자들입니다.

15. 또한, 나는 "썩어지지 아니하는 하나님의 영광을 썩어질 사람과 새와 짐승과 기어다니는 동물 모양의 우상으로 바꾸었다"(롬 1:23)는 것을 그 책들에서 읽었는데, 이러한 것들은 애굽의 음식이었는데, "에서"는 그 음식을 위해 자신의 "장자의 명분"을 팔아 버리기도 했고(창 25:33), 하나님의 장자였던 저 이스라엘은 그 마음이 애굽으로 돌아서서, 하나님의 형상인 그들 자신의 영혼을 풀을 먹는 송아지

우상 앞에 조아리며, 하나님 대신에 네 발 달린 짐승의 머리에 경배하였다는 것도 거기에 나와 있었습니다. 하지만 나는 그런 것들을 먹지는 않았습니다.

주님이여, 주님께서는 동생으로 태어난 야곱의 수치를 제거해 주시기 위하여, 형 에서로 하여금 동생을 섬기게 하시기를 기뻐하셨고, 이방인들을 부르셔서 주님의 기업을 얻게 하시기를 기뻐하셨습니다. 그래서 나도 이방인들 중에서 주님께로 나아온 자로서, 주님이 자신의 백성들에게 애굽에서 나갈 때에 가지고 가라고 하신 저 "금"에 마음을 두고 있었습니다.[8] 왜냐하면, 그 금은 어디에 있든지, 주님의 것이었기 때문입니다. 또한, 주님은 사도를 통해서 아테네 사람들에게, "너희 시인 중 어떤 사람들의 말과 같이" "우리가 하나님을 힘입어 살며 기동하며 존재하느니라"(행 17:28)고 말씀하셨습니다. 그리고 내가 읽은 그 책들도 분명히 아테네에서 온 것이었습니다. 하지만 나는 철학자들이 그 책들에서 금으로 만들어 놓은 애굽의 우상들에는 마음을 주지 않았습니다. 왜냐하면, 그것은 "하나님의 진리를 거짓 것으로 바꾸어 피조물을 조물주보다 더 경배하고 섬기는"(롬 1:25) 것이었기 때문이었습니다.

제10장
물질적인 사고에서 벗어나 주님의 빛을 보기 시작함

16. 어쨌든 나는 그 책들이 조언해 준 대로 내 자신에게로 돌아와서, 주님의 인도하심을 따라 내 영혼의 깊은 곳으로 들어가게 되었는데, 이것도 주님의 도우심으로 말미암아 가능한 일이었습니다. 내 영혼의 깊은 곳으로 들어갔을 때, 나는 내 영혼의 눈 같은 것으로, 내 영혼의 눈 위에 있고 내 심령 위에 있는 "불변의 빛"을 보았는데, 그 빛은 모든 육체가 볼 수 있는 그런 평범한 빛도 아니었고, 그런 평범

---

8) 출애굽기 3:22과 11:2에 의하면, 이스라엘 백성들은 애굽 땅을 떠나면서 애굽인들의 금을 취하였다. 이레나이우스와 오리게네스 이래로 이 사건은 알레고리적으로 해석되어서, 그리스도인들이 이방 문화에서 발견되는 진리와 선의 요소들을 거기에 내포되어 있는 다신론을 씻어낸 후에 더 나은 용도로 사용하는 것은 정당하다는 것을 보여 주는 것으로 이해되었다. 여기에서 플라톤 사상은 애굽의 금에 비유된다.

한 빛들 중에서 모든 공간을 다 채우게 될 정도로 엄청나게 커지게 된 빛도 아니었습니다. 그 빛은 그런 종류의 빛이 아니었고, 그런 종류의 온갖 빛과는 아주 다른 빛이었습니다. 그 빛은 마치 기름이 물 위에 있고, 하늘이 땅 위에 있는 것과 같은 방식으로 내 심령 위에 있었던 것은 아니었고, 나는 그 빛에 의해서 지음을 받았기 때문에 그 빛보다 열등하고, 그 빛은 나를 지으셨기 때문에 나보다 우월한 그런 느낌이었습니다. 진리를 아는 사람은 그 빛을 알고, 그 빛을 아는 사람은 영원을 압니다. 사랑은 그 빛을 압니다.

오, 영원한 진리이시고, 참 사랑이시며, 사랑 그 자체이신 영원이시여, 바로 그분이 나의 하나님이신데, 나는 그 하나님이신 주님을 갈급해하며, 밤낮으로 탄식합니다! 내가 처음으로 주님을 알게 되었을 때, 주님은 나를 들어올리셔서, 내가 보아야 할 것이 있다는 것을 보여 주셨지만, 그때에 나는 아직 그것을 보기에는 역부족이었습니다. 그렇게 내게는 그것을 볼 수 있는 힘이 없었는데도 불구하고, 주님은 아주 강렬하고 눈부신 빛을 내게 비추셨기 때문에, 나는 사랑과 두려움에 사로잡혀서 부들부들 떨었습니다. 나는 내 자신이 주님으로부터 아주 멀리 동떨어진 전혀 다른 공간에 있는 것 같은 느낌을 받았고, 그런 상태에서 높은 곳으로부터 다음과 같은 주님의 음성이 들려오는 것 같았습니다: "나는 장성한 자가 먹는 음식이니, 네가 더 성장한다면 나를 먹게 될 것이다. 너는 육신의 음식을 먹고서 그것을 네 자신에 맞게 변화시키는 것처럼 나를 네게 맞춰서 변화시키려고 하지 말고, 네 자신을 내게 맞춰서 변화시켜야 한다."

또한, 나는 주님이 사람들을 징계하시는 것도 죄악 때문이고, 내 영혼이 마치 거미에게 갉아 먹히듯이 쇠약해져 가게 하시는 것도 죄악 때문이라는 것을 알고서는, "진리가 유한한 공간이든 무한한 공간이든 공간 속에 산재해 있는 것이 아니라면, 진리라는 것은 아예 존재하지 않는 것인가?"라고 반문하였는데, 그때에 주님은 아주 멀리서 "진실로 나는 스스로 있는 자이니라"(출 3:14)고 내게 소리치셨습니다. 나는 이 말씀을 들었고, 그것은 내 마음속에서 들은 말씀이었기 때문에, 의심이 끼어들 여지는 전혀 없었습니다. 하나님이 "만드신 만물"은 진리를 "분명히 보여" 주고 알려 주고 있기 때문에(롬 1:20), 진리가 존재한다는 것을 의심하기보다는 내가 살아 있다는 것을 의심하는 것이 더 쉬운 일이었습니다.

제11장
하나님 이외의 것들은 절대적으로 존재하는 것이 아님

17. 나는 주님 아래에 있는 온갖 것들을 찬찬히 살펴보고서는, 전적으로 존재하는 것도 없고 전적으로 존재하지 않는 것도 없다는 것을 알았습니다. 그것들은 주님으로부터 온 것들이라는 점에서는 분명히 존재하는 것들이지만, 주님 자신이 아니라는 점에서는 존재하지 않는 것들입니다. 영원토록 변하지 않는 것만이 진정으로 존재하는 것이기 때문입니다. 그러므로 "하나님께 가까이 함이 내게 복"입니다(시 73:28). 왜냐하면, 내가 하나님 안에 거하지 않는다면, 나는 스스로는 존재할 수 없기 때문입니다. 반면에, 하나님은 스스로 존재하시면서, 모든 것을 새롭게 하십니다. "주는 나의 주님이시오니 주 밖에는 나의 복이 없습니다"(시 16:2).

제12장
존재하는 모든 것들은 선하다

18. 어떤 것들이 타락했다고 할지라도, 그것들은 원래 선한 것들이었다는 것이 내게는 분명해졌습니다. 그것들은 절대적으로 선한 것들은 아니었지만, 적어도 선한 것들이었기 때문에, 타락할 수 있었던 것입니다. 왜냐하면, 그것들이 절대적으로 선한 것들이었다면, 처음부터 타락하는 것 자체가 불가능하였을 것이지만, 반면에 그것들이 선한 것들이 아니었다면, 그것들 속에는 타락할 수 있는 소지가 아예 처음부터 존재하지 않았을 것이기 때문입니다.

타락한다는 것은 해를 입는 것인데, 선한 것이 감소되지 않는다면, 그것은 해를 입는 것이 아닙니다. 따라서 타락이 일어났는데, 선한 것이 감소되지 않았다는 것은 있을 수 없는 일이기 때문에, 타락한 모든 것들은 선한 것을 잃어버리게 된 것임은 너무나 확실합니다. 하지만 어떤 것들이 선한 것을 모두 잃어버리게 되었다면, 그것들은 더 이상 전혀 존재할 수 없게 됩니다. 그러므로 어떤 것들이 타락하기는 했지만 여전히 존재하고 있다면, 그것들 속에는 타락하지 않은 것들이 남아 있는 것이기 때문에, 그것들은 더 나아질 수 있고 더 선해질 수 있습니다. 반면에, 어떤 것들이 선한 것을 모두 잃어버렸는데도, 더 나아졌고 더 선해졌다고 말한다면, 그것은 얼마나 기괴한 말이 되겠습니까? 선한 것을 모두 잃어버린 것들은 더 이상 존재할 수 없게 되기 때문입니다. 그러므로 어떤 것들이 존재하는 한, 그것들은 선한 것들입니다.

존재하는 것들은 무엇이든지 다 선한 것들이기 때문에, 나는 지금까지 악이 어디로부터 온 것인지를 계속해서 탐구해 왔지만, 사실 "악"은 실제로 존재하는 실체가 아닙니다. 왜냐하면, 만일 악이 하나의 실체로 존재한다고 한다면, 그것은 악은 선한 것이라고 하는 것과 같기 때문입니다. 악이 선한 것이려면, 악은 절대적인 선으로서 타락할 수 없는 실체이거나, 선한 것이 그 안에 여전히 남아 있어서 타락할 수 있는 실체여야 하지만, 그것은 불가능합니다.

이렇게 해서, 나는 하나님은 모든 것을 선하게 창조하셨고, 하나님이 창조하지 않으신 실체라는 것은 존재하지 않는다는 것을 알게 되었고, 그것은 내게 너무나 분명했습니다. 하나님은 모든 것을 서로 다르게 창조하셨기 때문에, 각각 다르게 존재하기는 하지만, 모든 존재하는 것들은 다 선하고, 그것들의 총체인 피조세계 전체는 지극히 선합니다. 왜냐하면, 우리 하나님은 만물을 지극히 선하게 창조하셨기 때문입니다(창 1:31).

제13장
피조세계는 전체적으로 선함

19. 주님께는 악이라는 것이 전혀 존재하지 않고, 주님만이 아니라, 주님이 창조하신 피조세계도 전체적으로 볼 때에는 악하다고 할 수 없습니다. 왜냐하면, 외부로부터 침입하여, 주님이 그 피조세계에 부여하신 질서를 파괴할 수 있는 그런 것은 존재하지 않고, 그 피조세계에 속한 어떤 것들은 겉보기에는 다른 것들과 조화를 이루고 있지 않는 것 같아서 악으로 보일 수 있지만, 사실은 다른 것들과 조화를 이루고 있어서 선하고, 그것들 자체도 선하기 때문입니다. 서로 조화되지 않

아 보이는 모든 것들도, 적어도 피조세계 중에서 "땅"이라 불리는 아랫부분, 즉 구름과 바람이 있는 "궁창"까지 포함한 넓은 의미에서의 "땅"과 조화를 이룹니다.

그러므로 나는 "이런 것들은 존재해서는 안 된다"고 말해서는 안 됩니다. 내가 오직 그런 것들 자체만을 보았을 때, 더 선한 것을 원할 수 있다고 할지라도, 사실은 오직 그런 것들만을 보고서도 주님을 찬송하는 것이 마땅합니다. 왜냐하면, 땅과 하늘의 모든 것들이 주님은 찬송받으시기에 합당하신 분이라는 것을 선포하고 있기 때문입니다.

땅에서는, 용들과 깊은 바다들과 불과 우박과 눈과 얼음, 주님의 말씀을 따라 행하는 폭풍, 모든 큰 산과 작은 산들, 모든 열매 맺는 나무들과 백향목들, 모든 들짐승들과 가축들, 기어다니는 것들과 날아다니는 새들, 세상의 왕들과 백성들, 세상의 모든 제후들과 방백들, 총각과 처녀들, 노인과 아이들이 주님의 이름을 찬송합니다(시 148:7-12). 또한, 하늘에서는, 하늘에 속한 모든 것들이 주님을 찬송하고 높은 데서 주님을 찬송합니다. 주님의 모든 천사들과 모든 천군들, 해와 달, 모든 별들과 빛, 모든 층의 하늘들, 하늘 위에 있는 물들이 주님의 이름을 찬송합니다(시 148:1-5).

나는 이제 더 이상 더 선한 것들을 원하지 않게 되었습니다. 왜냐하면, 나는 이 모든 것들을 곰곰이 생각해 보고서는, 위에 있는 것들이 아래에 있는 것들보다 더 선하기는 하지만, 그 둘을 합한 피조세계 전체가 단지 위에 있는 것들만이 단독으로 존재하는 것보다 더 선하다는 사실을 깨닫게 되었기 때문이었습니다.

제14장
주님과 주님의 피조세계가 새롭게 보이기 시작함

20. 주님이 창조하신 많은 것들을 내가 싫어하였을 때, 내 영혼은 온전하지 못하였던 것처럼, 주님의 피조세계 중에서 어느 한 부분이라도 싫어하는 자들은 그 영혼이 온전할 수 없습니다. 내 영혼은 내 하나님이신 주님을 감히 싫어할 수 없어서, 내가 싫어하는 것들이 주님으로부터 왔을 리가 없다고 생각하였기 때문에,

선과 악이라는 두 실체를 주장하는 이원론에 빠져서 안식을 찾지 못하고 이상한 말들만을 하고 다녔습니다.

거기에서 돌이킨 후에도, 내 영혼은 무한한 공간을 차지하고 계시는 하나님이라는 개념을 만들어 내어서, 주님이 바로 그런 하나님이시라고 생각하고서는, 그런 하나님을 마음속에 모셨습니다. 이렇게 내 영혼은 또다시 주님께 가증스러운 우상의 전이 되고 말았습니다.

하지만 그 후에 내가 모르는 사이에, 주님은 내 머리를 식혀 주시고, 허황된 것들을 보지 못하도록 내 눈을 감겨 주셨기 때문에, 나는 아집으로부터 조금 벗어나게 되었고, 나의 광기도 잠들게 되었습니다. 이렇게 해서, 내가 주님 안에서 깨어나서 눈을 떴을 때, 나는 이전과는 달리 주님을 무한하신 분으로 보게 되었는데, 내가 이렇게 보는 눈이 달라지게 된 것은 육신으로부터 온 것이 아니었습니다.

제15장
모든 것들은 주님으로 말미암아 존재함

21. 다른 것들을 돌아보았을 때, 나는 모든 것들이 주님으로 말미암아 존재하게 되었고, 모든 것들은 주님 안에서 유한한 것들로 존재한다는 것을 알았습니다. 모든 것들이 주님 안에서 존재한다는 것은, 그것들이 마치 공간 안에 존재하는 것 같이 주님 안에 존재한다는 것이 아니라, 주님의 진리의 손에 붙들려서 존재하고 있다는 것을 의미합니다. 그리고 모든 것들은 존재하고 있다는 사실만으로 모두 참된 것들이고, 거짓된 것들은 실제로는 존재하지 않는 것들로서, 우리의 생각 속에서만 존재하는 것들입니다.

또한, 나는 모든 것들은 단지 자신들이 차지하고 있는 공간만이 아니라 자신들이 차지하고 있는 시간과도 조화를 이루고 있다는 것을 알았습니다. 왜냐하면, 이미 지나간 시간이든, 앞으로 지나가게 될 시간이든, 모든 시간은, 주님이 그 시간 속에 계셔서 일하지 않으시면, 갈 수도 없고 올 수도 없는 까닭에, 홀로 영원하신 주님은 헤아릴 수 없이 긴 시간이 지난 후에야 일하기 시작하신 것이 아니기 때문입니다.

제16장
악은 실체가 아님

22. 똑같은 빵이라도 입맛이 없을 때에는 맛이 없지만 입맛이 있을 때에는 맛이 좋고, 똑같은 빛도 시력이 안 좋은 사람에게는 고통스러운 것이 되지만 시력이 좋은 사람에게는 즐거운 것이 되는 것은 이상한 일이 아니라는 것은 누구나 다 경험으로 아는 사실입니다. 악인들은 주님의 의로우심을 싫어할 뿐만 아니라, 그들 자신도 사실은 주님이 창조하신 피조세계의 아랫부분에서 조화를 이루며 살아가고 있는 것인데도, 주님이 선하게 창조하셔서, 그 피조세계의 아랫부분에서 조화를 이루며 살아가게 하신 뱀이나 작은 벌레까지도 싫어합니다. 그러나 이 피조세계의 아랫부분에서 살아가고 있는 것들은 주님을 덜 닮은 것들이고, 이 피조세계의 윗부분에서 살아가고 있는 것들은 주님을 더 많이 닮은 것들이지만, 이 모든 것들은 전체적으로 서로 조화를 이루며 살아가고 있습니다.

나는 죄악이라는 것이 무엇인지를 알기 위하여 애써 왔는데, 죄악은 실체가 아니라, 사람의 "의지"가 최고의 실체이신 하나님을 떠나서 자신의 내면의 가장 깊은 곳을 버리고, 지극히 비천한 것들을 향하여 굽어져서 밖으로 부풀어오른 것임을 알게 되었습니다.

제17장
변하지 않으시는 존재인 주님을 나의 이성으로 알게 됨

23. 놀랍게도, 나는 이미 주님을 사랑하고 있었고, 그것은 주님 대신에 어떤 허상을 사랑하고 있는 것이 결코 아니었지만, 나의 하나님을 꾸준히 누리지는 못하고, 주님의 아름다우심으로 인하여 주님께로 끌리다가도, 금세 내 자신의 무거운

짐으로 말미암아 주님으로부터 떨어져 나와서는, 슬퍼하고 괴로워하면서도 지극히 비천한 것들에게로 달려가곤 하였는데, 그 무거운 짐이라는 것은 "육신의 습성"이었습니다.[9] 그럼에도 불구하고, 내게는 주님을 생각하는 마음이 자리를 잡고 있었기 때문에, 내가 붙잡아야 할 것은 오직 한 분밖에 없다는 것을 의심하지 않았습니다. 하지만 타락한 내 육신이 내 영혼을 짓누르고 있었고, "땅의 장막 집"이 내 마음을 내리눌러서 많은 잡념들이 생겨나게 하였기 때문에, 나는 아직 주님을 계속해서 꼭 붙들고 있지는 못했습니다. 그런 와중에서도, "창세로부터 그의 보이지 아니하는 것들 곧 그의 영원하신 능력과 신성이 그가 만드신 만물에 분명히 보여 알려졌다"(롬 1:20)는 것은 내게 너무나 확실하였습니다.

나는 내가 하늘에 있는 것이든 땅에 있는 것이든 어떤 사물들을 아름답다고 말할 때, 무슨 근거 위에서 그렇게 말하는 것이고, 변하는 사물들에 대하여 내가 "이것은 이래야 하고, 저것은 저래야 한다"고 판단할 때, 무슨 근거 위에서 나의 그러한 판단이 옳다고 생각하는 것인지를 곰곰이 생각해 보았는데, 이것은 내가 실제로 그렇게 판단하고 말하고 있었기 때문에, 내 자신이 무슨 근거로 그렇게 판단하고 말할 수 있었던 것인지를 알고 싶었던 것이었습니다. 그리고 나는 끊임없이 변하는 나의 마음과 사고 위에 변함이 없고 참되고 영원한 진리가 존재한다는 것을 발견했습니다.[10]

나는 단계적으로 진행해서, 사물들로부터 시작해서, 육신의 지각을 통해서 사물들을 인식하는 혼으로 나아가서, 다시 육신의 지각이 전해 주는 외부의 사물들에 대한 정보를 받아들이는 혼의 내적인 지각으로 나아갔는데, 짐승들도 이 단계까지는 나아갈 수 있습니다. 하지만 나는 거기에서 멈추지 않고, 육신의 지각으로부터 받은 것들을 판단하는 "이성"으로 또다시 나아갔고, 내 안에 있는 이 이성은 자신도 변할 수 있다는 것을 발견하고서는, 스스로를 들어올려서, 자기 자신에 대

---

9) 지혜서 9:15을 보라. 아우구스티누스는 "무게"(pondus)라는 표상과 관련해서 이 본문을 자주 인용한다.
10) 플로티노스의 *Enneads* V. 1. 11을 보라. 거기에서 그는 아름다움과 선의 영속적인 원리들은 개별 영혼의 소유물일 수 없다고 주장하면서, 우리의 이성적인 사고는 단지 그러한 것들을 알기 위한 매개체일 뿐이고, 그것들은 우리 속에 두어진 신적인 사고로부터 나오는 것이기 때문이라고 그 이유를 제시한다. 이것은 그가 I. 20. 31에서 언급한 "내적 지각"을 가리킨다. 이 "내적 지각"은 감각을 통해서 들어온 인상들을 인식의 주체인 자아와 연결시켜서 조율하는 역할을 한다.

한 이해로 나아가서, 자신의 생각들로부터 경험적인 것들을 다 제거해 내고, 서로 모순되는 온갖 무수한 허상들을 벗겨낸 후에, 자기에게 빛을 비추어서 그러한 생각들을 만들어 낸 바로 그것을 찾아내고서는, 한 치의 주저함도 없이, "변하지 않는 것이 변하는 것보다 더 우월하다는 것은 의심의 여지가 없다"고 소리쳤습니다. 나의 이성은 변하지 않는 존재를 알게 되었던 것입니다.

만일 나의 이성이 어떤 식으로든 변하지 않는 존재를 알지 못하였더라면, 변하지 않는 것이 변하는 것보다 더 우월하다고 말할 수 있는 근거는 전혀 없었을 것이기 때문입니다. 이렇게 해서, 나의 이성은 눈 깜짝하는 사이에 "스스로 존재하는 자"에게 도달하였고, 그때에 나는 주님이 창조하신 것들을 통해서 "그의 보이지 아니하는 것들 곧 주 그의 영원하신 능력과 신성"(롬 1:20)을 알 수 있다는 것을 깨달았지만, 그 능력과 신성을 계속해서 볼 수 있는 힘은 내게 없었습니다. 나의 연약함은 나를 뒤로 밀어냈고, 나는 거기에서 알게 된 것들을 하나도 가져오지 못하고, 오직 아름다운 기억만을 간직한 채로 다시 일상으로 돌아왔는데, 그것은 정말 먹고 싶었던 음식을 실제로 먹지는 못하고, 그 음식에서 풍겨 나오는 달콤한 향기만을 맡아 본 것과 같았습니다.

제18장
중보자이신 그리스도 예수의 필요성

24. 나는 주님을 향유하기에 충분한 힘을 얻을 수 있는 길이 없을까 하고 찾아보았지만, 다른 방법들로는 찾지 못하다가, 하나님과 인간 사이의 중보자가 되시기 위하여 사람으로 오신 그리스도 예수를 붙들었을 때, 마침내 그 길을 찾게 되었습니다. 만유 위에 계셔서 영원히 찬송 받으시기에 합당하신 그리스도께서는, 내가 연약하여 받아먹을 수 없었던 하늘의 양식을 내가 지니고 있는 것과 같은 육신과 섞으신 후에, 나를 부르셔서, "내가 길이요 진리요 생명"(요 14:6)이라고 말씀

하시며, 그 양식을 내게 먹으라고 하셨습니다.[11] 왜냐하면, "말씀"이신 그리스도께서 "육신"이 되신 것은, 하나님이 만물을 창조하실 때에 사용하신 그 지혜를 젖먹이인 우리를 위한 양식으로 주시기 위한 것이었기 때문이었습니다.

당시에 나는 아직 낮아져 있지 않았기 때문에, 낮아지신 예수를 나의 하나님으로 영접할 수 없었고, 예수께서 우리의 연약함을 입으신 것이 우리에게 어떤 교훈을 가르치고자 하신 것인지도 알지 못하였지만, 그것은 영원한 진리이시고 하나님의 "말씀"이신 예수께서는, 하나님이 창조하신 피조세계 중에서 가장 윗부분에 속한 존재들보다도 훨씬 더 높이 계시기 때문에, 자기에게 복종하는 자들을 들어올려 자신에게로 이끄시기 위한 것이었습니다. 그래서 그리스도 예수께서는 이 아랫세상에서 우리와 같은 흙으로 된 비천한 집을 자신을 위해 지으시고서는, 사람들이 하나님께서 인간이 입는 것과 같은 "가죽옷"(창 3:21)을 입으시고 연약하게 되신 모습을 자기들 눈 앞에서 보고서, 그들 자신을 낮추고 예수께로 나아와서 순종할 때, 그들의 교만이 고쳐지고 사랑이 길러지게 하시고, 그들 자신을 신뢰하는 것을 완전히 그만두고 도리어 그들 자신의 연약함을 인정하고, 지치고 힘들어서 그들 자신을 예수께 맡기게 될 때, 스스로 일어나셔서 그들을 일으키시고자 하신 것이었습니다.

제19장
당시에 내가 생각했던 그리스도 예수

25. 하지만 당시에 나의 생각은 달랐습니다. 나는 단순히 내 주 그리스도를 그 누구와도 비교할 수 없을 정도로 뛰어난 지혜를 지닌 한 사람의 인간으로 보았고, 특히 그는 동정녀에게서 이적을 통해 태어나셔서, 영원불멸의 삶에 이르기 위하여 세상에 속한 것들을 멸시하는 모범을 보여 주심으로써, 우리를 향하신 하나님

---

11) 아우구스티누스는 이 본문을 오직 여기에서만 명시적으로 인용하고 있기는 하지만, 이 본문은 그의 이야기 전체의 근저에 있다.

의 뜻이 무엇인지를 분명하게 드러내 주었기 때문에, 인류의 스승으로서의 권위를 얻게 된 분이라고 여겼습니다. 하지만 "말씀이 육신이 되셨다"는 말씀 속에 어떠한 신비가 담겨 있을 것이라고는 조금도 생각할 수 없었습니다.

그리스도에 관하여 기록한 책들을 통해서 우리에게 전해져 온 것들로부터 내가 알게 된 것은, 그는 먹고 마셨으며, 잠자고 걸었으며, 기뻐하기도 하고 슬퍼하기도 하셨으며, 사람들과 말하였다는 것이었기 때문에, 나는 육신이 하나님의 "말씀"과 결합된 것이 아니라, 인간의 영혼 및 정신과 결합된 것이라고만 생각하였습니다. 하나님의 말씀은 변할 수 없다는 것을 알고 있던 사람들은 모두 다 그렇게 생각할 수밖에 없었고, 나도 내 나름대로 그것을 알고 있었고, 거기에 대하여 조금의 의심도 없었기 때문에, 그렇게밖에는 생각할 수 없었습니다. 왜냐하면, 그리스도께서 자신의 의지에 의해서 어떤 때에는 육신의 지체들을 움직이기도 하고 어떤 때에는 움직이지 않기도 한 것, 어떤 때에는 어떤 감정을 보여 주기도 하고 어떤 때에는 보여 주지 않은 것, 어떤 때에는 언어의 기호들을 통해서 사람들이 알아 들을 수 있게 말을 하기도 하고 어떤 때에는 침묵을 지킨 것 등과 같은 이 모든 것들은, 항상 변하는 인간의 영혼과 정신의 고유한 속성들이었기 때문이었습니다.

만일 그리스도에 관하여 기록한 그런 것들이 거짓이라면, 성경에 기록된 모든 것들이 다 거짓일 가능성이 있게 되고, 성경을 근거로 해서 인류의 구원을 위한 신앙을 말하는 것도 헛된 것이 되고 말 것입니다. 따라서 내가 그리스도를 완전한 인간으로 인정한 것은, 성경에 기록된 것들이 참되다고 여겼기 때문이었습니다. 나는 그리스도께서 단지 인간의 육신을 지니고 있다거나, 육신과 더불어서 이성이 아니라 짐승의 혼을 지니고 있다고 생각한 것이 아니라, 완전한 인간으로 생각하였습니다. 하지만 내가 그리스도를 다른 사람들보다 더 뛰어나다고 생각하게 된 것은, 그를 진리의 화신이라고 보았기 때문이 아니라, 그가 지혜에 더 온전히 참여해서 아주 뛰어난 인성을 지니게 되었다고 여겼기 때문이었습니다.

반면에, 알리피우스(Alypius)는 그리스도교인들은 하나님이 육신을 입으신 것이어서 그리스도 안에는 하나님과 육신 이외의 다른 것은 없다고 믿고 있기 때문에, 그리스도에게는 인간의 영혼과 정신은 존재하지 않는다고 주장하였습니다. 하지만 그는 그리스도께서 행하셨다고 기록되어 있는 여러 가지 일들은 이성을 지닌 살아 있는 존재가 아니면 행할 수 없는 것들이었다는 것을 확신하였기 때문에, 서서히 그리스도교 신앙으로 나아가게 되었고, 나중에는 자신의 그러한 생각이 아폴리나리우스(Apollinarius)의 이단사설이라는 것을 알고서는, 그리스도교 신앙을 기꺼이 받아들였습니다.[12]

나의 경우에는, "말씀이 육신이 되셨다"는 선언이야말로 그리스도교의 진리가 포티누스(Photinus)의 잘못된 가르침과 구별된다는 것을 보여 주는 것임을 한참 후에야 알게 되었다는 것을 고백합니다.[13] 이단들을 반박하게 되면, 주님의 교회가 어떻게 생각하고 있는지와 올바른 가르침이 어디에 있는지가 뚜렷이 드러나게 됩니다. 따라서 믿음이 약한 사람들에게 참된 가르침을 분명하게 보여 주기 위해서는 이단들도 있어야 합니다.

제20장
성경보다 신플라톤주의자들의 글을 읽게 하신 주님의 섭리

26. 하지만 당시에 나는 신플라톤주의자들이 쓴 책들을 읽고서, 비물질적인 진리를 추구해야 한다는 것과 주님께 속한 보이지 않는 것들을 주님이 창조하신 것들을 통해서 알 수 있다는 것을 깨닫게 되었고, 내 육신의 무거운 짐으로 인하여 영혼이 어두워져서 관상(觀想)할 수 없는 경우에도, 주님이 계신다는 것과 무한하시다는 것, 한정된 공간이나 무한한 공간에 산재해 계시는 것은 아니지만 진정으로 존재하신다는 것, 그 존재와 행위에 있어서 모든 점에서 어떤 식으로든 변함이 없으시고 늘 동일하시다는 것, 다른 모든 것들은 주님으로부터 나오고, 그것은 그것들이 존재한다는 이 확실한 한 가지 근거만으로도 증명된다는 것을 여전히 알

---

12) 라오디게아의 아폴리나리우스는 그리스도 안에는 인간의 영혼이 없었고, 말씀이 그 기능을 대신하였다고 주장하였다가 단죄되었다.
13) 시르미움의 주교 포티누스(주후 340년경)는 그리스도는 동정녀의 태 속에서 처음으로 존재하게 되었기 때문에, 하나님의 특별한 조명을 받았다고 할지라도 단지 사람에 불과하였다고 주장함으로써, 그리스도의 선재를 부정하였다.

고 있었습니다. 나는 이 모든 것을 확신하고 있었음에도 불구하고, 내 자신이 너무나 연약해서, 주님을 향유하고 누릴 수는 없었습니다.

당시에 나는 마치 이런 것들에 대하여 아주 잘 알고 있다는 듯이 떠들어댔지만, 만일 내가 우리의 구주이신 그리스도 안에서 주님의 길을 추구하지 않았다면, 나로 하여금 "아주 잘 알고 있다"(peritus)는 듯이 행세하게 만들었던 나의 지식은 나를 "멸망으로 치닫게"(periturus) 하였을 것입니다. 왜냐하면, 내 삶은 형벌로 가득하였음에도 불구하고, 나는 하나님에 대한 그러한 지식을 사용해서 내 자신에 대하여 애통해하지 않고, 도리어 그 지식으로 말미암아 잔뜩 교만해져서, 사람들에게 지혜롭게 보이고자 하는 욕망이 내 안에서 꿈틀대기 시작하였기 때문입니다. 그리스도 예수는 겸손 자체이셨는데, 당시에 내가 지닌 지식 속에 그러한 겸손의 토대 위에 세워진 사랑이라는 것이 있었습니까? 신플라톤주의자들의 책이 내게 그런 사랑을 가르쳐 주었습니까?

하지만 내가 성경을 연구하기 전에 그 책들을 읽게 된 것은 주님의 뜻이었다고 믿습니다. 즉, 그것은 나로 하여금 그 책들이 내게 어떤 영향을 끼쳤는지를 기억해 두게 하시고서는, 나중에 내 영혼이 성경을 통해서 잘 다스려지고, 나의 상처들이 주님의 어루만지시는 손길에 의해서 치유받게 되었을 때, "오만"과 "고백"이 어떻게 서로 다르고, 어디로 가야 할지는 알지만 거기로 가는 길은 알지 못하는 자들과 저 복된 본향으로 가는 길을 알 뿐만 아니라 그 길로 가서 그 본향에 거하게 된 자들이 어떻게 서로 다르다는 것을 분별하고 구별하게 하시기 위한 것이었습니다.

만일 내가 먼저 성경을 통해서 형성이 되고, 성경에 익숙해져서 주님이 내게 친숙한 분이 된 후에, 그러한 책들을 접하게 되었다면, 그것들은 아마도 내게서 경건의 견고한 토대가 되고 있던 가르침들을 빼앗아가 버렸거나, 설령 내가 성경을 통해서 얻은 올바른 가르침들 위에 그대로 머물러 있게 되었더라도, 그러한 책들만 잘 공부해도 그러한 가르침들을 얻을 수 있을 것이라고 생각하게 만들었을 것입니다.

제21장

바울 서신들을 탐독함

27. 나는 성령이 직접 쓴 거룩한 글들, 특히 바울 서신을 집중적으로 탐독하였습니다. 과거에 나는 바울의 말들이 그 자체로도 서로 모순되고, 율법과 선지자들의 증언과도 일치하지 않는다고 생각했었습니다. 그런데 이렇게 다시 바울의 글들을 읽게 되었을 때, 나의 그러한 의심들은 다 사라지고, 그가 한 말들이 한결같이 하나의 순수한 얼굴을 한 모습으로 내게 다가와서, 나는 한편으로는 즐거우면서도 다른 한편으로는 두렵고 떨리는 마음으로 성경을 공부하게 되었습니다.

그렇게 해서 내가 알게 된 것은, 신플라톤주의자들의 책에서 내가 읽은 모든 진리들이 성경에서는 주님의 은혜를 찬송하는 것과 결합되어 있다는 것이었습니다. 이것은 진리를 보게 된 자는, 자기가 보게 된 진리만이 아니라 그 진리를 볼 수 있는 능력도 다 주님으로부터 받은 것임을 깨닫고서, 마치 받지 않은 것처럼 자기 자신을 자랑해서는 안 될 뿐만 아니라, 언제나 동일하신 주님을 보는 것만으로는 부족하고, 주님을 향유하여 고침을 받아야 한다고 경고하면서, 아주 멀리 떨어져 있어서 주님을 볼 수 없는 자도 주님의 은혜를 의지하기만 하면 주님께로 가서 주님을 보고 향유하게 해 주는 길을 갈 수 있다는 것을 가르쳐 주는 것이었습니다. 왜냐하면, 내가 "내 속사람으로는 하나님의 법을" 즐거워할지라도, "내 지체 속에서 한 다른 법이 내 마음의 법과 싸워 내 지체 속에 있는 죄의 법으로 나를 사로잡아" 가는 것은 내 힘으로 어떻게 할 수 있는 것이 아니기 때문입니다(롬 7:22-23).

주님이여, 주님께서는 의로우시지만, 우리는 범죄하였고, 악하고 불경건하게 행하였기 때문에, 주님의 손이 우리를 무겁게 짓누르고 있고, 옛적부터 범죄한 자이자 사망의 권세 잡은 자에게 우리가 넘겨지게 된 것은 의로운 일입니다. 왜냐하면, 마귀는 우리의 의지로 하여금 자신의 의지를 따르도록 유혹하였고, 우리의 의지는 그 유혹에 넘어가서 주님의 진리에 머물러 있지 않고 떠나 버렸기 때문입니다. 이렇게 해서 "곤고한 사람"이 되어 버린 우리가 무엇을 할 수 있겠습니까? 우리 주 예수 그리스도로 말미암은 하나님의 은혜 외에, 누가 "이 사망의 몸에서" 우리를 "건져낼" 수 있겠습니까(롬 7:24-25)? 하나님은 "그 조화의 시작 곧 태초에 일하시기 전에" 자기와 똑같이 영원하신 자 예수 그리스도를 낳으셨는데, 이 "세상임금"인 마귀는 그에게서 그를 죽일 만한 그 어떤 죄도 찾아내지 못하였는데도, 결국은 죽였고, 이렇게 해서, 그리스도께서는 "우리를 거스르고 불리하게 하는 법조문으로 쓴 증서를 지우시고 제하여 버리게"(골 2:14) 되신 것이 아닙니까?

신플라톤주의자들의 책에는 이런 내용들이 나오지 않습니다. 그리고 그러한 경건의 모습, 고백의 눈물, 주님의 희생, 몹시 괴로워하는 심령, 통회하고 자복하는 마음, 주님의 백성들의 구원, 주님의 신부인 도성, 성령의 보증, 우리의 속량을 위한 잔도 그 책들에는 나오지 않습니다. 또한, 그 책들에서는, 아무도 "나의 영혼이 잠잠히 하나님만 바람이여 나의 구원이 그에게서 나오는도다 오직 그만이 나의 반석이시요 나의 구원이시요 나의 요새이시니 내가 크게 흔들리지 아니하리로다"(시 62:1-2)라고 노래하지도 않고, 그리스도께서 "수고하고 무거운 짐 진 자들아 다 내게로 오라"(마 11:28)고 부르시는 음성을 들을 수도 없습니다. 그리스도께서는 "마음이 온유하고 겸손하시기" 때문에, 그들은 그를 비웃고, 그에게서 "배우는" 것을 거절합니다(마 11:29). 왜냐하면, 주님은 "이것을 지혜롭고 슬기 있는 자들에게는 숨기시고 어린 아이들에게는 나타내셨기" 때문입니다(마 11:25).

울창한 숲으로 둘러싸인 산봉우리에서 평화의 본향을 바라보면서도, 그 본향으로 가는 길을 찾지 못하고, 도망자들과 변절자들이 자신들의 대장인 "사자"와 "용"의 지휘 아래 그 숲에 매복한 채로 그 산봉우리를 포위해 있는 상황에서, 도저히 뚫을 수 없는 길을 헛되이 뚫고자 하는 것은, 하늘의 왕이신 분이 이끄는 천군의 호위를 받으며, 천군으로부터 이탈하여 강도짓을 하는 것을 끔찍한 일로 여겨서, 그렇게 하는 자가 전혀 없는 가운데, 본향으로 가는 길을 걸어가고 있는 것과는 완전히 다릅니다.

내가 "사도 중에 가장 작은 자"(고전 15:9)인 바울의 서신들을 읽고 있을 때, 이상하게도 이런 것들이 내 속으로 깊이 파고 들어왔고, 나는 주님이 하신 일들을 깊이 묵상하면서 두려움에 사로잡히게 되었습니다.

제8권
무화과나무 아래에서의 회심

아우구스티누스는 암브로시우스의 영적인 아버지였던 심플리키아누스를 찾아가서 로마의 유명한 웅변가이자 철학자였던 빅토리누스의 회심에 관한 일화를 전해 듣고서 깊은 감명을 받지만, 여전히 정욕과 세상 일이라는 쇠사슬에 매여 있는 자기 자신의 모습을 확인한다.

어느 날 자신의 집으로 찾아 온 황실의 고위직에 있던 그리스도교인 폰티키아누스라는 사람으로부터 수도사 안토니우스와 황궁의 두 관리의 회심 사건에 대해 얘기를 듣고, 아우구스티누스는 크게 격동되었지만, 회심하고자 하는 자신의 간절한 열망과는 달리 정욕의 습성으로 인해서 의지가 말을 듣지 않는 것을 보고서 크게 괴로워하고, 회심 직전까지 갔다가도 주저앉고 만다.

하지만 밀라노에서 세 들어 살던 집 동산에서의 씨름은 계속된다. 마침내 무화과나무 아래에서 "집어 들고서 읽어라"는 주님의 음성을 듣고 회심이 일어나고, 그의 옆을 계속해서 지키던 알리피우스도 함께 회심하게 된다. 이때가 그의 나이 31세였다.

제1장

확실한 신앙과 정욕이라는 걸림돌

1. 내 하나님이여, 나로 하여금 주님께서 내게 행하신 일들을 감사함으로 기억하게 하시고, 주님께서 내게 베풀어 주신 자비들을 고백하게 하십시오. "내 모든 뼈들"이 주님의 사랑에 젖어서, "여호와와 같은 이가 누구냐 주께서 나의 결박을 푸셨나이다 내가 주께 감사제를 드리리이다"(시 35:10; 116:16-17)라고 말하게 하십시오. 주님이 나의 결박을 어떻게 풀어 주셨는지를 내가 말하리니, 주님을 경배하는 모든 자들이 나의 말을 듣고, "주님이 하늘과 땅에서 찬송받으시기를 원하오니 그 이름이 위대하고 놀라우시도다"라고 말하게 하십시오.

주님의 말씀들은 내 마음에 깊이 박혔고, 나는 사방으로 주님께 둘러싸여 있었습니다. 주님의 영원한 생명에 대해서는 "거울로 보는 것 같이 희미하게" 보았을 뿐이었지만, 여전히 그것을 확신하고 있었기 때문에, 영원불멸의 실체가 존재하고, 다른 모든 실체가 그 영원한 실체로부터 나왔다는 것에 대한 모든 의심은 내게서 제거되었고, 따라서 나는 더 이상 주님의 존재에 대한 더 큰 확신을 바라지 않게 되었고, 도리어 내 자신이 주님 안에 더 견고하게 서 있게 되기를 바랐습니다. 하지만 현실에서의 나의 삶은 모든 것이 엉망이었기 때문에, 내 마음은 "묵은 누룩"을 버리고 정결하게 될 필요가 있었습니다. 나는 "길"이신 구주가 좋기는 했지만, 좁은 문으로 들어가는 것은 싫었습니다.

그때에 주님은 내 마음속에 심플리키아누스(Simplicianus)를 찾아가 보아야 하겠다는 생각을 넣어 주셨고, 그 생각은 내가 보기에도 괜찮아 보였습니다.[1] 그는 주님의 훌륭한 종으로 보였고, 주님의 은혜가 그 사람 안에서 빛을 발하고 있었습니다. 또한, 나는 그가 어릴 적부터 주님께 온전히 헌신하는 삶을 살아 온 사람이라는 말도 들었습니다. 당시에 그는 이미 나이가 많이 들었고, 오랜 세월 동안 주님의 길을 열심으로 걸어온 사람이어서, 나는 그가 경험도 많고 학식도 풍부할 것이

---

1) 여러 해 동안 암브로시우스의 신학적인 스승이었고 나중에는 아우구스티누스를 지도해 주기도 하였던 심플리키아누스는 연로하였음에도 불구하고 주후 397년에 암브로시우스의 후임으로 밀라노의 주교가 되었다.

라고 생각하였는데, 그는 실제로 그런 사람이었습니다. 그래서 나는 나의 고민을 그에게 털어 놓으면, 나처럼 생각하고 느끼는 사람이 주님의 길로 행하기 위해서 가장 적절한 방법은 무엇인지를 그가 내게 제시해 주기를 바랐습니다.

2. 나는 교회에 많은 사람들이 있지만, 다 똑같이 행하는 것이 아니라, "이 사람은 이러하고 저 사람은 저러하는"(고전 7:7) 것을 보았습니다. 이제 나는 내가 세상에서 영위해 나가고 있던 삶이 싫었습니다. 명예와 부를 얻기 위하여 활활 불타올랐던 욕망도 이제는 없어졌기 때문에, 그런 것들의 종이 되어 힘들게 살아가는 것은 내게 너무나 무거운 짐이 되어 버렸습니다. 왜냐하면, 내가 사랑한 주님의 달콤함과 주님의 집의 아름다움 앞에서, 그런 것들은 더 이상 내게 기쁨을 주지 못했기 때문이었습니다.

하지만 여전히 나는 여자에게 단단히 묶여서 헤어 나올 수가 없었고, 사도 바울도 모든 사람이 자기처럼 독신으로 살아가기를 간절히 원해서, 독신생활이라는 더 나은 삶을 살 것을 내게 권면하기는 했지만, 내가 결혼하는 것을 금하지는 않았기 때문에, 내 자신은 연약하다고 생각해서, 좀 더 쉬운 쪽을 택하기로 하였습니다.[2] 이 한 가지 선택으로 말미암아, 나는 결혼생활에 묶여 있는 삶을 생각할 수밖에 없었고, 그러다 보니 내가 아무리 하기 싫어도 어쩔 수 없이 해나가야 할 일들이 많았기 때문에, 그런 일들을 놓고 깊이 번민하고 염려하였지만, 쉽게 결정을 하지 못하고 어정쩡한 상태로 지내야 해서, 나의 삶은 엉망이었고, 나는 기진맥진하여 지쳐만 갔습니다.

나는 진리의 입으로부터 "천국을 위하여 스스로 된 고자도 있도다"라는 말씀을 들었지만, "이 말을 받을 만한 자는 받을지어다"라고 하시는 말씀도 들었습니다 (마 19:12). 하나님을 알지 못하는 자들이나, 눈에 보이는 선한 것들을 통해서 선하신 하나님을 발견하지 못한 자들은 헛된 것에 붙잡혀 있는 자들이지만, 이제 나는

---

2) 고린도전서 7:7-8을 보라: "나는 모든 사람이 나와 같기를 원하노라 그러나 각각 하나님께 받은 자기의 은 사가 있으니 이 사람은 이러하고 저 사람은 저러하니라 내가 결혼하지 아니한 자들과 과부들에게 이르노니 나와 같이 그냥 지내는 것이 좋으니라." 거기에서 바울은 그리스도의 소명으로서의 결혼과 독신을 다루는데, 이 문제는 아우구스티누스에게 아주 중요한 문제가 되어 있었다.

그런 헛된 것에 붙잡혀 있는 사람은 아니었고, 도리어 그 헛된 것을 뛰어넘어서, 주님이 창조하신 피조세계 전체의 한결같은 증언을 통해서 우리의 창조주이신 하나님을 만났고, 성부 하나님과 마찬가지로 하나님이시고 성부 하나님과 함께 한 분 하나님을 이루고 계시는 "말씀"을 만났는데, 하나님께서는 이 "말씀"을 통해서 만유를 창조하셨습니다.

하지만 인류 중에는 또 다른 부류의 사람들인 악인들이 있는데, 그들은 "하나님을 알되 하나님을 영화롭게도 아니하며 감사하시도 아니하는"(롬 1:21) 자들입니다. 나도 전에는 그런 자들에 속해 있었지만, 주님은 그 오른손으로 나를 붙들어 거기에서 건져 올리셔서, 내가 회복될 수 있는 곳에 나를 두셨습니다. 왜냐하면, 주님은 사람들에게, "보라 주를 경외함이 지혜요"(욥 28:28)라고 말씀하셨고, "스스로 지혜 있다"고 하는 자들은 "어리석게 되는"(롬 1:22) 까닭에, "스스로 지혜롭게 여기지 말지어다"(잠 3:7)라고 말씀하셨기 때문입니다. 이제 나는 "극히 값진 진주 하나를 발견한" 것에 불과하였기 때문에, "그 진주를 사기" 위해서는 내 자신의 "소유를 다 팔아야" 했지만(마 13:46), 망설이며 주저하고 있었습니다.

제2장
심플리키아누스가 들려준 빅토리누스의 회심 사건

3. 그래서 나는 심플리키아누스를 찾아갔는데, 그는 당시에 주교였던 암브로시우스로 하여금 하나님의 은혜를 받게 해 준 영적인 아버지였고, 실제로 암브로시우스는 그를 아버지처럼 존경하고 사랑했습니다. 나는 내가 지금까지 방황하며 걸어 온 잘못된 길들을 그에게 얘기하면서, 로마에서 수사학 교수를 하다가 나중에 그리스도교인으로 죽었다고 전해지는 빅토리누스(Victorinus)가 라틴어로 번역한 신플라톤주의자들의 몇 권의 책을 읽었다고 말하자, 그는 내가 "세상의 초등학문을 따라""(골 2:8) 온갖 오류들과 속임수들로 가득한 다른 철학자들의 책에 빠지지 않고, 온갖 방법들을 동원하여 사람들을 하나님과 하나님의 말씀에 대한 믿음으로 이끄는 책들을 읽은 것은 정말 잘한 일이라고 말해 주었습니다.

아울러, 그는 "지혜롭고 슬기 있는 자들에게는 숨기시고 어린 아이들에게는 나타내시는"(마 11:25) 그리스도의 겸손을 본받으라고 내게 권면하기 위하여, 자기가 로마에 있을 때에 아주 친하게 알고 지냈던 빅토리누스를 회상하며, 그에 대한 얘기를 해 주었습니다. 나는 그가 빅토리누스에 대하여 내게 들려 준 이야기를 여기에서 다루지 않고 그냥 넘어갈 수가 없습니다. 왜냐하면, 그 이야기는 주님의 은혜를 높이 찬송하는 내용을 담고 있는 것이어서, 나로서는 주님께 그 고백을 드리지 않을 수 없기 때문입니다.

빅토리누스는 대단히 박학다식한 노인으로서, 모든 교양 학문들에 정통하였을 뿐만 아니라, 아주 많은 철학자들의 책을 읽고 평가하였던 인물이었고, 아주 많은 원로원 의원들의 스승이기도 하였습니다. 사람들은 대학자로서의 그의 뛰어난 업적을 기려서, 로마 광장에 그의 동상을 세웠는데, 이것은 세상 사람들이 아주 큰 명예로 여기는 것이었습니다. 그는 그때까지도 우상들을 숭배한 자였고, 로마의 거의 모든 귀족들이 열을 올리고 있던 신성모독적인 의식들에 참여한 자였습니다. 또한, 한때 넵투누스(Neptunus, 바다의 신, 영어로는 '넵튠'), 베누스(Venus, 사랑과 미의 여신, 영어로는 '비너스'), 미네르바(Minerva, 지혜의 여신)에 대항하여 싸웠던 그 머리가 자칼의 모습을 한 아누비스(Anubis, 애굽의 죽음의 신)를 비롯한 온갖 괴물 신들을 숭배하라고 부추기기도 하였는데, 이 괴물 신들은 로마가 정복한 나라의 신들이었지만, 당시에는 로마인들이 숭배하고 있던 신들이었습니다. 이렇게 빅토리누스는 나이가 많이 들어서까지 아주 오랜 세월 동안 벽력 같은 웅변으로 이 모든 것들을 옹호하며 살아 왔던 자였습니다. 그런데도 그는 하나님이 주시는 세례를 받고 그리스도의 자녀로 다시 태어나서, 겸손의 멍에 앞에는 자신의 목을 내밀고, 십자가의 수치 앞에는 자신의 이마를 내미는 것을 부끄러워하지 않았습니다.

4. 오, 주님이여, "하늘을 드리우고 강림하시며 산들에 접촉하사 연기를 내게 하시는"(시 144:5) 주님이시여, 주님께서는 대체 어떤 방법으로 그의 심장을 뚫고 그의 영혼 깊은 곳까지 들어가신 것입니까? 심플리키아누스의 말에 의하면, 빅토리누스는 아주 열심히 성경을 읽고 모든 그리스도교 서적들을 철저하게 연구한 끝에, 공개적으로가 아니라 친구인 자기에게 사적으로, "내가 그리스도교인이 되

었다는 것을 알고 있게"라고 말했고, 자기는 "내가 그리스도의 교회에서 자네를 볼 때까지는, 나는 자네가 한 말을 믿지도 않을 것이고, 자네를 그리스도교인으로 여기지도 않을 것이네"라고 대답했다고 합니다. 그러자 그는 "그러니까 교회의 담 벼락이 그리스도교인들을 만들어 낸다는 것인가?"라고 조롱 섞인 농담을 던졌다는 것입니다. 그 후로도 그는 자주 자기가 이미 그리스도교인이 되었다는 말을 했고, 그럴 때마다 심플리키아누스가 똑같은 대답을 하면, 또한 여지없이 교회의 담 벼락에 관한 농담을 되풀이하곤 하였답니다. 그는 잡신들을 섬기고 있던 자신의 교만한 친구들의 비위를 거슬러서, 주님이 아직 꺾지 않으신 레바논의 백향목들 같은 바벨론의 최고위층으로부터 세찬 증오의 광풍이 자기에게 불어닥칠 것이라고 생각해서 두려워하고 있었던 것이었습니다.

하지만 그 후에 그는 열심으로 독서와 묵상을 거듭해서 힘을 얻고, 자기가 지금 사람들 앞에서 그리스도를 고백하는 것을 꺼려하면, 나중에 그리스도께서도 천사들 앞에서 자기를 부인할 것이라는 두려움을 갖게 되면서(눅 9:26), 자기가 오랜 세월 동안 저 교만한 잡신들의 교만은 기꺼이 본받아 그들의 신성모독적인 의식들에 참여해 온 것은 부끄러워하지 않으면서, 하나님의 "말씀"의 겸손의 성례전들에 참여하는 것은 부끄러워하고 있는 것이 큰 죄를 범하고 있는 것임을 깨닫고서는, 거짓된 것 앞에서는 담대해지고 진리 앞에서는 부끄러워하게 되어서, 심플리키아누스의 말에 의하면, 어느 날 전혀 예기치 않게 갑자기 자기에게, "내가 그리스도교인이 되고 싶으니 교회에 같이 가세"라고 말하더랍니다. 그래서 심플리키아누스는 기쁨을 억제하지 못한 채로 그와 함께 교회에 갔고, 빅토리누스는 예비신자로 등록되어 학습을 받게 되었고,[3] 얼마 후에는 세례를 받고 거듭나기 위하여 자신의 이름을 세례지망자 명단에 올렸는데,[4] 이 소식을 들은 로마는 경악하였던 반면에, 교회는 크게 기뻐하게 되었다고 합니다. 교만한 자들은 이것을 보고서 격분하여 "한탄하며 이를 갈면서 소멸되었지만"(시 112:10), 주 하나님께서는 이

---

3) 이것은 예비신자의 이마에 십자가 표시를 하는 것과 안수하는 것과 소금을 주는 것으로 이루어진 축귀 의식이었다. 이 첫 번째 단계에서 예비신자가 하는 일은 말씀의 전례에 참석해서 듣는 것이었다.

4) 예비신자는 통상적으로 사순절이 시작되면 두 번째 단계로 넘어가서 본격적으로 세례를 준비하게 된다. 이 기간 동안에는 주기도문과 사도신경에 대한 집중적인 교육을 통해서 예비신자는 부활절에 세례를 받을 준비를 갖추게 된다.

미 그 종의 소망이 되어 계셨기 때문에, 그는 그들의 헛된 것들과 거짓된 광분함에 전혀 신경 쓰지 않았습니다.

5. 마침내 빅토리누스가 공개적으로 자신의 신앙을 고백해야 할 때가 도래하였습니다. 당시에 로마 교회에서는, 주님의 은혜로 나아가고자 하는 자들은, 모든 신자들이 다 분명하게 볼 수 있게 하기 위하여 마련된 단상 위에서, 자신들이 암기한 정해진 말들로 신앙을 고백하는 것이 일반적인 것이었지만,[5] 교회의 장로들은 그에게 좀 더 사적으로 신앙 고백을 할 기회를 주었는데, 이것은 어떤 이유로든 공개적으로 신앙을 고백하는 것을 꺼려하는 사람들을 배려하기 위하여 관례적으로 행해 오던 것이었습니다. 하지만 빅토리누스는 거룩한 회중이 보는 앞에서 자신의 구원을 고백하는 쪽을 택하였습니다. 그는 구원이 없는 수사학을 가르쳤을 때에도 공개적으로 공공연하게 가르쳤고, 저 정신 나간 무리들 앞에서도 자신의 말을 하는 것을 두려워하지 않았는데, 주님의 온유한 양 무리 앞에서 주님의 말씀으로 자신의 신앙을 고백하는 것을 두려워한다면, 그것이 말이 되는 일이었겠습니까?

이렇게 해서, 빅토리누스는 신앙 고백을 하기 위해서 단상으로 올라갔고, 회중 가운데서 그를 모르는 사람은 아무도 없었기 때문에, 모든 사람들이 그를 알아보고서는, 감사와 기쁨에 넘친 목소리로 그의 이름을 큰 소리로 부르며 환호하였고, 그런 후에도 너무나 기쁜 나머지, 모든 회중들의 입에서는 나즈막한 목소리로 "빅토리누스! 빅토리누스!"라고 그의 이름을 부르는 소리가 지속되었습니다. 하지만 사람들은 이렇게 그를 보자마자 갑자기 한 차례 큰 환호성을 터뜨린 후에는, 그의 신앙 고백을 듣기 위해서 순식간에 또다시 조용해졌습니다. 그는 아주 담대하게 자신의 참된 신앙을 고백하였고, 모든 사람들은 그를 자신들의 품에 꼭 껴안고 싶어하였습니다. 아니, 그들의 환호는 그를 자신들의 품 안에 껴안는 것이었기 때문에, 사실 그들은 사랑과 기쁨 가운데서 그를 이미 껴안은 것이었습니다.

---

5) 주후 4세기 중반에도 "은밀한 훈육"의 원칙은 그대로 유지되었던 까닭에, 사도신경을 필사해서 갖는 것은 금지되었다. 그래서 예비신자들은 교육을 다 받고 나서는 사도신경이 기록된 것을 다시 돌려주어야 했다.

제3장

탕자의 회심을 더 기뻐하시는 하나님

6. 선하신 하나님이여, 한 번도 절망해 보지 않고 위험에 처해 본 적도 거의 없이 살아가고 있는 때보다도, 절망에 빠졌다가 거기에서 건짐을 받고 큰 위험에 처했다가 거기에서 벗어났을 때, 사람이 더 기뻐하는 이유는 무엇입니까? 자비로우신 아버지시어, 주님께서도 마찬가지로 "죄인 한 사람이 회개하면, 회개할 것 없는 의인 아흔아홉으로 말미암아 기뻐하는 것보다" 더 기뻐하시는 그런 분이십니다(눅 15:7). 또한, 우리도 어떤 목자가 잃어버린 양을 찾아서 어깨에 메고 집으로 돌아왔다는 얘기를 듣거나, 어떤 여자가 잃어버린 동전을 찾아서 주님의 헌금함에 넣고서, 이웃들과 함께 즐거워하였다는 얘기를 들으면, 크게 기뻐합니다. 또한, 주님의 집에서 예배를 드릴 때, 주님이 둘째 아들에 대하여, "이 내 아들은 죽었다가 다시 살아났으며 내가 잃었다가 다시 얻었노라"(눅 15:24)고 말씀하시는 것을 들었을 때, 우리는 기쁨의 눈물을 흘리지 않을 수 없게 됩니다. 거룩한 사랑으로 거룩해진 우리와 천사들 안에서 기뻐하시는 분은 바로 주님이십니다. 왜냐하면, 모든 것은 항상 변하고 동일한 방식으로 존재하지 않지만, 주님은 늘 동일하셔서, 늘 동일하게 사랑하시기 때문입니다.

7. 그렇다면, 우리가 사랑하는 것들을 늘 소유하고 있을 때보다도, 그것들을 잃어버렸다가 다시 찾았을 때, 우리의 마음이 더 기쁜 이유는 무엇입니까? 다른 많은 것들이 이것을 증언해 주고 있고, 모든 증언들이 "그렇다"고 소리치고 있습니다. 싸움에서 승리하고 돌아온 개선 장군은 몹시 기뻐하지만, 싸우지 않았다면 그 승리의 기쁨을 누리지 못하였을 것이고, 또한 더 큰 위험을 무릅쓰고 싸워서 승리했을 때, 그 승리의 기쁨도 더 크게 됩니다. 거센 폭풍이 배에 탄 승객들을 이리저리로 내팽개치고, 배를 집어삼킬 것처럼 위협할 때, 사람들은 모두 죽을지도 모른다는 생각에 겁에 질려 창백해지고 맙니다. 하지만 하늘이 청명해지고 바다가 잔잔해지면, 두려움이 컸던 만큼 기쁨도 큽니다. 사랑하는 사람이 아파서 누웠는데, 그의 맥박이 그가 죽을 수도 있다는 것을 알려 준다면, 그가 건강

하게 되기를 바라는 모든 사람들도 마음의 아픔을 느낍니다. 하지만 그가 전처럼 활기차게 걸어다닐 수는 없게 되었다고 할지라도, 병에서 회복되어 살 수 있게 되었다면, 사람들은 그가 전에 건강하고 힘 있게 걸어다녔을 때보다도 더 기뻐합니다.

이 모든 것들은 인생의 쾌락들은, 그것이 원한 것도 아닌데 예기치 않게 온 것이든, 아니면 자기가 원하고 계획해서 오게 된 것이든, 고통과 괴로움을 통해서 얻어지는 것임을 보여 줍니다. 배고픔과 목마름의 고통을 먼저 겪지 않은 사람은 먹는 것과 마시는 것이 주는 쾌락을 알 수 없습니다. 술꾼들이 술을 마시기 전에 짭짤한 안주를 먼저 먹는 것도, 자신의 입에 괴로운 갈증을 일으킨 후에, 술로 그 갈증을 해소시킬 때에 오는 쾌락을 얻기 위한 것입니다. 약혼하고 나서 신부가 될 여자를 신랑이 될 남자에게 즉시 넘겨주지 않는 관습이 존재하는 것도, 남자로 하여금 자신의 약혼녀를 기다리며 사모하게 함으로써, 나중에 결혼해서도 신부를 더 귀하게 여기고 아껴 주도록 하기 위한 것입니다

8. 이러한 원리는 추악하고 역겨운 쾌락에도 적용되고, 사회적으로나 법적으로나 허용된 쾌락에도 적용되며, 아주 진실하고 진지한 우정에도 적용되고, "죽었다가 다시 살아났고 잃었다가 다시 얻은" 경우에도 적용됩니다. 이렇게 무슨 일에서든지 더 큰 기쁨을 얻기 위해서는 그 만큼 더 큰 고통과 괴로움이 선행되어야 합니다.

주 나의 하나님이여, 주님은 주님 자신에게 영원한 기쁨이시고, 주님으로부터 나와서 하늘에서 주님 가까이에 있는 피조물들은 언제나 기쁨을 누리고 있는 반면에, 우리가 속해 있는 이 곳의 피조물들은 흥함과 망함, 불화와 화해 사이를 오락가락하고 있는 것은 도대체 무슨 영문인 것입니까? 가장 높은 하늘부터 가장 낮은 땅까지, 세대의 시작부터 끝까지, 천사로부터 벌레까지, 최초의 운동부터 최후의 운동까지, 주님은 온갖 종류의 선한 것들과 모든 의로운 일들이 각각 적절한 장소와 적절한 시간에 이루어지도록 하셨는데, 이것이 그것들의 존재방식이고, 이것이 주께서 그것들에게 정해 주신 것입니까?

주님은 가장 높은 곳보다 더 높으셔서 거기에도 계시고, 가장 깊은 것보다 더

깊으셔서 거기에도 계십니다(시 113:4). 이렇게 주님은 어디서나 계셔서, 우리를 떠나 계시는 적이 없으신데도, 우리는 주님께로 돌아가기를 싫어합니다.

제4장
빅토리누스의 회심의 의미를 생각함

9. 주님, 어서 우리에게 역사하시고 감동시키시고 부르셔서, 우리 속에 불을 붙이시고 이끄시고 활활 타오르게 하시고, 주님이 우리에게 향기로우신 분이 되게 하셔서, 우리로 하여금 주님을 사랑하여 주님께로 달려가게 해 주십시오. 빅토리누스보다 더 깊은 어둠의 음부에 있다가, 주님이 주시는 빛을 받아서, 그 어둠으로부터 나와서 주님께로 돌아간 자들이 헤아릴 수 없이 많이 있지 않았습니까? 왜냐하면, 주님은 그 빛을 받은 자들에게는 "하나님의 자녀가 되는 권세"를 주셨기 때문이었습니다(요 1:12). 하지만 그들이 사람들 사이에서 별로 알려져 있지 않은 자들인 경우에는, 그들을 알고 있던 사람들이 느끼는 기쁨조차도 덜할 수밖에 없습니다. 반면에, 많은 사람들이 함께 기뻐하는 경우에는, 사람들은 서로에게서 불을 가져와서 자기 자신을 더욱 뜨겁게 하는 까닭에, 각 사람의 기쁨도 한층 더 커지게 됩니다. 게다가, 사람들 사이에서 잘 알려져 있는 자들은 많은 사람들에게 영향을 미쳐서 구원을 향하여 나아가게 하고, 스스로 앞장을 서서 많은 사람들을 이끌어 자기를 따라 구원의 길로 가게 합니다. 그러므로 그들보다 먼저 구원의 길을 가고 있는 사람들이 그들을 보고 크게 기뻐하는 이유는, 단지 그들이 주님을 믿고 구원을 받았기 때문만이 아니라, 그들로 인해서 더 많은 사람들이 구원을 얻게 될 것임을 알기 때문입니다.

하지만 주님의 장막에서는 부자가 가난한 자보다 더 환영을 받거나, 귀족이 천민보다 더 대우를 받는 일이 있어서는 절대로 안 되는데, "세상의 약한 것들을 택하사 강한 것들을 부끄럽게 하려 하시며" "세상의 천한 것들과 멸시 받는 것들과 없는 것들을 택하사 있는 것들을 폐하려 하시는" 것이 주님의 뜻이기 때문입니다(고전 1:27-28). 주님은 "사도 중에 가장 작은 자"(고전 15:9)로 자처한 바울의 입을 통해서 이 말씀을 하셨는데, 사도 바울은 "서기오 바울"과 영적으로 싸워서 그의 교만을 꺾은 후에, 그리스도의 가벼운 멍에를 멘 큰 왕의 평범한 신민이 되게 하고 나서(행 13:7–12),[6] 자기에게 그토록 큰 승리를 허락하신 분이 주님이시라는 것을 잊지 않기 위해서, 자신의 이전의 이름인 "사울" 대신에 "바울"("작은 자"라는 뜻 – 역주)로 불리기를 원하였습니다.

원수 마귀가 어떤 사람을 좀 더 강력하게 장악하고 있거나, 어떤 사람을 이용해서 다른 많은 사람들을 장악하고 있는 경우에는, 우리가 그 사람을 얻게 되면, 마귀는 그렇지 않은 경우보다 더 큰 타격을 입게 됩니다. 당시에 마귀는 귀족이라는 이름을 이용해서 로마의 귀족들을 교만하게 하여 좀 더 확고하게 그들을 장악하고 있었고, 그 귀족들의 권위를 이용해서 수많은 사람들을 장악하고 있었습니다. 아울러, 마귀는 빅토리누스(Victorinus)의 영혼을 아주 확고하게 장악하고 있어서, 그 영혼은 마귀의 난공불락의 요새나 다름없었고, 빅토리누스의 혀는 마귀가 수많은 사람들의 영혼을 죽이기 위하여 사용해 온 아주 강력하고 날카로운 무기였는데, 세상 사람들은 그의 영혼과 혀를 아주 대단하게 여기고 있었습니다. 그래서 우리의 왕께서 이 "강한 자를 결박하시고"(마 12:29), 이 강한 자가 사용하던 도구들을 취하셔서 깨끗하게 하셔서, 주님의 영광을 위하여 쓰임 받기에 합당하게 하시고, 주님을 섬겨서 모든 선한 일들을 하게 하시는 것을, 주님의 자녀들이 보고서 이루 말할 수 없이 기뻐한 것은 너무나 당연한 일이었습니다.

---

6) 이것은 원래 군인과 반대되는 문관을 의미하였지만, 아우구스티누스는 다른 곳에서 수도사나 성직자와 구별되는 "평신도"라는 의미로 이 단어를 사용한다. 여기에서 말하고자 하는 요지는 로마 제국에서 "큰 자"였던 세르기우스 파울루스가 그리스도의 나라에서는 "무명의 시민"이 되었다는 것이다.

제5장

나의 결단을 방해한 정욕이라는 습성

10. 주님의 사람인 심플리키아누스(Simplicianus)가 빅토리누스에 관한 이러한 이야기를 내게 들려주었을 때, 그를 본받고 싶다는 열망으로 내 마음은 뜨거워졌는데, 사실 이것이 그가 내게 이런 이야기를 해 준 목적이었습니다. 그는 계속해서 한 가지 일화를 내게 더 들려주었는데, 그것은 율리아누스 황제 때에 그리스도교인들이 문법과 수사학을 가르치는 것을 금지하는 법이 제정되자, 빅토리누스는 그 법을 지키기 위하여, 말 못하는 젖먹이까지도 유창하게 말할 수 있게 해 주는 주님의 말씀을 떠나기보다는, 사람의 말을 가르치는 학교를 떠나는 쪽을 택하였다고 합니다.

나는 그가 그렇게 해서 모든 것을 훌훌 벗어버리고 오직 주님께만 헌신할 수 있는 기회를 얻게 된 것이라는 생각이 들었기 때문에, 내게는 그런 그가 용감했다기보다는 행복해 보였습니다. 내 자신도 그렇게 되기를 간절히 바랐지만, 나는 다른 사람의 쇠사슬이 아니라 내 자신의 의지의 쇠사슬에 묶여 있었습니다. 원수 마귀가 내 의지를 장악해서, 나를 묶는 쇠사슬을 만들어 냈고, 그 쇠사슬로 나를 꽁꽁 묶어 버렸습니다. "뒤틀린 의지"로부터 "정욕"이 생겨났고, 계속해서 정욕을 좇다 보니, "습성"이 만들어졌으며, 습성을 대적하지 않았더니, "필연"이 만들어졌습니다. 이 하나하나의 쇠고리들이 서로 연결되어 하나의 "쇠사슬"을 형성하였기 때문에, 나는 이것을 "쇠사슬"이라고 부른 것인데, 나는 이 쇠사슬에 꽁꽁 묶여서 꼼짝 없이 노예가 되어 버리고 말았습니다.

이제 내게는 유일하게 확실히 아름다우시고 향기로우신 하나님을 아무런 조건 없이 경배하고 즐거워하고자 하는 "새로운 의지"가 생겨나기는 했지만, 오랫동안 나를 장악해 와서 아주 강력한 힘을 지니게 된 "옛 의지"를 이기기에는 역부족이었습니다. 이렇게 두 의지, 즉 옛 의지와 새로운 의지, 또는 육을 따르는 의지와 영을 따르는 의지가 내 안에서 서로 다투고 싸웠고, 이 둘의 불화로 인하여 내 영혼은 갈기갈기 찢겨졌습니다.

11. 내 자신의 이러한 직접적인 경험을 통해서, 나는 내가 성경에서 읽은 말씀, 즉 "육체의 소욕은 성령을 거스르고 성령은 육체를 거스르나니"(갈 5:17)라는 말씀이 무슨 의미인지를 깨닫게 되었습니다. 분명히 내게는 두 가지 의지가 있었지만, 내 마음은 내가 옳지 않다고 생각하는 것을 행하고자 하는 의지보다는, 내가 옳다고 생각하는 것을 행하고자 하는 의지 쪽으로 더 많이 기울어 있었습니다. 왜냐하면, 내가 옳지 않다고 생각하는 것을 행하고자 하는 의지가 내게 있는 것은 분명했지만, 그것은 많은 부분 내가 적극적으로 원해서 생겨난 의지가 아니었고, 나는 원하지 않는데도, 나의 또 다른 의지를 거슬러서 그런 의지가 내 안에서 활동하고 있는 것이었기 때문이었습니다. 하지만 그러한 습성화된 의지가 나를 거슬러 싸우게 된 것도 사실은 내 책임이었습니다. 왜냐하면, 지금 내 자신이 내가 원하지 않는 모습으로 있게 된 것도 사실은 내가 원해서 그렇게 된 것이었기 때문이었습니다.

그러므로 죄인에게 형벌이 내려졌을 때, 그것은 지극히 합당하고 의로운 일인데, 누가 감히 그것은 잘못된 일이라고 반기를 들거나 항변할 수 있겠습니까? 나는 전에는 내가 아직은 진리를 확실히 알지 못하기 때문에, 세상을 버리고서 주님을 섬길 수 없다고 변명할 수 있었지만, 이제는 그런 변명도 더 이상 할 수 없게 되었습니다. 왜냐하면, 나는 이제 진리를 확실하게 알았기 때문이었습니다. 하지만 나는 여전히 땅에 묶여 있어서, 어떤 것들이 나를 얽어매어서 주님께 나아가지 못하게 하지는 않을지를 두려워하는 것이 마땅하였는데도, 도리어 나를 얽어매어서 주님께 나아가지 못하게 하는 것들이 제거되어서 내가 그런 것들로부터 놓여나게 되지는 않을지를 두려워하였습니다.

12. 이렇게 나는 세상의 짐들에 의해서 적당히 기분 좋게 눌려서 잠에 취해 있는 사람과 같았고, 내가 주님을 생각하고 묵상한 것은, 그 잠에서 깨어나려고 하는 것과 같았지만, 그럴 때마다 너무나 졸려서 잠을 이기지 못하고 또다시 깊은 잠 속으로 떨어지고 말았습니다.

사람들은 누구나 잠자는 것보다는 깨어 있는 것이 더 낫다는 것을 알고 있고, 이것은 지극히 옳은 판단이기 때문에, 자기가 영원토록 깨지 않고 잠만 자는 것을 원하는 사람은 아무도 없습니다. 하지만 대부분의 사람들은 온 몸이 피곤하여 만사가 귀찮을 때에는, 일어나야 할 시간이 되었고, 더 이상 자서는 안 된다는 것을 뻔히 알면서도, 잠을 떨쳐내지 못하고, 계속해서 잠을 청하게 됩니다.

마찬가지로, 내게도 내 자신을 나의 정욕에 내어 주기(cedere)보다는, 주님의 사랑에 내어 드리는(dedere) 것이 더 낫고, 그렇게 해야 한다는 분명한 확신이 있었고, 실제로 주님의 사랑은 내게 만족을 주고 나를 승복시켰지만, 나의 정욕은 내게 쾌락을 제공해 주어서 나를 쇠사슬로 묶어 버렸습니다. 그래서 주님은 "잠자는 자여 깨어서 죽은 자들 가운데서 일어나라 그리스도께서 너에게 비추이시리라"(엡 5:14)고 말씀하시며 나를 부르셨지만, 나는 그 부르심에 응답할 수 없었습니다.

주님은 주께서 하신 말씀들이 다 참되다는 것을 도처에서 보여 주셨지만, 나는 주님의 말씀들이 진리라는 것을 확신하면서도 아무런 응답도 하지 못하고, 단지 잠에 취해서 잠꼬대처럼 "잠깐만," "제발 잠깐만," "조금만 더"라는 말만을 되풀이하였습니다. 하지만 "잠깐만"은 결코 "잠깐"이 아니었고, "조금만 더"는 조금으로 끝난 것이 아니라, 길게 이어졌습니다. 내가 "내 속사람으로는 하나님의 법을 즐거워한" 것은 별 소용이 없었고, 나는 "내 지체 속에서 한 다른 법이 내 마음의 법과 싸워 내 지체 속에 있는 죄의 법으로 나를 사로잡는 것"을 지켜볼 수밖에 없었습니다(롬 7:22-23). 여기에서 "죄의 법"은 내 안에 굳어진 "습성"의 폭정을 가리키는데, 이 습성은 나의 마음을 장악해서, 내가 원하지 않는 곳으로 이리저리 끌고 다닙니다.

하지만 그 습성이라는 것도 결국은 전에 내가 원해서 나의 의지로 만들어 낸 것이기 때문에, 이제 와서 내가 그 습성에 의해서 끌려다닌다고 해도, 나로서는 아무런 할 말이 없습니다. "오호라 나는 곤고한 사람이로다." "우리 주 예수 그리스도로 말미암은" 하나님의 은혜 외에 누가 "이 사망의 몸에서 나를 건져내랴"(롬 7:24-25).

제6장
황실 고위직에 있던 그리스도교인 폰티키아누스와의 만남

13. 나를 돕는 자시며 나의 구속자이신 주님이여, 나는 이렇게 정욕과 욕망의 쇠사슬에 묶여서, 나를 아주 단단히 묶고 있던 정욕에 사로잡혀 있었고, 세상 일들의 노예가 되어 있었는데도, 주님은 나의 쇠사슬을 끊으시고 거기에서 나를 건져 주셨는데, 지금 여기에서는 주님이 어떻게 나를 그렇게 해 주셨는지를 고하고, 주님의 이름에 영광을 돌리고자 합니다.[7]

나는 일상의 일들을 해 나가고 있기는 하였지만, 불안은 점점 더 커져갔고, 날마다 주님 앞에서 탄식하는 삶이 이어졌습니다. 내가 해 나가야 했던 업무의 중압감 아래에서 신음하며 힘들어 하면서도, 시간이 날 때마다 자주 주님의 교회를 찾았습니다. 나와 함께 있던 알리피우스(Alypius)는 재무장관의 보좌관으로서의 세 번째 임기를 끝낸 후에 공직에서 물러나서, 마치 말재주가 배워서 될 수 있다는 듯이 내가 말재주를 팔고 있었던 것처럼, 개인 법률사무소를 차려 놓고서, 자신의 법률적인 조언을 팔기 위하여 고객들을 기다리고 있었습니다.

네브리디우스(Nebridius)는 밀라노의 시민이자 문법교사인 베레쿤두스(Verecundus) 밑에서 학생들을 가르치고 있었습니다. 이것은 우리 모두의 절친이었던 베레쿤두스가 자기를 진심으로 도와 줄 사람이 절실하게 필요한데, 그럴 사람이 우리밖에 없다고 말하면서, 친구로서의 도리를 들먹이며 아주 강력하게 원하고 요청하였기 때문에, 네브리디우스가 우리의 우정을 생각해서 그렇게 하기로 동의한 것이었습니다. 그러므로 네브리디우스는 이익에 이끌려서 거기로 간 것이 아니었고, 단지 아주 다정하고 인정이 많은 친구여서, 도와 달라는 우리의 요청을 차마 거절하지 못한 것일 뿐이었습니다. 왜냐하면, 그에게는 자기만 원했다면 얼마든지 독자적으로 사람들에게 문법과 문학을 가르쳐서 훨씬 더 많은 돈을 벌 수 있는 능력이 있

---

7) 이것들은 아우구스티누스에게 남아 있던 최후의 장애물들이었다. 그의 지적인 난점들은 이미 제거되어 있었기 때문에, 그리스도인이 되고자 하는 그의 의지는 강해져 있었다. 그러나 그의 절제할 수 없는 성욕과 자신의 직업에 깊이 연루되어 있는 상황은 의도적인 결단으로 쉽게 극복될 수 있는 것들이 아니었다.

었기 때문입니다. 그는 그렇게 사람들을 가르치는 일을 하면서도, 아주 지혜롭게 행하여, 세상적으로 유명한 사람들에게 자기가 알려지는 일이 없도록 아주 조심함으로써, 자신의 마음을 흐트러뜨릴 수 있는 온갖 일들을 피하고, 많은 여유 시간을 확보해서, 지혜와 관련하여 책들을 읽거나 남들이 하는 말들을 듣거나 스스로 지혜를 탐구하는 시간을 될 수 있으면 많이 갖고자 했습니다.

14. 그런데 어느 날 네브리디우스는 어떤 이유에서였는지는 기억이 나지 않지만 집에 없었고, 나와 알리피우스만 집에 있을 때, 폰티키아누스(Ponticianus)라는 사람이 찾아 왔는데, 그는 북아프리카 출신으로서 우리와 동향인이었고, 황실에서 고위직에 있는 사람이었습니다. 그가 우리에게 무슨 볼일이 있어서 왔는지도 모른 채로, 우리는 앉아서 함께 얘기를 나누게 되었는데, 우리 앞에 있던 놀이용 책상 위에 놓여 있는 책 한 권이 우연히 그의 눈에 띄게 되었습니다.[8] 그는 그 책이 내가 학생들을 가르칠 때에 사용하는 골치 아픈 책들 중의 한 권일 것이라고 생각해서, 집어서 펴보았는데, 자신의 예상과는 달리, 그 책이 사도 바울이 쓴 서신이라는 것을 발견하고서는, 미소 띤 얼굴로 나를 쳐다보며, 내가 오직 이 책만을 내 옆에 두고 읽고 있을 것이라는 사실은 꿈에도 생각하지 못하였다고 말하며 놀라워하고 기뻐하였습니다. 왜냐하면, 그는 신실한 그리스도교인이었고, 자주 교회에 나가서 우리 하나님 앞에 엎드려 오래 기도하는 사람이었기 때문이었습니다. 내가 가장 관심을 갖고 읽고 있는 책이 바로 이 바울 서신이라고 말하자, 이런저런 얘기들이 오고가다가, 그의 입에서 이집트인 수도사 안토니우스(Antonius)에 관한 이야기가 나왔습니다.

안토니우스라는 이름은 주님의 종들 사이에서는 아주 유명하였지만, 나와 알리피우스는 그때까지 그 이름을 한 번도 들어본 적이 없었습니다.[9] 폰티키아누스는 이 사실을 알고서는, 우리가 그를 알지 못하고 있다는 사실에 깜짝 놀라면서,

---

8) 아우구스티누스의 미래와 과거를 대표하는 이 두 대상을 나란히 병치시킨 것은 극적인 효과를 놓이기 위한 것이라고 할 수 있다.

9) 애굽의 안토니우스(주후 250-356년)는 "수도사들의 아버지"라 불렸다. 아우구스티누스 시대 이전에는 수도원이 이집트와 카파도키아에서는 이미 번성했지만, 아프리카에는 거의 없었다는 사실이 수도원에 대하여 그가 무지했던 이유였다.

그런 인물을 알지 못한다는 것은 말이 안 된다는 듯이, 우리에게 그에 대한 이야기를 한참 동안이나 해 주었습니다. 그리고 이번에는, 주님의 놀라운 역사들이 바른 신앙과 그리스도교회 내에서 우리 시대에서 멀지 않은 아주 최근에 증언되었다는 사실에 우리가 깜짝 놀랐습니다. 결과적으로, 우리 세 사람은 모두 놀랐습니다. 우리는 너무나 엄청난 이야기에 놀랐고, 폰티키아누스는 우리가 그런 이야기를 들은 적이 없다는 사실에 놀랐습니다.

15. 그런 후에, 그의 이야기는 수도원에서 살아가는 많은 무리들, 주님께 드려진 향기로운 제물 같은 그들의 삶과 행실, 세상을 버리고 광야로 들어가서 홀로 풍성하게 살아가는 사람들로 옮겨갔지만, 그런 것들은 우리가 생전 처음으로 들어 본 것들이었습니다. 밀라노의 성벽 밖에도 암브로시우스의 지원 아래에서 많은 믿음의 형제들이 수도원에서 생활하고 있었지만, 우리는 그것조차도 모르고 있었습니다. 그는 계속해서 이런저런 이야기들을 우리에게 들려주었고, 우리는 조용히 집중해서 경청하였는데, 그가 해 준 이야기들 중에는 이런 것도 있었습니다.

어느 날 황제가 트리어의 원형극장에서 검투사들의 경기를 관람하고 있는 동안에,[10] 폰티키아누스와 그의 동료 세 사람은 성벽 가까이에 있던 동산을 산책하게 되었는데, 거기에서 어쩌다가 그는 그 중 한 사람과 함께 걷게 되었고, 마찬가지로 다른 두 사람도 자신들과 떨어져서 걷게 되었다고 합니다. 그런데 이렇게 자기와 떨어져서 산책하게 된 그 두 사람은 그 동산을 거닐다가, 어느 허름한 집을 발견하고서 들어가 보았는데, 거기에는 "심령이 가난하여" "천국이 그들의 것"이 된 주님의 몇몇 종들이 살고 있었고, 그 집에는 안토니우스의 생애에 대하여 쓴 책도 놓여 있어서,[11] 그 두 사람 중 한 명이 그 책을 집어들어 읽기 시작하더니, 경이로움에 사로잡혀서 그 마음이 뜨거워져서, 그 책을 읽는 내내, 자기도 세상의 직업을 버리고 주님을 섬기는 그런 삶을 살면 어떨까 하고 진지하게 생각하였답니

---

10) 디오클레티아누스 시대 이래로 로마제국의 서쪽 지역의 수도는 트리어였지만, 궁정은 주후 381년에 거기에서 밀라노로 이전되었다. 알렉산드리아의 주교 아타나시우스는 주후 335년부터 337년까지 트리어에서 귀양살이를 했는데, 그에 대한 기억이 이하의 얘기를 설명해 줄 수 있을 것이다.
11) 이 책은 아타나시우스가 썼다고 하고, 히에로니무스의 친구인 에바그리우스(Evagrius)에 의해 라틴어로 번역되었다.

다. 이 두 사람은 로마 제국에서 벌어지는 일들을 살펴서 황제에게 보고하는 임무를 맡은 고문관들이었습니다.[12]

그 사람은 책을 읽다가 갑자기, 거룩한 사랑과 건전한 수치심으로 충만해서, 자기 자신에게 화가 난 듯이 자신의 친구를 쳐다보며 이렇게 소리쳤답니다: "우리가 도대체 무엇을 이루기 위해서 이렇게 밤낮으로 죽도록 일하고 수고하는 것인지, 제발 자네가 내게 말 좀 해 주게. 우리는 이루고자 하는 것이 무엇이고, 우리가 공직을 맡아 일하는 복적이 무엇이지? 우리가 황궁에서 죽도록 일해서 가장 높이 올라간다고 해도, 고작 '황제의 벗'이 되는 것이고, 설령 그 자리에 올랐다고 해도, 그 자리는 늘 위태롭고 위험으로 가득한 자리가 아니던가? 왜 우리는 수많은 위험들을 감수하면서까지 더 큰 위험이 기다리고 있는 자리에 오르려고 하는 것이며, 우리가 과연 그 자리에 오를 수 있기는 한 것인가? 반면에, '하나님의 벗'이 되고자 한다면, 나는 지금이라도 당장 그렇게 될 수 있다네."

이렇게 말한 후에, 그는 새 생명으로 태어나는 산고 속에서 다시 책으로 눈을 돌려서 계속해서 읽어 가던 중에, 주님께서 이미 알고 계시듯이, 내적으로 변화를 받아서, 그의 마음은 세상을 훌훌 벗어버릴 수 있게 되었고, 그것은 곧 겉으로 드러났습니다. 왜냐하면, 책을 읽어 내려가는 도중에, 그의 마음에서는 폭풍이 이는 것처럼 여러 번 출렁거렸지만, 마침내 그는 더 좋은 길을 발견하였고 그 길을 선택했기 때문입니다. 이렇게 해서 주님의 사람이 된 그는 자기 친구에게 이렇게 말했답니다: "이제 나는 우리가 지금까지 추구해 왔던 야망들을 다 버리고, 오직 하나님만을 섬기기로 결심하였고, 지금 이 시간부터 그리고 지금 이곳에서부터 그렇게 하려고 하니, 자네가 나와 함께하지 않겠다면, 반대하지는 말아 주게."

그러자 그 사람의 친구는 자기도 그의 옆에 머물러서, 그토록 큰 상이 걸려 있는 그토록 큰 일에 동참하겠다고 대답하였고, 이렇게 해서 두 사람은 주님의 사람들이 되어서, "너희 중의 누가 망대를 세우고자 할진대 자기의 가진 것이 준공하기까지에 족할는지 먼저 앉아 그 비용을 계산하지 아니하겠느냐"(눅 14:28)는 말씀

---

12) 동산에서 일어난 이 사건은 앞으로 얘기될 것, 즉 또 다른 동산에서 아우구스티누스와 알리피우스가 겪게 될 사건에 대한 복선이고, 이러한 병행은 표현상의 많은 유사점들에 의해서 더욱 강화되고 있다.

을 따라, 자신들이 가진 모든 것을 버리고 주님을 따르는 합당한 대가를 치르고서는, "망대를 세우기" 시작하였다고 합니다.

한편, 동산의 다른 곳에서 산책을 하고 있던 폰티키아누스와 또 한 명의 동료는 다른 두 명의 동료를 찾아다니다가 그 허름한 집으로 오게 되었고, 거기에서 그들을 발견하고서는, 이제 날이 저물어 가니 빨리 돌아가자고 권하였답니다. 하지만 그 두 사람은 자신들의 결심과 각오를 밝히고, 자신들이 어떤 식으로 그러한 결심에 이르게 되었는지와 그 결심이 얼마나 확고한지를 들려주면서, 자신들과 함께하고자 하지 않는다면, 자신들을 괴롭히지 말고 가만히 놓아 둘 것을 간청하더랍니다. 그래서 폰티키아누스와 그의 또 한 명의 동료는, 비록 자신들은 지금까지 걸어 왔던 길을 바꾸지는 못하더라도, 자신들이 그렇게 살고 있는 모습을 슬퍼하고 탄식한다고 그들에게 말하고서는, 진심으로 그들을 축하해 주고, 자신들을 위해서 기도해 줄 것을 부탁한 후에, 땅에 붙은 마음을 이끌고 황궁으로 돌아 왔고, 다른 두 사람은 자신들의 마음을 하늘에 꼭 붙들어 매고서, 그 허름한 집에 머물러 있게 되었다고 합니다. 이 두 사람에게는 모두 약혼녀가 있었는데, 그 여자들도 이 이야기를 듣고서는, 자신들의 정절을 주님께 바쳤다고 합니다.

제7장
폰티키아누스가 들려준 두 관리의 회심 사건이 내게 준 충격

16. 이것이 폰티키아누스가 우리에게 들려준 이야기였습니다. 주님, 그가 이런 이야기를 들려주는 동안에, 주께서는 나로 하여금 내 자신을 보지 않을 수 없게 하셨습니다. 왜냐하면, 나는 그동안 내 자신을 찬찬히 뜯어보기가 싫어서 내 등 뒤로 던져 놓았는데, 주님은 등 뒤에 있던 내 자신을 들어다가 나의 코 앞에 들이미시면서, 내가 얼마나 추악한지, 그리고 내가 얼마나 뒤틀려 있고 더러우며, 얼마나 많은 흠집과 종기로 뒤덮여 있는지를 보지 않을 수 없게 하셨기 때문입니다. 나는 그런 나의 모습을 보고 역겹고 끔찍했지만, 내 자신으로부터 도망치는 것은 불가능했습니다. 내가 내 자신에게서 눈길을 돌리려고 하면, 폰티키아누스

는 내 앞에서 여전히 이야기를 계속하고 있었고, 주님은 내 앞에 내 자신을 들이 미시며 똑바로 보라고 하셨기 때문에, 나는 나의 죄악을 볼 수밖에 없었고 미워할 수밖에 없었습니다. 나는 나의 죄악을 벌써부터 알고 있었지만, 마치 못 본 것처럼 숨겼고 잊어버리려고 했던 것일 뿐이었습니다.

17. 그때에 나는 그 두 사람이 제대로 된 사랑으로 불타올라서 고침 받기 위하여 그들 자신을 온전히 주님께 드렸다는 이야기를 듣고서는, 그들을 아주 열렬하게 사랑하게 되었는데, 그럴수록 그들과 비교되는 내 자신의 역겹고 혐오스러운 모습이 더욱더 싫어졌습니다. 왜냐하면, 내가 열아홉 살에 키케로가 쓴 『호르텐시우스』(Hortensius)를 읽고서, 지혜를 탐구하고자 하는 소원이 생긴 후로, 이미 열두 해가 지났는데도, 나는 지금도 여전히 세상의 낙을 멸시하지 못해서 지혜를 탐구하는 일을 미루고 있었기 때문입니다. 만일 내가 지금까지 내내 진리를 탐구하였더라도, 진리를 발견하지는 못했을 것이라고 할지라도, 나는 세상의 보화들이나 권세들, 도처에 널려 있어서 원하기만 하면 언제든지 채울 수 있는 육신적인 쾌락을 추구하는 것보다, 진리를 탐구하는 것을 더 우선시하는 것이 마땅한 일이었습니다.

지금 이렇게 너무나 비참한 청춘이 되어 버린 나는, 이미 청년기가 시작될 무렵부터 비참하게도, 순결한 삶을 살게 해 달라고 주님께 청하면서, "주여, 나로 하여금 순결하고 절제하는 삶을 살게 해 주시기를 바라지만, 아직은 그렇게 해 주지 마십시오"라고 기도한 그런 자였습니다. 내가 그런 기도를 한 것은, 나는 나의 정욕을 없애기보다는 충족시키기를 더 바라고 있었던 까닭에, 주님이 나의 기도에 속히 응답하셔서, 내가 그 정욕의 질병으로부터 너무 빨리 고침 받게 될까봐 두려워하였기 때문이었습니다. 그런 상태에서, 나는 마니교를 받아들여서, 신성모독적인 사악한 미신의 길을 따라 헤매고 다녔는데, 그것은 내가 마니교에 대해서 어떤 확신이 있었기 때문이 아니었고, 단지 내가 진지하게 탐구하고자 하지는 않고 악의적으로 공격하기만 하였던 그리스도교보다 마니교가 차라리 더 낫다고 생각했기 때문이었습니다.

18. 나는 내가 세상이 주는 희망을 멸시하고 오직 주님만을 따르는 것을 차일 피일 미루어 왔던 이유는, 나의 달려 갈 길을 인도해 줄 어떤 확실한 것이 내 눈에 보이지 않았기 때문이라고 생각해 왔었는데, 내가 내 자신 앞에서 벌거벗겨지고, 내 양심이 나를 다음과 같이 책망하게 된 날이 이제 도래한 것이었습니다: "네 입이 무엇이라고 말했더라? 너는 분명히 네 입으로 세상의 것들이 비록 쓸데없는 무거운 짐이라고 할지라도, 진리가 무엇인지 불확실한 상황에서는 버릴 수가 없다고 말했었지. 그런데 보라, 이제 진리가 확실해졌는데도, 너는 아직까지도 여전히 그 무거운 짐에 눌려 있지 않느냐. 그 두 사람은 진리가 무엇인지를 탐구하는 데 너처럼 진을 빼지도 않았고, 진리에 대해서 생각하느라고 너처럼 그렇게 오랜 세월을 보내지도 않았지만, 그들을 짓누르던 무거운 짐을 금세 훌훌 털어 버리고, 주님이 주신 날개를 달고 날아오르지 않았더냐."

폰티키아누스가 이야기를 계속해 나가는 동안, 나의 내면은 이렇게 썩어 들어가고 있었고, 너무나 창피하고 수치스러워서 당혹감에 휩싸여 안절부절못하였습니다. 그는 이야기를 다 마치고 나서, 우리를 찾아온 원래의 목적을 끝낸 후에, 자기 길을 갔고, 나는 홀로 남겨졌습니다. 이때에 내가 내 자신에게 무슨 말인들 하지 않았겠습니까? 나는 내 영혼에게 온갖 책망을 퍼붓고 채찍질을 하면서, 주님을 따르기 위해 애쓰는 나를 따르라고 종용하였지만, 내 영혼은 아무런 변명도 할 수 없는데도, 끝까지 버티면서 주님을 따르기를 거절하였습니다. 모든 변명들이 다 제시되었지만, 그것들은 하나 같이 잘못된 것임이 드러나서 여지없이 단죄되었습니다. 내 영혼은 몸에 밴 저 악한 "습성"으로 인해서 죽어가고 있었는데도, 도리어 그 습성이 끊어져 버리면, 마치 자기가 죽어 없어져 버리게 되는 것처럼 여기고서 두려워하고 있었기 때문에, 아무런 변명도 할 수 없는 상황에서 계속해서 덜덜 떨고 있기만 하였습니다.

제8장

회심하고자 하는 간절한 열망과 그것을 거부하는 의지

19. 그런 후에, 내가 내 마음이라는 밀실에서 내 영혼을 상대로 담대하게 시작한 저 치열한 싸움이 나의 내면의 집에서 계속되었기 때문에, 나의 마음과 얼굴이 둘 다 상기되어 있는 가운데, 나는 알리피우스를 붙들고서, 이렇게 소리쳤습니다: "도대체 우리에게 무엇이 문제인 거지? 너도 들었듯이, 이것은 도대체 무슨 일인 거지? 배우지 못한 사람들은 벌떡 일어나서 천국을 붙잡는데, 배웠다고 하는 우리는 천국을 붙잡을 생각은 하지 않고, 혈과 육 가운데서 뒹굴고 있지 않은가! 그들이 앞서 가서, 그들을 뒤따라가는 것이 부끄러워서 그러는 것인가? 하지만 그들을 뒤따라가려고 하지 않는 것이 더 부끄러운 일이 아닌가?" 나는 정확히 기억나지는 않지만, 이런 취지의 말을 한 후에, 몹시 흥분해서 곧바로 그 자리에서 나왔고, 알리피우스는 깜짝 놀라서 아무 말도 못하고 나를 빤히 쳐다보기만 했습니다. 왜냐하면, 내가 말하는 것이 평소의 나답지 않았고, 나의 얼굴과 뺨과 눈과 안색과 어조가, 내가 한 말보다도 더 분명하게, 내 마음의 상태를 말해 주었기 때문이었습니다.

우리가 세 들어 살고 있던 집에는 작은 동산이 있었는데, 집 주인이 우리와 함께 살고 있지 않았기 때문에, 우리는 그 동산을 포함해서 집 전체를 사용하고 있었습니다. 내 심령 속에서 벌어지고 있던 격렬한 소용돌이는 나를 그 동산으로 몰아갔는데, 이 치열한 싸움이 언제 끝나게 될지는 나는 알지 못하였고 오직 주님만이 알고 계셨지만, 거기에서라면, 이 싸움이 끝날 때까지, 내가 내 자신과 맞붙어서 아무리 치열한 싸움을 벌인다고 하여도, 그런 나를 방해할 사람은 아무도 없을 것이었습니다. 나는 내 자신의 상태가 나쁘다는 것은 알고 있었지만, 얼마의 시간이 지나야만 좋아질 수 있을지를 알지 못하였기 때문에, 온전하게 되기 위하여 미쳐 가고 있었고, 살기 위하여 죽어 가고 있었습니다. 그래서 나는 동산으로 물러나 있었고, 알리피우스도 조금씩 점점 더 내 곁으로 다가왔습니다. 그가 옆에 있어 준다고 해서, 내가 외롭고 고독한 것이 사라지는 것은 아니었지만, 내가 그런 상태에 있는데, 어떻게 그가 나를 내버려 둘 수 있었겠습니까? 우리는 될 수 있으면 집에서 더 멀리 떨어진 곳에 앉아 있었습니다.

나의 하나님이여, 나의 모든 뼈들이 주님의 뜻과 언약을 하늘까지 울려 퍼지는 큰 소리로 찬송하면서, 주님의 뜻을 받아들여서 주님과 언약을 맺으라고 내게 외쳐대는데도, 내 자신은 그렇게 하고자 하지 않았기 때문에, 내 자신에 대하여 이루 말할 수 없을 정도의 분노가 치밀어 올라서, 내 영혼은 심하게 격동된 상태에 있었습니다. 주님의 뜻을 받아들여서 주님과 언약을 맺기 위해서 내가 가야 할 길은, 내가 집에서 나와서 우리가 앉아 있던 곳까지 오는 것보다도 짧은 거리여서, 배나 마차를 타고 갈 필요도 없었고, 도보로 한참이나 걸어갈 필요도 없었습니다. 단지 가고자 하는 의지만 있다면, 그 길을 따라 걸어서 목적지에 금방 도달할 수 있었기 때문에, 오직 "의지" 외에는 다른 아무것도 필요하지 않았습니다. 하지만 그 의지는 강하고 흠 없는 것이어야 했고, 형편에 따라 휘청거리거나 이리저리 휩쓸리며, 한 쪽은 올라가는데 다른 한 쪽은 내려가는 그런 반쪽짜리 의지여서는 안 되었습니다.

20. 나는 이렇게 망설이고 주저하며 안절부절못하고 있는 동안에도, 몸으로는 많은 것들을 행하고 있었습니다. 하지만 사지가 없다거나 묶여 있다거나 병으로 약해져 있다거나 그 밖의 다른 어떤 이유로 마음대로 움직일 수 없게 된 사람들의 경우에는 그런 것들을 하고 싶어도 할 수 없었을 것입니다. 내가 내 머리카락을 쥐어뜯거나, 이마를 때리거나, 양손가락으로 깍지를 끼어서 내 무릎을 감싸서 잡아당겼다면, 그것은 내가 그렇게 하고 싶었고, 그래서 그렇게 한 것입니다. 하지만 나의 사지가 나의 뜻을 따라 주지 않았다면, 그런 것들을 하고 싶었어도 그렇게 할 수 없었을 것입니다. 따라서 나는 많은 것들을 행하였지만, 내가 원한다고 해서 무엇이든지 다 할 수 있는 것은 아니었습니다.

하지만 나는 그 어떤 것과도 비교할 수 없을 정도로 하고 싶었던 것, 그리고 당장에라도 마음만 먹는다면, 즉 지금 당장이라도 결연히 행하고자 하기만 한다면, 할 수 있었던 그런 것을 하지 않고 있었습니다. 왜냐하면, 그것은 의지만 있으면 얼마든지 할 수 있는 것이었던 까닭에, 하고자 하는 의지를 가지는 것이 곧 그것을 행하는 것이었기 때문이었습니다. 하지만 나는 그것을 행하지 않고 있었습니다. 나의 몸은 내 마음이 어떤 것을 조금이라도 원하는 기미가 보이기만 하면, 내 마음이 지시하는 그 방향으로 즉시 아주 쉽게 사지를 움직였던 반면에, 내 영혼은 오직 하고자 하는 의지만 있으면 이룰 수 있는 일임에도 불구하고 어지간한 의지의 명령에는 잘 따르려고 하지 않았습니다.

제9장
마음의 명령과 의지의 불복종

21. 이런 기괴한 일이 벌어지게 되는 이유가 무엇입니까? 도대체 이런 일이 왜 벌어지는 것입니까? 이것이 인간이 지은 죄악으로 인하여 받게 된 은밀한 형벌이고, 아담의 자손들이 처해 있는 너무나 암울하고 절망적인 형편이라고 하면, 혹시 이 질문에 대한 대답이 되는 것인지를 내가 묻사오니, 주님의 자비를 나타내셔서, 나로 알게 하여 주십시오. 이런 기괴한 일이 벌어지게 된 이유가 무엇입니까? 도대체 이런 일이 왜 벌어지는 것입니까? 마음이 육신에게 명령하면, 육신은 거기에 즉시 복종합니다. 반면에, 마음이 마음에게 명령하면, 마음은 거기에 복종하지 않고 저항합니다. 마음이 손에게 움직이라고 명령하면, 명령하는 것과 복종하는 것이 거의 동시에 이루어진다고 할 수 있을 정도로, 손은 아주 흔쾌히 대단히 신속하게 그 명령을 따라 움직입니다. 하지만 이 경우는 마음이 육신인 손에게 명령하는 경우일 뿐입니다. 마음이 마음에게 어떤 것에 대하여 의지를 가지라고 명령하면, 이 둘은 서로 다르지 않은 동일한 마음인데도, 그 명령에 복종하지 않습니다.

이런 기괴한 일이 벌어지게 되는 이유가 무엇입니까? 도대체 이런 일이 왜 벌어지는 것입니까? 마음이 어떤 것을 행하기를 원하지 않았다면 그것을 행하라고 명령하고자 하지 않았을 것인데, 왜 마음은 자신에게 명령한 것을 행하지 않는 것입니까? 그 이유는 마음이 그것을 온전히 원하지 않았고, 따라서 온전히 명령한 것이 아니었기 때문입니다. 마음은 자기가 원하는 정도만큼만 행하라고 명령하기 때문에, 자기에게 명령한 것을 그 정도만큼만 행하고, 자기가 원하는 정도를 벗어나 있는 부분은 행하지 않습니다. 왜냐하면, 마음이 어떤 것을 행하고자 하는 의지를 갖게 되었을 때, 마음은 다름 아닌 자기 자신에게 그것과 관련해서 자신이 갖게 된 정도만큼의 의지만을 가지라고 명령하기 때문입니다. 그러므로 마음이 어떤 것을 행하고자 하는 온전한 의지를 갖고서 명령하지 않는 경우에는, 마음이 명령한 것은 이루어지지 않습니다. 반면에, 어떤 것을 행하고자 하는 마음의 의지가 온전한 경우에는, 그 의지는 이미 자신 속에서 이루어져 있을 것이기 때문에, 자신에게 그렇게 행하라고 명령할 필요조차 없게 됩니다.

그러므로 우리의 마음속에 어떤 것을 원하는 의지와 원하지 않는 의지가 공존하는 것은 전혀 기괴한 일이 아니고, 마음의 병일 뿐입니다. 우리의 마음은 "습성"에 짓눌려서 진리를 의지해서 온전히 날아오르지 못합니다. 이렇게 우리에게는 두 개의 의지가 존재하고, 각각의 의지는 온전하지 않으며, 어느 한 쪽에 없는 것이 다른 쪽에는 있습니다.

제10장
마니교도들이 말하는 인간의 두 본성론

22. 하나님이여, 허황된 말들로 사람들의 영혼을 미혹시키는 마니교도들이 주님의 면전에서 사라지게 해 주십시오. 그들은 사람이 어떤 일에 대하여 깊이 생각할 때에 두 가지 의지가 서로 각축하는 것을 주목하고서는, 사람에게는 두 가지 본성이 존재하는데, 하나는 선한 본성이고, 다른 하나는 악한 본성이며, 이 두 본성은 각자의 마음을 지니고 있다고 단언하였습니다. 그들이 이런 악한 생각을 지니고 있는 동안에는, 그들은 악할 수밖에 없고, 오직 사도가 "너희가 전에는 어둠이더니 이제는 주 안에서 빛이라"(엡 5:8)고 한 진리에 동의하고, 그 진리를 받아들일 때에만 선하게 될 수 있습니다. 하지만 그들은 사람의 영혼의 본성이 하나님이 지니고 계신 본성과 동일하다고 생각하여, "주 안에서"가 아니라 그들 자신 안에서 빛이 되고자 하였기 때문에, 너무나 지독하게 교만해져서, "참 빛 곧 세상에 와서 각 사람에게 비추는 빛"(요 1:9)이신 주님으로부터 아주 멀리 떠나감으로써, 더 극

심한 어둠이 되고 말았습니다. 너희는 자신들이 어떤 말들을 하고 다녔는지를 잘 살펴보고서, 부끄럽고 창피해서 얼굴을 붉히는 것이 마땅하다. 주님 앞으로 가까이 나아와서 빛을 받으라. 그러면, 너희의 "얼굴은 부끄럽지 아니하리로다"(시 34:5).

나는 주 나의 하나님을 섬길지 말지를 오랫동안 고민해 왔는데, 이제 어느 쪽을 선택할지를 숙고해서 결론을 내려야 했을 때, 하나님을 섬기기를 원한 것도 나였고, 원하지 않은 것도 나였습니다. 전자도 나였고, 후자도 나였습니다. 나는 온전히 원한 것도 아니었고, 온전히 원하지 않은 것도 아니었습니다. 나는 내 자신과 싸우고 있었고, 내 자신으로 말미암아 분열되어 있었습니다. 이 분열은 내가 원한 것이 아니었지만, 내 심령 안에 또 다른 본성이 존재한다는 것을 보여 주는 증거가 아니라, 나에 대한 형벌이었습니다.

따라서 이 분열을 일으킨 자는 "내가 아니요 내 속에 거하는 죄"(롬 7:17)였고, 이 죄가 내 안에 거하게 된 것은 아담이 자유의지로 죄를 범한 것에 대한 형벌이었습니다.[13] 그리고 나는 아담의 자손이었습니다.

23. 사람 안에서 서로 각축하는 의지들의 수만큼이나 서로 다른 본성들이 존재하는 것이라면, 사람 안에는 두 개의 본성이 아니라 더 많은 본성이 존재한다고 말하여야 합니다. 어떤 사람이 마니교도들의 집회가 열리는 곳에 갈지, 아니면 극장에 갈지를 놓고 고민하는 경우에, 마니교도들은 이렇게 소리칠 것입니다: "보라, 여기에 두 본성이 있어서, 선한 본성은 그에게 우리의 집회에 참석하라고 말하고, 악한 본성은 극장으로 가라고 말하고 있다. 이렇게 두 본성을 전제하지 않는다면, 그 사람이 두 개의 서로 갈등하는 의지 사이에서 주저하고 망설이는 것을 무슨 수로 설명할 수 있겠는가?" 하지만 나의 대답은, 그를 마니교도들의 집회로 이끄는 의지와 극장으로 이끄는 의지는 둘 다 악하다는 것입니다. 그런데도 그들은 전자의 의지는 선하고 후자의 의지는 악하다고 믿습니다.

---

13) 아우구스티누스는 아담이 우리가 누리고 있는 자유보다는 더 낮지만 온전한 자유에는 미치지 못하는 자유를 향유하였다는 것을 암시하기 위하여 여기에서 비교급을 사용한다. 그는 나중에 『바르게 함과 은혜』 (XII.33)에서 "범죄하지 않을 수 있는 상태"(posse non peccare)에 있었던 아담의 특권과 하늘에서의 온전한 자유를 뜻하는 "범죄하는 것이 불가능한 상태"(non posse peccare)의 구별을 상세히 설명한다.

그렇다면, 이번에는 우리 중의 한 사람이 극장에 갈 것인지, 아니면 그리스도 교회에 갈 것인지를 놓고, 두 가지 의지가 서로 갈등을 벌이고 있어서, 어느 쪽을 선택할지를 결정하지 못하고 주저하고 있다고 한다면, 이 경우에는 마니교도들도 어떻게 대답해야 할지를 놓고서 주저하지 않겠습니까? 왜냐하면, 그들은 마음에 내키지 않더라도, 자신들의 신도에게 그들의 집회 장소로 와서 여러 종교 의식들에 참석하라고 권하는 의지를 선한 의지라고 말하였듯이, 그 사람에게 그리스도 교회에 가라고 권하는 의지를 선한 의지라고 말하거나, 아니면 그 사람 안에서 두 개의 악한 본성과 두 개의 악한 마음이 서로 충돌하고 갈등하는 것이라고 대답해야 하는데, 그럴 경우에는 그들이 평소에 사람 안에는 선한 본성과 악한 본성이라는 두 본성이 존재한다고 말해 왔던 것이 거짓이 되고 말기 때문입니다. 따라서 그들에게 남아 있는 또 하나의 선택지는, 그들의 거짓된 주장을 버리고 진리로 돌아와서, 어떤 사람이 어떤 일을 어떻게 결정할지를 두고서 고민하는 동안에, 그 사람 안에서는 하나의 영혼이 여러 상반된 의지들 사이에서 갈등하는 것임을 더 이상 부정하지 않는 것입니다.

24. 그러므로 그들은 한 사람 안에서 두 개의 의지가 서로 갈등하고 싸우는 것을 보았을 때, 하나는 선하고 다른 하나는 악한 두 가지 서로 상반되는 실체들 또는 두 가지 서로 상반되는 원리들로부터 생겨난 두 가지 서로 상반되는 마음이 서로 다투고 싸우는 것이라고 말해서는 안 됩니다. 왜냐하면, 진리를 말씀하시는 하나님께서는 그런 자들을 인정하지 않으시고 꾸짖으시며 반박하시고 정죄하시기 때문입니다.

두 개의 의지가 둘 다 악한 경우들이 있습니다. 예를 들어, 사람을 죽이고자 할 때에 독살하는 것과 칼로 죽이는 것 중에서 어느 쪽을 택할지를 고민하거나, 이 땅과 저 땅을 모두 가질 수 없을 때에 어느 땅을 가질지를 놓고 고민하거나, 자신이 가진 재산을 사용해서 쾌락을 사는 쪽을 택할 것인지, 아니면 그 재산을 꼭 쥐고 있음으로써 자신의 탐욕을 만족시키는 쪽을 택할 것인지를 놓고 고민하거나, 서커스를 구경하는 것과 극장에 가는 것을 하루에 둘 다 할 수 없을 때에 어느 쪽을 선택할 것인지를 놓고 고민하는 것이 그런 경우들일 것입니다. 또한, 그러한 두 개의 의지에다가, 기회가 생겼을 때에 남의 집에 들어가서 물건을 도둑질하고 싶어 하는 세 번째 의지가 추가될 수도 있고, 간음을 저지르고자 하는 네 번째 의지가 추가될 수도 있을 것입니다. 이 모든 의지들은 동시에 다 행할 수는 없지만, 한 사람 안에서 동시에 생겨난 것들이고, 다 똑같이 그 사람이 하고 싶은 것들입니다. 이렇게 사람의 마음은 서로 반대되는 네 개의 의지로 인해서 네 부분으로 갈라지게 될 뿐만 아니라, 사람의 욕망이 아주 많고 다양하다는 점을 감안하면, 한층 더 많은 수의 의시로 인해서 너 많은 부분으로 갈라지세 되지만, 마니교도들은 그 많은 의지의 수만큼 많은 실체들이 존재한다고 말하지는 않습니다.

선한 의지들과 관련해서도 이것은 마찬가지입니다. 내가 마니교도들에게 사도의 서신들을 읽는 것을 좋아하는 것이 선한 것인지, 시편을 묵상하는 것을 좋아하는 것이 선한 것인지, 복음서들에 대하여 얘기를 나누는 것이 선한 것인지를 묻는다면, 그들은 이 세 가지가 다 "선하다"고 대답할 것입니다. 그런데 우리가 그 세 가지를 모두 다 동시에 하고 싶어진다면, 그 중의 하나를 선택하려고 할 때, 세 개의 의지가 우리의 마음을 잡아당겨서 각자 자기 쪽으로 끌어오려고 하지 않겠습니까? 이 세 개의 의지는 분명히 선한 의지들인데, 하나가 선택될 때까지는 서로 다투고 싸우게 됩니다. 하지만 하나가 선택된 후에는, 이 세 개의 의지는 이전처럼 여러 갈래로 나뉘어서 존재하는 것이 아니라, 서로 합쳐져서 하나의 의지가 되어 나아가게 됩니다. 이것은 영원한 복이 위에서 우리를 끌어올리고, 세상의 쾌락이 밑에서 우리를 잡아당기는 경우에도 마찬가지여서, 우리의 영혼은 오직 하나의 단일한 의지로 전자나 후자를 전적으로 원하는 것이 아니라, 진리를 얻기 위해서는 전자를 선택하지만, "습성"으로 인해서 후자를 버리지 못하고 둘로 찢어져서, 이러지도 못하고 저러지도 못하여 지독한 괴로움을 겪게 됩니다.

제11장
결단 직전까지 가지만 정욕의 습성으로 인해 발목이 잡힘

25. 이렇게 나는 영혼이 병들어서, 나를 묶고 있던 쇠사슬이 완전히 부숴질 때까지, 이전보다 더 심하게 자책하면서, 쇠사슬에 묶인 채로 나뒹굴면서 몸부림치며 괴로워하였습니다. 왜냐하면, 그즈음에 나는 그 쇠사슬에서 많이 풀려나 있기는 하였지만, 여전히 묶여 있었기 때문이었습니다. 주님은 엄한 자비하심 가운데서 두려움과 수치라는 채찍의 세기를 두 배나 늘리셔서 내 마음의 은밀한 곳에서 나를 압박하셨는데, 이것은 내가 모든 것을 포기하고 뒤돌아서 도망쳐 버리거나, 내게 아직도 남아서 나를 조금 묶고 있던 쇠사슬이 완전히 부서지는 것이 아니라, 도리어 다시 힘을 얻어서 나를 더 단단히 묶어 버리는 일이 생기지 않도록 하시기 위한 것이었습니다.

나는 속으로 내 자신에게, "자, 지금 해 버리자, 바로 지금 하는 거야"라고 말하였고, 그렇게 말하였을 때, 목표지점으로 이동해 가서, 거의 거기에 도달할 뻔하였지만, 실제로 도달하지는 못했습니다. 그렇다고 해서, 나는 이전의 상태로 되돌아가 버린 것은 아니었고, 목표지점 근방에 멈춰 선 채로 숨을 고르고 있었습니다. 나는 다시 시도해서, 목표지점에 아주 가까이 갔고, 아슬아슬하게 도달하지 못한 것이었기 때문에, 손을 내밀었을 때, 그 목표지점이 닿을 듯 말 듯하였지만, 죽음에 대하여 죽고, 생명에 대하여 살고자 하는 확고한 결심이 아직 서지 않아서 주저하고 망설였기 때문에, 그 목표지점을 만지거나 붙잡거나 거기에 도달하지는 못했습니다. 내가 이렇게 주저하고 망설인 것은, 익숙하지(insolitum) 않은 선한 삶보다는 익숙한(inolitum) 악한 삶이 내게 더 큰 힘을 발휘하고 있었기 때문이었습니다. 내가 딴 사람이 될 순간이 점점 더 가까이 다가올수록, 더 큰 두려움과 공포가 엄습해 왔습니다. 하지만 이것은 나로 하여금 겁을 집어먹고서 뒤로 도망치거나 어떻게든 그 자리를 회피해 버리게 하지는 못하였고, 단지 나를 더 이상 앞으로 나아가지 못하게 붙잡아둘 수 있었을 뿐이었습니다.

26. 내가 오랫동안 애지중지해 왔던 쓰레기보다 더 쓸데없고, 헛된 것들 중에

서도 가장 헛된 것들이 아직도 여전히 내 발목을 붙잡고 있었습니다. 그것들은 내 "육신"의 옷자락을 살짝 잡아당기면서, 부드러운 목소리로 이렇게 속삭였습니다: "정말 우리를 떠나려는 건가요? 당신이 우리를 떠나는 바로 그 순간부터, 우리는 영원히 다시는 당신과 함께 할 수 없게 될 텐데도요? 그 순간부터 당신은 이런저런 것들을 영원히 하지 못하게 될 텐데, 그래도 괜찮겠어요?" 그것들은 "이런저런 것들"이라는 말로써 내게 얼마나 추악하고 부끄러운 일들을 암시한 것인지를 내 하나님은 잘 아시오니, 주님의 자비하심으로 그 말이 암시한 것들로부터 이 종의 영혼을 지키시고 보호해 주십시오.

그것들은 내 앞에 공개적으로 나서서 나의 길을 가로막고 내가 떠나는 것을 노골적으로 반대한 것이 아니라, 그것들을 떠나가고 있던 나의 등 뒤에서 내 옷자락을 살짝 잡아당기며 작은 소리로 속삭여서 나로 하여금 돌아보게 만들고자 하였기 때문에, 나는 그것들이 내게 한 말들을 절반도 알아듣지 못하였지만, 그것들의 방해로 나의 발걸음은 지체되었습니다. 왜냐하면, 몹시 거칠고 사나운 "습성"이 내게 "너는 그것들 없이 네가 살아갈 수 있다고 생각하는 것이냐?"고 끈질기게 반문할 때, 나는 과감하게 그것들을 뿌리쳐서 떨쳐내 버리고서, 내가 부르심 받은 곳으로 단숨에 뛰어가지 못하고, 계속해서 망설이고 주저하였기 때문이었습니다.

27. 하지만 이제는 그것들이 속삭이는 소리가 거의 잦아들고 희미해졌는데, 이것은 내가 앞을 향해서 조금만 더 나아가면 도달할 수 있는데도 그것을 두려워하고 바라만 보고 있던 그 목표지점에서, "절제"의 고결한 위엄이 흐트러짐이 없으면서도 청명하고 쾌활한 모습으로, 의심하지 말고 오라고 내게 진솔하고 다정하게 말을 건네면서, 이 땅에서 믿음의 선한 모범을 보이며 살았던 수많은 사람들을 안고 있는 그 거룩한 손을 뻗어 나를 영접하여 품에 안으려고 하였기 때문이었습니다. 그 손 안에는 수많은 소년들과 소녀들이 있었고, 온갖 연령층의 수많은 결혼하지 않은 남자들이 있었으며, 일생 동안 정결하게 산 과부들과 처녀로 늙은 여자들이 있었습니다. 그들은 모두 절제하는 가운데 순결을 지키고 살아 온 사람들이었기 때문에, 그들에게는 자신들이 낳은 육신의 자녀들은 없었지만, 그들의 남편이 되신 주님으로 말미암아 기쁨의 자녀들을 많이 둔 어머니들이 되었습니다.

"절제"는 나를 보고 웃으며, 나를 격려하기 위해 반쯤은 힐난하는 어조로, 내게 이렇게 말하는 것 같았습니다: "이 청년들과 이 처녀들이 해낸 일을, 너는 해낼 수 없다고 생각하는 것이냐? 혹시 너는 그들이 자신들의 하나님이신 주님을 의지하지 않고, 그들 자신의 힘으로 이런 일을 해 낸 것이라고 생각하는 것이냐? 그들의 하나님이신 주님이 나를 그들에게 주신 것이다. 왜 너는 네 자신의 힘으로 서려고 하면서, 너는 설 수 없다고 생각하는 것이냐? 두려워하지 말고, 네 자신을 주님께 맡겨라. 주님이 너를 붙들어 주실 것이고, 너는 넘어지지 않게 될 것이다. 주님이 너를 영접하여 치료해 주실 것이니, 안심하고 네 자신을 주님께 맡겨라."

나는 너무나 창피하고 부끄러웠습니다. 왜냐하면, 나는 아직도 저 쓰레기 같은 것들이 내게 속삭이는 소리를 떨쳐내 버리지를 못하고, 여전히 어떻게 할지를 결정하지 못한 채로 주저하고 망설이고 있었기 때문이었습니다. "절제"는 내게 다시 이렇게 말하는 것 같았습니다: "너는 '땅에 있는' 저 더럽고 추악한 '지체들'의 소리에 귀를 막고서 더 이상 듣지 말고, 도리어 그 지체들을 '죽이라'(골 3:5). 그것들은 네게 쾌락들에 대하여 말하지만, 그 쾌락들은 네 하나님의 법이 금하고 있는 것들이다." 이렇게 내 마음속에서는 내 자신을 상대로 한 논쟁이 계속되고 있었고, 내 옆에서 알리피우스는 내가 이렇게 비정상적으로 떠 있는 상태가 언제 어떻게 끝나게 될지를 아무 말 없이 숨 죽이고 지켜보고 있었습니다.

제12장
하나님의 음성을 듣고 회심이 일어남

28. 깊은 묵상이 내 심령의 깊고 은밀한 곳으로부터 나의 온갖 비참하고 참담한 것들을 끌어내어서, 내 마음의 눈 앞에 산더미처럼 쌓아 놓자, 세찬 눈물의 폭우를 동반한 거센 폭풍이 내 마음속에서 일어났습니다. 나는 크게 소리내어 엉엉 울고 싶은 마음이 들었고, 그렇게 우는 데에는 혼자 있는 것이 좋겠다는 생각이 들어서, 알리피우스 곁을 떠나, 그가 동산에 있는 것이 내게 전혀 부담으로 느껴지지 않을 만큼 멀리 갔는데, 이것이 그때의 나의 심정이었고, 알리피우스도 그것을

알고 있었습니다. 그 내용은 기억이 나지 않지만, 나는 그의 곁을 떠날 때에 무슨 말인가를 했던 것 같고, 그는 내 목소리가 이미 울음으로 잠겨 있다는 것을 알아차리고서는 너무나 놀라서, 우리가 늘 함께 앉아 있던 바로 그 자리에 계속해서 혼자 앉아 있었습니다. 내가 어떻게 해서 그렇게 되었는지는 기억이 나지 않지만, 나는 어느 무화과나무 아래에 쓰러져서, 흐르는 눈물을 주체하지 못하고, 하염 없이 눈물을 흘렸습니다. 내 눈에서 끊임없이 솟아나온 눈물의 강은 주님께 드려진 받으실 만한 제사였습니다.

그때에 내가 정확히 어떤 표현들을 사용했는지는 모르겠지만, 나는 다음과 같은 취지로 주님께 부르짖었습니다: "주님, 어느 때까지니이까? 주님, 어느 때까지니이까 영원히 노하시리이까? 우리의 이전의 죄악을 기억하지 마소서"(시 6:3: 79:5, 8). 그때까지도 나는 내 자신이 여전히 죄악에 붙잡혀 있다고 느꼈기 때문에, 애처로운 목소리로 이렇게 부르짖었습니다: "언제까지, 언제까지 기다려야 하는 것입니까? 내일이라고요? 왜 지금 당장은 안 되는 것입니까? 왜 지금 바로 이 시간에 나의 추하고 부끄러운 삶을 끝내 주시면 안 되는 것입니까?"

29. 나는 이렇게 부르짖고서는, 마음으로부터 통회하며 통곡하였습니다. 바로 그때에 옆집에서 들려 오는 목소리가 있었는데, 그것이 소년의 것이었는지 소녀의 것이었는지는 알 수 없었지만, 노래 부르는 것처럼 반복해서 들려 왔습니다: "집어 들고서 읽어라, 집어 들고서 읽어라"(tolle lege, tolle lege). 나는 즉시 정색을 하고서, 아이들이 어떤 놀이를 하면서 그런 노래를 부르는지를 곰곰이 생각해 보았지만, 그 어디에서도 그런 노래를 들어 본 기억이 없어서, 하나님이 내게 성경을 펼쳐서 내 눈에 처음으로 들어온 구절을 읽으라고 명하신 것으로 해석할 수밖에 없었기 때문에, 솟구쳐 오르는 눈물을 억누른 채로 자리에서 일어났습니다. 왜냐하면, 일전에 나는 안토니우스(Antonius)가 교회에 갔다가, 거기에서 우연히 복음서에 나오는 "가서 네 소유를 팔아 가난한 자들에게 주라 그리하면 하늘에서 보화가 네게 있으리라 그리고 와서 나를 따르라"(마 19:21)는 말씀을 듣고서, 그것을 하나님이 자기에게 주신 말씀으로 받아들이고서는, 즉시 주님께로 회심하였다는 말을 들은 적이 있었기 때문이었습니다.

그래서 나는 서둘러서 알리피우스가 앉아 있는 곳으로 되돌아갔는데, 아까 거기에서 일어나 이 쪽으로 올 때, 사도의 서신들이 적혀 있는 책을 거기에 두고 왔기 때문이었습니다. 나는 그 책을 얼른 집어 들고 아무 데나 펼쳐서, 내 눈에 가장 먼저 들어온 구절을 읽었습니다: "방탕하거나 술 취하지 말며 음란하거나 호색하지 말며 다투거나 시기하지 말고 오직 주 예수 그리스도로 옷 입고 정욕을 위하여 육신의 일을 도모하지 말라"(롬 13:13-14). 나는 더 이상 읽고 싶지도 않았고 읽을 필요도 없었습니다. 그 구절을 다 읽고 나자, 그 즉시 "확신의 빛" 같은 것이 내 마음속에 부어져서, "의심"의 모든 어둠은 사라져 버렸습니다.

30. 나는 내가 읽은 그 구절에 손가락이나 다른 어떤 것으로 표시를 한 후에 책을 덮고서, 지금까지 일어난 일들의 자초지종을 차분한 표정으로 알리피우스에게 들려주었습니다. 그러자 그는 그동안 자기 자신 안에서 어떤 일들이 일어나고 있었는지에 대해서 내게 말해 주었는데, 나는 그에게 그런 일들이 있었는지를 전혀 모르고 있었습니다. 그런 후에, 그는 내가 읽은 구절을 자기에게 보여 달라고 해서, 보여 주었더니, 내가 읽은 구절 다음에 나오는 말씀에 주목하였습니다. 나는 거기에 어떤 말씀이 나오는지를 모르고 있었는데, 그 말씀은 이런 것이었습니다: "믿음이 연약한 자를 너희가 받되"(롬 14:1). 그는 이 말씀을 자기에게 적용하였고, 내게도 그렇게 말해 주었습니다. 그는 이 권면의 말씀에 힘을 얻어서, 늘 그래 왔듯이 심각하게 고민하거나 주저하지 않고, 나의 선한 뜻과 결심을 그대로 받아서 함께하기로 하였는데, 이 점에서 나와 그는 전에도 너무나 달랐고, 그가 나보다 더 나았습니다.

우리는 어머니에게로 가서, 우리에게 무슨 일이 일어났는지를 말씀드렸고, 어머니는 기뻐하셨습니다. 어떻게 해서 우리에게 그런 일이 일어나게 되었는지를 좀 더 자세하게 설명해 드리자, 어머니는 자신이 나를 위해서 눈물을 흘리고 탄식하며 절절하게 구하였던 것보다도 훨씬 더 많은 것을 주님이 내게 허락하셨다는 것을 아시고서는, 뛸 듯이 기뻐하시면서, "우리가 구하거나 생각하는 모든 것에 더 넘치도록 능히" 해 주시는 주님을 찬송하였습니다(엡 3:20). 왜냐하면, 주님은 나를 주님께로 회심시키셨을 뿐만 아니라, 나로 하여금 아내를 비롯해서 이 세상에 속한 그 어떤 것도 구하지 않게 해 주셨고, 아주 오래 전에 주님이 꿈에서 어머니에게 나에 대하여 보여 주셨던 바로 그 "믿음의 잣대" 위에 서게 해 주셨기 때문이었습니다. 또한, 주님은 어머니의 슬픔을 기쁨으로 바꾸어 주셨는데, 그 기쁨은 어머니가 바랐던 것보다도 훨씬 더 풍성한 것이었고, 내가 결혼해서 손자들을 낳아 드렸을 때에 얻게 될 것이라고 기대하셨던 그런 기쁨보다도 훨씬 더 소중하고 순결한 것이었습니다.

제9권
세례와 새 출발, 그리고 어머니의 죽음

아우구스티누스는 회심 후에 수사학 교수직을 사임하기로 결심하고, 친구인 베레쿤두스가 소유하고 있던 카시키아쿰의 별장으로 거주지를 옮겨서, 거기에서 성경을 읽고 묵상하며 책들을 저술하는 일을 하며 세례를 준비해서, 자신의 아들인 아데오다투스와 알리피우스와 함께 암브로시우스의 밀라노 교회에서 세례를 받는다.

그는 아프리카에서 하나님의 일을 하기로 결심하고, 일행들과 함께 고향으로 돌아가던 도중에, 오스티아에서 어머니와 함께 환상 체험을 하게 되는데, 거기에서 어머니가 돌아가신다. 아우구스티누스는 어머니로부터 들은 그녀의 어린 시절과 결혼 생활을 회상하고, 어머니를 비롯한 하늘의 예루살렘에 있는 모든 성도들을 위한 감동적인 기도를 드리고 나서, 독자들에게 어머니를 위한 기도를 부탁하는 것으로 자신의 자전적인 이야기를 끝맺는다. 이때에 그의 나이는 32세였다.

제1장

회심의 기쁨을 노래함

1. "여호와여 나는 진실로 주의 종이요 주의 여종의 아들 곧 주의 종이라 주께서 나의 결박을 푸셨나이다 내가 주께 감사제를 드리리이다"(시 116:16-17). 나의 심장과 나의 혀가 주님을 찬송하고, 나의 모든 뼈가 "여호와와 같은 이가 누구냐"(시 35:10)고 말합니다. 그렇게 말할 때에 내게 응답하셔서, "내 영혼에게 나는 네 구원이라"(시 35:3)고 말씀해 주십시오.

나는 누구였고, 나는 어떤 자였습니까? 나의 행위들에 악하지 않은 것이 있었습니까? 설령 나의 행위들에 악한 것이 없었다고 하더라도, 나의 말들에 악하지 않은 것이 있었습니까? 설령 나의 말들에 악한 것이 없었다고 하더라도, 나의 의지에 악하지 않은 것이 있었습니까? 하지만 주님은 선하시고 자비로우셔서, 내가 처해 있던 저 죽음의 깊은 구덩이에 그 오른손을 넣으셔서는, 내 마음의 깊은 곳에 자리 잡고 있던 저 타락의 심연을 마르게 해 주셨고, 그 결과 이제 나는 내가 원하였던 것들을 원하지 않게 되었고, 주님이 원하신 것들을 원하게 되었습니다. 하지만 도대체 나의 자유의지는 그 오랜 세월 동안 어느 깊고 은밀한 곳에 꽁꽁 숨어 있다가, 한순간에 불려 나와서, 나로 하여금 나의 돕는 자이시고 나의 구속자이신 그리스도 예수께서 메워 주신 저 "쉬운 멍에"를 내 목에 메게 하고, 저 "가벼운 짐"을 내 어깨에 메게 하였던 것입니까(마 11:30)?

전에는 저 쓰레기 같은 것들이 나에게 달콤한 것들이었지만, 이제는 그것들로부터 벗어난 것이 내게 너무나 큰 달콤함이 되었고, 전에는 그것들을 잃어버릴까 봐 두려워하였지만, 이제는 그것들을 놓아 버린 것이 내게 너무나 큰 기쁨이 되었는데, 이것은 모두 참되시고 가장 달콤하신 주님이 내게서 그것들을 내쫓아 주셨고, 그것들이 내쫓긴 바로 그 자리에 친히 들어와 주셨기 때문이었습니다.

주님은 모든 쾌락보다 더 달콤하시지만, 혈과 육에 대하여 달콤하신 것은 아니고, 모든 빛보다 더 밝으시지만, 모든 은밀하게 감춰진 것들보다 더 은밀하게 감춰져 계시며, 모든 존귀한 것들보다 더 존귀하시지만, 스스로 존귀하다고 자처하는 자들에게는 존귀해 보이지 않는 분입니다. 이제 내 영혼은 부귀영화를 얻기 위하여 고심하며, 더러움 가운데서 뒹굴고, 정욕의 가려움증을 해소하기 위하여 긁어대야 했던 저 참을 수 없는 고통에서 해방되어서, 나의 부귀영화가 되시고 나의 구원이신 주 나의 하나님께 재잘대고 있었습니다.

제2장
수사학 교수직을 버리기로 결심함

2. 나는 주님의 법이나 평화에 대해서는 조금도 관심이 없고, 오로지 온갖 거짓말을 동원해서 법정 싸움에서 이기기 위한 미친 짓에만 골몰하는 학생들이 더이상 나의 입으로부터 그런 미친 짓에 사용할 무기들을 사지 못하도록 하기 위하여, 말을 사고파는 시장에서 내 혀로 말을 팔아 돈을 버는 일을, 시끄럽게 소란을 피우며 그만두는 것이 아니라 아주 조용히 물러나기로 주님 앞에서 결심하였습니다. 다행히 추수기 방학이 며칠 남지 않아서,[1] 나는 그때까지 기다렸다가, 정식으로 사직하고서, 이제는 주님에 의해서 속량을 받아 주님의 것이 되었으니, 앞으로는 나를 시장에 내다 팔지 않기로 마음을 먹었습니다. 나의 이러한 계획은 주님 앞에는 고하였지만, 다른 사람들은 알지 못하였고, 오직 우리 친구들만 알고 있었습니다. 왜냐하면, 주님은 우리가 주님께 올라가는 노래를 부르면서,[2] "눈물 골짜기"를 떠나 주님께 나아갈 때, 도와주는 척하면서 도리어 반대하고, 먹여 주는 척하면서 도리어 잡아먹는 저 "속이는 혀"에 대항할 수 있도록 해 주시기 위하여, "날카로운 화살"과 활활 타는 "숯불"을 우리에게 주셨기는 하지만(시 120:3-4),[3] 우리는 이 일을 아무에게도 알리지 않기로 하였기 때문이었습니다.

---

1) 테오도시우스는 매년 8월23일부터 9월15일까지를 제국의 법원들과 학교들이 휴가 기간을 갖도록 정하였는데, 이것은 여름의 열기를 피함과 동시에 곡식을 거두어들이는 일에 집중하도록 하기 위한 것이었다. 『고백록』은 영적인 세계에서 아우구스티누스가 수확한 책이다.
2) 시편 120-134편은 전통적으로 순례자들이 예루살렘을 향하여 올라가는 것과 연관되어 있다.
3) 아우구스티누스는 자신의 『시편 119편 5절 강해』에서 날카로운 화살들은 하나님의 말씀들이고, 불이 붙어 타는 숯들은 구원의 모범들이라고 설명한다.

3. 주님은 "사랑"의 화살로 우리의 심장을 꿰뚫으셨고, 우리는 심장에 박힌 주님의 말씀들을 지니고 다녔습니다. 그리고 주님으로 말미암아 검게 물들어 있던 모습에서 희고 눈부시게 빛나는 모습으로 변화를 받아 사망에서 생명으로 옮겨간 주님의 종들이 보여준 모범들은, 우리의 사고의 그릇 속에 가득 담겨져서, 우리의 극심했던 무감각함과 무기력증을 태워 없애 주었기 때문에, 우리는 또다시 저 깊은 어둠의 심연 속으로 미끄러지는 일은 없었고, 도리어 우리를 맹렬하게 타오르게 해 주어서, 실령 저 "속이는 혀"에서 온갖 반대의 바람이 불어온다고 해도, 그 바람은 우리 속에서 타오르는 불을 꺼버리기는커녕 더욱 더 활활 타오르게 해 줄 것이었습니다.

하지만 우리가 얼마 남지 않은 추수기 방학 때까지 기다리지 않고서, 그 이전에 모든 사람들이 지켜 보는 가운데서 사표를 써서 우리의 교수직을 그만두어 버린다면, 주님은 이미 자신의 이름이 온 땅에서 거룩히 여김을 받게 하신 까닭에, 주님의 이름으로 말미암아 우리의 뜻과 결심, 그리고 그러한 과감한 결단을 떠벌리며 칭송하는 자들이 분명히 있을 것이었기 때문에, 그것은 얼마든지 자기과시처럼 보일 수 있었습니다. 왜냐하면, 나의 그러한 행동을 본 사람들은, 나에 대해서 이러쿵저러쿵 많은 말들을 하면서, 내가 추수기 방학 때까지 조금 더 기다렸다가 사임을 했어도 되었을 터인데, 굳이 학기 중에 그런 식으로 사임한 것은, 위대한 사람처럼 보이기 위한 것이 틀림없다고 말할 것이 뻔하였기 때문이었습니다. 이렇게 우리의 그러한 행동이 구설수에 올라서, 사람들이 나의 의도에 대해서 이런저런 추측을 하면서 이러쿵저러쿵 말들을 많이 하고, 우리의 선한 일이 욕을 먹게 된다면, 그것이 나에게 무슨 유익이 되겠습니까?

4. 게다가, 그 여름에 학교에서 과도한 수업 부담으로 인해서 나의 폐는 나빠지기 시작해서, 숨을 깊이 들이마시기가 힘들어지고 통증이 느껴졌으며, 또렷하게 말하거나 오랜 시간 말할 수 없게 되었는데, 이것은 나의 폐가 병이 들었음을 보여 주는 증거들이었습니다. 처음에 나는 당혹스러워하였습니다. 왜냐하면, 이런 경우에는 십중팔구 학생들을 가르치는 무거운 짐을 내려 놓거나, 설령 치료를 받아서 회복이 되었다고 하더라도, 적어도 한동안은 가르치는 일에서 떠나 있어

야 할 것이었기 때문이었습니다.

하지만 나의 하나님이 알고 계시듯이, 이때에 나만의 조용한 시간을 갖고서 "가만히 있어" 주님이 "하나님 됨을 알아야"(시 46:10) 한다는 강렬한 소원이 내 안에서 생겨나서 아주 확고하게 자리를 잡게 되자마자, 내가 사임한다고 했을 때, 자신의 자녀들(liberos)을 위해서 내게 그 어떤 자유(liberum)도 허용하고자 하지 않을 학부모들의 분노를 누그러뜨릴 수 있는 결코 꾸며내지 않은 정당한 변명거리가 내게 이렇게 이미 준비되어 있게 된 것을 나는 기뻐하기 시작하였습니다.

그래서 나는 그런 기쁨으로 충만해서, 추수기 방학이 시작되는 날까지 참고 기다리기로 하였습니다. 그 기간은 정확하지는 않지만 대략 20일 정도였던 것으로 기억하는데, 기다리기가 몹시 힘들어서, 이를 악물고 참아내어야만 했습니다. 전에는 일이 괴롭고 힘들어도 나의 욕망들을 이루기 위해서 꾹 참고 견뎠는데, 이제는 그러한 욕망은 내게서 사라져 버렸기 때문에, 인내심이 그 자리를 대신하지 않았다면, 나는 질식당하고 말았을 것입니다. 나의 형제들인 주님의 종들 가운데는, 내가 이미 나의 온 마음을 주님을 섬기는 데 바쳤다고 하면서도, 내 자신이 거짓을 가르치는 의자에 단 한 시간이라도 앉아 있는 것을 용납한 것은 이미 죄를 지은 것이라고 말하는 사람들도 있을 것인데, 나는 그 말에 이의를 제기할 생각이 없습니다. 하지만 지극히 자비로우신 주님이여, 주님께서는 저 거룩한 물로, 나의 다른 온갖 끔찍하고 치명적인 죄들과 함께 이 죄도 이미 사해 주시고 용서해 주지 않으셨습니까?

제3장
회심 후의 베레쿤두스와 네브리디우스

5. 우리에게 이렇게 복된 일이 일어나고 있는 동안에, 베레쿤두스(Verecundus)는 자신을 단단히 묶고 있던 쇠사슬로 인해서, 자기는 우리와 함께 하지 못할 것이라고 생각하고서는 몹시 괴로워하고 있었습니다. 그의 아내는 그리스도교 신자였지만, 그는 그리스도교인이 아니었습니다. 하지만 우리가 방금 시작한 이 순례길에

그가 동참하지 못하도록 그의 발목을 가장 강력하게 붙잡은 것은, 다른 무엇보다도 그의 아내였습니다. 그는 결혼생활을 해나가는 가운데 그리스도교인이 된다면 제대로 된 그리스도교인이 될 수 없는 것이 뻔하기 때문에 그런 식으로 그리스도교인이 되어 살아가기는 싫다는 뜻을 분명히 했는데, 이것은 그가 이미 결혼생활을 하고 있다는 사실을 감안하면, 사실상 자기는 그리스도교인이 되지 않겠다고 말한 것이나 다름없는 것이었습니다. 하지만 그는 우리에게 호의를 베풀어서, 농촌에 있던 자신의 별장을 내어주며, 거기에 우리가 머물고 싶은 만큼 얼마든지 머물러 있어도 좋다고 말하였습니다. 주님은 그에게 이미 "의인의 분깃"을 주셨기 때문에, "의인들의 부활시에"(눅 14:14) 이 일에 대해서도 갚아 주실 것입니다.

그 후에 우리가 그를 떠나서 로마에 있는 동안, 그는 병에 걸렸고, 투병생활 중에 그리스도교인이 되어서, 한 사람의 신자로서 세상을 하직하였습니다. 이렇게 주님은 그에게 자비를 베풀어 주셨는데, 그것은 단지 그에게만이 아니라, 우리에게도 마찬가지로 자비를 베풀어 주신 것이었습니다. 왜냐하면, 그 친구가 우리에게 이루 말할 수 없이 큰 호의를 베풀어 준 것을 생각하면, 만일 그가 주님의 양 무리 중의 하나가 되지도 못한 채로 세상을 떠났다면, 우리는 너무나 괴로워서 그 슬픔을 견딜 수 없었을 것이었기 때문입니다. 우리의 하나님께 감사를 드립니다! 우리는 주님의 것입니다. 주님의 권면들과 위로들이 그것을 보여 줍니다. 약속하신 것들을 꼭 지키시는 신실하신 주님께서는 베레쿤두스가 카시키아쿰(Cassiciacum)에 있는 자신의 별장을 우리에게 내어주어서,[4] 우리로 하여금 소란한 세상을 떠나 주님 안에서 안식할 수 있게 한 일을 기억하시고 갚아 주셔서, 그가 이 땅에서 지은 모든 죄들을 사함 받고, 젖이 흐르는 저 산,[5] 모든 것이 차고 넘치는 저 풍성한 산, 주님의 산인 저 낙원에서 영원한 복락을 누리게 해 주실 것입니다.

---

4) 아우구스티누스가 I.1.1에서 시작해서 XIII.38.53에 이르기까지 끊임없이 염원하였던 하나님 안에서의 안식이 카시키아쿰에서 부분적으로 이루어졌다. 그는 추수기 방학이 끝난 후에 다른 사람들과 함께 카시키아쿰에 있는 별장으로 물러났다. 카시키아쿰의 정확한 위치는 논란이 되고 있다. 아우구스티누스의 몇몇 대화록들은 거기에 있던 몇 주간 동안에 형태를 갖추게 되었다.
5) "젖이 흐르는 산"은 직역하면 "치즈의 산"이다. 아우구스티누스는 자신의 『시편 67편 22절 강해』에서 "산"은 그리스도이고, "젖"은 은혜를 나타내며, "치즈"는 젖으로부터 만들어진다고 설명한다. "치즈"를 뜻하는 라틴어 '인카세아토'(incaseato)가 그에게 카시키아쿰(cassiciacum)을 연상시켰을 수 있다.

6. 베레쿤두스는 이렇게 아주 많이 속상해하고 고민스러워 하였지만, 반대로 네브리디우스는 우리와 함께 기뻐해 주었습니다. 그는 아직 그리스도교인이 아니었고, 한때 진리이신 하나님의 아들은 실제로 육신을 입으신 것이 아니라 단지 그런 모양으로 나타나신 것일 뿐이라고 믿는 치명적인 오류의 함정에 빠져 있다가, 거기에서 벗어나서, 하나님의 아들에 대하여 우리와 동일한 생각을 갖게 되었고, 진리를 아주 열심히 탐구하는 사람이기는 하였지만, 아직 주님의 교회의 그 어떤 성례전들에도 참여하지 않고 있었습니다. 그런데 우리가 회심하여 세례를 받고 거듭나자, 그도 얼마 지나지 않아서 세례를 받고 그리스도교회의 신자가 되어서, 아프리카로 돌아가서 자신의 고향 땅에서 평생 동안 여자를 가까이 하지 않고 독신으로 살면서 주님을 섬기며 사람들을 돌보았고, 자신의 온 집안을 그리스도교 신앙으로 인도하였습니다.

그 후에 주님께서 그를 육신으로부터 놓아 주셔서, 지금 그는 아브라함의 품 안에서 살아가고 있습니다. 아브라함의 "품"이라는 것이 무엇을 의미하든, 나의 네브리디우스는 지금 거기에 살고 있습니다. 나의 소중한 친구인 그는 주님의 양자가 된 후에, 이 땅에서 해방되어, 거기에서 살아가고 있습니다. 그러한 영혼이 있어야 할 곳이 거기 외에 달리 어디 있겠습니까? 이 땅에 있을 때, 그는 자기가 지금 살아가고 있는 그곳에 대해서, 그와 마찬가지로 그곳에 대해서 별로 아는 것이 없었던 내게 자주 묻곤 하였습니다. 그는 전에는 지혜를 얻기 위해서 나의 입 쪽으로 자신의 귀를 쫑긋 세우곤 하였지만, 이제는 자신의 신령한 입을 주님의 샘에 대고서, 자기가 원하는 만큼 지혜를 마실 수 있게 되었으니, 영원히 행복하게 살아갈 것입니다. 하지만 그가 그 샘에서 아무리 배불리 마신다고 하여도, 나를 잊지는 않을 것입니다. 왜냐하면, 그가 마시는 것은 주님이시고, 주님은 우리를 결코 잊지 않으시고 늘 기억하고 계시기 때문입니다.

이것이 우리가 회심한 후에, 우리 친구들 간의 상황이었습니다. 우리의 우정은 회심 후에도 여전하였기 때문에, 우리는 우리의 회심으로 인해서 속상해하는 베레쿤두스를 위로하면서, 그의 사정에 맞춰서 결혼생활을 해 나가더라도 신앙을 가지라고 권면하였습니다. 또한, 네브리디우스는 그리스도교 신앙을 거의 받아들이려고 하고 있었기 때문에, 우리는 그가 우리를 뒤따라 신앙을 갖게 되기를 기다렸고, 우리가 기다리던 날들이 다 지나갔을 때에는, 실제로 그는 그리스도교 신앙을 받아들이기 직전이었습니다. 우리가 기다리던 날들은 20여일에 불과하였지만, 너무나 길고 오랜 기간처럼 느껴졌던 것은, 모든 것에서 떠나서 한가롭고 자유롭게 내 마음의 깊은 곳에서부터 주님을 찬송하고자 하는 열망이 컸기 때문이었습니다. "너희는 내 얼굴을 찾으라 하실 때에 내가 마음으로 주께 말하되 여호와여 내가 주의 얼굴을 찾으리이다 하였나이다"(시 27:8).

제4장
카시키아쿰 별장에서 시편 4편을 묵상하며 세례 받을 준비를 함

7. 나의 마음과 생각은 수사학을 가르치는 일에서 이미 해방되어 있었지만, 이제 마침내 내가 명실상부하게 거기에서 해방될 날이 왔고, 실제로 나는 해방되었습니다. 내 마음을 그 일에서 이미 꺼내 주셨던 주님은 이제 내 혀도 거기에서 꺼내 주셨습니다. 나는 기뻐서 주님께 찬송하였고, 나와 함께 한 모든 사람들을 데리고 카시키아쿰에 있는 별장으로 옮겨 갔습니다.[6]

나는 거기에서 나와 함께 있던 사람들과 함께 토론한 내용들과 내 자신이 주님 앞에서 혼자 생각하고 묵상한 내용들을 책으로 썼고, 우리와 함께 있지 않았던 네브리디우스에게 서신들을 썼는데,[7] 그 책들과 서신들은, 내가 당시에 분명히 주님을 섬기기 위한 목적으로 그 책들을 쓴다고 썼지만, 사실은 잠시 시간을 내어 여유를 갖고 숨을 돌리고 있을 뿐이고, 아직도 "교만의 학교"에서 벗어나 있지 못하고 있었다는 것을 증언해 줍니다.[8]

---

6) 여기에 합류한 일행으로는 알리피우스, 모니카, 아우구스티누스의 동생 나비기우스, 그의 아들 아데오다투스, 두 명의 학생(리켄티우스와 트리게티우스), 두 명의 조카가 있었다.
7) 세 개의 대화록(『회의론자들에게 답함』, 『행복한 삶』, 『질서』)과 두 권의 『독백』이 이 시기의 것이고, 아우구스티누스의 서신 3과 4가 카시키아쿰에서 씌어졌다.
8) 이것은 아우구스티누스가 카시키아쿰에서 쓴 저작들은 그 어느 것도 실질적으로 그리스도교적인 내용을 담고 있지 않다는 것을 간접적으로 인정한 것이다. 이것은 이때에 아우구스티누스의 회심이 일종의 그리스도교적인 플라톤주의를 넘어서지 않았음을 보여 주는 증거로 자주 지적되어 왔다.

내가 별장에서 생활하고 있던 동안에, 주께서 우리에게 베풀어 주셨던 온갖 큰 은혜들을 일일이 다 생각해 내서 말하자면, 시간이 턱 없이 부족할 것이고, 특히 주님이 이후에 내게 베풀어 주신 한층 더 큰 은혜들을 서둘러서 얘기하고 싶은데, 어떻게 여기에서 그때의 일들을 자세하게 말할 수 있겠습니까? 하지만 그때의 일들을 회상하여 주님 앞에 고백한다는 것 자체가 내게는 기쁘고 즐거운 일입니다. 그때에 주님은 나의 내면을 가시채로 찌르셔서, 높은 산들과 작은 산들 같았던 나의 생각들을 낮추시고 평탄하게 하시고, 나의 굽은 것들을 곧게 펴 주시며, 나의 거친 것들을 순하게 해 주시는 방식으로, 나로 하여금 철저하게 주님께 복종하게 하셨습니다. 또한, 주님은 내 마음의 형제인 알리피우스로 하여금 하나님의 독생자이시고 우리의 주이자 구원자이신 예수 그리스도의 이름에 복종하게 하셨습니다. 처음에 그는 우리가 쓰는 책들이, 뱀들에게 물린 상처를 치료해 주는 교회의 약초의 향기를 풍기기보다는, 주께서 이미 꺾어 버리신 저 세상 학교들의 백향목의 냄새를 풍기기를 원하였던 까닭에, 그 책들에 예수 그리스도의 이름을 넣는 것을 질색하였습니다.

8. 나의 하나님이여, 내가 다윗의 시편들, 그 신앙의 찬가들, 교만한 마음이라고는 찾아볼 수 없는 경건의 음성을 읽는 동안에, 나는 주님께 어떤 목소리들을 드렸습니까? 나는 주님의 참 사랑에 있어서 초보자이자 예비신자로서, 또 한 명의 예비신자였던 알리피우스와 함께 별장에서 한가롭게 지내고 있었고, 여자의 옷을 입고 있기는 했지만, 남자처럼 강한 신앙과 나이에 걸맞는 평안함과 어머니로서의 사랑과 그리스도교인으로서의 경건을 지니고 계셨던 어머니도 우리와 함께 지내고 계셨습니다! 그 시편들을 읽으면서, 나는 주님께 어떤 목소리들을 드렸으며, 주님을 향한 나의 마음이 얼마나 불타올랐습니까? 할 수만 있다면, 온 세계가 다 들을 수 있도록 그 시편들을 큰 소리로 낭송해서, 인류의 교만에 대항하고 싶었습니다. 하지만 그 시편들은 이미 온 세계에 울려 퍼져 있었고, 주님의 "열기에서 피할 자가 없었습니다"(시 19:6).

또한, 나는 이루 말할 수 없이 격렬하고 비통한 심정으로 마니교도들에 대하여 분노하다가도, 그들이 그리스도교회의 성례전들이 자신들을 고쳐줄 해독제라는 것을 알지 못해서,[9] 도리어 그리스도교회를 미친 듯이 공격하고 있는 것이라는 생각을 하게 되면, 그들이 불쌍해지기도 하였습니다! 그들이 나도 모르게 어딘가 아주 가까운 곳에 있어서, 내가 쉬는 시간에 시편 4편을 읽을 때, 나의 표정을 보고 나의 낭송하는 목소리를 들으며, 그 시편이 내게 어떻게 역사하였는지를 볼 수 있다면 좋겠다고 생각했고, 내가 "내 의의 하나님이여 내가 부를 때에 응답하소서 곤란 중에 나를 너그럽게 하셨사오니 내게 은혜를 베푸사 나의 기도를 들으소서"(시 4:1)라는 구절을 읽고서, 그 구절에 대하여 설명하는 것을 그들이 들었으면 좋겠다고 생각했습니다. 그러면서도, 그들이 내가 그들로 하여금 들으라고 일부러 그렇게 설명하는 것으로 오해하지 않도록 하기 위해서, 나는 내가 하는 말을 그들이 듣는 것을 몰랐으면 좋겠다고 생각했습니다. 왜냐하면, 만약 그들이 내 말을 듣고 있고 나를 보고 있다는 것을 알았다면, 나는 평소와 똑같이 말하거나 평소와 똑같은 방식으로 말하지 않았을 것이고, 그런 식으로 내가 한 말들이나 나의 표정은, 내가 주님 앞에 홀로 서서, 내 영혼이 느낀 것들을 허심탄회하게 내어 놓고 말했을 때와는 다른 의미로 그들에게 전달되었을 것이기 때문이었습니다.

9. 아버지여, 나는 한편으로는 두려워하고 떨면서도, 다른 한편으로는 주님의 자비하심을 기뻐하며 소망으로 불타오르고 있었습니다. 그리고 나의 이 모든 감정들은, 주님의 선하신 성령이 우리를 향하여, "인생들아 어느 때까지 마음이 둔하여서 헛된 일을 좋아하고 거짓을 구하려는가"(시 4:2, 불가타역)라고 말씀하셨을 때, 나의 눈과 목소리를 통해 드러났습니다. 왜냐하면, 나는 "헛된 일"을 좋아하였고 "거짓"을 구한 자였기 때문이었습니다. 주님은 자신의 "거룩한 자"를 죽은 자들 가운데서 일으키셔서, 자신의 오른편에 함께 앉게 하심으로써, 이미 영화롭게 하셨고, 그렇게 영광을 받으신 그리스도께서는 저 높은 곳에서 자신이 약속하신 보혜사, 즉 "진리의 영"(요 14:17)을 보내 주셨는데도, 나는 그것을 알지 못하였습니다.

그리스도께서는 죽은 자들 가운데서 다시 살아나시고 하늘에 오르셔서 이미

---

9) 안디옥의 이그나티우스가 성찬을 "불멸의 약"이라고 지칭한 이래로, 이 표현은 성례전들을 가리키는 통상적인 은유가 되었다(cf. Ignatius, *Ephesians* 20:2).

영광을 받으셨기 때문에, 이 땅에 성령을 보내 주실 수 있으셨지만, 그 이전에는 "예수께서 아직 영광을 받지 않으셨으므로 성령이 아직 그들에게 계시지 아니하셨습니다"(요 7:39). 그래서 선지자는 "인생들아 어느 때까지 마음이 둔하여서 헛된 일을 좋아하고 거짓을 구하려는가 여호와께서 자신의 거룩한 자를 영화롭게 하신 줄을 너희가 알지어다"(시 4:2-3)라고 외쳤습니다. 선지자는 "어느 때까지"라고 외쳤고, "알지어다"라고 외쳤지만, 나는 그토록 오랫동안 그것을 알지 못하고, "헛된 일"을 좋아하고 "거짓"을 구하는 삶을 살아 왔기 때문에, 그 말씀을 듣고서 두려워 떨었습니다. 왜냐하면, 그 말씀은 나처럼 살아 온 사람들에게 하신 말씀이었기 때문이었습니다.

지금은 기억하기조차 싫고 괴로운 일이지만, 전에 내가 진리라고 여겼던 마니교의 저 허상들 속에는, 수많은 "헛된 일"과 "거짓"이 있었고, 거기에 빠졌던 사람들 중에서 아직도 여전히 "헛된 일을 좋아하고 거짓을 구하는" 자들이 있다면, 그들이 들었으면 좋겠다고 생각해서, 그 중에서 많은 것들을 나는 이미 큰 소리로 진지하게 말하였습니다. 나는 그들도 나처럼 속이 메스껍고 불편해서, 이미 그것을 토해 내고서는 주님께 부르짖었을 것이고, 주님은 그런 그들의 부르짖음을 들어 주셨기를 바랍니다. 왜냐하면, 그리스도께서는 우리를 위하여 육신을 입으시고 이 땅에 오셔서 진정으로 죽으시고서, 지금은 우리를 위하여 중보기도를 하고 계시기 때문입니다.

10. 나는 계속해서 "화를 내고 범죄하지 말라"(시 4:4, 불가타역)는 말씀을 읽었습니다. 나의 하나님이여, 이 말씀은 내게 아주 깊이 다가왔습니다. 왜냐하면, 이제 나는 이후의 남은 날들 동안에 범죄하지 않기 위해서는, 지난날에 내가 행한 일들로 인해서 내 자신에 대하여 화를 내야 한다는 것을 이미 배워서 알고 있었기 때문이었습니다. 내가 범죄하였을 때, 어둠의 나라에 속한 어떤 본성이 나로 하여금 범죄하게 한 것이라는 마니교도들의 주장과는 달리, 바로 내 자신이 범죄한 것이기 때문에, 내가 내 자신에게 화를 내는 것은 지극히 합당합니다. 마니교도들처럼, 자기 자신에 대하여 화를 내지 않는 자들은, "진노의 날 곧 하나님의 의로우신 심판이 나타나는 그 날에 임할 진노를 쌓는"(롬 2:5) 자들입니다.

또한, 내가 찾던 "선"은 나의 외부에 있는 것도 아니었고, 저 태양 아래에서 육신의 눈으로 찾을 수 있는 것도 아니었습니다. 외부에서 기쁨을 찾고자 하는 사람들은 눈에 보이는 덧없는 것들을 좇아 다니다가 쉽게 지치고 허무해져서, 그 굶주린 영혼으로 참된 기쁨이 아니라 그 그림자들을 핥아 먹습니다. 그들이 굶주림에 지쳐서, "우리에게 선을 보일 자 누구뇨"(시 4:6)라고 말할 때, 그때서야 비로소 그들은 우리가 "여호와여 주의 얼굴을 들어 우리에게 비추소서"(시 4:6)라고 말하는 것을 듣게 될 것입니다. 우리는 "각 사람에게 비추는 빛"(요 1:9)이 아닙니다. 우리는 "전에는 어둠이더니," 주님으로부터 빛을 받아서 "이제는 주 안에서 빛"이 된 자들입니다(엡 5:8). 그들이 자신들의 내면에 있는 "영원한 빛"을 볼 수 있었다면, 얼마나 좋았겠습니까. 나는 이제 그 빛을 맛보고서도, 그들에게 보여 줄 수 없어서 분하고 괴로웠습니다. 왜냐하면, 그들은 "우리에게 선을 보일 자 누구뇨"라고 말하면서도, 여전히 그들의 마음과 눈은 주님을 떠나 외부를 바라보고 있었기 때문이었습니다.

반면에, 내가 내 자신에게 화를 낸 그곳, 내 자신을 찌르고 아파하였던 그곳, 나의 옛 사람을 죽여서 주님께 제물로 바치고서, 주님께 소망을 두고 주님만을 의지하여 새로운 삶을 살겠다고 새롭게 결단하였던 그곳은 나의 내면의 골방이었고, 주님이 내게 달콤하고 향기로우신 분으로 느껴지기 시작한 곳도 그곳이었고, "주께서 내 마음에 기쁨을 두신" 곳도 바로 그곳이었습니다(시 4:7).

이렇게 나는 시편 4편을 밖으로는 큰 소리로 읽으면서, 나의 내면으로는 그 뜻을 깨닫고 깊이 새겼습니다. 이제 나는 주님의 "영원한 단순함" 안에서 "곡식과 새 포도주"(시 4:7)를 풍성하게 소유하고 있었기 때문에, 시간에 의해서 소모될 뿐만 아니라 나의 시간을 소모시키는 세상의 좋은 것들이 내게 많아지는 것을 원하지 않게 되었습니다.

11. 나는 온 마음을 다하여 큰 소리로 그 다음 절을 읽었습니다: "오, 평화 안에서! 오, 항상 동일하신 이 안에서! 내가 자기도 하고 눕기도 하리니"(시 4:8). 선지자는 그렇게 말합니다. 왜냐하면, 장차 "사망을 삼키고 이기리라"(고전 15:54)고 하신 말씀이 이루어질 때, 우리를 대적할 자는 아무도 없게 될 것이었기 때문이었습

니다. 진정 주님은 항상 동일하시고 변함이 없으신 분이시기 때문에, 모든 수고와 괴로움을 잊게 해 주는 안식은 오직 주님 안에만 있습니다. 주님 같으신 분은 없고, "나를 안전히 살게 하시는 이는 오직 여호와이시기"(시 4:8) 때문에, 우리는 주님 외에 다른 많은 것들을 얻고자 할 필요가 없습니다.

나는 이 시편을 읽고 마음이 뜨거워졌지만, 저 귀먹은 자들이요 죽은 자들인 마니교도들을 어떻게 해야 하는지는 알 수 없었습니다. 나도 한때는 그들 가운데 속하여서, 하늘의 꿀처럼 달콤하고 하나님의 빛으로 빛나는 저 성경의 글들을 맹목적으로 비방하고 심하게 물어뜯은 골칫거리였었지만, 이제는 이 성경의 원수들로 인해서 애를 태우고 있었습니다.

12. 내가 세상 일에서 떠나 한가롭게 지내는 동안에 내게 일어난 일들을 어떻게 다 기록할 수 있겠습니까? 하지만 주님이 내게 호된 채찍을 드신 후에, 놀랍도록 신속하게 자비를 베풀어 주신 일이 하나 있었는데, 나는 그 일을 잊을 수도 없고 침묵할 수도 없습니다. 그때에 주님은 치통으로 나를 치셨는데, 그 고통이 너무 심해서 말하는 것조차 할 수 없게 되자, 나와 함께 살고 있던 모든 사람들에게 온갖 병을 고쳐 주시는 하나님께 나를 위해 기도해 달라고 부탁해야 하겠다는 생각이 내 마음에 떠올랐습니다. 그래서 나는 나의 그러한 생각을 서판에 써서, 그들에게 건네주어 읽게 하였습니다. 우리는 즉시 다 함께 무릎을 꿇고 간절하게 기도하였고, 나의 치통은 사라졌습니다. 도대체 이 치통은 왜 생긴 것이고, 지금은 어떻게 해서 씻은 듯이 사라져 버린 것입니까? 나의 주 나의 하나님이여, 그때에 내가 얼마나 두려웠는지를 지금 고백합니다. 나는 그때까지 그런 경험을 한 적이 한 번도 없었기 때문에, 주님의 깊으신 뜻을 마음에 새기고서, 믿음으로 기뻐하며, 주님의 이름을 찬송했습니다. 하지만 그러한 믿음도 지난날에 지은 죄들로 인해서 불안해하던 내 마음을 편안하게 해 주지는 못했습니다. 왜냐하면, 그 죄들은 아직 주님의 세례에 의해서 사함을 받지 않았기 때문이었습니다.

제5장

암브로시우스 주교가 이사야서를 읽으라고 권면함

13. 추수기 방학이 끝났을 때, 나는 밀라노의 학부모들에게 "말을 파는" 다른 사람을 구해서 그들의 자녀들을 맡기라고 통지했는데, 그것은 내가 전적으로 주님을 섬기고 싶었던 데다가, 숨쉬기가 힘들고 가슴에 통증이 있어서 그 일을 하기가 어려웠기 때문이었습니다. 나는 주님의 거룩한 사람인 암브로시우스 주교에게 서신을 보내서, 나의 지난날의 잘못들과 현재의 결심을 알리고서는, 내가 주님으로부터 큰 은혜를 얻기 위하여 준비를 하는 데에는 성경 중에서 어느 책을 읽는 것이 가장 좋은지에 대해서 조언을 구하였습니다. 그러자 그는 이사야서를 읽을 것을 권해 주었는데, 나는 이사야서가 다른 그 어느 책들보다도, 복음과 이방인들의 부르심에 대해서 더 분명하게 미리 알려 주었기 때문일 것이라고 생각했습니다. 하지만 이사야서를 펼쳐서 읽어 가고자 했을 때, 첫 부분부터 그 의미가 이해되지 않아서, 나는 나머지도 똑같을 것이라는 생각이 들어서, 주님의 말씀에 좀 더 익숙해진 후에 다시 읽기로 하고, 지금 당장은 읽지 않기로 하였습니다.

제6장

세례를 받음

14. 내가 세례를 받기 위해서 등록을 해야 할 때가 이르렀기 때문에, 우리는 시골의 별장을 떠나서 밀라노로 돌아갔습니다.[10] 알리피우스도 나와 함께 주님 안에서 거듭나기를 원하였는데, 그는 이미 주님의 성례전들을 받기에 합당한 겸손으로 옷 입고 있었고, 이탈리아의 얼어붙은 땅을 맨발로 걷는 아주 이례적이고 결코 쉽지 않은 일을 감행할 정도로, 자신의 육신을 다스리는 일에도 아주 큰 열심을 보

---

10) 앞 장에서의 일이 있은 후 대략 여섯 달이 지났다. 아우구스티누스와 그의 작은 무리들은 주후 386년과 387년의 겨울을 카시키아쿰에서 보냈고, 이제 사순절이 다가왔는데, 이때가 주후 387년 3월 초였다.

였습니다.

또한, 아데오다투스(Adeodatus)라는 소년도 우리와 동행하였습니다. 그는 나의 죄로 말미암아 내게서 육신을 따라 태어난 아이였지만, 주님은 그를 아주 잘 키워 주셔서, 겨우 15살밖에 안 되었는데도, 그의 학식은 공부를 많이 했다고 하는 많은 선생들을 능가하였습니다.

우리의 부끄러운 일들을 아름다운 것들로 다시 빚어 주시는 만물의 창조주이신 주 나의 하나님이여, 나는 이 모든 것이 주님의 선물이라는 것을 고백합니다. 왜냐하면, 그 아이와 관련해서 내가 기여한 것은 오직 죄밖에는 아무것도 없었기 때문입니다. 우리가 그를 주님의 교훈으로 양육하게 된 것도, 주께서 성령으로 우리를 감동하셔서 우리 안에서 행하신 까닭이고 다른 것이 결코 아니었기 때문에, 나는 이 모든 것이 주님의 선물이라고 고백합니다.

우리가 쓴 책들 중에는 『교사론』(De Magistro)이라는 제목의 책이 있는데, 그 책은 내가 그 아이와 대화한 내용을 기록한 것입니다. 주님이 아시듯이, 거기에서 나의 대화 상대자가 말한 것들로 나오는 모든 것은, 그 아이가 겨우 16살 때에 생각하고 있던 것들이었습니다. 그것 외에도, 나는 그에게서 한층 더 놀라운 많은 재능들을 발견하였고, 그 재능들은 내게 주님에 대한 경외감을 불러일으켰습니다. 주님이 아니고서는, 그토록 놀랍고 경이로운 일들을 행할 수 있는 자가 누가 있겠습니까? 주님은 그의 생명을 이 땅에서 일찍 데려 가셨습니다. 그래서 나는 그의 청소년기나 그의 생애 전체와 관련해서 아무것도 걱정할 필요가 없어서, 지금 이렇게 마음 편하게 그를 회상하고 있는 것입니다.

우리는 그가 주님의 은혜에 있어서는 우리와 동일한 나이라고 여겨서, 우리와 함께 주님의 교훈으로 교육받게 하기 위해서 데려갔고, 우리가 세례를 받았을 때, 지난날의 삶에 대한 불안과 염려는 우리에게서 사라졌습니다.[11] 물론, 나는 그 당시에는 인류를 구원하시기 위한 주님의 심오한 계획을 묵상하는 데서 오는 놀라

---

11) 그들은 주후 387년 4월 24~25일, 즉 부활절 전날 밤에 삼위일체 하나님에 대한 신앙을 고백하고 침례를 받았다. 적어도 아우구스티누스는 자신이 나중에 증언한 대로 암브로시우스에게 세례를 받았다. 당시에 거행되었던 세례 예식 전체에 관한 설명은 암브로시우스의 두 권의 저작, 즉 『성례전들』과 『신비들』에 나와 있다. 세례를 받은 자들은 흰 옷을 입은 채로 부활절에 처음으로 성찬에 참여하였다.

운 기쁨을 제대로 누릴 수는 없었지만, 그 주간 동안에[12] 주님을 찬송하고 경배하는 노래들을 들으며 많은 눈물을 흘렸고, 주님의 교회에 속한 모든 회중이 찬송을 부를 때에 흘러나온 저 아름다운 목소리들을 들으며 큰 감동을 받았습니다. 그 목소리들이 내 귀 속으로 흘러들어오고, 진리가 내 마음속에 부어지자, 거기로부터 경건의 감정이 넘쳐흘러나와서, 저절로 눈물이 쏟아져 내렸습니다. 이 모든 것이 내게는 행복이었습니다.

제7장
신자들이 함께 찬송을 부르는 관습의 유래와 암브로시우스

15. 밀라노 교회에서 모든 형제들이 한 마음과 한 목소리로 아주 열렬하게 찬송함으로써 위로하고 격려하는 이러한 방식이 도입된 지는 얼마 되지 않았습니다. 일 년보다 더 오래 전이 아니라 대략 일 년 전쯤에, 발렌티니아누스(Valentinianus)가 어린 나이에 황제로 등극하고 나서, 섭정을 하고 있던 그의 어머니 유스티나(Iustina)가 아리우스파에 빠져서, 자신이 신봉하던 그 이단을 위해서, 주님의 사람인 암브로시우스를 박해하는 일이 벌어졌습니다. 경건한 무리들은 교회에 모여서 밤을 지새우며, 주님의 종이자 그들의 주교인 암브로시우스와 함께 기꺼이 죽겠다는 각오로 농성을 하였는데, 주님의 여종인 나의 어머니도 밀라노 교회와 그 주교를 지키기 위하여 함께 염려하고 철야하는 데 주도적으로 동참하면서, 교회에서 기도하며 지냈습니다. 당시에 우리는 아직 주님의 성령의 열기로 뜨거워져 있지 않아서 냉랭한 반응을 보이기는 하였지만, 도시 전체가 크게 놀라고 발각 뒤집혀 있었기 때문에, 우리도 흥분되어 있었습니다. 이 때에 동방교회의 본을 따라서, 사람들이 슬픔으로 인하여 기진맥진하게 되는 것을 막기 위해서, 찬송들과

---

12) 즉, 부활절부터 직후의 주일까지. 이 주간 동안 새롭게 세례를 받은 자들은 세례 때에 받았던 흰 옷을 계속해서 입고 있는 상태로 매일의 예전에 참여해서 신앙과 성례전들에 대한 좀 더 자세한 교육을 받았다. 아우구스티누스가 주교가 되어서 새롭게 세례를 받은 자들에게 부활절 주간에 행한 많은 설교들이 지금도 보존되어 있다.

시편들을 다함께 부르는 관습이 시작되었고, 그 때부터 지금까지 이 관습은 전 세계의 거의 모든 회중 가운데서 정착되어서, 많은 사람들이 따라하게 되었습니다.

16. 그때에 주님은 환상을 통해서 암브로시우스 주교에게 순교자들인 프로타시우스(Protasius)와 게르바시우스(Gervasius)의 유해가 있는 곳을 알려 주셨는데, 이 것은 그 오랜 세월 동안 이 두 순교자의 유해를 주님만이 아시는 은밀한 곳에 썩지 않게 보존해 두셨다가, 섭정 역할을 하던 여자의 광분함을 제지하시기 위하여 적절한 때에 세상에 드러내신 것이었습니다. 사람들이 그 유해를 찾아내어 발굴해서 예를 갖추어 암브로시우스의 교회로 운반하는 도중에, 더러운 영들에 의해서 괴롭힘을 당하고 있던 많은 사람들이 고침을 받았는데, 이것은 귀신들이 자신들의 입으로 직접 자백한 사실이었습니다.

또한, 밀라노에서 잘 알려져 있던 어떤 사람이 있었는데, 그는 오랫동안 맹인으로 살아 온 사람이었습니다. 그는 거리에서 사람들이 기뻐서 환호하는 소리를 듣고서, 자신의 길잡이에게 물어서 그 이유를 알게 된 후에, 자기를 밖으로 데리고 나가서, 사람들이 환호하는 바로 그 곳으로 데려다 줄 것을 간청하였고, 그 자리에 도착하자, 그 순교자들의 죽음이 주님이 보시기에 보배로운 것이라고 여겨서, 허락을 받아서 자신의 손수건을 그 성자들의 관에 접촉하고 나서, 그 손수건을 자신의 눈에 대었는데, 그 즉시 그의 눈이 떠져서 보게 되었습니다.[13]

이 모든 소문은 널리 퍼져 나가서, 이 모든 일로 인해서 주님을 찬송하는 소리는 더욱 커지고 뜨거워졌고, 주님의 영광을 더욱 밝게 빛났으며, 이 모든 일로 인해서 저 원수의 마음이 올바른 믿음으로 돌아오지는 못하였어도, 박해의 광풍은 가라앉게 되었습니다.

나의 하나님이여, 감사를 드립니다! 주님께서는 나의 기억을 어디로부터 가져오셔서 어디로 가져가시기에, 내가 까맣게 잊어버리고 그냥 지나쳤을 이런 위대한 일들을 기억해 내어서 주님께 고백하게 하시는 것입니까? 하지만 주님의 향유

---

13) 이 사건들은 주후 386년 7월 17일부터 19일에 걸쳐서 일어났다. 암브로시우스는 그 맹인은 세베루스라는 이름을 지닌 백정이었다고 말한다.

에서 풍겨 나온 향기가 그토록 향기롭게 진동하고 있던 그때에도, 나는 주님을 좇아 달려가지 않았습니다. 이렇게 오랫동안 주님을 만나지 못해 숨을 헐떡이며 질식할 것 같다가, 마침내 이 초막집에 산들바람이 불어와서, 주님 안에서 숨을 쉴수 있게 되었기 때문에, 주님을 찬송하는 목소리들이 교회에 울려 퍼질 때, 나는더 펑펑 눈물을 쏟아낼 수밖에 없었습니다.

제8장
어머니의 어린 시절

17. 뜻이 맞는 사람들을 한 집에 거하게 하시는 주님은 에보디우스(Evodius)를우리에게 보내어 함께 살게 하셨는데(시 68:6),[14] 그는 우리와 동향 출신의 청년으로서, 공직에서 일할 때, 우리보다 앞서 회심하여 세례를 받은 후에, 세상의 공직을 버리고, 주님을 위해 일하기 위하여 준비를 하고 있었습니다. 우리는 함께 있었고, 우리의 거룩한 목적을 위하여 함께 살기로 작정하고서, 주님을 섬기기 위해가장 좋은 곳이 어디일지를 생각해 보고 물색하다가, 다 함께 아프리카로 돌아가기로 계획하였습니다. 이렇게 해서 아프리카로 돌아오던 중에, 티베리나(Tiberina)강 하구에 있는 오스티아(Ostia)에서 나의 어머니가 돌아가셨습니다.[15]

나는 많이 서둘러야 해서, 많은 것들을 생략하고 그냥 지나가지만, 나의 하나님이여, 내가 말하지 않고 지나간 헤아릴 수 없이 많은 일들과 관련해서 주님께 드리는 나의 고백들과 감사들을 받아 주십시오. 하지만 나를 낳아 주신 주님의 여종과 관련해서 내 마음에 떠오르는 것들은, 그 어떤 것도 내가 생략하고 그냥 넘어가고 싶지 않습니다. 어머니는 그 육신으로는 나를 낳으셔서 이 세상의 빛을 보게

---

14) 타가스테 태생의 에보디우스는 아우구스티누스의 대화록인 『영혼의 위대성과 자유의지』에서 대화상대자였는데, 나중에 우질리스의 주교가 되었고, 마니교도들이나 펠라기우스주의자들에 맞서 활발한 논쟁을 벌였다.
15) 이때는 주후 387년의 여름 또는 초가을이었다. 그 해 11월13일이 되면, 아우구스티누스는 서른세 번째 생일을 맞이할 것이었다.

해 주신 분이시고, 그 마음으로는 나를 거듭나게 하셔서 영원한 빛을 볼 수 있게 해 주신 분입니다. 하지만 나는 어머니가 가지고 계셨던 것들에 대해서 말하고자 하는 것이 아니고, 주님이 어머니에게 주신 것들에 대해서 말하고자 합니다. 왜냐 하면, 어머니는 자기 자신을 지은 것도 아니었고, 자기 자신을 양육한 것도 아니 었으며, 내 어머니의 부모님들도 자기들에게서 어떤 아이가 태어나게 될 것인지 를 알지 못하셨지만, 오직 주님이 어머니를 지으시고, 주님의 교회의 신실한 지체 였던 한 그리스도교인의 가정에서 태어나게 하셔서, 주님의 독생자이신 그리스도 의 교훈의 회초리로 양육 받게 하신 것이었기 때문입니다.

어머니는 자기가 그런 식으로 양육 받게 된 것은 자신의 모친의 열심 덕분이 아 니라, 어떤 나이 든 여종의 열심 덕분이라고 하셨습니다. 큰 여자 아이들이 어린 아기를 업고 다니듯이, 그 하녀는 어머니의 부친을 업어 키우다시피 했는데, 워낙 오랫동안 일해 온 데다가 나이도 아주 많고 성품도 훌륭해서, 그 그리스도교 가정 의 어른들도 그녀를 존경했다고 합니다. 그래서 그 집안의 딸들을 돌보는 일도 그 하녀에게 맡겨졌고, 그녀는 그 일을 건성으로 하지 않고 성심을 다해 수행하였기 때문에, 필요한 경우에는 경건한 엄격함으로 딸들을 엄하게 통제하였고, 지혜롭 고 사려 깊게 가르쳤답니다.

그 하녀는 그 집안의 딸들이 부모님과 함께 식사하면서 아주 조심스럽게 음식 을 먹을 때 외에는, 너무나 갈증이 나서 목이 타들어가도, 다음과 같은 유익하고 좋은 말을 들려주면서, 물조차 마시지 못하게 하였는데, 이 모든 것은 그녀들에게 나쁜 습관이 만들어지는 것을 막기 위한 것이었다고 합니다: "너희가 지금 물을 마시는 것은, 술을 감당할 수 있는 힘이 아직 너희에게 없기 때문이다. 그런데 지 금 너희 마음대로 시도 때도 없이 물을 마시는 습관을 너희의 몸에 붙여 놓으면, 나중에 너희가 결혼을 하게 되어서, 부엌살림을 맡고 곳간을 마음대로 출입하게 되면, 물은 쳐다보지도 않고 맨 날 술을 마셔서, 술 마시는 것이 몸에 밴 습관이 되 어 버리게 될 것이다." 그 하녀는 이런 방식으로 훈계하고, 자신에게 주어진 권위 로 명함으로써, 아직 어려서 자신의 욕구들을 자제하기 힘든 그 집안의 딸들로 하 여금 인내하고 절제하는 법을 가르쳤고, 아무리 목이 말라도 물을 마시지 않게 하 는 훈련을 시킴으로써, 자신들이 하지 않아야 하는 일들은 하려고 하지 않는 것이 그녀들의 몸에 배게 하였답니다.

18. 하지만 주님의 여종이 이 아들에게 말해 준 바에 의하면, 어머니는 몰래 조금씩 술을 홀짝거리다 보니, 어느새 술을 좋아하게 되었다고 합니다. 당시에 흔히 그랬듯이, 부모님은 술이라고는 전혀 알지 못하였던 어린 나의 어머니에게 술통에서 술을 따라서 가져오라고 심부름을 시켰는데, 그럴 때에 어머니는 술통의 마개 아래에 대접을 놓고서 술을 받아서 다시 주선자에 붓기 전에, 자신의 혀끝을 그 대접에 대고서 아주 조금 술을 맛보았는데, 그 이상은 입에서 술을 받지 않아서 마실 수 없으셨답니다. 어머니는 정말 술이 마시고 싶어서 그렇게 하신 것이 아니었고, 그 나이 때의 아이들에게서 흔히 발견되는 주체할 수 없이 끓어올라서 차고 넘치는 호기심과 장난기와 쾌활함이 발동되어서 충동적으로 그렇게 하신 것이기 때문에, 대체로 아이들의 그런 짓들은 집안 어른들의 훈육에 의해서 바로잡히는 것이 보통입니다. 하지만 "작은 것을 멸시하는 자는 조금씩 넘어지게 된다"(집회서 19:1 고라틴역)는 말씀처럼, 어머니의 경우에는, 매일 조금씩 맛보다가 점점 더 빠져들어서, 나중에는 정말 술이 마시고 싶어서, 작은 술잔 하나를 가득 채워서 마시게 될 정도로, 술 마시는 것이 습관이 되어 버렸다고 합니다.

그때에 저 사려 깊던 하녀와 그녀의 엄한 금령은 도대체 어디로 가 버리고 없었던 것입니까? 만일 주님이 준비하신 약이 우리를 지켜 주지 않는다면, 그 무엇이 우리의 이 은밀한 병을 고쳐 줄 수 있겠습니까? 우리를 지으시고 부르셔서, 우리 영혼을 구원하시기 위하여, 우리 위에 세우신 자들을 통해서 선한 일을 하시는 주님은, 우리의 부모님이나 보모들이 우리 옆에 없을 때에도, 늘 우리 옆에 계십니다. 나의 하나님이여, 주님은 그때에 무엇을 하셨습니까? 어떻게 내 어머니를 고치셨고, 어떻게 내 어머니를 온전하게 만들어 주셨습니까? 주님은 마치 미리 은밀하게 준비해 놓으셨다가 어느 순간에 갑자기 꺼내 드신 수술용 메스처럼, 다른 사람의 비수 같이 날카롭고 통렬한 모욕적인 말을 통해서, 어머니의 저 썩은 부분을 한 방에 도려내신 것이 아니었습니까?

당시에 어머니는 곳간에 있는 술을 가지러 갈 때에는 한 하녀와 같이 가곤 하였었는데, 그 하녀와 단둘이 있을 때에는 서로 다투는 일이 종종 있었답니다. 그

날도 그 하녀와 말다툼이 벌어졌는데, 그 하녀는 그동안 어머니가 남몰래 술을 마셔온 악행을 들추어내며, 어머니를 "술주정뱅이"라고 부르면서, 아주 지독한 모욕을 어머니에게 안겨 주었답니다. 어머니는 그 말을 듣고 몽둥이로 얻어맞은 것처럼 큰 충격을 받아서, 자기가 지금까지 부끄럽고 추한 짓을 저질러 왔음을 깨닫고서는, 그 즉시 자신의 죄를 인정하고, 그 후로는 다시는 그런 짓을 하지 않게 되었답니다.[16]

친구들의 아부하는 말들이 우리를 망쳐 놓는 것처럼, 원수들의 모욕하는 말들은 흔히 우리를 바로잡아 놓습니다. 하지만 그들을 통해서 우리에게 선을 행하신 분은 주님이시고, 그들은 악의를 가지고 우리에게 그렇게 한 것일 뿐이기 때문에, 주님은 그들에게 상을 주시는 것이 아니라, 그들의 악의로 인하여 그들을 벌하십니다. 그 하녀는 작은 여주인인 어린 어머니의 나쁜 버릇을 고쳐 주기 위해서가 아니라, 어머니를 격동시키고 괴롭히기 위해서, 어머니에게 화를 내며 모욕적인 말을 했고, 그래서 어머니와 단둘이 있을 때에 그런 말을 한 것입니다. 물론, 어머니와 그 하녀 간의 이러한 다툼이 그 시간에 그 장소에서 벌어지게 된 것은 어쩌면 우연이었을 수도 있고, 그 하녀는 어머니의 나쁜 버릇을 집안 어른들에게 알리지 않고 이렇게 오랫동안 이대로 덮어두었다가는, 나중에 자기가 경을 치게 될 것을 두려워한 나머지, 자기도 모르게 그런 말이 입 밖으로 나오게 된 것인지도 모릅니다.

주님, 주께서는 천지의 운행을 주관하시고, 깊은 물들의 흐름을 자신이 기뻐하시는 방향으로 흐르게 하시며, 세상의 격동하는 조류를 다스리시는 분이시지만, 어떤 사람의 "광분함"(insania)을 통해서 또 다른 어떤 사람을 "고치시는"(sanasti) 분이시기도 하십니다. 그러므로 우리는 어떤 사람을 바로잡아 주기 위해서 자신이 한 권면이나 훈계로 말미암아 그 사람이 잘못을 고치고 바르게 된 것을 보았다고 하더라도, 마치 우리 자신의 힘으로 그렇게 한 것처럼 착각해서는 안 됩니다.

---

16) 오랜 후에 아우구스티누스의 대적이었던 펠라기우스주의자이자 에클라눔의 주교 율리아누스는 그의 어머니의 이 약점을 조롱하였고, 자신의 어머니를 폄하하는 말을 했던 장본인인 아우구스티누스는 그런 율리아누스에게 이렇게 대답하였다: "당신은 하나님의 은혜의 원수로 행하는 자이기 때문에, 하나님의 은혜로 말미암아 자신의 치기 어린 악에서 자유함을 얻은 그녀에게 당신이 원수로 행하는 것이 무엇이 이상하겠는가?"

제9장
어머니의 결혼 생활

19. 이렇게 어머니는 조신하고 분별 있으신 분으로 교육을 받으셨지만, 이것은 어머니가 주님으로부터 가르침을 받아서 자신의 부모님에게 순종하신 것이었고, 부모님들이 어머니를 가르쳐서 주님께 순종하게 한 것은 아니었습니다. 결혼할 나이가 차자, 어머니는 지금의 남편과 결혼해서, 주님을 섬기듯이 남편을 섬겼습니다. 어머니는 남편을 주님께 드리기 위하여, 자신의 행실로써 남편에게 주님을 전하셨고, 주님은 어머니의 그러한 행실을 사용하셔서, 어머니가 남편에게 아름답고 사랑스러우며 대단한 사람으로 보이게 하셨습니다. 남편이 바람을 피웠어도 인내로써 감당하셨고, 그 일로 인해서 남편을 미워하거나 불화하는 일이 없었으며, 도리어 주님의 자비가 남편에게 임하여, 주님을 믿고서 그 삶이 정결하게 되기를 기다리셨습니다.

남편은 아주 너그럽고 친절한 사람이었지만, 때로는 욱 해서 불같이 화를 내는 성격이어서, 남편이 화가 나 있을 때에는, 어머니는 화난 남편의 심기를 건드리지 않아야 한다는 것을 잘 알고 계셨기 때문에, 행동만이 아니라 말도 조심하셨고, 그러다가 남편의 화가 가라앉고 진정이 되면, 적당한 기회를 보아서, 남편의 화를 불러일으켰던 자신의 행동에 대해서, 자기가 왜 그렇게 했는지를 조곤조곤 얘기해서 오해를 풀곤 하셨습니다.

사실 세상에는 어머니의 경우보다 더 온유하고 점잖은 남편과 같이 살면서도, 남편에게 맞아서 얼굴이 퉁퉁 붓고 멍이 들어서 다니는 부인들도 많았는데, 그 부인들이 사적으로 만나서 얘기를 나누면서 자기들의 남편의 흉을 보는 것을 들을 때면, 어머니는 혼인 서약을 하고 혼인이 이루어졌다는 것이 선포된 후에는, 부인들은 그것을 자신들이 종이 되었다는 것을 선포한 것으로 생각하여야 한다고, 농담을 섞어 진지하게 훈계하고서, 그들의 혀를 꾸짖으시고서는, 그렇기 때문에 늘 자신의 처지를 명심하여, 교만해져서 주인에게 대드는 일이 일어나지 않게 해야 한다고 주의를 주셨답니다.

그 부인들은 어머니가 성질이 사납고 화를 잘 내는 남편과 살고 있다는 것을 알고 있었던 까닭에, 그녀의 남편인 파트리키우스(Patricius)가 자기 아내를 때렸다거나, 가정불화가 단 하루라도 있었다는 소문이 나돈 적도 없었고, 그런 일들이 있었음을 보여 주는 그 어떤 증거도 자신들이 본 적이 없었다는 것에 대해서 놀라워하면서, 그 비결이 무엇이냐고 넌지시 물어보았기 때문에, 어머니는 내가 앞에서 말한 그 비결을 그 부인들에게 가르쳐 준 것이었습니다. 그 후에, 그 비결을 따라 살아간 부인들은 어머니의 말이 맞았다는 것을 확인하고서 감사하였고, 그 비결을 따라 살지 않았던 부인들은 계속해서 남편에게 눌려서 고생하며 괴로운 삶을 살았습니다.

20. 시어머니도 처음에는 악의적인 하녀들의 수군거리는 말을 듣고 어머니를 좋지 않게 보시고 화를 내셨지만, 어머니가 인내심과 온유함으로 잘 참아내고 순종하시는 모습을 보이자 화가 누그러지셔서, 자기 아들을 불러, 하녀들이 혀를 잘못 놀려서 자기와 며느리를 이간질시켜, 가정의 평화를 어지럽혔으니 그들에게 벌을 주라고 당부하셨습니다. 그래서 아버지는 자신의 모친의 당부도 있고, 이후로 집안 사람들끼리 화목하게 지내게 하려면 적절한 징계를 통해서 가정의 질서를 바로잡아야 한다고 생각하여서, 모친이 이 일을 자기에게 말하면서 지목하였던 그 하녀들에게 매질을 하였고, 나의 친할머니는 앞으로 자기에게 잘 보이려고 며느리에 대해서 조금이라도 험담을 하는 사람은 이 같은 벌을 받게 될 것을 각오하여야 할 것이라고 경고하셨습니다. 이 일이 있은 후로는 남의 험담을 하는 사람이 아무도 없게 되었고, 도리어 눈에 띄게 사이가 좋아지고 서로를 위하며 화목하게 살아가게 되었습니다.

21. 나의 자비이신 나의 하나님이여, 주님의 저 선한 여종의 태에서 나를 지으신 주님께서는 그 여종에게 또 다른 큰 은사를 주셨는데, 그것은 서로 생각이 다르거나 불화하는 사람들 사이에서, 자기가 할 수 있는 한, 그들을 화평하게 하는 역할을 자임하는 것이었습니다. 그런 경우에, 일반적으로 사람들은 자신의 원수는 없고 친구만 있는 자리에서는, 그 원수에 대한 증오심에 가득 차서 씩씩거리며, 그와 관련해서 마음에 안 드는 이런저런 것들을 잔뜩 부풀리고 과장해서, 있

는 말 없는 말을 다 동원해서 독설을 퍼부어 대며 악담을 쏟아내는 것이 보통이기 때문에, 어머니는 양 당사자들로부터 상대방에 대한 지독한 악담들을 듣게 되는데, 그랬을 때에 그들을 화해시키는 데 필요하고 도움이 되는 말들 외에는 그 어떤 말도 다른 당사자에게 절대로 옮기지 않았습니다.

유감스럽게도 나는 그 많은 사람들이 아주 광범위하고 끔찍하게 어떤 죄에 오염되어서 그렇게 하는 것인지는 알 수 없지만, 어쨌든 원수 관계에 있는 두 사람이 서로에 대해서 화가 나서 감정을 이기지 못하고 심하게 내뱉은 말들을 그대로 상대방에게 옮길 뿐만 아니라, 거기에다 한 술 더 떠서, 하지도 않은 말들을 덧붙여서 옮기는 사람들을 부지기수로 많이 보아 왔기 때문에, 어머니의 이러한 행동거지는 지금의 나에게는 결코 예사로워 보이지 않습니다. 진정으로 사람다운 사람이 되려고 하다면, 단지 악담을 해서 사람들 간의 증오심을 촉발시키거나 부추기는 짓을 하지 않는 것으로는 부족하고, 선한 말을 해서 사람들의 증오심을 없애려고 애쓰는 것이 마땅한데, 어머니가 바로 그런 사람이었고, 주님은 어머니의 마음 깊은 곳에 있는 학교에서 어머니를 붙들고 가르치신 선생이셨습니다.

22. 어머니는 자신의 남편이 이 세상에서의 삶의 끝자락에 있을 때, 마침내 그를 주님께로 인도하셨고, 남편이 신자가 아니었을 때에는 여러 가지를 참고 견디면서 애통해하며 살아야 했지만, 남편이 신자가 된 후에는 가슴을 치고 슬퍼할 일이 전혀 없게 되었습니다.

또한, 어머니는 주님의 종들을 섬기는 여종이셨습니다. 어머니를 알게 된 주님의 종들은 모두 다 한결같이, 어머니의 거룩한 삶의 열매들이라는 증거를 통해서, 주님이 어머니의 마음에 임재해 계신다는 것을 아셨기 때문에, 어머니로 말미암아 주님을 크게 찬송하고 영광을 돌리며 사랑하였습니다.

어머니는 "한 남편의 아내"였고, "집에서 효를 행하여" 부모를 공경하였으며, 자신의 집안을 경건하게 이끄셨고, "선한 행실의 증거"를 보이셨으며, 자녀들이 주님을 떠나 잘못된 길로 가는 것을 보실 때마다 다시 산고를 겪으시는 것처럼 괴로워하시며 자녀들을 양육하셨습니다.

마지막으로, 주님께서는 어머니가 주님 안에서 잠드시기 전에, 우리에게 은혜를 주셔서 주님의 세례를 받게 하시고, 어머니와 함께 살 수 있게 해 주셨기 때문에, 어머니는 한편으로는 우리 모두를 자식처럼 돌보아 주셨고, 다른 한편으로는 주님의 은총으로 말미암아 "주님의 종들"이라 불릴 수 있게 된 우리 모두를, 자녀가 부모를 섬기듯 그렇게 섬기셨습니다.

제10장
오스티아에서의 환상 체험

23. 그날은 주님만이 알고 계셨고, 우리는 모르고 있었지만, 어머니가 이 세상에서의 삶을 마치시고 떠나실 날이 가까이 다가오고 있을 무렵, 우리는 티베리나 강변에 있는 오스티아(Ostia)에 머물고 있었는데, 그때에 주님이 은밀하게 준비하신 일이라고 내가 믿는 일이 일어났습니다. 나와 어머니는 단둘이 우리가 머물고 있던 집의 동산이 보이는 창문에 기대고 서 있었습니다.[17] 우리 일행은 오랜 동안의 힘든 여행을 한 후에, 사람들이 북적대는 곳으로부터 떨어진 한적한 곳에서 쉬면서 아프리카로 가는 배를 기다리고 있었습니다.

우리는 "뒤에 있는 것은 잊어버리고 앞에 있는 것을 잡으려고"(빌 3:13), 둘이서 아주 즐겁고 행복하게 대화하면서, 진리이신 주님의 임재를 모신 가운데, "눈으로 보지 못하고 귀로 듣지 못하고 사람의 마음으로 생각하지도 못하였다"(고전 2:9)고 한 성도들의 영생이라는 것이 어떤 것일지에 대해서 서로 얘기를 나누었습니다. 우리는 주님께 있는 "생명의 원천"(시 36:9), 곧 하늘에 있는 주님의 생명의 강에서 흐르고 있는 물을 갈급해하며 우리의 마음의 입을 크게 벌렸고, 우리의 분수를 따라 다만 몇 방울이라도 맛보아서, 영생의 신비를 조금이라도 알고 싶어 하였습니다.

---

17) 그리스도교의 사상 세계에서와 마찬가지로 아우구스티누스에게도 "동산"은 중요한 의미를 지니고 있었다. 두 사람의 궁정 관리들의 회심도 어느 동산에서 일어났고(VIII.6.15), 아우구스티누스와 알리피우스의 회심도 동산에서 일어났다(VIII.8.19). 또한, 아우구스티누스와 그의 어머니 모니카가 신비 체험을 한 것도 동산이 내다보이는 창문 옆에서였다. 따라서 "동산"은 낙원의 뉘앙스를 내포하고 있음이 분명하다.

24. 우리의 대화가 육신의 감각으로 인한 쾌락이 아무리 크고, 물리적인 빛이 아무리 밝고 눈부시다고 하여도, 내세에서의 저 복된 삶과는 비교할 수 없을 뿐만 아니라 언급할 가치조차 없다는 결론에 이르렀을 때, 우리는 "항상 동일하신 이"를 향한 불타오르는 사랑으로 인하여 고양되어서, 모든 유형적이고 물리적인 것들을 단계적으로 통과하였고, 해와 달과 별들이 이 땅을 비추고 있는 바로 그 하늘까지도 통과하게 되었습니다. 우리는 주님의 일들에 대해서 마음으로 묵상하고 말하고 놀라워하며, 계속해서 더 높이 올라가서, 우리의 정신에 다다랐고, 거기를 지나서, 모든 것이 차고 넘쳐서 부족함이 없는 곳, 주님이 진리의 양식으로 영원히 이스라엘을 먹이시는 곳, 지금까지 존재하는 모든 것과 앞으로 존재할 모든 것을 지으시는 저 "지혜"가 생명인 곳에 올랐습니다.[18]

"지혜"는 지음 받은 것이 아니지만, 과거에도 그렇게 존재하였고, 장래에도 그렇게 존재해 있을 것이며, 현재에도 그렇게 존재합니다. "과거에 존재하였다"는 말이나 "장래에 존재할 것이다"라는 말은 지혜에 적용되지 않고, 오직 "존재한다"는 말만이 지혜에 적용됩니다. 왜냐하면, 지혜는 영원한 반면에, "존재하였다"거나 "존재할 것이다"라는 말은 영원을 표현하는 말들이 아니기 때문입니다.

우리가 이렇게 말하면서 그 지혜를 갈급해하며 온 마음으로 있는 힘을 다 기울였을 때, 우리는 지혜와 아주 잠깐 접촉하게 되었지만, "성령의 처음 익은 열매"(롬 8:23)를 거기에 묶어서 남겨둔 채로 탄식하며, 시작도 있고 끝도 있는 우리 인간의 입의 말로 돌아왔습니다. 하지만 우리 주님의 말씀은 낡아짐이 없이 언제까지나 동일하면서도, 모든 것을 새롭게 하는 말씀인데, 우리 인간의 그런 말과 어떻게 비교가 되겠습니까?

25. 그래서 우리는 이렇게 말했습니다: "어떤 사람에게 육신의 소란이 잠잠해지고, 땅과 물과 공기에 있는 허상들이 잠잠해지며, 궁창이 잠잠해지고, 영혼 자체도 잠잠해져서, 자신을 초월해서 자기에 대해서 생각하지 않게 되며, 꿈과 환상과 온갖 언어와 기호와 온갖 덧없이 지나가는 것들이 잠잠해지고, 이렇게 모든 것

---

18) "그리스도교적인 탈혼상태"에 관한 이 기사와 플로티노스적인 황홀경(VII.17)을 비교해 보라.

이 잠잠해진 다음에, 이 모든 것들이 '우리가 우리 자신을 지은 것이 아니라, 영원히 계시는 분이 우리를 지으셨다'고 말하고서는 잠잠해져서, 그 사람이 귀를 종긋 세우고서 오직 이 모든 것들을 지으신 그분에게만 귀 기울이게 되고, 이제는 오직 그분만이 말씀하시되, 이 모든 것들을 통해서가 아니라 자신이 친히 말씀하시게 될 때, 그 사람은 육신의 혀나 천사의 음성이나 우렛소리나 모호한 비유를 통하지 않고도 그분의 말씀을 들을 수 있게 될 것이고, 마치 나와 어머니가 방금 온 힘을 다하여 집중하였을 때에 우리의 생각 속에서 순간적으로 모든 것 위에 계시는 영원하신 지혜를 접촉하게 된 것과 같이, 이 모든 것 없이도, 우리가 이 모든 것들을 빌려서 사랑하는 그분에게서 들을 수 있게 될 것입니다.

이것과 완전히 다른 종류의 상(像)들은 제거되고, 오직 이것만이 지속되는 가운데, 그것을 보고 있는 사람을 그 속에 있는 기쁨으로 사로잡아 흡수해서 온전히 감싸 버림으로써, 우리가 방금 무척 갈급해하다가 맛보아 알게 된 저 순간이 영원히 지속되는 것이 그 사람의 삶이 된다면, 바로 그런 것이 주님이 '네 주인의 즐거움에 참여할지어다'(마 25:21)라고 말씀하신 것의 의미가 아니겠습니까? 그런 일이 언제 이루어질까요? 우리가 부활하여 다 변화되는 그때가 아니겠습니까(고전 15:51)?"

26. 나는 이것과 똑같은 표현들을 사용해서 이런 식으로 말한 것은 아니었지만, 이런 취지로 말을 했고, 우리가 이런 대화를 나누던 바로 그날, 심지어 우리가 그런 말들을 하고 있던 바로 그 순간에도, 이 세상과 그 모든 낙들이 우리에게는 너무나 하찮아 보였다는 것을 주님은 아십니다. 그때에 어머니는 이렇게 말씀하셨습니다: "아들아, 이제 내게는 이 세상에서 살 낙이 아무것도 없구나. 이 세상에서 내가 소망하였던 것들이 이제 다 이루어졌는데, 여기에서 내가 앞으로 무엇을 해야 하고, 왜 여기에 계속해서 남아 있어야 하는지를 알지 못하겠구나. 지금까지 내가 이 세상에서 조금이라도 더 오래 머물고자 했던 이유는 딱 한 가지였는데, 그것은 내가 죽기 전에 네가 그리스도교인이 되는 것을 보는 것이었다. 나의 하나님께서는 내가 바라던 것보다 더 차고 넘치게 이루어 주셔서, 네가 이 땅에서의 행복을 멸시하고 주님의 종이 된 것을 보게 해 주셨으니, 내가 여기에서 더 무

슨 할 일이 있겠느냐?"

제11장
어머니의 죽음

27. 어머니가 이렇게 하신 말을 듣고서, 내가 어떤 대답을 했는지는 기억이 잘 나지 않지만, 채 닷새가 되지 않아서 어머니는 열병으로 몸져눕게 되셨습니다. 그렇게 앓아누워 계시던 중에, 어느 날은 혼절하셔서 잠깐 의식을 잃으셨는데, 우리들이 급히 달려갔더니, 금세 의식을 되찾으시고서는, 그 자리에 서 있던 나와 내 형을 쳐다보시면서,[19] "내가 어디에 있었지?"라고 물으신 후에, 슬픔으로 인해서 아무 말도 못하고 서 있던 우리를 응시하시면서, "너희 어미를 여기에 묻어 다오"라고 하셨습니다. 나는 눈물이 나오는 것을 꾹 참으며 아무 말 없이 서 있는데, 나의 형이 어머니가 타지에서가 아니라 고향에서 돌아가셔야 더 행복하실 것이니, 그렇게 해야 하지 않겠느냐고 말하였습니다. 어머니는 그 말을 들으시고서는, 쓸데 없는 소리를 한다는 듯이, 걱정스러워 하시는 표정으로 형을 빤히 쳐다보시다가, 내게로 눈을 돌리셔서, "저 말하는 것 좀 봐라"고 하시고서는, 이내 우리 두 사람에게 이렇게 당부하셨습니다: "나의 육신은 어디에 묻어도 상관이 없으니, 너희는 그런 것은 신경 쓰지도 말고 고민하지도 말아라. 내가 너희에게 꼭 당부하고 싶은 것은, 너희가 어디에 있든지, 주의 제단에서 나를 기억해 달라는 것이다." 어머니는 남은 힘을 다해서 이 말을 하시고서는, 병이 더 깊어져 힘드셨는지 더 이상 아무 말도 하지 않으셨습니다.

28. 눈에 보이지 않으시는 하나님이시여, 주께서는 주의 신실하신 자들에게 은혜를 주셔서 그들의 마음에 심어 놓으신 후에, 거기로부터 놀라운 열매들이 맺어

---

19) 형인 나비기우스는 밀라노에서 그들과 합류하였지만, 아우구스티누스는 이상하게도 그에 대해서는 짧게 언급하고는 침묵해 버린다.

지게 하시는 분이시라는 생각이 들자, 나는 기뻐하며 주님께 감사를 드렸습니다. 왜냐하면, 나는 어머니가 전에는 자신이 묻힐 자리에 대해서 언제나 지대한 관심을 가지시고서 염려하고 걱정해 오셨던 것을 잘 알고 있었기 때문입니다. 그래서 어머니는 남편의 묘 옆에 자신의 묘도 이미 진즉에 마련해 놓으시고서는, 아버지가 돌아가실 때까지, 두 분은 워낙 화목하고 사이 좋게 지내셨기 때문에, 자기가 이 고해 같은 세상에서 이곳저곳으로 향해하며 순례길을 다 행한 후에는, 이 땅에서 한 몸으로 연합되어 살았던 두 사람이 땅에 묻힐 때에도 한 몸으로 연합되어 묻히는 이 마지막 복이 다른 모든 복에 더해지고, 다른 사람들의 입에서도 자기가 그런 복을 받은 여자라는 말이 회자되게 하는 것이 언제나 어머니의 소원이었습니다. 만약 이것이 하나님의 뜻이 아니었다면, 어머니는 기꺼이 이 소원을 버리셨을 것이지만, 사람의 좁은 마음으로 하나님의 뜻을 분명하게 알기는 어려운 일입니다.

그런데 그러한 헛된 소원이 주님의 차고 넘치는 선하심과 인자하심으로 말미암아 어머니의 마음에 더 이상 존재하지 않게 되었다는 것을 알지 못하고 있던 나는, 어머니가 이렇게 내게 자신의 뜻을 분명하게 밝히시는 것을 보고서는, 한편으로는 깜짝 놀랐으면서도 다른 한편으로는 기뻤습니다. 그런데 사실 어머니와 내가 창문에 기대어 서서 대화를 나누었을 때, 어머니가 "내가 이 땅에서 무엇을 더 바라겠느냐?"고 하셨을 때, 어머니는 고향 땅에서 죽어 남편 옆에 묻히고자 하는 소원을 이미 내려 놓으셨던 것으로 보입니다.

이것은 나중에 들은 얘기인데, 우리가 아직 오스티아에 머물고 있던 동안, 내가 자리를 비운 어느 날, 어머니는 나의 몇몇 친구들과 함께 대화를 나누시면서, 마치 어미가 자식들에게 들려주는 그런 심정으로, 이 세상에서의 삶을 하찮은 것으로 여겨서 멸시하고, 죽는 것이 복이라는 생각을 가져야 한다고 말하셨다고 합니다. 그래서 그 친구들은 주님이 여인인 어머니에게 이런 담대함을 주신 것에 대하여 놀라서, 고향에서 이렇게 멀리 떨어진 곳에 자신의 육신을 묻는다는 것이 두렵지 않으시냐고 여쭈었더니, 어머니는 "하나님께는 먼 곳이란 없고, 세상 끝날에 하나님이 내가 묻힌 곳을 모르셔서 나를 부활시키지 못하시면 어쩌나 걱정할 필요도 없다"고 대답하시더랍니다. 어머니가 병으로 누우신 지 9일째 되던 날, 어머니의 연세가 56세였고, 내 나이가 33세였던 바로 그 해에, 저 신앙심 깊고 경건하셨던 이의 영혼은 육신에서 놓여나셨습니다.

제12장
어머니를 떠나보낸 슬픔

29. 나는 어머니의 눈을 감겨드렸고, 거대한 슬픔이 내 가슴으로 밀려와서 눈물의 강이 되어 눈으로 향했지만, 내 눈은 내 마음의 엄한 명령에 따라, 그 눈물의 강이 들어오는 것을 차단하고서, 눈물 샘을 마른 상태로 유지하려고 안간힘을 썼고, 이러한 씨름은 내게 너무나 힘들고 괴로운 일이었습니다. 어머니가 마지막 숨을 거두셨을 때, 당시에 소년이었던 아데오다투스(Adeodatus)는 울음을 터뜨리며 엉엉 울었지만, 우리 모두가 그를 만류해서 울음을 그치게 하였습니다. 내 안에도 소년 같은 감정이 있어서 엉엉 울고 싶은 심정이었지만, 내 안에 있던 또 다른 청년 같은 마음이 소리를 내어, 내가 우는 것을 억제해서 울지 못하게 하였습니다. 왜냐하면, 우리는 어머니의 죽음을 눈물과 탄식과 한숨으로 맞이하는 것은 합당하지 않다고 생각했기 때문이었습니다. 세상 사람들은 어떤 이가 죽으면, 그 죽음 자체를 불쌍하다고 생각하거나, 완전히 죽어 없어졌다고 생각해서, 슬퍼하고 비통해하는 것이 보통이지만, 어머니의 죽음은 불쌍한 것도 아니었고, 어머니가 완전히 죽어 없어지신 것도 아니었기 때문입니다. 우리는 어머니의 선한 삶과 "거짓이 없는 믿음"(딤전 1:5)과 그 밖의 다른 확실한 증거들을 근거로 해서, 어머니가 완전히 죽어 없어지신 것이 아님을 믿고 있었습니다.

30. 그렇다면, 도대체 무엇이 내 마음을 이다지도 슬프고 괴롭게 만든 것일까요? 그것은 그동안 어머니와 함께 살아 온 너무나 행복하고 소중했던 삶이 갑자기 중단됨으로써 내가 받게 된 새로운 상처 때문이었다고 밖에는 달리 말할 수 없습니다. 사실, 나는 어머니가 이 마지막 병상에서 내게 해 주셨던 말씀을 듣고는 기쁘고 감사했습니다. 왜냐하면, 어머니는 내가 자기를 돌봐 드리는 것을 칭찬하시면서, 나를 효자라고 하시고서는, 내가 어머니를 거슬러서 험한 말이나 부끄러

운 말을 하는 것을 들어 본 적이 없다고 회상하시며, 나에 대한 깊은 애정을 드러내셨기 때문입니다.

하지만 우리를 지으신 나의 하나님이여, 어떻게 내가 어머니께 효도한 것을 어머니가 나를 섬기시고 희생하신 것에 비할 수 있겠습니까? 나는 이제 어머니로 인한 그러한 큰 위로를 잃어버렸기 때문에, 내 영혼은 상처를 받았고, 어머니와 하나가 되어서 살았던 나의 삶은 산산조각이 나 버린 것 같았습니다.

31. 우리의 만류로 아데오다투스가 울음을 그치자, 에보디우스가 성경을 집어들어서, 시편을 노래하기 시작하였고, 온 집안 사람들이 거기에 화답했습니다: "내가 인자와 정의를 노래하겠나이다 여호와여 내가 주께 찬양하리이다"(시 101:1). 우리에게 무슨 일이 일어났다는 소식을 듣고서, 많은 남녀 신자들이 모여들었고, 장례를 맡은 사람들이 관습을 따라 장례 준비를 해 나가는 동안, 나는 다른 방에서 나를 혼자 두어서는 안 된다고 생각하고서 내 옆에 꼭 붙어 있던 사람들과 함께, 이 상황에서 어떻게 하는 것이 합당한지를 논의했는데, 하나님의 진리에 비추어서 무엇이 옳은 것인지에 대한 생각을 서로 나누다 보니, 그것은 오직 주님만이 아시고 계셨던 나의 괴로움을 찜질하여 완화시켜 주는 것이 되었습니다.

그들은 나의 괴로움을 알지 못한 채, 내가 하는 얘기를 집중해서 경청하였고, 내가 그 어떤 슬픔도 느끼지 않고 있다고 생각하였습니다. 하지만 나는 오직 주님만이 들을 수 있을 뿐 아무도 듣지 못하게, 나의 물러터진 마음을 나무라며, 왈칵 쏟아져 나올 것 같은 눈물을 꾹 참았습니다. 그런데도 눈물을 억제할 수 있는 것은 잠시뿐이었고, 조금 후에는 왈칵 하고 슬픔이 또다시 밀려 오곤 하였지만, 내 마음속에서는 슬픔을 내색해서는 안 된다는 생각이 강하였기 때문에, 내가 울음을 터뜨릴 수밖에 없게 되거나, 안색이 일그러질 정도는 아니었습니다.

이런 상황에서 사람이라면 누구나 다 슬픔을 느끼는 것이 당연하고, 그것이 인지상정이기는 하지만, 사람의 그러한 본성적인 감정이 내게 이렇게 강력한 영향을 미치고 있다는 것을 생각하니, 몹시 괴로워졌습니다. 이렇게 어머니를 잃은 슬픔에 이 슬픔까지 더해져서, 나는 이중의 슬픔에 빠져서 허우적거리고 있었습니다.

32. 어머니의 유해가 장지로 옮겨질 때, 우리도 거기에 갔다가 돌아왔지만, 그때에도 나는 울지 않았습니다. 우리는 그곳의 관습을 따라 관을 안치하기 전에 무덤 옆에 놓아 두고서, 어머니를 위한 구속의 제사가 드려지는 동안에, 주님께 간절하게 기도를 드렸는데, 그렇게 기도를 드릴 때에도 나는 울지 않았습니다. 하지만 사실은 그날 온종일 마음속으로 너무나 슬프고 괴로워서, 할 수만 있으시다면 나의 슬픔을 치료해 주시라고 기도하였습니다. 그런데도, 주님은 그 기도를 들어주지 않으셨습니다. 그래서 나는 이 일을 통해서 주님은 한 가지 교훈, 즉 사람의 온갖 습관은 이제 더 이상 속이는 말들을 먹고 살지 않는 영혼조차도 묶어 버리는 쇠사슬로 작용한다는 교훈을 나의 뇌리에 각인시키고자 하신 것이라고 믿습니다.

나는 "목욕하다"를 의미하는 라틴어 단어가 마음에서 근심을 씻어낸다는 것을 뜻하는 헬라어에서 유래하였다는 말을 전에 들은 적이 있었기 때문에, 목욕하러 가는 것이 좋겠다는 생각이 들었습니다. 고아들의 아버지이신 주님, 내가 이 일을 고백하는 것도 주님의 자비하심만이 우리의 마음에 있는 근심을 씻어 주실 수 있으시다는 것을 보여 주기 위한 것입니다. 왜냐하면, 나는 목욕을 했지만, 나의 슬픔과 괴로움은 내 마음에서 씻어내려 가지 않았고, 그 이전이나 이후나 나의 슬픔과 괴로움은 조금도 달라지지 않았기 때문입니다. 하지만 한숨 푹 자고 났더니, 나의 슬픔이 꽤 가라앉았고, 침상에 혼자 누워 있는데, 주님의 종 암브로시우스가 지은 저 진실한 시가 기억났습니다:

"하나님, 만유의 창조주,
하늘을 운행하시는 분,
낮을 아름다운 빛으로 옷입히시고,
밤에는 편안한 잠을 허락하셔서,
사지를 쭉 펴고 쉬게 하시고,
새 힘을 얻어 다시 일하게 하시며,
지친 마음을 어루만져 주시고,
슬퍼하고 괴로워하는 마음을 풀어 주시네."

33. 그러자 주님의 여종에 대한 지난날의 기억이 조금씩 내게 돌아와서, 어머니가 주님을 향해서는 경건한 삶을 사셨고, 우리에 대해서는 거룩함 가운데서 다정다감하시고 격의 없이 대해 주신 분이셨다는 것을 회상하게 되자, 그런 분을 갑자기 잃었다는 생각에, 나는 어머니와 나를 생각하며, 어머니와 나를 위하여 주님 앞에서 울 수밖에 없었습니다. 지금까지 참아 왔던 눈물이 왈칵 쏟아져서, 하염없이 흐르기 시작하더니, 내 마음은 그 눈물로 젖어 들었고, 그 눈물 속에서 안식을 얻었습니다. 그 자리에는 오직 주님의 귀만이 있었고, 내가 우는 것을 보고서 제멋대로 추측해서 주제넘게 이런저런 말들을 할 사람들은 없었기 때문이었습니다.

주님이여, 이제 나는 글로써 주께 고백합니다. 나의 이 글을 읽고 사람들이 어떻게 해석해도 좋지만, 지금 내 눈 앞에서 돌아가신 어머니는 내가 주님의 눈 앞에서 살아갈 수 있게 해 주시라고 그 오랜 세월 동안 눈물을 흘리신 분이라는 것을 생각해서, 내가 잠깐일 망정 돌아가신 어머니를 생각하여 운 것은 잘못이라고 지적하며, 나를 비웃지 말아 주시고, 도리어 나에 대하여 큰 사랑을 베풀어 주셔서, 그리스도의 모든 형제들의 아버지이신 하나님 앞에서 나의 죄들을 위하여 울어 주십시오.

제13장
어머니의 영혼을 위한 기도

34. 어머니가 돌아가신 것으로 인하여 내가 받은 마음의 상처는 "육정"으로 말미암은 것이라는 질책을 받을 수 있는 것이었지만, 어쨌든 그 상처를 고침 받고나자, 나는 우리 하나님 앞에서 주님의 여종을 위하여 이전과는 전혀 다른 종류의 눈물을 흘렸는데, 그것은 아담 안에서 죽어 가는 모든 영혼이 직면한 위험을 생각하고서 떠는 내 영혼에서 흘러나오는 눈물이었습니다. 어머니는 육신으로부터 놓임을 받으시기 전에 이미 "그리스도 안에서 삶을 얻으셔서"(고전 15:22), 자신의 믿음과 삶으로 주님의 이름을 찬송하는 삶을 사셨기는 하지만, 주님이 어머니에게 세

례를 주셔서 거듭나게 하신 후로, 주님의 계명에 어긋나는 말이 어머니의 입에서 단 한 마디도 나오지 않았다고는 감히 말할 수 없습니다.

진리이신 하나님의 아들께서는 "형제를 대하여 미련한 놈이라 하는 자는 지옥 불에 들어가게 되리라"(마 5:22)고 말씀하셨습니다. 사람들이 아무리 칭찬 받을 만한 삶을 살았다고 할지라도, 만일 주께서 자비를 베풀지 않으시고 있는 그대로 판단하신다면, 화를 입을 수밖에 없습니다! 하지만 실제로는 주님은 우리의 죄를 엄격하게 묻지 않으시기 때문에, 담대하게도 우리는 주님 앞에 한 자리를 얻을 수 있을 것이라는 소망을 갖습니다. 그러므로 자신의 진짜 공로들이라고 주님 앞에서 열거하는 자가 있다면, 그는 사실은 주님이 자기에게 베풀어 주신 것들을 열거하고 있는 것이 아니고 무엇이겠습니까? 사람들이 자신들은 인간에 지나지 않는다는 것을 알기만 한다면, "자랑하는 자는 주 안에서 자랑하게" 되지 않겠습니까(고후 10:17)!

35. 나의 찬송이 되시고 나의 생명이 되시는 내 마음의 하나님이여, 나는 어머니의 선한 행위들과 관련해서는 기쁨으로 주님께 감사를 드리지만, 지금 여기에서는 그것을 잠시 제쳐놓고서, 내 어머니가 지은 죄들과 관련해서 주님께 간구를 드리고자 합니다. 우리의 상처를 치료해 주시는 "약"이신 하나님의 아들, 곧 십자가에 달리셨다가 지금은 주님의 오른편에 앉으셔서 "우리를 위하여 간구하시는 자"(롬 8:34)로 말미암아 나의 기도를 들어주십시오. 내가 아는 한, 어머니는 자비롭게 행하였고, 자기에게 잘못한 사람들을 진심으로 용서해 주었습니다. 그러므로 어머니가 구원의 세례를 받고 나서 오랜 세월 동안 잘못한 것들이 있었다고 할지라도, 어머니의 그 모든 잘못들을 용서해 주십시오. 주님, 용서해 주십시오. 간절히 구하오니, 용서해 주시고, 어머니에게 "심판을 행하지 마소서"(시 143:2). 주님의 자비하심과 긍휼히 여기시는 것이 주님의 공의를 능가하게 해 주십시오. 왜냐하면, 주님의 말씀은 참되시고, 주님은 "긍휼히 여기는 자는 긍휼히 여김을 받을 것"(마 5:7)이라고 이미 약속하셨기 때문입니다. 그들이 긍휼히 여김을 받는 것은 주님이 그들에게 주시는 선물입니다. 주님은 "긍휼히 여길 자를 긍휼히 여기고 불쌍히 여길 자를 불쌍히 여기시는" 분이시기 때문입니다(롬 9:15).

36. 나는 내가 지금 주께 간구하고 있는 것을 주께서 이미 이루신 줄로 믿사오니, "내 입이 드리는 자원제물을 받으소서"(시 119:108). 어머니는 세상을 떠날 날이 임박하였을 때, 자신의 육신을 값비싼 수의로 감싸 주거나 향유로 방부처리를 해 주기를 원하지도 않으셨고, 자신의 무덤에 비석을 세워 달라거나 자기 고향에 있는 묘소에 묻어 달라고 하지도 않으셨습니다. 어머니는 그런 것들을 당부하신 것이 아니었고, 오직 하루도 빠지지 않고 자신이 섬기셨던 주님의 제단에서 자신의 이름을 기억해 달라고만 우리에게 부탁하셨습니다. 어머니는 그 제단에서 그리스도께서 거룩한 희생제사를 드리셔서, "우리를 거스르고 불리하게 하는 법조문으로 쓴 증서를 지우시고 제하여 버리사 십자가에 못 박으시고"(골 2:14), 저 원수 마귀를 이기신 것을 알고 계셨던 것입니다. 즉, 저 원수 마귀는 우리의 죄악을 계산해서, 우리에게 책임을 물으려고 하였지만, 우리 대신에 우리의 죄악을 대신 짊어지신 그리스도 안에서 아무런 흠도 찾을 수 없었기 때문에, 우리가 그리스도 안에서 저 원수 마귀를 이기게 된 것을 알고 계셨던 것입니다.

누가 그리스도께서 흘리신 저 "무죄한 피"를 배상해 줄 수 있겠으며, 그리스도께서 우리를 저 원수 마귀로부터 빼내 오시기 위하여 치르신 속전을 되갚아 줄 수 있겠습니까? 그래서 어머니는 우리를 속량하신 저 희생제사가 드려진 바로 그 제단에 자신의 영혼을 믿음의 밧줄로 묶어 놓으신 것이었습니다. 그러므로 그 누구도 주님의 보호하심으로부터 어머니를 떼어 놓지 못하게 해 주시고, "사자와 용"이 힘이나 속임수로 어머니가 가는 길을 가로막지 못하게 해 주십시오(시 91:13). 왜냐하면, 어머니는 저 교활한 "참소하는 자"(계 12:10)가 자기를 정죄하고 이기지 못하도록 하기 위하여, 자기는 빚진 것이 전혀 없다고 대답하실 분이 아니고, 도리어 우리에게 아무 빚도 없으신 그리스도께서 우리 모두를 속량하시기 위하여 자기 자신을 속전으로 내어 주셔서, 우리가 죄 사함을 얻게 되었는데, 우리 중에서는 그 빚을 갚을 수 있는 사람이 아무도 없어서, 자기는 온통 빚진 것뿐이라고 대답하실 것이기 때문입니다.

37. 어머니는 자신의 남편이 살아 있을 때에나 죽은 후에나 다른 남자는 전혀 알지 못하였고, 오직 자신의 남편을 만나 결혼해서 일평생 인내로 순종함으로써,

남편을 주님께로 인도하는 열매를 맺는 삶을 사신 분이오니, 이제 자신의 남편과 함께 평안히 안식하게 해 주십시오. 나의 주 나의 하나님이여, 내가 마음과 목소리와 글로 섬기고 있는 주님의 종들과 나의 형제들, 그리고 주님의 자녀들과 나의 자매들에게 감화를 주시고, 이 글을 읽게 될 많은 사람들에게도 감화를 주셔서, 주님의 여종이었던 모니카(Monica)와 그녀의 남편이었던 파트리키우스(Patricius)를 주님의 제단에서 기억하게 해 주십시오.[20]

내가 어떻게 해서 이 두 분으로부터 태어나세 되었는지는 일지 못하지만, 나는 이 두 분의 육신으로 말미암아 이 세상에 태어나 살게 되었기 때문에, 이 두 분은 이 덧없는 세상에서는 나의 부모님이 되시고, 우리의 아버지이신 하나님 아래에서와 어머니이신 교회 안에서는 나의 형제들이 되시며, 주님의 백성들이 태어날 때부터 다시 본향으로 돌아갈 때까지 순례길을 행하면서 늘 사모하는 저 영원한 예루살렘에서는 나와 똑같은 시민들이 되십니다. 그러므로 경건한 애정으로 이 두 분을 기억해 주십시오.

그렇게 해서, 나의 이 고백록을 읽은 많은 사람들이 주님의 제단에서 내 어머니를 위하여 기도를 드려 줌으로써, 내가 혼자 어머니를 위하여 기도하는 것보다, 내 어머니가 임종 때에 내게 부탁하셨던 일이 훨씬 더 풍성하게 이루어질 수 있게 해 주십시오.

---

20) 아우구스티누스는 자신의 글들에서 오직 여기에서만 그녀의 이름을 언급하고 있다.

제10권
기억과 욕망

아우구스티누스는 자신이 회심할 때까지의 삶을 회상하면서 자전적으로 고백하는 것을 다 마치고, 지금부터는 그러한 삶의 여정 속에서 중요하게 대두되었던 주제들을 분석해 나가기 시작한다. 그는 먼저 그러한 지난날의 삶과 현재의 삶의 모습을 고백하는 것이 어떤 의미를 지니고 어떤 유익을 가져다주는지에 대해 고찰한 후에, "기억"에 대한 깊은 성찰을 행함으로써, 감각이나 지식 등과 같은 우리 자신의 힘으로는 하나님을 만날 수 없고, 오직 하나님의 은혜로만 하나님을 알게 된다는 것을 보여 준다.

끝으로, 자신의 현재의 영적인 상태를 "육신의 정욕과 안목의 정욕과 이생의 자랑"이라는 세 항목으로 나누어 고백하고 나서, 오직 하나님의 자비하심만이 우리의 모든 소망이고, 하나님이자 사람이신 중보자가 우리에게 꼭 필요한 이유를 얘기하고, 바로 그리스도 예수만이 우리의 참된 중보자시라는 것을 보여 준다.

제1장

주님을 알게 해 달라는 기도

1. 나를 아시는 주님이여, 나로 하여금 주님을 알게 해 주십시오. 주님이 나를 아시는 것 같이, 나도 주님을 알게 해 주십시오. 내 영혼의 힘이 되시는 주님이여, 내 영혼 안으로 들어오시고, 주님께 합당한 모습으로 바꾸셔서, "티나 주름 잡힌 것"(엡 5:27)이 없게 하신 후에, 주님의 것이 되게 해 주십시오. 이것이 나의 소망입니다. 그러므로 내가 이렇게 기도하고, 이 소망 가운데서 즐거워하는데, 이것이 올바르게 즐거워하는 것입니다. 반면에, 이 세상의 삶에서 그 밖의 다른 것들에 대해서는, 세상 사람들이 더 슬퍼하는 일일수록, 우리는 덜 슬퍼하고, 세상 사람들이 덜 슬퍼하는 일일수록, 우리는 더 슬퍼하여야 합니다. 왜냐하면, 주님은 진리를 사랑하시고, "진리를 따르는 자는 빛으로 나아오기" 때문입니다(요 3:21). 나는 주님 앞에서는 내 마음의 고백을 통해서, 많은 증인들 앞에서는 나의 붓을 통해서, 진리를 좇아 빛으로 나아가기를 원합니다.

제2장

하나님 앞에서의 고백의 의미

2. 주님이여, 사람의 양심의 저 깊은 심연도 주님의 눈 앞에서는 벌거벗은 것처럼 드러나는데, 설령 내가 고백하고 싶지 않은 것이 있다고 해도, 내 안에 있는 그 어떤 것이 주님의 눈에 숨겨질 수 있겠습니까? 내가 주님을 피해 숨는다고 해도, 그것은 내 눈에 주님이 안 보이는 것일 뿐이고, 내가 주님의 눈에 안 보이는 것은 아닙니다. 지금 내가 탄식하며 신음하고 있다는 것은, 내가 내 자신에 대하여 만족하지 못하고 있다는 것을 보여 주는 증거이오니, 내게 빛을 비추어 주셔서, 나로 하여금 만족하고, 주님을 사랑하며 사모하여, 내 자신을 부끄러워하여 내버리게 하시고, 주님을 택하게 하여 주십시오. 왜냐하면, 내가 주님 안에서 기뻐하지 않는다면, 내가 주님을 기쁘시게 할 수도 없고 내 자신을 기쁘게 할 수도 없기

때문입니다.

주님이여, 내가 어떤 모습이든, 나는 주님 앞에 그대로 다 드러나 있고, 내가 어떤 유익을 위해서 이렇게 주님께 고백하고 있는 것인지도 이미 말씀드린 바 있습니다. 주님을 향한 나의 고백은 육신의 말과 소리가 아니라, 내 영혼의 말과 내 생각의 울림으로 이루어지고, 이것을 주님의 귀는 알아들으십니다. 그러므로 내가 악할 때에는, 주님을 향한 나의 고백은 나에 대한 불만을 쏟아 놓는 것이 될 수밖에 없고, 내가 진정으로 경건할 때에는, 주님을 향한 나의 고백은 나의 그러한 선한 모습이 나의 공로가 아니라 주님의 공로라고 인정하는 것이 될 수밖에 없습니다. 이것은 주님은 의인을 복 주시는 분이시지만, 그 의인이 아직 불경건한 자였을 때에 먼저 그를 의롭게 하신 분은 바로 주님이시기 때문입니다.

그러므로 나의 하나님이여, 내가 주님의 목전에서 침묵 가운데 고백한다고 해도, 그것은 결코 침묵하는 것이 아닙니다. 왜냐하면, 소리로는 분명히 침묵하고 있는 것이지만, 내 영혼은 부르짖고 있는 것이기 때문입니다. 내가 사람들에게 어떤 올바른 말을 했다면, 주님은 내가 사람들에게 그 말을 하기 전에 이미 내게서 그 말을 들으신 것이고, 주님이 내게서 그 말을 들으셨다면, 주님은 그 전에 먼저 내게 그 말을 주신 것입니다.[1]

제3장
사람들 앞에서의 고백의 의미

3. 그렇다면, 나는 왜 사람들에게 나의 고백을 들려주고 있는 것입니까? 혹시 그들이 나의 고백을 듣고서 나의 온갖 연약한 것들이나 마음의 병들을 고쳐 줄 수 있지 않을까 하는 기대 때문입니까? 인간은 누구나 다른 사람의 삶을 알고 싶어 하는 반면에, 자기 자신의 삶을 고치기는 싫어합니다. 왜 사람들은 내가 어떤 사

---

1) 이 장은 아우구스티누스가 "진리"와 "고백"이라는 말을 어떤 식으로 이해하고 있는지, 그 핵심을 아주 분명하게 보여 준다.

람인지에 대해서는 나로부터 듣고 싶어 하면서도, 그들 자신이 어떤 사람인지에 대해서 주님으로부터 들으려고 하지는 않는 것입니까? 그리고 사람의 속은 "사람의 속에 있는 영 외에는" 아무도 알 수 없는데(고전 2:11), 내가 내 자신에 대하여 하는 말을 사람들이 듣는다고 하여도, 그 말이 사실인지 아닌지를 그들이 어떻게 알 수 있겠습니까?

하지만 그들이 주님으로부터 그들 자신이 어떤 사람인지에 대하여 듣는다면, 그들은 "주님이 거짓말을 하고 계신다"고 말할 수 없을 것입니다. 왜냐하면, 주님으로부터 자기 자신에 대하여 듣는다는 것은, 자기 자신을 제대로 알게 되는 것이기 때문입니다. 그러므로 주님이 자기 자신에 대하여 해 주신 말씀을 통해서 자기 자신을 알게 된 사람이 "주님의 말씀은 틀렸다"고 말한다면, 그것은 자기 자신을 속이는 것밖에 더 되겠습니까?

적어도 사랑의 매는 줄로 하나가 되어 있는 사람들 사이에서는, "사랑은 모든 것을 믿는다"(고전 13:7)는 말씀이 해당되기 때문에, 나는 이렇게 주님께 고백하고, 사람들에게도 들려주고 있습니다. 나는 나의 고백이 진실이라는 것을 사람들에게 증명할 수 없지만, 사랑으로 말미암아 귀가 열려 있는 사람들은 나를 믿게 될 것입니다.

4. 나의 내면의 의사이신 주님이여, 내가 이렇게 고백하는 것이 무슨 유익이 있는 것인지를 나로 하여금 분명하게 알게 해 주십시오. 내가 주님이 나의 지난날의 죄들을 사해 주시고 덮어 주시며(시 32:1), 믿음과 주님의 성례전을 통해서 내 영혼을 변화시켜 주셔서, 나로 하여금 주님 안에서 복되게 하셨다고 고백하는 것을 사람들이 듣거나 읽었을 때, 지금까지 "나는 안 돼"라고 말하며 절망 가운데서 졸고 있던 그들의 마음이 크게 고무되고, 주님의 자비로우신 사랑과 달콤한 은혜 가운데서 깨어나서, 모든 연약한 자들이 자신의 연약함을 알게 되고 인정하게 됨으로써 강한 자들이 될 수 있는데, 이것이 고백으로 인하여 내가 얻게 되는 유익입니다.

또한 선한 자들도, 지난날의 잘못들로부터 벗어난 사람들이 과거에 어떤 잘못들을 저질렀는지에 대하여 고백하는 것을 듣기를 좋아하는데, 그들이 그런 고백을 듣기 좋아하는 이유는, 그 사람들이 지난날에 잘못들을 저질렀다는 사실 자체를 듣는 것이 좋아서가 아니라, 그 사람들이 지난날에는 그런 잘못들을 저질렀지만 지금은 거기에서 벗어났다는 말을 듣는 것이 좋기 때문입니다.

그렇다면 나의 주님이여, 내 양심이 자신의 결백을 주장하기 위해서 고백하는 것이 아니라, 주님이 자비를 베풀어 주실 것을 믿고 그 소망으로 날마다 주님께 고백하는 것은 무슨 유익이 있는 것이고, 내가 과거의 나의 모습과 현재의 나의 모습을 이 책을 통해서 주님 앞에서 사람들에게 고백하는 것은 무슨 유익이 있는 것인지를 묻고 싶습니다. 나는 과거에 나의 모습이 어떠하였는지를 고백하는 것이 어떤 유익이 있는 것인지에 대해서는 이미 밝힌 바 있지만, 나를 아는 사람이든 모르는 사람이든, 많은 사람들이 이 고백록을 쓰고 있는 지금 이 순간에 내가 어떤 모습으로 살아가고 있는지를 알고 싶어 합니다. 그들은 내가 한 말을 통해서, 또는 다른 사람들을 통해서 나에 대하여 들었지만, 내가 어느 지점에 와 있고, 지금 나의 모습이 어떠한지에 대해서, 나의 마음에 자신들의 귀를 갖다대고 듣지는 못하였기 때문에, 자신들의 눈이나 귀나 마음으로는 닿을 수 없는 나의 내면이 어떠한지에 대해서 직접 내가 고백하는 것을 듣고 싶어 하는 것입니다. 이렇게 그들은 현재의 나의 모습을 알고 싶어 하고, 거기에 대하여 내가 하는 고백을 기꺼이 믿고자 합니다. 하지만 과연 그들이 나를 알 수 있을까요? 왜냐하면, 그들에게 "사랑"이 있어야만, 그들의 마음이 선해질 것이고, 그 "사랑"이 그들로 하여금, 내가 나에 대해서 고백하는 것들이 거짓이 아니라는 것을 알게 해 주고 나를 믿게 해 줄 것이기 때문입니다.

제4장
내가 나의 현재를 사람들 앞에 고백하고자 하는 이유

5. 사람들은 무슨 의도로, 내가 나의 현재의 모습에 대해서 고백하는 것을 원하는 것입니까? 내가 주님의 은총으로 주님께 아주 가까이 나아갔다는 고백을 듣고서, 나를 축하해 주고자 하는 것입니까? 아니면, 내 자신의 무게로 인해서 한참

이나 뒤처져서 여전히 허우적거리고 있다는 고백을 듣고서, 나를 위해 기도해 주고자 하는 것입니까? 나는 그런 의도를 지닌 사람들에게는 지금 나의 모습이 어떠한지를 아주 기꺼이 보여 줄 용의가 있습니다. 주 나의 하나님이여, 많은 사람들이 나로 말미암아 주님께 감사하거나, 나를 위해서 주님께 간구하게 된다면, 그것은 결코 작지 않은 유익일 것이기 때문입니다.

내 형제들의 영혼이, 주님이 사랑해야 한다고 가르치신 것들을 내 안에서 보게 되는 경우에는 그것들을 사랑하게 하시고, 주님이 슬퍼해야 한다고 가르치신 것들을 내 안에서 보게 되는 경우에는 그것들을 슬퍼하게 해 주십시오. 지금 나의 고백을 듣고 있는 것은 내 형제들의 영혼이고, "그들의 입은 거짓을 말하며 그 오른손은 거짓의 오른손"(시 144:11)인 이방인들이나 그들의 자손들의 영혼이 아니오니, 내게서 옳은 것을 보았을 때에는 나로 인하여 기뻐하게 하시고, 내게서 옳지 않은 것을 보았을 때에는 나로 인하여 애통하게 해 주십시오. 왜냐하면, 그들은 내게서 옳은 것을 보았든지 옳지 않은 것을 보았든지, 나를 사랑하는 자들이기 때문입니다. 그런 사람들에게는 나는 지금 나의 모습이 어떠한지를 아주 기꺼이 보여 줄 용의가 있습니다.

그들이 내게서 보이는 선한 것들을 인해서는 기뻐하게(respirent) 하시고, 내게서 보이는 악한 것들을 인해서는 탄식하게(suspirent) 해 주십시오. 내게 있는 선한 것들은 주님이 빚어내신 것들이고 주님이 주신 것들이며, 내게 있는 악한 것들은 내가 잘못한 것들이고 주님의 심판이오니, 그들로 하여금 전자를 보고 기뻐하게 하시고, 후자를 보고 탄식하게 하셔서, 기쁨의 찬송과 탄식의 부르짖음이 주님의 향로들인 형제들의 마음으로부터 주님 앞에 올라가게 해 주십시오. 주님이시여, 주님께서는 이렇게 주님의 성전에서 올라가는 향기를 흠향하시고, 주님의 이름을 인하여 주님의 크신 자비를 따라 내게 자비를 베풀어 주셔서, 그 어떤 경우에도 주님이 시작하신 일들을 결코 그만두지 마시고, 내게 있는 온전하지 못한 것들을 온전하게 해 주십시오.

6. 내가 과거에 어떠하였는가만이 아니라 현재는 어떠한가에 대하여 고백하고자 하는 이유, 즉 내가 주님 앞에서 홀로 고백하면서, 혼자서 은밀하게 두렵고 떨

림으로 크게 기뻐하거나 혼자서 은밀하게 소망을 가지고 슬퍼하려고 하지 않고, 믿는 자들의 귀에 이 고백을 들려주고자 하는 이유가 바로 거기에 있습니다.

그들은 나보다 앞서 간 이들이든, 나보다 뒤에 올 이들이든, 지금 나와 함께 이 길을 걷고 있는 이들이든, 나와 기쁨을 함께 나눌 동반자들이고, 나와 똑같이 죽을 수밖에 없는 존재들이며, 나와 같은 천국의 시민들이자 나와 함께 이 순례 길을 걸어가고 있는 순례자들입니다. 그들은 주님이 자신의 자녀들로 삼으신 주님의 종들이고 나의 형제들입니다.

또한, 주님은 내가 주님과 함께 살고자 하고 주님으로 말미암아 살고자 한다면, 그들을 "주인"으로 섬기라고 명하셨기 때문에, 그들은 나의 주인들이기도 합니다. 만일 주님이 솔선수범하여 친히 그렇게 행하셔서 우리에게 모범을 보여 주지 않으시고, 단지 말씀만 앞세우셨다면, 주님의 그런 명령은 내게 별 의미가 없었을 것입니다. 이제 나는 주님의 날개 아래에서 나의 행위와 말로 그 명령을 준행하고 있습니다. 만일 내 영혼이 주님의 날개 아래에서 주님께 순종하고 있지도 않고, 주님이 나의 연약한 것들을 속속들이 다 알고 계시는 것도 아니라면, 내가 그 명령을 준행하는 것은 너무나 위험부담이 커서, 나는 도저히 주님의 명령을 준행할 수 없을 것입니다.

나는 힘 없는 어린 아이일 뿐이지만, 내 아버지는 영원히 살아 계시고, 그런 분이 나를 지켜 주시니, 내게는 부족함이 전혀 없습니다. 나를 지켜 주시는 그분은 나를 낳아 주신 바로 그분이시고, 나의 모든 선이 되시는 바로 주님이십니다. 지금 나와 함께 하시는 전능자이신 주님은 내가 존재하기도 전에 나와 함께 하셨습니다. 그러므로 그런 분이 내게 섬기라고 명하신 사람들에게, 나는 기꺼이 내가 과거에 어떠하였는지만이 아니라, 지금은 어떠하고, 앞으로 어떠할지에 대해서도 고백하고자 합니다. 하지만 "나도 나를 판단하지 아니하노니"(고전 4:3), 내가 말하는 것을 있는 그대로 들어주시기를 바랄 뿐입니다.

제5장

고백에 있어서의 난점

7. 주님이여, 나를 판단하시는 분은 오직 주님뿐이십니다. "사람의 일을 사람의 속에 있는 영 외에 누가 알리요"(고전 2:11)라고 하셨지만, 사람에게는 "사람의 속에 있는 영" 자신도 알지 못하는 것들이 있는 반면에, 사람을 지으신 주님은 사람의 모든 것을 다 아시기 때문입니다. 나는 주님 앞에서 내 자신을 티끌과 재에 불과한 존재로 여기고서 멸시하고, 내 자신에 대해서 알지 못하지만, 그런 나조차도 주님에 대해서는 조금은 압니다. 그런데도 우리가 "지금은 거울로 보는 것 같이 희미하고" 아직 "얼굴과 얼굴을 대하여 보지" 못하고 있다는 것이 분명하기 때문에(고전 13:12), 내가 주님으로부터 멀리 떨어져서 순례 길을 행하는 동안에는, 주님보다는 내 자신이 내게 더 가깝게 느껴질 수밖에 없습니다.

나는 주님이 그 어떤 해도 입으실 수 없으시다는 것을 알지만, 내 자신이 물리칠 수 있는 시험들이 어떤 것들이고, 물리칠 수 없는 시험들이 어떤 것들인지에 대해서는 알지 못합니다. 그런데도 내게는 소망이 있습니다. 왜냐하면, "오직 하나님은 미쁘사" 우리가 "감당하지 못할 시험 당함을 허락하지 아니하시고 시험 당할 즈음에 또한 피할 길을 내사" 우리로 "능히 감당하게 하시기" 때문입니다(고전 10:13). 그러므로 나는 내 자신에 대하여 알고 있는 것들만이 아니라, 모르고 있는 것들에 대해서도 고백하고자 합니다. 왜냐하면, 내가 내 자신에 대하여 알고 있는 것들은, 주님이 내게 빛을 비추어 주셔서 알게 된 것들이고, 내가 내 자신에 대하여 모르고 있는 것들은, 내가 주님의 얼굴로부터 빛을 받아, 나의 "어둠이 낮과 같이 될"(사 58:10) 때에야 비로소 알게 될 것들이기 때문입니다.

제6장

하나님이 누구시냐는 물음에 대한 피조물들의 대답

8. 주님이여, 나는 어떤 불확실한 인식에 의거해서가 아니라 확실하고 분명한

지식 위에서 주님을 사랑하고 있습니다. 주님의 말씀이 내 마음을 관통하였을 때, 나는 주님을 사랑하게 되었습니다. 게다가, 하늘과 땅과 그 안에 있는 모든 것들이 주님을 사랑하라고 사방에서 아우성을 치고 있고, 나에게만이 아니라 모든 사람들에게 주님을 사랑하라고 끊임없이 외치고 있기 때문에, 사람들은 "핑계할" 수 없습니다(롬 1:20). 하지만 좀 더 깊은 차원에서 얘기하자면, 주님은 "긍휼히 여길 자를 긍휼히 여기고 불쌍히 여길 자를 불쌍히 여기시는"(롬 9:15) 것입니다. 만일 주님이 긍휼히 여기시거나 불쌍히 여기시지 않으신다면, 하늘과 땅이 아무리 큰 소리로 주님을 찬송하여도, 사람들은 귀가 먹어서 그 소리를 들을 수 없습니다.

내가 주님을 사랑한다고 할 때, 나는 무엇을 사랑하는 것입니까? 그것은 주님의 어떤 아름다운 모습도 아니고, 시간이 흐르면 사라질 주님의 어떤 영광이나 존귀하심도 아니며, 우리의 눈을 즐겁게 해 주는 주님의 어떤 찬란한 광채도 아니고, 주님을 찬송하는 온갖 종류의 노래들로부터 흘러 나오는 감미로운 선율들도 아니며, 온갖 꽃들과 향유와 향품으로부터 풍겨 나오는 것 같은 주님의 향기도 아니고, 주님이 주시는 만나와 꿀도 아니며, 주님의 품에 안겼을 때에 우리가 느끼는 육신적인 안락함도 아닙니다. 내가 나의 하나님을 사랑할 때, 나는 그런 것들을 사랑하는 것이 아닙니다.

하지만 내가 나의 하나님을 사랑할 때, 모종의 빛과 소리와 향기와 양식과 포옹을 사랑한다는 것은 사실입니다. 왜냐하면, 나의 하나님은 나의 속사람에게 빛과 소리와 향기와 양식과 포옹이 되어 주셔서, 그 어떤 공간도 담을 수 없는 빛을 내 영혼에 비추어 주시고, 그 어떤 시간도 빼앗아 갈 수 없는 소리를 들려주시며, 그 어떤 바람도 흩어 버릴 수 없는 향기를 발하시고, 아무리 먹어도 줄어들지 않는 양식을 공급해 주시며, 아무리 그 품에 안겨 있어도 결코 떨어지고 싶지 않은 그런 포옹으로 내 영혼을 품어 주시기 때문입니다. 내가 나의 하나님을 사랑한다고 할 때, 내가 사랑하는 것은 바로 그런 것들입니다.

9. 나의 하나님은 어떤 분입니까? 땅에게 물어보았더니, "나는 그 하나님이 아니다"라고 말하였고, 땅에 있는 모든 것들도 동일하게 고백하였습니다. 바다와 깊음들과 기어다니는 생물들에게도 물어보았지만, 그들도 "우리는 너의 하나님이

아니니, 우리 위에서 찾으라"고 대답하였습니다. 불어오는 바람들에게 물었더니, 공기 전체와 거기에 거하는 것들이 이렇게 대답했습니다 : "아낙시메네스(Anaximenes)는 틀렸다. 우리는 하나님이 아니다."[2] 하늘과 해와 달과 별들에게 물어보았을 때에도, "우리도 네가 찾는 그 하나님이 아니다"라는 대답이 돌아왔습니다. 그래서 나는 내 육신의 관문 주위에 있는 이러한 모든 것들을 향해서, "너희는 나의 하나님이 아니라는 말만 하지 말고, 나의 하나님에 대해서 아무것이라도 좋으니 내게 말해 주라"고 부탁하였더니, 그것들은 큰 소리로 "그가 우리를 지으셨다"고 외쳤습니다. 나의 이러한 질문은 그것들을 유심히 관찰한 데서 나왔고, 나의 그러한 질문에 대한 그것들의 대답은 주님이 그것들을 아름답게 지으셨다는 사실로부터 나왔습니다.

이번에는 내 자신에게로 눈을 돌려서, "너는 어떤 존재냐"고 물었고, 나는 "사람"이라고 대답했습니다. 내게는 육신과 영혼이 있는데, 육신은 밖에 있고, 영혼은 안에 있습니다. 그렇다면, 이 둘 중에서 어느 쪽을 통해서 나의 하나님을 찾는 것이 마땅합니까? 나는 내 육신을 통해 밖에서는 이미 하나님을 찾아보았습니다. 즉, 내 육신의 사자인 내 눈의 시선들을 땅에서부터 하늘에 이르기까지 모든 곳에 보내어서 내 하나님을 찾아보았습니다.[3] 하지만 나는 속사람이 겉사람보다 더 낫다는 것을 알게 되었습니다. 왜냐하면, 육신이 보낸 모든 사자들은, 하늘과 땅과 그 안에 있는 모든 것들로부터 "우리는 하나님이 아니고, 하나님이 우리를 지으셨다"는 대답들을 들은 후에는, 자신들을 주관하고 판단하는 영혼에게 그 대답들을 다 보고하였기 때문입니다. 나의 속사람은 겉사람의 섬김을 받아서 이 모든 것들을 알게 되었습니다. "속사람"인 나, 즉 "영혼"인 나는 내 육신의 감각을 통해서 이 모든 것을 알게 되었습니다. 나는 세계 전체에게 내 하나님에 대하여 물어보았지만, 세계도 내게 "나는 하나님이 아니고, 하나님이 나를 지으셨다"고 대답했습니다.[4]

---

2) 주전 6세기경에 활동했던 밀레도의 아낙시메네스는 만물이 공기로부터 왔다고 가르쳤다.

3) 보는 것은 듣는 것과 달리 아우구스티누스에게 있어서 매우 예민한 감각이었다. 그의 『설교』 277.10.10을 보라.

4) 플로티노스도 비슷하게 피조물들의 아름다움을 통해서 우리의 원형(architype)으로 올라간다는 말을 하였다. *Enneads* V.1.4를 보라.

10. 감각이 온전한 존재라면, 누구나 다 이 세계의 아름다운 모습을 볼 수 있지 않겠습니까? 그런데도, 왜 이 세계는 모두에게 동일한 말을 해 주지 않는 것입니까? 크든 작든 모든 생물들은 이 세계의 아름다움을 볼 수 있습니다. 하지만 그것들에게는, 자신들의 감각들이 보고하는 증거들을 판단하는 역할을 하는 이성이 없기 때문에, 이 세계를 향하여 물을 수가 없습니다. 반면에, 사람들은 이 세계를 향하여 물을 수 있기 때문에, 하나님이 "만드신 만물"을 보고서, 거기에 분명하게 나타나 있는 하나님의 "보이지 아니하는 것들"을 깨달을 수 있게 됩니다(롬 1:20).

하지만 사람들은 그 피조물들을 사랑해서 그 노예들이 되어 버렸고, 노예들에게는 판단할 수 있는 힘이 없습니다.[5] 피조물들은 판단할 수 없는 자들이 물으면, 거기에 대답하지 않을 뿐이고, 자신의 목소리, 즉 자신의 모습을 바꾸는 것은 아닙니다. 즉, 어떤 사람은 피조물들을 보기만 하고, 어떤 사람은 피조물들을 볼 뿐만 아니라 묻기도 한다면, 전자와 후자에게 보이는 피조물들의 모습은 서로 다릅니다. 하지만 그것은 피조물들이 전자에게나 후자에게나 동일한 모습을 나타내 보이는데도, 전자에게는 침묵하고, 후자에게는 말을 해 주기 때문에, 피조물들의 모습이 전자와 후자에게 서로 달라 보이는 것일 뿐입니다. 사실, 피조물들은 모든 사람에게 동일하게 말을 해 주지만, 외부로부터 받은 저 소리를 내면에서 진리와 맞춰 보고 판단할 수 있는 사람들만이 그 말을 깨달을 수 있습니다.[6] 왜냐하면, 진리는 "하늘이나 땅이나 그 어떤 피조물도 너의 하나님이 아니다"라고 말하고, 피조물들을 바라보는 자들에게 피조물들은 본성적으로 "덩어리를 구성하는 부분들은 덩어리 전체보다 작은 법이다"라고 말해 주기 때문입니다.[7]

---

5) 플로티노스의 *Enneads* V.1.1을 보라: "자신의 본성에 이질적인 존재가 되기를 추구하는 것은 원래의 자신보다 더 열등한 존재가 되고자 하는 것이다."
6) 여기에서 "진리"는 아마도 믿음과 세례를 통해서 신자 안에 임재해 있게 된 진리이자 성육신된 말씀을 가리키는 것으로 보인다. 플로티노스도 우리 자신의 지성이 아니라 우리 속에 존재하는 지성이 우리로 하여금 진리를 분별할 수 있게 해 주는 것이라고 주장하였다. *Enneads* V.1.10; 3.3을 보라. 아우구스티누스는 나중에 『하나님의 도성』(VIII.7)에서 신플라톤주의자들에 대해서 이렇게 말하였다: "그들은 우리의 지성의 빛이 만물을 창조한 하나님이라고 선언하였다."
7) 이 장은 "하나님의 존재를 입증하고자 하는 논증"이 아니다. 아우구스티누스는 하나님이 만유를 창조하셨다는 것을 자신의 전제로 삼는다. 그의 관심은 도덕적인 것이다. 피조된 아름다움을 통해서 하나님의 아름다우심과 본성을 분별하려면, 마음의 의와 제대로 된 사랑이 요구된다. 피조물들에 대한 무절제한 사랑은 피조물들을 타락시키고, 인간에게서 올바르게 판단할 수 있는 능력을 앗아가 버린다.

내 영혼아, 이제 내가 네게 말하노니, 그 어떤 육신도 내 육신에 생명을 주지 못하지만, 너는 내 육신이라는 덩어리에 생명을 주어서 살아 움직이게 해 주기 때문에, 너는 나의 더 나은 부분이다. 하지만 너를 창조하시고 네게 생명을 주어 살게 하신 분은 바로 너의 하나님이시다.

제7장
내 자신의 영혼 자체 속에서도 하나님을 찾을 수 없음

11. 내가 내 하나님을 사랑한다고 할 때, 나는 무엇을 사랑하는 것입니까? 내 영혼의 꼭대기를 넘어서서 그 너머에 계시는 분은 어떤 분입니까? 내가 그분에게로 가고자 한다면, 나는 내 영혼을 거쳐서 올라가야 하는데, 나를 내 육신에 묶어두고 있는 나의 힘, 즉 이 육신이라는 구조물에 생명을 불어넣어 주고 있는 그 힘을 먼저 초월하여야 합니다. 왜냐하면, 그 힘으로는 내 하나님을 찾을 수 없기 때문입니다. 만일 그 힘만으로 하나님을 찾는 것이 가능한 것이었다면, 지성은 없지만, 우리와 마찬가지로 자신들의 육신을 살아 움직이게 해 주는 힘은 지니고 있는 "말이나 노새"도 하나님을 찾을 수 있어야 합니다.

그런데 나에게는 내 육신에 생명을 주어서 살아 움직이게 하는 힘만이 아니라, 내 육신으로 하여금 지각하게 하는 또 다른 힘이 있는데, 이것은 주님이 나를 지으실 때에 내게 주신 것으로서, 눈에게는 듣지 말고 보라고 명하고, 귀에게는 보지 말고 들으라고 명함으로써, 각각의 감각에 고유한 위치와 역할을 주어서, 하나의 영혼인 나로 하여금 그 다양한 감각을 통해서 행하게 하는 그런 힘입니다. 하지만 나는 그런 힘도 초월하여야 합니다. 왜냐하면, 말이나 노새도 그런 힘을 가지고 있어서, 자신의 육신을 통해서 지각하기 때문입니다.

제8장

기억의 본질과 놀라운 힘

12. 내게 본성적으로 주어진 그러한 힘들을 다 초월하여, 나를 지으신 그분에게로 점점 더 오르고자 할 때, "기억"이라고 하는 넓은 공간 또는 지대에 이르게 되는데, 거기에는 감각들에 의해서 지각된 온갖 종류의 사물들로부터 온 무수한 심상들이 쌓여 있습니다. 거기에는 우리가 지각한 것들을 가감하거나, 우리의 감각들이 접촉한 것들에 이런저런 식으로 변경을 가한 것들도 쌓여 있고, 기억에 맡겨지거나 저장된 것들 중에서 망각에 의해서 아직 삼켜지거나 묻혀 버리지 않은 것들이 쌓여 있습니다.

거기에 가서, 내가 원하는 것을 내놓으라고 요구하면, 어떤 것들은 즉시 나오지만, 어떤 것들은 마치 아주 후미진 곳에 두어졌던 것처럼 한참 시간이 걸려서야 나오기도 합니다. 내가 어떤 다른 것을 찾고 있는데, 내가 찾고 있는 것이 아닌 것들이 떼를 지어 나와서는, 서로 앞다투어 얼굴을 내밀고서, "당신이 찾는 것이 혹시 내가 아니냐"고 묻기도 합니다. 그런 경우에, 나는 내가 원하던 것이 저 깊숙한 곳 어딘가에서 나타날 때까지, 내 마음의 손으로 그것들을 내 기억의 표면에서 지워 버립니다. 어떤 것들은 내가 부르기를 기다리며 질서정연하게 기다리고 있다가, 자기를 부르면 금방 나오고, 내가 다른 것을 불러내면, 그 밖의 것들은 그것에게 자리를 내주고는, 내게 보이지 않는 뒤쪽으로 가서 차례를 기다립니다. 내가 기억으로부터 어떤 것을 불러내어 말할 때마다, 이런 일들이 내 안에서 일어납니다.

13. 이 모든 것들은 각자 고유한 경로를 통해서 기억 속으로 들어온 후에, 종류별로 구분되어 따로 저장됩니다. 예컨대, 빛과 모든 색채들과 사물의 형체는 눈을 통해서, 온갖 종류의 소리는 귀를 통해서, 온갖 냄새는 코라는 경로를 통해서, 온갖 맛은 입이라는 경로를 통해서, 딱딱하다거나 부드럽다거나, 뜨겁다거나 차다거나, 매끄럽다거나 거칠다거나, 무겁다거나 가볍다거나 하는 것은, 몸 밖의 것이든 몸 안의 것이든, 온 몸에 퍼져 있는 촉각을 통해서 들어옵니다.

"기억"이라는 거대한 공간에는 이렇게 말로 표현할 수 없는 은밀한 구역들이 무수히 많이 있어서, 온갖 감각기관들을 통해서 들어온 모든 것들이 종류 별로 각각 다른 구역에 저장되어 있다가, 우리가 필요할 때에 부르면, 우리 앞에 다시 그 모습을 나타냅니다. 각각의 것들은 자신만의 고유한 경로를 통해서 기억 속으로 들어가서 저장되지만, 우리가 지각한 사물들 자체가 아니라, 그 심상(心象)들만이 거기에 저장되어 있다가, 우리가 불러내면 우리의 생각에 다시 떠오르게 되는 것입니다.

각각의 심상들이 어떤 감각을 통해서 기억 속으로 들어와서 저장되는 것인지는 분명하지만, 어떻게 만들어지는지는 아무도 모릅니다. 어둠과 침묵 속에 있을 때조차도, 원하기만 한다면, 기억 속에 저장되어 있는 색들을 불러내서, 검은색과 흰색은 물론이고, 내가 원하는 다른 색들도 분간해 낼 수 있습니다. 또한, 눈을 통해서 들어온 심상들을 생각 속으로 불러내서 보고 있는데, 소리들이 거기에 끼어들어서 훼방을 놓는 것은 불가능합니다. 왜냐하면, 소리들은 따로 다른 구역에 저장되어 있기 때문입니다.

물론, 원하기만 한다면, 소리들을 불러낼 수 있고, 그렇게 호출된 소리들은 즉시 그 모습을 드러냅니다. 그래서 혀를 놀리지도 않고 목청을 사용하지 않아도, 나는 원하기만 한다면 나의 생각 속에서 노래할 수 있습니다. 하지만 이렇게 귀를 통해 들어가서 기억 속에 저장되어 있던 소리들이 다시 불러내져서 내 생각 속에서 노래하고 있는 동안에도, 이미 앞서 불러내진 색에 대한 심상들은 여전히 내 생각 속에 현존하지만, 그 소리들을 가로막거나 방해하지는 않습니다.

마찬가지로, 다른 온갖 감각들을 통해서 들어와서 기억 속에 저장되어 있던 다른 모든 것들도, 원하기만 한다면, 언제든지 다시 생각 속으로 불러올 수 있습니다. 그래서 지금 백합화의 향기와 제비꽃의 향기를 실제로 맡아 보지 않고도, 우리는 과거의 기억을 불러내서, 이 둘을 구별해 낼 수 있고, 지금 꿀이나 술을 실제로 먹어 보거나, 매끄러운 것과 거친 것을 실제로 만져 보지 않고도, 단지 이전에 기억 속에 저장해 두었던 것을 불러내서 생각해 보는 것만으로, 꿀이 술보다 더 좋고, 매끄러운 것이 거친 것보다 더 좋다고 말할 수 있게 됩니다.

14. 이것은 모두 나의 내면에서, 즉 나의 "기억"이라고 하는 거대한 공간에서 이루어지는 일들입니다. 그 기억 속에는, 하늘과 땅과 바다, 그리고 내가 거기에서 지각한 것들 중에서 망각한 것을 제외한 모든 것들이 내게 현존해 있습니다. 또한, 그 기억 속에서 나는 내 자신을 만나고, 내 자신을 기억해 냅니다. 즉, 내가 언제 어디에서 무엇을 했고, 그것을 행하였을 때에 어떻게 느꼈는지를 기억해 냅니다. 그 기억 속에는, 내가 직접 경험하거나 다른 사람들로부터 들어서 기억하게 된 모든 것들이 있습니다.

기억 속에 저장되어 있는 이 모든 것들로부터, 내가 과거에 경험했던 것들이나 그러한 과거의 경험으로 인해서 믿게 된 것들과 비슷한 것들을 무수히 만들어 낼 수도 있고, 과거의 것들 자체를 여러 가지로 구성해 볼 수도 있으며, 과거의 것들로부터 미래의 행위들과 일들과 소망들을 구성해 볼 수도 있는데, 이 모든 것들은 내 생각 속에서 현재적으로 현존합니다. 무수히 많은 것들에 대한 심상들이 가득 저장되어 있는 내 마음의 저 거대한 공간 속에서, 나는 내 자신에게 이렇게 말합니다: "이것을 할까 저것을 할까? 이것을 하면 이런 결과가 나오고, 저것을 하면 저런 결과가 나오겠지. 오, 이렇게 또는 저렇게 되어야 할 텐데. 이런저런 결과가 나와서는 절대로 안 돼!" 나는 내 자신에게 이렇게 말하고, 그럴 때, 내가 말하는 그 심상들이 저 기억의 창고에서 불러내져서 내 생각 속에 그 모습을 드러냅니다. 만일 그러한 심상들이 나의 기억 속에 없다면, 나는 그것들에 대해서 그 어떤 것도 전혀 말할 수 없게 됩니다.

15. 나의 하나님이여, 내면의 거대하고 무한한 공간인 "기억"의 힘은 정말 너무나 대단합니다. 그 가장 깊은 곳까지 가본 사람이 누가 있겠습니까? 그것은 내 마음의 힘이고, 나의 본성에 속해 있습니다. 그런데도 내 자신조차도 "나"라는 존재의 모든 것을 다 파악하지 못합니다. 따라서 나의 "마음"은 내 자신을 다 파악하기에는 너무나 좁고 역부족입니다. 내 마음이 파악할 수 없는 그것은 어디에 있는 것입니까? 그것은 내 마음 안에 있지 않고, 내 마음 밖에 있는 것입니까? 왜 마음은 그것을 파악할 수 없는 것입니까? 이것을 생각하면, 내 안에서는 놀랍고 경이롭다는 생각만이 생겨나서, 말문이 막혀서 할 말을 잃어버리게 됩니다.

사람들은 밖에 나가서, 높은 산들과 바다의 거대한 파도들, 도도히 흐르는 넓은 강들, 끝없이 펼쳐진 망망대해, 별들의 운행을 보면 경탄을 금치 못하고 놀라지만, 그들 자신에 대해서는 도외시하고, 내가 그런 것들을 지금 눈으로 보고 있지 않으면서도, 그런 것들에 대하여 말하고 있는 것에 대해서도 놀라지 않습니다. 나는 내가 과거에 본 저 산들과 파도들과 강들과 저 거대한 우주 공간, 그리고 남들로부터 듣고 믿게 된 저 망망대해를, 마치 밖에 나가서 보고 있는 것처럼, 나의 기억 속에서 불러와서 나의 내면에서 보고 있지 않다면, 그것들에 대해서 아무 말도 할 수 없을 텐데도, 사람들은 전혀 놀라지 않습니다. 하지만 나의 외부에 있는 어떤 사물들을 보았을 때, 내가 그것들을 보았다고 해서, 그 사물들이 내 안으로 들어오는 것이 아닙니다. 내 안으로 들어오는 것은 그 사물들 자체가 아니라, 그 심상들입니다. 그리고 나는 육신의 어떤 감각을 통해서 그 심상들이 내게 각인된 것인지를 압니다.

제9장
심상을 통한 기억

16. 하지만 나의 기억이라는 저 거대한 공간에는 그런 것들만이 담겨 있는 것이 아닙니다. 거기에는 내가 교양 학문들을 배워서 얻은 것들 중에서 아직 망각되지 않은 모든 것들도, 실제의 장소가 아닌 내면의 저 깊숙한 곳에 있는데, 그것들은 심상들이 아니라, 그것들 자체로 간직되어 있습니다. 왜냐하면, 문학은 무엇이고, 논쟁술은 무엇이냐 등과 같은 수많은 질문들과 관련해서 내가 알게 된 것들은, 내가 앞에서 말한 것들과는 달리, 사물들은 밖에 그대로 두고, 그 심상들만을 내 기억 속으로 가져와서 저장해 둔 것들이 아니기 때문입니다.

예를 들면, 소리는 내 귀에 어떤 심상을 남긴 채로 사라져 버리지만, 나는 그 소리가 더 이상 들리지 않을 때에도, 나의 기억 속에 각인된 그 심상을 불러와서, 마치 그 소리가 내 귀에 지금 들리고 있는 것처럼 들을 수 있습니다. 향기도 시간이 지나면 공기 속으로 증발되어 사라져 버리지만, 나의 후각에 남겨진 그 심상은 나의 기억 속으로 전달되어서, 나는 그 향기가 사라진 뒤에도, 나의 기억 속에서 그 심상을 불러내어, 내 생각 속에서 그 향기를 맡을 수 있습니다. 음식도 나의 배 속으로 들어가 버린 후에는 맛을 느낄 수 없지만, 나는 기억 속에서는 여전히 그 맛을 느낄 수 있습니다. 우리의 몸이 촉각을 통해서 어떤 사물을 지각했다면, 그 사물이 우리에게서 분리되었다고 해도, 우리의 기억은 그 심상을 간직하고 있기 때문에, 우리는 마치 지금 그 사물을 만지고 있는 듯한 느낌을 가질 수 있습니다.

이런 것들은 그 자체가 기억 속으로 들어오는 것이 아니고, 그 심상들만이 경이로울 정도로 신속하게 포착되어서, 저 경이로운 기억의 공간에 저장되었다가, 경이롭게도 기억해 내는 활동을 통해서 다시 불려 나오는 것입니다.

제10장
심상을 통하지 않은 기억

17. 반면에, "어떤 것이 존재하는가," "그것은 무엇인가," "그것은 어떤 종류의 것인가"라는 세 가지 질문이 존재한다는 말을 들었을 때에는, 그 질문들을 구성하고 있는 각각의 단어들의 소리에 대한 심상들만이 내게 간직되고, 그 소리들은 공기 중에서 잠시 울리다가 얼마 후에는 사라져서 더 이상 존재하지 않게 됩니다. 하지만 그 소리들이 나타내고 있던 그것들은, 오직 내 마음으로만 지각할 수 있었을 뿐이고, 내 육신의 그 어떤 감각으로도 접촉하거나 볼 수 없었습니다. 그리고 내 기억 속에 저장된 것은 그 실체들의 심상들이 아니라, 그 소리들이 나타내고 있던 바로 그것들이었습니다. 그것들이 어떻게 내 속으로 들어오게 된 것인지는, 그것들이 말할 수 있다면 말해 보라고 하십시오. 왜냐하면, 내 육신의 모든 문들을 다 살펴보았지만, 그것들이 어느 문을 통해서 들어왔는지를 알 수 없었기 때문입니다.

눈들은 "그것들이 색을 지니고 있었더라면, 반드시 알렸을 것이다"라고 말하고, 귀들은 "그것들이 소리를 내었더라면, 내게 알려 주었을 것이다"라고 말하며, 코는 "그것들이 냄새를 풍겼더라면, 분명히 나를 통과해서 지나갔을 것이다"라고 말하고, 미각은 "그것들에게 어떤 맛도 없었다면, 그것들에 대해서 내게 묻지 말라"고 말하며, 촉각은 "그것들이 어떤 형체를 가지고 있지 않았다면, 내가 그것들을 만질 수 없었을 것이고, 만지지 못했기 때문에, 그 어떤 보고도 할 수 없었다"고 말합니다.

그렇다면, 그것들은 어디를 통해서 어떻게 내 기억 속으로 들어오게 된 것입니까? 나는 그것을 알 수 없었습니다. 왜냐하면, 내가 그것들을 배웠을 때, 다른 사람의 마음을 빌고 그 사람이 해 준 말을 받아들인 것이 아니라, 내 마음 안에서 그것들이 참되다고 인정하고서 내 기억 속에 저장해 두었다가, 원할 때마다 다시 꺼내서 쓴 것이었기 때문이었습니다. 그렇다면, 그것들은 내가 배우기 이전에도, 내 기억 속에는 없었지만, 내 안의 어딘가에 이미 있었다는 말이 됩니다. 그것들은 도대체 어디에 있었기에, 다른 사람이 그것들에 대하여 말하였을 때, 내가 그것들이 참되다는 것을 인정하고서, "그래, 그 말이 맞다"고 말하는 것이 가능하게 된 것일까요? 따라서 나는 그것들은 내 기억 속에 이미 있었던 것이고, 내 기억 중에서 아주 깊숙하고 멀리 떨어져 있어서 감추어진 동굴이라고 할 수 있는 그런 장소에 저장되어 있었기 때문에, 다른 사람의 어떤 깨우침이 없었다면, 결코 이끌려 나올 수 없었고, 내가 스스로는 그것들을 결코 생각해 낼 수 없었을 것이라고 말할 수밖에 없습니다.

제11장
지식에 대한 기억

18. 이렇게 해서 우리가 내리게 된 결론은, 감각을 통해 지각해서 그 심상들을 우리의 내면으로 받아들이지 않고, 심상들이 아니라 그것들 자체를 우리의 내면에서 지각하여 알게 되는 것들은, 사실은 우리의 기억 속에 이미 간직되어 있는 것들이지만, 정리되지 않고 흩어져 있어서, 사고를 통해서 한데 모으고, 주의를 기울여서 기억 공간 중에서 우리가 닿을 수 있는 지역에 가져다 놓음으로써, 이전에는 흩어져 있어서 거기에 있는 줄도 몰랐던 것들이 이제는 우리의 생각에 쉽고 친

근하게 다가오게 된 그런 것들에 다름 아니라는 것입니다.

이렇게 나의 기억 속에는, 앞에서 말한 것처럼, 이미 거기에 간직되어 있다가, 어떤 계기를 통해서 발견되어서, 쉽게 꺼내 쓸 수 있는 구역에 가져다 놓아진 것들이 아주 많은데, 우리는 그러한 것들을 배워서 알게 된 것들이라고 말합니다. 그러한 것들은 수시로 불러내는 것을 중단하는 경우에는, 또다시 그것들이 전에 있었던 기억의 저 깊숙한 곳으로 되돌아가서 숨어 버리기 때문에, 기억 중에서 우리가 닿을 수 있는 구역으로 그것들을 가져다 놓아서 수시로 불러낼 수 있게 되기 위해서는, 즉 우리가 그것들을 안다고 할 수 있기 위해서는, 다시 생각을 집중해서 그것들이 흩어져 숨어 있는 곳에서 그것들을 찾아내어 한데 "모아야"(cogo) 합니다.

그러므로 어떤 것들을 안다는 것은 흩어져 있는 그것들을 한데 모은다는 것인데, 여기에서 "생각하다"(cogito)라는 말이 유래되었습니다. 왜냐하면, "가다"를 뜻하는 라틴어는 ago('아고')인데, agito('아기토')라고 하면 "자주 가다"를 의미하고, "만들다"를 뜻하는 라틴어는 facio('파키오')인데, factito('팍티토')라고 하면 "자주 만들다"를 의미하듯이, "모으다"를 뜻하는 라틴어가 cogo('코고')인 까닭에, "생각하다"를 뜻하는 cogito('코기토')는 실제로는 "자주 모으다"를 의미하기 때문입니다. 하지만 사람들은 마음이 어떤 것들을 한데 모으는 행위에만 이 단어를 사용하였고, 다른 일반적인 "한데 모으는" 모든 행위들에는 사용하지 않았기 때문에, 이 단어는 "자주 모으다"라는 일반적인 의미가 아니라 "생각하다"라는 특수한 의미만을 지니게 된 것입니다.

제12장
수와 숫자

19. 또한, 기억 속에는 "수"와 "크기"에 관한 무수한 법칙들이 담겨져 있는데, 이 법칙들은 그 어떤 것도 육신의 감각을 통해서 기억에 각인되지 않았습니다. 왜냐하면, 그것들은 색이나 소리나 맛이나 냄새도 없고, 만질 수도 없기 때문입니

다. 사람들이 이 법칙들에 대하여 토론하면서 여러 단어들을 사용하여 그 법칙들을 나타낼 때, 나는 그 소리들을 듣지만, 그 소리들과 이 법칙들은 서로 완전히 별개의 것입니다. 왜냐하면, 이 법칙들은 헬라어로 표현하느냐, 아니면 라틴어로 표현하느냐에 따라, 그 소리는 달라지지만, 헬라어나 라틴어나 그 밖의 다른 언어로 된 그 소리들이 법칙들인 것은 아니기 때문입니다.

건축가들은 거미줄 같은 아주 가느다란 선들을 그리지만, 그 기하학적인 선들은 육신의 눈이 내게 보여 준 사물들의 심상들이 아니라는 점에서 거미줄과는 다릅니다. 그 선들을 아는 사람들은 누구나 어떤 사물들에 대한 지각 없이, 그 선들을 자신의 내면에서 직접 지각합니다. 또한, 우리는 어떤 것들이 몇 개인지를 셀 때에 사용하는 기호들인 "숫자들"은 육신의 모든 감각을 통해서 알게 됩니다. 하지만 우리가 계산에서 사용하는 "수들"은 어떤 것들의 심상들이 아니라 그 자체로 존재하는 원리라는 점에서, 어떤 것들이 몇 개인지를 나타내는 기호들인 숫자들과는 다릅니다.[8] 이런 것들을 알지 못하는 사람들은 내가 이런 말을 한다고 나를 비웃겠지만, 나는 나를 비웃는 바로 그 사람을 측은하게 여길 것입니다.

제13장
기억은 모든 것을 기억함

20. 나는 이 모든 것들을 기억 속에 간직하고 있고, 내가 어떤 식으로 그것들을 배우게 되었는지도 기억 속에 간직하고 있습니다. 또한, 나는 이것들을 반대하기 위한 논증으로 제기된 아주 잘못된 많은 것들도 기억하고 있는데, 그 논증들은 잘못된 것일지라도, 내가 그것들을 기억하고 있다는 것은 잘못된 것이 아닙니다. 또한, 나는 과거에 내가 진리들과 그 진리들에 대하여 제기된 잘못된 반론들을 대체로 구별할 수 있었다는 것을 기억하고, 내가 지금 그러한 것들을 구별하는 것과 내

---

8) 감각들에 의해서 다루어지는 "숫자"와 관념적이거나 지적인 "수"의 구별은 피타고라스에게로 소급되고, 플라톤과 플로티노스에게서도 발견된다. 이것은 아우구스티누스에게 중요한 것이어서, 그의 초기 저작들인 『질서』에서 다루어지고 있고, 특히 『음악』(VI. 16)에서는 그것을 우리의 리듬 감각과 결부시킨다.

가 과거에 그러한 것들을 생각할 때마다 대체로 진리와 거짓을 구별할 수 있었다는 것을 기억하는 것은 전혀 별개의 것이라는 것도 압니다. 그러므로 지금 나는 과거에 내가 대체로 그런 것들을 구별할 수 있었다는 것을 기억하고 있고, 지금도 그런 것들을 구별할 수 있고 알고 있다는 것을 기억 속에 저장해 두고 있으며, 나중에는 내가 지금 그런 것들을 알고 있었다는 것을 기억하게 될 것입니다. 그러므로 내가 과거에 기억했었다는 것을 지금 기억하고 있는 것처럼, 나중에도 내가 과거에 그런 것들을 기억할 수 있었다는 것을 기억해 낸다면, 그것은 기억의 힘을 빌려서 기억해 내는 것입니다.

제14장
감정들에 대한 기억

21. 내 마음의 온갖 감정들도 기억 속에 담겨 있기는 하지만, 당시에 내 마음이 느낀 그대로가 아니라, 기억력에 의해서 다양하게 바뀐 형태로 담겨 있습니다. 왜냐하면, 나는 과거에 기뻐하였던 것을 기억해 내면서도 지금은 전혀 기쁨을 느끼지 않을 수 있고, 지난날에 슬퍼하였던 것을 기억해 내면서도 지금은 슬픔을 전혀 느끼지 않을 수 있으며, 과거에 두려워하였다는 것을 전혀 두려움 없이 기억해 낼 수 있고, 지금은 그런 욕심이 전혀 없는데도 과거에 지녔던 욕심을 기억해 낼 수 있고, 반대로 어떤 때에는 과거에 슬펐던 것이 지금은 기쁜 기억으로 회상될 수 있으며, 과거에 기뻤던 것이 지금은 슬픈 기억이 될 수도 있기 때문입니다. 육신과 관련해서 이런 일들이 일어나는 것은 전혀 이상한 일이 아닙니다. 왜냐하면, 마음과 육신은 별개이기 때문입니다. 그러므로 지난날의 육신적인 고통을 기억하며 기뻐한다고 해도, 그것은 이상한 일이 아닙니다.

하지만 사실 이 경우에 마음과 기억은 동일하고 하나입니다. 그래서 다른 사람에게 어떤 것을 꼭 기억해 두라고 당부하는 경우에, "그것을 꼭 마음에 담아 두라"고 말하고, 어떤 일을 잊어버린 경우에는, "그 일이 내 마음에 떠오르지 않았다"고 말하거나, "그 일이 내 마음에서 빠져나가 버렸다"고 말하는 등, 우리는 기억 자체를 마음이라고 부르기까지 합니다.

그렇다면, 지난날의 슬픈 일을 기억하면서 나의 마음이 기뻐하는 경우에, 내 마음은 그 슬픈 기억을 현재의 상황 속에서 바라보고 기뻐한다고 할지라도, 내 기억은 그 일을 슬픈 일로 기억하고 있기 때문에 슬퍼하는 것이 마땅할 것 같은데, 실제로는 슬퍼하지 않는 이유는 무엇입니까? 기억이 마음에 속해 있지 않은 것이 가능한 일입니까? 누가 감히 그렇게 말할 수 있겠습니까?

따라서 기억은 마음의 소화기관과 같고, 기쁨과 슬픔은 각각 달콤한 음식과 쓴 음식에 해당되는 것임에 틀림없습니다. 기쁨과 슬픔이 기억 속에 간직된다는 것은 그 음식들이 소화기관 속으로 들어가는 것과 같은데, 소화기관에 들어간 음식들의 맛이 더 이상 느껴지지 않는 것과 마찬가지로, 기쁜 일이나 슬픈 일도 일단 기억 속에 저장된 후에는 그 맛이 느껴지지 않게 됩니다. 이 둘을 이런 식으로 비교하는 것이 우스워보일 수 있기도 하지만, 아주 엉뚱한 것은 아닙니다.[9]

22. 내가 우리의 마음에는 욕망, 기쁨, 두려움, 슬픔, 이렇게 네 가지 기본적인 감정들이 있다고 말할 때에도, 나는 그것을 나의 기억으로부터 가져옵니다. 또한, 유(類)와 종(種) 개념을 사용해서, 그 각각의 감정을 여러 하위의 감정들로 세분해서 정의하는 등, 그 감정들에 대하여 이런저런 논의를 할 때에도, 그 경우에 내가 말하는 모든 것들은 나의 기억에서 오는 것이기 때문에, 나는 그것들을 나의 기억으로부터 가져옵니다. 하지만 그 감정들을 기억해 내어서 내 생각 속으로 불러 올린다고 해도, 나는 그 감정들 중 어떤 것에 의해서도 영향을 받지 않습니다. 그 감정들은 내가 불러내어서 다시 새롭게 생각하기 이전에 이미 나의 기억 속에 있었고, 그랬기 때문에 내가 기억해 내는 행위를 통해서 그것들을 불러올릴 수 있었던 것입니다. 마치 짐승들이 이미 뱃 속에 들어가 있는 음식을 다시 꺼내서 되새김질하는 것 같이, 사람들은 자신의 기억 속에 저장되어 있던 그러한 감정들을 다시 생

---

9) "기억"은 지성의 특정한 활동이다. 아우구스티누스는 여기에서 기억과 지성을 거의 동일시하고 있는 것으로 보인다. 그는 기억을 개인의 정체성의 초점이자 과거와 현재와 미래를 이어주는 연결고리로 생각하였다. 우리는 "기억" 속에서 표상과 대상을 서로 연결시키는데, 이것은 대상이 존재하든 존재하지 않든 마찬가지이다. 아우구스티누스가 "망각"에 대하여 얘기하는 것은 인간의 지성의 신비를 통해서 하나님의 신비로 올라가기 위한 것이다.

각 속으로 불러올리는 것입니다.

그런데 왜 사람들은 그런 식으로 자신의 기억으로부터 감정들을 불러내어서 자신의 생각이라는 "입"에서 되새김질하며 논의하는데도, 기쁨의 단맛이나 슬픔의 쓴맛을 느끼지 못하는 것입니까? 비유라는 것은 모든 점에 다 적용되는 것은 아니기 때문에, 이 점에서는 "되새김질"이라는 비유가 맞지 않는 것입니까? 만일 우리가 슬픔이나 두려움이라는 단어를 입에 올릴 때마다, 슬픔이나 두려움의 감정에 또다시 휩싸일 수밖에 없게 된다면, 누가 그러한 단어들을 입에 올리려고 하겠습니까? 그렇다고 해서, 우리가 우리의 기억 속에서, 육신의 감각들에 의해서 각인된 심상들에 의거해서, 감정들의 명칭을 나타내는 단어들의 "소리들"만이 아니라, 그 감정들의 "개념들"을 찾아내지 못한다면, 우리는 그 감정들에 대해서 결코 말할 수 없게 될 것입니다. 그 "개념들"이라는 것은, 육신의 어떤 관문을 통해서 기억 속으로 들어간 것이 아니고, 마음이 스스로 그 감정들을 경험해서 알게 되어 기억에 맡겨 둔 것들이거나, 마음이 맡겨 두지 않았는데도, 기억이 스스로 보존해 둔 것들입니다.

제15장
실체와 심상

23. 하지만 이 모든 것이 심상들로 말미암은 것인지 그렇지 않은 것인지에 대해서, 누가 쉽게 말할 수 있겠습니까? 물론, "돌"이나 "해"라는 사물이 나의 감각에 느껴지지 않을 때에도, 나는 "돌"이나 "해"에 대하여 말하는데, 이것은 그것들의 심상들이 나의 기억 속에 존재하기 때문입니다. 내가 고통을 느끼지 않고 있어서, 내게 고통이 없을 때에도, 나는 내 육신의 고통에 대해서 말합니다. 하지만 육신의 고통에 대한 어떤 심상이 내 기억 속에 이미 존재하지 않는다면, 나는 고통이라는 것에 대해서 말할 수도 없고, 고통을 즐거움과 구별해서 논할 수도 없을 것입니다.

내가 육신이 건강할 때, 육신의 건강에 대해서 말한다면, 나에게는 육신의 건강이라는 실체가 실제로 존재하는 것이기는 하지만, 만일 내 기억 속에 육신의 건강에 대한 어떤 심상이 존재하지 않는다면, 나는 육신의 건강이라는 말의 소리가 무엇을 의미하는지를 생각해 낼 수 없을 것입니다. 또한, 병들어 있어서 육신의 건강을 현재적으로 경험하지 못하고 있는 사람들도, 육신의 건강이라고 말할 때, 그것이 무슨 의미인지를 아는 것도, 육신의 건강에 대한 심상이 기억의 힘에 의해서 그들에게 간직되어 있기 때문입니다.

내가 계산할 때에 사용하는 "수"(數)에 대하여 말하는 경우에도, 내 기억 속에 있는 것은 수의 심상들이 아니라, 수 자체입니다. 내가 해의 심상에 대하여 말할 때, 내 기억 속에 있는 것은 해의 심상입니다. 왜냐하면, 나는 해의 심상에 대한 심상이 아니라 해의 심상을 기억해 내는 것이기 때문입니다. 그래서 내가 해에 대해서 생각할 때, 해의 심상이 내 생각 속에 나타납니다. 내가 "기억"에 대하여 말할 때에도, 나는 그것이 무슨 의미인지를 압니다. 그런데 그것이 내 기억 속에 있지 않았다면, 내가 무슨 수로 그것을 알겠습니까? 이 경우에도 내 생각 속에 나타나는 것은 기억이라는 실체가 아니라 기억에 대한 심상일까요?

제16장
망각

24. 내가 "어떤 것을 망각했다"고 말한다면, 그것은 내가 어떤 것을 망각했다는 것을 안다는 의미인데, 내가 그것을 망각했다는 것을 기억해 두지 않았다면, 어떻게 망각했다는 사실을 알 수 있겠습니까? 내가 여기에서 안다고 말할 때, 그것은 "망각했다"는 단어의 의미를 안다는 것이 아니라, 내가 어떤 것을 망각했다는 것이 무엇을 의미하는지를 안다는 것이기 때문에, 내가 어떤 것을 망각했다는 사실 자체를 잊어버렸다면, 내가 어떤 것을 망각했다는 것이 무엇을 의미하는지를 어떻게 알겠습니까? 그러므로 내가 "어떤 것을 기억한다"는 것을 기억해 낼 때에는, 내가 기억하고 있는 내용 자체가 기억으로부터 불려 나와서 생각 속에 현존하게 되지만, 내가 어떤 것을 망각했다는 사실을 기억해 낼 때에는, 어떤 것을 망

각했다는 사실과 그것을 망각했다는 것에 대한 기억이 둘 다 생각 속으로 불려 나와서 현존하게 됩니다.

하지만 망각했다는 것은 "기억의 결핍"이 아니고 무엇이겠습니까? 그렇다면 어떤 것을 망각했다는 것이 기억 속에서 일어났다면, 어떤 것을 망각했다는 사실 자체를 기억해 낼 수 없어야 하는데, 우리의 기억 속에서 어떤 것을 망각했는데도 불구하고, 망각했다는 사실을 기억해 내는 것은 어떻게 된 영문입니까? 우리가 기억하고 있는 것들만을 우리의 기억 속에 간직해 두고, 망각한 것을 기억해 두지 않았다면, 우리는 어떤 것을 망각했다는 말을 들어도, 그것이 무엇을 의미하는지를 알 수 없을 것이기 때문에, 우리의 기억 속에 어떤 것을 망각했다는 사실 자체가 간직되어 있는 것은 분명합니다. 우리가 어떤 것을 망각했다는 사실을 잊지 않고 기억해 낼 수 있는 것도, 우리가 어떤 것들을 잊어버리고 기억해 낼 수 없는 것도, 망각이라는 것이 우리의 기억 속에 존재하기 때문입니다. 이것으로부터 알 수 있는 것은, 우리가 어떤 것을 망각했다는 것을 기억할 때, 우리의 기억 속에 존재하는 것은 어떤 것에 대한 망각 자체가 아니라 어떤 것을 망각했다는 심상이라는 것입니다. 왜냐하면, 만일 어떤 것에 대한 망각 자체가 우리의 기억 속에 존재하게 된다면, 우리는 망각했다는 것조차도 기억하지 못할 것이기 때문입니다. 누가 이 문제를 끝까지 추적할 수 있겠으며, 어떻게 해서 그렇게 되는 것인지를 이해할 수 있겠습니까?

25. 주님, 나는 이 문제를 붙들고서 힘들게 씨름하고 있고, 내 자신 안에서 그런 씨름을 하고 있습니다. 이렇게 내 자신은 내가 진땀을 흘리며 힘들게 씨름하는 곳이 되어 버렸습니다. 왜냐하면, 지금 나는 드넓은 하늘을 뒤지고 있는 것도 아니고, 별들 간의 거리를 재고 있는 것도 아니며, 지구가 어떻게 허공에 매달려 있는지를 연구하고 있는 것도 아니고, 많은 것들을 "기억하고 있는" 내 자신의 마음을 살피고 있는 중이기 때문입니다. 내가 이렇게 힘들여 씨름하고 있는 것이 내 자신이 아니라, 내게서 멀리 떨어져 있는 것이라면, 그것은 전혀 놀랄 일이 아닐 것입니다. 하지만 내 자신보다 내게 더 가까운 것이 어디 있겠습니까? 나는 기억의 힘을 빌리지 않고는 내 자신에 대하여 말할 수조차 없는데도, 기억의 힘에 대해서

알지를 못합니다.

내가 어떤 것을 망각하였다는 사실을 기억하고 있다는 것은 내게 아주 분명한데, 이것에 대해서 나는 무엇이라고 말해야 합니까? 내가 기억하고 있는 것이 내 기억 속에 있지 않다고 해야 합니까? 아니면, 내가 망각하지 않기 위해서, 망각이라는 것이 내 기억 속에 있는 것이라고 해야 합니까? 이 두 가지 설명은 너무나 이치에 맞지 않습니다.

그렇다면, 이 두 가지 외에 어떤 세 번째의 설명이 있는 것입니까? 예를 들면, 내 기억 속에 망각 자체가 아니라 그 심상이 간직되어 있어서, 내가 망각했다는 사실을 기억하는 것이라고 말할 수 있습니까? 어떤 사물에 대한 심상이 내 기억 속에 각인되어 있다면, 먼저 그 사물 자체가 존재하고, 그런 후에 그 심상이 내 기억 속에 각인되는 과정을 거치는 것이 필수적인데, 내가 어떻게 그렇게 말할 수 있겠습니까?

내가 카르타고를 기억하고 있는 것이나, 내가 다녀온 적이 있는 그 밖의 다른 모든 곳들을 기억하고 있는 것이나, 내가 만난 사람들의 얼굴과 내 육신의 감각들로부터 보고받은 것들을 기억하고 있는 것이나, 내 육신이 건강했던 것이나 병들었던 것을 기억하고 있는 것은, 모두 다 그런 과정을 거쳐서 기억하고 있는 것입니다. 이러한 것들이 내 앞에 실제로 존재하고 있을 때, 내 기억이 그것들로부터 심상들을 포착해서 간직해 두었기 때문에, 나는 그것들이 내 앞에 없을 때에도, 그것들을 기억해 내고 싶을 때에는, 그 심상들을 불러내어서 내 마음에서 생각할 수 있습니다.

그러므로 망각 자체가 아니라 그 심상이 기억 속에 간직되어 있는 것이라면, 그 심상이 만들어지기 위해서는, 그 이전에 망각이라는 것이 반드시 존재했어야 합니다. 하지만 만약 망각이라는 것이 존재했다고 하더라도, 기억 속에 이미 각인된 것들조차도 지워 버리는 망각이 어떻게 자신의 심상을 기억에 각인시킬 수 있었겠습니까? 나는 이 문제를 어떤 식으로 이해하거나 설명할 수는 없지만, 내가 기억하고 있는 것들을 지워 버리는 망각, 즉 어떤 것을 망각했다는 사실조차도 내 자신이 기억하고 있다는 것은 확실합니다.

제17장

기억의 힘만으로는 하나님을 만날 수 없음

26. 나의 하나님이여, 기억은 너무나 심오하고 무한히 다양한 면모를 지니고 있어서 정말 두려운 것이고, 그 힘은 위대한데, 그것이 내 마음이고, 내 자신입니다. 그렇다면, 나의 하나님이여, 나는 어떤 존재입니까? 나는 기억의 본질인 것입니까? 삶은 다양하고 복잡하며 거대합니다. 내 기억의 들판들과 동굴들과 깊은 구덩이들은 무수히 많고, 거기에는 무수히 많은 종류의 것들이 무한히 가득 채워져 있습니다. 온갖 사물들은 그 심상들로 간직되어 있고, 지식들은 그 자체로 간직되어 있으며, 마음의 감정들은 모종의 어떤 개념들이나 인상들로 간직되어 있습니다. 그 감정들은 기억 속에 간직되어 있고, 기억 속에 있는 그 모든 감정들은 마음에도 존재하지만, 지금은 마음이 그 감정들을 느끼지는 못합니다. 나는 이 모든 것들을 통해서 기억 속을 이리저리 뛰어다니고 날아다니며, 온 힘을 다해서 기억을 관통해 들어가 보지만, 그 어디에서도 끝을 볼 수가 없습니다. 사람의 생명은 유한한데도, 그 생명의 힘은 이렇게 엄청나고, 기억의 힘도 이렇게 엄청납니다!

그렇다면, 나의 참 생명이신 나의 하나님이여, 나는 어떻게 해야 합니까? 나는 기억이라 불리는 나의 이 힘을 초월하고자 하고, 기억을 초월해서 사랑의 빛이신 주님께 이르고자 합니다. 주님은 내게 무엇을 말씀하고 계십니까? 보십시오. 이제 나는 나의 마음을 통해서 기억이라 불리는 나의 이 힘을 초월하여, 내 위에 계시는 주님께 올라가서, 주님을 접할 수 있는 곳에서 주님을 접하고, 주님을 붙들 수 있는 곳에서 주님을 붙들고자 합니다.

짐승들과 새들도 기억을 지니고 있습니다. 그렇지 않다면, 그것들은 자신의 굴이나 둥지로 되돌아갈 수 없을 것이고, 그것들이 습관적으로 행하는 다른 많은 것들도 행할 수 없을 것입니다. 또한, 그것들에게 기억이 없다면, 그것들은 그 어떤 것도 습득하여 행할 수 없게 될 것입니다.

그래서 나는 기억조차도 초월해서 주님을 찾으려고 합니다. 주님은 나를 더 지혜로운 존재로 지으셔서, 네 발 달린 짐승들이나 공중에 나는 새들로부터 구별하셨습니다. 그러므로 나는 기억조차도 초월해서, 주님을 찾으려고 합니다. 기억을 초월하지 않는다면, 내가 어디에서 참된 선이시고 확실한 아름다움이신 주님을 찾을 수 있겠습니까? 내가 내 기억의 밖에서 주님을 찾는다면, 나는 주님을 기억하지 못한 채로 주님을 찾게 될 것인데, 주님을 전혀 기억하지 못하는 상태에서, 무슨 수로 주님을 찾을 수 있겠습니까?

제18장
잃어버린 물건과 기억

27. "어떤 여자"가 "드라크마"라는 동전 하나를 잃어버려서, 그것을 찾으려고 "등불을 켜고" 부지런히 찾았다는 얘기가 성경에 나오지만(눅 15장), 만일 그 여자가 그 동전을 기억하고 있지 않았다면, 그 동전을 찾는 것은 불가능하였을 것이고, 설령 그 동전을 찾았다고 하더라도, 그것이 자기가 찾던 바로 그 동전인지를 알 수 없었을 것입니다. 나는 물건을 잃어버렸다가 다시 찾은 경험이 많아서, 내가 잃어버린 어떤 물건을 찾고 있는데, 다른 물건들이 계속해서 내게 나타나서, "이것이 네가 찾던 것이냐"고 물으면, 나는 내가 찾던 그 물건을 마침내 찾을 때까지 계속해서 "아니다"라고 대답하곤 하였다는 것을 똑똑히 기억하고 있습니다. 하지만 내가 물건을 잃어버리고서는, 그 물건을 기억하지 못하였다면, 그 물건이 내 앞에 나타나도 알아볼 수 없어서, 결국 찾을 수 없게 되었을 것입니다.

이것은 우리가 어떤 잃어버린 물건을 찾을 때마다 늘 일어나는 일입니다. 어떤 물건이 시야에서는 사라졌지만, 기억에서는 사라지지 않았다면, 그 심상은 기억 속에 여전히 간직되어 있어서, 우리는 그 물건이 시야에 다시 나타날 때까지 찾게 되고, 마침내 찾게 되었을 때에는, 기억 속에 간직되어 있는 그 심상으로 말미암아, 우리가 잃어버렸던 바로 그 물건이라는 것을 알게 됩니다. 그런데 그 물건을 알아보지 못한다면, 잃어버린 것을 찾았다고 말할 수 없고, 그 물건의 심상이 기억 속에 간직되어 있지 않다면, 그 물건을 알아볼 수 없습니다. 따라서 그 물건은 시야에서는 사라졌지만, 기억 속에는 간직되어 있습니다.

제19장
기억해 낸다는 것

28. 우리가 어떤 것을 망각해서 기억해 내려고 애쓰는 경우처럼, 기억 자신이 어떤 것을 잃어버렸을 때, 우리는 그 잃어버린 것을 기억 자신 속에서가 아니면 어디에서 찾을 수 있겠습니까? 그리고 기억 속에서 혹시 다른 것들이 나타나도, 찾고 있던 것이 나타날 때까지 그것들을 거절하다가, 그것이 나타나면, "바로 이거야"라고 말합니다. 하지만 그것을 알아볼 수 없었다면, 그렇게 말할 수 없었을 것이고, 그것을 기억하고 있지 않았다면, 알아볼 수 없었을 것입니다.

하지만 우리는 분명히 그것을 망각하고 있었습니다. 그렇다면, 그것의 전부가 기억에서 사라진 것이 아니라, 그 일부가 여전히 기억 속에 남아 있어서, 사라진 부분을 찾고 있었던 것일까요? 다시 말하면, 기억은 평소에 늘 그랬던 것처럼 그것의 전부를 내놓으려고 하다가, 그것의 일부가 빠져서 결함이 생기는 바람에 온전히 내놓을 수 없게 되자, 빠진 부분을 찾아서 보충해 놓으라고 자기 자신에게 명령한 것일까요? 예컨대, 우리가 알고 있는 어떤 사람을 만났거나 머릿속에서 생각하는데, 그 사람의 이름을 잊어버려서, 기억해 내려고 애쓰는 경우에, 다른 이름들이 생각나도, 평소에 습관적으로 그 사람과 연결시켜 생각하곤 해서 우리에게 친숙하게 된 그 이름이 나타날 때까지 거절하는 것을 반복합니다.

하지만 그 이름이 기억 자신으로부터 나타나지 않는다면, 도대체 어디에서 나타날 수 있겠습니까? 다른 사람이 우리에게 상기시켜 주어서 다시 기억이 나게 된 경우에도, 결국 그것은 기억으로부터 온 것입니다. 왜냐하면, 그런 경우에 우리는 그런 식으로 다시 기억해 내게 된 그 이름을 새로운 것으로 받아들이는 것이 아니라, 그 이름이 자신의 기억 속에 있던 바로 그것이라고 인정하는 것이기 때문입니다. 만일 그 이름이 마음에서 완전히 지워져 버렸다면, 다른 사람이 우리에게 그 이름을 상기시켜 준다고 해도, 우리는 그 이름을 생각해 낼 수 없습니다. 따라서 어떤 것을 망각하였다는 사실을 기억하고 있다면, 아직 완전히 망각한 것은 아닙니다. 어떤 것을 정말 완전히 망각하였다면, 그 잃어버린 것을 되찾는 것은 불가능합니다.

제20장
하나님과 행복에 대한 기억

29. 주님, 어떻게 해야 주님을 찾을 수 있습니까? 하나님을 찾는 것은 행복한 삶을 찾는 것이고, 내가 주님을 찾는 것은 내 영혼이 살기 위해서입니다. 왜냐하면, 내 육신은 내 영혼으로 말미암아 살고, 내 영혼은 주님으로 말미암아 살기 때문입니다. 내가 어떻게 해야 행복한 삶을 찾을 수 있습니까? 내가 "이제는 만족이다, 이것이 바로 행복이다"라고 말할 때까지는, 나는 행복을 찾은 것이 아닙니다. 그런 행복을 어떻게 찾을 수 있습니까? 나는 그 행복을 망각하였지만, 망각하였다는 사실은 기억하고 있기 때문에, 그것을 다시 기억해 낸다면, 그 행복을 찾을 수 있는 것입니까? 아니면, 나는 아예 처음부터 그 행복을 알지 못하였거나, 전에는 알고 있었어도 지금은 완전히 망각해 버려서, 망각하였다는 사실조차도 기억하지 못하고 있기 때문에, 내가 전혀 알지 못하는 어떤 것을 배우고자 하는 열망을 통해서 그 행복을 찾아야 하는 것입니까?[10]

행복한 삶은 모든 사람이 다 원하는 것이 아닙니까? 그것을 원하지 않는 사람은 아무도 없습니다. 그렇다면, 사람들은 도대체 어디에서 행복한 삶이라는 것을 알아서, 그런 삶을 원하게 된 것입니까? 사람들은 어디에서 행복한 삶을 보고서, 그런 삶을 사모하게 된 것입니까?

어떻게 해서 그렇게 된 것인지는 모르겠지만, 행복한 삶이 우리에게 존재한다는 것은 의심의 여지가 없습니다. 행복을 느끼는 방식도 서로 달라서, 어떤 사람들은 지금 행복한 삶을 살아가고 있어서 행복하고, 어떤 사람들은 희망 속에서 행복합니다. 희망이 있어서 행복한 사람들은 지금 실제로 행복한 사람들보다는 못하지만, 실제로나 희망 속에서나 행복하지 않은 사람들보다는 낫습니다.

하지만 실제로나 희망 속에서나 행복하지 않은 사람들도 전에는 어떤 다른 방식으로든 행복하였던 사람들입니다. 그렇지 않다면, 지금 그들은 자신들이 행복

---

10) 키케로의 『호르텐시우스』는 행복에 대한 이러한 보편적인 욕구로 시작하는데, 이 이상은 아우구스티누스의 저작들에도 자주 반복해서 등장한다.

하게 되기를 원할 수조차 없을 것인데, 실제로는 그들이 행복하게 되기를 원하고 있다는 것은 너무나 분명하기 때문입니다. 어떻게 해서 그렇게 된 것인지는 알 수 없지만, 그들은 전에 행복이라는 것을 알았었고, 그래서 자기도 알지 못하는 사이에 행복을 알고 있는 것입니다. 행복에 대한 그들의 지식이 그들의 기억 속에 있는 것인지는 내가 잘 모르겠지만, 만약 그렇다면, 그들은 전에 행복했던 적이 있는 사람들입니다. 그들이 제각기 따로따로 행복했던 경험이 있었던 것인지, 아니면 아담이 범죄하여, 우리 모두는 아담 안에서 죽게 되었고, 비참한 상태로 태어나게 되기는 하였어도, 그 이전에 아담 안에서 그들 모두가 행복한 삶을 경험했던 것인지에 대해서는, 지금은 알고 싶지 않고, 지금 내가 알고 싶은 것은 행복한 삶에 대한 기억이 그들 속에 있느냐 하는 것입니다. 왜냐하면, 행복을 알지 못하는데도, 행복을 사모한다는 것은 있을 수 없는 일이기 때문입니다.

우리 모두는 "행복"이라는 소리를 들으면, 그 소리가 가리키는 실체를 갖고 싶어 합니다. 행복이라는 "소리" 자체가 우리를 행복하게 해 주는 것은 아니기 때문입니다. 그래서 헬라인이 "행복"이라는 말을 라틴어로 듣는다면, 그 말이 무슨 의미인지를 알지 못하기 때문에 좋아할 수가 없지만, 헬라어로 듣는다면, 우리가 라틴어로 듣고서 좋아하는 것처럼, 그들도 좋아할 것입니다. 하지만 행복을 헬라어로 말하든 라틴어로 말하든, 그런 것은 헬라인이나 라틴인이나 그 밖의 다른 온갖 언어를 사용하는 사람들이 간절하게 얻고자 하는 행복의 실체가 아닙니다.

이렇게 모든 사람들은 행복을 알고 있기 때문에, 행복하기를 원하느냐는 질문을 받으면, 누구나 다 원한다고 대답하리라는 것은 의심의 여지가 전혀 없습니다. 하지만 우리가 "행복"이라고 부르는 것의 실체에 대한 기억이 우리 안에 존재하지 않는다면, 그렇게 대답하는 것은 불가능합니다.

제21장
행복의 추구와 기억

30. 우리는 내가 카르타고를 보고서 기억하는 것처럼, 그런 식으로 행복을 기

억하는 것입니까? 그렇지 않습니다. 행복한 삶이라는 것은 물체가 아니어서 눈에 보이지 않기 때문입니다. 그렇다면, 우리는 수를 기억하는 것처럼, 그런 식으로 행복을 기억하는 것입니까? 그렇지 않습니다. 수를 아는 사람이라고 해서, 수에 대한 더 많은 지식을 얻으려고 애쓰는 것은 아니지만, 행복한 삶을 아는 사람은 그런 삶을 사모해서, 그것을 얻어서 행복해지기 위하여 애를 쓰기 때문입니다.

그렇다면, 우리는 웅변을 기억하는 것처럼, 그런 식으로 행복을 기억하는 것입니까? 그렇지 않습니다. 어떤 사람들은 스스로는 웅변을 잘하지 못하는데도, 웅변이라는 말을 들으면, 그것이 무엇인지를 기억해 내고, 웅변을 잘하고 싶어 하는 사람들도 많습니다. 이것으로부터 분명한 것은 그들이 웅변이 무엇인지를 알고 있다는 것입니다. 하지만 그들이 다른 사람들이 웅변을 잘한다는 것을 알아차리거나, 그런 사람들의 웅변을 듣고 좋아한다거나, 자기도 그렇게 되고 싶어 하는 것은, 그들의 육신의 감각들을 통해서 알게 된 것입니다. 그들이 자신들의 내면에서 웅변에 대하여 알고 있지 않았다면, 웅변을 좋아할 수 없었을 것이고, 또한 좋아하지 않았다면, 자신들도 그렇게 되고 싶어 하지 않았을 것입니다. 반면에, 행복한 삶의 경우에는, 우리가 다른 사람들에게서 그것을 보고서, 육신의 감각을 통해서 알게 되는 것이 아닙니다.

그렇다면, 우리는 기쁨을 기억하는 것처럼, 그런 식으로 행복을 기억하는 것입니까? 아마도 그럴 것입니다. 왜냐하면, 나는 불행한 때에도 행복한 삶을 기억하는 것처럼, 슬플 때에도 기쁨을 기억하지만, 내 육신의 감각을 통해서 기쁨을 보거나 듣거나 냄새 맡거나 맛보거나 만진 적은 없고, 단지 내가 기뻐하였을 때, 내 마음속에서 그 기쁨을 경험하였고, 그렇게 해서 알게 된 기쁨에 대한 지식이 내 기억 속에 간직되어 있다가, 내가 전에 기뻐한 것을 어떤 상황에서 기억해 내느냐에 따라서, 어떤 때에는 경멸하는 마음으로, 어떤 때에는 사모하는 마음으로 기억해 내는 것이기 때문입니다. 그래서 나는 과거에 부끄러운 일들을 통해서 기쁨에 흠뻑 젖어 있었던 것을 기억해 내어서 회상할 때에는 역겨움과 혐오감을 느끼지만, 반면에 선하고 올바른 일들을 통해서 기쁨을 느꼈던 것을 기억해 내어 생각할 때에는 그리움을 느낌과 동시에, 그런 기쁨이 이제 다시는 없을 것이라는 생각이 들어서 슬픔도 느끼게 됩니다.

31. 나는 언제 어디에서 행복한 삶을 경험하였기에, 그것을 기억해 내서 사모하며 바라는 것입니까? 이렇게 행복하기를 바라는 사람은 오직 나뿐인 것도 아니고, 소수의 사람들이 그러는 것도 아닙니다. 모든 사람이 다 그것을 바랍니다. 하지만 우리가 확실한 지식에 의거해서 행복을 알고 있는 것이 아니라면, 그토록 확고한 의지를 가지고서 행복을 바라지는 않을 것입니다. 예컨대, 두 사람에게 군대에 가고 싶으냐고 묻는다면, 그 중 한 사람은 가고 싶다고 말하고, 다른 한 사람은 가고 싶지 않다고 대답할 수도 있습니다. 하지만 행복하고 싶으냐고 물어본다면, 두 사람은 주저함 없이 그렇다고 대답할 것입니다. 한 사람은 군대에 가고 싶어 하고, 한 사람은 군대에 가고 싶어 하지 않지만, 두 사람은 다 자기가 행복하기 위해서 그렇게 하는 것입니다.

이것은 어떤 사람은 이 일에서, 어떤 사람은 저 일에서 기쁨을 찾기 때문이 아니겠습니까? 사람들에게 기쁨을 원하냐고 물어보면, 모든 사람이 다 그렇다고 대답할 것이 틀림없듯이, 행복하기를 원하는 것도 모든 사람이 다 똑같습니다. 사람들은 바로 그 기쁨을 행복한 삶이라고 부릅니다. 어떤 사람은 이런 식으로, 어떤 사람은 저런 식으로 기쁨을 추구하지만, 모든 사람이 기쁨을 얻으려고 애쓰는 것은 동일합니다. 기쁨을 경험해 보지 못하였다고 말할 수 있는 사람은 아무도 없기 때문에, 사람들은 행복한 삶이라는 말을 들을 때마다, 자신의 기억 속에서 과거에 경험하였던 기쁨을 찾아내서, 행복한 삶이 무엇인지를 알게 되는 것입니다.

제22장
참된 행복

32. 주님이여, 내게 그 어떤 기쁨이 있다고 해도, 주님을 고백하는 이 종의 마음에, 내가 행복하다는 생각이 드는 일이 절대로 없게 해 주십시오. 왜냐하면, 악인들에게는 주어지지 않고, 오직 감사함으로 주님을 예배하는 자들에게만 주어지는 기쁨이 있는데, 그들의 기쁨은 주님 자신이고, 행복한 삶이라는 것은 주님을 바라보고 기뻐하고, 주님으로부터 오는 기쁨으로 기뻐하며, 주님으로 말미암아

기뻐하는 것이고, 그것 외의 다른 것이 아니기 때문입니다. 또 다른 행복이 있다고 생각하는 사람들은 다른 기쁨들을 추구하겠지만, 그것들은 참된 기쁨들이 아닙니다. 그런데도 그들은 그 거짓 기쁨들로부터 돌아서려고 하지 않습니다.

제23장
모든 사람이 진리와 행복을 원하지만 실제로는 그렇지 않은 이유

33. 주님 안에서의 기쁨만이 행복한 삶인데도, 세상에는 그러한 기쁨을 찾으려고 하지 않는 사람들이 있고, 그런 사람들은 실질적으로 행복한 삶을 원하는 것이 아니기 때문에, 모든 사람이 행복하기를 원하는 것인지는 확실하지 않습니다. 또는, 모든 사람이 행복하기를 원하기는 하지만, "육체의 소욕은 성령을 거스르고 성령은 육체를 거슬러서," 사람들이 "원하는 것을 하지 못하게" 하고(갈 5:17), 사람들은 자신들이 할 수 없는 것들을 행하기 위해서는 아주 강력한 의지가 필요하지만, 실제로는 그 정도로 의지가 강하지 못해서, 자신들이 할 수 있는 것들을 행하는 것으로 만족하고, 거기에 안주해 있는 것일 수도 있습니다. 왜냐하면, 진리를 기뻐하는지, 아니면 거짓을 기뻐하는지를 물으면, 행복하기를 원하느냐고 물었을 때와 마찬가지로, 모든 사람이 조금도 주저함이 없이 진리를 기뻐한다고 대답할 것이고, 진리를 기뻐하는 것은 곧 행복한 삶이기 때문입니다.

내게 빛을 비추셔서 내 얼굴에서 광채가 나게 하시는 하나님이여, 진리를 기뻐하는 것은 진리이신 주님을 기뻐하는 것이고, 모든 사람은 그러한 행복한 삶을 원합니다. 모든 사람은 유일하게 행복한 삶인 그러한 삶을 원하기 때문에, 진리를 기뻐하는 것은 모든 사람이 원하는 것입니다. 내가 만난 사람들 중에는 남을 속이려고 하는 사람들은 많았지만, 속고 싶어 하는 사람은 단 한 사람도 없었습니다. 그들이 행복한 삶을 알고 있다는 것은, 진리도 알고 있다는 것이 아니겠습니까? 그들이 속고 싶어 하지 않는다는 것은 진리를 사랑하는 것입니다. 그들이 행복한 삶을 사랑하는 것은 진리를 기뻐하는 것이기 때문에, 그들은 진리를 사랑하는 것입니다. 하지만 진리에 대한 지식이 그들의 기억 속에 간직되어 있지 않다면, 그들이 진리를 사랑하는 것은 불가능합니다.

그런데도 왜 사람들은 진리를 기뻐하지 않고, 왜 행복하지 않은 것입니까? 그것은 그들을 행복하게 만들어 줄 것에 대한 기억은 그들에게 희미하고, 그들을 불행하게 만들어 줄 것들에는 그들이 아주 단단히 붙잡혀 있기 때문입니다. 하지만 사람들에게는 여전히 약간의 빛이 남아 있습니다. 그러므로 사람들로 하여금 빛 가운데서 행하여, "어둠에 붙잡히지 않게" 해 주십시오(요 12:35).

34. 사람들은 행복한 삶을 사랑하고, 따라서 진리를 기뻐하는데도, 왜 진리를 미워하고, 진리를 전하는 주님의 종들을 원수로 여기는 것입니까? 그것은 자신들이 진리가 아닌 것들을 진리라고 여기고서 사랑하는 것이기는 하지만, 분명히 자신들은 진리를 사랑하는 것이라고 믿고, 자기가 속는 것을 원하지 않는 까닭에, 자기가 속고 있다는 것을 인정하려고 하지 않기 때문입니다. 그러므로 그들은 자신들이 진리라고 믿고 있지만 사실은 진리가 아닌 것을 위해서 진리를 미워하는 것입니다.

그들은 진리가 그들에게 빛을 비쳐 줄 때에는 사랑하지만, 잘못되었다고 책망할 때에는 미워합니다. 그들은 자기가 속고 싶어 하지는 않지만, 남들을 속이고는 싶어 하기 때문에, 진리가 자기 자신을 그들에게 드러낼 때에는 사랑하지만, 진리가 그들의 속임수를 드러낼 때에는 미워합니다. 그들의 이러한 행태에 대한 보응으로, 진리는 그들 자신의 속임수가 진리에 의해서 드러나기를 원하지 않는 그들의 뜻과는 정반대로, 한편으로는 그들의 거짓된 모습을 낱낱이 드러내고, 다른 한편으로는 자기 자신은 그들에게 드러내지 않습니다.

사람의 마음은 이렇게 너무나 눈멀고 병들었고, 추악하고 흉악해져서 있어서, 자기 자신은 드러나지 않고 숨겨져 있기를 원하면서도, 자기에게는 그 어떤 것도 숨겨져 있지 않기를 원하지만, 실제로는 그들이 원하는 것과는 정반대로, 사람의 마음은 진리 앞에서 결코 숨겨지지 못하는 반면에, 진리는 사람의 마음으로부터 숨겨집니다. 사람의 마음은 이렇게 너무나 비참하고 참담하지만, 그런데도 거짓보다는 진리를 기뻐합니다. 그러므로 사람의 마음은 그 어떤 것에 의해서도 방해를 받지 않는 가운데, 다른 모든 것들을 참되게 하는 저 유일한 진리이신 분을 기뻐할 때에만 진정으로 행복하게 될 수 있습니다.

제24장
내가 어릴 때에 배운 주님에 대한 기억

35. 주님이여, 나는 내 기억 밖에서는 주님을 발견할 수 없어서, 이 광대한 기억 속에서 주님을 찾아다녔지만, 내가 주님에 대해서 배운 때로부터 주님을 잊은 적이 없었기 때문에, 이미 내 기억 속에 간직하게 된 것들 외에는, 주님에 대해서 그 어떤 것도 발견하지 못했습니다. 나는 주님에 대해서 배운 때로부터 주님을 잊은 적이 없었기 때문에, 내가 진리를 발견한 그곳에서 진리이신 내 하나님을 발견했습니다. 이렇게 내가 주님에 대해서 배운 때로부터, 주님은 내 기억 속에 늘 계셨고, 내가 주님을 기억해 내고 기뻐할 때마다, 주님을 발견하는 곳은 바로 그 곳입니다. 이것들은 주님이 나의 궁핍함을 보시고서 그 자비하심 가운데서 내게 주신 거룩한 기쁨들입니다.

제25장
나의 기억 속에 계시는 하나님

36. 주님이여, 주님께서는 내 기억 속에서 어디에 계십니까? 도대체 내 기억의 어느 곳에 계시는 것입니까? 주님은 거기에 주님 자신을 위해서 어떤 종류의 거처를 만들어 놓으셨습니까? 주님 자신을 위해서 어떤 종류의 성소를 세워 놓으신 것입니까? 주님은 내 기억 속에 거하심으로써, 내 기억에 존귀를 더하셨습니다. 하지만 나는 주님이 내 기억의 어느 부분에 거하고 계시는지를 생각합니다.

나는 주님을 기억해 내기 위해서, 내 기억 중에서 짐승들도 가지고 있는 부분들, 즉 사물들의 심상들을 모아 놓은 곳에서는 주님을 발견할 수 없었기 때문에, 그 곳을 통과해서, 내 마음의 감정들에 대한 기억을 모아 놓은 부분들로 들어갔지만, 거기에서도 주님을 발견할 수 없었습니다. 그래서 내 기억 속에서 내 마음이 자리 잡고 있는 그곳으로 들어갔습니다. 왜냐하면, 그곳은 내 마음이 자신의 모든 것에 대해서 기억해 둔 곳이기 때문이었습니다. 하지만 거기에도 주님은 계시지 않았습니다.

그러므로 주님은 어떤 사물의 심상도 아니시고, 우리가 기뻐하거나 슬퍼하거나 원하거나 두려워하거나 기억하거나 망각하거나 그런 종류의 그 어떤 것을 행할 때에 느끼는 것과 같은 살아 있는 자들의 감정도 아니시며, 마음 자체도 아니십니다. 왜냐하면, 주님은 마음의 주이신 하나님이시기 때문입니다. 이 모든 것들은 변하지만, 주님은 이 모든 것들을 초월하여 거하시는 변함이 없으신 분이십니다.

그런데도 황송하게도, 주님은 내가 주님에 대하여 배운 때로부터 내 기억 속에 거하시기로 작정하셨습니다. 그러면, 마치 주님이 내 기억 속의 어느 특정한 부분에 거하신다는 듯이, 내 기억 속에서 주님이 거하시는 특정한 부분을 내가 찾고 있는 이유는 무엇입니까? 나는 주님에 대해서 배운 때로부터 주님을 기억해 왔고, 주님을 기억해 내고자 할 때마다, 나의 기억 속에서 주님을 발견해 왔기 때문에, 주님이 내 기억 속에 거하신다는 것은 확실합니다.

제26장
하나님은 모든 곳에 계셔서 자기를 찾는 자에게 응답하심

37. 나는 어디에서 주님을 찾아서 알게 된 것입니까? 내가 주님을 알기 전에는, 주님은 내 기억 속에 계시지 않았습니다. 따라서 나는 내 안에서가 아니라 주님 안에서 주님을 찾아 알게 된 것입니다.[11] 여기에서 "장소"라는 것은 아무런 의미가 없습니다. 우리가 주님에게서 떠나간다거나 주님에게 나아간다고 말하지만, 그것은 "장소"를 의미하는 것이 아닙니다. 진리이신 주님은 모든 곳에 동시에 계

---

11) 하나님이 스스로를 나타내실 때, 우리는 하나님을 알게 된다. 우리는 오직 우리 안에 내재되어 있는 어떤 것만을 통해서는 하나님을 알 수 없고, 하나님의 실체에 대한 우리의 모든 지식의 역동적인 원천으로서의 하나님의 조명이 반드시 필요하다.

서서, 간구하는 자들의 모든 기도를 들으시고, 그들의 온갖 다양한 간구를 동시에 응답해 주십니다. 모든 사람이 명료하게 듣는 것은 아니지만, 주님은 명료하게 응답해 주십니다. 모든 사람은 자기가 원하는 것을 구하지만, 늘 자기가 원한 응답을 듣는 것은 아닙니다. 자기가 듣고 싶은 것을 주님으로부터 듣기를 기대하는 것이 아니라, 주님으로부터 무엇을 듣든지, 자기가 들은 바로 그것을 바라고 원하는 사람이 주님의 최고의 종입니다.

제27장
내 안에 계시는 하나님을 두고 밖으로만 떠돌았던 나의 지난 세월

38. 지극히 오래되었지만 너무나도 새로운 아름다움이신 주님이여, 그런 주님을 나는 정말 너무나 늦게 사랑하게 되었습니다! 주님은 내 안에 계셨는데, 나는 밖에서 주님을 찾다가, 주님이 지으신 저 아름다운 것들 속으로 뛰어들어서, 내 자신이 흉하게 되어 버렸습니다. 주님은 나와 함께 하셨지만, 나는 주님과 함께 하지 않았고, 주님 안에 있지 않으면 존재할 수조차 없는 저 피조물들에 사로잡혀서 주님으로부터 멀어졌습니다. 그런데도 주님은 나를 부르시고 내게 소리치셔서, 귀머거리가 된 내 귀를 열어 주셨고, 번쩍이는 광채와 밝은 빛을 내게 비쳐 주셔서, 맹인이 되어 아무것도 볼 수 없던 내 눈을 뜨게 해 주셨으며, 향기를 풍기셔서, 나로 그 향기를 맡고 주님을 사모하게 하셨고, 주님 자신을 맛보게 하셔서, 나로 주님을 향하여 주리고 목마르게 하셨으며, 나를 만져 주셔서, 주님의 평안을 열망하게 하셨습니다.[12]

---

12) 영혼이 인식한 아름다움은 오래 전부터 알고 있었던 것이라는 개념은 "행복"에 관한 플로티노스의 글에서도 발견된다(*Enneads* I.6.2). 아우구스티누스는 앞에서도 여러 번 오감을 열거하였지만, 이번에는 그 순서를 바꾸어서 듣는 것을 가장 먼저 언급한 것이 의미심장하다: 그는 말씀을 들었고, 그래서 그의 눈이 열려 아름다움을 볼 수 있게 되었다.

제28장
인간의 비참하고 불행한 삶

39. 내가 나의 존재 전체로 주님을 붙잡는다면, 내게는 더 이상 힘들고 고통스러운 것이 없을 것이고, 나의 삶은 온통 주님으로 충만하여 살아가는 삶이 될 것입니다. 하지만 주님으로 충만한 삶은 주님에 의해서 들림을 받아서 무거운 짐에서 벗어나 있는 삶인데, 나는 아직 주님으로 충만해 있지 않아서, 내 자신이 내게 무거운 짐으로 느껴집니다.

내 안에서는 주님이 주신 합당한 기쁨들이 아니기 때문에 도리어 슬퍼해야 할 그런 기쁨들과 내가 마땅히 슬퍼해야 할 것들을 슬퍼하고 있는 것이기 때문에 사실은 기뻐해야 할 그런 슬픔들이 서로 싸우고 있습니다. 그런데 나는 이 싸움이 어느 쪽의 승리로 끝날 것인지를 알지 못합니다. 내게 화로다! 주님이여, 내게 자비를 베풀어 주십시오! 내게 화로다! 또한, 내 안에서는 악한 슬픔들과 선한 기쁨들도 서로 싸우고 있는데, 이 싸움이 어느 쪽의 승리로 끝날 것인지도 나는 알지 못합니다. 내게 화로다! 주님이여, 내게 자비를 베풀어 주십시오! 내게 화로다!

보십시오. 나는 나의 상처들을 숨기지 않습니다. 주님은 의사이시고, 나는 병자입니다. 주님은 자비로우시고(misericors), 나는 비참합니다(miser). 이 땅에서의 인간의 삶이라는 것은 시련 자체가 아니겠습니까? 괴롭고 힘든 일들을 겪기를 원하는 사람이 누가 있겠습니까? 그래서 주님은 우리에게 그런 일들을 사랑하라고 하시는 것이 아니라, 참고 견디라고 명하십니다. 참고 견디는 것 자체를 사랑하는 사람은 있을지 모르겠지만, 자기가 참고 인내하는 바로 그것을 사랑하는 사람은 아무도 없을 것입니다. 자기가 참고 견디고 있는 것을 대견스러워하고 좋아하는 사람도, 자기가 참고 견뎌야 할 일이 있는 것보다는 없기를 더 원할 것입니다. 역경에 처해 있을 때에는 형통하기를 바라고, 형통할 때에는 역경이 닥칠 것을 두려워하는 것이 인간입니다. 인간의 삶에 이 둘의 중간, 즉 그 어떤 시련도 없는 중간 지대가 어디 있습니까?

이 세상에서의 형통함에는 두 가지 화가 수반되는데, 첫 번째는 역경이 찾아올지도 모른다는 두려움이고, 두 번째는 기쁨이 있어도, 그것이 부패하고 타락한 기뿜이라는 것입니다. 마찬가지로, 이 세상에서의 역경에도 세 가지 화가 수반되는데, 첫 번째는 형통함을 잃어버린 것에 대하여 참담함을 느끼는 것이고, 두 번째는 역경을 견디는 것 자체가 힘들다는 것이며, 세 번째는 인내심이 한계에 다다르지는 않을까 하는 두려움입니다. 이런데도 이 땅에서의 인간의 삶이 끊임없는 시련의 연속이 아니란 말입니까?

제29장
오직 하나님의 자비하심만이 나의 모든 소망

40. 나의 모든 소망은 오직 주님의 지극히 크신 자비하심에만 있습니다. 주님께서 명하시는 것을 나로 하여금 행할 수 있게 허락해 주시고, 주님께서 원하시는 것을 내게 명해 주십시오. 주님은 우리에게 "절제"를 명하시는데, 이것에 대해서 어떤 사람은 이렇게 말합니다: "하나님이 허락하지 않으시면 아무도 절제할 수 없다는 것을 나는 알고 있는데, 절제할 수 있는 것이 누구의 선물인지를 아는 것 자체가 지혜이다"(cf. 지혜서 8:21). "다자(多者)"로 흩어져 있던 우리는 "절제"를 통해 "일자(一者)"이신 주님께로 모아지고 돌아가게 됩니다. 왜냐하면, 어떤 사람이 주님 이외의 다른 것들을 주님을 인하여 사랑하는 것이 아니라, 주님과 대등하게 사랑한다면, 그 사람은 주님을 덜 사랑하는 것이기 때문입니다. 오, 늘 활활 타오르고 계시고 결코 꺼지지 아니하시는 사랑이신 내 하나님이여, 나를 활활 타오르게 해 주십시오! 주님은 내게 절제를 명하십니다. 주님께서 명하시는 것을 나로 하여금 행할 수 있게 허락해 주시고, 주께서 원하시는 것을 내게 명해 주십시오.

제30장
육신의 정욕(1)

41. 주님은 "육신의 정욕과 안목의 정욕과 이생의 자랑"(요일 2:16)을 절제할 것을 분명히 명하고 계시고,[13] 간음하지 말라고 명하셨으며, 결혼을 허용하시기는 하셨지만, 그것보다 더 좋은 쪽을 택하라고 명하셨습니다. 주님은 내게 그 명령을 행할 수 있는 은혜를 주셔서, 나는 성례전을 집례하는 자가 되기 이전부터 이미 그 명령을 행하였습니다. 하지만 내가 지금까지 자세하게 고백한 나의 악한 습관이 나의 기억 속에 고정시켜 놓은 저 부끄러운 일들의 심상들이 아직도 여전히 거기에 살아 있어서, 내가 깨어 있을 때에는 나의 생각 속으로 밀고 들어와도 별 힘을 쓰지 못하지만, 잠을 자고 있을 때에는 나의 꿈속에 나타나서 쾌락을 느끼게 할 뿐만 아니라, 심지어 나의 동의를 얻어 내어서 실제로 현실에서 그렇게 하는 것 같은 상황을 만들어 냅니다. 그 심상들은 허상에 지나지 않는 것들인데도, 나의 영혼과 육신에 아주 강력한 영향을 미치고 나를 설득해서, 내가 깨어 있을 때에는 실제로 행할 수 없는 일을, 잠을 자고 있는 동안 꿈이라는 허구 속에서 행하게 만듭니다.

주 나의 하나님이여, 꿈속의 나도 내가 아닙니까? 하지만 깨어 있다가 잠드는 순간이나 잠들어 있다가 깨어나는 순간에는 내게 아주 큰 변화가 일어납니다! 깨어 있을 때에는, 그런 생각들이 내게 밀려와도, 나는 이성의 힘으로 그것들을 밀쳐내 버리고 끄떡도 하지 않지만, 잠을 자고 있는 동안에는 내게 그런 이성의 힘이 없습니다. 눈이 감기면, 이성도 따라서 눈이 감기는 것입니까? 육신의 감각들이 잠들면, 이성도 따라서 잠들어 버리는 것입니까? 그렇다면, 우리가 잠들어 있을 때에도 종종 우리의 결심을 상기해서, 그러한 유혹들에 동의하거나 굴하지 않고 단호히 거부하여 순결을 지키는 일이 일어나는 것은 어떻게 된 것입니까? 하지만 우리가 꿈속에서 그러한 유혹들에 동의하거나 져서 부끄러운 일들을 하였다

---

13) 요한일서 2:15과 키케로의 *De Officiis* I.4.11-13에 나오는 분석을 보라. 아우구스티누스는 제10권의 나머지에서 이 유혹의 삼중적인 패턴을 사용해서 자신의 현재의 어려움들을 설명해 나간다.

고 하여도, 잠에서 깨어나서 현실로 돌아왔을 때에는, 우리의 양심은 잠자기 이전과 마찬가지로 변함없이 평안하다는 적어도 이 한 가지 점에서는, 잠들어 있을 때에 꿈속에서 한 일과 깨어 있을 때에 한 일은 큰 차이가 있습니다. 이런 차이로 인해서, 우리는 꿈속에서 그런 일이 벌어진 경우에는 씁쓸함을 느끼기는 하지만, 그 일을 행한 자가 우리 자신이 아니라는 것을 알게 됩니다.

42. 전능하신 하나님이여, 주님의 손은 내 영혼의 온갖 질병들을 고쳐 주실 수 있으시고, 주님의 은혜를 더욱더 차고 넘치게 베풀어 주셔서, 내가 잠들어 있는 동안에 행하는 저 음란한 짓까지도 없애 주실 수 있지 않으십니까? 주님이여, 내게 한없는 은총을 더하셔서, 내 영혼이 정욕의 끈적끈적한 촉수로부터 벗어나서 나를 따라 주님을 좇게 하시고, 꿈속에서조차도 더 이상 자신에게 반기를 들지 않게 하심으로써, 저 동물적인 심상들에 동의하여 저 추악하고 부끄러운 짓들을 행하여 육신을 타락시키는 일이 없게 해 주십시오. 주님은 "우리가 구하거나 생각하는 모든 것에 더 넘치도록 능히 하실"(엡 3:20) 전능자이시기 때문에, 순결한 자가 깨어 있을 때만이 아니라 잠들어 있는 동안에도, 그러한 추악한 심상들이 그들의 심령에 미미한 영향조차도 미치지 못하게 해 주시는 것은 소소한 일일 뿐이오니, 일생에 걸쳐서 그렇게 해 주실 뿐만 아니라 지금 이 순간에도 그렇게 해 주십시오.

내가 나의 선하신 주님께 이미 고하였듯이, 나는 아직도 여전히 그런 종류의 악에 처해 있어서, 한편으로는 주님이 내게 베풀어 주신 것들을 두렵고 떨림으로 기뻐하면서도, 다른 한편으로는 여전히 온전하지 못한 내 자신을 슬퍼하면서, 나를 향하신 주님의 자비하심이 내 안에서 온전하게 되어, "사망을 삼키고 이기게" 됨으로써, 내 영혼과 몸이 주님과 더불어 온전한 평화를 누리게 될 그때를 소망하고 있습니다.

제31장

육신의 정욕(2) : 탐식의 유혹

43. 우리에게는 "그 날로 족하다"고 여겨지는 "한 날의 괴로움"이라는 것도 있습니다(마 6:34). 주님이 "음식"과 "배"를 폐하시고(고전 6:13), "이 썩을 것이" 영원히 "썩지 아니함을 입게" 하셔서(고전 15:53), 늘 다시 목마르고 주리던 것을 멸하시고, 늘 배부른 놀라운 상태로 변화시켜 주실 때까지, 우리는 매일매일 먹고 마심으로써 육신의 소모를 보충해 주어야 합니다. 이렇게 먹고 마시는 것은 어쩔 수 없어서 하는 일인데도, 나는 거기에서 쾌락을 얻고 있기 때문에, 그 쾌락에 사로잡혀 노예가 되지 않기 위해서는 거기에 대항하여 싸워야 해서, 날마다 금식을 통해서 "내 몸을 쳐 복종하게" 하는 방식으로(고전 9:27) 이 싸움을 해 나가고 있습니다. 하지만 금식을 끝내고 먹고 마시면, 금식의 고통은 그 쾌락에 의해서 내쫓깁니다. 왜냐하면, 굶주림과 목마름은 일종의 고통이고, 열병과 같아서, 음식이라는 약을 복용하지 않으면, 우리의 육신을 태워서 결국 죽게 만들기 때문입니다. 그런데 주님은 우리에게 은총을 베푸셔서, 땅과 물과 공기로 하여금 우리의 연약함을 돕게 하신 까닭에, 음식이라는 약은 어디에서나 쉽게 구할 수 있어서, 굶주림과 목마름은 우리에게 임한 재앙인데도, 우리는 그것을 즐거움이라고 부릅니다.

44. 주님은 내게 음식은 약으로 생각하고 먹어야 한다는 것을 가르쳐 주셨습니다. 하지만 괴로운 공복감에서 편안한 포만감으로 넘어가는 과정 속에, "정욕"이라는 올무가 나를 옭아매기 위해 매복해 있습니다. 왜냐하면, 그 넘어가는 과정에서 쾌락이 발생하는데, 내게는 어떤 다른 대안이 없는 까닭에, 반드시 이 과정을 행할 수밖에 없기 때문입니다. 내가 먹고 마시는 이유는 분명히 건강하기 위해서인데, 위험한 쾌락이 마치 몸종처럼 늘 붙어 다녀서, 말로는 건강을 위해서 먹는다고 하면서도, 먹는 쾌락이 앞서서, 쾌락을 즐기기 위해서 먹는 경우가 다반사입니다.

또한, 건강을 위해서 먹어야 하는 적정량과 쾌락을 즐기기 위해서 요구되는 식사량은 서로 동일하지 않아서, 건강을 위해서는 충분한 식사량도 쾌락을 위해서는 부족한 양이 됩니다. 내 몸이 필요로 해서 음식을 먹고 있는 것인지, 아니면 먹는 쾌락을 즐김으로써 정욕을 만족시키기 위하여 내 몸에 필요하지도 않은 음식을 먹고 있는 것인지가 확실하지 않고 모호한 때도 많습니다. 내 가련한 영혼은 이러한 모호함을 반기고, 자신을 변호하고 변명하는 데 그러한 상황을 이용합니다. 내 영혼은 건강을 위해서 먹어야 하는 적정량이 얼마인지가 애매하다는 사실을 기뻐하면서, 건강을 위한다는 것을 핑곗거리로 삼아서, 쾌락을 얻기 위하여 먹고자 하는 자신의 의도를 숨깁니다. 나는 아직까지 이 문제에 대한 확실한 해결책을 갖고 있지 못하기 때문에, 날마다 이러한 유혹들을 물리치기 위해서 애를 쓰고 있고, 나의 고민을 주님 앞에 내어 놓고, 주님이 그 오른손으로 나를 도우시기를 간구하고 있습니다.

45. 나는 내 하나님이 "탐식함과 술취함으로 너희 마음이 둔하여지게 하지 말라"고 명하시는 음성을 듣습니다. "술취함"은 나와는 거리가 멀지만, 주님께서 자비를 베푸셔서, 내게 가까이 오지 못하게 해 주십시오. 반면에, "탐식함"은 종종 나도 모르는 사이에 이 종을 사로잡아 버립니다. 주께서 자비를 베푸셔서, 탐식함이 내게서 멀어지게 해 주십시오. 주님께서 절제의 은사를 주시지 않으시면, 아무도 절제할 수 없기 때문입니다(지혜서 8:21). 주님은 우리가 구한 많은 것들을 허락해 주셨고, 우리가 구하기 전에 우리에게 있는 온갖 선한 것들도 다 주님으로부터 받은 것들이며, 그것들이 주님으로 받은 것들이라는 것을 우리가 이렇게 나중에 알게 된 것도 주님으로부터 받은 것입니다.

나는 술주정뱅이였던 적이 없지만, 술주정뱅이들이 주님으로 말미암아 정상적인 사람이 된 것을 알고 있습니다. 그러므로 어떤 사람들이 술주정뱅이가 된 적이 없는 것도 주님으로 말미암은 것이고, 어떤 사람들이 술주정뱅이었다가 정상적인 사람들이 된 것도 주님으로 말미암은 것이며, 이 모든 것이 주님으로 말미암아 된 일이라는 것을 알게 된 것도 주님으로 말미암은 것입니다.

나는 "정욕을 따라 행하지 말고 쾌락을 멀리하라"는 주님의 또 다른 음성을 들었습니다(집회서 18:30). 또한, 나는 주님의 은총으로 말미암아, "우리가 먹지 않는다고 해서 더 못사는 것도 아니고 먹는다고 해서 더 잘사는 것도 아니니라"(고전

8:8)는 음성을 듣고 크게 기뻐하였는데, 이것은 "먹는 것은 나를 풍성하게 해 주지도 못하고 비참하게 만들지도 못한다"는 뜻입니다.

또한, 나는 "나는 비천에 처할 줄도 알고 풍부에 처할 줄도 알아 모든 일"에 "처할 줄 아는 일체의 비결을 배웠노라 내게 능력 주시는 자 안에서 내가 모든 것을 할 수 있느니라"(빌 4:12-13)는 또 다른 음성도 들었습니다. 나는 여기에서 우리처럼 티끌 같은 존재가 아니라, 하늘의 군대에 속한 군사의 모습을 봅니다. 하지만 주님이여, 우리는 티끌에 지나지 않고, 주님께서 티끌로 사람을 지으셨다는 것, 그리고 우리는 "잃었다가 다시 얻은" 자들이라는 것(눅 15:24)을 기억해 주십시오.

바울이 "내게 능력 주시는 자 안에서 내가 모든 것을 할 수 있느니라"고 말한 것을 듣고서, 나는 그를 좋아하게 되었지만, 그런 그도 티끌에 불과한 존재였기 때문에, 단지 하나님의 감동을 따라 그렇게 말한 것일 뿐이고, 자신의 힘으로는 아무것도 할 수 없었습니다. 내게도 능력을 주셔서 모든 것을 행할 수 있게 해 주십시오. 주님의 명하시는 것들을 나로 하여금 행할 수 있게 해 주시고, 주님이 원하시는 것들을 내게 명해 주십시오. 바울은 자기가 이 능력을 주님으로부터 받았기 때문에, 자랑할 때에 주님 안에서 자랑한다고 고백하였습니다(고전 1:31).

또한, 나는 어떤 사람이 주님의 응답을 받기 위해서, "배의 정욕을 내게서 없애 주십시오"라고 간구하는 것을 들었습니다(집회서 23:6). 나의 거룩하신 하나님이여, 이것으로부터 분명한 것은, 주님이 우리에게 행하라고 명하신 것을 우리가 행하였을 때, 우리로 하여금 그것을 행할 수 있게 하시는 것도 주님이시라는 것입니다.

46. 선하신 아버지여, 주님은 내게 이렇게 가르치셨습니다: "깨끗한 자들에게는 모든 것이 깨끗하나 거리낌으로 먹는 사람에게는 악한 것이라 하나님께서 지으신 모든 것이 선하매 감사함으로 받으면 버릴 것이 없느니라"(딛 1:15; 롬 14:20; 딤전 4:4). "음식은 우리를 하나님 앞에 내세우지 못하나니 먹고 마시는 것으로 인하여 누구든지 너희를 비판하지 못하게 하라 먹는 자는 먹지 않는 자를 업신여기지 말고 먹지 않는 자는 먹는 자를 비판하지 말라"(고전 8:8; 골 2:16; 롬 14:3). 나의 선생이 되신 나의 하나님이여, 주님은 내 귀를 두드리시고 내 마음에 빛을 비추셔서 이런 것들을 가르쳐 주셨으니, 내가 주님께 감사와 찬송을 드립니다.

모든 유혹으로부터 건져 주십시오. 내가 두려워하는 것은 부정한 음식이 아니라, 내 마음의 부정한 욕망입니다. 노아는 사람이 음식으로 먹을 만한 온갖 종류의 고기를 먹는 것이 허락되었고, 엘리야는 육식을 하였으며, 놀라운 금욕의 은사를 받은 세례 요한은 살아 있는 동물인 메뚜기를 잡아 먹었어도 부정하게 되지 않았다는 것을 나는 알고 있습니다. 반면에, 에서는 "팥죽" 한 그릇을 먹고 싶은 욕망 때문에 미혹되어 장자권을 잃었고(창 25:29-34), 다윗은 "물" 한 모금을 먹고 싶어하다가 자신의 용사들을 잃고 스스로 자책하였으며(삼하 23:15-17), 우리의 왕이신 그리스도께서는 고기가 아니라 "떡"으로 시험을 받으셨다는 것(마 4:3-4)도 나는 알고 있습니다. 그러므로 광야에서 이스라엘 백성이 책망을 받은 것은 고기를 먹고 싶어 했기 때문이 아니라, 고기가 먹고 싶다는 이유로 하나님을 원망하였기 때문이었습니다.

47. 이렇게 나는 이러한 유혹들 가운데 놓여 있는 채로, 먹고 마시고 싶은 욕망에 맞서 날마다 싸우고 있습니다. 왜냐하면, 먹고 마시고 싶은 욕망은 성적인 욕망과는 달리, 단번에 끊어 버리고서 다시는 손대지 않기로 작정하면 되는 그런 것이 아니었기 때문이었습니다. 그러므로 나는 내 목구멍에 물린 재갈을 너무 느슨하게 풀어 주거나 너무 바짝 조여서도 안 되고, 적정한 수준을 유지하여야 합니다.

하지만 주님이여, 꼭 필요한 적정한 수준을 조금이라도 넘어서지 않는 사람이 어디 있겠습니까? 그렇게 하는 사람이 있다면, 그는 위대한 사람이고, 그로 하여금 그렇게 할 수 있게 해 주신 주님의 이름을 위대하시다고 고백해야 할 것입니다. 하지만 나는 죄인일 뿐이고, 그런 위대한 사람이 못 됩니다. 그럼에도 불구하고, 나는 주님의 이름을 위대하시다고 고백하며 주님의 이름을 높입니다. 왜냐하면, 주님은 예수 그리스도를 이 땅에 보내셔서 "세상을 이기게" 하시고(요 16:33), 나를 자신의 몸의 연약한 지체들 중의 하나로 삼게 하시고서, 나의 죄를 위하여 중보기도를 하게 하셨을 뿐만 아니라, 나를 비롯한 그리스도의 지체들이 온전하지 못한 것을 보시고도, 그들을 모두 "주의 책에" 기록하실 것이기 때문입니다.

제32장

육신의 정욕(3) : 향기의 유혹

48. 향기의 유혹에 대해서는 내가 별로 고민하지 않습니다. 향기가 없을 때에는 일부러 찾지 않고, 향기가 있을 때에도 일부러 거부하지는 않지만, 나는 언제든지 향기 없이 살아갈 준비가 되어 있습니다. 적어도 내 자신에게는 내가 그런 것으로 보입니다. 물론, 내가 이렇게 생각하는 것이 스스로 속고 있는 것일 수도 있습니다.

왜냐하면, 내게 있는 능력들은 통탄스러울 정도의 어둠 속에 감추어져 있어서, 내 마음에 이미 있는 것들이 어떤 계기를 통해서 표면으로 드러나기 전까지는, 많은 부분이 숨겨져 있는 까닭에, 내 마음이 내게 어떤 능력들이 있는지를 자세하게 살펴도, 그 판단을 믿기가 쉽지 않기 때문입니다. 또한, 우리의 상황이 좋은 쪽으로 호전되었다고 해도, 또다시 언제 악화될지 모르기 때문에, 시련 그 자체라고 할 수 있는 이 세상에서 살아가는 동안에 안심하고 살아갈 수 있는 사람은 아무도 없습니다. 그러므로 주님의 자비하심만이 우리의 유일한 소망이고, 우리가 유일하게 믿고 의지할 것이며, 우리의 확실한 약속입니다.[14]

제33장

육신의 정욕(4) : 귀로 말미암는 쾌락

49. 귀로 말미암은 쾌락들은 나를 더욱 단단히 결박하여 노예로 삼았었지만, 주님은 그 결박을 푸시고 나를 해방시켜 주셨습니다. 주님의 말씀에서 영감을 받아서 지은 찬송들을 잘 훈련된 감미로운 목소리로 부르는 것을 들을 때면, 지금도 나는 어느 정도 편안함을 느낀다고 고백할 수밖에 없지만, 거기에 집착하고 연연

---

14) 자아는 스스로 존재할 수 없고, 하나님과의 관계 속에서만 존재한다는 사실은 "유혹"에 대한 아우구스티누스의 모든 분석의 근저에 있는 기본적인 확신이고, 그에게 있어서 "고백"의 근거이다.

해하지는 않기 때문에, 마음만 먹으면 언제든지 거기에서 벗어날 수 있습니다. 그럼에도 불구하고, 그 찬송들의 생명인 주님의 말씀과 더불어서 곡조들도 내 안으로 들어와서, 내 마음속에서 상당히 존귀한 자리를 차지하려고 하기 때문에, 그 곡조 자체를 합당한 자리에 두기가 쉽지 않습니다.

어떤 때에는 곡조에 실린 주님의 거룩한 말씀들을 들었을 때, 곡조 없이 들었을 때보다, 내 마음이 한층 더 강력하게 감동을 받아서, 신앙과 경건의 불길이 더욱 뜨겁게 타오르는 것을 느끼는 경우에는, 나는 그 곡조들에 합당한 정도를 넘어서는 영광을 돌리는 것으로 보이는데, 사람의 목소리와 곡조 속에 들어 있는 어떤 요소들이 우리 심령의 온갖 다양한 정서들 하나하나와, 내가 알지 못하는 어떤 은밀한 상관관계가 있어서 우리의 정서를 고무시키는 것으로 생각됩니다. 내 마음은 내 육신의 즐거움에 굴복하여 힘이 약화되어서는 안 되는데도, 나는 종종 내 육신의 즐거움에 속아 넘어가서 그렇게 하고 맙니다. 왜냐하면, 육신의 감각은 일단 이성을 위한다는 명목으로 마음속으로 들어오게 되면, 인내심을 가지고 이성을 수행하여 그 뒤를 고분고분 따라다니는 것이 아니라, 도리어 이성보다 앞서 가면서 이성을 이끌려고 하게 되기 때문입니다. 이렇게 되면, 나는 나도 알지 못하는 사이에 범죄하게 되지만, 나중에 가서야 그러한 사실을 깨닫게 됩니다.

50. 반면에, 그런 속임수에 빠지지 않으려고 너무 신경을 쓰다가, 때로는 지나치게 극단적인 태도를 취하는 잘못을 범하기도 하는데, 다윗이 지은 시편들을 소재로 만든 저 모든 아름답고 감미로운 찬송들의 곡조가 내 귀에서만이 아니라 교회 자체에서 없어져 버렸으면 좋겠다는 생각이 자주 드는 것도, 내가 저지르는 그런 잘못들 중의 하나입니다. 이 문제와 관련해서 내가 보기에 좀 더 안전한 길은, 알렉산드리아의 주교였던 아타나시우스(Athanasius)가 사용하였다는 말을 종종 들은 바 있는 방법인데, 그는 시편을 봉독하는 사람들에게, 목소리의 높낮이의 차이를 작게 하여, 노래하는 것이 아니라 글을 읽어 주는 것처럼 들리게 할 것을 주문하였다고 합니다.

하지만 내가 믿음을 다시 회복하였던 초기에 교회 회중들이 부르는 찬송들을 듣고서 눈물을 흘렸던 일이 나의 뇌리 속에 지금껏 기억되어 있고, 지금도 성도들이 명료한 목소리와 아주 적합한 곡조로 찬송을 하면, 곡조 자체가 아니라 가사에 의해서 감동을 받는다는 것을 생각하면, 교회에서 찬송을 부르는 관습은 대단히 유익하다는 것을 인정하지 않을 수 없습니다.

이렇게 나는 찬송으로 인한 위험한 쾌락과 찬송과 관련된 나의 유익한 경험 사이에서 망설이고 있어서, 이 문제에 대해서 확고한 생각을 제시할 수는 없지만, 교회에서 찬송을 부르는 관습을 그대로 인정함으로써, 믿음이 약한 사람들이 귀의 즐거움을 통해 고무되어서 경건의 감정으로 나아갈 수 있게 하는 것이 더 낫지 않을까 하는 쪽으로 내 마음이 기우는 것 같습니다. 하지만 찬송가의 가사보다는 그 곡조에 더 마음이 끌리고 감동을 받는 일이 일어난다면, 그것은 벌 받을 만한 죄를 저지른 것이기 때문에, 그런 경우에는 차라리 찬송을 듣지 않는 편이 더 좋을 뻔하였다는 것을 인정합니다.

지금 내가 어느 지점에 있는지를 살펴보아 주십시오! 자신의 마음을 잘 다스려서, 그러한 마음으로부터 늘 선한 행위를 하는 사람들로 하여금 나와 함께, 그리고 나를 위해 울어 주게 해 주십시오. 그러한 마음을 지니고서 그러한 행위를 하는 사람들이 아니면, 이런 일에 관심을 갖는 내게 신경도 쓰지 않을 것이기 때문입니다. 하지만 무엇보다도 주 나의 하나님께서 내게 귀를 기울여 주시고 굽어 살피셔서, 자비를 베푸사 나를 고쳐 주십시오. 주님 앞에서 내 자신이 문제이고, 이것이 나의 고민거리이기 때문입니다.

제34장

육신의 정욕(5) : 눈으로 말미암는 쾌락

51. 이제 육신의 정욕과 관련해서는 나의 눈으로 말미암는 쾌락에 대한 것만이 남아 있는데, 나는 이것에 대해서도 지금 고백하여, 주님의 성전의 저 경건한 형제들의 귀에 들려 줌으로써, 나를 여전히 공격해 오고 있는 육신의 정욕으로부터 오는 유혹들에 대한 나의 고백을 마무리하려고 하는데, 나는 그런 유혹들의 공격으로 인해서, 더욱더 "탄식하며 하늘로부터 오는 우리 처소로 덧입기를 간절히 사

모하고" 있습니다(고후 5:2).

내 눈은 온갖 아름다운 형체들과 눈부시고 매력적인 색들을 사랑합니다. 하지만 이런 것들이 내 영혼을 사로잡지 못하게 해 주시고, 오직 그 모든 것들을 지극히 선하게 창조하신 하나님만이 내 영혼을 주관하여 주십시오. 왜냐하면, 나의 선(善)은 그런 것들이 아니라 하나님이시기 때문입니다.

그것들은 내가 깨어 있는 동안에는 온 종일 내게 영향을 미치기 때문에, 나는 침묵 가운데 있게 되면, 노래하는 목소리나 그 밖의 다른 온갖 목소리들로부터 쉴 수 있는 것과는 달리, 그것들로부터는 조금도 쉴 수가 없습니다. 왜냐하면, 색들의 여왕인 "빛"은, 낮 동안에는 어디로 가든지 내 눈에 보이는 모든 것들에 차고 넘치게 쏟아져서, 내가 다른 일들에 바빠서 빛을 주목하지 않을 때에도, 다양한 방식으로 다가와서 나를 유혹하기 때문입니다. 빛은 이렇게 아주 강력하게 내 안으로 밀고 들어오기 때문에, 갑자기 물러나 버리면 그리워서 찾게 되고, 오랫동안 없게 되면 마음이 우울해집니다.

52. 오, 눈먼 "토빗"이 보았던 빛이시여, 토빗은 두 눈이 다 멀었어도 그 눈으로 빛이신 주님을 보았기 때문에, 자기 아들에게 생명의 길을 가르칠 수 있었고, 사랑의 발로 앞서 가며 자기 아들을 인도할 수 있었으며, 결코 길을 잃지 않을 수 있었습니다(토빗서 2-4장). 이삭이 보았던 빛이시여, 이삭은 "나이가 많아 눈이 어두워 잘 보지 못하여서"(창 27:1) 자신의 아들들을 알아보지 못하고 축복하였지만, 축복하는 동안에 그들을 알아볼 수 있게 되었습니다.

야곱이 보았던 빛이시여, 야곱도 나이가 많이 들어서 눈은 어두워졌지만, 그 마음에 빛을 받아서, 장차 자기 아들들에게서 이스라엘의 열두 족속이 생겨나게 될 것을 미리 볼 수 있었고, 요셉이 낳은 두 아들, 즉 자신의 손자들을 축복할 때에도, 손의 위치를 바꾸어서 오른손은 작은 손자에게 얹고 왼손은 큰 손자에게 얹었는데, 요셉이 자신의 육신의 눈으로 이것을 보고 손의 위치를 바로잡아 주려고 하였지만, 야곱은 마음의 눈으로 보고서 하나님의 뜻을 따라 일부러 그렇게 한 것이었습니다(창 48장). 이것이 참 빛입니다. 그리고 이 빛은 하나이기 때문에, 이 빛을 보고 사랑하는 자들은 하나입니다.

반면에, 내가 앞에서 말한 저 물질적인 "빛"은 이 세상에서의 삶에 매력적이고 위험한 달콤함을 더함으로써, 눈먼 자들을 유혹하여 이 세상을 사랑하게 만듭니다. 하지만 그 빛을 보고서 만유의 창조주이신 하나님을 찬송하는 계기로 삼는 법을 아는 사람들은, 그 빛을 볼 때마다 하나님을 찬송하고, 그 빛에 사로잡혀서 영적인 잠에 빠지지 않는데, 나는 그런 사람이 되고 싶습니다.

나는 주님의 생명의 길로 행하다가, 내 발이 눈의 유혹들의 그물에 걸려서 실족하는 일이 일어나지 않게 하기 위해서 그 유혹들에 대적하고, "내 발을 그물에서 벗어나게" 하기 위해서 마음의 눈을 들어서 주님을 바라봅니다(시 25:15). 내 발은 그 그물에 걸리고, 그때마다 주님은 내 발을 거기에서 건져 주십니다. 내 발은 사방에 쳐져 있는 그물들에 자주 걸리지만, 주님은 끊임없이 내 발을 거기에서 건져 주십니다. 왜냐하면, "이스라엘을 지키시는 이는 졸지도 아니하시고 주무시지도 아니하시기" 때문입니다(시 121:4).

53. 세상에는 사람들이 여러 가지 다양한 기술들과 손재주를 통해서 만들어 낸 무수한 물건들이 있는데, 옷과 신발과 그릇 등등의 것들이 그런 것들이고, 그림이나 조각품을 비롯해서 허구적으로 만들어 낸 온갖 것들도 그런 것들에 속합니다. 사람들은 자신들이 살아가는 데 꼭 필요하고 적절하며 경건의 삶을 사는 데 유익한 정도를 훨씬 뛰어넘어서 그런 것들을 만들어 내어서, 외적으로는 눈의 유혹을 좇아 자신들이 만든 것들을 따라가는 삶을 살아가고, 내면적으로는 자신들을 지으신 하나님을 버리고, 하나님이 그들을 지으신 목적을 망쳐 버립니다.

하지만 나의 영광이 되시는 나의 하나님이여, 나는 이 모든 것들을 인하여 오직 주님께만 찬송을 드리고, 나를 성별하신 분(sacrificatori)이신 주님께 찬송의 제사(sacrifico)를 드립니다. 왜냐하면, 장인들의 영혼이 그 손을 통해 만들어 낸 온갖 아름다운 작품들은 사실은 그들의 영혼을 주관하시는 분이자 내 영혼이 밤낮으로 사모하는 분의 "아름다우심"으로부터 온 것들이기 때문입니다. 외적으로 아름다운 것들을 만들어 내거나 추구하는 사람들은 아름다움을 판단할 때에는 바로 그 "아름다우심"을 기준으로 삼지만, 자신들이 만들어 낸 아름다운 것들을 사용하는 기준으로 삼지는 않습니다. 그 "아름다우심"은 엄연히 그들의 눈 앞에 있지만, 그들은 그것을 쳐다보지도 않습니다. 만일 그들이 그 "아름다우심"을 자신들이 만들어 낸 아름다운 것들을 사용하는 기준으로 받아들여서 사용하였다면, 그들은 길을 잃고 헤매는 일도 없었을 것이고, 주님을 위해 써야 할 힘을 결국 사람들을 피곤하게 할 뿐인 저 쾌락들에 써서 허비해 버리는 일도 없었을 것입니다.

하지만 이렇게 말하고 있고 그런 것을 뻔히 알고 있는 내 자신도 그런 아름다운 것들에 발이 걸려서 자주 움직일 수 없게 되곤 하지만, 주님이 나의 발을 거기에서 건져 주십니다. 주님이 이렇게 내 발을 건져 주시는 깃은, 주님의 자비하심이 나의 목전에 있기 때문입니다(시 26:3). 나는 연약해서 비참하게(miserabiliter) 그런 것들에 걸려들고, 주님은 그런 나를 불쌍히 여기셔서(misericorditer) 거기에서 건져 주십니다. 내가 가볍게 걸려든 때에는, 주님이 나를 건져 주신 줄도 모르고 지나가기도 하고, 아주 심하게 걸려든 때에는, 주님이 나를 건져 주실 때에 고통을 느끼기도 합니다.

제35장
안목의 정욕 : 호기심

54. 육신의 정욕 외에도, 한층 더 많은 위험성을 지닌 또 다른 형태의 유혹이 있습니다. 육신의 정욕은 모든 육신의 감각들을 즐겁게 하여 쾌락들을 얻고자 하는 것이고, 그 쾌락들의 노예가 된 자들은 주님으로부터 멀리 떠나서 망하게 되는데, 마찬가지로 우리의 영혼은 그 동일한 육신의 감각들을 토대로 해서 호기심이라는 헛된 욕망을 충족시키고자 합니다. 이 욕망은 육신 속에서 어떤 즐거움이나 쾌락을 누리려고 하는 것이 아니라, 육신을 매개로 한 경험들을 통해서 호기심을 충족시키려고 하는 것으로서, 지식과 학문이라는 이름으로 자신을 은폐합니다.

이 욕망은 알고자 하는 욕구에 뿌리를 두고 있고, 지식을 얻는 데 주로 사용되는 감각기관은 눈이기 때문에, 성경에서는 "안목의 정욕"(요일 2:16)이라고 불립니다. 왜냐하면, 보는 것은 눈의 고유한 기능에 속하지만, 지식을 얻고자 할 때처럼, 그 밖의 다른 감각 활동들을 가리키는 데에도 이 단어를 사용하기 때문입니다. 우리는 "이것이 얼마나 붉게 빛나고 있는지를 들으라"거나, "이것이 얼마나 밝게 빛을 발하고 있는지를 냄새 맡으라"거나, "이것이 얼마나 눈부시게 빛나고 있는지를 맛보라"거나, "이것이 얼마나 반짝거리는지를 느끼라"고 말하지 않습니다. 이 모든 것들은 "보는 것"에 해당되기 때문에, "보라"라는 동사를 사용해야 맞습니다. 하지만 "보다"라는 동사의 경우에는, 우리는 "이것이 얼마나 빛나고 있는지를 보라"고 할 때처럼, 오직 눈만이 지각할 수 있는 것들에 대해서만 사용하지 않고, "이것이 어떻게 들리지는 보라"거나, "이것이 어떤 냄새가 나는지를 보라"거나, "이것이 어떤 맛이 나는지를 보라"거나, "이것이 얼마나 단단한지를 보라" 등과 같이, 다른 감각들에 해당하는 것들을 표현하는 데에도 사용합니다.

그런 이유로, 이미 앞에서 말한 대로, 육신의 모든 감각들을 매개로 한 경험을 통해서 호기심이라는 욕망을 충족시키고자 하는 모든 것을 "안목의 정욕"이라고 부릅니다. 왜냐하면, 눈의 기능은 일차적으로 "보는" 것이지만, 육신의 다른 감각들을 통해서 온갖 종류의 지식을 얻고자 할 때에도, 우리는 그것을 비유적으로 "본다"고 표현하는 까닭에, 지식을 얻고자 하는 욕망도 비유적으로 "눈"의 욕망이라고 말할 수 있기 때문입니다.

55. 우리가 육신의 감각들을 통해서 쾌락을 충족시키려고 하고 있는 것인지, 아니면 호기심을 충족시키려고 하고 있는 것인지를 좀 더 분명하게 구별할 수 있는 기준이 있는데, 그것은 쾌락은 오감을 만족시키는 것, 즉 아름다운 것과 감미로운 소리와 향기로운 냄새와 맛 있는 것과 부드러운 것을 추구하는 반면에, 호기심은 새로운 것들을 경험하고 아는 욕망을 충족시키고자 하는 것이기 때문에, 비록 쾌락을 얻는 것과는 정반대로 괴롭고 불쾌하더라도 새로운 것을 시도하고자 한다는 것입니다.

갈기갈기 찢겨진 끔찍한 시체를 보는데, 거기에 무슨 쾌락이 있겠습니까? 그런데도 그런 시체가 가까이에 있다는 말을 들으면, 사람들은 자신들이 끔찍해하고 놀랄 줄을 뻔히 알면서도 거기로 몰려가서 그 광경을 보고서는, 마치 자신들이 누군가에게 강제로 끌려와서, 또는 아름다운 것이 있다는 잘못된 소문을 듣고서 그곳으로 와서 그 광경을 보게 된 것처럼, 꿈속에서라도 그런 광경은 절대로 보고 싶지 않다는 듯이 무서워합니다.

다른 감각들과 관련해서도 이것은 마찬가지인데, 그 예들을 들자면 끝이 없을 것입니다. 극장에서 온갖 신기한 것들을 보여 주려고 하는 것도 호기심이라는 이 병적인 욕망을 충족시켜 주려고 하는 것이고, 사람들이 우리와 아무런 상관 없는 자연의 숨겨진 비밀들을 파헤쳐 보려고 하는 것도 이 호기심 때문입니다. 그런 것들을 아는 것은 우리에게 전혀 유익이 되지 않는데도, 사람들은 오직 알고자 하는 욕망을 충족시키려고 그런 것들을 알려고 하는 것입니다. 우리가 주술 같은 것들을 통해서 그릇된 지식을 추구하는 것도 호기심 때문입니다. 또한, 호기심은 종교에도 작용해서, 사람들은 자신들의 어떤 유익을 위해서가 아니라, 단지 하나님이 어떻게 하시는지를 시험해 보기 위한 목적으로, 표적과 이적들을 보여 달라고 요구하며 하나님을 시험합니다.

56. 내 구원의 하나님이여, 올무들과 위험들로 가득한 이 무한히 넓은 광야에서 나는 주님이 내게 주신 힘을 의지해서, 그 중에서 많은 것들을 내 마음에서 끊어 내고 몰아내 왔습니다. 하지만 이런 종류의 수많은 유혹들은 우리의 매일의 삶을 둘러싸고 여전히 도처에 우글거리고 있기 때문에, 그런 유혹들 중에서 그 어떤 것도 나의 주목을 끌지 못하고 내 안에서 헛된 호기심을 불러일으키지 못한다는 말을 감히 내가 어떻게 할 수 있겠습니까? 물론, 지금은 극장들도 나의 흥미를 끌지 못하고, 별들의 이동에도 관심이 없으며, 귀신들에게 장래의 일을 물어보는 것에도 마음이 전혀 끌리지 않고, 신성모독적인 온갖 의식들도 싫어합니다.

하지만 내가 겸손함과 한 마음으로 섬기는 주 나의 하나님이여, 저 원수 마귀는 내게 주님으로부터 어떤 눈에 보이는 이적을 구하여야 하지 않겠느냐고, 그럴 듯한 이유들을 내 귀에 속삭이며 나를 부추깁니다! 우리의 왕이신 그리스도와 우리의 순결하고 거룩한 본향인 예루살렘을 두고 간구하오니, 그러한 속삭임에 동의하고자 하는 마음이 지금 내게서 멀리 있는 것처럼, 앞으로도 늘 더욱더 멀리 있게 해 주십시오. 하지만 내가 다른 사람의 구원을 위하여 주님께 간구할 때에는, 나의 목적과 의도는 그런 이적을 구하고자 하는 것이 결코 아니오니, 주께서 원하시는 대로 행하시고, 내게 은혜를 주셔서 주님이 뜻하시고 행하신 것은 무엇이든지 다 기꺼이 따를 수 있게 해 주십시오.

57. 하지만 사실 나는 여전히 날마다 지극히 사소하고 별 것 아닌 일들에서 수없이 호기심의 유혹을 받고 있고, 실제로 그 유혹에 빠져드는 경우도 셀 수 없을 정도로 많습니다. 예컨대, 사람들이 쓸데없는 얘기를 할 때, 우리는 연약한 자들의 마음을 상하게 하고 싶지 않아서 참고 들어 주다가, 차츰차츰 그런 얘기들에 재미가 들려서 나중에는 적극적으로 경청하게 되는 경우가 얼마나 많습니까!

또한, 지금은 내가 개가 토끼를 쫓는 광경을 보기 위해서 원형극장에 가지는 않습니다. 하지만 들판을 지나가다가 우연히 그런 광경을 보게 되었을 때에는, 뭔가 심각한 생각을 하고 있다가도, 거기에 쉽게 정신이 팔려서, 그 광경을 보기 위해 그 쪽으로 말(馬)머리를 돌리지는 않지만, 마음은 이미 거기에 가 있어서 물끄러미 쳐다보게 됩니다. 그런 경우에, 주님이 곧 내게 나의 연약함을 깨닫게 하시고 경고해 주셔서, 나로 하여금 제정신을 차리고서 의도적으로 거기로부터 눈을 돌려 주님을 바라보게 하시거나, 그 광경을 완전히 무시하고서 그냥 지나가게 해 주시지 않으신다면, 나는 멍하니 서서 그 광경을 계속해서 바라보고 있을 것입니다.

또한, 나는 집에 앉아 있을 때, 도마뱀이 파리를 잡아 먹거나, 거미가 자기 집으로 날아든 파리를 거미줄로 칭칭 감는 광경에도 자주 빠져듭니다. 이것들은 아주 작은 동물들이지만, 나의 호기심을 자극하는 것은 마찬가지입니다. 나는 그런 광경들을 보다가 시간이 좀 지난 후에는, 만물을 경이롭게 창조하시고 오묘하게 다스려 나가시는 하나님을 찬송하는 것으로 옮겨가기는 하지만, 그럼에도 불구하고 처음에 나를 움직여서 그런 광경들을 보게 만든 동기가 호기심이라는 사실에는 변함이 없습니다. 넘어졌다가 곧바로 일어나는 것과 처음부터 넘어지지 않는 것은 전혀 다릅니다.

나의 삶은 이런 것들로 가득 차 있기 때문에, 나의 유일한 소망은 주님의 지극히 크신 자비하심뿐입니다. 왜냐하면, 우리의 마음이 그러한 것들을 받아들여서 담아 두는 그릇이 되어서, 그런 헛된 것들이 내 마음에 차고 넘치게 무수히 쌓여 있게 되면, 우리의 기도는 자주 방해를 받고 산만하게 되어 버립니다. 그래서 우리가 주님의 존전에서 우리 마음의 소리를 주님의 귀에 아뢰고자 할 때, 우리가 알지도 못하는 어떤 쓸데없는 잡념들이 우리 마음속으로 난입해서 우리의 기도를 끊어 버립니다.

제36장

이생의 자랑(1) : 교만

58. 우리는 지금부터 내가 말하고자 하는 이것도 별 것 아닌 일들 중의 하나로 치부하여 무시해 버려도 되는 것입니까? 아니면, 우리에게 소망을 회복시켜 줄 것은 오직 주님의 자비하심뿐이오니, 우리 속에서 변화의 역사가 시작된 것은 주님이 우리에게 자비를 베풀어 주고 계심을 보여 주는 증표라고 여기고서 다시 소망을 붙잡아야 하는 것입니까? 주님이 이미 나를 얼마나 많이 변화시키셨는지를 주님은 아십니다. 주님께서는 무엇보다도 먼저 내 자신을 의롭다고 주장하고자 하는 내 안의 욕망을 고쳐 주셨는데, 이것은 나의 다른 "모든 죄악을 사하시며" 나의 "모든 병을 고치시며" 나의 "생명을 파멸에서 속량하시고 인자와 긍휼로 관을 씌우시며 좋은 것으로" 나의 "소원을 만족하게" 하시기 위한 것이었습니다(시 103:3-5). 주님은 내게 주님을 두려워하는 마음을 주셔서 나의 교만을 꺾으시고 고분고분하게 만드셔서 내 목에 주님의 멍에를 메어 주셨습니다. 지금 나는 그 멍에를 메고 있고, 그 멍에는 내게 쉽고 가벼운데, 주님이 그렇게 약속하셨고 그렇게 되도록 하셨기 때문입니다. 그 멍에는 정말 가벼운 것이었는데, 전에는 그것을 몰라서 그 멍에를 메는 것을 두려워하였습니다.

59. 주님, 교만이 없이 다스리시는 분은 오직 주님뿐이신데, 그것은 주님에게는 다른 주(主)가 없고, 오직 주님만이 참되신 주님이신 까닭입니다. 그런 주님께 내가 묻고 싶은 것은, 저 세 번째 종류의 유혹이 내게서 이미 떠나간 것인가, 아니면 이 세상에서 일평생 살아가는 동안에 과연 떠나갈 수 있는 것인가 하는 것인데, 내가 말하는 세 번째 종류의 유혹이라는 것은, 사람들이 나를 존경하고 사랑하는 것에서 기쁨을 맛보고자 하는 것입니다. 하지만 거기에는 기쁨이 존재하지 않는

데, 어떻게 우리가 거기에서 기쁨을 맛볼 수 있겠습니까? 그것은 비참한 삶이고 추악한 과시욕일 뿐입니다. 사람들은 주로 이 욕망 때문에 주님을 순수하게 사랑하거나 경외하지 못하게 됩니다. 그러므로 "하나님은 교만한 자를 대적하시되 겸손한 자들에게는 은혜를" 주시고(벧전 5:5), 세상의 야망들을 무너뜨리시며, "산들의 터도 요동하게" 하십니다(시 18:7).

하지만 인간 사회에는 직책들을 맡은 사람들이 있을 수밖에 없고, 자연스럽게 사람들은 그들을 사랑하고 존경하게 되기 때문에, 우리의 참된 복을 방해하는 저원수는 "잘했다, 잘했어"라는 칭찬의 말들을 미끼로 사용해서 도처에 올무들을 쳐놓고서는, 우리를 그 쪽으로 몰아갑니다. 우리는 그 칭찬의 말들을 열심히 주워먹다 보면, 어느새 자기도 알지 못하는 사이에, 원수가 쳐 놓은 올무들에 걸려들어서, 주님의 진리가 주는 기쁨을 버리고, 사람들의 속이는 말에서 기쁨을 얻으려고 함으로써, 주님을 인해서가 아니라 주님 대신에 사람들로부터 사랑과 존경을 받고자 하게 됩니다. 이런 식으로 저 원수는 사람들을 자기와 똑같은 자들로 만들어서 자기 사람들로 소유하게 되는데, 이렇게 해서 형성된 무리는 사랑으로 연합된 무리인 것이 아니라, 저 원수와 동일한 벌을 받게 될 무리입니다. 왜냐하면, 저원수는 스스로 사악하고 왜곡된 방식으로 하나님과 같이 되어서, "북극 집회의 산위에" 자신의 "자리를 높이고서," 그 어둡고 추운 곳에서 사람들로 하여금 자기를 섬기게 하려고, 그런 무리를 모으는 것이기 때문입니다.

하지만 주님, 우리는 주님께 속한 작은 무리입니다. 우리를 주님의 소유로 삼으시고, 주님의 날개를 우리 위에 펴셔서, 우리로 하여금 그 날개 아래로 피하게 해 주십시오. 주님이 우리의 영광이 되어 주시고, 우리가 주님을 인하여 사랑받게 해 주시며, 우리 안에 주님의 말씀을 두려워하는 것이 있게 해 주십시오. 주님으로부터 책망을 받으면서도 사람들로부터는 칭찬을 받으려고 하는 자들은, 장차 주님이 심판하실 때에 사람들로부터 변호를 받지 못하게 될 것이고, 주님이 정죄하실 때에 구원을 받지 못하게 될 것입니다.

죄인들은 자신의 마음에 품은 소원들로 인해서 칭찬을 받을 수 없고, 불의하게 행하는 자들이 복을 받을 수 없는 것이 마땅한데도, 사람들은 주님이 그들에게 주신 어떤 은사로 인하여 그들을 칭찬하는데, 그랬을 때에 그들이 주님이 그들에게 사람들로부터 칭찬을 들을 만한 은사를 주신 것을 기뻐하는 것이 아니라, 사람들로부터 칭찬을 들은 것 자체를 더 기뻐하게 되면, 그들은 사람들로부터는 칭찬을 들었지만, 주님으로부터는 책망을 받게 되기 때문에, 그런 경우에는 칭찬을 들은 사람들보다는 칭찬을 한 사람들의 처지가 더 낫습니다. 왜냐하면, 전자에 속한 사람들은 하나님이 주신 것보다 사람들이 준 것들을 더 기뻐한 반면에, 후자에 속한 사람들은 하나님이 주신 것을 기뻐한 것이기 때문입니다.

제37장

이생의 자랑(2) : 칭찬

60. 주님, 우리는 날마다, 아니 끊임없이 이런 유혹들로 시험을 받고 있습니다. 우리를 날마다 시험하여 단련시키는 "도가니"는 바로 사람의 "혀"입니다(잠 27:21). 이것과 관련해서도 주님은 우리에게 절제를 명하십니다. 주님이 명하신 것을 우리로 하여금 할 수 있게 해 주시고, 주님이 원하시는 것을 우리에게 명하십시오. 이 일로 인해서 내 마음이 얼마나 신음하고 탄식하며 많은 눈물을 흘리고 있는지를 주님은 아십니다. 왜냐하면, 한편으로는 내가 어느 정도나 이 역병으로부터 깨끗해진 것인지를 아는 것은 쉽지 않아서, 주님의 눈에는 잘 보이지만 내 눈에는 잘 보이지 않는 나의 "숨은 허물"을 많이 두려워하고 있기 때문이고, 다른 한편으로는 다른 종류의 유혹들과 관련해서는 내 자신을 살필 수 있는 힘이 내게 있지만, 이 유혹과 관련해서는 그런 힘이 전혀 없기 때문입니다.

육신의 쾌락들이나 쓸데없는 것들을 알려고 하는 호기심과 관련해서는, 일부러 그런 것들이 없이 지내 보거나, 자연스럽게 그럴 기회가 없게 되었을 때, 내 마음이 얼마나 잘 다스려지는지를 살펴봄으로써, 나의 절제의 수준이 어디까지 왔는지를 알아볼 수 있습니다. 왜냐하면, 그런 경우에 육신의 쾌락이나 호기심을 충족시키지 않는 상태에서 내 마음이 더 힘들어하는지, 또는 덜 힘들어하는지를 물어보면, 그 해답이 나오기 때문입니다. 또한, 내가 재물을 원하는 것이 "육신의 정욕과 안목의 정욕과 이생의 자랑"(요일 2:16)이라는 세 가지 욕망 중에서 어느 하나나 둘, 또는 전부를 만족시키기 위한 것일 수 있기 때문에, 과연 내 마음이 내가 지금 가지고 있는 재물을 멸시하고 있는 것인지 아닌지를 잘 분별할 수 없을 때에는, 그 재물을 버려 보면, 진실이 드러나게 됩니다.

하지만 우리가 칭찬 없이도 아무렇지 않은지를 시험해 보려면 어떻게 해야 합니까? 우리가 일부러 타락해서 악하고 방탕한 삶을 살아서, 우리를 아는 모든 사람이 우리를 싫어하도록 해야 하는 것입니까? 이렇게 말하거나 생각하는 것보다 더 정신 나간 짓이 어디 있겠습니까? 칭찬은 선한 삶이나 선한 행실에 수반되는 것이 보통이고, 또 그래야 마땅한 것이기 때문에, 우리는 선한 삶을 포기할 수 없는 까닭에, 칭찬 없이 지내 볼 기회를 얻는 것도 쉬운 일은 아닙니다. 하지만 내가 어떤 것 없이도 잘 지낼 수 있는지, 아니면 잘 지낼 수 없는지를 알려면, 그것이 내게 없는 상태에서 지내 보아야 합니다.

61. 주님이여, 칭찬받고자 하는 유혹과 관련해서 내가 주님께 무엇이라고 고백해야 합니까? 내가 고백할 것은 나는 칭찬받는 것을 좋아한다는 것 외에 무엇이 또 있겠습니까? 하지만 나는 칭찬받는 것보다 진리를 더 좋아합니다. 왜냐하면, 내가 완전히 정신이 나가거나 모든 일에서 잘못 행하여야만 모든 사람들로부터 칭찬을 받을 수 있고, 진리에 굳게 서서 전혀 요동함이 없는 경우에는 모든 사람들로부터 비난을 받게 될 것이라고 한다면, 내가 어느 쪽을 선택할 것인지를 나는 잘 알기 때문입니다.

하지만 다른 사람이 내게서 어떤 선한 것을 보고서 칭찬했다고 해서, 그 칭찬으로 인하여 나의 기쁨이 더 커지는 것은 내가 원하는 것이 결코 아니지만, 사실대로 고백하자면, 실제로는 칭찬을 받으면 나의 기쁨은 커지고, 비난을 받으면 줄어듭니다. 나의 이러한 비참한 모습으로 인해 내가 당혹스러워하고 심란해할 때, 하나의 변명거리가 내게 떠오릅니다. 하나님이여, 나는 이 변명거리가 합당한 것인지를 확실히 알지 못하지만, 주님은 아실 것인데, 그 변명거리는 이런 것입니다.

주님은 우리에게 "절제"를 명하셔서 어떤 것들에 대해서는 우리의 사랑을 주지 말라고 하셨을 뿐만 아니라, "의"도 명하셔서 어떤 것들에 대해서는 우리의 사랑을 주라고 하심으로써, 우리로 하여금 주님만이 아니라 우리의 이웃도 사랑하기를 원하셨기 때문에, 흔히 어떤 사람이 나를 제대로 잘 알아서 칭찬해 줄 때에 내가 기뻐하는 것은 그 사람의 성장한 모습과 장래성을 보게 된 것이 그 원인인 것 같고, 어떤 사람이 자기가 알지도 못하는 것이나 선한 것을 비방하는 것을 들을 때에 내가 씁쓸해하는 것은 그 사람에게서 좋지 않은 모습을 보게 된 것이 그 원인인 것 같다는 것입니다. 왜냐하면, 종종 어떤 사람이 나와 관련해서 나 스스로도 못마땅해하는 것들을 칭찬하거나, 내게 있는 선한 것들 중에서 별 것 아니라고 여겨지는 사소한 것들을 정도 이상으로 높이 평가하여 칭찬하는 경우에는, 내가 그런 칭찬들에 대해서는 기뻐하는 것이 아니라 씁쓸해하기 때문입니다.

하지만 그런 경우에 내가 그런 식의 반응을 보이는 것은 그 사람에게서 좋지 않은 모습을 보고서 그 사람을 생각해서 그러는 것이 아니라, 내 자신이 스스로 인정하는 나의 선한 것들을 다른 사람도 인정해 주면 나의 기쁨이 더 클 것인데, 나의 그런 마음도 몰라주고, 나를 제대로 잘 알지도 못하면서 엉뚱한 방식으로 칭찬하는 것에 화가 나기 때문인지도 모릅니다. 왜냐하면, 어떤 사람이 내가 내게서 못마땅해하는 것들을 칭찬하거나, 내가 그렇게까지 칭찬받을 만한 것이 되지 못한다고 여기는 것들을 도가 지나치게 칭찬하는 것은, 나에 대한 내 자신의 판단이 칭찬받지 못하는 것이라는 점에서, 어떤 의미에서는 그 사람이 나를 칭찬한 것이라고 볼 수 없기 때문입니다. 따라서 나는 이 문제와 관련해서 내 자신에 대하여 정말 잘 모르고 있는 것이 아니겠습니까?

62. 진리이신 주님이여, 남들로부터 칭찬을 받았을 때, 내 자신을 위해서가 아니라 내 이웃의 유익을 위해서 기뻐하는 것이 주님 안에서 마땅하다는 것을 나는 알고 있습니다. 하지만 내가 실제로 그렇게 하고 있는 것인지는 알지 못합니다. 나의 하나님이여, 이것과 관련해서는 주님이 나보다도 나를 더 잘 아시오니, 내게 내 자신을 보여 주셔서, 나를 위해 기도해 줄 내 형제들에게, 내가 어떤 점들에서 잘못되어 있는 것인지를 고백할 수 있게 해 주시기를 간구합니다. 나로 하여금 다시 한 번 내 자신을 좀 더 철저하게 살필 수 있게 해 주십시오.

만일 내가 칭찬을 들었을 때에 나를 칭찬하는 사람의 유익을 생각해서 기뻐하는 것이라면, 다른 사람이 부당하게 비난을 당하고 있을 때에는, 내가 직접 그런 부당한 일을 겪을 때보다도, 왜 화가 덜 나는 것입니까? 내 앞에서 어떤 사람이 부당한 이유로 욕을 먹고 있을 때보다도, 내가 그 동일하게 부당한 이유로 욕을 먹고 있을 때, 왜 내 속에서는 화가 더 많이 나는 것입니까?

나는 이것도 모르고 있는 것입니까? 아니면, 나는 여전히 내 자신을 속이고서, 주님 앞에서 내 마음과 혀로 진실을 말하고 있지 않는 것입니까? 주님, 내가 그런 정신 나간 짓을 해서, 내 입에서 나오는 모든 말들이 죄인의 기름이 되어, 내 머리가 그 기름으로 기름 부음을 받는 일이 내게는 절대로 일어나지 않게 해 주십시오.

제38장

이생의 자랑(3) : 헛된 자랑

63. "나는 가난하고 궁핍하지만"(시 109:22), 그렇기 때문에 내가 내 자신을 못마땅해하며, 나의 부족한 것들이 채워지고 온전해져서, 교만한 자들의 눈이 알지 못하는 저 평안에 이르게 될 때까지, 은밀한 탄식과 신음 가운데서 주님의 자비하심을 구하게 된 것이라는 점에서는, 그것은 내게 더 좋은 일입니다.

우리의 입에서 나오는 말들과 사람들에게 알려진 우리의 행위들 속에는 칭찬을 사랑하는 데서 오는 대단히 위험한 유혹이 내재되어 있습니다. 그래서 우리는 우리 자신의 우수성을 확인하기 위해서, 사람들로부터 칭찬을 구걸하여 끌어모아서, 그러한 사실을 뒷받침하려고 애를 씁니다. 내가 내 자신 속에 그런 욕망이 있는 것을 알고 내 자신을 책망할 때조차도, 그런 유혹은 내게 다가와서, 나로 하여금 그런 욕망에 사로잡혀서 내 자신을 책망하게 만듭니다. 그래서 어떤 사람이 자기가 헛된 자랑을 하는 것을 조소한다고 말할 때에도, 그렇게 말하는 동기가 헛된 자랑을 하기 위한 것인 경우가 많습니다. 그런 경우에 그 사람은 헛된 자랑을 조소하는 것이 결코 아닙니다. 왜냐하면, 그는 속으로는 헛된 자랑을 하고 있으면서, 겉으로만 헛된 자랑을 조소하는 모습을 보이는 것인 까닭에, 진정으로 헛된 자랑을 멸시하고 정죄하는 것이 아니기 때문입니다.

제39장

이생의 자랑(4) : 자기 만족

우리 안에는 이 동일한 종류의 유혹으로부터 생겨난 또 다른 악이 존재하는데, 다른 사람들을 기쁘게 하거나 화나게 하지도 않고, 기쁘게 하려고 하지도 않으며, 오직 자기 자신을 스스로 기쁘게 하려고 하는 욕망이 바로 그것이고, 그런 자들은 이 욕망으로 인해서 허망한 자들이 되고 맙니다.

그들은 그들 자신을 기쁘게 함으로써 주님을 몹시 노여우시게 하는 자들입니다. 왜냐하면, 그들은 단지 선하지 않은 것을 선한 것들인 양 여기고서 그것들에서 기쁨을 얻고자 할 뿐만 아니라, 주님의 선한 것들이 마치 그들 자신의 것인 양 여기거나, 원래 주님의 것이긴 하였지만, 그들 자신의 공로로 인하여 주님으로부터 그것들을 받아서 지금은 자신들의 것이 된 것인 양 여기거나, 주님의 은혜로 말미암아 그것들을 받기는 하였지만, 여전히 그것을 다른 사람들과 나누며 함께 기뻐하려고 하지 않고, 도리어 다른 사람들이 받은 은혜까지도 시기하는 가운데, 그것들에서 기쁨을 얻고자 하기 때문입니다.

이 모든 것들 및 이것들과 비슷한 위험들과 곤경들 속에서 내 마음이 두려워 떨고 있는 것을 주님은 아십니다. 하지만 나는 이런 것들을 겪지 않게 되기를 바라는 것이 아니라, 이런 것들과 싸우다가 얻게 된 나의 상처들이 주님으로 말미암아 그 즉시 치유받기를 원합니다.

제40장

하나님과 동행하는 삶만이 참된 기쁨

65. 진리이신 주님이여, 주님께서는 어디에나 나와 동행하셔서, 내가 이 아랫세상에서 어떻게 해야 하는지를 보여 주시라고 주님께 맡기고 주님의 인도하심을 구할 때마다, 무엇을 피하여야 하고 무엇을 바라야 하는지를 가르쳐 주지 않으신 적이 있으셨습니까? 나는 나의 외적인 감각들을 가지고서 할 수 있는 한 세상을

두루 살펴보았고, 내 자신과 나의 감각들로부터 생겨난 내 육신의 삶도 주의 깊게 살펴보았으며, 그런 후에는 내 마음속에서 무수히 많은 것들이 놀라운 방식으로 가득 쌓여져 있는 수많은 거대한 구역들로 이루어진 기억의 저 깊은 곳까지 들어가 보았습니다.

나는 그곳을 찬찬히 살펴보면서 경악하지 않을 수 없었는데, 주님 없이는 내가 그것들 중 어느 하나도 알 수 없었지만, 그것들 중 어느 것도 주님이 아니었고, 그런 사실들을 발견한 내 자신도 주님이 아니라는 것을 발견하였기 때문이었습니다.

나는 그곳을 돌아다니며, 각각의 가치에 따라 모든 것을 구분하고 평가해 보려고 했는데, 그 중의 어떤 것들은 나의 감각들의 보고를 그대로 받아들여서 그대로 저장된 것들이었고, 어떤 것들은 보고를 받고서 질문하고 평가하는 과정을 거쳐서 내 자신의 생각이 포함되어 저장되어 있는 것들이었습니다. 또한, 나는 내 기억의 저 넓은 공간을 두루 다니면서, 나의 어떤 감각들이 내게 보고한 것인지도 헤아려 보았고, 각각의 감각이 보고한 것들이 따로 저장되어 있다는 사실도 알았으며, 거기에서 어떤 것들은 좀 더 자세히 조사해 보았고 어떤 것들은 뒷전으로 밀어 놓았으며 어떤 것들은 꺼내 보기도 하였습니다.

하지만 이런 일들을 행하고 있는 나도 주님이 아니었고, 나로 하여금 이런 일들을 할 수 있게 한 나의 능력도 주님이 아니었습니다. 왜냐하면, 주님은 "빛"으로서 내 옆에 계속해서 계셨고, 나는 나의 기억 속에서 내가 본 모든 것들에 대하여, 그것들이 정말 존재하는 것인지, 그것들의 정체가 무엇인지, 그것들이 어느 정도의 가치가 있는 것으로 평가되어야 하는 것인지를 주님께 계속해서 여쭈어 보았고, 이 모든 질문들에 대하여 주님이 내게 가르치시고 명하시는 것을 들었기 때문입니다.

나는 지금도 자주 그렇게 주님께 묻고 주님이 내게 가르치시는 것을 듣습니다. 이것은 내게 기쁨을 주기 때문에, 나는 내가 해야 할 꼭 필요한 일들을 다하고서 여유가 있게 되면, 그러한 기쁨을 누리기 위하여 주님께 달려갑니다. 나는 주님께 여쭈어 보기 위하여 온갖 것들을 다 들고서 주님께 달려가지만, 내 영혼은 그런 것들 속에서는 안식을 누릴 수 없고, 오직 주님 안에서만, 흩어진 내 자신이 추슬러져서 하나로 모아지고, 나의 그 어떤 부분도 주님으로부터 떠나 있지 않게 됩니다. 또한, 어떤 때에는 주님이 내 안에서 역사하셔서, 내 영혼의 깊은 곳에서 이루 말할 수 없는 기쁨이 솟아나서 평소와는 아주 다른 정서를 맛보게 하시는데, 만일 그런 정서가 내 안에서 온전하게 되어 지속된다면, 다름아닌 바로 그런 상태가 천국의 삶일 것이라는 생각이 듭니다.

하지만 참담한 내 자신의 무게에 눌려 다시 이 땅으로 떨어지고, 평범한 일상으로 돌아와서, 늘 해 오던 일들에 붙잡혀서 살아가게 되는데, 많이 울어도 여전히 많이 붙잡힙니다. 이 정도로 "습관"의 무게는 나를 짓누르고 있습니다. 나는 이런 상태로 살아가고 있지만, 이것은 내가 원하는 삶이 아닙니다. 나는 이 땅에서도 천국의 삶을 살기를 원하지만, 그렇게 할 수가 없습니다. 이렇게 둘 사이에 끼여서 나는 곤고한 삶을 살아가고 있습니다.

제41장
진리이신 주님과 거짓을 동시에 섬길 수 없음

66. 그런 까닭에, 나는 지금까지 나의 병인 나의 죄들을 세 가지 "정욕"으로 나누어서 살펴보면서, 주님의 그 능하신 손으로 나를 고쳐 주시라고 부르짖었습니다. 왜냐하면, 내가 병든 마음으로 주님의 광채를 보았을 때에는, "누가 거기로 다가갈 수 있을까"라고 말하며, 나는 영락 없이 "주의 목전에서 끊어졌구나"(시 31:22)라고 울부짖으며, 뒤로 물러날 수밖에 없었기 때문입니다. 주님은 모든 것을 주관하시는 진리이시기 때문에, 나는 나의 욕심으로 말미암아 주님을 잃고 싶지 않았지만, 주님과 함께 거짓도 붙잡고 놓고 싶지 않았습니다. 이것은 사람들이 진리를 뻔히 알면서도 거짓을 말하는 것과 같은 것이었습니다. 이렇게 해서, 나는 주님을 잃었습니다. 왜냐하면, 주님은 우리가 거짓을 붙잡고 있으면서 동시에 붙잡을 수 있는 그런 분이 아니시기 때문입니다.

제42장
거짓 중보자들

67. 나를 주님과 화해시켜 줄 어떤 사람을 찾아냈기 때문에, 내가 하나님을 만나게 된 것입니까? 아니면, 내가 천사들에게 나아가서 부탁을 했기 때문에 하나님을 만나게 된 것입니까? 아니면, 내가 어떤 기도를 통해서, 또는 어떤 종교 의식을 통해서 하나님을 만나게 된 것입니까? 많은 사람들이 자신의 힘으로 주님께 돌아가려고 하다가 되지 않아서, 이런 방법들을 시도하다가, 호기심에 이끌려 환상들을 보고자 하는 욕망에 사로잡혀서 미혹되어 잘못되었다는 말을 나는 들었습니다.

그들은 자신의 가슴을 치며 통회하기보다는, 자신들이 배운 학문으로 인하여 스스로 교만해지고 한껏 높아져서, 자신들의 지식으로 하나님을 찾으려고 하다가, 그들의 마음의 동의하에서 그들과 똑같은 교만으로 행하는 "공중의 권세 잡은 자"(엡 2:2)를 동역자이자 공모자로 끌어들였고, 자신들을 정결하게 해 줄 중보자를 찾고 있던 그들은 그 자의 주술의 힘에 의해서 미혹되고 말았습니다. 왜냐하면, 그들이 중보자라고 믿었던 그 자는 "광명의 천사로 가장한" 마귀였고(고후 11:14), 마귀는 물질로 이루어진 육신이 없었던 까닭에, 육신을 지닌 교만한 인간들을 쉽게 유혹할 수 있었기 때문이었습니다.

그들은 죽을 수밖에 없는 죄인들이었고, 그들이 교만함 가운데서 화해하려고 찾던 주님은 영원히 죽지 않으시는 분이시고 죄가 없으신 분입니다. 그러므로 하나님과 인간을 화해시킬 중보자는 한편으로는 하나님과 똑같은 것을 지니고 있어야 하고, 다른 한편으로는 인간과 똑같은 것을 지니고 있어야 합니다. 왜냐하면, 오직 인간과 똑같기만한 존재라면 하나님으로부터 멀어서 하나님을 대변할 수 없고, 오직 하나님과 똑같기만한 존재라면 인간으로부터 멀어서 인간을 대변할 수 없어서, 둘 간의 중보자는 될 수 없기 때문입니다.

인간이 교만으로 인해서 마귀에게 속아 미혹되게 하시는 것은 주님의 은밀한 심판이지만, 저 거짓 중보자인 마귀는 한편으로는 오직 죄만 짓는다는 점에서 인간과 한 가지 공통점을 지니고 있고, 다른 한편으로는 죽을 육신을 입고 있지 않기 때문에, 자기는 영원불멸의 존재라고 주장하며, 하나님과 어떤 공통점을 지니고 있는 것처럼 보이려고 합니다. 그러나 "죄의 삯은 사망이기" 때문에(롬 6:23), 마귀는 사형선고를 받고 죽을 수밖에 없는 운명이라는 점에서, 인간과 공통점을 지니고 있습니다.

제43장
참된 중보자

68. 주님이 자신의 은밀한 자비하심 가운데서 겸손한 자들에게 계시하신 참된 중보자가 계시는데, 주님이 그를 그들에게 보내신 것은 그의 모범을 통하여 그들도 그 동일한 겸손을 배우게 하시기 위한 것이었습니다.

이렇게 해서, "하나님과 사람 사이에 중보자"이신 "사람이신 그리스도 예수"께서 죽을 수밖에 없는 죄인들과 영원히 죽지 않으시는 의로우신 하나님 사이에 나타나셨는데, 그는 인간처럼 죽을 수밖에 없는 분이심과 동시에, 하나님처럼 의로우신 분이셨습니다. "의"의 상급은 생명과 평안이기 때문에, 그는 자신의 의로 말미암아 하나님과 연합된 가운데, 죄인들과 같이 되어 그들의 모든 죄를 기꺼이 대신 짊어지심으로써 죄인들을 의롭다고 하셨고, 의롭다 하심을 얻은 죄인들의 사망을 제거해 주셨습니다.

이렇게 해서, 그는 지금 우리로 하여금 과거에 일어난 그의 수난을 믿음으로써 구원을 받게 하시는 것처럼, 옛적의 성도들에게도 나타나셔서, 장래에 있게 될 그의 수난을 믿음으로써 구원을 받게 하실 수 있으셨습니다. 그는 인간으로 오셔서 중보자의 사역을 하셨지만, 신성으로는 하나님의 말씀이시라는 점에서 하나님과 인간의 중간적인 존재가 아닙니다. 왜냐하면, 그는 하나님과 동등하시고, 하나님과 함께 하시는 하나님이시며, 하나님과 더불어서 한 하나님이시기 때문입니다.

69. 선하신 아버지여, 주님은 자신의 독생자를 아끼지 아니하시고 우리 죄인들을 위하여 내주시기까지 우리를 사랑하셨습니다(롬 8:32). 주님은 독생자로 하여

금 "하나님과 동등됨"을 취하지 않으시고 십자가에서 "죽기까지 복종하게" 하실 정도로 우리를 사랑하셨습니다(빌 2:6). 오직 그만이 자신의 생명을 버릴 권세도 지니고 계셨고 자신의 생명을 다시 취할 권세도 지니고 계셔서, 우리를 위하여 주님 앞에서 승리자도 되시고 제물도 되셨기 때문에, 모든 죽은 자들 가운데서 유일하게 어쩔 수 없이 죽으신 것이 아니라 자신의 자유로운 선택으로 죽으신 분이셨습니다. 따라서 그는 자신의 선택을 따라 자기 자신을 주님 앞에 제물로 드리셨기 때문에, 주님 앞에서 승리자가 되신 것입니다.

또한, 그는 우리를 위하여 주님 앞에서 제사장도 되시고 제물도 되셨는데, 주님으로부터 나신 아들이시면서도 종이 되어 우리를 섬기셔서, 자기 자신을 우리를 위한 제물로 주님께 드리심으로써, 종이었던 우리를 하나님의 아들들이 되게 하셨기 때문에 제사장이 되실 수 있으셨습니다.

주님은 "하나님 우편에 계신자요 우리를 위하여 간구하시는 자"(롬 8:34)이신 그리스도로 말미암아 나의 모든 병을 고쳐 주시는 분이시기 때문에, 주님께 둔 나의 소망이 강력할 수밖에 없는 것은 당연합니다. 만일 주님이 그런 분이 아니셨다면, 나는 이미 절망하고 말았을 것입니다. 왜냐하면, 나의 병은 많고 깊기 때문입니다. 나의 병은 정말 많고 깊지만, 주님이 준비하신 약은 나의 병보다 더 강력합니다. 만일 "말씀이 육신이 되어 우리 가운데 거하시지" 않으셨다면(요 1:14), 주님의 말씀은 우리가 붙들기에는 너무 멀다고 생각하고서 절망하고 말았을 것입니다.

70. 나는 나의 죄악과 나의 비참함의 무게에 너무나 놀라고 두려워서, 마음속으로 광야로 도망칠 생각도 해 보았지만, 주님은 그것을 허락하지 않으시고, "그가 모든 사람을 대신하여 죽으심은 살아 있는 자들로 하여금 다시는 그들 자신을 위하여 살지 않고 오직 그들을 대신하여 죽었다가 다시 살아나신 이를 위하여 살게 하려 함이라"(고후 5:15)는 말씀으로 나를 격려해 주셨습니다.

주님이여, 이제 나는 그렇게 살기 위해서, 나의 모든 염려를 주님께 맡기고, "주의 율법에서 놀라운 것을" 보고자 할 것입니다(시 119:18). 주님은 나의 미숙함과 연약함을 아시오니, 나를 가르치시고 고쳐 주십시오. 주님의 독생자는 "그 안에 지혜와 지식의 모든 보화가 감추어져 있는" 그런 분이신데(골 2:3), 그런 분이 그 피로 나를 속량해 주셨습니다. 그러므로 내가 나의 속전이신 그분을 항상 생각하며, 그분의 살과 피를 먹고 마실 뿐만 아니라 다른 사람들에게도 나누어 주어서, 내 자신도 겸손한 자들 중에 있어서 그분으로 말미암아 배부르기를 원하오니, 교만한 자들이 그런 나를 비방하지 않기를 바랍니다. "겸손한 자는 먹고 배부를 것이며 여호와를 찾는 자는 그를 찬송할 것이라"(시 22:26).

제11권
영원 속에 계시는 창조주와 시간 안에서의 창조

아우구스티누스는 과거에 대한 기억과 자신의 현재의 상태에 대하여 말한 후에, 자기가 영원하신 하나님 앞에 고백하는 목적은 자신과 사람들의 마음을 고무시켜서 하나님을 더 사랑하게 하기 위한 것임을 밝힌다. 그는 영원하신 하나님이 시간 안에서 천지를 창조하신 것의 신비를 물으면서, 하나님은 그 어떤 물질이나 시간 속에서의 어떤 음성이 아니라 영원하신 "말씀"으로 천지를 창조하신 것이며, 이 "말씀"은 만유의 "처음"이신 그리스도라고 고백한다.

하지만 어떤 사람들은 "하나님이 천지를 창조하시기 이전에는 무엇을 하고 계셨나?"라고 의문을 품기 때문에, 그는 시간과 영원의 문제에 대하여 천착해 들어가기 시작한다. 그는 과거와 현재와 미래에 대하여 말하는 가운데, 시간은 오직 현재로만 존재하고, 우리가 시간을 측정할 수 있는 것은 우리의 심령 속에 각인되어 있는 과거와 현재와 미래의 "인상들" 덕분이라는 것을 알아낸다. 사람은 이렇게 시간 속에서 "다자"로 분열되어 진리로부터 멀어져서 살아가지만, 오직 하나님은 영원 안에서 존재하시면서 만유를 "일자"인 자기에게로 회귀하여 진리를 알게 하고자 하신다. 따라서 "하나님이 천지를 창조하시기 이전에는 무엇을 하고 계셨나?"라는 질문 자체가 어리석고 모순된 것이며, 영원 안에서의 하나님의 지식은 이루 말할 수 없이 경이로운 것이다. 그는 이렇게 해서 다음 권에서 창조의 신비를 본격적으로 다루기 위한 정지작업을 마친다.

제1장

영원하신 하나님과 나의 고백

1. 주님이여, 주님께서는 영원하신 분이신데, 지금 내가 주님께 말씀드리고 있는 것들을 모르실 수 있으시겠으며, 시간 속에서 일어나는 일들을 그 시간이 되어 그 일들이 일어나야 비로소 보실 수 있으시겠습니까? 그런데도 왜 나는 나와 관련하여 일어난 수많은 일들을 이렇게 순서대로 주님께 아뢰고 있는 것입니까? 그것은 주님이 이 모든 일들을 모르고 계신다고 생각해서 알게 해드리려고 하는 것은 결코 아니고, 이 고백을 통해서 주님을 향한 나의 마음과 이 글을 읽는 사람들의 마음을 고무시켜서, 모든 사람이 "여호와는 위대하시니 크게 찬양할 것이라"(시 145:3)고 고백하게 하기 위한 것입니다.

또한, 나는 전에도 이미 "주님의 사랑을 사랑하기 위하여 이렇게 고백하고 있다"고 말한 적이 있지만, 여기에서도 다시 한 번 그렇게 말하고자 합니다. 왜냐하면, 우리는 무엇인가를 얻기 위하여 기도하지만, 진리이신 그리스도께서는 "구하기 전에 너희에게 있어야 할 것을 하나님 너희 아버지께서 아시느니라"(마 6:8)고 말씀하셨기 때문입니다.

따라서 우리가 주님 앞에 우리의 마음을 숨기지 않고 다 드러내 놓고서, 우리가 처한 곤경과 주님이 우리에게 베풀어 주신 은혜들을 고백하는 것은, 주님이 우리 안에서 이미 시작하신 일을 끝까지 이루셔서 우리를 온전히 자유롭게 해 주심으로써, 우리의 비참함과 곤고함이 끝이 나고, 우리가 주님 안에서 복 있는 자들이 되기 위한 것입니다. 왜냐하면, 주님은 복 있는 자가 되기 위해서는, 심령이 가난하고 온유하며 애통하고 의에 주리고 목마르며 긍휼히 여기고 마음이 청결하며 화평하게 하는 자가 되어야 한다고 하셨기 때문입니다(마 5:3-9).

또한, 내가 이렇게 내 힘이 닿는 데까지 나와 관련된 많은 일들을 주님 앞에 아뢰고 고백하고자 하는 것은, 주님은 "선하시며" 그의 자비하심은 영원하셔서(시 118:1), 주님이 내게 그 무엇보다도 먼저 원하시는 일이 바로 내가 주 내 하나님이신 주님께 고백하는 것이기 때문입니다.

제2장

나의 현재와 과거를 성경에 비추어 고백하기를 소원함

2. 하지만 주님이 나로 하여금 말씀을 전하게 하시고 주님의 백성들에게 성례
전들을 베풀게 하실 때까지, 나를 권면하시고 두렵게 하시며 위로하시고 인도하
신 모든 일들을 나의 필설로 어떻게 다 말할 수 있겠습니까? 그 많은 일들을 제대
로 잘 정리해서 고백하려면, 시간의 물방울들 하나하나가 내게는 너무나 소중합
니다. 나는 주님의 법을 묵상하면서, 나의 연약한 것들이 주님의 능력에 의해서 삼
켜지게 될 때까지, 내가 아는 것들과 잘 모르는 것들, 내 안에 들어오기 시작한 주
님의 빛들, 아직도 여전히 내 안에 남아 있는 어둠들을 주님 앞에 고백할 수 있게
되기를 열망하였습니다. 그래서 나는 내 몸을 돌보는 일과 어떤 문제들을 생각해서
결정해야 하는 일과 내가 의무적으로나 자의적으로 사람들을 섬기는 일을 하는 데
꼭 필요한 시간을 제외한 나머지 시간들을 다른 일에 허비하고 싶지 않습니다.

3. 주 나의 하나님이여, 나의 기도를 들으시고, 주님의 자비하심을 내게 베푸
셔서 나의 소원이 이루어질 수 있게 해 주십시오. 왜냐하면, 나의 그러한 열망은
내 자신만을 위한 것이 아니고, 형제 사랑을 실천하고자 하는 목적도 있기 때문입
니다. 주님은 이것이 나의 진심이라는 것을 아십니다. 그러므로 내가 나의 마음과
혀의 섬김을 통하여 주님께 제사를 드리고자 하오니, 내가 주님께 드릴 것을 먼저
내게 주십시오. 왜냐하면, 나는 궁핍하고 가난하지만, 주님은 "그를 부르는 모든
사람에게 부요하시고"(롬 10:12), 자신을 위해서는 염려하지 않으셔도 우리를 위해
서는 염려하시는 분이시기 때문입니다.

나의 안과 밖의 입술에 할례를 행하셔서, 온갖 경솔한 말과 거짓된 말이 거기
에서 나오지 않게 해 주십시오. 주님의 성경이 나의 고결한 기쁨이 되게 해 주시
고, 내가 성경 속에서 미혹되는 일도 없게 하시고, 성경으로 다른 사람들을 미혹
시키는 일도 없게 해 주십시오.

주님이여, 내게 귀 기울여 주시고 자비를 베풀어 주십시오. 눈먼 자들의 빛이
되시고 연약한 자들의 힘이 되실 뿐만 아니라, 볼 수 있는 자들의 힘도 되시고 강

한 자들의 힘도 되시는 주 나의 하나님이여, 내 영혼에 귀 기울여 주시고 그 깊은 곳에서 부르짖는 소리를 들어주십시오. 우리가 저 깊은 곳에서 부르짖어도 주님이 귀 기울여 들어주시지 않으신다면, 도대체 우리가 어디로 가서 하소연하며 어디로 가서 부르짖겠습니까?

"낮도 주의 것이요 밤도 주의 것"이어서(시 74:16), 모든 순간이 주님의 지시에 의해서 날아가오니, 그 모든 시간 중에서 주님의 법의 감춰진 비밀들을 묵상할 수 있는 시간을 내게 허락해 주시고, 그 비밀들을 알기 위하여 문을 두드리는 내 앞에서 그 문을 닫지 말아 주십시오. 왜냐하면, 아무리 깊은 숲속에도 사슴들이 들어가서 거닐며 풀을 뜯고 누워 쉬며 되새김질하듯이, 주님이 성경의 그 많은 페이지들 속에 알기 어려운 비밀들을 기록해 놓으신 것도 아무도 깨닫지 못하게 하시기 위한 것이 아니라, 누군가는 깨닫게 하시기 위한 것이 틀림없기 때문입니다.

오, 주님이여, 나를 온전하게 하시고, 내게 그 비밀들을 계시해 주십시오. 보십시오. 주님의 음성은 나의 기쁨이고, 주님의 음성을 듣는 기쁨은 다른 차고 넘치는 기쁨들을 능가합니다. 내가 사랑하는 것을 내게 주십시오. 왜냐하면, 나는 주님의 음성을 사랑하고, 내가 주님의 음성을 사랑하는 것도 주님이 내게 주신 선물이기 때문입니다. 주님이 내게 주신 이 선물을 쓸모없게 만들지 말아 주시고, 주님을 목말라 하는 주님의 "풀"을 멸시하지 말아 주십시오. 내가 주님의 책들에서 발견한 것들은 무엇이든지 다 주님께 고백하게 하시고, 그 책들에서 주님을 찬송하는 소리를 듣게 하시며, 주님으로부터 마시게 하시고, 주님이 천지를 창조하셨던 저 시초부터 우리가 저 거룩한 도성에 이르러 주님과 함께 영원히 다스리게 될 때까지, "주의 율법에서 놀라운 것을 보게 하소서"(시 119:18).

4. 주님이여, 내게 자비를 베푸셔서 나의 소원을 들어주십시오. 왜냐하면, 내가 바라는 것은 이 땅에 속한 것들, 즉 금은보석들이나 아름다운 옷들이나 명예와 권력이나 육신의 쾌락도 아니고, 이 세상에서 순례자의 삶을 살아가는 데 필요하거나 우리의 육신이 필요로 하는 것들도 아니기 때문입니다. 이러한 것들은 모두 주님의 "나라와 그 의를 구하는" 자들에게 주님이 "더하시는" 것들일 뿐입니다(마 6:33). 나의 하나님이여, 나의 소원이 어디로부터 온 것인지를 보십시오. 주님이

여, 불의한 자들이 자신들이 누리는 기쁨들을 내게 말해 주었지만, 그런 것들은 주님의 법과는 아무 상관이 없는 것들이었습니다. 그러니 나의 소원이 어디로부터 온 것인지를 보십시오. 아버지여, 굽어 살피시고 허락해 주셔서, 나의 소원이 주님의 자비하심 앞에서 열납되고, 내가 주님 앞에서 은혜를 입어서, 문을 두드리는 내게 주님의 말씀의 깊은 것들이 열리게 해 주십시오.

주님의 아들이시고, 주님의 오른편에 계시는 분이시며, 인자이신 우리 주 예수 그리스도를 의지하여 주님께 간구합니다. 주님은 주님을 위하여 예수 그리스도를 주님과 우리 사이의 중보자로 세우시고서, 주님을 찾고 있지도 않았던 우리를 그분을 통해서 찾으셨는데, 이것은 우리로 하여금 주님을 찾게 하시기 위하여 우리를 찾으신 것이었습니다. 또한, 그분은 주님의 말씀이시고, 주님은 자신의 말씀이신 그분을 통해서 만물을 창조하셨는데, 그 만물 가운데는 나도 포함되어 있습니다. 또한, 그분은 주님의 독생자이시고, 주님은 자신의 독생자이신 그분을 통해서 모든 믿는 자들을 부르셔서 자신의 자녀들로 삼으셨는데, 그 자녀들 가운데는 나도 포함되어 있습니다. 이제 나는, 주님의 오른편에 앉아 계셔서 우리를 위하여 중보기도를 하시는 그분, "그 안에 지혜와 지식의 모든 보화가 감추어져 있는"(골 2:3) 그분을 의지해서 주님께 이것을 간구합니다. 내가 주님의 책들에서 찾는 것은 바로 그분입니다. 모세가 그분에 대하여 기록하였다는 것을 그 분 자신이 그렇게 말씀하셨고(요 5:46), 진리이신 주님도 그렇게 말씀하셨습니다.

제3장
창조의 신비를 알게 해 달라고 기도함

5. "태초에 하나님이" 어떤 식으로 "천지를" 창조하셨는지를 (창 1:1) 나로 하여금 듣고 알게 해 주십시오.[1] 모세는 이것을 기록한 후에, 사실 그것은 주님께로부

---

1) 아우구스티누스에게 있어서 진리임을 가려내는 최종적인 시금석은 자명성(self-evidence)이었고, 진리의 최종적인 원천은 내주하는 "로고스"였다.

터 와서 주님께로 돌아간 것이기는 하지만, 어쨌든 이 말씀을 기록해 놓고서는 세상을 떠났기 때문에, 지금 내 앞에 없습니다. 만일 그가 내 앞에 있다면, 나는 그를 붙들고서, 이 말씀을 내게 설명해 달라고 주님의 이름으로 간청하였을 것이고, 내 육신의 귀를 그의 입에서 나오는 말들에 기울였을 것입니다. 그가 히브리어로 말한다면, 그의 말소리들은 내 귓전만을 헛되이 때릴 뿐이고, 내 마음에 와 닿는 것은 아무것도 없을 것이지만, 혹시라도 라틴어로 말해 준다면, 나는 그가 무슨 말을 하는 것인지를 알아듣게 될 것입니다.

하지만 그가 말한 것이 참된 것인지 아닌지를 내가 무엇을 근거로 알 수 있겠습니까? 그리고 설령 내가 그의 말이 참되다는 것을 알았다고 해도, 그것을 내게 알게 해 준 것은 그가 아니고, 내 안에서, 그러니까 내 생각의 본거지에서 "진리"가 히브리어나 헬라어나 라틴어나 야만인들의 언어를 사용하거나, 입과 혀 같은 몸의 어떤 기관들이나 음절들의 소리를 사용하지 않고, "그의 말은 참되다"고 내게 말해 주어서, 내가 그 하나님의 사람에게 "당신의 말은 참됩니다"라고 즉시 확신을 가지고 말하게 된 것이 아니겠습니까?

그렇지만 내가 모세에게 물어본다는 것은 현실적으로 불가능하기 때문에, 나는 모세를 주님의 영으로 충만하게 하셔서 진리를 말하게 하신 진리이신 내 하나님께 이것을 여쭈어 볼 수밖에 없사오니, 나의 죄를 용서해 주시고, 주님의 종에게 이 말씀을 전하게 하신 은혜를 주신 것처럼, 내게도 이 말씀을 깨달아 알 수 있는 은혜를 주십시오.

제4장
피조물인 천지와 창조주이신 하나님

6. 보십시오. 하늘과 땅이 있고, 그것들은 자신들은 지음 받은 존재들이라고 큰 소리로 외치고 있습니다. 왜냐하면, 그것들은 변하고 달라지기 때문입니다. 지음 받지 않았으면서도 존재하는 어떤 것이 있다면, 그것 속에는 이전에 없었던 것은 아무것도 없어야 합니다. 그런데 변하고 달라진다는 것은 이전에 없었던 것들이

있게 되었다는 것을 의미합니다. 또한, 하늘과 땅은 자신들이 자기 자신을 만든 것이 아니라고 큰 소리로 외치고 있습니다: "우리는 지음 받았기 때문에 존재하게 되었다. 우리가 존재하기 이전에는 우리는 없었는데, 어떻게 우리가 우리 자신을 만들 수 있었겠는가." 그것들은 자신들이 우리의 눈 앞에 엄연히 존재하고 있다는 사실 자체를 통해서 우리에게 그렇게 말해 주고 있는 것입니다.

그러므로 주님이여, 그것들을 지으신 분은 바로 주님이시고, 그것들이 아름다운 것으로 보아서, 주님도 아름다우시고, 그것들이 선한 것으로 보아서, 주님도 선하시며, 그것들이 존재하는 것으로 보아서, 주님도 존재하시는 것이 분명합니다. 하지만 그것들은 자신들의 창조주이신 주님만큼 아름답거나 선한 것은 아니고, 절대적으로 존재하는 것도 아닙니다. 주님과 비교하면, 그것들은 아름답지도 않고 선하지도 않으며 존재하는 것도 아닙니다. 우리로 하여금 이러한 사실들을 알게 해 주신 주님께 감사를 드립니다. 하지만 우리의 지식은 주님의 지식에 비하면 무지에 가깝습니다.

제5장
어떤 물질이 아니라 말씀으로 창조하심

7. 주님은 어떻게 하늘과 땅을 만드셨습니까? 그렇게 큰 일을 위해 주님이 사용하신 설계도는 무엇이었습니까? 왜냐하면, 그것은 어떤 장인이 물건들을 만들어 내는 것과 같지 않았을 것이기 때문입니다. 그 장인은 먼저 자신의 마음의 눈으로 이런저런 형태를 생각해 낸 후에, 그 마음의 생각에서 떠오른 형태를 온갖 재료들에 부여해서 물건을 만들어 내는 능력을 가지고 있습니다. 물론, 그가 이렇게 할 수 있는 것도 주님이 그를 지으실 때에 그에게 그런 능력을 주셨기 때문이라는 것은 두말할 필요가 없습니다. 이렇게 할 때, 진흙이나 돌이나 나무나 금 같은 재료들은 이미 존재하거나 그에게 주어져 있고, 그는 단지 자신이 마음속에서 생각해 낸 형태를 그 재료들에 부여하는 것일 뿐입니다. 하지만 주님이 그 전에 그 재료들을 만드셔서 존재하게 하지 않으셨다면, 어떻게 그 재료들이 존재할 수 있었

겠습니까?

그 장인의 육신을 만드신 분도 주님이시고, 그 육신을 주관하는 마음을 만드신 분도 주님이시며, 그 장인이 물건들을 만들 때에 사용하는 재료를 만드신 분도 주님이시고, 그 장인이 자신의 기술을 이해하고서, 자기 앞에 놓인 재료들을 가지고 자기가 무엇을 만들 수 있는지를 마음으로 알 수 있는 능력을 만드신 분도 주님이시며, 그 장인이 자신의 육신의 감각들을 마치 통역사처럼 사용하여, 자신의 마음에서 그 재료들을 가지고 무엇을 만들 것인지에 대하여 생각해 낸 것을 재료에 전달하게 하고, 그 재료들을 사용해서 만든 것들을 다시 자신의 마음에 보고하게 하여서, 마음으로 하여금 자신을 주관하시는 "진리"에게 과연 자기가 제대로 잘 만든 것인지에 대하여 평가를 받을 수 있는 것도 주님이 그 육신의 감각들을 만드셨기 때문입니다.

이 모든 것들이 만유의 창조주이신 주님을 찬송합니다. 그런데 주님은 이 모든 것들을 어떻게 만드신 것입니까? 하나님이여, 도대체 하늘과 땅을 어떻게 만드셨습니까? 주님이 하늘에서나 땅에서나 물에서나 공중에서 천지를 만드신 것이 아니라는 것은 분명합니다. 왜냐하면, 그런 것들도 모두 다 천지의 일부이기 때문입니다. 또한, 피조세계를 만드시기 전에는 피조세계를 만들 장소로서의 피조세계 자체가 존재하지 않기 때문에, 피조세계 속에서 피조세계를 만드신 것도 아닙니다. 또한, 주님은 하늘과 땅을 만드실 때, 그것들을 만드는 데 필요한 그 어떤 재료도 손에 가지고 있지 않으셨습니다. 주님이 아직 어떤 것도 만드시기 전에는 그 어떤 것도 존재할 수 없는데, 그 어떤 재료가 먼저 있어서, 주님이 그 재료로 하늘과 땅을 만드셨겠습니까?[2] 주님이 만드시지 않았는데, 그 어떤 것이 존재할 수 있겠습니까? 그러므로 주님이 말씀하시자, 하늘과 땅이 만들어진 것입니다. 주님은 자신의 말씀으로 천지를 창조하셨습니다.

---

2) 플라톤은 자신의 저서인 『티마이오스』에서 "데미우르고스"가 선재하는 질료를 사용해서 만유를 만들어서 거기에 형상을 부여하였다고 말한다. 선재하는 어떤 질료로부터 세계가 형성되었다는 사상은 헬라-로마의 우주론에서 보편적인 것이었다.

제6장

천지를 창조하신 "말씀"은 시간 속에서의 음성이 아님

8. 그렇다면, 주님은 어떻게 말씀하셨습니까? 구름 속에서 들려온 음성을 통해서 "이는 내 사랑하는 아들이요 내 기뻐하는 자라"(마 3:17)고 말씀하실 때와 똑같은 방식으로 말씀하신 것이었습니까? 그 음성은 왔다가 갔고, 시작되었다가 끝났습니다. 그 음절들은 울렸다가 사라졌는데, 첫 번째 음절 후에는 두 번째 음절이, 그 다음에는 세 번째 음절이 그랬으며, 마지막 음절에 이르기까지 그런 식으로 차례차례 울렸다가 사라졌고, 마지막 음절이 사라진 후에는 침묵이 찾아왔습니다. 이것으로부터 분명하고 확실한 것은, 그 음성은 시간 속에 존재하는 어떤 피조물이 주님의 영원하신 뜻을 따라 움직여서 표출된 것이라는 것입니다.

이렇게 시간 속에서 만들어진 주님의 이 말씀이 외부의 귀에 의해서 마음에 보고되어 지각되면, 마음의 귀는 내면에서 주님의 영원하신 말씀이 무엇이라고 하시는지에 귀 기울여 듣고서는, 밖으로부터 시간 속에서 들려온 그 말씀과 침묵 속에서 자신의 내면에서 들은 주님의 영원하신 말씀을 비교해 본 후에 이렇게 말합니다: "내 안에서 들려온 말씀은 밖에서 들려온 말씀과 너무나 다르구나. 밖에서 들려온 말씀은 순식간에 사라져 버리기 때문에, 나의 저 밑에 있고, 사실 존재하는 것도 아니구나. 하지만 내 하나님의 말씀은 내 위에 영원히 거하는구나."

그러므로 주님이 시간 속에서 들렸다가 사라져 버리는 그런 말씀으로 천지가 있으라고 말씀하셔서, 천지를 창조하신 것이라면, 천지가 존재하기 이전에 이미 어떤 물질적인 피조물이 존재해 있어서, 시간 속에서의 움직임을 통해서 주님의 뜻에 순종해서 그 음성을 시간 속에 만들어 낸 것이라고 하여야 합니다. 하지만 천지가 창조되기 이전에는, 그 어떤 피조물도 존재하지 않았습니다. 설령 어떤 피조물이 존재하였다고 할지라도, 주님은 시간 속에서 울렸다가 사라지는 그런 음성 없이 먼저 그 피조물을 만드신 후에, 시간 속에서 울렸다가 사라지는 그런 음성을 발하셔서 말씀으로 천지를 창조하셨을 것입니다. 시간 속에서 울렸다가 사라지는 음성이 만들어지기 위해 필요한 피조물이 어떤 것이었든지 간에, 그 피조물도 주님이 만드시기 전까지는 절대로 존재할 수 없었습니다. 그렇다면, 시간 속에서 울렸다가 사라지는 음성으로 이루어진 주님의 말씀을 만드는 데 필요한 그 피조물은 주님이 어떠한 말씀으로 만드신 것입니까?

제7장
천지를 창조하신 "말씀"은 영원하신 "말씀"임

9. 그래서 주님은 우리에게 "하나님과 함께 계셨던" 바로 그 "말씀"을 깨달으라고 하시는데(요 1:1), 그 말씀은 영원히 말해지고 있고, 그 말씀으로 인하여 모든 것이 영원히 말해지고 있습니다. 왜냐하면, 그 말씀은 어떤 것에 대한 말이 시작되었다가 끝나면 다른 것에 대한 말이 그 뒤를 잇는 식으로 말해지는 것이 아니고, 모든 것이 동시에 영원히 말해지고 있기 때문입니다. 그렇지 않다면, 그것은 시간과 변화에 종속된다는 의미이기 때문에, 참된 영원성과 참된 불멸성을 지니고 있는 것이 아니게 됩니다.[3]

나의 하나님이여, 내게 이것을 알게 하신 것을 주님께 감사드립니다. 주님이여, 나는 이것을 알기 때문에 이렇게 주님께 고백하는 것인데, 확실한 진리에 대하여 감사하는 마음을 지닌 사람들은 누구나 나처럼 이것을 알고 주님을 찬송할 것입니다. 주님이여, 우리는 어떤 것이 조금이라도 전에는 있다가 지금은 없다거나, 전에는 없다 지금은 있게 되었다면, 그것은 없어졌거나 생겨난 것임을 너무나 잘 알고 있습니다. 그러나 주님의 말씀은 진정으로 영원불멸하기 때문에, 어떤 것이 없어지거나 생겨나는 것이 전혀 없습니다. 그러므로 주님 자신과 마찬가지로 영원한 주님의 말씀으로 말미암아, 주님이 하시는 모든 말씀들은 동시에 영원히 말해지고, 주님이 말씀하시는 모든 것들은 그대로 이루어집니다. 주님은 오직 말씀으로 모든 것을 만드시지만, 주님이 말씀으로 만드시는 모든 것들은 동시에 만들어지는 것도 아니고 영원한 것도 아닙니다.

---

3) 창조의 말씀이 지닌 영원성은 제11권의 대부분을 차지하는 시간의 신비에 대한 긴 고찰의 필수적인 배경으로서의 역할을 한다. 아우구스티누스는 시간은 말씀과 나란히 영원 전부터 존재하였던 것이 아니라, 말씀에 의해서 창조된 것임을 분명히 한다.

제8장

천지를 창조하신 "말씀"이자 "처음"이신 그리스도

주 나의 하나님이여, 이것이 왜 그런지를 묻고 싶습니다. 나는 그 이유를 어느 정도는 알고 있지만, 어떤 식으로 표현해야 하는지를 몰라서, 다음과 같이 말할 수밖에 없습니다: 생성되거나 사멸되는 모든 것은 주님이 생성되지도 않고 사멸되지도 않는 영원한 이성 안에서 생성되거나 사멸되어야 할 때라고 정하신 바로 그때에 생성되거나 사멸되는데, 이 영원한 이성은 하나님의 "말씀"이신 그리스도이시고, 처음부터 계셔서 우리에게 말씀해 오셨던 바로 그 "처음"입니다(요 8:25).

복음서에서 유일하시고 선하신 선생이신 그리스도께서 육신을 입으시고서 모든 제자들을 가르치시며 말씀하시면, 그렇게 울려 퍼진 그의 말씀은 사람들의 외부의 귀를 통해 내면으로 들어가서, 사람들은 자기 속에서 영원하신 진리를 믿었고 찾았고 만났습니다. 주님이여, 복음서에서 나는 나에게 말씀하시는 주님의 음성을 듣는데, 그것은 우리를 가르치실 수 있으신 분이 우리에게 말씀하시기 때문입니다. 우리를 가르칠 수 없는 자는 우리에게 어떤 것들을 가르친다고 할지라도, 사실은 우리를 가르치는 것이 아닙니다. 변함없는 "진리"이신 분이 아니면, 우리를 가르칠 수 있는 자는 아무도 없습니다. 왜냐하면, 우리가 어떤 변하는 피조물들을 통해서 가르침을 받는다고 해도, 결국 그 가르침들은 우리를 변함없는 진리이신 그리스도께로 인도하는 것이기 때문입니다.

그럴 때, 우리는 거기에 서서 그리스도의 음성을 들으며 진정으로 배울 수 있게 되고, 우리가 나온 바로 그곳으로 다시 돌아가게 해 주는 "신랑의 음성"을 인하여 크게 기뻐하게 됩니다. 만일 그 "처음"이 변함없는 것이 아니라면, 우리가 길을 잃고 헤매다가 다시 돌아갈 수 있는 곳이 없게 될 것입니다.[4] 우리가 잘못된 것에서 벗어나서 "처음"으로 돌아가려면, "처음"을 알아야 합니다. 그렇기 때문에, "처음"이신 그리스도께서 우리에게 말씀하시는 것은 우리를 가르치셔서 "처음"을

---

4) 아우구스티누스는 IV.16,31에서 영혼의 참된 본향은 영원이기 때문에, 우리는 본향을 떠났어도 다시 돌아갈 곳이 사라져 버렸으면 어쩌나 하는 염려를 할 필요가 없다고 이미 말한 바 있다.

알게 하시기 위한 것입니다.

제9장
천지를 창조하신 "지혜"이신 그리스도

11. 하나님께서는 하나님의 말씀이시고 하나님의 아들이시며 하나님의 권능이시고 하나님의 지혜이시며 하나님의 진리이신 이 "처음" 안에서 기이한 방식으로 말씀하셔서 기이한 방식으로 하늘과 땅을 만드셨습니다. 누가 이것을 이해하겠습니까? 누가 이것을 설명하겠습니까? 그 어떤 상처도 내지 않고 내 속으로 뚫고 들어와 나의 마음을 건드려서 두려워 떨게 하고 불타오르게 하는 그것은 도대체 무엇입니까? 내가 두려워 떠는 것은 내 자신이 그것과 너무나 다르기 때문이고, 내가 불타오르는 것은 내 자신이 그것과 너무나 닮았기 때문입니다. 이렇게 나를 뒤덮고 있는 구름을 가르고 내 속으로 뚫고 들어오는 것은 바로 지혜, 곧 지혜 그 자체입니다.

하지만 내가 나의 죄악들에 대한 형벌의 무게와 어둠으로 인해서 그 지혜로부터 점점 멀어지면, 그 구름은 나를 다시 뒤덮어 버립니다. 왜냐하면, 나의 모든 죄악들을 속량하신 주님이 나의 모든 병들도 고쳐 주실 때까지는, 나의 곤고함으로 인하여 내 힘이 너무나 약해져서, 주님이 이미 내게 주신 은혜조차도 유지할 수 없게 되기 때문입니다.

그렇지만 주님은 내 "생명을 파멸에서 속량하시고 인자와 긍휼로 관을 씌우시며 좋은 것으로" 내 "소원을 만족하게 하사" 내 "청춘을 독수리 같이 새롭게 하시는" 분이시고(시 103:4-5), 우리가 그러한 소망으로 구원을 받았기 때문에, 우리는 인내로써 주님이 약속하신 것들을 기다립니다. 들을 귀 있는 자들로 하여금 주님이 그들 속에서 말씀하시는 것을 들을 수 있게 해 주십시오. 나는 주님이 친히 하신 말씀을 믿고서, 이렇게 큰 소리로 외칠 것입니다: "주님이여, 주님께서 행하신 일들이 어찌 이리도 놀랍습니까? 이 모든 일들이 지혜 안에서 된 것입니다!" 그 지혜는 바로 저 "처음"이신 그리스도이시고, 주님은 그 "처음" 안에서 하늘과 땅을 창조하셨습니다.

제10장

"하나님이 천지를 창조하시기 이전에는 무엇을 하고 계셨나?"

12. "하나님이 천지를 창조하시기 이전에는 무엇을 하고 계셨나?"라고 우리에게 묻는 자들이 있는데, 그런 자들은 여전히 "옛 사람"의 습성에 젖어 있는 자들이 아니겠습니까? 그들은 이렇게 말합니다:

"만약 하나님이 아무것도 하지 않으시고 그냥 계셨다고 한다면, 그때까지 그래 오셨던 것처럼 계속해서 영원토록 아무것도 하지 않으시고 그대로 계시지 않은 이유가 무엇인가? 만약 하나님 안에서 어떤 새로운 계기가 생겨나서, 이전에는 결코 만드신 적이 없으셨던 어떤 피조물을 만드시고자 하는 새로운 의지가 생긴 것이라면, 이전에는 존재하지 않았던 의지가 새롭게 생겨난 것인데, 어떻게 그런 하나님을 진정으로 영원하신 분이라고 할 수 있겠는가? 왜냐하면, 창조주의 의지가 선행하지 않는다면, 그 어떤 것도 창조될 수 없다는 점에서, 하나님의 의지는 모든 피조물 이전부터 존재해 왔던 것인 까닭에, 피조물이 아니고 하나님의 본질에 속한 것인데, 그 본질 안에 이전에 존재하지 않았던 것이 생겨났다면, 그 본질은 진정으로 영원하다고 할 수 없기 때문이다. 만약 피조세계를 창조하고자 하는 하나님의 의지가 영원 전부터 존재하였던 것이라면, 피조세계 자체도 영원한 것이라고 해야 하지 않겠는가?"[5]

---

5) 이 세계의 영원성은 헬라 철학에서 널리 받아들여져 있었고, 마니교가 그리스도교의 "무로부터의 창조"(creatio ex nihilo)에 관한 가르침을 배격하는 토대가 되었다.

제11장
시간과 영원

13. 그렇게 말하는 자들은 하나님의 지혜이시고 마음의 빛이신 그리스도를 아직 알지 못하는 자들이고, 모든 것이 그리스도로 말미암아 그리스도 안에서 만들어졌다는 것도 아직 알지 못하는 자들입니다. 그런 자들은 영원에 속한 것들을 이해하려고 애쓰지만, 그들의 마음과 생각은 여전히 헛되고 거짓된 채로, 아직까지 과거와 미래의 사물들의 "운동" 안에서 헤매고 있는 것입니다. 누가 그들의 마음을 꼭 붙들어 주어서 잠시나마 멈추게 하여, 늘 그대로 머물러 있는 저 영원의 광채를 조금이나마 맛보고서, 그 영원을 잠시도 머물러 있을 수 없는 "시간"과 비교해 보고, 이 둘이 서로 전혀 비교가 될 수 없는 것임을 알게 해 줄 수는 없는 것입니까?

그렇게만 된다면, 그들은 긴 시간이라는 것은 동시적으로 함께 존재할 수 없는 수많은 운동들이 시간의 흐름 속에서 일어나기 때문에 길어지게 된 것이기 때문에, 영원 속에서는 그 어떤 것도 지나가서 사라지는 것이 없고, 모든 것이 동시적으로 존재하는 반면에, 시간은 결코 동시적으로 존재할 수 없다는 것을 알게 될 것이고, 모든 과거는 미래에 의해서 밀려나고, 모든 미래는 과거를 뒤따르지만, 모든 과거와 미래는 항상 존재하는 영원에 의해서 창조되어서 흐르는 것이라는 사실도 알게 될 것이 아니겠습니까?

누가 사람의 마음을 꼭 붙들어서 멈추어 서게 하여, 과거나 미래의 연속선 상에 영원이 있는 것이 아니라, 영원은 항상 그대로 머물러 있으면서 과거와 미래를 부리고 있다는 것을 보게 할 수 있을까요? 내 손이 그런 일을 할 수 있겠습니까, 아니면 내 입의 손이 말을 통해서 그런 큰 일을 할 수 있겠습니까?

제12장
하나님은 천지를 창조하시기 이전에는 아무것도 만들지 않으셨다

14. 이제 나는 "하나님은 천지를 창조하시기 이전에는 무엇을 하셨나?"라고 묻는 자들에게 대답하고자 합니다. 어떤 사람들은 그런 질문이 얼마나 무례하고 황당한 질문인지를 꼬집어 주고 조롱하기 위해서, "하나님은 깊은 비밀들을 파헤치려고 하는 자들을 던져 넣기 위한 지옥을 준비하고 계셨다"고 말함으로써, 이 질문에 대한 대답을 회피해 버리지만, 그 질문에 대한 대답을 아는 것(videre)과 그런 질문을 하는 자들을 조롱하는 것(ridere)은 별개의 문제이기 때문에, 나는 그런 식으로 대답하고 싶지는 않습니다. 그런 경우에 내가 그 질문에 대한 대답을 정말 모른다면, 나 같으면 그런 엉터리 같은 대답을 해 주고서는 재치 있는 대답이라고 사람들의 칭찬을 받고, 깊은 비밀들에 대하여 물은 자들이 조롱을 당하게 하기보다는, "나는 그것에 대해서 모르겠다"고 기꺼이 솔직하게 대답할 것입니다.

우리의 하나님이여, 나는 하나님은 모든 피조물들을 창조하신 분이시라고 그들에게 대답해 주고 싶고, 그들의 질문 중에 나오는 "천지"가 모든 피조물을 가리키는 것이라면, "하나님은 천지를 창조하시기 이전에는 그 어떤 것도 만들지 않으셨다"고 담대하게 대답할 것입니다. 왜냐하면, 만일 하나님이 천지 창조 이전에 무엇인가를 만드셨다면, 그것은 피조물일 수밖에 없을 것이기 때문입니다. 하나님이 그 어떤 피조물을 만드시기 전에는 그 어떤 피조물도 만들어지지 않았다는 것은 너무나 확실한 것이기 때문에, 나는 내게 유익된 것이어서 내가 반드시 알아야 할 모든 것들을 그 정도로 확실하게 알게 될 수 있기만을 진정으로 소원할 뿐입니다.

제13장
"하나님이 천지를 창조하시기 이전"이라는 말 자체가 모순임

15. 공상과 잡념을 즐기는 사람들은 과거의 시간에 대하여 이런저런 생각을 하

다가, 만유를 창조하시고 섭리하시는 전능하신 하나님, 천지를 설계하시고 건축하신 하나님이, 천지 창조라는 저 큰 일을 하시기 이전의 헤아릴 수 없이 긴 시간을 아무 일도 안 하시고 그냥 계셨다는 것에 대하여 의아해하며 의문을 품을지도 모릅니다. 하지만 그런 사람들은 빨리 몽상에서 깨어나 정신을 차리고서, 자신의 그러한 의문이 터무니없는 것임을 깨달아야 합니다. 하나님은 모든 시간의 근원이시고 시간을 만들어 내는 분이시고, 그런 하나님이 아직 시간을 만들어 내지도 않으셨는데, 어떻게 헤아릴 수 없이 긴 시간이라는 것이 존재하거나 지나갈 수 있겠습니까? 주님이 만들어 내지 않으신 시간이라는 것이 과연 존재할 수 있겠습니까? 그런 시간이 존재하지도 않았는데, 어떻게 지나갈 수 있었겠습니까?

주님은 모든 시간을 창조하시고 주관하시는 분이신데, 만일 주님이 천지를 창조하시기 이전에 시간이라는 것이 존재하였다면, 어떻게 주님은 천지 창조 이전에는 아무 일도 하지 않으셨다고 말할 수 있겠습니까? 왜냐하면, 시간 자체가 주님이 만드신 것인 까닭에, 주님이 시간을 만드시기 전에는 시간이 지나간다는 것은 있을 수 없는 일이기 때문입니다. 이렇게 천지 창조 이전에는 시간이라는 것이 없었는데, "하나님은 그때에 무엇을 하고 계셨나"라는 질문을 어떻게 할 수 있겠습니까? 시간 자체가 존재하지 않는 곳에는 "그때"라는 것도 존재할 수 없습니다.

16. 또한, 주님은 시간적으로 시간보다 앞서 계시는 것도 아닙니다. 만일 주님이 그런 식으로 시간보다 앞서 계시는 것이라면, 사실은 모든 시간보다 앞서 계시는 것이 아니게 됩니다. 주님은 항상 현존하는 영원이라는 저 높은 곳에 자리하신 채로, 모든 과거보다도 먼저 계시고, 모든 미래보다도 그 너머에 계십니다. 왜냐하면, 미래는 아직 오지 않은 미래이지만, 결국에는 도래하여 과거가 될 것이지만, 주님은 늘 동일하시고 주님의 연대는 무궁할 것이기 때문입니다(시 102:27).

주님의 연대는 오지도 않고 가지도 않지만, 우리의 연대는 왔다가 가기 때문에 결국에는 모두 다 가 버리고 맙니다. 주님의 모든 연대가 동시적으로 머물러 있는 것은, 그 어느 연대도 오지도 않고 가지도 않아서 지나가지도 않고 밀려나지도 않기 때문입니다. 하지만 우리의 모든 연대는 다 지나가 버리면, 그것으로 끝이 납니다. 주님의 연대는 "한 날"이지만, 그것은 날마다 오고 가는 "한 날"이 아니라,

항상 "오늘"입니다. 왜냐하면, 주님의 "오늘"은 내일에 의해서 밀려나지도 않고 어제를 뒤따라서 오지도 않기 때문입니다. 주님의 "오늘"은 영원입니다. 따라서 주님이 "오늘 내가 너를 낳았도다"(시 2:7)고 말씀하셨을 때, 주님 자신과 마찬가지로 영원하신 존재인 아들을 낳으신 것입니다. 주님은 모든 시간을 만드셨고, 모든 시간 이전부터 계신 분이시기 때문에, 주님이 시간을 존재하게 하지 않으셨을 때에는 그 어떤 시간도 존재할 수 없었습니다.

제14장
시간이란 무엇인가?

17. 시간을 만드신 분은 주님이시기 때문에, 주님이 그 어떤 것도 만들지 않으셨을 때에는, 시간이라는 것도 존재하지 않았습니다. 주님은 영원하신 분이시기 때문에, 주님과 마찬가지로 영원한 시간이라는 것은 존재할 수 없습니다. 만일 시간이 지나가지 않고 항상 그대로 머물러 있다면, 그것은 이미 시간이라고 할 수 없습니다.

그렇다면, 시간이라는 것은 무엇입니까? 누가 그것을 쉽고 짧게 설명해 줄 수 있겠으며, 누가 그것을 말로 표현하거나 적어도 생각 속에서나마 이해할 수 있겠습니까? 하지만 우리가 대화 속에서 "시간"이라는 말보다 더 흔하고 친숙하게 사용하는 말이 있습니까? 우리는 "시간"에 대하여 말할 때에 그 의미를 분명하게 알고 있고, 다른 사람들이 시간에 대하여 말하는 것을 들을 때에도 그 의미를 분명하게 압니다.

그렇다면, 시간이라는 것은 무엇입니까? 아무도 내게 묻지 않는다면, 내 자신은 시간이 무엇인지를 알고 있습니다. 하지만 누군가가 내게 물어서 내가 설명해 주려고 하면, 나는 시간이 무엇인지를 모릅니다. 하지만 내가 자신있게 안다고 말할 수 있는 것은, 아무것도 지나가지 않는다면 과거의 시간은 존재할 수 없고, 아무것도 오지 않는다면 미래의 시간은 존재할 수 없으며, 아무것도 현존하지 않는다면 현재의 시간은 존재할 수 없다는 것입니다.

과거는 이미 지나가서 지금은 존재하지 않고, 미래는 아직 오지 않아서 지금은 존재하지 않는데, 과거와 미래라는 이 두 종류의 시간이 어떻게 존재할 수 있는 것입니까? 또한, 현재라는 시간이 항상 현재에 현존해 있어서 과거로 지나가지 않는다면, 그것은 이미 시간이라고 할 수 없고 영원이라고 하여야 합니다. 그러므로 현재가 시간이 되기 위해서는 과거로 지나가는 것으로 존재할 수밖에 없는데, 우리는 그런 현재라는 시간을 존재한다고 말할 수 있는 것입니까? 왜냐하면, 현재라는 시간은 지나가는 것으로만 존재할 수 있는데, 지나가서 없어져 버리는 것을 현재적으로 존재한다고 말할 수 없기 때문입니다. 따라서 우리는 시간이라는 것은 지나가서 없어져 버리는 것으로만 존재한다고 말할 수 있지 않겠습니까?[6]

제15장
현재라는 시간에는 "길이"가 없는 찰나에 불과함

18. 우리는 긴 시간이라거나 짧은 시간이라는 말을 하지만, 과거와 미래에 대해서만 그런 말을 사용합니다. 예컨대, 이전의 백년은 과거의 긴 시간이라고 말하고, 마찬가지로 이후의 백년은 미래의 긴 시간이라고 말하는 반면에, 이전의 십일은 과거의 짧은 시간이라고 말하고, 이후의 십일은 미래의 짧은 시간이라고 말합니다. 하지만 어떤 의미에서 우리는 존재하지도 않는 시간에 대해서 길다거나 짧다고 말하는 것입니까? 왜냐하면, 과거는 이미 존재하지 않고, 미래는 아직 존재하지 않기 때문입니다. 따라서 우리는 "길다"라고 말해서는 안 되고, 과거의 시간에 대해서는 "길었다"고 말하고, 미래의 시간에 대해서는 "길 것이다"라고 말해야 합니다.

나의 빛이 되시는 나의 주님이여, 주님의 진리는 이 점에 있어서도 인간을 비

---

6) 이것은 아우구스티누스에게 있어서 문제의 핵심이다. 그는 제11권 전체를 통해서 시간은 끊임없이 무를 향하여 쇄도해 가기 때문에, 시간에 종속되어 있는 피조물들은 연약하기 짝이 없는 존재라는 것, 따라서 피조물들이 원래부터 지니고 있는 무의 속성으로부터 벗어날 수 있는 유일한 길은 하나님의 영원 안에 머무는 것임을 보여 주고자 한다.

웃지 않겠습니까? 과거의 시간이 길었다는 것은 이미 과거가 되어 버린 지금에 와서 보니까 길었다는 것입니까, 아니면 당시에 길었다는 것입니까? 당시에 그 시간이 길었다면, 그것은 당시에는 긴 시간이었다고 말할 수 있습니다. 하지만 지금에 와서는 그 시간은 이미 과거가 되어서 더 이상 존재하지 않기 때문에, 그 시간을 길었다고 말할 수 없습니다. 그러므로 우리는 "과거의 시간이 길었다"고 말해서는 안 됩니다. 왜냐하면, 그 시간은 과거가 되어서 이미 존재하지 않는 까닭에, 우리는 그 시간이 길었는지를 알 수 없기 때문입니다. 따라서 그 과거의 시간이 현재였을 그 당시에 길었다면, 우리는 "그 시간이 당시에 길었다"고 말해야 합니다. 왜냐하면, 그 시간은 당시에는 아직 지나가지 않았고, 따라서 없어져 버린 것이 아니고 현재적으로 존재하고 있었던 까닭에, 그 시간이 길었던 경우에는 얼마든지 길었다고 말하는 것이 가능하지만, 그 시간이 지나간 후에는, 존재 자체가 없어짐과 동시에, 길다고 하는 것도 마찬가지로 없어져 버리기 때문입니다.

19. 인간의 영혼에게는 시간의 간격을 알 수 있고 측량할 수 있는 능력이 주어져 있기 때문에, 현재의 시간이 길다고 말하는 것이 과연 가능한 일인지를 알아볼 필요가 있습니다. 현재의 백년은 긴 시간인가 아닌가 하는 질문에 대해서 인간의 영혼은 무엇이라고 대답할까요? 먼저, 백년이라는 시간이 현재일 수 있는지를 살펴보아야 합니다. 만약 우리가 지금 백년 중에서 첫 번째 해에 살아가고 있는 것이라면, 그 해는 현재이고, 나머지 구십구 년은 미래이기 때문에 아직 존재하지 않습니다. 만약 우리가 두 번째 해에 살아가고 있는 것이라면, 첫 번째 해는 이미 과거이고, 두 번째만 현재이며, 나머지 해들은 미래입니다. 마찬가지로, 우리가 백년 중에서 중간쯤 되는 해에 살아가고 있는 것이라면, 바로 그 해만 현재이고, 그 이전의 해들은 과거이며, 그 이후의 해들은 미래입니다. 그러므로 백년이라는 시간이 모두 동시에 현재가 되는 것은 불가능합니다.

그렇다면, 이제 한 해 전체가 현재가 될 수 있는지를 알아보아야 합니다. 만약 우리가 일 년 중의 첫 번째 달에 살아가고 있는 것이라면, 그 첫 번째 달만 현재이고, 나머지 달들은 미래가 될 것이고, 만약 우리가 일 년 중의 두 번째 달에 살아가고 있는 것이라면, 그 두 번째 달만 현재이고, 첫 번째 달은 과거이며, 나머지 달들은 아직 존재하지 않습니다. 그러므로 우리가 살아가고 있는 어느 특정한 한 해도 그 전체가 현재일 수 없습니다. 왜냐하면, 그 해 전체가 현재가 아니라면, 그 해는 현재일 수 없는데, 한 해를 이루고 있는 열두 달 중에서 어느 한 달이 현재라면, 다른 나머지 달들은 과거이거나 미래일 수밖에 없기 때문입니다. 또한, 우리가 살아가고 있는 어느 한 달도 그 전체가 현재인 것이 아니라, 단지 한 날만이 현재입니다. 우리가 한 달의 첫 번째 날에 살아가고 있다면, 그날을 제외한 나머지 날들은 미래이고, 우리가 한 달의 마지막 날에 살아가고 있다면, 그날을 제외한 나머지 날들은 과거이며, 우리가 그 중간의 어느 한 날에 살아가고 있다면, 그 이전의 날들은 과거이고, 그 이후의 날들은 미래입니다.

20. 이렇게 우리는 "길다"는 표현을 사용할 수 있는 유일한 시간이라는 것을 알게 된 현재라는 시간이 기껏해야 "한 날"밖에 되지 않는다는 것을 확인할 수 있었습니다. 하지만 우리는 그것조차도 또다시 검토해 보아야 합니다. 왜냐하면, 한 날도 그 전체가 현재인 것은 아니기 때문입니다. 한 날은 24시간으로 이루어져 있고, 밤과 낮으로 나뉘어 있어서, 첫 번째 시간이 현재이면, 나머지 시간들은 미래이고, 마지막 시간이 현재이면, 나머지 시간들은 과거이며, 그 중간의 어느 시간이 현재이면, 그 이전의 시간들은 과거이고 그 이후의 시간들은 미래입니다.

또한, 한 시간이라는 것도 수많은 조각들로 이루어져서 지나가기 때문에, 한 시간 중에서 이미 지나간 조각들은 과거이고, 아직 지나가지 않고 남아 있는 조각들은 미래입니다. 이렇게 해서, 우리가 더 이상 나눌 수 없는 가장 작은 시간의 조각 중에서 우리가 살아가고 있는 그 순간의 조각만이 현재라고 할 수 있습니다. 하지만 그 현재라는 순간은 미래에서 과거로 너무나 빨리 지나가기 때문에, "길이"라는 것 자체를 가질 수 없습니다. 만일 그 현재라는 시간이 "길이"라는 것을 갖고 있다면, 그 시간은 또다시 과거와 미래로 나뉠 수 있어서, 그 전체가 현재라고 할 수 없게 되기 때문입니다. 따라서 현재의 시간은 "길이"를 가질 수 없습니다.

그렇다면, 우리가 "길다"고 말할 수 있는 시간은 어디에 있는 것입니까? 미래에 있을까요? 우리가 미래의 시간에 대해서 "길다"고 말할 수 없다는 것은 분명합니다. 미래의 시간은 아직 오지 않아서 존재하지도 않는 시간이어서, 그 시간에 대해서 우리가 "길다"고 말할 수 없기 때문입니다. 따라서 우리는 "길 것이다"라고만 말할 수 있는데, 그런 경우에 미래의 어느 시간이 길 것이라는 말입니까? 만약 우리가 그 말을 한 시점에서 그 시간이 여전히 미래라면, 우리가 말한 그 긴 시간은 아직 오지 않아서 존재하지 않기 때문에, 우리는 그 시간이 길 것이라고 말할 수 없습니다. 만약 우리가 그 말을 한 시점에서 그 시간이 아직 존재하지 않는 미래에서 출현하여 존재하기 시작해서 현재가 된 것이라면, 긴 시간이라고 말할 수 있는 어떤 실체가 존재하게 된 것이기는 하지만, 우리가 이미 앞에서 살펴본 것처럼, 현재가 된 그 시간은 자신은 결코 긴 시간이 될 수 없다고 소리칠 것입니다.

제16장
오직 현재의 시간만을 측정할 수 있음

21. 그런데도 주님이여, 우리는 시간의 간격들을 인식해서 서로 비교해 보고서는, 어떤 것은 길다고 하고 어떤 것은 짧다고 말하고, 심지어 이 시간이 저 시간보다 얼마나 더 길거나 짧은지를 측정해서, 이 시간은 저 시간보다 두 배 또는 세 배 더 길다고 말하기도 하고, 두 개의 시간의 길이가 동일하다고 말하기도 합니다. 우리가 시간의 간격을 측정할 때에는, 지나가고 있는 시간을 인식해서 측정하는 것이기 때문에, 이미 존재하지 않는 과거나 아직 존재하지 않는 미래를 측정할 수 있는 사람은 아무도 없습니다. 존재하지도 않는 것을 측정할 수 있다고 감히 말하는 사람이 누가 있겠습니까? 그러므로 시간이 지나가고 있는 동안에는, 그것을 인식해서 측정하는 것이 가능하지만, 이미 지나가 버린 시간은 존재하지 않기 때문에 측정하는 것이 불가능합니다.

제17장

어떤 식으로든 과거와 미래도 존재함

22. 아버지여, 나는 이것과 관련된 진리를 단정적으로 선포하고 있는 것이 아니라, 이렇게 저렇게 물어서 찾아가고 있는 중입니다. 내 하나님이여, 나를 주관하시고 지도해 주십시오. 우리는 소년 시절에 과거와 현재와 미래라는 세 가지 시간이 있다고 배웠고, 나중에 커서는 소년들에게 그렇게 가르치기도 했는데, 지금 와서 내가 과거라는 시간과 미래라는 시간은 존재하지 않고, 오직 현재라는 시간만이 존재한다고 어떻게 단정적으로 말할 수 있겠습니까?

실제로는 과거와 미래도 존재하지만, 미래는 어떤 은밀한 곳으로부터 나와서 현재가 되고, 현재는 어떤 은밀한 곳으로 물러가서 과거가 되는 것은 아닙니까? 미래가 아직 존재하지 않는 것이라면, 선지자들은 미래의 일들을 어디에서 알고서 예언을 한 것입니까? 존재하지 않는 것을 안다는 것은 불가능하기 때문입니다. 과거의 일들에 대해서 말하는 사람들도, 자신들의 마음속에서 그 일들을 알지 않았다면, 그것들을 말할 수 없었을 것임에 틀림없습니다. 과거의 일들이 전혀 존재하지 않는 것이라면, 그들은 결코 그것들을 알 수 없었을 것이기 때문입니다. 그러므로 미래도 과거도 존재합니다.

제18장

과거와 미래는 오직 현재로만 존재함

23. 주님이여, 나로 하여금 좀 더 깊이 천착해 들어갈 수 있게 허락해 주십시오. 나의 소망이신 주님이여, 나의 그러한 뜻이 좌절되지 않게 해 주십시오. 과거와 미래가 존재하는 것이라면, 그것들이 어디에 있는지를 알고 싶습니다. 나는 아직 그것을 제대로 알고 있지 못하지만, 그것들이 어디에 있든지 간에, 거기에 과거나 미래가 아니라 현재로 존재하리라는 것만은 알고 있습니다. 왜냐하면, 만일 거기에 미래로 존재하는 것이라면, 그 미래는 아직 존재하지 않을 것이고, 과거로

존재한다면, 그 과거는 이미 존재하지 않게 되었을 것이기 때문입니다. 그러므로 과거와 미래가 어디에 존재하고, 그것들이 무엇이든지 간에, 그것들은 오직 현재로만 존재합니다.

우리는 과거의 일들을 마치 실제인 것처럼 말하지만, 지나가고 없는 그 일들을 현재적으로 보고서 말하는 것이 아니라, 그 일들이 지나가면서 우리의 감각들을 통해 마음에 남긴 흔적들인 심상들로부터 형성된 개념을 나타내 주는 언어를 기억으로부터 꺼내어서 말하는 것입니다. 예컨대, 지금은 더 이상 존재하지 않는 나의 소년 시절은 이미 지나가 버리고 없는 과거의 시간에 속합니다. 하지만 내가 그 시절의 심상을 생각 속으로 불러 와서 말할 때에는 그 시절을 현재의 시간 속에서 보는데, 이것은 그 심상이 아직 내 기억 속에 존재하기 때문입니다.

나의 하나님이여, 선지자들이 미래의 일들을 예언한 것에 대해서도 앞에서와 똑같이 설명해서, 아직 존재하지 않는 일들의 심상이 마치 이미 존재하고 있는 것처럼 보고서 예언한 것이라고 할 수 있는 것인지에 대해서는, 내가 모른다고 고백할 수밖에 없지만, 한 가지 확실하게 아는 것은, 일반적으로 우리가 미래에 행할 일을 미리 생각하는 경우에, 그렇게 미리 생각하는 것 자체는 현재이지만, 우리가 미리 생각하는 그 일은 미래이기 때문에 아직 존재하지 않고, 우리가 미리 생각한 그 일을 시작하였을 때에야, 그 일은 더 이상 미래가 아니고 현재가 된다는 것입니다.

24. 이렇게 미래의 일들을 미리 아는 것에 어떤 비밀이 숨겨져 있는지는 알 수 없지만, 지금 존재하지 않는 것은 볼 수 없고, 지금 존재하는 것은 미래가 아니라 현재라는 것은 분명합니다. 따라서 선지자들이 미래의 일들을 보았다고 말할 때, 그것은 미래에 있어서 아직 존재하지도 않는 그 일들을 보았다는 것이 아니라, 아마도 이미 현재에 존재하고 있는 그 일들의 어떤 단초들이나 징조들을 보았다는 의미일 것입니다. 그 단초들이나 징조들은 그것들을 보고 있는 사람들에게는 미래가 아니라 현재이기 때문에, 그들은 그것들이 알려 주는 미래의 일들을 마음으로 인식하고서 예언한 것입니다. 이렇게 그들의 마음에 형성된 개념들은 현재적으로 존재하기 때문에, 그들은 자신들에게 현재적으로 존재하는 그러한 개념들을

보고서 미래의 일들을 예언할 수 있게 됩니다.

그러한 것을 보여 주는 예는 너무나 많지만, 이제 그 중에서 한 가지만을 예로 들어 보겠습니다. 나는 여명이 밝아 오는 것을 보고서, 해가 곧 뜨게 되리라는 것, 즉 일출을 미리 압니다. 그런 경우에 내가 보고 있는 것은 현재이지만, 내가 미리 아는 것은 미래입니다. 여기에서 나는 이미 존재하고 있는 "해"를 미래라고 말하는 것이 아니고, 아직 존재하지 않는 "일출"을 미래라고 말하는 것입니다. 만일 내가 지금 말하고 있는 것과 같은 일출의 심상이 내 마음속에 간직되어 있지 않았다면, 나는 일출을 미리 알고 말할 수 없었을 것입니다. 그런데 내가 하늘에서 보고 있는 저 여명은 일출에 선행하는 것이기는 하지만 일출이 아니고, 내 마음속에 있는 일출의 심상도 일출이 아닙니다. 나는 이 두 가지, 즉 내 눈 앞에서 일어나고 있는 여명과 내 마음속에 있는 일출의 심상을 현재적으로 보면서, 미래의 일인 일출에 대하여 현재에서 말할 수 있는 것입니다. 그러므로 미래의 일들은 아직 존재하지 않고, 아직 존재하지 않는다면, 지금 존재하지 않는 것이고, 지금 존재하지 않는다면, 우리는 그 일들을 결코 현재적으로 볼 수 없고, 단지 현재적으로 존재해서 우리가 볼 수 있는 현재의 일들을 보면서 그 미래의 일들을 미리 알고 말할 수 있을 뿐입니다.

제19장
하나님이 미래의 일들을 사람들에게 어떻게 보여 주시는지에 대한 나의 무지

25. 자신이 지으신 피조물들을 다스리시는 이시여, 주님은 미래의 일들을 사람들의 마음에 어떤 방식으로 보여 주시는 것입니까? 왜냐하면, 주님은 옛적에 선지자들에게 미래의 일들을 보여 주셨기 때문입니다. 주님께는 미래라는 것이 존재하지 않는데, 어떻게 사람들에게 미래의 일들을 보여 주시는 것입니까? 아니면, 주님은 미래의 일들과 관련된 현재의 징조들을 보여 주시는 것입니까? 왜냐하면, 현재적으로 존재하지 않는 것을 보여 준다는 것은 불가능하기 때문입니다. 주님

이 어떤 방법으로 미래의 일들을 사람들에게 보여 주시는 것인지를 나는 도저히 알 수가 없습니다. "이 지식이 내게 너무 기이하니 높아서 내가 능히 미치지 못하나이다"(시 139:6). 하지만 내 어두운 눈을 밝히시는 아름다운 빛이신 주님이 원하시면, 나는 주님이 주시는 힘으로 그것을 알 수 있을 것입니다.

제20장
과거와 현재와 미래라는 세 가지 시간의 의미

26. 하지만 이제 분명하게 확인된 것은, 미래의 시간이나 과거의 시간은 존재하지 않기 때문에, "과거와 현재와 미래"라는 세 가지 시간이 존재한다고 말하는 것은 옳지 않고, "과거의 일들의 현재와 현재의 일들의 현재와 미래의 일들의 현재"라는 세 가지 시간이 존재한다고 말하는 것이 아마도 옳으리라는 것입니다. 이 세 가지 시간은 모두 우리의 마음에 어떤 식으로든 존재합니다. 그렇지 않다면, 나는 그것들을 볼 수 없고 알 수 없습니다. 과거의 일들의 현재는 "기억"이고, 현재의 일들의 현재는 "직관"이며, 미래의 일들의 현재는 "기대"입니다.[7] 이렇게 말하는 것이 허용될 수 있다면, 나는 세 가지의 시간이 존재한다고 말하고 싶습니다.

사람들은 잘못된 관습을 따라서, "과거와 현재와 미래라는 세 가지 시간이 존재한다"고 말하지만, 그들로 하여금 그렇게 말하게 하십시오. 사람들이 그렇게 말을 해도, 내가 여기에서 말한 것, 즉 미래의 일들과 과거의 일들은 현재적으로 존재하지 않는다는 것만을 알고 있기만 한다면, 나는 그런 식으로 말하는 사람들의 관습에 대하여 굳이 트집을 잡거나 반대하거나 비난할 마음이 없습니다. 왜냐하면, 우리는 올바르게 말하는 경우는 적고 올바르지 않게 말하는 경우가 많지만, 상대방이 무슨 의미로 그렇게 말하는 것인지를 알아듣기 때문입니다.

---

7) 어떤 주석자들은 이 삼중의 패턴을 따라 『고백록』 전체를 구분하기도 한다: 제1-9권은 "기억," 제10권은 "직관," 제11-13권은 "기대."

제21장
시간은 어떻게 측정될 수 있는가?

27. 나는 조금 전에 우리는 "지나가고 있는" 시간을 측정해서, 이 시간이 저 시간보다 두 배 더 길다거나 길이가 둘 다 똑같다고 말할 수 있고, 마찬가지로 시간의 다른 조각들도 측정해서 그런 식으로 말할 수 있다고 앞에서 언급한 바 있습니다. 그러므로 내가 방금 말한 것처럼, 우리는 "지나가고 있는" 시간을 측정하는 것인데, 누가 내게 "너는 그것을 어떻게 아느냐"라고 묻는다면, 나는 "우리는 분명히 측정하고 있는데, 현재적으로 존재하지 않는 것은 측정할 수 없고, 과거의 것들과 미래의 것들은 현재적으로 존재하지 않기 때문에, 우리가 현재적으로 지나가고 있는 시간을 측정하는 것임을 안다"고 대답할 것입니다.

하지만 현재의 시간은 "길이"라는 것을 가지고 있지 않은데, 우리는 어떻게 그 현재의 시간을 측정하는 것입니까?[8] 시간이 지나가 버리면 그 시간을 측정할 수 없기 때문에, 우리는 현재 지나가고 있는 시간을 측정합니다. 왜냐하면, 시간이 지나가 버리면, 우리가 측정하고자 하는 그 시간은 존재하지 않게 되기 때문입니다. 우리가 지나가고 있는 시간을 측정하는 동안, 그 시간은 어디에서 와서 어디를 통과해서 어디로 갑니까? 시간은 미래에서 와서 현재를 통과해서 과거로 가는 것이 아니겠습니까? 그러므로 시간은 아직 존재하지 않는 것에서 와서 길이가 없는 것을 통과해서 이미 존재하지 않게 된 것으로 갑니다. 우리는 길이가 없는 시간을 어떻게 측정하는 것입니까? 왜냐하면, 우리는 시간의 길이에 대해서 말하지 않고서는, 이 시간이 저 시간보다 두 배 또는 세 배가 길다거나 동일하다고 말할 수 없기 때문입니다.

그렇다면, 우리는 지나가고 있는 시간의 길이를 어떻게 측정하는 것입니까? 그 오고 있는 시간이 미래에서 가지고 있는 길이를 측정하는 것입니까? 하지만 아직 존재하지도 않는 것을 측정하는 것은 불가능합니다. 그러면, 그 시간이 현재에 지니고 있는 길이를 측정하는 것입니까? 하지만 그 시간은 현재에서 그 어떤 길이

---

8) 즉, 현재는 크기는 없고 위치만 있는 하나의 점이라는 것이다.

도 가지고 있지 않기 때문에, 그것을 측정하는 것은 불가능합니다. 그러면, 이미 지나가 버린 그 시간이 과거에 가지고 있는 길이를 측정하는 것입니까? 하지만 그 지나가 버려서 과거가 된 시간은 이미 존재하지 않기 때문에, 그것을 측정하는 것은 불가능합니다.

제22장
시간의 신비를 알고자 하는 나의 열망

28. 내 영혼은 너무나 복잡하게 뒤엉킨 이 수수께끼를 알아내고자 하는 열망으로 활활 타오르고 있습니다. 주 나의 하나님 선하신 아버지시여, 그리스도를 의지하여 간구하오니, 늘 접하는 것인데도 신비에 싸여 있는 이 문제 속으로 깊이 들어가고자 하는 나의 소원을 제발 막지 말아 주시고, 주님의 자비하심으로 내게 빛을 비쳐 주셔서, 이 문제의 해법을 찾을 수 있게 해 주십시오. 내가 이 문제를 누구에게 물어보겠으며, 나의 무지를 솔직하게 고백하고서 물어보았을 때, 내게 제대로 된 답을 줄 수 있는 이가 누가 있겠습니까?

하지만 주님은 내가 주님의 성경을 알고자 연구하려는 열망에 불타올라서, 이런 문제들을 여쭈어 보아도 골치아프다고 말씀하실 분이 아니지 않습니까? 그러니 내가 소원하는 것을 내게 주십시오. 나는 그것을 진정으로 소원하고, 그 소원은 주님이 내게 주신 것입니다. 아버지여, 주님은 자신의 자녀들에게 "좋은 것들"을 주시는 분이시오니(마 7:11), 그것을 내게 주십시오. 나는 이 문제를 알기 위해서 이미 발을 들여놓았기 때문에, 주님이 내게 답을 주시지 않으시면, 나는 내내 헛고생만 하게 될 것입니다.

거룩한 것들 중에서 가장 거룩하신 그리스도의 이름으로 간구하오니, 이 문제를 알고자 하는 나를 아무도 방해하지 못하게 해 주십시오. 나는 주님이 그렇게 해 주실 것을 이미 믿고 있기 때문에 이렇게 말하고 있는 것입니다. 왜냐하면, 주님이 기뻐하시는 것들을 바라보고 그 "즐거움"에 참여하는 것이야말로 나의 소망이고 내가 살아가는 목적이기 때문입니다. 하지만 주님은 나의 날들이 지나가게 하시고 나로 늙어가게 하시는데도, 나는 그날들이 어떻게 지나가는 것인지를 알지 못합니다.

우리는 끊임없이 "시간"에 대해서 말하고, 이런저런 시간이나 이런저런 시간들에 대해서 말합니다: "그가 이것을 얼마 동안이나 말했지?" "그가 이 일을 얼마 동안이나 했지?" 내가 그것을 얼마 동안이나 보고 있었지?" "이 음절은 저 짧은 음절보다 두 배 더 길다." 우리는 이런 말들을 하거나 들으면서, 그 의미를 상대방에게 이해시키기도 하고 상대방이 하는 그런 말들의 의미를 이해하기도 합니다. 이런 말들이 의미하는 것은 한편으로는 우리에게 너무나 분명하고 평범하지만, 다른 한편으로는 너무나 깊이 감추어져 있어서, 그 비밀을 알아내는 일은 절대로 평범하지 않습니다.

제23장
시간은 "연장"이다

29. 나는 전에 어떤 박식한 사람이 "해와 달과 별의 운동이 곧 시간"이라고 말하는 것을 들은 적이 있었지만, 그런 견해에 동의하지 않았습니다. 왜냐하면, 그런 식의 논리라면, 우리는 단지 천체들만이 아니라 모든 사물의 운동이 시간이라고 말해야 하는데, 이것은 말이 되지 않기 때문입니다.

이 박식한 사람의 논리가 맞다면, 가령 천체들이 다 멈추어 서 버렸고, 오직 토기장이의 물레만이 계속해서 돌아가고 있을 때, 우리는 천체들의 운동이 사라져서 시간도 존재하지 않기 때문에, 물레가 회전하는 것을 시간으로 측정할 수도 없고, 회전하는 시간이 일정하다거나, 느려지기도 하고 빨라지기도 해서 한 번 회전하는 시간이 더 길어지기도 하고 더 짧아지기도 한다고 말할 수도 없게 되지 않겠습니까? 하지만 우리가 이렇게 말하고 있는 것도 시간 속에서 말하고 있는 것이 아닙니까? 그리고 우리의 말 속에서도 어떤 음절은 더 긴 시간 동안 소리가 나고 어떤 음절은 더 짧은 시간 동안 소리가 나기 때문에, 긴 음절도 있고 짧은 음절도 있는 것이 아닙니까?

하나님이여, 사람들로 하여금 작은 것을 보고서, 그 속에서 큰 것과 작은 것을 포함하는 모든 것에 공통적으로 적용되는 개념들을 깨닫게 해 주십시오. 별을 비롯한 천체들은 "징조와 계절과 날과 해"를 이루기 위하여 존재한다는 것은 사실이지만(창 1:14), 내가 저 나무로 된 물레가 한 번 회전하는 것이 "한 날"이라고 말해서는 안 되는 것과 마찬가지로, 그 박식한 사람도 천체들의 운동이 멈추어 서서 시간이 존재하지 않기 때문에, 물레의 회전이 시간 속에 일어나는 일이 아니라고 말해서도 안 됩니다.

30. 우리는 시간으로 물체들의 운동을 측정해서, 예를 들어 이 운동은 저 운동보다 두 배 더 길게 지속되었다고 말하는데, 내가 알고자 하는 것은 그런 측정에 사용되는 "시간"의 의미와 본질입니다. 왜냐하면, 내가 묻고자 하는 것은 이런 것이기 때문입니다: 우리가 "낮"이라고 할 때, 그것은 한 날을 낮과 밤으로 구분해서, 해가 땅 위에 떠 있는 "낮" 동안의 시간만을 가리키는 것이 아니라, 해가 동쪽에서 떠서 한 바퀴를 완전히 돌아 다시 동쪽으로 온 것을 가리키기도 합니다. 그래서 우리는 "아주 많은 날들 동안에"라고 말하고자 하는 경우에는, "밤" 동안의 시간을 별도로 포함시키지 않고, "낮"이라는 단어만을 사용해서 "아주 많은 낮들 동안에"라고 말합니다. 따라서 "한 날"은 해가 동쪽에서 떠서 다시 동쪽으로 돌아갈 때까지의 운동에 의해서 표현됩니다. 그렇다면, 해의 그러한 운동 자체가 "한 날"인 것입니까, 아니면 해의 그러한 운동이 지속된 시간의 길이가 "한 날"인 것입니까, 그것도 아니면 둘 다가 "한 날"인 것입니까?

이 세 가지 중에서 첫 번째가 맞다면, 해가 한 시간이라는 아주 짧은 시간 동안에 한 바퀴를 다 돈 경우에도, 우리는 그 한 시간을 "한 날"이라고 하여야 합니다. 하지만 두 번째가 맞다면, 한 번의 일출로부터 다음 번의 일출까지가 한 시간이라는 아주 짧은 시간 동안에 이루어진 경우에도, 우리는 그 한 시간을 "한 날"이라고 하지 않고, 해가 그러한 운동을 스물네 번 반복하였을 때에 걸린 시간 전체를 "한 날"이라고 해야 합니다. 세 번째가 맞다면, 우리는 앞에서 말한 그 어느 것에 대해서도 "한 날"이라고 부르지 않습니다. 즉, 이 경우에는, 해가 한 바퀴를 도는 데 걸린 시간이 한 시간이라고 해도, 그것이 "한 날"이 되는 것도 아니고, 해가 멈추어서 있는 가운데, 해가 일출에서 다음 일출까지 통상적으로 한 바퀴를 도는 데 걸린 시간이 경과했더라도, 그것이 "한 날"이 되는 것도 아닙니다.

따라서 내가 묻고자 하는 것은 우리가 "한 날"이라고 부르는 것이 무엇인가 하는 것이 아니라, 해가 한 바퀴 도는 운동을 측정하는 수단이 되고 있는 "시간"이라는 것이 무엇인가 하는 것입니다. 왜냐하면, 우리는 해가 한 바퀴 도는 것을 "시간"으로 측정해서, 그것이 열두 시간밖에 걸리지 않은 경우에는, 평소에 해가 한 바퀴 도는 데 걸리는 시간의 절반밖에 걸리지 않았다고 말할 수 있고, 이 둘을 서로 비교해서 평소에는 이번보다 두 배는 더 걸린다고 말할 수 있으며, 이것을 통해서 해가 어떤 때에는 평소보다 두 배의 속도로 동쪽에서 동쪽으로 달린다고 말할 수도 있기 때문입니다.

그러므로 누가 되었든지 간에 천체들의 운동이 곧 시간이라는 말은 내게 하지 마십시오. 왜냐하면, 여호수아가 자신이 전투에서 승리할 때까지 해가 멈추어 서 있게 해 달라고 기도하였을 때, 해는 멈추어 서 있었지만(stabat), 시간은 멈추지 않고 계속해서 흘러갔기(ibat) 때문입니다(수 10:12-14). 우리는 그 경우에 해는 멈추어 서 있었지만, 전투는 그 시간 동안 계속해서 벌어지다가 끝났다는 사실에서, 시간은 멈추지 않았다는 것을 알 수 있습니다. 여기에서 나는 시간이 어떤 것을 늘여 놓은 것, 즉 "연장"이라는 것을 봅니다. 하지만 이것이 내가 잘 보고 있는 것입니까, 아니면 내게 그렇게 보이는 것일 뿐입니까? 빛과 진리이신 주님이 내게 알게 해 주십시오.

제24장
시간은 물체의 운동이 아니다

31. 어떤 사람이 시간은 물체의 운동이라고 말한다면, 주님은 내게 그 말을 수긍하라고 명하실까요? 주님은 내게 그렇게 명하지 않으십니다. 왜냐하면, 나는 모든 물체는 오직 시간 속에서 운동한다고 주님이 말씀하시는 것을 듣지만, 물체의 운동 자체가 시간이라고 주님이 말씀하시는 것은 듣지 못하였기 때문입니다.

물체가 운동하는 동안, 나는 그 물체가 운동을 시작하였을 때부터 멈춰설 때까지 얼마 동안이나 운동하였는지를 시간으로 측정합니다. 그 물체가 언제 운동을 시작하였고, 계속해서 운동을 지속하다가 언제 멈추었는지를 내가 보지 않았다면, 나는 그 운동을 측정할 수 없고, 단지 내가 보기 시작한 때부터 보기를 멈춘 때까지의 시간만을 측정할 수 있을 뿐입니다. 또한, 내가 그 운동을 오랜 시간 보고 있는 것이라면, 나는 그 시간이 길었다는 것만을 말할 수 있을 뿐이고, 그 시간이 얼마나 길었는지에 대해서는 말할 수 없습니다. 왜냐하면, 우리가 어떤 시간이 길었다고 말하려면, "이 시간은 저 시간과 길이가 동일하다"거나 "이 시간은 저 시간보다 두 배로 길다" 등과 같이 두 개 이상의 시간을 비교해서 상대적으로 말해야 하기 때문입니다.

　하지만 어떤 물체가 어느 지점에서 움직이기 시작해서 어느 지점까지 이동하였을 때에 공간 속에서 그 두 지점을 알 수 있거나, 물체의 어느 부분이 회전 운동을 할 때에 어느 지점에서 어느 지점까지 운동하였는지를 알 수 있다면, 우리는 그러한 운동이 얼마 동안 지속되었는지를 말할 수 있습니다.

　이렇게 어떤 물체의 "운동"과 그 운동이 얼마 동안 걸렸는지를 측정하는 데 기준이 되는 것은 서로 아주 다르고 뚜렷하게 구별되는데, 어느 쪽을 "시간"이라고 불러야 하는지를 모를 사람이 누가 있겠습니까? 왜냐하면, 동일한 물체라고 하더라도, 어떤 때에는 빠르게 또는 느리게 운동하기도 하고, 어떤 때에는 멈추어 서 있기도 하지만, 우리는 그 물체가 운동할 때만이 아니라, 멈추어 서 있을 때에도 그 시간을 측정해서, "멈추어 서 있었던 시간이 운동을 한 시간과 동일하다"거나 "멈추어 서 있었던 시간이 운동을 한 시간보다 두 배 또는 세 배가 더 길다"고 말하기 때문입니다. 여기서 우리가 그런 시간들을 측정할 때에는, 정확한 시간을 측정하든, 우리가 흔히 말하는 것처럼 "대강"의 시간을 측정하든, 그런 것은 문제가 되지 않습니다. 그러므로 시간은 물체의 운동이 아닙니다.

제25장
시간이 무엇인지를 알지 못함을 고백함

32. 주님이여, 나는 아직도 여전히 시간이 무엇인지를 알지 못한다는 것을 주님께 고백합니다. 그러면서도 주님이여, 나는 내가 시간 속에서 이 모든 것들을 말하고 있고, 이미 긴 시간 동안 시간에 대하여 말해 왔으며, 시간의 길이를 측정함이 없이는 긴 시간이라는 말 자체를 할 수 없다는 것을 알고 있다는 것을 고백합니다.

그렇다면, 나는 시간이 무엇이라는 것을 알지 못하는데, 어떻게 이런 것들을 내가 알고 있는 것입니까? 혹시 내가 시간이 무엇이라는 것을 알고 있는데도, 말로 어떻게 표현해야 하는 줄을 모르고 있는 것입니까? 내가 어느 정도까지 알지 못하고 있는 것인지조차도 나는 모르고 있으니, 이것은 내게 재앙입니다! 나의 하나님이여, 나는 주님 앞에서 거짓말을 하지 않기 때문에, 내가 지금 말하고 있는 것이 곧 내 마음속에 있는 것입니다. 주 나의 하나님이여, "나의 등불"을 켜 주셔서, "내 흑암을 밝혀" 주십시오(시 18:28).

제26장
시간을 측정한다는 것은 무엇을 측정하는 것인가?

33. 내가 시간을 측정한다고 말할 때, 과연 그것은 내 영혼이 주님께 참된 고백을 하고 있는 것입니까? 내 하나님이여, 내가 시간을 측정하고 있다는 것은 분명히 사실이지만, 나는 무엇을 측정하고 있는 것인지는 알지 못합니다. 나는 물체의 운동을 시간으로 측정하는데, 그렇게 함으로써 시간도 측정하고 있는 것이 아니겠습니까? 어떤 물체의 운동이 얼마 동안 지속되고 있는 것인지, 또는 그 물체가 이 지점에서 저 지점으로 이동하는 데 얼마의 시간이 걸리는지 등과 같은 물체의 운동을 측정할 때, 내가 물체가 운동하는 시간을 측정하는 것이 아니라면 무엇을 측정하는 것이겠습니까?

그렇다면, 나는 시간 자체를 어떻게 측정하는 것입니까? 우리가 대들보의 길이를 측정할 때에 가운뎃손가락 끝에서 팔꿈치까지의 길이를 나타내는 "규빗"을 사용해서 측정하는 것과 마찬가지로,[9] 시간을 측정할 때에도 짧은 시간을 사용해서 긴 시간을 측정하는 것입니까? 우리는 짧은 음절을 사용해서 긴 음절을 측정하고서는, 이것이 저것보다 두 배 더 길다고 말합니다. 마찬가지로, 시의 길이는 행(行)의 길이를 사용해서 측정하고, 행의 길이는 보(步)의 길이를 사용해서 측정하며, 보의 길이는 음절의 길이를 사용해서 측정하고, 긴 음절의 길이는 짧은 음절의 길이를 사용해서 측정합니다. 우리는 시의 길이를 그 시가 기록된 페이지 수로 측정하지 않습니다. 그렇게 측정한다면, 그것은 시간이 아니라 공간을 측정하는 것이 됩니다. 따라서 우리는 어떤 시를 낭송하고서는, "이 시는 많은 행으로 이루어져 있는 긴 시이고, 이 행은 많은 보로 이루어져 있는 긴 행이며, 이 보는 많은 음절들로 이루어진 긴 보이고, 이 음절은 그 길이가 짧은 음절의 두 배인 긴 음절이다"라고 말합니다.

하지만 그런 식으로 측정해서는 시간의 확실한 길이를 알 수 없습니다. 왜냐하면, 짧은 행일지라도 느리게 읽는 경우에는, 긴 행을 빠르게 읽을 때보다도 더 많은 시간이 걸릴 수도 있기 때문입니다. 이것은 시나 보나 음절도 마찬가지입니다. 이것으로부터 미루어 보건대, 내게 시간은 어떤 것을 길게 늘여 놓은 것, 즉 "연장"(延長)에 다름 아닌 것으로 보이고, 그것이 영혼 자체를 늘여 놓은 것, 즉 영혼의 연장이 아니라면, 대체 무엇의 연장인지는 나도 잘 모르겠습니다.

나는 "이 시간은 저 시간보다 길다"라고 대강 말하기도 하고, "이 시간은 저 시간보다 두 배 길다"고 좀 더 정확하게 말하기도 합니다. 나의 하나님이여, 이때에 내가 무엇을 측정하는 것인지를 가르쳐 주시기를 간구합니다. 내가 시간을 측정한다는 것은 알고 있습니다. 하지만 나는 아직 존재하지도 않는 미래를 측정하는 것도 아니고, 그 어떤 길이도 가지고 있지 않은 현재를 측정하는 것도 아니며, 이미 존재하지 않게 된 과거를 측정하는 것도 아닙니다. 그렇다면, 도대체 나는 무엇을 측정하는 것입니까? 지나가 버린 시간이 아니라 지나가고 있는 시간을 측정

---

9) 로마 제국의 도량형 체계에서 "규빗"은 팔꿈치에서 중지 끝까지의 길이로서 17.5인치(44.5cm)였다.

하는 것입니까? 나는 지금까지 그렇게 말해 왔습니다.

제27장
우리는 기억 속에 남아 있는 인상들을 가지고 시간을 측정한다

34. 내 영혼아, 좀 더 참고서 힘을 내어 집중하여라. 하나님은 우리를 돕는 자이시다. 우리가 우리를 지은 것이 아니라, 하나님이 우리를 지으셨다(시 100:3). 진리가 동터오는 곳을 향해 집중하여라.[10]

예컨대, 어떤 물체가 소리를 내기 시작해서 계속해서 소리가 나다가 어느 순간에 그치면, 침묵이 존재하고, 그 소리는 지나가 버려서 이제 더 이상 존재하지 않게 됩니다. 그 소리가 나기 이전은 미래여서 아직 존재하지도 않았기 때문에, 당시에 그 소리를 측정하는 것은 불가능하였고, 지금은 그 소리가 지나가 버려서 이미 존재하지 않게 되었기 때문에, 그 소리를 측정하는 것이 불가능합니다. 따라서 오직 그 소리가 나고 있던 당시에만 측정이 가능합니다. 왜냐하면, 그때에는 우리가 측정할 수 있는 그 소리가 존재하고 있었기 때문입니다. 하지만 그때에도 그 소리는 멈추어 서 있었던 것이 아니고, 계속해서 흘러 지나가고 있었습니다. 그렇기 때문에, 그때에는 우리가 그 소리를 측정하는 것이 가능한 것이었습니까? 왜냐하면, 그 시간은 현재적으로는 그 어떤 길이도 가지고 있지 않은 반면에, 계속해서 흘러 지나가는 동안에는 "연장되어서," 우리가 측정할 수 있는 어떤 시간의 길이를 지니게 되기 때문입니다.

그렇다면, 이제는 그 소리를 측정하는 것이 가능하다고 전제하고서, 이번에는 어떤 소리가 나기 시작해서 그 어떤 변화도 없이 그 상태가 계속해서 유지되고 있는 경우를 생각해 보아야 합니다. 우리는 소리가 나고 있는 동안에만 그 소리를 측정할 수 있습니다. 소리가 그치면, 그 소리는 이미 지나가 버려서, 우리가 측정할

---

10) 여기에서 아우구스티누스는 시간에 대한 분석과 관련해서 자기가 제기하였던 질문들에 대한 자신의 대답들을 요약해서 제시하기 시작한다.

수 있는 것이 더 이상 존재하지 않게 되기 때문입니다. 이제 그 소리를 측정해서, 그 소리가 얼마 동안 났는지를 말해 봅시다. 하지만 우리는 그 소리가 그치지 않고 계속해서 나고 있는 동안에는, 그 소리를 측정할 수 없습니다. 왜냐하면, 우리는 어떤 소리가 나기 시작한 때부터 끝난 때까지의 시간의 간격을 측정하는 것인 까닭에, 그 소리가 그쳐야만 측정이 가능하기 때문입니다.

그렇기 때문에, 우리는 아직 끝나지 않은 소리를 측정해서, 그 소리가 얼마나 길었다거나 짧았다거나, 다른 소리와 길이가 동일하였다거나, 다른 소리의 두 배 내지 세 배의 길이였다거나 등등과 같은 말을 할 수 없습니다. 하지만 그 소리가 끝났다면, 그 소리는 이제 존재하지 않는데, 우리가 무슨 수로 그 소리를 측정할 수 있겠습니까? 그런데도 우리는 시간을 측정합니다. 하지만 우리가 측정하는 시간은 아직 존재하지 않는 시간도 아니고, 이제 더 이상 존재하지 않는 시간도 아니며, 그 어떤 길이도 없는 시간도 아니고, 시작이나 끝이 없는 시간도 아닙니다. 그러므로 우리가 측정하는 시간은 미래의 시간도 아니고, 과거의 시간도 아니며, 현재의 시간도 아니고, 지나가고 있는 시간도 아닙니다. 그런데도 우리는 시간을 측정합니다.

35. "만유의 창조주 하나님"(Deus Creator omnium)이라는 행에서는 총 8개의 짧은 음절과 긴 음절이 번갈아 나옵니다. 첫 번째와 세 번째와 다섯 번째와 일곱 번째에 나오는 짧은 음절들은 두 번째와 네 번째와 여섯 번째와 여덟 번째에 나오는 긴 음절들의 절반 길이밖에 되지 않아서, 긴 음절들을 발음하는 데에는 짧은 음절들을 발음하는 데 걸리는 시간보다 두 배가 걸립니다. 내가 직접 낭송해 보아도 그렇고, 상식적으로 누가 보아도 그렇습니다. 이 경우에 우리는 짧은 음절을 사용하여 긴 음절을 측정해서, 후자가 전자보다 두 배 더 길다는 것을 아는 것이 상식입니다.

하지만 첫 번째 음절이 짧고 두 번째 음절이 긴 경우에, 우리가 그 두 음절을 연이어 발음할 때, 먼저 첫 번째의 짧은 음절을 발음하여, 그것을 기준으로 삼아서 두 번째의 긴 음절에 적용하고서는, 두 번째 음절이 첫 번째 음절보다 두 배 더 길다는 것을 아는 것이 어떻게 가능한 것입니까? 왜냐하면, 첫 번째의 짧은 음절을 발음하는 것이 끝날 때까지는, 두 번째의 긴 음절을 발음하는 것이 시작되지도 않고, 그 긴 음절에 대한 발음이 끝날 때까지는 그 긴 음절을 현재적으로 측정하는 것은 불가능하며, 그 긴 음절에 대한 발음이 끝난 후에는 이미 지나가 버려서 측정하는 것이 불가능하게 되기 때문입니다.

그렇다면, 내가 측정하는 것은 무엇입니까? 내가 측정할 때에 기준으로 사용하고자 하는 그 짧은 음절은 어디에 있고, 내가 측정하고자 하는 그 긴 음절은 어디에 있는 것입니까? 그 음절들은 둘 다 발음되어 공중 속을 날아가서 지나가 버렸고, 이제는 더 이상 존재하지 않습니다. 그런데도 나는 나의 숙련된 청각을 믿고서, 그 음절들을 측정하여, 긴 음절이 짧은 음절보다 두 배 더 길다고 자신 있게 말합니다. 내가 이렇게 그 음절들을 측정할 수 있었던 것은, 그 음절들이 이미 발음되어 지나갔기 때문입니다. 그러므로 내가 측정하는 것은 이미 더 이상 존재하지 않는 그 음절들이 아니라, 내 기억 속에 고정되어 남아 있는 그 어떤 것입니다.

36. 내 영혼아, 나는 네 안에서 시간을 측정한다. 시간은 밖에 존재하는 것이라고 내게 소리치지도 말고, 너의 기억 속에 남아 있는 인상들은 뒤죽박죽인데 무엇을 믿고 그런 말을 하느냐고 소리치지도 말라. 내가 이미 분명하게 말했듯이, 나는 네 안에서 시간을 측정한다.

모든 사물들은 지나가면서 내 영혼에 인상들을 남기는데, 나는 그렇게 지나가면서 인상을 남기는 그 사물들이 아니라, 그것들이 남긴 인상들을 현재적으로 측정합니다. 내가 시간을 측정할 때, 나는 그 인상들을 측정하는 것입니다. 만일 이런 식으로 측정된 것이 시간이 아니라면, 시간을 측정하는 것은 불가능합니다.

그렇다면, 우리가 침묵의 시간을 측정해서, 이 침묵의 시간이 조금 전의 그 소리보다 지속된 시간이 더 길다고 말하는 경우에는, 우리가 어떻게 시간을 측정하는 것입니까? 우리는 이미 지나가 버린 그 소리가 마치 지금 들리고 있는 것처럼 우리의 마음 속에서 그 소리의 길이를 생각해 내고서는, 어느 시점까지의 침묵의 길이와 비교해서 그렇게 말할 수 있는 것이 아니겠습니까? 왜냐하면, 우리는 음성이나 혀를 사용하지 않고서도, 어떤 시들이나 시구들이나 어떤 말들이나 운동들이 얼마 동안 지속되었는지를 우리의 생각 속에서 측정해서, 마치 그것들을 낭송해 보고서 각각의 지속 시간을 알아내기라도 한 것처럼, 이것이 저것보다 더 길게 또는 짧게 지속되었다고 말할 수 있기 때문입니다.

어떤 사람이 긴 말을 하려고 할 때에는, 자기가 어느 정도로 긴 말을 할지를 마음속에서 먼저 정한 후에, 침묵 가운데서 이미 그 시간의 길이를 자신의 기억 속에 저장해 두고서는, 그 말을 하기 시작하다가, 자기가 미리 정해 둔 그 시간의 끝에 도달하면 그때에 말하는 것을 멈춥니다. 그의 말은 이미 시작되었고, 앞으로 더 하게 될 것입니다. 왜냐하면, 그가 이미 말하기를 끝낸 것들은 이미 한 말들이고, 이후에 그가 말하게 될 것들은 앞으로 더 하게 될 말들이기 때문입니다. 이렇게 해서, 그가 미리 정해 둔 길이의 말이 그의 현재적인 의지로 말미암아 미래에서 과거로 다 옮겨질 때까지, 그의 말은 지속되다가 끝나게 되는데, 그 과정에서 미래가 점점 감소되다가 전부 소진되면, 그의 모든 말은 과거가 됩니다.

제28장
기대와 직관과 기억

37. 아직 존재하지도 않는 미래가 감소되거나 소진되는 것이 가능하고, 이제 더 이상 존재하지 않는 과거가 증가하는 것이 가능한 것은, 우리의 마음속에 그런 일이 가능하게 만드는 세 가지 기능이 존재하기 때문이 아니겠습니까? 즉, 우리의 마음에는 "기대"하고 "직관"하며 "기억"하는 기능이 있어서, 우리의 마음이 기대하는 것들은 우리의 마음이 직관하는 것들이 되었다가 우리의 마음이 기억하는 것들로 넘어가게 됩니다.

미래의 것들이 아직 존재하지 않는다는 것을 누가 부인하겠습니까? 하지만 우리의 마음속에는 미래의 것들에 대한 "기대"가 이미 존재합니다. 과거의 것들이 이제 존재하지 않는다는 것을 누가 부인하겠습니까? 하지만 우리의 마음 속에는 과거의 것들에 대한 "기억"이 아직 존재합니다. 현재의 시간은 순식간에 지나가기 때문에 길이를 가지고 있지 않다는 것을 누가 부인하겠습니까? 하지만 우리 마음의 "직관"은 지속되기 때문에, 존재하는 것들은 그 직관을 거쳐서 존재하지 않는 것들이 됩니다. 따라서 아직 존재하지도 않는 어떤 미래의 시간 자체가 긴 것이 아니라, 우리의 기대 속에서 그 미래의 시간이 긴 것이고, 이제 존재하지 않게 된 어떤 과거의 시간 자체가 긴 것이 아니라, 우리의 기억 속에서 그 과거의 시간이 긴 것입니다.

38. 지금 내가 알고 있는 어떤 시를 낭송하려고 한다고 생각해 보십시오. 낭송을 시작하기 전에는 나의 "기대"가 그 시 전체에 걸쳐 있지만, 일단 낭송을 시작하게 되면, 이미 낭송한 부분은 "기대"로부터 떨어져 나와서 과거가 되어 나의 "기억" 속으로 들어가기 때문에, 나의 삶에서 이 일과 관련된 내 마음의 활동은 이미 낭독한 부분에 대한 "기억"과 앞으로 낭독할 부분에 대한 "기대"로 분산됩니다. 아울러 그 와중에서도, 나의 "직관"도 계속해서 현재적으로 존재해서, 미래에 속하였던 것들이 그 "직관"을 거쳐서 옮겨져서 과거의 것들이 되어 갑니다. 이러한 과정이 계속해서 진행되어 나가면, "기대"는 점점 짧아지고 "기억"은 점점 길어져서, 낭독이라는 활동이 다 끝난 때에는 "기대"가 다 소진되어서, 모든 것들이 "기억" 속으로 옮겨가 있게 됩니다.

한 편의 시 전체에서 일어나는 이러한 일들은 그 시의 특정한 구절이나 음절에서도 똑같이 일어나고, 이 시 전체를 하나의 부분으로 포함하고 있는 연작시를 낭송하는 좀 더 시간이 오래 걸리는 활동에서도 똑같이 일어나며, 어떤 사람의 모든 활동들을 다 포괄하는 한 사람의 인생 전체에서도 똑같이 일어나고, 동시대에 살아가는 모든 사람들의 인생을 다 포괄하는 한 세대 전체에서도 똑같이 일어납니다.

제29장
시간 속에서 "다자"가 되어 버린 인간의 분열된 삶과 영원 안에서 "일자"이신 하나님

39. 주님의 자비하심은 많은 생명보다 더 나아서(시 63:3), 나의 삶은 이렇게 분열되어 있지만, 주님은 내 주 그리스도 안에서 자신의 오른손으로 나를 붙들고 계

십니다(시 18:35). 왜냐하면, 인자이신 그리스도는 "일자"이신 하나님과, 여러 가지 것들로 인해서 여러 가지 모양으로 분산되어 "다자"가 되어 버린 우리를 이어 주시는 중보자이시기 때문입니다. 하나님이 이렇게 나를 붙들고 계시는 이유는, 나로 하여금 우리의 중보자이신 그리스도를 의지해서, 나를 붙들고 계시는 하나님을 나도 붙들고서, 지난날의 흩어지고 분열되었던 삶에서 벗어나서 "일자"이신 하나님을 따라, 지난날은 잊어버리고, 이제는 분열된 상태가 아니라 오직 하나로 집중된 마음으로 미래의 덧없는 것들이 아니라 내 앞에 있는 것, 즉 하늘의 부르심의 상을 좇아 달려가서, 거기에서 하나님을 찬송하는 소리를 듣고, 오지도 않고 가지도 않는 하나님의 기뻐하시는 것들을 기쁨으로 보게 하시기 위한 것입니다.

하지만 지금 나는 "나의 연수를 탄식으로 보내고" 있습니다(시 31:10). 주님이여, 주님은 나를 위로하시는 자이시고, 나의 영원하신 아버지이시지만, 나는 시간의 정체를 알지도 못한 채 시간 속에서 산산이 분열되어 있어서, 내 영혼의 가장 내밀한 것들인 나의 생각들은 주님께로 모아져서 흘러들어가, 주님의 사랑의 불 안에서 정화되고 녹아질 때까지는, 온갖 풍파들로 인해서 갈기갈기 찢겨질 수밖에 없습니다.

제30장
"하나님이 천지를 창조하시기 전에는 무엇을 하고 계셨나"라는 질문의 어리석음

40. 주님의 진리는 나의 "형상"(forma)이오니, 나는 주님 안에, 주님의 진리 안에 굳게 서서, 어떤 자들이 자신들의 죄악에 대한 형벌로 중병에 걸려서 자신들이 감당할 수 있는 것보다 더 많은 양의 물을 마시고자 하여, "하나님이 천지를 창조하시기 전에는 무엇을 하고 계셨나"라거나, "하나님이 전에는 아무것도 만들지 않고 계시다가 무슨 이유로 갑자기 어떤 것을 만들 생각을 하신 것인가"라는 질문들을 제기하는 것을 용납하지 않을 것입니다.

주님이여, 그들로 하여금 자신들이 무슨 말을 하고 있는 것인지를 잘 생각해 보고서, "시간"이라는 것이 존재하지 않는 곳에서는 "전에는"이라는 표현 자체를 사용할 수 없다는 사실을 깨닫게 해 주십시오. 하나님이 천지를 창조하시기 "이전에" 아무것도 하지 않으셨다는 것은, 정말 아무것도 하지 않으셨다는 의미가 아니고, 단지 그 이전에는 시간 속에서 어떤 것을 만드시는 것을 하지 않으셨다는 의미가 아니고 무엇이겠습니까? 그러므로 그들로 하여금 주님이 피조세계를 창조하시기 이전에는 시간이라는 것이 전혀 존재하지 않았다는 것을 알게 하셔서, 이런 부질없고 헛된 말들을 그치고서, 모든 시간을 만드신 영원하신 창조주이신 하나님은 모든 시간 "앞에" 계시고, 그 어떤 시간도 하나님처럼 영원할 수 없으며, 시간을 초월해 있는 피조물들이라도 하나님처럼 영원할 수 없다는 것을 깨닫고서, 그들도 "앞에 있는 것들"을 붙잡으려고 하게 해 주십시오.

제31장
영원 안에서의 하나님의 지식의 경이로움

41. 주 나의 하나님이여, 주님의 심오한 비밀의 깊이는 도대체 얼마나 깊고, 나는 내가 지은 죄악들로 말미암아 거기로부터 얼마나 멀리 내던져져 있는 것입니까? 내 눈을 고쳐 주셔서, 주님의 빛을 보고 즐거워하게 해 주십시오.

내가 한 편의 시를 속속들이 다 알고 있는 것처럼, 어떤 사람이 과거와 미래의 모든 일들을 다 알고 내다보는 지식과 선견지명을 지니고 있다면, 그 사람은 이루 말할 수 없이 경이롭고 두려울 정도로 경악할 만한 존재일 것입니다. 내가 그 한 편의 시를 낭송할 때, 처음부터 지금까지 낭송한 분량이 어느 정도이고, 앞으로 끝까지 낭송할 때까지 남아 있는 분량이 어느 정도인지를 훤히 꿰고 있듯이, 그 사람도 과거에 일어난 일이든, 미래에 도래할 수많은 시대들에 속한 일이든, 그 어떤 일도 다 훤히 꿰고 있을 것입니다.

하지만 만유와 우리의 영혼과 육신을 설계하시고 건축하신 분이신 주님은 단지 과거와 미래의 모든 일들을 다 알고 계시는 정도에서 그치시는 그런 분이 절대로 아니고, 그것들을 아시는 주님의 지식은 훨씬 더 경이롭고 기이합니다. 왜냐하면, 사람이 자기가 잘 아는 시를 낭송하거나 들을 때에는, 앞으로 낭송될 부분에 대한 "기대"와 이미 낭송된 부분에 대한 "기억"으로 인해서, 그의 마음의 정서는 변하고 그의 감각들은 분산되지만, 마음들을 만드신 영원하신 창조주이신 하나님은 변함이 없으시고 영원하신 분이시기 때문에, 그런 일이 하나님께는 일어나지 않기 때문입니다. 그러므로 주님이 시초에 천지를 아셨을 때에도 주님의 지식에 아무런 "변화"가 없었고, 시초에 천지를 창조하셨을 때에도 주님의 활동에는 그어떤 "분산"도 없었습니다.[11]

이것이 이해가 되는 사람도 주님께 그렇게 고백하고, 이것이 이해가 되지 않는 사람도 주님께 그렇게 고백하는 것이 마땅합니다. 주님은 지극히 높으신 분이시지만, 마음이 겸손한 자들이 주님의 거처입니다! 주님은 "넘어진 자들을 일으키셔서"(시 145:14) 높은 곳에 올려놓으시기 때문에 다시는 넘어지지 않습니다.

---

11) 이것은 제11권에서 행한 시간에 대한 분석으로부터 제12권과 제13권에서 행하게 될 창조의 신비에 대한 탐구로 넘어가기 위한 정지작업이다.

제12권

창조의 신비 (1) : 창세기 1:1-2에 대한 문자적 해석

아우구스티누스는 앞에서 "창조"와 관련해서 시간과 영원의 문제를 다룬 후에, 이제 여기에서는 창조의 신비를 본격적으로 다루어 나가기 위하여 창세기 1:1-2에 대한 자신의 해석을 제시한다.

먼저, 그는 1절의 "천지"에서 "하늘"은 우리의 눈에 보이는 궁창이 아니라 "하늘들의 하늘"을 가리키고 "땅"은 2절에서 자세하게 설명되고 있는 무형의 질료인 "땅"을 가리키는 것이라고 설명한다. "하늘들의 하늘"은 유형의 지성을 지닌 피조물로서 항상 하나님을 바라보고 있어서 거의 시간을 초월해 있는 존재이고, "땅"은 장차 피조세계를 창조할 때에 재료로 사용될 무형의 질료로서 시간의 영향을 받지 않기 때문에, 이 둘은 시간의 영역 밖에서 지어진 것들이다.

이렇게 해서, 그는 다음 권에서 다루게 될 창세기 1장에 대한 해석의 초석을 닦고 나서, 다음으로 성경 해석, 특히 모세가 창세에 관하여 쓴 글과 관련해서 창조에 관한 진실과 모세의 의도는 서로 다르기 때문에, 다양한 해석들이 이런 저런 진리들을 담고 있을 수 있다는 것을 인정하고, 그 다양한 해석들을 소개하면서, 성경 해석의 목적은 궁극적으로는 율법의 강령인 하나님 사랑과 이웃 사랑을 위한 것이기 때문에, 그러한 목적을 견고히 붙잡은 채로 해석하여야 한다는 것을 강조한다.

제1장

진리를 발견하는 일은 어렵지만, 하나님의 약속을 믿음

1. 주님이여, 주님의 성경의 말씀들이 내 마음의 문을 두드리고 있는데도, 내 마음은 이 비천한 인생의 많은 일들로 분주하기 때문에, 아무리 찾아도 만나기 어렵고, 아무리 구하여도 얻기 어려우며, 내 손은 받기보다는 두드리는 데 바빠서, 흔히 사람의 빈약한 지성은 말을 많이 하게 됩니다. 하지만 우리에게는 약속이 있고, 그 약속을 폐할 자는 아무도 없습니다: "만일 하나님이 우리를 위하시면 누가 우리를 대적하리요"(롬 8:31). "구하라 그리하면 너희에게 주실 것이요 찾으라 그리하면 찾아낼 것이요 문을 두드리라 그리하면 너희에게 열릴 것이니 구하는 이마다 받을 것이요 찾는 이는 찾아낼 것이요 두드리는 이에게는 열릴 것이니라"(마 7:7-8). 이것이 주님의 약속입니다. 진리이신 주님이 이렇게 약속하고 계시는데, 누가 속는 것을 걱정할 필요가 있겠습니까?

제2장

하늘과 땅에 대한 정의

2. 나의 비천한 혀는 높으신 주님 앞에 고백합니다. 왜냐하면, 주님은 하늘과 땅을 지으신 분이시기 때문입니다. 내가 보고 있는 저 하늘과 내가 지니고 있는 이 흙으로 된 육신의 근원이자 지금 내 발로 밟고 있는 이 땅을 지으신 분이 바로 주님이십니다. 하지만 주님이여, 우리는 시편에서 "하늘들의 하늘은 주님의 것이고, 땅은 사람에게 주셨도다"라는 말씀을 듣는데(시 115:16; 148:4), "하늘들의 하늘"은 도대체 어디에 있는 것입니까? 우리의 눈으로는 볼 수 없는 그 "하늘들의 하늘"만이 진정으로 하늘이고, "하늘들"을 포함해서 우리의 눈으로 볼 수 있는 모든 것들은 땅이라고 할 수 있는데, 바로 그 "하늘"은 어디에 있습니까?

이 물질 세계는 어디에나 전체로 존재하는 것이 아니라 여러 계층으로 존재하지만, 그 구석구석까지 아름다운 모습을 지니고 있는데, 우리가 발을 딛고 서 있는 이 땅은 거기에서 가장 낮은 계층을 이루고 있고, 우리의 이 땅의 하늘도 저 "하늘들의 하늘"에 비하면 땅에 불과합니다. 그러므로 주님께 속해 있고 사람에게 속해 있지 않은 "하늘들의 하늘"이라는 우리가 알지 못하는 저 "하늘"에 비하면, 이 두 개의 거대한 물체, 즉 이 "땅"과 그 위에 있는 "하늘"은 땅이라고 불러도 전혀 무리가 없습니다.

제3장
무형의 질료

3. 이 땅은 눈으로 볼 수도 없었고 형체도 없었습니다.[1] 나는 그것이 얼마나 깊었던 것인지를 알지 못하지만, 이 땅은 그 어떤 모습도 지니고 있지 않았고, 그 위에는 빛도 비치고 있지 않았습니다. 그래서 주님은 "흑암이 깊음 위에 있고"(창 1:2)라고 기록하게 하셨는데,[2] 이것은 빛이 없었다는 의미가 아니고 무엇이겠습니까? 만일 그때에 빛이 있었다면, 그 빛은 위에 높이 떠서 밝게 비추고 있지 않았겠습니까? 따라서 빛이 아직 없었기 때문에, 거기에 흑암이 있었다는 것은 거기에 빛이 없었다는 것이 아니겠습니까? 소리가 없는 곳에 침묵이 있는 것과 마찬가지로, 땅 위에는 빛이 없었기 때문에 "흑암"이 있었던 것입니다. 어떤 곳에 침묵이 있다면, 그것은 거기에 소리가 없다는 의미가 아니고 무엇이겠습니까?

주님이여, 이것은 주님께 고백하고 있는 이 영혼에게 주님이 직접 가르쳐 주신 것이 아닙니까? 주님이여, 주님께서는 아직 형체가 없는 질료에 주님 자신이 형상을 부여하셔서 구별하시기 전에는, 색이나 모양이나 몸이나 영혼 같은 것들이 아무것도 존재하지 않았다는 것을 내게 가르쳐 주지 않으셨습니까? 하지만 그것

---

1) 아우구스티누스는 방금 무형의 질료가 "눈으로 볼 수 없는" 것이라고 말하였는데, 그 이유는 아직 차별화와 개별화가 존재하지 않기 때문이다. 창조의 말씀이 이 무형의 질료에 "형상"을 더할 때, 그러한 구별이 존재하게 되는데, 그는 하나님이 질료와 형상을 동시에 창조하셨기 때문에, 이것은 시간적인 순서가 아니라 논리적인 순서일 뿐이라고 말한다(『창세기 1장의 문자적 의미』 I.15.29).
2) "깊음"은 원래 바다 중에서 측량할 수 없을 정도로 깊은 곳을 나타내지만, 여기에서는 항상 "측량할 수 없을 정도로 깊은 것"이라는 의미로 사용된다.

은 정말 아무것도 없는 절대적인 무(無)는 아니었고, 단지 그 어떤 모습도 갖추지 않은 어떤 무형의 것이었습니다.

제4장
하나님은 이 무형의 질료를 "땅"으로 표현하심

4. 하지만 우리 인간들은 일상적인 말들로 표현하지 않으면 잘 알아듣지 못하는 그런 사람들인데, 그런 우리가 그 뜻을 알아들을 수 있도록 하기 위해서, 주님은 이 무형의 것을 무엇이라고 부르셔야 했겠습니까? 이 세상에 존재하는 모든 것들 중에서 "땅"과 "깊음"보다 더 무형에 가까운 것을 우리가 발견할 수 있겠습니까? "땅"과 "깊음"은 피조세계 중에서 가장 낮은 계층에 속해 있는 것들이어서, 그 위의 계층들에 속해 있는 투명하고 빛나는 모든 것들보다 덜 아름답습니다. 하지만 주님은 이 아름다운 세계를 만드시기 위하여, 먼저 그 어떤 모습도 갖추고 있지 않은 무형의 질료를 먼저 만드신 것이었습니다. 그래서 주님은 이것을 사람들이 쉽게 이해하도록 하시기 위하여, 이 무형의 질료를 "눈에 보이지도 않고 형체도 없는 땅"이라고 부르게 하신 것인데, 내가 그런 표현을 받아들이지 못할 이유가 어디 있겠습니까?

제5장
무형의 질료에 대한 인간의 사고

5. 우리의 사고는 무형의 질료가 무엇인지를 우리의 감각으로 파악해 보려고 할 때에 스스로 이렇게 말합니다: "이것은 물체들의 재료이기 때문에 삶이나 정의 같이 지성으로 이해할 수 있는 대상도 아니고, 볼 수도 없고 형체도 없어서 보이지도 않고 감각으로 느낄 수도 없기 때문에 감각으로 경험할 수 있는 대상도 아니다." 인간의 사고가 스스로 이렇게 말하는 것은, 그것을 모른다고 함으로써 자

기가 그것에 대해 제대로 알고 있음을 나타내 보이려고 하는 것이기도 하고, 그것을 안다고 함으로써 자신의 무지를 드러내는 것이기도 합니다.

제6장
무형의 질료에 대한 정의

6. 주님이여, 나는 이제 주님이 이 "무형의 질료"에 대하여 내게 가르쳐 주신 모든 것을 내 입과 펜으로 주님께 고백하고자 합니다. 나는 처음에 무형의 질료에 대하여 들었을 때에 그 의미를 이해하지 못하였고, 내게 그 말을 해 준 사람들도 그 의미를 이해하지 못하고 있었습니다. 나는 무형의 질료라는 것은 아주 다양하고 무수한 모습들을 지닌 어떤 것이라고 생각하였지만, 그것은 그것을 올바르게 이해한 것이 아니었습니다.

내 마음은 혼란에 빠져서 이런저런 추악하고 끔찍한 "형상들"을 떠올리곤 하였고, 그것들은 여전히 "형상들"에 지나지 않는 것들이었는데도, 나는 그것들을 "무형의 것들"이라고 불렀습니다. 왜냐하면, 그것들은 형상을 가지고 있지 않은 것들이 아니라, 분명히 형상을 가지고 있는 것들이었지만, 내게 너무나 낯설고 나의 기존의 생각과 너무나 다른 것들이어서 내게 거부감을 불러일으키고 인간으로서 연약한 나를 여지없이 혼란에 빠뜨리는 그런 것들이었기 때문이었습니다. 즉, 나는 어떤 것이 "무형"이라고 불리게 된 것은, 그것이 아무런 형상도 가지고 있지 않기 때문이 아니라, 단지 아름다운 형상을 지닌 것들에 비해서 덜 아름다운 형상을 지니고 있기 때문이라고 생각한 것이었습니다. 나의 올바른 이성은 절대적인 "무형"이라는 것을 진정으로 이해하고자 한다면, 어떤 것이 "형상"임을 보여 주는 모든 흔적들을 남김없이 다 제거하라고 충고했지만, 나는 그렇게 할 수가 없었습니다. 왜냐하면, 나는 전혀 형상을 가지고 있지 않은 것은 존재하지 않는다고 생각하고 있었던 까닭에, "형상"과 "무" 사이에 있는 어떤 것, 즉 형상도 아니고 무도 아니며 거의 무에 가까운 무형의 어떤 것을 생각할 수 없었기 때문이었습니다.

그래서 나는 형상을 가진 물체들에 대한 온갖 심상들을 나의 생각 속으로 불러내어, 그것들을 이런저런 다양한 모습으로 바꾸어 보고 변화시켜 보면서, 무형의 질료가 과연 어떤 것인지를 내 영혼에게 묻는 것을 그만두고, 이번에는 물체들 자체에 집중해서, 물체들에서 기존에 존재하던 것이 없어지고 기존에 존재하지 않던 것이 생겨나는 것을 통해서 물체들이 보여 주는 가변성(可變性)을 좀 더 깊게 들여다보고서는, 어떤 물체가 하나의 형상에서 다른 형상으로 넘어갈 때에 "절대적인 무"가 아니라 "무형의 어떤 것"이 되는 과정을 거치는 것이 아닌가 하는 추정을 하게 되었습니다.[3] 하지만 나는 추정에서 그치지 않고 확실하게 알고 싶었습니다.

주님이 이 문제에 대해서 내게 분명히 알게 해 주신 모든 것들을 내가 말과 펜으로 주님께 고백한다고 하여도, 누가 그것을 끝까지 읽으려고 하겠습니까? 그럼에도 불구하고, 내 마음은 인간의 말로 표현할 수 없는 이러한 것들과 관련해서도 주님께 영광과 찬송을 돌리기를 그치지 않을 것입니다.

변화하는 것들의 "가변성"이라는 것은 그것들이 변화해서 될 모든 "형상들"을 수용할 수 있는 가능성을 말합니다. 이렇게 가변성을 지닌 무형의 것은 대체 무엇입니까? 영입니까, 사물입니까? 영이나 사물의 한 종류이기는 한 것입니까? 그것은 "무(無)인 어떤 것" 또는 "존재하면서도 존재하지 않는 것"이라고 말하는 것이 가능하다면, 나는 기꺼이 그런 말을 사용하고 싶습니다. 어쨌든, 그것이 무엇이 되었든, 그것은 "눈으로 볼 수 있고 형체가 있는" 것들을 수용할 수 있습니다.

제7장
하나님은 무로부터 천지를 창조하심

7. 이러한 가변성을 지닌 무형의 것이 주님으로부터 온 것이 아니라면, 도대체 어디에서 와서 존재할 수 있었겠습니까? 왜냐하면, 존재하는 모든 것은 오직 주

---

3) 아우구스티누스는 "비존재"(non-being)에 관한 플라톤의 교설을 몰랐을 것이기 때문에(cf. Sophist, 236C-237B), 플로티노스의 영향을 깊이 받았을 것임에 틀림없다. 플로티노스는 질료는 양이나 질이 없는 실체이기 때문에, 한정되지 않은 것이라고 말한다. 요컨대, "무형의 질료"는 어떤 것도 아니고 아무것도 아닌 것이 아닌 순전한 가능성이다.

님으로부터 오기 때문입니다. 그리고 존재하는 것들은 주님으로부터 멀리 떨어져 있을수록 그 만큼 더 주님을 닮지 않게 되는데, 내가 여기에서 멀다고 하는 것은 공간적인 거리를 의미하는 것이 아닙니다.

주님이여, 주님은 여기에서는 이런 존재이시고 저기에서는 저런 존재이신 그런 분이 아니시고, 어디에서나 항상 동일하신 거룩하시고 거룩하시고 거룩하신 전능하신 "주 하나님"이십니다(계 4:8). 그런 주님이, 주님으로부터 나오시고 주님의 본체로부터 나신 주님의 "지혜"를 통해서 "태초에" 무(無)로부터 어떤 것을 창조하셨습니다. 반면에, 천지는 주님의 본체로부터 창조된 것이 아닙니다. 만일 천지가 주님의 본체로부터 창조된 것이라면, 천지는 주님의 독생자와 동등한 존재일 것이고, 따라서 주님과도 동등한 존재일 것이지만, 실제로는 그렇지 않았기 때문에, 주님의 본체로부터 창조되지 않은 것을 주님과 동등하다고 하는 것은 결코 옳지 않습니다.

하지만 하나인 동시에 셋이고 셋인 동시에 하나이신 삼위일체 하나님이여, 주님은 천지를 창조하실 때에 사용하실 수 있었던 재료가 주님 외에는 아무것도 없었기 때문에, 무로부터 큰 물체인 "하늘"과 작은 물체인 "땅"을 만드셨습니다. 주님은 자신이 전능하시고 선하신 분이신 까닭에, 모든 것, 곧 큰 물체인 하늘과 작은 물체인 땅을 선하게 창조하셨는데, 이 둘 중에서 하늘은 주님과 가깝고, 땅은 무에 가까워서, 하늘은 오직 주님 아래에서 모든 것 위에 있고, 땅은 모든 것 아래에 있습니다.

제8장
"태초에 하나님이 천지를 창조하셨다"는 것의 의미

8. 주님이여, "하늘들의 하늘"은 주님의 하늘이었지만, 주님이 "사람에게 주셔서" 보게 하시고 만지게 하신 "땅"은 아직 우리가 볼 수 있고 만질 수 있는 형태를 갖추고 있지 않았습니다(시 115:16). 그때에 땅은 눈으로 볼 수 없었고 형체도 없었으며, 오직 "깊음"만이 있었고, 그 "깊음" 위에는 빛은 없었고 "흑암"만이 있었는

데, 그 "흑암"은 "깊음" 속에 있는 것보다 더 어두운 것이었습니다. 지금은 아무리 깊은 심연이라고 해도, 그 가장 깊은 바닥에서 사는 물고기들이나 기어다니는 생물들이 감지할 수 있는 어떤 종류의 빛이 존재합니다. 하지만 그때에 그 "깊음"은 아직 전혀 형체를 갖추지 않은 무형의 것이었기 때문에, 그 전체가 무에 가까웠습니다. 하지만 거기에도 형상들을 만드는 데 사용될 수 있는 어떤 것이 존재하였습니다.

그러므로 주님이여, 주님은 무로부터 무에 가까운 어떤 것인 "무형의 질료"를 만들어 내셨고, 이 무형의 질료로부터 우리가 경이로워 할 수밖에 없는 이 거대한 세계를 창조해 내셨습니다. 우리가 "하늘"이라고 부르는 저 유형의 물체인 하늘, 즉 물과 물 사이에 있는 "궁창"은 너무나 경이로운데, 주님은 빛을 창조하신 후인 둘째 날에 "물 가운데에 궁창이 있어 물과 물로 나뉘라"(창 1:6)고 말씀하심으로써 그 궁창을 만드신 것입니다.

주님은 그 궁창을 "하늘"이라고 부르셨고, 이 하늘은 이 땅과 바다의 하늘, 즉 주님이 모든 날 이전에 만드신 저 무형의 질료에 눈으로 볼 수 있는 형체를 부여하셔서 셋째 날에 만들어 내신 이 땅과 바다의 하늘이 되었습니다. 반면에, 주님은 모든 날 이전에 또 다른 "하늘"을 이미 만드셨는데, 그 하늘은 "하늘들의 하늘"이었고, "태초에 하나님이 천지를 창조하셨다"(창 1:1)고 할 때의 바로 그 하늘이었습니다. 하지만 주님이 그때에 만드신 "땅"도 눈으로 볼 수 없고 형체도 없었으며 "흑암"이 "깊음" 위에 있는 상태였다는 점에서 무형의 질료였습니다. 주님은 이 눈으로 볼 수 없고 형체 없어서 무에 가까운 무형의 것이라고 할 수 있었던 이 "땅"으로부터 끊임없이 변화하는 모든 것들로 이루어지는 이 변화하는 세계를 창조하셨는데, 이러한 변화 속에서 가변성이 드러나고, 우리는 그러한 가변성으로 인해서 시간을 인식하고 측정할 수 있게 되었습니다. 왜냐하면, 우리가 앞에서 말한 눈으로 볼 수 없는 "땅"이라는 질료에 부여된 형체들이 변하고 바뀔 때에 생겨나는 사물들의 변화에 의해서 시간이 만들어지기 때문입니다.

제9장
"태초에 하나님이 천지를 창조하신" 것과 시간의 관계

9. 주님의 종인 모세의 선생이셨던 성령께서는 그로 하여금 "태초에 하나님이 천지를 창조하시니라"고 기록하게 하실 때에 "시간"에 대해서나 "날들"에 대해서 아무 말도 하지 않게 하신 것은 다음과 같은 이유 때문이었습니다. 주님이 "태초에" 창조하신 하늘, 즉 "하늘들의 하늘"은 지성을 지닌 피조물로서,[4] 삼위일체 하나님과 동일하게 영원한 존재였던 것은 아니지만, 하나님의 영원에 참여하여, 가장 가까이에서 하나님을 바라보는 지극히 큰 복을 누림으로써 "가변성"을 거의 극복할 수 있었고, 자신이 창조된 때로부터 주님에게서 한시도 떨어지지 않고 꼭 붙어 있음으로써 끊임없이 변화하는 시간을 뛰어넘을 수 있었습니다. 또한, 눈으로 볼 수 없고 형체도 없었던 저 무형의 "땅"도 마찬가지로 "날들"로 측정될 수 없었습니다. 왜냐하면, 형체도 없고 시간적인 질서도 없는 곳에서는 오는 것도 없고 가는 것도 없으며, 오거나 가는 것이 없는 곳에서는 날들이나 시간의 변화가 없기 때문입니다.

제10장
성경의 진리를 깨닫게 해 달라고 기도함

오, 진리이시고 내 마음의 빛이신 주님이여, 나의 어둠이 내게 말하지 않게 해 주십시오. 나는 그 어둠 속으로 떨어져서 어두워졌지만, 거기에서도 주님을 사랑하였고, 길을 잃고 헤매면서도 주님을 기억하였으며, 내 속에서 혈기들이 소동을 부리고 진정되지 않아서 거의 듣지는 못했을지라도, 나의 등 뒤에서 내게 돌아오라고 부르시는 주님의 음성을 들었습니다.

---

4) 아우구스티누스는 신플라톤주의자들이 사용한 "하위신들"과 비슷한 표현을 사용하고 있기는 하지만, 여기에서 천사들을 염두에 두고 있다.

이제 나는 타는 듯한 목마름으로 인해서 주님의 샘물을 마시고자 하는 갈급한 마음으로 주님께 돌아가오니, 그 누구도 나를 방해하지 못하게 하셔서, 나로 하여 금 그 샘에서 마시고 생명을 얻게 해 주시고, 내 자신을 나의 생명으로 삼는 일이 다시는 일어나지 않게 해 주십시오. 왜냐하면, 나는 지금까지 내 자신을 나의 생명으로 삼고 살아 오느라고 잘못 살아왔고, 그것은 내게 사망이 되었기 때문입니다. 이제 내가 주님 안에서 다시 살아났으니, 내게 말씀해 주시고 나와 대화하여 주십시오. 나는 주님의 성경을 믿어 왔지만, 거기에 나오는 그 말씀들은 너무나 신비롭고 여전히 많이 감춰져 있습니다.

제11장
창조와 관련해서 하나님이 나에게 알려 주신 것들

11. 주님이여, 주님께서는 이미 내게 크고 분명한 음성으로, 주님은 그 어떤 형체나 운동으로 말미암은 변화도 없으시고, 이때는 이렇게 저때는 저렇게 때를 따라 그 뜻이 변한다면 영원히 죽지 않는 존재라고 할 수 없겠지만, 주님의 뜻은 시간에 의해서 변하는 일이 결코 없기 때문에, 오직 주님 자신만이 영원하시고 결코 죽지 않으시는 존재시라는 것을 내 마음의 귀에 대고 말씀하셨습니다(딤전 6:16). 이것은 주님의 목전에서 내가 분명히 알고 있는 것이기는 하지만, 앞으로 이것이 내게 더욱더 분명해지게 해 주셔서, 나로 하여금 그 분명한 지식 안에서 주님의 날개 아래 영원토록 거하게 해 주십시오.

또한 주님이여, 주님께서 내게 마찬가지로 크고 분명한 음성으로 내 마음의 귀에 대고 말씀하신 것들이 있는데, 첫 번째는 주님처럼 존재하고 있는 것은 아니지만 그래도 아무튼 존재하고 있는 모든 자연들과 실체들을 주님이 창조하셨다는 것이고, 두 번째는 주님에 의해서 창조되지 않은 것은 오직 두 가지인데, 하나는 존재하지 않는 것이고, 다른 하나는 절대적으로 존재하시는 주님을 떠나서 상대적으로 존재하는 것들을 향해 움직여 가는 의지의 운동인 "허물"과 "죄"라는 것이며, 세 번째는 그 어떤 죄도 처음부터 영원까지 주님께 해를 입히거나 주님의 통치 질서를 어지럽힐 수 없다는 것입니다. 이것은 주님의 목전에서 내가 분명히 알고 있는 것이기는 하지만, 앞으로 이것이 내게 더욱더 분명해지게 해 주셔서, 나로 하여금 그 분명한 지식 안에서 주님의 날개 아래 영원토록 거하게 해 주십시오.

12. 또한, 주님은 내게 크고 분명한 음성으로, 오직 주님만을 자신의 즐거움으로 삼고 있는 피조물인 "하늘들의 하늘"은 주님과 동일하게 영원한 존재인 것은 아니고, 지극히 일관된 순결함 가운데서 주님으로부터 마시고 있기는 하지만, 자신의 가변성을 한시도 벗어 버릴 수 없고, 단지 주님과 늘 함께 있으면서 자신의 온 마음을 다하여 주님을 붙잡고 있어서, 미래에 대한 "기대"도 가지고 있지 않고 지나가 버린 과거에 대한 "기억"도 가지고 있지 않기 때문에, 어떤 변화에 의해 "변하는" 것도 없고 어떤 시간들로 "분산되는" 것도 없다는 것을 내 마음의 귀에 대고 말씀하셨습니다.

오, 복된 피조물이여, 이렇게 주님이 주시는 복만을 붙잡고 있는 존재는 영원하신 주님과 그 빛 안에 거하는 지극히 복된 존재입니다! 나는 주님의 "하늘들의 하늘"을 부르는 이름으로 "주님의 집"이라는 명칭보다 더 적합한 것을 발견할 수 없습니다. 왜냐하면, 우리가 눈으로 볼 수 있는 하늘 너머에 있는 저 눈에 보이지 않는 "하늘들의 하늘"에서는 천국의 시민들인 거룩한 영들이 순결한 마음으로 하나가 되어 평화롭게 거하면서 다른 것에 한눈파는 일이 전혀 없이 오직 주님만을 바라보며 즐거워하는 삶을 살아가고 있기 때문입니다.

13. 어떤 영혼이 주님을 멀리 떠나 방황하다가, 이제는 주님을 갈급하게 되어서, 날마다 "나의 하나님이 어디 계시느냐"고 말하며, 눈물이 그의 양식이 되었고, 평생토록 주님의 집에 사는 것을 자기가 "바라는 한 가지 일"로 삼고서 구하고 있다면(시 27:4), 그 영혼으로 하여금 주님은 모든 시간을 초월하여 영원하시다는 것과, "주님의 집"은 주님처럼 영원하지는 않지만 주님으로부터 한시도 떨어져 있지도 않고 한시도 한눈팔지도 않고 꼭 붙어 있기 때문에, 시간의 변화의 영향을 전혀 받지 않는다는 것을 알게 해 주십시오. 왜냐하면, 그 영혼의 생명은 주님뿐이시고, 주님은 항상 동일하셔서, 주님의 연대는 다함이 없는 까닭에, 그 영혼의 평

생은 곧 주님의 영원이기 때문입니다. 나는 주님의 목전에서 이것을 분명하게 알고 있지만, 앞으로 더욱더 분명하게 알 수 있게 해 주셔서, 나로 하여금 이 분명한 진리 안에서 주님의 날개 아래 영원토록 거하게 해 주십시오.

14. 주님이 마지막으로 창조하신 이 가장 낮은 계층의 피조물들의 이러한 변화들 속에 무형의 것이 존재하는 것은 확실한데, 나는 그것이 어떤 식으로 존재하는지를 알지 못합니다. 하지만 누가 그것을 내게 말해 줄 수 있겠습니까? 어떤 사람은 모든 형체들이 사라지고 없어지면, 사물들이 하나의 형체에서 다른 형체로 변하고 바뀔 수 있게 해 주고, 시간의 변화가 있게 해 준 무형의 것만이 남게 될 것이라고 말하지만, 그렇게 말하는 사람은 그 마음이 허망하고 어리석어져서 자신의 공상 속에서 헤매고 떠도는 사람이 아니겠습니까? 왜냐하면, 운동으로 인한 변화가 없이는 시간이 존재할 수 없고, 형체가 없는 곳에는 운동으로 인한 변화가 존재할 수 없는 까닭에, 그런 말은 결코 옳을 수 없기 때문입니다.

제12장
하나님이 시간의 영역 밖에서 창조하신 두 가지

15. 나의 하나님이여, 주님이 내게 허락하신 정도만큼, 즉 주님이 나를 움직이셔서 문을 두드리게 하시고, 내가 문을 두드렸을 때에 그 문을 내게 열어 주신 정도만큼, 나는 이 문제를 살펴보고서, 주님이 시간의 영역 밖에서 창조하신 것이 두 가지가 있다는 것, 하지만 이 둘은 그 어느 것도 주님처럼 영원한 것은 아니라는 것을 알게 되었습니다.

그 중 하나는 형상을 가진 변하는 존재로 만들어졌음에도 불구하고, 주님을 항상 바라보고 있어서 변할 틈이 없어 변하지 않고, 주님의 영원성과 불변성을 온전히 누리고 있는 "하늘들의 하늘"이었고, 다른 하나는 무형의 것으로 창조되어 형상을 가지고 있지 않아서, 시간에 종속되어 있을 때에만 일어나는 한 형상에서 다른 형상으로의 변화나 운동과 정지를 반복하는 변화가 없었던 "땅"이었는데, 주님은 이 "땅"을 언제까지나 무형의 것으로 내버려 두지는 않으셨습니다.

주님은 모든 날 이전인 "태초에" 앞에서 말한 두 가지, 즉 "천지"를 창조하셨습니다(창 1:1). 하지만 땅은 눈으로 볼 수도 없고 형체도 없었으며, "흑암"이 "깊음" 위에 있었습니다(창 1:2). 이 말씀들은 무형의 것을 우리에게 암시해 주고 있는데, 이것은 모든 종류의 형체가 제거되어 있는데도 무에 도달하지는 않은 어떤 것, 즉 무형의 것을 이해할 수 없는 사람들에게, 무형의 것이 무엇인지를 점진적으로 알게 해 주기 위한 것이었습니다. 이 무형의 것으로부터, 주님은 눈으로 볼 수 있고 형체가 있는 또 다른 하늘과 땅과 아름다운 바다를 비롯해서, 이 세상을 구성하기 위하여 여러 날에 걸쳐 순서대로 지음 받은 것으로 기록된 온갖 것들을 창조하셨는데, 이 모든 것들은 정해진 질서를 따라 이루어지는 자신들의 운동과 형상의 변화들로 말미암아 시간의 변화의 지배를 받도록 창조된 것들입니다.

제13장
지성을 가진 하늘들의 "하늘"과 무형의 "땅"

16. 나의 하나님이여, 주님의 성경이 "태초에 하나님이 천지를 창조하셨지만, 땅은 눈으로 볼 수도 없고 형체도 없었으며, 흑암은 깊음 위에 있었다"(창 1:1-2)고 말할 때, 주님이 구체적으로 어느 날에 이것들을 창조하셨는지에 대해서는 말하지 않는 것을 보고서, 현재로서 나는 그 말씀을 이렇게 이해합니다.

하나님이 태초에 창조하신 "하늘"은 "하늘들의 하늘," 즉 지성을 가진 하늘을 가리킨다는 것입니다. 거기에서 "지성"이라는 것은 이 세상에서 사람들이 지닌 지성처럼 어떤 것을 "부분적으로 희미하게" 아는 것이 아니라, 모든 것을 동시에 "얼굴과 얼굴을 대하여" 명백하게 아는 것을 의미합니다(고전 13:12). 따라서 거기에서는 시간의 흐름에 따라서 순차적으로 지금은 이것, 다음은 저것을 아는 것이 아니라, 내가 이미 말한 것처럼 시간의 흐름과는 아무런 상관 없이 모든 것을 동시에 압니다. 또한, 하나님이 태초에 창조하신 "땅"은 눈으로 볼 수도 없고 형체도 없는 그런 땅이었기 때문에, 시간의 변화에 따라 지금은 이런 모습이고 다음에는 저런 모습이 되는 것이 없었습니다. 왜냐하면, 그 어떤 형체도 없는 곳에서는, 그 형체가 이런저런 모습으로 바뀌는 것도 있을 수 없기 때문입니다.

따라서 현재로서 나는, 주님의 성경이 "태초에 하나님이 천지를 창조하시니라"고 말할 때에 하나님이 어느 날에 천지를 창조하신 것인지를 기록하지 않은 이유는, 거기에서 말하고 있는 "하늘"은 최초로 형상을 지닌 것으로 창조된 "하늘들의 하늘"을 가리키고, "땅"도 눈으로 볼 수 없고 형체도 없는 철저하게 무형의 것으로 창조되었기 때문이라고 이해합니다. 성경은 이렇게 말한 후에 한편으로는 즉시 곧이어서 1절에서 말한 "땅"이 내가 방금 설명한 그런 의미의 "땅"이라는 것을 보여 주고(창 1:2), 이어서 주님이 둘째 날에 "궁창"을 만드셔서 "하늘"이라고 부르셨다고 기록함으로써(창 1:8), 1절에서 어느 날에 창조된 것인지를 밝히지 않고 태초에 창조되었다고만 말한 그 "하늘"이 어떤 하늘인지를 우리에게 보여 줍니다.

제14장
너무도 깊고 기이한 하나님의 말씀과 그 원수들

17. 주님의 말씀들은 너무도 깊고 기이합니다. 우리 앞에 있는 주님의 말씀들은 겉보기에는 어린 아이들조차 흥미를 보일 만큼 평이해 보이지만, 들여다볼수록 깊고 기이합니다. 나의 하나님이여, 주님의 말씀들은 이루 말할 수 없이 깊고 기이해서, 그 말씀들을 들여다보는 것은 두려운 일이기 때문에, 우리는 사랑 안에서 지극히 두렵고 떨리는 마음으로 주님의 말씀들을 봅니다.

나는 주님의 말씀들의 원수들을 몹시 미워합니다. 오, 주님이 "좌우에 날선 검"으로 그들을 베어 버리셔서, 주님의 말씀의 원수들이 되지 않게 해 주시면 얼마나 좋겠습니까! 왜냐하면, 나는 그렇게 해서 그들이 자기 자신에 대하여 죽고, 주님에 대하여 살게 되기를 바라기 때문입니다.

하지만 어떤 사람들은 창세기를 비난하는 것이 아니라 찬양하면서도, "하나님의 종인 모세를 사용하셔서 이러한 것들을 기록하신 하나님의 영은 사람들이 이 말씀들을 그런 식으로 이해하기를 원하지 않으셨기 때문에, 이 말씀들은 네가 말한

대로가 아니라 우리가 말한 대로 이해하여야 한다"고 말합니다. 이제 나는 거기에 대하여 답변하고자 하오니, 우리 모두의 하나님이신 주님이 판단해 주십시오.

제15장
하나님의 말씀의 원수들에 대한 반론

18. 창조주의 영원성, 즉 하나님의 본질은 시간에 의해서 결코 변하지 않고, 하나님의 의지는 그 본질과 결코 분리되지 않는다는 것은, 진리가 내게 크고 분명한 목소리로 나의 내면의 귀에 대고 말씀해 주고 계시는 것인데도, 당신들은 그것이 틀렸다고 말하겠습니까? 이렇게 하나님은 시간의 흐름에 따라 그 원하시는 것이 변하는 것이 아니라, 자기가 원하시는 모든 것을 단번에 동시에 원하시기 때문에, 계속적으로 반복해서 원하시는 것도 아니고, 오늘은 이것을 원하셨다가 내일은 저것을 원하시는 일도 없으며, 오늘은 원하지 않으셨던 것을 내일은 원하시거나 오늘은 원하셨던 것을 내일은 원하지 않으시는 일도 없습니다. 왜냐하면, 그러한 의지는 변하는 의지이고, 모든 변하는 것들은 영원할 수 없는데, 우리 하나님은 영원하시기 때문입니다.

또한, 진리가 내게 나의 내면의 귀에 대고 말씀하신 것이 또 있는데, 그것은 장차 올 것들에 대한 "기대"는 실제로 왔을 때에는 "직관"이 되고, 마찬가지로 "직관"은 지나갔을 때에는 "기억"이 되는데, 이렇게 사물들에 대한 인식이 "기대"에서 "직관"을 거쳐 "기억"으로 바뀌는 그런 사고는 모두 변하는 것이고, 모든 변하는 것은 영원하지 않지만, 우리 하나님은 영원하시다는 것입니다.

이것들을 종합해서 생각해 볼 때, 우리는 우리의 하나님은 영원하신 하나님이시기 때문에, 기존에 없던 어떤 새로운 의지를 일으키셔서 피조세계를 창조하신 것도 아니고, 지나가는 것은 그 어떤 것이라도 하나님의 지식에 영향을 미치지 못한다는 것을 알게 됩니다.

19. 나의 설명에 반대하는 자들이여, 어디 한번 말해 보십시오. 하나님의 영원

성에 대하여 내가 말한 것들이 다 거짓이라는 말입니까? 그들은 "아니다"라고 대답합니다. 그렇다면, 무엇입니까? 이미 형상을 부여받은 모든 "물체들"과 앞으로 형상을 부여받을 수 있는 "질료"가, 최고의 존재이신 까닭에 최고의 선이신 하나님으로부터 왔다는 것이 거짓이라는 말입니까? 그들은 "우리는 그것을 부정하는 것도 아니다"라고 대답합니다.

그렇다면, 무엇입니까? 하나님의 피조물들 중에는 참되시고 진정으로 영원하신 하나님 곁에 지극히 고결한 사랑으로 꼭 붙어서, 오직 하나님만을 바라보며 안식하고 있기 때문에, 비록 하나님처럼 영원한 존재가 아닌데도, 시간의 흐름이나 변화 속에서 떠내려가 없어져 버리지 않는 그런 고귀한 피조물이 존재한다는 것을 부인하고자 하는 것입니까?

그 피조물은 하나님이 명하신 만큼 하나님을 사랑하고, 하나님은 그 피조물에게 자신을 계시하시고 만족함을 주시는데, 무엇 때문에 그 피조물이 하나님으로부터 떨어져 나가거나 자기 자신을 향하겠습니까? 그 피조물은 "하나님의 집"인데, 땅이나 하늘에 속한 어떤 물질로 만들어진 집이 아니라 영적인 집이고, 영원토록 흠이 없는 가운데 주님의 영원에 참여합니다. 왜냐하면, 주님이 그 피조물을 "영원히" 견고히 "세우시고 폐하지 못할 명령을 정하셨기" 때문입니다(시 148:6). 하지만 그 피조물은 지음 받아서 시작된 것이기 때문에 주님과 동일하게 영원한 존재는 아닙니다.

20. 그 피조물은 "지혜"인데, 이 지혜는 모든 피조물 이전에 창조되었기 때문에(집회서 1:4), 그 이전에서 우리는 "시간"이라는 것을 발견할 수 없습니다. 우리가 여기에서 말하는 지혜는 우리 하나님과 동등하시고 동일하게 영원하신 하나님의 아들인 그 "지혜"가 아닙니다. 하나님은 이 후자의 "지혜"로 말미암아 만유를 창조하셨고, 태초에는 이 지혜 안에서 천지를 창조하기도 하셨습니다. 반면에, 전자의 "지혜"는 빛을 바라봄으로써 빛이 된 피조된 지혜이자 만들어진 지성입니다. 이 지혜는 비록 피조된 것일지라도 지혜라고 불리기는 하지만, 창조하시는 지혜와 피조된 지혜는, 스스로 빛을 발하는 빛과 빛을 받아서 반사하는 빛이나, 의롭다고 선언하시는 의와 의롭다 하심을 받아서 의롭게 된 의만큼이나 큰 차이가 있

습니다. 그래서 주님의 종인 바울은 "우리로 하여금" 그리스도 "안에서 하나님의 의가 되게 하려" 하셨다고 말하였던 것입니다(고후 5:21).

이렇게 주님은 다른 모든 피조물 이전에 어떤 지혜를 창조하셨고, 그 피조된 지혜는 하나님의 고결한 도성의 이성적이고 지성적인 "정신"을 가리킵니다. 이 도성은 "위에 있는 자유자 곧 우리 어머니"(갈 4:26)이고, "하늘에 있는 영원한 집"(고후 5:1)인데, 여기에서 "하늘"은 주님을 위해 존재하고 늘 주님을 찬송하는 "하늘들의 하늘"이 아니라면 무슨 하늘이겠습니까? 주님은 이 "하늘"을 모든 피조물 이전에 창조하시고 시간을 만드시기 이전에 창조하셨기 때문에, 우리는 그 이전에서는 시간을 발견할 수 없습니다. 하지만 이 "하늘" 이전에 창조주 자신의 "영원"이 존재하고 있었고, 이 "하늘"은 그 창조주로부터 만들어져서, 아직 시간이 존재하지 않았기 때문에 시간 속에서의 존재를 시작한 것은 아니었지만, 피조물로서의 존재 자체를 시작하게 된 것이었습니다.

21. 그러므로 우리 하나님이여, 그 피조물은 이렇게 주님에 의해서 만들어져서, 주님과 일체가 되어서 존재하게 된 것이 아니라 주님과는 완전히 다른 타자(他者)로 존재하게 되었습니다. 따라서 그 피조물은 단지 자기가 창조되기 이전에 시간이 없었을 뿐만 아니라, 자기가 창조된 이후에 시간이 존재하게 된 때에도, 주님을 한시도 떠나지 않고 주님의 얼굴을 항상 바라보고 있어서 시간에 의해서 그 어떤 변화도 겪지 않을 수 있게 되기는 하였지만, 자신 속에는 여전히 가변성이 내재되어 있기 때문에, 큰 사랑으로 주님께 꼭 붙어 있어서, 주님으로부터 빛을 받아서 늘 대낮처럼 밝게 타오르지 않는다면, 언제든지 어두워지고 차가워질 수 있습니다.

오, 빛나고 아름다운 집이여, "내가 주께서 계신 집과 주의 영광이 머무는 곳을 사랑하오니"(시 26:8), 그 집을 만들고 소유하고 계신 분은 바로 주님이십니다! 주님의 집을 사모하며 탄식하면서 이 순례 길을 행하고 있는 나는 그 집을 지으신 주님이 나도 거기로 데려가 주시기를 간구하고 있습니다. 왜냐하면, 나를 지으신 분도 주님이시기 때문입니다. 나는 길 잃은 양처럼 헤매고 있지만, 그 집을 지으신 나의 목자께서 나를 찾아 그 어깨에 메시고서는 그 집으로 데려다 주시기를 소망합니다.

22. 모세가 하나님의 경건한 종이었다는 것과 모세의 책들이 성령이 하신 말씀들이라는 것을 믿으면서도, 나의 말에 반대하는 자들이여, 내가 지금까지 말한 것에 대해서 당신들은 내게 무엇이라고 말하겠습니까? 내가 방금 말한 저 "하나님의 집"은 하나님과 동일하게 영원한 것은 아니지만, 자신의 방식을 따라 그 하늘에서 영원하기 때문에, 당신들이 거기에서 시간의 변화를 찾으려고 해 보아야 결국에는 찾지 못하고 헛수고만 할 것이 뻔하지 않겠습니까? 왜냐하면, 그 피조물은 한시도 한눈팔지 않고 항상 오직 하나님을 꼭 붙잡고 있어서, 시간의 흐름으로 인한 모든 변화와 "분산"을 초월해 있기 때문입니다. 나의 이 말에 대해서는 그들도 "그렇다"고 대답합니다.

그렇다면, 당신들은 내 마음이 나의 내면에서 주님을 찬송하는 음성을 들으면서 나의 하나님을 향하여 외치는 것들 중에서 도대체 어떤 것들이 잘못되었다고 주장하는 것입니까? 그 어떤 형상도 존재하지 않아서 그 어떤 시간적인 질서도 존재하지 않는 무형의 질료에 대하여 말한 것이 잘못된 것입니까? 그 어떤 시간적인 질서도 존재하지 않았기 때문에, 그 어떤 시간의 변화도 존재할 수 없었습니다. 하지만 이 무에 가까운 어떤 것은 절대적인 무가 아니었기 때문에 하나님으로부터 온 것이 분명합니다. 왜냐하면, 모든 존재하는 것들은 어떤 식으로 존재하는 것이든 하나님으로부터 오기 때문입니다. 그들은 "그것도 우리가 부정하지 않는다"고 대답합니다.

제16장
하나님의 진리를 시인하는 사람들과 얘기를 나누고 싶은 심정을 토로함

23. 나의 하나님이여, 이제 나는 주님의 진리가 나의 내면에서 내 마음에 들려준 이 모든 것들이 참되다고 인정하는 사람들과 함께 주님 앞에서 이 문제에 대하

여 잠깐 얘기를 나누고 싶습니다. 이것들을 부정하는 자들이 마음 내키는 대로 큰 소리로 짖고 떠들지라도, 나는 그들을 설득해서 잠잠하게 하고, 주님의 말씀이 그들에게 들어갈 수 있는 길을 열어 놓기 위하여 애쓰고자 합니다. 하지만 나의 하나님이여, 그들이 나를 거부하고 밀어낸다고 할지라도, 주님께서 내게는 침묵하지 마시고, 내 마음 속에서 진리의 말씀을 내게 들려주시기를 간구합니다. 그렇게 하실 분은 오직 주님뿐이시기 때문입니다.

그들이 밖의 흙먼지 속에서 입으로 거친 말들을 쏟아내다가 그 흙먼지가 자신들의 눈 속으로 들어가서 아무것도 보지 못하게 될지라도, 나는 그들을 떠나서 나의 골방으로 들어가서, 거기에서 주님을 향한 사랑의 노래를 부르며, 이 순례 길에서 이루 말할 수 없는 탄식으로 신음하는 가운데 예루살렘을 기억하고, 내 마음을 들어서 나의 본향인 예루살렘, 나의 어머니인 예루살렘, 그 예루살렘을 다스리시는 주님, 참된 빛이시고 아버지이시며 보호자이시고 남편이시며 순결하고 강력한 즐거움이시고 변함 없는 기쁨이시며 말로 표현할 수 없는 모든 선이시자 모든 것이신 주님께 향합니다. 왜냐하면, 주님은 유일하신 최고의 선이자 참된 선이시기 때문입니다.

나의 자비이신 나의 하나님이여, 주님이 분산되고 왜곡된 나의 모든 것을 다시한데 모아 예루살렘을 닮게 하시고 영원히 견고하게 하셔서 저 지극히 사랑스러운 어머니인 예루살렘의 평화로 이끄실 때까지는, 내 마음을 주님으로부터 돌리지 않을 것입니다. 거기에는 내 영혼의 첫 열매들이 있고, 나의 모든 확신도 거기로부터 옵니다.

내가 말한 이 모든 참된 것들을 거짓된 것이라고 말하지 않고, 주님이 거룩한 모세를 사용하셔서 기록하신 주님의 성경을 존중하여 우리처럼 거기에 최고의 권위를 두고 따르지만, 어떤 것들에서는 우리의 견해에 반론을 제기하는 사람들에 대해서는, 나는 이렇게 기도합니다: "우리 하나님이여, 주님이 친히 나의 고백들과 그들의 반론들 사이에서 판단하여 주십시오."

제17장

창세기 1:1에 대한 다른 네 가지 해석

24. 그들은 말합니다: "설령 네가 말한 것들이 옳다고 할지라도, 적어도 모세가 성령의 계시를 받아서 '태초에 하나님이 천지를 창조하시니라'고 말했을 때, 네가 말한 그런 의미로 하늘과 땅을 말한 것은 아니었다. 즉, 그는 항상 하나님을 보고 있는 영적이고 지성적인 피조물을 '하늘'로 지칭하고, 무형의 질료를 '땅'이라고 지칭한 것이 결코 아니었다."

그렇다면, 모세가 말한 하늘과 땅은 무엇을 가리키는가? 그들은 계속해서 이렇게 말합니다: "모세는 우리가 하늘과 땅이라고 부르는 바로 그것들을 염두에 두고서, 우리가 사용하는 하늘과 땅이라는 표현을 그대로 사용해서 그것들을 지칭한 것이었다."

그렇다면, 모세가 그러한 표현을 통해서 말하고자 한 것은 무엇인가? 그들은 계속해서 이렇게 말합니다: "모세는 먼저 우리의 눈으로 볼 수 있는 이 세상을 '천지,' 즉 하늘과 땅이라는 말로 일반적이고 짤막하게 먼저 언급한 후에, 이어서 이 세상을 구성하는 것들 중에서 성령이 열거하고자 한 온갖 것들을 여러 날들에 배정해서 구체적으로 하나하나 언급하고자 한 것이다. 모세가 하는 말을 듣고 있던 사람들은 배우지 못하고 육신적이어서 눈에 보이는 것들만을 생각하는 자들이었기 때문에, 그는 그 점을 고려해서 하나님의 역사 중에서 눈으로 볼 수 있는 것들만을 말하는 것이 적절할 것이라고 판단해서 그런 식으로 설명한 것이었다."

하지만 눈으로 볼 수 없고 형체도 없는 "땅"과 흑암으로 가득한 "깊음"이 있었고, 그 다음에 열거되고 있는 우리가 눈으로 보아 알고 있는 이 세상의 모든 것들은 그 "땅"으로부터 여러 날에 걸쳐서 만들어졌는데, 그 "땅"을 무형의 질료를 가리키는 것으로 이해하는 것은 부적절한 해석이 아니라는 데에는 그들도 동의합니다.

25. 어떤 사람은 "우리의 눈으로 볼 수 있는 이 세상과 그 안에서 아주 분명한 모습을 지니고서 존재하는 모든 것들, 즉 우리가 흔히 '천지'라고 부르는 것은 이

무형의 혼돈 상태에 있던 질료로부터 만들어지고 완성되었기 때문에, 모세는 그 질료를 '천지'라는 이름으로 먼저 언급한 것이다"라고 말합니다.

어떤 사람은 이렇게 말합니다: "눈에 보이는 세계와 눈에 보이지 않는 세계를 '하늘과 땅'이라는 말로 불러서, 하나님이 자신의 지혜 안에서 태초에 창조하신 모든 피조물을 이 두 단어로 포괄한 것은 적절한 것이었다. 또한, 모든 피조물은 하나님의 본체로부터가 아니라 무로부터 만들어진 것이어서, 하나님과 동일할 수 없고, '하나님의 집'처럼 영원한 것이든 인간의 영혼과 육신처럼 변하는 것이든, 정도 차이는 있지만 그 안에 가변성이 내재되어 있는데, 눈에 보이거나 보이지 않는 모든 것들을 만드는 데 사용된 공통의 질료, 즉 형상을 가질 수 있지만 아직 형상을 가지지 않은 무형의 질료, 나중에 형상이 부여되었을 때에 눈에 보이지 않는 피조물인 '하늘'과 눈에 보이는 피조물인 '땅'을 만들어 낸 바로 그 질료를, 형상을 부여받기 이전의 물질적인 질료(materia corporalis)를 가리키는 '눈으로 볼 수 없고 형체도 없는 땅'과 아직 지혜의 빛을 받지 않아서 마치 끝이 없는 유동체처럼 한정이 되지 않은 영적인 질료(materia spiritalis)를 가리키는 '깊음 위의 흑암'이라는 이 두 어구로 표현한 것도 적절한 것이었다."

26. 어떤 사람은 이렇게 말할지도 모릅니다: "성경에서 '태초에 하나님이 천지를 창조하시니라'고 말하였을 때, '천지,' 즉 하늘과 땅은 이미 완성되어서 형상을 갖춘 눈에 보이거나 보이지 않는 모든 것들을 가리키는 것이 아니고, 형상을 부여받아서 사물들을 만들어 낼 수 있는 가능성을 지닌 원초적인 무형의 질료를 가리킨다. 즉, 그 무형의 질료를 하늘과 땅이라고 부른 이유는, 나중에 질서가 부여되었을 때에 영적인 피조물을 나타내는 '하늘'과 물질적인 피조물을 나타내는 '땅'을 포괄해서 '천지'로 불리게 된 모든 것들이 아직 형상과 속성의 구별 없이 혼돈 상태로 그 무형의 질료 속에 내재되어 있었기 때문이다."

제18장

성경 해석과 율법의 강령

27. 나는 이 모든 주장들을 다 듣고 숙고해 보았지만 논쟁하고 싶지는 않습니다. 그러한 논쟁은 "유익이 하나도 없고 도리어 듣는 자들을 망하게" 할 뿐이기 때문입니다(딤후 2:14). 반면에, 율법은 사람이 제대로 올바르게 사용하기만 한다면 덕을 세우는 데 유익합니다. 율법의 목적은 "청결한 마음과 선한 양심과 거짓이 없는 믿음에서 나오는 사랑"이기 때문입니다(딤전 1:5). 우리의 주이신 그리스도께서도 이것을 잘 알고 계셨기 때문에, 하나님을 사랑하고 이웃을 사랑하라는 "이 두 계명이 온 율법과 선지자의 강령"이라고 말씀하셨습니다(마 22:40).

어둠 속에서 내 눈의 빛이신 나의 하나님이여, 창세기의 이 말씀에 대한 해석이 여러 가지이고, 그것들이 다 참된 것이라고 하여도, 내가 이 두 계명을 진실로 고백하고 있기만 하다면, 무엇이 나를 해롭게 할 수 있겠으며, 내가 창세기를 쓴 기자의 의도를 다른 사람들과 다르게 이해한다고 해도, 무엇이 나를 해롭게 할 수 있겠습니까? 어떤 글을 읽는 사람들은 누구나 그 글을 쓴 기자가 전달하고자 하는 것이 무엇인지를 찾아내어 알려고 애쓰고, 그 기자가 자신의 진심을 말하고 있다고 믿기 때문에, 우리가 거짓이라고 알고 있거나 생각하는 것을 조금이라도 말하였을 것이라고는 생각하지 않습니다. 따라서 성경을 읽는 우리는 누구나 그 기자가 전달하고자 하는 것이 무엇인지를 이해하고자 하는 것이지만, 참된 것을 말하는 모든 심령의 빛이신 주님이 우리에게 어떤 진리를 보여 주셔서 알게 하셨다면, 비록 그것이 그 기자가 말하고자 했던 바로 그 진리가 아니라고 할지라도, 어쨌든 우리는 진리를 알게 되었으니, 무엇이 우리에게 해롭겠습니까?[5]

---

5) 이것은 아우구스티누스가 알레고리적인 성경 해석방법을 합당하고 유익한 것으로 여기게 된 근거인데, 성경 본문이 문자적으로 말하고 있는 진리가 다수라는 의미가 아니고, 진리를 바라보는 관점들이 다수라는 의미이다.

제19장
누구나 인정할 수 있는 여러 진리들

28. 주님이여, 주님이 하늘과 땅을 창조하셨다는 것은 진리이고, 주님의 지혜가 태초에 계셔서, 주님이 그 지혜 안에서 모든 것을 창조하셨다는 것도 진리입니다. 또한, 이 눈에 보이는 세계는 "하늘과 땅"이라는 두 개의 큰 부분으로 되어 있고, 주님이 창조하시고 지으신 모든 것들을 다 포괄하기 위한 짤막한 표현이라는 것도 진리이고, 모든 변하는 것들은 어떤 무형의 것이 존재하고 있음을 우리에게 암시해 주고 있고, 그 무형의 것에 의해서 형상을 부여받아 끊임없이 변화된다는 것도 진리입니다.

또한, 어떤 피조물은 그 안에 가변성이 내재되어 있는데도, 영원토록 불변하는 "형상"이신 하나님을 꼭 붙들고 있어서, 시간의 흐름에 의해 영향을 받지 않아 변하지 않는다는 것도 진리이고, 마찬가지로 무에 가까운 "무형의 것"은 시간의 변화에 영향을 받지 않아 변하지 않는다는 것도 진리이며, 어떤 것으로부터 다른 어떤 것이 만들어진 경우에는, 편의상 전자를 후자의 이름으로 부르는 것은 얼마든지 가능하고, 하늘과 땅은 이 "무형의 것"으로부터 만들어졌기 때문에, 이 "무형의 것"을 "하늘과 땅"이라고 부를 수 있다는 것도 진리입니다.

또한, 형상을 가진 모든 것들 중에서 "땅"과 "깊음"보다 더 무형의 것에 가까운 것은 없다는 것도 진리이고, 이미 형상을 가지게 된 모든 것들만이 아니라 앞으로 형상을 부여받게 될 모든 것들도 만유의 근원이신 주님이 창조하셨다는 것도 진리이며, 형상을 부여받아서 무형의 것으로부터 생겨난 모든 것들은 그렇게 형상을 부여받기 전에는 무형의 것이었다는 것도 진리입니다.

제20장
창세기 1:1의 "천지를 창조하셨다"는 의미에 대한 여러 해석들

29. 주님이 마음의 눈으로 이러한 것들을 볼 수 있게 해 주신 사람들과 주님의

종 모세가 진리의 영으로 이러한 것들을 말하였다는 것을 흔들림 없이 믿는 사람들은 이 모든 것들이 진리라는 것을 의심하지 않지만, 실제로 "태초에 하나님이 천지를 창조하시니라"(창 1:1)는 말씀을 해석할 때에는 이 모든 진리들 중에서 일부만을 취해서 해석합니다.

어떤 사람은 "태초에 하나님이 천지를 창조하셨다"는 것은, "하나님이 자기와 동일하게 영원하신 자신의 말씀 안에서 지성적인 것들과 감각적인 것들, 즉 영적인 피조물들과 물질적인 피조물들을 창조하셨다"는 의미라고 말합니다.

어떤 사람은 "태초에 하나님이 천지를 창조하셨다"는 것은, "하나님이 자기와 동일하게 영원하신 자신의 말씀 안에서 이 물질적인 세계라는 덩어리 전체와 그 안에 있는 모든 분명하게 보이고 알려진 것들을 창조하셨다"는 의미라고 말합니다.

어떤 사람은 "태초에 하나님이 천지를 창조하셨다"는 것은, "하나님이 자기와 동일하게 영원하신 자신의 말씀 안에서 장차 영적인 세계와 물질적인 세계를 만드시는 데 사용하실 무형의 질료를 창조하셨다"는 의미라고 말합니다.

어떤 사람은 "태초에 하나님이 천지를 창조하셨다"는 것은, "하나님이 자기와 동일하게 영원하신 자신의 말씀 안에서 장차 물질적인 세계를 만드시는 데 사용하실 무형의 질료를 창조하셨는데, 나중에 형상을 부여받고 구별이 되어서 오늘날 우리가 보는 이 세계를 구성하게 된 저 하늘과 땅이 그때에는 그 무형의 질료 내에서 아직 구별되지 않고 혼재되어 있었다"는 의미라고 말합니다.

어떤 사람은 "태초에 하나님이 천지를 창조하셨다"는 것은, "하나님이 무엇인가를 만드시고 일하시기 시작하셨던 시초에 저 무형의 질료를 창조하셨고, 거기에 하늘과 땅이 혼재되어 있다가 나중에 형상을 부여받고서, 그 안에 있는 모든 것들과 더불어 오늘날과 같은 모습으로 출현하게 되었다"는 의미라고 말합니다.

제21장

창세기 1:2의 의미에 대한 여러 해석들

30. 마찬가지로, "땅은 눈으로 볼 수 없고 형체도 없었으며 흑암이 깊음 위에

있었다"는 창세기 1:2의 말씀에 대한 해석에 있어서도, 사람들은 앞에서 말한 모든 진리들 중에서 자기 나름대로 일부를 취하여 해석하는데, 어떤 사람은 이 말씀은 "하나님이 창조하신 저 물질적인 것은 아직 질서도 없고 빛도 없는 무형의 것으로서, 장차 물질적인 사물들을 만드는 데 사용될 질료였다"는 의미라고 말합니다.

어떤 사람은 "땅은 눈으로 볼 수 없고 형체도 없었으며 흑암이 깊음 위에 있었다"는 것은, "나중에 하늘과 땅으로 불리게 될 이 모든 것은 아직 형체가 없는 암흑의 질료로 존재하였고, 물질적인 하늘과 물질적인 땅은 우리의 육신의 감각들로 인식할 수 있는 그 안의 모든 것들과 더불어서 장차 그 질료로부터 만들어질 것이었다"는 의미라고 말합니다.

어떤 사람은 "땅은 눈으로 볼 수 없고 형체도 없었으며 흑암이 깊음 위에 있었다"는 것은, "나중에 하늘과 땅으로 불리게 될 이 모든 것은 아직 형체가 없는 암흑의 질료로 존재하였고, 장차 이 질료로부터 한편으로는 '하늘들의 하늘'이라고도 불리는 지성적인 '하늘'이 만들어지고, 다른 한편으로는 물질적인 하늘인 궁창을 포함한 물질적인 피조세계 전체를 가리키는 '땅'이 만들어져서, 눈에 보이는 세계와 눈에 보이지 않는 세계, 즉 만유가 창조될 것이었다"는 의미라고 말합니다.

어떤 사람은 "땅은 눈으로 볼 수 없고 형체도 없었으며 흑암이 깊음 위에 있었다"는 것은, "성경은 저 무형의 것을 '하늘과 땅'이라고 부르고 있는 것이 아니고, 그 무형의 것은 이미 존재해 있었다고 말하면서, 그것을 '눈으로 볼 수 없고 형체도 없는 땅'과 '흑암으로 가득한 깊음'이라고 부르고, 이미 앞에서 '하나님이 천지를 창조하셨다'고 말했을 때의 저 영적인 세계와 물질적인 세계가 그 무형의 것으로부터 만들어졌다고 말하고 있는 것이다"라고 해석합니다.

어떤 사람은 "땅은 눈으로 볼 수 없고 형체도 없었으며 흑암이 깊음 위에 있었다"는 것은, "무형의 질료는 이미 존재해 있었고, 성경이 말하고 있는 것처럼, 하나님은 그 무형의 질료로 물질적인 세계라는 덩어리 전체를 창조하셨는데, 위에 있는 하늘과 아래에 있는 땅이라는 두 개의 큰 부분으로 나누어서, 그 안에 있는 우리에게 잘 알려져 있는 모든 것들과 더불어서, 이 세계를 창조하셨다"는 것을 보여 주는 것이라고 해석합니다.

제22장

무형의 질료는 영원 전부터 존재하였던 것이 아니라 하나님에 의해 만들어진 것임

31. 마지막 두 가지 견해에 대해서 반론을 제기하고자 하는 사람이 있다면, 그는 이렇게 말할 것입니다: "만일 성경이 이 무형의 질료를 하늘과 땅이라고 부르고 있다는 것을 인정하지 않게 되면, 하나님이 만드시지 않은 어떤 것이 이미 존재해 있었고, 하나님은 그것으로 하늘과 땅을 만드셨다는 말이 된다. 그러므로 성경이 '태초에 하나님이 천지를 창조하셨다'(창 1:1)고 말한 후에, 그 다음 절에서는 '땅은 눈으로 볼 수 없고 형체도 없었다'(창 1:2)고 말함으로써, '땅'을 무형의 질료라고 부르고 있는데, 우리는 2절에 언급된 '땅'은 1절에 이미 나온 바로 그 '땅'을 가리키는 것으로 보아서, 1절의 '하늘과 땅' 또는 '땅'이 무형의 질료를 가리키는 것이라고 이해하여야 한다. 왜냐하면, 만일 그렇게 이해하지 않는다면, 성경에는 하나님이 무형의 질료를 만드셨다는 말이 나오지 않는 것이 되기 때문이다."

우리가 마지막으로 소개한 두 가지 견해 중에서 어느 한 쪽을 지지하는 사람들은 그러한 반론에 대해서 이렇게 대답할 것입니다: "우리는 이 무형의 질료가 하나님에 의해서 창조되었다는 것을 부정하는 것이 결코 아니다. 하나님이 형상을 부여하신 모든 것들은 '심히' 좋은 것들이고(창 1:31), 반면에 나중에 형상을 부여받을 가능성만을 지닌 것들은 덜 좋은 것들이기는 하지만 여전히 좋은 것들이라고 할 수 있는데, 이 두 부류를 포함한 모든 것들은 하나님이 창조하신 것이다. 따라서 성경은 그룹 천사들이나 스랍 천사들, 사도가 분명히 언급하고 있는 '왕권들이나 주권들이나 통치자들이나 권세들'(골 1:16)을 비롯한 많은 것들을 하나님이 창조하셨다고 명시적으로 말하고 있지는 않지만, 그 모든 것들이 하나님에 의해서 창조되었다는 것은 너무나 분명한데, 우리가 지금 다루고 있는 무형의 질료도 그런 경우라고 할 수 있다.

반면에, '하나님이 천지를 창조하시니라'(1절)는 말씀에서 '천지'가 하나님이 창조하신 모든 것을 포괄하는 표현이라고 이해한다면, '하나님의 영은 수면 위에 운행하시니라'(2절)는 말씀 속에 나오는 '물'도 1절의 '땅'이라는 표현에 포함되어 있는 것이라고 보아야 하는데, 그런 경우에 그렇게 아름다운 '물'이 있는 '땅'을 무형의 질료라고 부를 수 있겠는가? 또한, 그렇게 해석한다면, 성경에는 저 무형의 질료로부터 '하늘'이라 불리는 '궁창'이 만들어졌다는 것은 기록되어 있는데, '물'이 만들어졌다는 것은 기록되어 있지 않은 것인가? 왜냐하면, 우리는 그때에 그토록 아름다운 모습으로 흐르고 있던 물이 아직 눈으로 볼 수 없는 무형의 것이었다고 말할 수는 없기 때문이다. 설령 하나님이 '천하의 물이 한 곳으로 모이라'(9절)고 말씀하셨을 때, '모은다'는 것은 그 자체가 형상을 부여하는 것을 의미한다는 점에서, 그때에야 '물'은 비로소 그러한 아름다운 모습을 부여받은 것이라고 하더라도, 이전부터 이미 존재하고 있던 궁창 위의 '물'에 대해서는 우리가 어떻게 이해해야 하는가? 왜냐하면, 성경에서 궁창 위의 물에 형상을 부여하였다는 구체적인 기록이 없다는 이유로, 궁창 위의 물이 아직 무형의 질료로 존재하고 있었다고 말한다면, 아직 무형의 질료로 존재하고 있었던 것이 이미 그토록 존귀한 자리를 차지하고 있었다는 것은 말이 되지 않기 때문이다.

그러므로 창세기가 하나님이 어떤 것을 창조하셨다는 말을 하고 있지 않다고 하더라도, 건전한 신앙이나 믿을 만한 지성을 지닌 사람들이 그것을 하나님이 창조하셨다는 것을 의심할 이유가 없다고 여긴다면, 우리는 그렇게 믿는 것이 마땅하기 때문에, 창세기에 물에 대한 언급이 나오기는 하는데, 하나님이 물을 창조하셨다는 언급은 나오지 않는다는 것을 근거로 내세워서, 물은 하나님과 동일하게 영원한 존재라고 말하는 것은 건전한 가르침이 될 수 없다. 왜냐하면, 성경이 '눈으로 볼 수 없고 형체도 없는 땅'과 '흑암으로 가득한 깊음'이라고 부르고 있는 저 무형의 질료를 하나님이 무에서 창조하신 기사를 창세기가 생략하고 있어서, 우리가 창세기에서 그런 말을 들을 수 없다고 할지라도, 진리는 우리에게 성경에 언급된 저 무형의 질료는 하나님이 창조하신 것이 분명한 까닭에 하나님과 동일하게 영원한 존재일 수 없다는 것을 가르쳐 주고 있기 때문이다."

제23장

창조에 관한 진실과 창조 기사를 쓴 모세의 의도를 구별해서 다룰 필요성

32. 내가 부족하다는 것은 주님이 너무 잘 알고 계시지만, 나는 다시 한 번 내 하나님께 나의 부족함을 고백합니다. 지금까지 나는 나의 부족한 능력이 허락하는 한에서 이러한 여러 견해들을 듣고 숙고해 본 결과, 믿을 만한 사람이 증거들을 제시하며 어떤 것에 대하여 말할 때, 두 종류의 이견이 생겨날 수 있다는 것을 보는데, 하나는 그 사람이 말한 것이 진실한 것이냐에 관한 것이고, 다른 하나는 그것을 말한 사람의 의도가 무엇이냐에 관한 것입니다. 왜냐하면, 창조가 어떤 식으로 일어났느냐와 관련된 진실을 묻는 것과 하나님의 집에서 충성된 종으로 일하였던 모세가 자신의 글이나 말을 읽는 자나 듣는 자로 하여금 그 글이나 말을 어떤 의미로 이해하기를 원하였는가를 묻는 것은 전혀 다르기 때문입니다.

주님이여, 첫 번째와 관련해서는 거짓된 것들을 진리라고 여겨서 자신들이 알고 있다고 생각하는 모든 자들이 나에게서 떠나가게 하시고, 두 번째와 관련해서는 모세가 거짓된 것들을 말했다고 생각하는 모든 자들이 나에게서 떠나가게 하시며, 나로 하여금 사랑의 넓은 초장에서 주님의 진리를 먹고 살아가는 자들과 주님 안에서 연합하여 함께 기쁨을 누리는 가운데, 우리 모두가 한마음으로 주님의 성경 말씀 앞으로 나아가서, 그 말씀을 자신의 펜으로 기록한 주님의 종의 의도를 통해서 주님의 의도를 찾게 해 주십시오.

제24장

모세의 의도는 참된 것이었음을 의심하지 않음

33. 하지만 하나님의 말씀들은 해석자들에 의해서 여러 가지로 서로 다르게 해석되어, 하나의 말씀 속에서도 아주 많은 진리들이 드러나게 되는데, 우리 가운데서 누가 그 중의 한 해석을 "이것이 모세가 의도하였던 것"이라거나, "이것이 모

세가 이 기사에서 우리에게 알게 하고자 한 것"이라고 자신 있게 말할 수 있겠으며, "모세가 이것을 의도하였든 하지 않았든, 이것은 진리"라고 자신 있게 말할 수 있겠습니까?

보십시오. 나의 하나님이여, 나는 주님의 종으로서 이 글을 통해 주님께 고백의 제사를 드리겠다고 서원하였었고, 주님의 자비하심으로 말미암아 나의 그러한 서원을 실제로 지키고 있다고 확신하는 것과 마찬가지로, 주님이 주님의 영원히 변치 않는 말씀 안에서 눈에 보이거나 보이지 않는 모든 것을 창조하셨다는 것을 자신 있게 말할 수 있습니다.

그러나 모세가 "태초에 하나님이 천지를 창조하시니라"고 썼을 때에 바로 그것을 의도하였다는 것에 대해서도 과연 내가 자신 있게 말할 수 있겠습니까? 나는 앞에서 내가 말한 것이 주님의 진리라는 것은 확실하게 알지만, 모세가 자신의 생각 속에서 그것을 염두에 두고서 그러한 의도로 1절을 쓴 것인지는 알 수 없습니다. 그럼에도 불구하고, 모세는 "태초에"라고 말하면서, 하나님이 창조 사역을 시작하신 시초를 생각하였을 것이고, "천지"라고 말하면서는, 영적인 것이든 물질적인 것이든 형상을 부여받아 완성된 사물들이 아니라, 아직 혼돈 상태에 있어서 형체가 없는 무형의 것을 생각하였을 것입니다.

나는 모세가 "천지"를 유형의 것이라고 말한 것이든, 아니면 무형의 것이라고 말한 것이든, 그가 진리를 말하였을 것임은 알지만, 그가 이 둘 중에서 어느 것을 염두에 두고 그렇게 말한 것인지는 알지 못합니다. 하지만 이 위대한 인물이 이 말을 할 때에 자신의 마음속에서 보고 염두에 둔 것이 이 둘 중의 어느 것이었든, 아니면 내가 여기에서 언급하지 않은 다른 어떤 것이었든, 나는 그가 진리를 보았고, "천지"라는 말을 통해서 그 진리를 적절하게 표현하였으리라는 것은 의심하지 않습니다.

제25장

자신의 해석만이 옳다고 주장하는 독선은 성경 해석의 기본원리인 "사랑"에 어긋난다

34. 이제 아무도 내게 "당신이 말한 것이 아니라 내가 말한 것이 모세가 의도한 것이다"라고 말함으로써 나를 괴롭히는 일이 없었으면 합니다. 누가 내게 "당신은 무엇을 근거로 해서 당신이 말한 것이 모세가 그 말을 한 의도라는 것을 아는 것이냐"고 말한다면, 나는 내가 지금까지 해 왔던 대답을 다시 한 번 차분하게 해 주거나, 그 사람이 듣는 데 둔한 사람인 경우에는 좀 더 자세하게 풀어서 설명을 해 주는 것이 마땅할 것입니다.

하지만 어떤 사람들이 "당신이 말한 것이 아니라 내가 말한 것이 모세가 의도한 것"이라고 말함으로써, 오직 자기가 말한 것만이 진리이고, 둘 다 옳을 수도 있다는 것을 부정해 버린다면, 오, 마음이 가난한 자들의 생명이 되시는 나의 하나님이여, 주님의 품 안에서는 다툼이 없사오니, 내 마음을 너그러움으로 촉촉히 적셔 주셔서, 그들을 인내로써 대할 수 있게 해 주십시오.

그런 사람들이 내게 그런 식으로 말하는 것은, 그들이 하나님의 감동을 따라 주님의 종인 모세의 마음을 들여다보았기 때문이 아니라, 그 마음이 교만해서 자신의 것만을 사랑하는 자들인 까닭에, 모세의 생각이나 의도가 무엇인지에 대해서는 알지도 못하면서, 자신들의 견해가 정말 진리여서가 아니라 단지 자신들이 생각해 낸 것이라는 이유로 진리라고 주장하는 것입니다. 만일 그런 것이 아니었다면, 내가 그들의 견해가 진리인 경우에 그것이 그들의 견해이기 때문이 아니라 진리이기 때문에 그 견해를 사랑하는 것처럼, 그들도 다른 사람들이 말하는 진리를 자신들이 말한 진리와 마찬가지로 동일하게 사랑하였을 것입니다. 만일 그들이 자신들의 견해가 진리여서 그러한 견해를 사랑하여 우리 앞에 내놓은 것이라면, 그 견해는 진리를 사랑하는 모든 사람들의 공통의 것이기 때문에, 그들의 것임과 동시에 나의 것이기도 할 것입니다.

하지만 그들이 내가 말한 것이 아니라 그들이 말한 것이 모세가 의도한 것이라고 주장한다면, 나는 그들의 견해를 받아들이지도 않고 사랑하지도 않을 것입니다. 왜냐하면, 그런 경우에는 설령 그들의 견해가 정말 진리라고 할지라도, 그들의 그러한 무모한 독선은 참된 지식이 아니라 오만함에서 나온 것이고, 주님이 보여 주신 것이 아니라 교만에서 나온 것이기 때문입니다.

그러므로 우리는 주님의 심판을 두려워하는 것이 마땅합니다. 왜냐하면, 주님의 진리는 내 것이 아님은 물론이고 그 누구의 것도 아니며, 주님이 공적으로 부르셔서 그 진리에 참여하게 하신 우리 모두의 것인 까닭에, 마치 진리가 우리의 사유물인 것처럼 여기다가 그 진리를 빼앗기는 일이 없게 하라고 주님은 우리에게 엄중하게 경고하고 계시기 때문입니다. 주님이 모든 사람에게 주셔서 함께 누리게 하신 것을 자신의 사유물로 삼아서 자신의 것이라고 주장함으로써, 모두의 것을 자기 자신만의 것으로 만들고자 하는 사람이 있다면, 그것은 공적인 진리에서 사적인 거짓으로 전락하고 맙니다. 왜냐하면, 자신의 사적인 것을 말하는 자는 거짓을 말하는 것이기 때문입니다.

35. 최고의 심판자이시고 진리 자체이신 하나님이여, 나의 말에 반론을 제기하는 자에게 내가 하는 말에 귀 기울여 주십시오. 왜냐하면, 나는 주님 앞에서, 그리고 사랑의 목적으로 율법을 "적법하게" 사용하는 나의 형제들 앞에서 이 말을 하고 있는 것이기 때문입니다. 주님이 원하시면, 내가 그 사람에게 무슨 말을 하는지를 보시고, 거기에 귀를 기울여 주십시오. 나는 친근하고 온화한 음성으로 그 사람에게 이렇게 말할 것입니다:

"우리 두 사람이 당신이 말한 것이 진리라는 것도 알고, 내가 말한 것이 진리라는 것도 안다면, 내가 묻고 싶은 것은 우리가 어디에서 그것들이 진리라는 것을 보고 아는 것인가 하는 것이다. 분명한 것은 내가 당신에게서, 그리고 당신은 내게서 그것을 보고 진리라는 것을 아는 것이 아니고, 우리의 마음과 정신을 초월해 있는 영원불변의 진리 자체 속에서 그것들을 보고 진리라는 것을 안다는 것이다. 이렇게 우리가 주 우리 하나님의 참된 빛 자체에 대하여 서로 다툼이 없고, 모세가 친히 우리 앞에 나타나서, '이것이 내가 의도한 것'이라고 말한다고 하여도, 우리는 그의 말이 진실인지를 직접 확인할 수는 없고 그저 믿는 수밖에 없는데, 영원불변의 진리를 보고 아는 것과는 달리 분명하게 볼 수 없는 우리 이웃인 모세의 생각이 무엇인지를 놓고서 다툴 이유가 어디 있겠는가?

그러므로 우리는 '기록된 말씀 밖으로' 넘어가서 '서로 대적하여 교만한 마음을 가지지' 말고(고전 4:6), '마음을 다하고 목숨을 다하고 뜻을 다하여 주' 우리 '하나님을 사랑하고' 우리 '이웃을' 우리 '자신 같이 사랑하는' 것이 마땅하다(마 22:37, 39). 모세가 창세기의 그 말씀들에서 무엇을 말하고자 하였든지 간에, 그것이 사랑에 관한 이 두 가지 계명과 연관되어 있었다는 것을 우리가 믿지 않는다면, 그것은 하나님이 성경에서 우리에게 가르치신 것과는 다른 것을 모세가 말한 것이라고 생각함으로써 하나님을 거짓말쟁이로 만들어 버리는 것이다. 모세가 하나님의 많은 말씀들을 기록한 것이나 우리가 그 말씀들을 해석하고자 하는 것은 둘 다 사랑에 관한 두 가지 계명을 위한 것인데, 이렇게 성경의 말씀들로부터는 아주 많은 지극히 참된 견해들을 이끌어 낼 수 있다는 사실을 망각하고서, 그러한 견해들 중에서 어느 하나가 모세가 의도한 것이라고 경솔하게 단정해 버림으로써, 위험천만한 논쟁과 다툼을 불러일으켜서 그러한 사랑을 파괴하는 것은 얼마나 어리석은 짓이겠는가."

제26장
하나님은 사람들이 이해하고 깨닫도록 하기 위하여 성경 말씀을 주심

36. 비천한 나를 들어올리셔서 높이시고, 수고하는 내게 안식처가 되어 주시며, 나의 고백을 들으시고 나의 죄들을 사해 주시는 나의 하나님이여, 주님은 내게 나의 이웃을 내 몸 같이 사랑하라고 명하신 그런 분이시기 때문에, 만일 주님이 나로 하여금 모세가 살았던 시대에 태어나게 하시고, 모세에게 주셨던 바로 그 직책을 내게 주시며, 나의 마음과 혀를 드려서 모세가 썼던 그 책들을 쓰게 하셔서, 그 후 아주 오랫동안 모든 나라들에 유익을 끼치고, 그 탁월한 권위로 말미암아 온 세계에 걸쳐서 거짓되고 교만한 온갖 가르침들을 이기게 하실 계획이셨다면, 내가 그때에 그 일을 위해서 주님께 구하였을 은사보다 덜한 은사를 주님이 저 충성된 종이었던 모세에게 주셨으리라고는 나는 결코 믿을 수 없습니다.

우리는 모두 똑같이 저 흙에서 온 존재여서, 주님이 우리를 기억해 주시고 생각해 주지 않으신다면, 우리는 그저 흙덩이에 불과한 존재일 수밖에 없기 때문에 (시 8:4), 우리는 아무것도 아니지 않겠습니까? 만일 그때에 내가 모세였고, 주님이 내게 창세기를 쓰는 멍에를 더하셨다면, 나는 아주 탁월한 표현력과 문장력을 주시라고 간구하였을 것이고, 주님은 실제로 그런 은사들을 주셨을 것입니다. 따라서 사람들이 창세기를 읽으면서 하나님이 어떤 식으로 세계를 창조하셨는지를 이해할 수 없어서, 자신들의 능력으로는 도저히 이해할 수 없는 책으로 치부하여 창세기를 보다 덮어 버리는 일도 없을 것이고, 자신의 생각 속에서 어떤 참된 교훈들에 도달한 사람들은 내가 하는 말과 모세가 간단하게 기록한 말씀이 별다른 차이가 없다는 것을 발견하게 될 것입니다. 또 어떤 사람들이 진리의 빛 안에서 어떤 다른 것을 발견하였다면, 그것도 창세기의 그 말씀 속에 나와 있는 것을 발견하게 될 것입니다.

제27장
모든 해석의 강줄기들의 샘인 모세에 대한 초보적인 신앙인들의 자세

37. 물들의 근원인 샘은 아주 작은 공간을 차지하고 있지만, 그 샘에서 흘러나와서 멀리까지 이어져서 넓은 공간들을 차지하고 흐르는 많은 강들 중의 하나보다 더 수량이 풍부해서, 그 강들에게 끊임없이 물을 공급해 주는 것과 마찬가지로, 주님의 종인 모세가 쓴 글도 아주 짧은 몇 마디로 기록되어 있지만, 나중에 주님의 말씀을 전할 자들에게 확실한 진리의 물줄기들을 풍부하게 제공해 줄 원천이 되기 때문에, 그 글이 다루고 있는 주제와 관련해서 거기에서 어떤 사람은 이런 진리의 물줄기를 끌어오고 어떤 사람은 저런 진리의 물줄기를 끌어와서, 각 사람이 이런저런 모양의 길게 뻗은 수많은 진리의 강들을 만들어 내게 됩니다.

어떤 사람들은 모세가 기록한 이 말씀을 읽거나 들을 때, 하나님을 마치 무한한 권능을 지닌 사람이나 모종의 어떤 존재인 것처럼 생각하고서, 그런 하나님이 어느 날 갑자기 어떤 새로운 결심을 하여, 앞으로 자기가 만들게 될 모든 것들을 담을 수 있는 두 개의 거대한 물체인 하늘과 땅을, 자신과 어느 정도 떨어진 자신의 외부에 하나는 위에, 다른 하나는 아래에 창조하신 것이라고 생각합니다.

또한, 그들은 "하나님이 이르시되 이런저런 것이 있으라 하시니 그대로 되니라"는 말씀을 듣고서는, 그 말씀에는 시작과 끝이 있어서, 시간 속에서 울려 퍼지다가 나중에는 사라져서 없어지고, 그 후에는 하나님이 그 말씀을 통해서 명하신 것이 즉시 이루어져서 존재하게 된 것이라고 생각하고, 다른 것들에 대해서도 그런 식으로 자신들에게 친숙한 물질적인 관점에서 생각합니다.

그런 사람들은 아직 영적으로 연약해서 어머니의 품 안에 있어야 안전한 어린 아이들과 같기 때문에, 그러한 초보적인 언어 속에서 양육을 받아야 하지만, 거기에서 그들의 신앙이 건강하게 잘 자란 후에는, 자신들의 주변에서 오감으로 인식할 수 있는 놀라울 정도로 다양한 모든 것들을 하나님이 다 창조하셨다는 확실한 믿음을 갖게 됩니다. 반면에, 그런 사람들 중에서 어떤 사람이 자신의 연약함에도 불구하고 교만해져서, 그러한 초보적인 언어로 된 말씀을 시시하다고 여겨서 멸시하고, 자신을 보호해 주고 있던 그 둥지를 뛰쳐나와 버리면, 그 사람은 애석하게도 그 둥지에서 떨어져 죽게 되는 비참한 일이 벌어지게 됩니다.

주 하나님이여, 아직 날개가 나지 않은 새가 그런 식으로 떨어졌을 때에 자비를 베푸셔서, 지나가는 사람들에 의해서 밟혀 죽지 않도록, 주님의 천사를 보내어 그 새를 다시 둥지로 넣어 주셔서, 날 수 있게 될 때까지 그 둥지 안에서 살아가게 해 주십시오.

제28장
장성한 자들에게는 모세의 글이 울창한 숲과 같음

38. 어떤 사람들에게 모세의 이 말씀들은 둥지가 아니라 울창한 숲과 같아서, 그들은 즐겁게 짹짹거리며 그 숲의 여기저기를 날아다니다가 거기에 숨겨져 있던 열매들을 찾아낸 후에는 부리들로 쪼아서 먹습니다.

하나님이여, 그들은 그 말씀들을 읽거나 들을 때, 하나님은 영원토록 변함이 없으시고 항상 계시기 때문에, 과거와 미래의 모든 시간을 초월해 계신다는 것도 알고, 시간에 종속되어 있는 피조물들 중에서 하나님이 창조하지 않으신 것은 단 하나도 존재하지 않는다는 것도 압니다.

또한, 그들은 하나님의 뜻은 하나님의 존재와 동일하기 때문에, 하나님은 이전에 가지고 계셨던 뜻을 바꾸시거나, 이전에 가지고 계시지 않으셨던 새로운 뜻을 세우셔서, 만물을 창조하신 것이 아니라는 것도 압니다.

또한, 그들은 주님이 자신의 본체로부터 자신의 "모양과 형상을 따라" 자신을 닮은 만물을 만들어 내신 것이 아니라, 먼저 절대적인 무로부터 자신을 전혀 닮지 않은 무형의 질료를 만드시고, "일자"이신 주님이 각 종류의 피조물에게 허락하시고 정해 주신 거리의 멀고 가까움에 따라 이 무형의 질료로부터 모든 피조물들이 각각 형상을 부여받아 만들어졌다는 것도 압니다.

또한, 그들은 주님이 창조하신 모든 것들은, 주님 곁에 있어서 주님을 항상 바라보기 때문에 변화를 겪지 않는 것이든 시공간적으로 여러 계층에 걸쳐 주님으로부터 멀리 떨어져 있어서 아름다운 변화들을 일으키기도 하고 겪기도 하는 것이든, 다 지극히 선하다는 것도 압니다. 그리고 그들은 각자의 역량을 따라 주님의 진리의 빛 안에서 그러한 것들을 알고 즐거워합니다.

39. 그들 중에서 어떤 사람은 "태초에 하나님이 천지를 창조하시니라"고 한 말씀 속에서, "태초"는 우리에게 이 이야기를 들려 주고 있는 "지혜"를 가리키는 것으로 이해하여, "지혜 안에서 하나님이 천지를 창조하셨다"는 의미로 그 말씀을 해석하고, 어떤 사람은 "태초에"가 단지 하나님이 만물을 창조하기 시작하신 시점을 가리키는 것으로 이해해서, "태초에 하나님이 천지를 창조하셨다"는 것은 "처음에 하나님이 천지를 창조하셨다"는 것을 의미하는 것으로 해석합니다.

"태초에"를 "지혜 안에서"로 이해하는 사람들 중에서도 어떤 사람은 "천지"는 나중에 "하늘과 땅"으로 불리게 된 것들을 만들기 위한 질료를 가리키는 것이라고 생각하고, 어떤 사람은 이미 형상이 부여되고 구별된 실체들로서의 "하늘과 땅" 자체를 가리키는 것이라고 생각하며, 어떤 사람은 형상이 부여된 영적인 실체인 "하늘"과 무형의 물질적인 질료인 "땅"을 가리키는 것이라고 생각합니다.

또한, "천지"가 나중에 하늘과 땅으로 불리게 된 것들을 만들기 위한 무형의 질료를 가리키는 것으로 이해하는 사람들도 그 구체적인 내용으로 들어가면 서로 견해가 갈리는데, 어떤 사람은 그 무형의 질료로부터 지성적인 피조세계와 감각적인 피조세계가 만들어졌다고 생각하는 반면에, 어떤 사람은 우리가 눈으로 볼 수 있는 모든 것들을 그 거대한 품 속에 품고 있는 저 감각적이고 물질적인 덩어리만이 그 무형의 질료로부터 만들어진 것이라고 생각합니다.

또한, "천지"가 이미 만들어져서 질서가 부여된 피조물들인 "하늘과 땅"을 가리키는 것으로 이해하는 사람들도 구체적인 내용에서는 서로 견해가 달라지는데, 어떤 사람은 여기에서 "하늘과 땅"은 눈으로 볼 수 없는 피조세계와 눈으로 볼 수 있는 피조세계를 둘 다 가리키는 것이라고 생각하는 반면에, 어떤 사람은 여기에서 "하늘과 땅"은 하늘이라 불리는 저 빛나는 궁창과 어둠에 덮인 땅과 그것들 안에 있는 모든 것들로 이루어진 눈으로 볼 수 있는 세계만을 가리키는 것이라고 생각합니다.

제29장
"태초에"를 어떻게 해석해야 하는가

40. 한편, "태초에 하나님이 천지를 창조하시니라"는 말씀을 "처음에 하나님이 천지를 창조하셨다"는 의미로 이해하는 사람은, 그 말씀에 나오는 "천지"가 지성적인 피조세계와 물질적인 피조세계 둘 다를 포함하는 만유라는 의미에서의 "천지" 자체가 아니라, 그 "천지"를 만들기 위한 질료를 가리키는 것으로 이해하지 않으면 안 됩니다. 왜냐하면, 만일 이 "천지"가 이미 형상이 부여되어 만들어진 만유를 가리키는 것으로 이해하고자 한다면, 그는 "하나님이 처음에 만유를 다 창조하신 것이라면, 그 후에는 무엇을 창조하셨다는 말인가?"라는 반론에 대답해야 하고, 실제로 하나님이 만유를 창조하신 후에는 더 이상 창조하실 것이 없으셨다는 것은 자명한 사실인 까닭에, "나중에 창조하실 것이 아무것도 없었다면, 하나님이 '처음에' 천지를 창조하셨다고 말하는 것은 아무런 의미도 없지 않겠는가?"라는

반론에 또다시 대답해야 하기 때문입니다.

따라서 그가 "영원"에서는 무엇이 먼저이고, "시간" 속에서는 무엇이 먼저이며, "선택"에 있어서는 무엇이 먼저이고, "기원"에 있어서는 무엇이 먼저인지를 제대로 분별해서, 하나님이 "처음에" 무형의 것을 창조하셨고, 다음으로 거기에 형상을 부여하셔서 만유를 창조하셨다고 말할 때에만, 그의 말에는 모순이 없게 되는데, 영원에서는 하나님이 만유보다 먼저이고, 시간 속에서는 꽃이 열매보다 먼저이며, 선택에 있어서는 열매가 꽃보다 먼저이고, 기원에 있어서는 소리가 노래보다 먼저입니다.

내가 방금 말한 네 가지 중에서 두 번째와 세 번째는 이해하기가 쉬운 반면에, 첫 번째와 네 번째는 이해하기가 대단히 어렵습니다. 왜냐하면, 영원성을 지니신 주님이 스스로는 변하지 않으시면서도 변하는 것들을 창조하셨고, 그것으로 말미암아 만유보다 먼저 계시는 존재가 되셨다는 것은 우리가 이해하기에는 너무나 오묘하고 심오하며, 또한 노래는 형상이 부여된 소리이고, 형상이 부여되지 않은 어떤 것이 존재할 수 있으며, 존재하지 않는 것은 형상을 부여받을 수 없는 까닭에, 소리가 노래보다 먼저라는 것도, 아무리 예리한 통찰력을 가진 사람이라고 할지라도, 알아내기 위하여 무진 애를 쓰지 않는 한 알아내기가 어렵기 때문입니다.

이와 같이 질료는 그것으로 만들어진 물체보다 먼저입니다. 하지만 질료도 만들어진 것이라는 점에서, 물체가 질료로부터 만들어졌다는 이유 때문에, 질료가 물체보다 먼저인 것은 아닙니다. 또한, 시간적인 순서에 있어서 먼저인 것도 아닙니다. 왜냐하면, 우리는 시간 속에서 먼저 무형의 소리들을 내고, 그런 후에 이어서 그 무형의 소리들에 형상을 부여해서 노래를 만들어 내는 것이 아니기 때문입니다. 우리가 목재나 은으로 옷장이나 그릇을 만드는 경우에는, 그 재료들이 나중에 그것들로부터 만들어질 물건들보다 시간적으로 먼저 존재하지만, 노래의 경우에는 그렇지 않습니다. 노래를 할 때, 소리도 동시에 납니다. 먼저 무형의 소리가 나고, 그런 후에 형상이 부여되어서 노래가 되는 것이 아닙니다. 설령 소리가 먼저 난다고 해도, 그 소리는 즉시 흔적도 없이 사라져 버리기 때문에, 우리는 그 소리를 한데 모아서 형상을 부여하여 노래를 만들어 낼 수 없습니다.

이렇게 소리는 시간적으로 노래보다 먼저 있지 않고 동시에 존재하지만, 소리는 노래의 질료입니다. 왜냐하면, 소리가 형상을 부여받아서 노래가 되기 때문입니다. 이것이 내가 질료로 존재하는 소리가 형상을 부여받아 만들어진 노래보다 먼저라고 말한 이유입니다. 소리가 노래보다 먼저라는 것은, 소리가 노래를 만들어 낼 수 있는 힘을 가지고 있다는 의미가 아닙니다. 소리는 노래를 만들어 낼 수 있는 힘을 가지고 있지 않습니다. 노래하는 사람이 자신의 마음 속에서 소리에 형상을 부여해서 자신의 몸을 통해서 밖으로 내보낼 때에 노래가 만들어집니다. 이와 같이 소리와 노래는 동시에 나오기 때문에, 소리가 노래보다 시간적으로 먼저라고 할 수 없습니다. 또한, "선택"에 있어서도 소리는 노래보다 먼저이지 않습니다. 노래는 소리일 뿐만 아니라 아름다운 소리인 까닭에, 소리가 노래보다 더 낫다고 할 수 없기 때문입니다. 하지만 "기원"에 있어서는 소리가 노래보다 먼저입니다. 노래가 형상을 부여받아서 소리가 되는 것이 아니라, 소리가 형상을 부여받아서 노래가 되는 것이기 때문입니다.

　이러한 예를 통해서 우리는 "하늘과 땅"(창 1:1)이라 불린 사물들의 질료가 먼저 창조되었고, 그 질료로부터 우리가 "하늘과 땅"이라고 부르는 것들이 창조되었다는 것을 알게 됩니다. 하지만 이것은 그 질료가 "시간적으로" 먼저 창조되었다는 의미는 아닙니다. 왜냐하면, 형상을 부여받은 사물들이 존재하는 곳에서만 시간이 생겨날 수 있고, 지금은 우리가 사물들 속에서 이 무형의 질료와 형상이 결합되어 있는 것을 시간 안에서 볼 수 있지만, 그때에 이 질료는 형상을 부여받지 않은 무형의 것이었기 때문입니다. 물론, 형상이 부여된 것들이 무형의 것보다 더 낫다는 것은 분명하기 때문에, 가치에 있어서는 질료가 최종적인 산물인 사물들보다 먼저라고 할 수 없지만, 질료로부터 사물들이 나왔다는 것을 말하기 위해서는, 우리는 마치 질료가 형상보다 "시간적으로" 먼저인 것처럼 말할 수밖에 없습니다. 그리고 이 무형의 질료보다 먼저인 것은 창조주의 영원함입니다. 따라서 창조주이신 하나님은 절대적인 무에서 무형의 질료를 만들어 내셨고, 그 무형의 질료로부터 만유를 창조하신 것입니다.

제30장

성경 해석에 있어서 다양한 견해들과 하나의 공통된 목적

41. 이러한 다양한 견해들은 다 어느 정도 진리를 담고 있기 때문에, 진리이신 주님이 이 모든 견해들 속에서 일치를 만들어 내 주시고, 우리 하나님께서 우리 모두에게 자비를 베푸셔서, 하나님이 우리에게 자신의 법을 주신 것은 순전한 사랑을 위한 것임을 명심하고서, 하나님의 법을 그러한 목적에 따라 "적법하게" 사용할 수 있게 해 주십시오(딤전 1:5, 8). 그러므로 누가 내게 "이 견해들 중에서 어느 것이 주님의 종 모세가 의도했던 것이냐"고 묻는다면, 내가 이미 주님 앞에서 그것을 알지 못한다고 고백하였듯이, 거기에 대하여 대답하는 것은 나의 고백의 일부가 되지 않을 것입니다. 하지만 내가 아는 것은, 내가 앞에서 이미 육신적인 견해들이라고 말한 것들을 제외한다면, 이 다양한 견해들이 일정 정도 진리를 담고 있다는 것입니다.

물론, 나는 앞에서 꼭 필요하다고 생각해서 어떤 견해들에 대해서는 그것들이 육신적인 잘못된 견해들이라고 말한 바 있지만, 그러한 견해들을 지닌 사람들도 신앙에 있어서 아직 어린 아이들이어서 그렇게 생각하고 말한 것일 뿐이기 때문에, 그들에게도 앞으로 소망이 있습니다. 그러므로 그들로 하여금 주님이 자신의 책에서 심오하고 풍부한 의미를 담고 있는 것들을 아주 평범하고 짤막하게 말씀하신 것에 대하여 겁을 집어먹거나 움츠러들지 않게 해 주십시오. 그리고 주님의 그런 말씀들 속에서 진리를 깨닫고 말하는 우리 모두는 한편으로는 서로를 사랑하게 하시고, 다른 한편으로는 우리가 허망한 것들이 아니라 진리에 목말라하는 자들이라면, 진리의 원천이신 우리 하나님을 한마음으로 사랑하게 해 주십시오. 또한, 주님의 종 모세가 주님의 계시를 따라 이 말씀들을 기록하였을 때, 우리로 하여금 그 말씀들을 통해서 다른 사람들보다도 더 많은 진리의 빛을 받아서 더 많은 유익한 열매를 맺게 하기 위한 것이 그 주된 목적이었을 것이라고 믿게 하셔서, 주님의 성령에 충만해서 이 성경을 기록한 주님의 종 모세를 높게 해 주십시오.

모세의 글 속에는 온갖 다양한 진리가 담겨 있기 때문에 다양한 해석이 가능하다

42. 그러므로 어떤 사람이 "내가 말한 것이 모세가 의도한 것이다"라고 말하고, 또 다른 어떤 사람이 "아니다, 내가 말한 것이 모세가 의도한 것이다"라고 말한다면, 나는 다음과 같이 말함으로써 이 두 사람을 신앙적으로 화해시킬 것입니다:

"두 사람이 말한 것이 다 진리라면, 모세가 그 둘 모두를 의도한 것이라고 말하지 못할 이유가 어디 있겠는가? 다른 사람이 이 말씀 속에서 두 사람이 말한 진리 외에 세 번째 또는 네 번째 진리를 찾아냈고, 또 다른 사람이 이 말씀 속에서 시금까지 제시된 진리들과는 완전히 다른 또 하나의 진리를 찾아냈다면, 모세가 이 모든 서로 다른 진리들을 알았고, 그것들을 이 말씀 속에서 전달하고자 하였다고 믿는 것을 우리가 잘못된 것이라고 말할 이유가 어디 있겠는가? 왜냐하면, 한 분이신 하나님이 모세를 사용하셔서 성경을 기록하신 것은, 아주 다양한 지각을 지닌 많은 사람들로 하여금 그 동일한 성경 속에서 여러 다양한 진리들을 만날 수 있게 하시기 위한 것이기 때문이다."[6]

내가 내 마음으로부터 우러나와서 조금도 주저함이 없이 분명하게 말할 수 있는 것이 있는데, 그것은 만일 내가 최고의 권위를 지닌 어떤 책을 쓰게 된다면, 나는 하나의 참된 견해만을 뚜렷하게 부각시키고, 거짓도 아니고 나의 견해에 해를 끼치지도 않는 다른 모든 견해들을 배제해 버리는 그런 책이 아니라, 그 책에서 다루는 주제와 관련해서 제시될 수 있는 많은 다양한 참된 견해들을 다 반영하는 그런 책을 써서, 여러 다양한 사람들이 그 책을 읽을 때에 거기에서 그 모든 참된 견해들 중 하나 또는 그 이상을 들을 수 있게 하리라는 것입니다.

그러므로 나의 하나님이여, 나는 모세가 주님으로부터 그런 식으로 글을 쓸 수 있는 은사를 받지 않았을 것이라고 믿는 어리석음을 범하지 않을 것입니다. 모세

---

6) 아우구스티누스는 여러 가지 다양한 해석은 불가피할 뿐만 아니라 바람직하기까지 하다고 말하면서, 그 이유는 진리를 담고 있는 모든 해석들은 결국에는 하나의 진리 안에서 만나게 될 것이기 때문이라고 말한다.

는 그가 쓴 창세기의 말씀들 속에서 우리가 지금까지 발견할 수 있었던 진리들과 지금까지 발견할 수 없었던 진리들, 그리고 아직은 발견하지 못했지만 앞으로 발견하게 될 진리들을 모두 다 알고 있었고, 그 모든 진리들을 생각하는 가운데 그 말씀들을 기록하였을 것이 틀림없습니다.

제32장
하나님이 내게 진리를 가르쳐 주시되 특히 모세의 의도를 알게 해 주시기를 기도함

43. 주님이여, 내가 주님께 마지막으로 말씀드리고 싶은 것은, 주님은 하나님이시고 "혈과 육"을 지닌 사람이 아니시기 때문에, 설령 주님이 이 말씀들을 기록하게 하신 모세는 이 말씀들 속에 담겨 있는 많은 진리들 중에서 오직 하나만을 염두에 두고 있었던 까닭에 주님이 이 말씀들을 통해서 후세의 독자들에게 계시하고자 하신 모든 것들을 사람은 다 알 수 없을지라도, "나를 공평한 땅에 인도하실" 주님의 선하신 "영"에게는 결코 숨겨질 수 없다는 것입니다. 또한, 모세가 단 한 가지 진리만을 염두에 두고 있었을지라도, 그가 염두에 둔 그 진리는, 주님이 그 말씀들을 통해서 계시하시고자 한 다른 진리들보다 더 중요한 것이었을 것이 틀림없습니다.

주님이여, 모세가 전하고자 의도하였던 진리이든, 아니면 주님이 기뻐하시는 다른 진리이든, 우리에게 진리를 계시해 주십시오. 주님이 저 하나님의 사람에게 알게 하셨던 진리를 우리에게 알게 하시든, 그 동일한 말씀을 통해서 다른 어떤 진리를 우리에게 알게 하시든, 주님의 진리로 우리를 먹여 주셔서, 우리로 하여금 잘못된 가르침에 의해서 미혹되거나 속지 않게 해 주십시오.

주 나의 하나님이여, 우리가 지금까지 창세기에 나오는 이 짤막한 말씀들을 가지고 얼마나 많은 글들을 써 왔습니까? 우리는 정말 너무나 많은 글을 써 왔습니다! 우리가 주님의 모든 책들을 이런 식으로 설명하려면, 얼마나 많은 힘과 시간이 필요하겠습니까. 그러므로 하나의 말씀에 대하여 많은 설명이 나올 수 있어서 실제로 많은 설명을 할 수 있겠지만, 주님이 성령으로 나를 감동시키셔서, 하나의 참되고 확실하며 선한 설명을 택하여, 주님께 짧게 고백할 수 있게 해 주십시오. 왜냐하면, 내가 주님의 종이 의도한 것을 말할 수 있다면, 그것은 나의 고백을 진정으로 신뢰할 수 있는 것으로 만들어 줄 것인 까닭에, 가장 올바른 최선의 고백이 될 것이기 때문입니다. 나는 그렇게 하기 위해서 애쓰고 있지만, 내가 거기에 미치지 못한다고 할지라도, 주님의 진리가 주님의 종 모세에게 자신이 계시하고자 하신 것을 말씀해 주셔서 그로 하여금 그 말씀을 기록하게 하셨듯이, 이제는 그 종이 기록한 그 말씀들을 통해서 주님의 진리가 내게 말씀해 주시고자 하시는 것들을 내가 말하게 해 주십시오.

제13권
창조의 신비(2) : 창세기 1장에 대한 은유적 해석

아우구스티누스는 창세기 1장에 대한 해석에 들어가면서, 자신을 비롯한 만유가 오직 하나님의 전적인 선하심으로 말미암아 존재하게 된 것이라고 선언한다. 앞에서, 그는 창조 자체의 과정에 대하여 말하면서, 하나님이 무에서 천지를 창조하셨다는 것은 절대적인 무에서 무형의 질료를 만드시고 그 후에 만유를 창조하셨다는 것임을 밝혔는데, 이제는 창세기 1:1-2에서 삼위일체를 발견한 것에 대하여 말한 후에, 각 절의 은유적인 의미를 설명해 나간다.

여기에서 먼저 그는 "성령이 수면 위에 운행하셨다"고 한 것과 "빛이 있으라"고 하신 것이 어둠과 깊음 속에 있던 하늘의 영적 피조물에게 빛을 비쳐 주고, 땅의 영적 피조물인 우리를 위로 끌어올려서 하나님께로 나아가게 하기 위한 것이었다고 말한다.

그런 후에, 궁창을 펼치신 것을 우리에게 성경을 주신 것으로 해석하고나서, "바다"는 악인들의 무리, 곧 세상을 가리키고, "뭍"은 믿는 자들을 가리키는 것으로 보고, 뭍이 열매를 맺는 것은 믿는 자들이 자비의 일을 행하는 것을 가리키는 것으로 본다. 끝으로, 그는 하나님이 일곱째 날에 안식하신 것처럼, 우리도 그 안식에 참여하기를 소망하는 마음을 피력한다.

제12권은 창조의 신비, 즉 천지의 창조 과정에 대한 지적인 설명에 도달한 것을 보여 준 것이라고 한다면, 제13권은 그의 영적인 이해를 보여 주는 것으로서, 이 둘은 그가 일생에 걸쳐서 고민하며 추구해 온 인생 여정의 양 축이 일정 정도 해결되었음을 보여 주는 것으로서 그의 자전적 고백을 구성한다.

제1장

나를 향하신 하나님의 전적인 선하심

1. 나의 자비이신 나의 하나님이여, 내가 주님을 부르며 기도합니다. 주님은 나를 지으셨지만, 나는 주님을 잊고 살아 왔었습니다. 하지만 주님은 나를 잊지 않으시고, 내 영혼을 감동시키시고 소원을 주셔서 주님을 영접할 수 있도록 준비를 시키셨습니다. 이제 내 영혼은 주님을 부르며 기도합니다. 주님은 내가 주님을 부르기 전에 먼저 내게 다가와 여러 모양의 음성으로 나를 반복해서 부르셔서, 내가 멀리서 주님의 음성을 듣고 주님께로 돌이켜서 나를 부르시는 주님을 부르도록 강권하신 분이오니, 이제 내가 주님을 부를 때에 나를 버리지 마십시오.

주님이여, 나는 주님을 떠나서 온갖 죄와 잘못을 저질렀지만, 주님은 나의 이 손으로 저지른 모든 악에 대한 벌을 "나의 손에" 되갚아 주지 않으시고, 도리어 나의 모든 죄악을 깨끗이 지워 주셨는데, 내가 상을 받을 만한 무슨 선을 행하기도 전에 주님이 내게 오셔서 이렇게 하신 것은, 나를 지으신 "주님 자신의 손에" 상을 주신 것입니다. 이것이 가능했던 것은 내가 존재하기 이전에 주님이 계셨고, 주님이 나로 하여금 존재하게 하셨을 때에야 비로소 내가 존재하게 되었을 뿐만 아니라, 내가 존재하게 된 것은 주님이 나를 지으시기 전부터, 그리고 나를 지으시는 데 필요한 모든 것들이 있기 전부터 존재해 있던 주님의 선하심으로 말미암아 된 것이기 때문이었습니다.

나의 주 나의 하나님이여, 주님은 나를 필요로 하지도 않으셨고, 나도 주님께 도움이 될 만한 그런 존재가 아닙니다. 주님은 아무리 일을 하셔도 피곤하지 않으시기 때문에 내가 주님을 섬겨 거들어 드릴 필요도 없고, 주님의 능력은 아무리 써도 줄어들지 않기 때문에 나의 조력을 필요로 하지도 않습니다. 내가 주님을 예배하는 것은 내가 땅을 경작하는 것과 같지 않아서, 내가 땅을 경작하지 않으면 땅은 황폐해지지만, 내가 주님을 예배하지 않는다고 해서 주님이 황폐해지시는 것은 절대로 아닙니다. 주님이 나를 지으시고 내게 주님을 섬기고 예배하라고 명하신 것은, 내가 주님을 섬기고 예배할 때에만 복된 삶을 살 수 있기 때문입니다.

제2장

만물을 향하신 하나님의 전적인 선하심

2. 주님이 지으신 모든 피조물들은 주님의 충만한 선하심으로 말미암아 존재하고, 비록 주님의 본체로부터 창조되어 주님과 동일한 본질을 지닌 것들도 아니고, 주님께 어떤 식으로든 유익이 되는 것들도 아니지만, 주님이 창조하신 것들이기 때문에 선합니다. 이렇게 주님이 오로지 자신의 선하심으로 말미암아 태초에 "천지"를 창조하신 것인데, 그 "천지"가 자신의 존재와 관련해서 자신들에게 무슨 공로가 있다고 말할 수 있겠습니까? 주님이 태초에 주님의 지혜 안에서 창조하신 저 영적인 것과 물질적인 것으로 하여금 자신들에게 무슨 공로가 있었는지를 주님 앞에서 말하게 해 보십시오.

그때에 그것들은 영적인 것이든 물질적인 것이든 주님과는 전혀 닮지 않은 것들로 떨어져 나와서 무형의 혼돈 상태로 존재하고 있었기는 하지만, 주님이 주님의 지혜 안에서 창조하신 것들이었기 때문에, 무형의 영적인 것은 형상을 부여받아 사물이 된 것보다 더 뛰어났고, 무형의 물질적인 것도 절대적인 무보다는 더 뛰어났습니다. 이렇게 이것들은 주님의 말씀에 붙들린 채로 무형의 것들로 있다가, 그 동일한 주님의 말씀을 통해서 "일자"이신 주님께로 다시 호출되어서, 최고선이신 주님에 의해 형상을 부여받고, 모두 "지극히 선한" 것들로 존재하게 되었습니다. 이렇게 주님이 태초에 창조하신 "천지"가 비록 무형의 것들로 존재하게 되었다고 할지라도, 주님이 아니었다면 그렇게 존재하는 것조차 불가능하였을 것인데, 그것들이 자신들에게 무슨 공로가 있다고 말할 수 있겠습니까?

3. 물질적인 질료는 비록 눈으로 볼 수도 없고 형체도 없는 상태로 존재하게 되었다고 할지라도, 주님이 창조하지 않으셨다면 그렇게라도 존재할 수조차 없었을 것인데, 자신에게 무슨 공로가 있다고 말할 수 있겠습니까? 주님이 창조하지 않으셨다면, 존재하지도 않았을 것이기 때문에, 이 물질적인 질료는 자신의 존재와 관련해서 그 어떤 공로도 주장할 수 없었습니다.

또한, 영적인 질료도 주님을 전혀 닮지 않은 것으로 떨어져 나와서 혼돈 가운데서 흑암이 뒤덮인 "깊음"처럼 유동 상태로 존재하고 있었을지라도, 주님이 창조하지 않으셨다면, 그렇게라도 존재할 수조차 없었을 것인데, 자신의 존재와 관련해서 자기가 무슨 공로가 있다고 말할 수 있겠습니까? 주님은 자신의 말씀으로 말미암아 그 영적인 질료를 창조하셨고, 그 동일한 말씀을 통해서 자기에게로 다시 돌아오게 하셔서, 그 말씀의 조명을 받아 빛이 되게 하셨는데, 그 빛은 참된 빛이신 주님과 동등한 빛이 아니었고, 주님과 동등한 분이시자 주님의 "형상"이신 "그 아들을 본받아" 생겨난 빛이었습니다(롬 8:29).

어떤 것이 존재한다는 것과 아름답다는 것은 서로 다릅니다. 만일 그렇지 않다면, 모든 존재하는 것들은 아름답고, 아름답지 않은 것은 하나도 없게 됩니다. 마찬가지로, 영적인 피조물이 살아간다는 것과 지혜롭게 살아간다는 것은 서로 다릅니다. 만일 그렇지 않다면, 모든 영적인 피조물들은 늘 변함 없이 지혜롭게 살아가는 존재들이 되고 맙니다. 하지만 실제로는 영적인 피조물이 진정으로 선하고 지혜롭기 위해서는 주님을 꼭 붙들고서 늘 주님을 바라봄으로써 주님으로부터 빛을 받아야 합니다. 왜냐하면, 주님으로부터 등을 돌려서 멀어지게 되면, 그 빛을 잃어버리고, 흑암이 뒤덮인 깊음과 같은 삶으로 다시 떨어져 버리기 때문입니다.[1]

마찬가지로, 우리도 영혼을 지니고 있어서 영적인 피조물이기 때문에, 주님의 독생자 안에서 "하나님의 의"(고후 5:21)가 될 때까지는, 우리의 빛이 되시는 주님으로부터 등을 돌리고 멀어져서 저 흑암의 삶 속에서 살아갈 수밖에 없었고, 그 후에도 우리 속에 남아 있는 흑암의 잔재로 인해서 고생을 하게 됩니다. 왜냐하면, 하나님의 심판은 "깊음"과 같은 반면에, 하나님의 의는 "하나님의 산들"과 같기 때문입니다(시 36:6).

---

1) 이 장들에서 아우구스티누스는 무형의 질료로부터 피조물들이 형성된 것과 영적인 피조물이 하나님께 회심한 것 간의 병행을 이끌어 내면서, 이 둘 모두를 삼위일체의 두 번째 위격이신 "말씀"의 사역으로 본다.

제3장

영적인 피조물들에게 빛을 비쳐 주심

4. 모세는 창조의 첫 날에 주님이 "빛이 있으라"고 하셨더니 "빛이 있었다"고 기록하고 있는데(3절), 나는 이것이 영적인 피조물이 이미 모종의 삶을 살고 있어서, 주님이 거기에 빛을 비쳐 주시기 위하여 이렇게 말씀하신 것이라고 이해해도 무리가 없을 것이라고 생각합니다.

하지만 이 영적인 피조물은 주님께 자기를 창조하셔서 삶을 시작할 수 있게 해 주시라고 먼저 요구할 수 있는 권리가 없었던 것과 마찬가지로, 이때에도 먼저 나서서 주님께 자기에게 빛을 비쳐 주시라고 요구할 수 있는 권리가 없었습니다. 왜냐하면, 이 영적인 피조물은 아직 빛이 되지 않아서 무형의 질료로 존재하고 있었을 때에는 주님을 기쁘시게 해 드리는 존재가 아니었지만, 주님으로부터 빛을 받아서 빛이 된 후에는 주님을 기쁘시게 해 드리는 존재가 되었는데, 단순히 존재한다는 이유만으로 빛을 받게 된 것이 아니라, 주님이 전적으로 자신의 선하심에 따라 빛을 비쳐 주셨을 때, 그 빛을 향하여 자신의 얼굴을 돌린 채로 항상 주님만을 바라보아서 빛을 받게 된 것이기 때문입니다.

따라서 이 영적인 피조물이 살아갈 수 있게 된 것이나 복되게 살아갈 수 있게 된 것은 모두 주님의 은혜로 말미암은 것입니다. 주님은 더 악한 쪽으로나 더 선한 쪽으로 변하실 수 없으신 분이지만, 이 영적인 피조물은 그런 주님을 바라봄으로써 더 선한 쪽으로 변화되어 갈 수 있습니다. 오직 주님만이 스스로 존재하시는 분이시기 때문에, 유일하게 존재하시는 분이시고, 주님은 복 그 자체이시기 때문에, 주님에게 있어서는 살아간다는 것과 복되게 살아간다는 것은 동일합니다.

제4장

영적인 질료 위에 운행하신 성령

5. 이러한 것들이 전혀 존재하지 않았거나 계속해서 무형의 것으로 남아 있었

을지라도, 주님의 선하심에는 그 어떤 부족함도 없으셨을 것이기 때문에, 주님은 자신의 부족함을 메우는 데 그것들이 필요해서가 아니라, 오로지 주님의 저 풍성하신 선하심으로 말미암아 그것들을 창조하신 것이었고, 그 무형의 질료들에 제한을 가하셔서 형상이 있는 것들로 바꾸신 것도, 그렇게 하심으로써 자신의 기쁨을 온전하게 하시기 위한 것이 아니었습니다. 왜냐하면, 주님은 원래부터 온전하신 분이셨지만, 그것들의 불완전함을 기뻐하지 않으셨던 까닭에, 그것들을 온전하게 하셔서, 주님을 기쁘시게 하는 것들이 되게 하신 것이기 때문입니다. 그러므로 주님은 원래 불완전하셨다가, 그것들을 온전하게 하심으로써 자신도 온전하게 되신 것이 결코 아닙니다.

또한, "하나님의 영은 수면 위에 운행하시니라"(2절)는 말씀도, 물이 성령을 떠받쳐 주어서, 성령이 물의 도움을 받아서 안정적으로 운행하고 있었다는 뜻이 아닙니다. 도리어, 성령이 수면 위에 운행하심으로써, 물이 성령으로 말미암아 안정적으로 존재하게 된 것입니다. 타락할 수 없고 변할 수 없는 주님의 "의지"는 그 자체로 전혀 부족함이 없으셨는데도, 주님이 지으신 저 "생명체," 즉 영적인 질료 위에 운행하셨습니다. 왜냐하면, 그 생명체는 흑암에 뒤덮여서 유동하는 상태로 살아가고 있었지만, 살아가는 것과 복되게 살아가는 것은 서로 다른 것이어서, 복되게 살아가기 위해서는, 자기를 창조하신 주님을 바라보고 점점 더 생명의 원천에 의지해서 살아감으로써, 주님의 빛 안에서 빛을 보고 빛을 받아 온전하고 복된 삶을 살아가야 하는 것이 아직 남아 있었기 때문이었습니다.

제5장
창세기 1:1-2에서 삼위일체를 발견함

6. 나의 하나님이여, 이제 삼위일체가 무엇을 의미하는 것인지가 내게 희미하게 드러납니다. 성부 하나님은 우리의 지혜의 "처음"이신 주님의 "지혜" 안에서 하늘과 땅을 창조하셨는데, 이 "지혜"는 주님으로부터 나서 주님과 동등하며 주님과 동일하게 영원하신 아들이십니다. 나는 "하늘들의 하늘," 눈으로 볼 수 없고 형

체도 없는 땅, 흑암에 뒤덮여 있던 "깊음"에 대해서 이미 많은 것들을 말했습니다. 이 "깊음"은 무형의 영적인 것으로서 모종의 생명을 지닌 채로 유동하는 상태에 있다가, 주님을 바라봄으로써 빛을 받아 아름다운 생명으로 변화되어서, 궁창 위의 물과 궁창 아래의 물 사이에 있는 "하늘"의 하늘, 즉 "하늘들의 하늘"이 되었습니다.

따라서 나는 성부가 이러한 것들을 창조하신 하나님으로 묘사되어 있고, 하나님이 이러한 것들을 "태초에," 즉 모든 것의 "처음"이신 분 안에서 창조하셨다는 표현 속에 성자가 묘사되어 있다는 것을 보게 됩니다. 나는 삼위일체 하나님을 나의 하나님으로 믿고 있었기 때문에, 성경 속에서 이것을 좀 더 찾아보다가, "하나님의 영은 수면 위에 운행하시니라"(2절)는 말씀을 발견하고서, 성경이 성부와 성자와 성령으로 계시는 나의 삼위일체 하나님이 만유의 창조주시라고 말씀하고 있다는 것을 확인하였습니다.

제6장
성령을 그 자체로 소개하지 않으시고 수면 위에 운행하신 존재로 소개한 이유를 물음

7. 오, 참된 것들만을 말씀하시는 빛이시여, 내 마음을 주님께로 향하오니 그 안에 있는 어둠을 다 몰아내어 주셔서 내게 헛된 것들을 가르치지 않게 해 주시고, 주님이 친히 우리의 어머니인 "사랑"을 통해서 내게 말씀해 주시기를 간구합니다. 내가 주님이 내게 말씀해 주실 것을 간구하는 것은, 성경이 "하늘"과, 눈으로 볼 수 없고 형체가 없는 "땅"과, 깊음 위에 있는 흑암에 대하여 말한 후에야 주님의 "성령"에 대하여 말하고 있는 이유가 무엇인가 하는 것입니다.

성령의 존재를 드러내기 위해서는 성령이 무엇 "위에 운행하셨다"고 말하여야 하였는데, 성령이 그 위에 운행하셨던 바로 그 무엇을 먼저 말하지 않으면, 성령이 운행하셨다는 것 자체를 말할 수가 없었던 까닭에, 그 무엇을 먼저 말한 후에 성령을 말하는 것이 합당하였기 때문이었습니까? 사실, 성령은 성부나 성자 위에 운행하신 것이 아니고 어떤 것 위에 운행하고 계셨기 때문에, 그 어떤 것에 대하여 먼저 말하지 않고서는 성령에 대하여 제대로 말하는 것이 불가능하였을 것입니다. 그러므로 성령이 어떤 것 위에 운행하고 계셨다고 말하기 위해서는, 먼저 그 어떤 것에 대하여 말하는 것은 당연한 것이었습니다. 하지만 내가 묻고 싶은 것은 성령이 어떤 것 "위에 운행하셨다"고 말하지 않고, 성령을 다른 식으로 소개하는 것도 얼마든지 가능하였을 것인데, 왜 그렇게 하지 않은 것인가 하는 것입니다.

제7장
성령이 수면 위에 운행하신 이유

8. 여기에서 이제 우리는 주님의 사도가 한 말들을 제대로 깨달아서 그의 뒤를 따라가야 합니다. 사도는 "우리에게 주신 성령으로 말미암아 하나님의 사랑이 우리 마음에 부은 바" 되었다고 말하였고(롬 5:5), 우리에게 영적인 은사들에 대하여 자세하게 가르친 후에, "사랑"이 이 모든 은사들보다 "더욱 큰 은사"임을 보여 주었으며(고전 12:31), 주님 앞에서 무릎을 꿇고 우리를 위해 기도하면서, "지식에 넘치는 그리스도의 사랑"을 알게 해 달라고 빌었습니다(엡 3:15, 18). 성령이 처음부터 "수면 위에 운행하심"으로써 모든 것 위에서 모든 것을 감싸고 계셨던 이유도 거기에 있었습니다.

우리를 끝도 없는 "깊음" 속으로 끌어내리는 정욕의 무게와 "수면 위에 운행하셨던" 주님의 영을 통해서 우리를 거기에서 끌어올리시는 사랑을, 내가 누구에게 말할 수 있겠으며, 어떤 식으로 말을 할 수 있겠습니까? 내가 이것을 누구에게 말하며 어떻게 말해야 하는 것입니까? 우리는 어느 곳으로부터 끌어내려지거나 끌어올려지는 것이 아니기 때문입니다. 그것은 비유이기 때문에, 같은 점도 있고 다른 점도 있습니다.

이 비유에서 다루어지고 있는 것은 둘 다 인간의 "감정들"이고 "사랑들"입니다. 그 중 하나는 우리의 추악한 심령이 세상을 염려하고 사랑함으로써 아래로 서서히 끌려 내려가는 것이고, 다른 하나는 주님의 거룩하심이 사랑으로 우리를 세상의 염려로부터 해방시켜 위로 끌어올리시는 것입니다. 이렇게 끌어올려진 우리는 우리의 마음을 들어서, 성령이 수면 위에서 운행하시는 곳에 계시는 주님을 바라볼 때, 우리의 영혼은 아무런 실체가 없는 "수면"을 통과하여 모든 것 위에 있는 최고의 안식에 도달하게 됩니다.[2]

제8장

"깊음"과 "빛"

9. 천사들도 타락하여 아래로 끌려 내려갔고, 사람들의 영혼도 타락하여 아래로 끌려 내려갔는데, 이렇게 해서 "깊음"의 존재가 우리에게 드러났습니다. 만일 주님이 창조의 첫 날에 "빛이 있으라"고 말씀하셔서 빛이 존재하게 되지 않았거나, 하늘의 도성에 있는 지적인 존재들이 주님께 순종해서 주님께 꼭 붙어 있는 가운데, 모든 변하는 것들 위에서 운행하고 계신 저 변함없으신 주님의 영 안에서 안식을 누리고 있지 않았다면, 모든 영적인 피조물들은 저 깊은 흑암 속에 잠겨 버리고 말았을 것입니다. 그랬다면, "하늘들의 하늘"조차도 흑암에 뒤덮인 "깊음"에 삼켜졌을 것이지만, 다행히 그렇게 되지 않았기 때문에 지금 주님 안에서 빛으로 존재합니다(엡 5:8).

타락한 영들은 자신들이 입고 있던 주님의 빛을 벗어 버리고서 주님으로부터 떨어져 나감으로써, 자신들이 본래 지니고 있던 어둠과 그 비참하고 불안한 모습을 드러내었지만, 그럼에도 불구하고 주님은 그것을 통해서조차도, 자신이 이성적인 피조물들을 얼마나 고귀한 존재들로 창조하셨는지를 아주 분명하게 보여 주셨고, 그들이 주님을 의지하지 않고 다른 것들이나 자기 자신을 의지할 때에는 결코 복될 수 없다는 것을 여실히 보여 주셨습니다.

우리의 하나님이여, 이것은 주님만이 우리의 어둠에 빛을 비쳐 주시고, 우리에게 빛의 옷을 입혀 주셔서, 우리의 어둠을 몰아내시고 우리를 "정오"처럼 밝게 하

---

2) 그는 자신의 『시편 123편 9절 강해』에서 이 "실체가 없는 물들"은 죄를 나타낸다고 설명한다.

실 수 있으신 분이시기 때문입니다(사 58:10). 나의 하나님이여, 주님을 내게 주시고, 주님을 내게 돌려 주십시오. 보십시오, 내가 주님을 사랑합니다. 주님을 향한 나의 사랑이 적다면, 더 많이 사랑할 수 있게 해 주십시오.

나는 주님을 향한 나의 사랑이 어느 정도인지를 측량할 수가 없기 때문에, 나의 생명이 주님의 품 속으로 달려가서 "주의 은밀한 곳에" 숨어서 다시는 뒤돌아 나오는 일이 없게 하려면(시 31:20), 내가 얼마나 더 주님을 사랑해야 하는지를 알지 못하지만, 나의 외적인 삶에서만이 아니라 나의 내적인 삶에 있어서도 나의 존재가 주님 안에 있지 않으면 그 존재 자체가 내게 화라는 것만은 압니다. 그러므로 내가 모든 것을 다 가져서 이루 말할 수 없이 부요한 것처럼 보여도, 거기에 주님이 계시지 않으면, 나는 극도로 궁핍한 자일 뿐입니다.

제9장
성령은 우리를 "깊음"에서 건져내어 우리의 원래의 자리인 위로 올라가게 함

10. 성령이 수면 위에 운행하실 때, 성부와 성자도 함께 수면 위에 운행하신 것이 아니겠습니까? 우리는 성령이 수면 위에 운행하셨다는 것을, 마치 어떤 물체가 공간 속에서 움직인 것처럼 이해해서는 안 됩니다. 따라서 그것이 변하지 않으시는 가장 뛰어나신 신적인 존재가 모든 변하는 것들 위에 계셨다는 의미라면, 우리는 성부와 성자와 성령이 수면 위에 운행하신 것으로 보아야 합니다.

그렇다면, 성경에서 성령만이 수면 위에 운행하신 것으로 기록한 이유가 무엇이고, 성령은 공간을 초월해 계시는 분이신 데도, 마치 어느 "공간" 속에서 움직이신 것처럼 기록한 이유는 무엇이며, 오직 성령만을 하나님의 "선물"(행 2:38)이라고 말하고 있는 이유는 무엇입니까? 그것은 우리가 주님이 주신 선물 안에서만 안식할 수 있고 주님을 누릴 수 있기 때문입니다. 우리의 "안식"은 우리가 원래 있어야 하는 우리의 "자리"입니다. 사랑은 우리를 거기로 들어올리고, 주님의 성령은, 지극히 비천해져서 "사망의 문" 앞에 앉아 있는 우리를 거기로부터 끌어올리십니다

(시 9:13). 주님의 선하신 뜻 속에 우리의 평안이 있습니다.

물체는 자신의 무게로 인해서 자기가 있어야 할 자신의 "자리"를 찾아가려고 애씁니다. 무게는 물체를 언제나 아래로 움직여가게 만드는 것이 아니라, 자기 "자리"를 찾아가도록 이끕니다. 불은 위로 움직이고, 돌은 아래로 움직이는데, 이 것은 그것들이 자신의 무게로 인해서 자기 자리를 찾아가는 것입니다. 기름은 물 속으로 부어도 물 위로 떠오르고, 물은 기름 위에 부어도 기름 아래로 가라앉습니다. 이것은 그것들이 각자의 무게로 인해서 자기 "자리"를 찾아가기 때문입니다. 그것들은 자기 자리를 벗어나면 불안정해지고, 자기 자리를 찾아가면 안정이 됩니다.

나를 움직이는 나의 무게는 주님을 향한 나의 사랑입니다. 내가 어디로 움직이든, 나는 그 사랑이 이끄는 대로 움직입니다. 우리는 주님의 선물인 성령에 의해서 활활 타올라서 위로 올라갑니다. 우리는 사랑에 불타올라서 계속해서 위로 올라갑니다. 우리의 마음은 주님을 향하여 올라가면서, "성전으로 올라가는 노래"(시편 120-134편)를 부릅니다. 우리는 주님의 거룩하신 불로 말미암아 활활 타올라서 앞으로 나아가는데, 이것은 하늘의 예루살렘의 "평안"을 향하여 올라가는 것이기 때문에(시 122:6), 사람들이 나에게 "여호와의 집에 올라가자"고 하였을 때에 나는 기뻐하였습니다(시 122:1). 거기에서 주님의 선하신 뜻은 우리를 우리가 있어야 할 "자리"에 두실 것이기 때문에, 우리에게는 "여호와의 집에 영원히 사는" 것 외에는 바라는 것이 없습니다(시 23:6).

제10장
하늘에 있는 영적인 피조물과 땅에 있는 영적인 피조물인 인간

11. 주님이 자신과 동일한 존재로 창조하지 않으셔서 원래부터 주님과 다른 존재임에도 불구하고, 창조된 그 순간부터 오직 주님만을 바라봄으로써 타락한 상태를 전혀 경험하지 않고 주님의 집에 영원히 살게 된 그런 영적인 피조물은 참으로 복된 존재입니다. 하지만 만일 주님의 선물인 성령이 모든 변하는 것들 위에 운

행하시다가, 주님이 그 피조물을 창조하신 후에 그 어떤 시간적인 간격도 없이 "빛이 있으라"고 하신 말씀을 따라, 즉시 그 피조물을 들어올리셔서 빛이 되게 하지 않으셨다면, 그 피조물은 지금과는 완전히 다른 존재가 되어 있었을 것입니다.

우리는 처음에는 어둠이었다가 나중에 빛이 된 것이기 때문에, 우리에게는 시간적인 간격이 존재합니다. 반면에, 이 영적인 피조물에게는 그런 시간적인 간격이 없었지만, 성경이 마치 이 영적인 피조물이 처음에는 흑암에 뒤덮인 깊음이라는 유동적인 상태에 있었던 것처럼 말하고 있는 이유는, 만일 이 영적인 피조물이 빛을 받지 않았다면, 어떤 상태로 존재하였을지를 보여 줌과 동시에, 이 영적인 피조물이 흑암과는 완전히 다른 존재인 빛이 된 이유가 무엇인지, 즉 영원하신 빛을 바라봄으로써 빛이 된 것임을 보여 주기 위한 것이었습니다.

이것을 깨달을 수 있는 사람들은 깨닫게 하시고, 그렇지 못한 사람들은 깨닫게 해 달라고 주님께 구하게 해 주십시오. 나는 "세상에 와서 각 사람에게 비추는 빛"(요 1:9)이 아니기 때문에, 나를 괴롭혀 봐야 무슨 소용이 있겠습니까?

제11장
삼위일체 하나님

12. 누가 전능하신 삼위일체 하나님을 이해할 수 있겠습니까? 하지만 하나님이 삼위일체로 존재하신다는데, 누가 삼위일체 하나님에 대하여 말하지 않을 수 있겠습니까? 따라서 사람들은 삼위일체에 대하여 말을 하지만, 자기가 하는 말을 제대로 이해하고서 말을 하는 사람은 드물고, 삼위일체라는 주제를 가지고 서로 논쟁하고 다투지만, 그것을 제대로 알지 못하기 때문에 사람들 간에 평화는 없습니다.

나는 사람들이 자기 자신 속에 있는 다음 세 가지를 잘 생각해 보았으면 합니다. 이 세 가지는 삼위일체와는 판이하게 다르지만, 내가 이렇게 제안하는 것은 사람들이 이 세 가지가 서로 얼마나 다른지를 스스로 숙고해서 검증해 보고 느끼게 하기 위한 것입니다. 내가 말하는 세 가지는 "존재하는 것"과 "아는 것"과 "원하

는 것"입니다.[3]

나는 존재하고 알고 원합니다. 나는 알고 원하는 가운데 "존재하고," 내가 존재한다는 것과 원한다는 것을 "알며," 내가 존재하는 것과 아는 것을 "원합니다." 결코 분리될 수 없는 하나의 생명, 하나의 정신, 하나의 본질이 이 세 가지 속에서 움직이는데, 이 세 가지는 서로에게서 분리될 수 없지만 분명히 서로 구별됩니다.

모든 사람은 자기 자신 속에 이러한 구별이 있다는 것을 압니다. 그러므로 모든 사람으로 하여금 자기 자신을 잘 들여다보고, 거기에서 그러한 구별이 존재한다는 것을 깨닫고서, 내게 그렇다고 말하게 해 주십시오.

하지만 어떤 사람이 자기 자신 속에서 이 세 가지의 존재를 발견하였다고 해서, 그것들을 뛰어넘어 변함이 없으신 분, 즉 그 존재에 있어서 변함이 없으시고 그 지식에 있어서 변함이 없으시며 그 의지에 있어서 변함이 없으신 삼위일체 하나님을 발견하였다고 생각해서는 안 됩니다.

이 세 가지로 인해서 하나님이 삼위일체로 존재하시는 것인지, 아니면 이 세 가지가 다 각 위격의 하나님 안에 존재해서, 각 위격의 하나님이 이 세 가지를 다 갖추고 계시는 것인지, 아니면 이 둘이 기이한 방식으로 결합되어 있어서, 삼위일체 하나님은 일체로나 삼위로나 똑같이 무한하시면서도 스스로 제한을 두셔서 일체 안에서 삼위의 풍성함을 누리시는 가운데, 영원토록 변함 없이 스스로 존재하시고 스스로 아시며 스스로 만족하시는 것인지를 누가 쉽게 알 수 있겠습니까? 누가 무슨 수로 이것을 말로 표현할 수 있겠으며, 누가 이것을 경솔하게 자신의 방식대로 설명할 수 있겠습니까?

---

3) 이 장에서는 앞에서 여러 번 암시해 왔던 것을 명시적으로 밝히는데, 그것은 인간의 사고 활동 속에서 삼위일체 하나님의 형상을 찾아낼 수 있다는 것이다. 이러한 사상은 그의 『삼위일체론』(IX-XV)에서 최종적인 형태로 발전된다.

제12장

창세기 1:4의 "하나님이 빛과 어둠을 나누사"(1)

13. 나의 믿음아, 너의 고백을 계속하여, 네 주 하나님께 이렇게 고백하라: "거룩 거룩 거룩하신 주 나의 하나님이여, 우리는 삼위일체 하나님이신 성부와 성자와 성령의 이름으로 세례를 받았고, 삼위일체 하나님이신 성부와 성자와 성령의 이름으로 세례를 주었습니다." 왜냐하면, 하나님께서는 우리 가운데도 그리스도 안에서 "하늘과 땅," 즉 자신의 교회 중에서 영적인 사람들과 육신적인 사람들을 만들어 내셨기 때문입니다.[4] "땅"인 우리는 "형상"인 하나님의 가르침을 받기 전에는 눈으로 볼 수도 없고 형체도 없었고 무지의 흑암에 뒤덮여 있었습니다. 왜냐하면, 주님은 사람들의 "죄악을 책망하사 징계하셨는데"(시 39:11), "주의 심판은 큰 바다," 즉 "깊음"과 같았기 때문입니다(시 36:6).

하지만 주님의 영이 "수면 위에 운행하고" 계셨기 때문에, 주님은 우리를 비참한 상태로 그냥 두지 않으시고 우리에게 자비를 베푸셔서, "빛이 있으라"(창 1:3)고 말씀하셨고, "회개하라 천국이 가까이 왔느니라"(마 4:17)고 말씀하셨습니다. "회개하라, 빛이 있으라."[5]

주님이여, 우리의 "영혼"은 우리 자신에 대하여 절망하고 "낙심"이 되어 불안해서, "요단 땅"에서, 그리고 하나님과 동등하게 높은 산이시면서도 우리를 위하여 낮은 산이 되신 그리스도 (시 42:6) 안에서 주님을 기억하고, 우리를 뒤덮고 있는 흑암이 싫어서 주님을 향하였더니, "빛이 있었습니다." 보십시오. 우리는 이전에는 어둠이었지만, 이제는 "주 안에서 빛"이 되었습니다(엡 5:8).

---

4) 이하의 장들에서는 창세기 1장의 창조 기사를 그리스도교회 내에서의 성령의 활동에 대한 알레고리로 해석한다. 아우구스티누스는 세례에서부터 시작한다.

5) 창세기 1:3과 마태복음 3:2; 4:17 이 두 본문을 나란히 병치시킨 것은 자의적이지 않다. "빛이 있으라"는 창세기 1장에서 하나님이 처음으로 하신 말씀이고, "회개하라"는 세례 요한과 예수께서 처음으로 하신 말씀이다. 창조와 재창조는 서로 상응한다.

제13장

창세기 1:4의 "하나님이 빛과 어둠을 나누사"(2)

14. 우리는 이제 빛이 되었지만, 여전히 "믿음으로 행하고 보는 것으로 행하지" 않습니다(고후 5:7). 우리는 "소망으로 구원을 얻었고," 눈에 "보이는 소망은 소망이 아니기" 때문입니다(롬 8:24). 지금도 여전히 "깊음"이 "깊음"을 부르고 있지만, 지금은 "주의 폭포 소리에" 화답하기 위하여 서로가 부르는 것입니다(시 42:7).[6]

사도는 "형제들아 내가 신령한 자들을 대함과 같이 너희에게 말할 수 없어서 육신에 속한 자"를 "대함과 같이 하노라"(고전 3:1)고 말하면서도, "형제들아 나는 아직 내가 잡은 줄로 여기지 아니하고 오직 한 일 즉 뒤에 있는 것은 잊어버리고 앞에 있는 것을 잡으려고 달려가노라"(빌 3:13-14)고 말하였고, 자신의 무거운 짐 아래에서 "탄식하며"(고후 5:4), 사슴이 시냇물을 찾기에 갈급함 같이, 그의 영혼은 "하늘로부터 오는 우리 처소로 덧입기를 간절히 사모하는" 가운데(고후 5:2), "살아 계시는 하나님을 갈망하며," "내가 어느 때에 나아가서 하나님의 얼굴을 뵈올까"라고 말하였습니다(시 42:2).

또한, 사도는 "깊음"에 좀 더 깊이 빠져 있는 사람들에게는, "너희는 이 세대를 본받지 말고 오직 마음을 새롭게 함으로 변화를 받으라"(롬 12:2)고 말하였고, "지혜에는 아이가 되지 말고 악에는 어린 아이가 되라 지혜에는 장성한 사람이 되라"(고전 14:20)고 말하였으며, "어리석도다 갈라디아 사람들아 누가 너희를 꾀더냐"(갈 3:1)고 말하였습니다.

하지만 이것들은 이제 더 이상 사도의 말들이 아니고, 주님의 말씀들입니다. 주님은 하늘 위로 오르신 자신의 아들로 말미암아 은사들의 수문을 활짝 여셔서 위로부터 자신의 영을 물 붓듯이 부어 주고 계시는데, 이것은 "하나님의 성을 기쁘게" 하기 위한 것입니다(시 46:4). "신랑"의 "친구"(요 3:29)인 사도는 이제 신랑으로 말미암아 "성령의 처음 익은 열매"를 받기는 하였지만, 지금도 여전히 "속으로

---

6) 아우구스티누스는 "깊음이 깊음을 부른다"는 시편 기자의 말을, 죄악된 인간 설교자들이 죄악된 인간 청중들에게 하나님의 말씀을 전하는 것으로 해석하면서, 하지만 이 부름에는 능력이 동반된다고 말한다.

탄식하여 양자 될 것 곧 우리 몸의 속량을 기다리면서"(롬 8:23), 그 신랑을 사모하고 있습니다. 그가 신랑을 사모하는 것은 그가 신랑의 지체이기 때문이고, 그가 신랑을 위하여 열심을 내는 것은 그가 신랑의 친구이기 때문입니다. 그가 자기 자신이 아니라 신랑에 대하여 열심을 내는 것은, 자신의 음성이 아니라 주님의 "폭포소리"를 통해서 신랑이 또 다른 "깊음"을 부르고 계시기 때문입니다.

그는 신랑의 음성을 듣고 열심을 내면서도, 한편으로는 하와가 뱀의 간계에 미혹되었듯이, 자신의 마음이 주님의 독생자이신 우리의 신랑 안에 있는 저 순전하심으로부터 떨어져 나가서 타락하게 될 것을 두려워합니다. 그러므로 우리가 밤낮으로 눈물을 우리의 양식으로 삼아 살면서, 사람들로부터 매일같이 "네 하나님이 어디 있느뇨"(시 42:3)라는 말을 듣고 살아가다가, 마침내 그런 날들이 다 지나고, 주님을 그 모습 그대로 보게 되었을 때, 그것은 얼마나 아름다운 빛이겠습니까?

제14장
창세기 1:4의 "하나님이 빛과 어둠을 나누사"(3)

15. 나도 "나의 하나님이여, 주님은 어디에 계십니까"라고 말해 봅니다. 주님은 어디에 계시는 것입니까? 성일에 주님을 예배하며 내 자신을 잊어버리고 내 영혼을 쏟아 부어서 기쁜 목소리로 주님을 찬송하고 고백할 때에는, 나는 잠시 주님 안에서 숨을 돌릴 수 있습니다. 하지만 내 영혼은 내가 어느새 또다시 "깊음"으로 되돌아와 있다는 것을 느끼고서는, 아니 내가 여전히 "깊음"이라는 것을 느끼고 서는 슬픔에 잠깁니다. 그러면 밤에 나의 길을 밝히시기 위하여 주님이 켜 놓으신 나의 믿음이 내 영혼에게 이렇게 말합니다:

"'내 영혼아 네가 어찌하여 낙심하며 어찌하여 내 속에서 불안해 하는가 너는 하나님께 소망을 두라'(시 43:5). 왜냐하면, '주의 말씀은 내 발에 등이요 내 길에 빛'이기 때문이다(시 119:105). 악인들의 어머니인 밤이 지나가고, 주님의 진노가 지나갈 때까지, 소망 가운데서 인내로써 너의 믿음을 지켜라. '전에는 우리도 다'

'어둠'이어서 '진노의 자녀'였고(엡 2:3: 5:8), 지금도 여전히 우리는 '죄로 말미암아 죽은' 우리의 '몸'에 그 진노의 잔재를 지니고 있다(롬 8:10). 날이 밝아서 어두운 그림자들이 물러갈 때까지 소망 가운데서 인내하라. 주님을 바라라."

이제 나는 아침에 주님 앞에 서서 주님을 묵상할 것이고, 항상 주님께 고백할 것입니다. 나는 아침에 주님 앞에 서서, 나를 도우시는 내 하나님을 뵈오리니, 하나님은 "우리 안에 거하시는 그의 영으로 말미암아" 우리 "죽을 몸도 살리실" 것입니다(롬 8:11). 왜냐하면, 주님의 영은 자비로우셔서 흑암에 뒤덮여 요동하는 우리의 내면의 "깊음" 위에 운행하고 계시기 때문입니다.

우리는 이 순례 길을 행하고 있는 중에도, 우리가 지금 빛 가운데 있다는 보증을 성령으로부터 이미 받았습니다. 우리는 이미 소망으로 구원을 받아서 빛의 자녀들이 되었고 낮의 자녀들이 되어서, 더 이상 이전처럼 밤의 자녀들이나 어둠의 자녀들이 아니기 때문입니다(살전 5:5). 그러나 인간의 지식은 아직까지 너무나 불확실해서, 우리는 낮의 자녀들인 우리 자신과 밤의 자녀들을 분별할 수 없고, 오직 주님만이 그것을 분별하실 수 있으십니다. 주님은 우리의 마음을 감찰하실 수 있으신 분이시고, "빛을 낮이라 부르시고 어둠을 밤이라 부르신" 분이시기 때문입니다(창 1:5). 주님이 아니고서는 누가 우리 중에서 누가 "낮"이고 누가 "밤"인지를 가려낼 수 있겠습니까? 우리에게 "있는 것 중에" 주님으로부터 "받지 아니한 것"이 어디 있으며(고전 4:7), "진흙 한 덩이로 귀히 쓸 그릇들과 천히 쓸 그릇들"을 만드신 분이 과연 누구입니까(롬 9:21)?

제15장
창세기 1:6의 "물 가운데에 궁창이 있어 물과 물로 나뉘라" : 성경이라는 "궁창"

16. 우리의 하나님이여, 성경이라는 "궁창"을 펼치셔서 우리 위에 권위로 두신 분이 주님이 아니면 누구이겠습니까? 그 "하늘"은 언젠가는 "두루마리 같이 말리게" 될 것이지만(사 34:4), 지금은 우리 위에 두루마리 "가죽"처럼 펼쳐져 있습니다.

주님이 우리를 위하여 성경을 기록하게 하신 사람들은 지금은 다 죽어서 이 세상을 떠나고 없지만, 성경은 그들보다 더 큰 권위를 지니고 있기 때문입니다. 주님이여, 사람들이 죄를 지어 죽게 되었을 때, 주님이 그들에게 "가죽옷을 지어 입혀" 주셨다는 것은 주님 자신이 누구보다 더 잘 알고 계십니다(창 3:21). 주님은 거기에서 그치지 않으시고, 성경이라는 "궁창"을 두루마리 "가죽"처럼 우리 위에 펼치셨습니다. 죽을 수밖에 없는 존재들인 사람들을 사용하셔서 주님의 한결같으신 말씀들을 우리 위에 펼치신 것입니다.

그들이 이 땅에 살아 있었을 때에는, 성경은 아직 그렇게까지 드높이 펼쳐져 있지는 못하였습니다. 왜냐하면, 아직 그들의 죽음에 대한 소식이 모든 곳에 알려지지 않아서, 주님이 성경이라는 궁창을 두루마리 "가죽"처럼 펼치시는 일도 아직 완성되지 않았기 때문이었습니다. 그러므로 그들이 죽자, 그들을 통하여 우리에게 전하신 주님의 말씀들은, 견고한 권위를 지닌 "궁창"으로서, 그 궁창 아래에서 살아가는 모든 사람 위에 드높이 펼쳐지게 되었습니다.

17. 주님이여, 우리로 하여금 "주의 손가락으로 만드신 하늘"을 보게 해 주십시오(시 8:3). 그 하늘을 덮고 있는 안개를 우리의 눈에서 걷어 주십시오. 그 하늘에는 어린 아이들조차 지혜롭게 만들어 주는 주님의 "증거의 말씀"이 있기 때문입니다. 나의 하나님이여, 그 증거의 말씀으로 말미암아 "어린 아이들과 젖먹이들의 입"이 주님께 드리는 찬송이 온전하게 될 수 있게 해 주십시오.

인간의 교만을 이렇게 철저하게 멸하는 책, 그리고 자신의 죄를 정당화하여 자신을 옹호하고 주님과의 화해를 거부하는 원수들을 이렇게 철저하게 멸하는 책이 성경 외에 또 있다는 것을 우리는 알지 못합니다. 주님이여, 나를 설복시켜서 고백하게 하고, 나의 곧은 목을 유순하게 하여 주님의 멍에를 메게 하며, 나를 감동시키셔서 무조건적으로 주님을 높이고 예배하게 하는 그런 순전한 말씀이 성경 외에 또 있다는 것을 나는 알지 못합니다. 선하신 아버지여, 주님이 궁창 아래에 있는 자들을 견고히 하신 것처럼, 나도 나를 낮추어 성경이라는 궁창 아래에 있사오니, 나로 하여금 성경을 깨달아 견고히 서게 해 주십시오.

18. 이 궁창 위에는 다른 "물들"이 있고, 나는 그 물들은 이 땅의 부패함으로부터 분리되어 영원불멸하다고 믿습니다. 그 물들로 하여금 주님의 이름을 찬송하게 하시고, 하늘에 있는 도성의 백성들인 주님의 천사들로 하여금 주를 찬송하게 하십시오. 왜냐하면, 그들은 항상 주님의 얼굴을 뵈옵고, 시간 속에서 왔다가 사라지는 인간의 언어 없이도 주님의 영원하신 뜻이 무엇을 원하시는지를 그 얼굴에서 읽을 수 있는 까닭에, 우리가 올려다보고 있는 이 궁창을 바라볼 필요도 없고, 주님의 말씀인 성경을 읽고 이해할 필요도 없기 때문입니다.

그들은 주님의 뜻을 읽고 선택하고 사랑합니다. 그들은 주님의 변함 없으신 뜻을 읽고 선택하여 사랑하기 때문에, 그들은 항상 주님의 뜻을 읽지만, 그들이 읽은 것은 결코 지나가서 사라지는 법이 없습니다. 그들이 읽는 성경은 결코 덮어지지 않고, 그들이 펴서 읽는 두루마리 책은 결코 말려지지 않습니다. 왜냐하면, 주님 자신이 그들에게 영원토록 성경과 두루마리 책이 되시기 때문입니다. 주님은 궁창 위에 그 성경과 두루마리 책을 두시고서는, 궁창 아래에서 살아가는 연약한 백성들로 하여금, 시간을 만드신 주님 자신을 시간 속에서 드러내는 그 궁창을 올려다보면서 주님의 자비하심을 알게 하셨습니다.

주님이여, 주님의 자비하심은 "하늘에 있고" 주님의 "진실하심"은 구름까지 닿아 있습니다(시 36:5). 구름은 지나가지만, 하늘은 항상 그대로 있습니다. 주님의 말씀을 전한 사람들은 이 세상에서 저 세상으로 갔지만, 주님의 말씀은 세상 끝날까지 늘 모든 사람들 위에 펼쳐져 있습니다. "천지는 없어질" 것이지만, 주님의 말씀은 결코 "없어지지" 않을 것입니다(마 24:35). 왜냐하면, 지금은 두루마리가 들판의 "풀" 위에 펼쳐져 있지만, 언젠가는 두루마리도 말리게 되고, "풀"도 그 아름다운 모습과 함께 사라지게 될 것인 반면에(사 40:8), 주님의 말씀은 영원히 남게 될 것이기 때문입니다.

주님의 말씀은 지금 우리에게는 "참모습" 그대로 드러나지 않고, 구름이 덮여 있는 하늘을 통해서 "거울로 보는 것 같이 희미하게" 드러나 있을 뿐입니다(고전 13:12). 왜냐하면, 지금 우리는 주님의 아들이 사랑하시는 자들이기는 하지만, 우리가 "장래에 어떻게 될지는 아직 나타나지 아니하였기" 때문입니다(요일 3:2). 주님의 아들은 우리와 같은 육신을 입으시고 오셔서, 그 육신의 창을 통하여 우리를 보시고 인자하신 말씀을 건네셔서, 우리를 불타오르게 하시고, 주님의 향기를 따라 주님을 따르게 하셨습니다(아 1:3). 하지만 "그가 나타나시면 우리가 그와 같을 줄을 아는 것은 그의 참모습 그대로 볼 것이기" 때문입니다(요일 3:2). 주님, 그때가 우리에게 아직 오지 않았지만, 그때에는 우리가 주님을 참모습 그대로 보게 될 것입니다.

제16장
내 영혼에는 주님의 빛이 필요함

19. 주님은 그 "존재"에 있어서도 변함이 없으시고, 그 "아심"에 있어서도 변함이 없으시며, 그 "뜻"에 있어서도 변함이 없으시기 때문에, 절대적으로 존재하시고, 모든 것을 홀로 아십니다. 주님의 본질은 그 아심과 원하심에 있어서 변함이 없으시고, 주님의 지식은 그 존재와 원하심에 있어서 변함이 없으시며, 주님의 의지는 그 존재와 아심에 있어서 변함이 없으십니다. 변함이 없으신 빛이 자기 자신을 아시는 것처럼, 빛을 받는 변하는 존재가 그 변함 없으신 빛을 그런 식으로 안다는 것은 주님 앞에서 가당치 않아 보입니다.

이렇게 내 영혼은 스스로 빛을 내어서 자기 자신을 비출 수 없고, 자신의 것으로 자기 자신을 만족시킬 수 없기 때문에, 주님 앞에서 물 없는 땅과 같습니다(시 63:1). 왜냐하면, "주의 빛 안에서 우리가 빛을 볼" 수 있는 것 같이, "생명의 원천"도 "주께 있기" 때문입니다(시 36:9).

제17장

창세기 1:9의 "천하의 물이 한 곳으로 모이고 뭍이 드러나라"

20. 누가 "짠 물" 같이 사악해진 자들을 한데 모아서 하나의 사회를 이루게 하였습니까?[7] 그들의 목적은 이 땅에 속한 덧없는 행복을 추구하는 것이기 때문에, 그들이 서로 다른 무수하게 다양한 관심 속에서 분주하게 움직여서 온갖 일들을 다 행한다고 해도, 그들의 목적은 동일합니다. 주님이여, "천하의 물이 한 곳으로 모이고 뭍이 드러나라"(창 1:9)고 하셔서, "뭍," 곧 "마른 땅"으로 하여금 주님을 갈급하게 하신 이가 주님이 아니면 누구겠습니까? 왜냐하면, "바다도 주님의 것"이고, "그가 만드셨고," "마른 땅"도 "주님의 손이 지으셨기" 때문입니다(시 95:5).

물론, 여기에서 주님이 한데 모아 놓으신 것은 "바다"라고 불리는 "천하의 물"이었고, 그 마음이 사악해진 자들이 아니었습니다. 하지만 주님은 바다와 마찬가지로, 사람들의 악한 욕망들에도 재갈을 물리고 한계를 정해 주셔서, 그 정해진 선을 넘어서지 못하고, 그 지점에서 서로 부딪쳐 부서지게 하셨습니다. 이렇게 주님은 모든 것을 다스리시는 주님의 섭리의 질서 속에서 악인들의 무리를 하나의 "바다"로 만들어 놓으시고 다스리십니다.

21. 반면에, "바다"를 이룬 무리들과 다른 목적을 가지고 이 땅에서 살아가는 까닭에 주님을 갈급해하여 주님 앞으로 나아오는 심령들에게는, 주님은 감추어진 달콤한 샘에서 흘러나오는 물을 공급해 주시기 때문에, 마치 "바다"로부터 분리된 "땅"이 자신의 주 하나님의 명령에 따라 열매를 내었던 것처럼(창 1:12), 그 심령들도 주님의 명령을 따라 "각기 종류대로" 온갖 자비의 일들을 행하게 됩니다. 따라서 우리는 하나님이 공급해 주시는 힘으로 이웃을 사랑하여 그들의 육신적인 궁핍을 덜어주게 되는데, 우리가 그들의 궁핍함을 덜어 주고자 하고 도움을 필요

---

7) 아우구스티누스는 여러 시편들과 욥기에 대한 자신의 주석서들에서 자주 이 세상을 "바다"에 비유하는데, 예를 들면 『시편 64편 9절 강해』에서는 이렇게 말한다: "이 세상은 소금기로 인해서 짜게 되었고 폭풍들로 인해서 요란하기 때문에 비유적으로 바다라 불린다. 거기에서는 자신의 왜곡되고 사악한 욕망들을 따라 물고기들처럼 서로를 잡아먹는 자들이 살아간다." 현재의 맥락에서 "바다"는 믿지 않는 이교도들의 세계를 상징하는데, 하나님이 그 "바다"에서 자신이 택한 자들을 건져내어 자신의 교회를 형성하신다.

로 하는 그들을 돕고자 하는 것은, 우리 자신도 연약하여 도움을 받아야 할 자라는 것을 아는 까닭에, 그들을 불쌍히 여기는 자비의 씨앗이 우리 속에 있기 때문입니다. 이렇게 해서, 우리는 "땅이 풀과 씨 맺는 채소를 내는" 것처럼 쉬운 일들에서 이웃을 도울 뿐만 아니라, "씨 가진 열매 맺는 나무를 내는" 것처럼 힘 있는 자들에 의해서 불의한 일을 당하는 사람들을 구해 내거나, 의로운 심판의 강력한 힘으로 그런 사람들에게 피난처를 제공해 주는 것 같이, 우리의 온 힘을 다하여 돕고 보호해야 하는 일들에서도 이웃을 돕게 됩니다.[8]

제18장
창세기 1:14의 "하늘의 궁창에 광명체들이 있어 낮과 밤을 나뉘게 하고"(1)

22. 주님이여, 기쁨을 만들어서 주시는 분도 주님이시고, 기뻐할 수 있는 일들을 만들어서 주시는 분도 주님이십니다. 그래서 주님께 구하오니, 땅에서는 진리가 솟아나게 하시고 하늘로부터는 의가 굽어보게 하시며(시 85:11), 궁창에는 "광명체들"이 있게 해 주십시오(창 1:14). 또한, 우리로 하여금 "주린 자에게 양식을 나누어 주며 유리하는 빈민을 집에 들이며 헐벗은 자를 보면 입히며 또 네 골육을 피하여 스스로 숨지 아니하게" 해 주십시오(사 58:7). 이런 열매들이 땅으로부터 생겨날 때, 그것이 얼마나 좋은지를 보십시오. 그러므로 우리의 빛이 비록 일시적인 것일지라도, 그 빛을 비추어서 낮은 수준의 열매인 그러한 일들을 행하게 하시고, 더 나아가 성경이라는 저 "궁창"에 꼭 붙어서 위로부터 임하는 생명의 말씀을 얻어 주님을 묵상하는 기쁨에 이르러 세상을 비추는 "광명체들"로 나타나게 해 주십시오.

---

8) 아우구스티누스는 좋은 땅이 열매를 맺는 것과 그리스도인들이 이웃 사랑의 열매를 맺는 것 간의 유비를 본다.

주님은 성경에서 우리에게 신령한 일들과 육신적인 일들, 그리고 신령한 일들을 생각하는 영혼들과 육신적인 일들을 생각하는 영혼들을 "낮과 밤"처럼 분명하게 구별할 것을 가르치십니다. 주님은 궁창을 만드시기 전에 빛과 어둠을 나누실 때에는 홀로 은밀하게 판단하셨지만, 이제 궁창을 만드신 후에는, 즉 주님의 은혜가 온 천하에 활짝 열리게 된 후에는, 그 궁창에 주님의 영적인 자녀들을 배치하셔서, 땅에 빛을 비추어 "낮과 밤"을 나누게 하시고, 때를 알려 주는 "징조"가 되게 하셨는데, 이것은 "이전 것은 지나갔으니 보라 새 것이 되었기"(고후 5:17) 때문입니다.

"우리의 구원"은 "처음 믿을 때보다" 가까워졌으며, "밤이 깊고 낮"이 가까워졌습니다(롬 13:11-12). 주님은 주님의 "해"에 "복"으로 관을 씌우고 계십니다(시 65:11). 그래서 "추수할 일꾼들을 보내" 다른 사람들이 수고한 밭에서 거두게 하시거나, 종말에 수확하시기 위하여 다른 밭에 씨를 뿌리게 하십니다. 그러므로 주님은 자기에게 구하는 자들의 기도에 응답해 주시고, 의인들의 연년세세에 복을 주십니다. 하지만 주님 자신은 항상 동일하시고, 영원토록 있고 지나가서 없어지지 않는 주님의 "해" 안에서 우리의 지나가서 없어지는 세월에서 거두어들일 것들을 보관할 곳간을 준비해 두고 계십니다. 왜냐하면, 주님은 자신의 영원하신 계획 안에서 때를 따라 하늘의 복들을 이 땅에 내려 주시기 때문입니다.

23. "어떤 사람에게는 성령으로 말미암아 지혜의 말씀" 주시는데, "지혜의 말씀"은 주님이 "낮을 주관하게" 하신 "큰 광명체"와 같아서, 진리의 밝은 빛을 기뻐하는 자들을 위한 것입니다. "어떤 사람에게는 같은 성령을 따라 지식의 말씀을" 주시는데, "지식의 말씀"은 "작은 광명체"에 해당합니다. "다른 사람에게는 같은 성령으로 믿음을, 어떤 사람에게는 한 성령으로 병 고치는 은사를, 어떤 사람에게는 능력 행함을, 어떤 사람에게는 예언함을, 어떤 사람에게는 영들 분별함을, 다른 사람에게는 각종 방언 말함을, 어떤 사람에게는 방언들 통역함을 주시는데," 이 은사들은 "별들"에 해당합니다. 이 모든 은사들은 "같은 한 성령이 행하사 그의 뜻대로 각 사람에게 나누어" 주어서, 궁창에 있는 별들처럼 환히 비추게 하여, 영혼들에게 유익을 끼치게 한 것입니다(고전 12:8-11).

"지식의 말씀"은 달처럼 때를 따라 변하는 "모든 비밀"(고전 13:2)을 담고 있고, 그 밖의 다른 은사들도 별들과 같아서, 이 모든 은사들은 단지 밤만을 주관하는 것들이기 때문에, 낮을 주관하는 "지혜의 말씀"이 지닌 광채에 미치지 못합니다. 따라서 주님의 지극히 지혜로운 종이 "우리가 온전한 자들 중에서는 지혜를 말하노니"(고전 2:6)라고 말한 후에, 어떤 자들에 대해서는 "내가 신령한 자들을 대함과 같이 너희에게 말할 수 없어서 육신에 속한 자를 대함과 같이 하노라"(고전 3:1)라고 말한 것 같이, "지혜의 말씀"은 "온전한 자들"을 위한 것이고, 그 밖의 다른 은사들은 "육신에 속한 자들"을 위해 필요한 것들입니다.

"육신에 속한 자들"은 "그리스도 안에서 어린 아이들"이어서, "밥"을 먹을 수 있을 정도로 힘이 붙을 때까지는 "젖"을 먹어야 하기 때문에, 그들이 장성하여 해를 볼 수 있게 될 때까지는, 그들을 그들 자신의 어둠 속에 내버려 두어서는 안 되고, 달과 별들의 빛으로나마 만족하게 하여야 합니다.

지극히 지혜로우신 우리의 하나님은 놀랍게도 성경이라는 "궁창" 안에 이러한 것들을 배열해 놓으셔서, 우리로 하여금 거기에서 그 모든 것들을 보고 알게 하십니다. 하지만 우리는 아직은 "징조와 계절과 날과 해"를 통해서 알 수밖에 없습니다(창 1:14).

제19장
창세기 1:14의 "하늘의 궁창에 광명체들이 있어 낮과 밤을 나뉘게 하고"(2)

24. 주님은 말씀하십니다: "'너희는 스스로 씻으며 스스로 깨끗하게 하여 내 목전에서 너희 악한 행실을 버리며 행악을 그치고'(사 1:16), '뭍이 드러나게' 하라(창 1:9). '선행을 배우며 고아를 위하여 신원하며 과부를 위하여 변호하여'(사 1:17), '땅이 채소와 열매 맺는 나무를 내게' 하라(창 1:12). 그런 후에 '오라 우리가 서로 변론하자'(사 1:18). 그러면 너희가 '하늘의 궁창에 광명체들'이 되어서 '땅을 비추게' 되리라(창 1:15)."

한 부자가 선하신 선생에게 자기가 "영생을 얻으려면" 무엇을 해야 하느냐고 물었습니다. 사실 그분은 하나님이시기 때문에 선하신 것이었지만, 부자는 그분이 단지 사람일 뿐이라고 생각해서 이렇게 부른 것이었는데, 그 선생은 "생명에 들어가려면 계명들을 지키고" 사악한 마음을 버려야 한다고 대답하시면서, "살인하지 말라, 간음하지 말라, 도둑질하지 말라, 거짓 증언 하지 말라"고 말씀하셨습니다. 그렇게 하기만 한다면, "뭍"이 드러나서, "부모를 공경하고 이웃을 사랑하는" 열매를 맺게 될 것이었기 때문이었습니다.

부자는 "이 모든 것을 내가 지키었사온대 아직도 무엇이 부족하니이까"라고 대답했습니다. 하지만 땅이 열매를 내었다면, 그 많은 가시덤불은 어디에서 생겨난 것입니까? 그래서 그 선생은 부자에게 다시 이렇게 말씀하셨습니다: "너는 가서 네 안에 무성하게 자라난 탐욕의 가시덤불을 뿌리째 뽑아 버려라. 그러면 너는 '네 소유를 팔아 가난한 자들에게 주는' 열매를 맺게 될 것이고, '그리하면 하늘에서 보화가 네게 있으리라.' 그리고 '네가 온전하고자 할진대 와서 나를 따르고,' 낮과 밤에 무엇을 나누어 주어야 할지를 아는 내게서 지혜를 배우는 자들과 함께 하라. 그러면 너도 지혜를 알게 되어서, 너도 하늘의 궁창에 광명체들 중에 있게 될 것이다. 하지만 네 마음이 하늘에 있지 않다면, 너는 광명체들 중에 있지 않을 것이고, 네 '보화'가 거기에 없다면, 네 마음도 거기에 없을 것이다." 하지만 부자는 열매 맺지 못하는 땅이었기 때문에, "가시떨기"가 주님의 말씀을 질식시키고 그 기운을 막아 버려서(마 13:7), "이 말씀을 듣고 근심하며" 집으로 돌아갔습니다(마 19:16-22).

25. 반면에, "모든 것을 버리고 주를 따른"(마 19:27) 여러분은 세상에서는 약한 자들일지라도 택함 받은 자들입니다. 주님이 "세상의 약한 것들을 택하사" 자기를 따르게 하신 것은 "강한 것들을 부끄럽게" 하시기 위한 것이기 때문에, 주님을 따라 강한 자들을 부끄럽게 하십시오. 여러분의 "아름다운 발들"(사 52:7)로 주님을 따르십시오. 믿음이 "온전한 자들"은 비록 천사들의 빛보다는 못하지만 나름대로 좀 더 밝은 빛을 비추고, 믿음이 "작은 자들"은 비록 희미하지만 어둠보다는 더 나은 빛을 비추어서, 여러분 모두가 궁창에서 빛을 발하여, 하늘들로 하여금 주님의

영광을 선포하게 하십시오. 온 땅에 빛을 비추십시오. 해로부터 빛을 받는 "낮"은 "낮에게" 지혜의 말씀을 전하고, 달로부터 빛을 받는 "밤은 밤에게 지식"의 말씀을 전하십시오(시 19:2). 달과 별들은 밤에 빛을 비추고, 그 빛은 희미하지만, 밤은 달과 별들을 어둡게 하지 못합니다.

보십시오, 마치 하나님이 "하늘의 궁창에 광명체들이 있으라"고 말씀하신 것처럼(창 1:14), "홀연히 하늘로부터 급하고 강한 바람 같은 소리가 있어 마치 불의 혀처럼 갈라지는 것들이 그들에게 보여 각 사람 위에 하나씩 임하여"(행 2:2-3), 생명의 말씀으로 빛나는 자들, 즉 하늘의 궁창에 있는 광명체들 같은 자들이 생겨난 것이었습니다. 거룩한 빛들이여, 아름다운 빛들이여, 모든 곳에 두루 다니며 그 빛을 비추십시오. 여러분은 "세상의 빛"이기 때문에, 자기 자신을 "말 아래에" 두어서는 안 됩니다(마 5:14-15). 여러분이 꼭 붙들고 있는 분은 높은 곳에 오르셨을 뿐만 아니라, 여러분을 높은 곳에 올려놓으셨습니다. 모든 곳에 두루 다니며, 모든 족속으로 하여금 알게 하십시오.

<h3>제20장
창세기 1:20의 "물들은 생물을 번성하게 하라"</h3>

26. 여러분은 "물들은 생물을 번성하게 하라"(창 1:20)고 명하여, 바다로 하여금 여러분이 한 일들의 열매를 잉태하여 내어 놓게 하십시오. 왜냐하면, 여러분은 "헛된 것"과 "귀한 것"을 분리해 내는 하나님의 "입"이 된 까닭에, 여러분의 입을 통해서 하나님은 땅에게는 "가축과 기는 것과 땅의 짐승" 같은 생명들을 내게 하시고, 물들에게는 "큰 바다 짐승들과 물에서 번성하여 움직이는 모든 생물"과 "날개 있는 모든 새"를 내게 하시기 때문입니다.

하나님이여, 주님의 성례전들은 주님의 성도들의 사역을 통해 세상의 유혹의 파도들 가운데로 들어가서, 이방인들을 가르쳐서 주님의 이름으로 세례를 받게 하였는데, 그런 과정에서 "큰 바다 짐승들"에 비유될 수 있는 크고 기이한 이적들이 많이 일어났습니다. 주님의 사자들은 성경이라는 "궁창"의 권위 아래에서 어디든지 날아가서 주님의 말씀들을 전하였고, 그들이 전한 말씀들은 그 "궁창" 아래의 땅 위를 날아다녔습니다. 그들의 목소리는 모든 언어와 말로 모든 족속에게 전해져서, 주님의 "소리"는 "온 땅에 통하고 그의 말씀이 세상 끝까지 이르렀는데"(시 19:4), 이것은 모두 주님이 이 일에 복을 주셔서 형통하게 하셨기 때문이었습니다.

27. 혹시라도 내가 하늘의 궁창에 있는 것들을 아는 밝은 지혜와 하늘의 궁창 아래에서 요동하는 바다에서 일어나는 물질적인 것들을 구별하지 못하고 혼동해서 사람들을 속이고 있는 것은 아니겠지요? 왜냐하면, 궁창에 있는 것들을 아는 지식은 확고하고 최종적인 것이어서, 지혜의 빛이나 지식의 빛 같아서, 세월이 흐른다고 해서 늘어나지 않고 변함 없이 그대로이지만, 그러한 것들이 물질적인 세계 속으로 들어오면, 아주 다양하고 많은 모습으로 나타나서 활동하기 때문입니다. 하나님은 궁창에 있는 것들 하나하나를 복 주시고 번성하게 하셔서, 하나의 동일한 것이 물질적인 운동을 통해서 자신의 모습을 여러 가지로 바꾸어 다양한 모양으로 우리의 마음의 지각에 나타나게 하심으로써, 쉽게 싫증을 내는 우리 인간의 감각들을 달래 주시는데, "물들"이 주님의 말씀에 의거해서 그러한 다양한 것들을 내어 놓습니다. 그러한 것들은 주님의 영원하신 진리에 낯선 사람들에게 필요한 것들이지만, 주님의 복음 안에서 만들어진 것입니다. 왜냐하면, 주님이 주님의 말씀에 의거해서 "물들"로 하여금 그런 것들을 내어 놓게 하시는 것은 그 물들 속에서 살아가는 사람들이 악하고 왜곡되어 있어서 그들의 수준에 맞추어서 그들을 이끄시기 위한 까닭이기 때문입니다.

28. 주님이 만드신 모든 것들은 아름답지만, 이 모든 것들을 만드신 주님은 이루 말할 수 없이 아름다우십니다. 만일 아담이 타락하여 주님을 떠나지 않았다면, 그의 태로부터 이렇게 짠 바닷물들, 즉 교만으로 잔뜩 부풀어 오른 채로 만족할 줄 모르는 깊은 호기심으로 한 곳에 머무르지 못하고 여기저기를 들쑤시고 다니는 물들 같은 인류가 쏟아져 나오는 일도 없었을 것이고, 주님의 종들이 많은 "물들" 가운데서 신비에 싸여 있는 주님의 역사들과 말씀들을 전하기 위해서 물질적이고

감각적인 것들을 만들어 내어 사용할 필요도 없었을 것입니다.

나는 "물들은 생물을 번성하게 하라 땅 위 하늘의 궁창에는 새가 날으라"(창 1:20)는 말씀을 이렇게 이해하였습니다. 하지만 사람들이 눈에 보이는 주님의 성 례전들에 의지해서 가르침을 받고 신앙에 입문하였다고 할지라도, 그런 후에 거 기에서 한 걸음 더 나아가서 그들의 영혼이 한층 더 높은 차원의 영적인 삶을 살 고, 말씀의 "초보"를 넘어서서 "완전한 데로 나아가지" 않는다면, 더 이상의 진보 를 이룰 수 없습니다(히 6:1-2).

창세기 1:24의 "땅은 생물을 그 종류대로 내되 가축과 기는 것과 땅 의 짐승을 종류대로 내라"

29. 이렇게 주님의 말씀에 의거해서 깊은 바다는 물에서 기어다니는 생명체들 과 새들을 내어 놓았던 반면에, 쓴 "물들"로부터 분리된 "땅"은 "산 자들"을 내어 놓았습니다. 주님은 "세례"를 천국에 들어가는 문으로 정해 놓으셨기 때문에(요 3:5), 천국으로 들어가는 다른 문은 존재할 수 없지만, 이방인들이나 물들로 덮여 있는 자들과는 달리, "산 자들"은 세례를 받을 필요가 없고, 자신의 믿음을 위하여 "기사와 이적"을 구하지도 않습니다. 왜냐하면, 믿음의 땅은 불신앙의 쓴 바다로 부터 분리되어 나온 까닭에, "산 자들"이 표적들과 기사들을 보지 못했다고 해서 믿음을 저버리는 일은 없기 때문입니다. "방언은 믿는 자들을 위하지 아니하고 믿 지 아니하는 자들을 위하는 표적"입니다(고전 14:22). 따라서 주님이 "물들" 위에 세 우신 땅에게는, 물들이 주님의 말씀에 의거해서 내어 놓는 날짐승이 필요하지 않 습니다. 주님의 사자들을 통해서 주님의 말씀을 "땅"에 전하십시오. 우리는 그들 이 땅으로 하여금 "산 자들"을 내어 놓게 하는 것처럼 말하지만, 사실은 그들 안에 서 역사하셔서 땅으로 하여금 "산 자들"을 내어 놓게 하시는 이는 바로 주님이십 니다.

땅은 "산 자들"을 내어 놓지만, 주님의 사자들이 주님의 말씀으로 "산 자들"을 만들기 위하여 일할 때에 사용하는 수단에 지나지 않는데, 이것은 주님의 사자들이 바다를 수단으로 사용해서 주님의 말씀으로 물에서 기어다니는 생물들과 하늘의 궁창 아래에서 날아다니는 날짐승들을 만들어 내는 것과 같습니다. "땅"은 이제 그러한 생물들과 날짐승들을 필요로 하지 않고, 단지 주님이 깊은 물에서 건져 올려서 믿는 자들 앞에 차려 놓으신 상 위에 올려놓으신 "물고기"이신 그리스도를 먹고 살아갑니다. 주님이 이 "물고기"를 깊은 물에서 건져 올리신 것은 "마른 땅"(뭍)을 먹이시기 위한 것입니다.[9]

"날짐승들"은 바다에서 생겨났지만, 땅에서 번식합니다. 마찬가지로, 복음 전도자들이 처음에 복음을 전하게 된 이유는 사람들의 불신앙 때문이었지만, 믿는 자들도 이 복음 전도자들에 의해서 날마다 여러 모양으로 권면도 받고 축복도 받습니다. 하지만 "산 자들"은 땅에서 기원합니다. 왜냐하면, 오직 믿는 자들만이 이 세상을 사랑하는 것에서 벗어나서, 그 영혼이 주님을 바라보며 살아갈 수 있기 때문입니다. 그들의 영혼은 전에 쾌락 가운데서 살아갔을 동안에는 죽어 있었지만, 마음이 청결한 자에게 생명의 즐거움을 주시는 분이신 주님은 사망을 초래하는 쾌락에서 그들의 영혼을 건져내셔서 생명의 즐거움을 주셨습니다.

30. 그러므로 이제 주님의 종들로 하여금 "땅"에서 일하게 해 주십시오. 하지만 그들이 전에 불신앙의 "물들"에서는 이적들과 신비한 예식들과 방언들을 통해서 복음이나 말씀을 전하여야 했지만, 이제는 그런 방법들로 일하지 않게 해 주십시오. 왜냐하면, 그런 방법들은 믿지 않는 자들의 무지를 활용해서, 그들로 하여금 신비한 것들을 보고 놀라고 두려워하게 하여 복음을 경청하게 만드는 것으로서, 주님의 얼굴을 피하여 살다가 흑암의 "깊음"이 되어 버려서 주님을 잊어버린 아담의 자손들을 신앙 속으로 들어오게 하는 관문일 뿐이기 때문입니다.

따라서 주님의 종들로 하여금 이제는 "깊음"의 소용돌이들로부터 분리되어 있는 "마른 땅"(뭍)에 합당한 방법으로, 즉 믿는 자들에게 본이 되는 삶을 살아서, 그

---

9) "예수 그리스도 하나님의 아들 구주"라는 헬라어의 다섯 단어의 첫 글자들만을 한데 모으면 "물고기"를 뜻하는 헬라어가 되기 때문에, "물고기"는 초기부터 그리스도의 상징, 특히 죽음의 깊은 물로부터의 그리스도의 부활에 대한 상징으로 사용되었다. 여기에서는 성찬과 결부되어 있다.

들로 하여금 그 종들의 삶을 본받고자 하는 마음이 들게 하는 방법으로 일하게 해 주십시오. 그렇게 했을 때, 믿는 자들은 주님의 종들이 전하는 말씀을 그저 듣기만 하는 것이 아니라, 경청하여 행하게 될 것입니다:

"하나님을 찾으십시오. 그러면 여러분의 영혼이 살아나게 될 것이고, 땅은 산 자들을 낳게 될 것입니다. 이 세상을 본받지 말고(롬 12:2), 도리어 멀리하십시오. 가까이 하면 죽게 될 것들을 피하여야만 영혼이 살 수 있습니다. 무지막지하게 사나운 교만, 사람을 무기력하게 만드는 사치와 향락, 지식이라는 이름의 거짓을 멀리함으로써, 여러분 속에 있는 '짐승'을 길들이고, '가축들'을 고분고분하게 만들며, '뱀들'의 독을 제거하십시오.[10] 왜냐하면, 이것들은 알레고리를 사용해서 영혼의 운동들을 표현한 것이기 때문입니다. 즉, 자기 자신을 높이는 오만방자한 '교만'과 '정욕'을 즐기는 것과 '호기심'이라는 독은 죽은 영혼의 운동들입니다. 이렇게 죽은 영혼이 운동을 한다고 말할 수 있는 것은, 영혼이 죽었다는 것은 모든 운동이 정지되었음을 의미하는 것이 아니고, 생명의 원천을 떠나서 이 덧없이 지나가는 세상에 사로잡혀서 세상을 본받아 살아가는 것을 의미하기 때문입니다."

31. 하나님이여, 주님의 말씀은 영생의 원천이어서 결코 지나가서 없어지는 법이 없습니다. 그래서 주님의 말씀은 우리의 영혼이 멸망하지 않도록 하기 위하여, "이 세상을 본받지 말라"고 충고하고, 땅으로 하여금 생명의 원천 안에서 "산 자들," 즉 주님의 복음 전도자들을 통해서 주님의 말씀으로 훈련을 받아 세상을 멀리하고 그리스도를 본받게 된 자들을 낳게 하십니다. 이것이 "그 종류대로"(창 1:24-25)라는 어구의 의미입니다. 왜냐하면, 사람은 친구를 본받기 때문입니다. 그래서 사도는 "내가 너희와 같이 되었은즉 너희도 나와 같이 되기를 구하노라"(갈 4:12)고 말했습니다.

이렇게 해서, 주님이 "너희가 온유함 가운데서 행하면 모든 사람으로부터 사랑을 받게 되리라"(집회서 3:17)고 말씀하시며, 온유하게 행하라고 명하셨기 때문에,

---

10) 사람과 동일한 날에 창조된 세 종류의 동물들은 삼위일체의 패러디인 요한복음 2:16의 세 가지 유혹을 나타내는 것으로 해석된다.

"산 자들"의 심령 속에 있는 "짐승들"은 선하게 되어서 온순하게 행하게 될 것이고, "가축들"도 많이 먹어도 탈이 나지 않고 먹지 않아도 주리지 않을 것이기 때문에 선해질 것이며, "뱀들"도 선해져서, 남들을 해칠 위험은 없어지고, 조심하여 행하는 데 자신의 영리함을 사용할 뿐만 아니라, 시간에 속한 것들을 탐구하여도, 주님에 의해 지음 받은 것들을 사용해서 영원한 것들을 드러나게 하기 위한 목적으로만 탐구하게 될 것입니다(롬 1:20). 이렇게 이러한 생물들은 이성에 순종해서, 죽음으로 나아가는 것을 피하여, 선하게 살아가게 될 것입니다.

제22장

창세기 1:26의 "우리의 형상을 따라 우리의 모양대로 우리가 사람을 만들고"

32. 우리의 창조주이신 주 우리 하나님이여, 세상에서 악하게 살아서 죽어 있던 우리가 세상을 사랑하는 것으로부터 떠나서 선하게 살아감으로써 "산 자들"이 되어서, 주님이 사도를 통해서 우리에게 "이 세상을 본받지 말라"고 말씀하신 것이 우리 안에서 이루어졌을 때, 주님은 곧이어서 "오직 마음을 새롭게 함으로 변화를 받으라"는 말씀을 덧붙이셨는데(롬 12:2), 이것은 "그 종류대로," 즉 우리가 우리보다 앞서 간 이웃을 따라야 한다거나, 우리보다 더 훌륭한 사람의 본을 따라 살아가야 한다고 말씀하신 것이 아닙니다. 왜냐하면, 주님은 "그 종류대로 사람을 만들자"라고 말씀하신 것이 아니라, "우리의 형상을 따라 우리의 모양대로 우리가 사람을 만들자"(창 1:26)고 말씀하심으로써, 우리로 하여금 주님의 뜻이 무엇인지를 알 수 있게 하셨기 때문입니다. 복음을 통해서 주님의 자녀들을 낳은 주님의 종이었던 사도가 그들을 언제까지나 어린 아기들로 두고서 젖이나 먹이려고 하지 않고, "오직 마음을 새롭게 함으로 변화를 받아 하나님의 선하시고 기뻐하시고 온전하신 뜻이 무엇인지 분별하도록 하라"(롬 12:2)고 말한 이유도 거기에 있었습니다. 그래서 주님은 "사람이 만들어져라"고 하지 않으시고 "우리가 사람을 만들자"고 하셨고, "그 종류대로" 만들자고 하지 않으시고 "우리의 형상을 따라 우리

의 모양대로" 만들자고 하셨습니다. 사람은 그 마음이 새롭게 되어서 주님의 진리를 보고 깨닫게 되면, 자신과 똑같은 "종류"의 사람을 자기에게 진리를 보여 줄 인도자로 세워서 본받을 필요가 없게 되고, 오직 주님이 보여 주시고 인도해 주심에 따라 주님의 "선하시고 기뻐하시고 온전하신 뜻이 무엇인지"를 분별할 수 있게 됩니다.

그런 사람들은 이제 진리를 깨달을 수 있는 자들이 되었기 때문에, 주님은 그런 사람들에게 일체이신 삼위와 삼위이신 일체를 이해하도록 가르치시기 위하여, "우리가 사람을 만들자"(창 1:26)라는 복수형의 말씀과 "하나님이 사람을 창조하셨다"(창 1:27)는 단수형의 말씀을 병치시켜 놓으셨고, "우리의 형상을 따라"(창 1:26)라는 복수형의 말씀과 "하나님의 형상대로"(창 1:27)라는 단수형의 말씀을 병치시켜 놓으셨습니다.

이렇게 사람은 자신을 창조하신 하나님을 아는 지식 속에서 하나님의 형상으로 변화되어 "신령한 자"가 되어서, 주님이 허락하신 범위 내에서 "모든 것을 판단하나 자기는 아무에게도 판단을 받지 아니하는" 자가 됩니다(고전 2:15).

제23장
창세기 1:28의 "바다의 물고기와 하늘의 새와 땅에 움직이는 모든 생물을 다스리라"

33. "모든 것을 판단한다"는 것은 "바다의 물고기와 하늘의 새"와 모든 "가축과" 짐승과 "온 땅과 땅에 기는 모든 것을 다스리는" 것을 의미합니다. 사람이 이 모든 것을 다스릴 수 있는 것은, "하나님의 성령의 일들"을 분별하는 지적 능력 때문입니다(고전 2:14). 그러한 지적 능력이 없다면, 사람은 "존귀하나 깨닫지 못해서," 이성 없는 "짐승" 같은 존재가 되어 버립니다(시 49:20).

우리 하나님이여, 우리는 주님에 의해서 "선한 일을 위하여 지으심을 받은 자"이고(엡 2:10), 이것은 영적인 권위를 지닌 사람들에게만이 아니라 영적으로 그들에게 순종하는 사람들에게도 해당되는 것이기 때문에, 주님은 우리에게 주신 은혜로 말미암아 주님의 교회 안에서 "남자와 여자를 창조하셨습니다"(창 1:27). 교회 속에서는 주님의 영적인 은혜 안에서 모든 사람이 동등한 까닭에, "거기에는 헬라인이나 유대인이나 종이나 자유인이 차별이 있을 수 없는" 것과 같이, 남자나 여자의 차별도 있을 수 없습니다(골 3:11).

그러므로 영적인 자들은 다스리는 자이든 순종하는 자이든 영적으로 판단하지만, 지극히 고귀한 권위를 판단하는 것은 합당하지 않기 때문에, 성경이라는 "궁창"에서 빛을 발하고 있는 영적인 것들을 판단해서는 안 되고, 거기에 희미하고 모호한 것이 있다고 할지라도, 성경 자체를 판단해서도 안 되며, 도리어 우리의 이성을 성경에 복종시켜서, 우리에게 닫혀 있는 것들일지라도 성경은 늘 올바르고 참되게 말씀하고 있다는 것을 확신하여야 합니다. 왜냐하면, 우리가 영적인 자들이 되어서, 우리를 "창조하신 이의 형상을 따라 지식에까지 새롭게 하심을 입은" 자들이라고 할지라도(골 3:10), 우리는 "율법을 판단하는" 자가 아니라 율법을 행하는 자가 되어야 하기 때문입니다(약 4:11).

또한, 어떤 사람들이 자신의 행위들을 통해서 그들 자신이 영적인 자인지 육신적인 자인지를 드러내고, 우리도 그들이 맺은 열매들을 통해서 그들이 둘 중의 어디에 속한 사람인지를 알 수 있게 될 때까지는, 우리가 아무리 영적인 자들이라고 하여도, 누가 영적인 자이고 누가 육신적인 자인지를 판단하고 구별해서는 안 됩니다. 그런 경우에는 오직 우리 하나님만이 그것을 아십니다. 주님은 궁창을 만드시기 전에 이미 누가 영적인 자이고 누가 육신적인 자인지를 아시고, 은밀한 중에 그들을 나누시고 부르셨습니다.

또한, 영적인 자들은 이 세상 속에서 엉망진창으로 살아가는 사람들에 대해서도 판단해서는 안 됩니다. 왜냐하면, 그런 사람들 중에서 누가 나중에 주님의 달콤한 은혜 속으로 들어가게 되고, 누가 쓰디쓴 불경건 속에 영원토록 머물러 있게 될 것인지는 아무도 모르기 때문입니다. 그러므로 "밖에 있는 사람들을 판단하는 것"은 영적인 자들이 상관해서는 안 되는 일입니다(고전 5:12).

34. 이렇게 주님이 자신의 형상을 따라 지으신 인간은 하늘의 "광명체들," 저 숨겨진 "하늘," 하늘을 만드시기 이전에 불러내신 "낮"과 "밤," 한데 모아 놓으신

"물들"인 바다를 다스릴 권세는 받지 않았지만, 바다의 "물고기들"과 하늘의 "새들"과 모든 "가축," 온 땅과 그 위를 기어다니는 모든 "생물들"을 다스릴 권세는 받았기 때문에, 그러한 권세를 따라 판단하여, 옳은 것은 옳다고 하고, 잘못된 것은 옳지 않다고 하는데, 그러한 판단은 주님이 그 자비하심으로 많은 물들에서 샅샅이 뒤져서 찾아내신 자들을 교회로 받아들이는 성례전인 세례에서도 행해지고, 깊은 물에서 건져 올려져서 경건한 "땅"의 양식으로 사용되는 "물고기"로 상징되는 성찬식을 거행할 때에도 행해지며, 성경의 권위 아래에서 언어라는 기호와 소리를 통해서 입으로 성경을 해석하고 설명하며 변론하거나, 주님을 찬송하고 그 이름을 부르며 기도하는 말들이, 궁창 아래에서 날아다니는 새들처럼, 공중에 울려 퍼지게 해서 사람들로 하여금 "아멘"으로 화답하게 할 때에도 행해집니다. 이러한 경우들에서 우리가 우리의 모든 판단들을 말과 음성 등을 통해서 유형적으로 표현하여야 하는 이유는, 이 세상은 흑암에 뒤덮인 "깊음"과 같고, 사람들은 육신적이 되어서 그 눈이 어두워져 있어서 우리 속에 있는 생각들을 볼 수 없기 때문입니다. 그래서 우리는 그들의 귀에 대고 큰 소리로 외쳐야 합니다. 왜냐하면, 공중에 날아다니는 새들은 땅 위에서 번성하기는 하지만, 그것들은 "물들"로부터 생겨났기 때문입니다.

또한, 영적인 자들은 믿는 자들의 행실과 성품에 대해서도 옳은 것은 옳다고 하고 잘못된 것은 옳지 않다고 판단합니다. 즉, 그들은 "산 자들"이 땅이 열매를 내는 것과 같은 일인 "구제"를 행하거나, 자신의 마음을 잘 다스려서 순결을 지키고 금식하며 거룩한 묵상을 하며 살아가는 것을 볼 때에는 옳다고 하는 등, 육신적인 감각들을 통해서 인식할 수 있는 모든 것들에 대해서 판단합니다. 그들에게는 모든 것들을 바로잡을 수 있는 권세도 주어져 있기 때문에, 우리는 그들이 판단하는 권세를 가지고 있다고 말합니다.

제24장

창세기 1:28의 "생육하고 번성하여 땅에 충만하라"

35. 그런데 이것은 무엇이고 어떤 신비입니까? 오, 주님, 보십시오. 주님은 인간에게 "생육하고 번성하여 땅에 충만하라"(창 1:28)고 복 주셨습니다. 주님은 우리에게 어떤 다른 의미를 깨우쳐 주시기 위하여 이 말씀을 하신 것이 아닙니까? 주님이 "낮"이라고 부르신 "빛"이나 하늘의 "궁창"이나 "광명체들"이나 "별들"이나 "땅"이나 "바다"에 대해서는 그런 복을 주시지 않은 이유가 무엇입니까? 우리의 하나님이여, 만일 주님이 "물고기들"과 "큰 바다 짐승들"에게도 마찬가지로 복을 주셔서 "생육하고 번성하여 여러 바닷물에 충만하라"고 하시고 "새들도 땅에 번성하라"고 하시지 않으셨다면, 나는 주님이 자신의 형상대로 우리를 지으셨기 때문에, 우리 인간에게만 특별한 복을 주고 싶으셨던 것이라고 말하였을 것입니다. 마찬가지로, 내가 만일 주님이 땅의 "나무들"과 식물들과 "가축들"에게도 동일한 복을 주셨다는 것을 발견하였다면, 나는 "그 종류대로" 번식하는 그런 피조물들에게만 특별히 그런 복을 주신 것이라고 말하였을 것입니다. 하지만 주님은 "채소들"이나 "나무들"이나 "짐승들"이나 "뱀들"에게는, 물고기들이나 새들이나 사람들의 경우와 마찬가지로 "그 종류대로" 번식하여 각자의 종을 유지해 나갈 수 있게는 하셨지만, "생육하고 번성하라"고 복 주시는 말씀을 해 주지는 않으셨습니다.

36. 나의 빛이 되시고 진리가 되시는 주님이여, 그렇다면 나는 이 말씀에 대하여 무엇이라고 말해야 하는 것입니까? 이 말씀은 주님이 별 뜻 없이 하신 말씀이기 때문에, 아무런 의미도 없다고 말해야 합니까? 신실하신 하나님 아버지께서 그렇게 하셨을 리가 만무하고, 하나님의 말씀의 종이 그런 말을 했을 리도 만무합니다. 이 말씀이 무엇을 의미하는지를 내가 깨닫지 못한다면, 나보다 더 나은 자들, 즉 나보다 더 명철한 자들로 하여금, 주님이 각 사람에게 주신 명철의 정도를 따라서 그것을 깨닫게 해 주십시오.

하지만 주님이여, 나는 주님이 별 뜻 없이 그렇게 말씀하셨을 것이라고는 믿지 않기 때문에, 이 말씀을 읽고 내게 떠오르는 것을 주님의 목전에 고백하고자 하오니, 내가 이 말씀과 관련해서 주께 드리는 고백이 주님께 열납되게 해 주십시오. 왜냐하면, 나의 고백은 진실이고, 나는 성경에 나오는 은유적인 말씀들을 지금부터 내가 말하고자 하는 의미로 이해할 수 있다고 말하는 데 아무런 거리낌도 없기 때문입니다.

내가 아는 것은 정신적으로는 한 가지로 이해될 수 있는 것이 유형적으로는 여러 가지로 표현되고, 유형적으로는 한 가지로 표현되는 것이 정신적으로는 여러 가지로 이해될 수 있다는 것입니다. 예컨대, 하나님 사랑과 이웃 사랑은 정신적으로는 한 가지이지만, 유형적으로는 수많은 예식들과 무수한 언어들로 표현되고, 하나의 언어 속에서도 무수한 방법으로 표현됩니다! 마찬가지로, "물들"에서 생겨난 것들도 그런 식으로 "생육하고 번성해" 나갑니다. 이 글을 읽고 있는 분들이 다시 한 번 주목해야 할 것은, 성경은 "태초에 하나님이 천지를 창조하셨다"고 한 가지로 외치고 있지만,[11] 우리는 그것을 여러 가지로 이해해서, 오류나 거짓을 포함하고 있지 않은 여러 가지 참된 해석들로 제시할 수 있다는 것입니다. 인간의 자손들도 그런 식으로 생육하고 번성해 나갑니다.

37. 어떤 것들의 본성을 알레고리적으로 이해하지 않고 그 자체로 문자적으로 이해한다면, "생육하고 번성하라"는 말씀은 "씨"를 통해서 번식하는 모든 것들에 적용되는데도, 나는 성경이 오직 물들에서 생겨난 생물들과 사람에게만 그러한 복을 주신 것에는 분명히 어떤 의미가 있다고 보기 때문에, 성경을 알레고리적으로 이해하는 것이 성경의 의도에 더 부합한다고 생각합니다.

그래서 이 말씀을 은유적으로 이해한다면, 우리는 "번성하다"는 말을 모든 피조물들에 적용할 수 있게 됩니다. 즉, "번성하다"라는 말은 "하늘과 땅"으로 표현된 영적인 피조물들과 물질적인 피조물들에도 적용되고, "빛과 어둠"으로 표현된

---

11) 아우구스티누스는 『고백록』을 마무리하는 여기에서 이 책 전체에서 중심적인 주제와 모티프였던 것, 즉 하나님의 우선성과 끊임없는 창조, 하나님의 신비롭고 지침 없는 구속의 사랑을 다시 얘기한다. 그 모든 것들은 이 창조의 신비에 집약되어 있다. 왜냐하면, 하나님은 이 창조 기사에서 자신의 목적과 뜻을 밝히고 계시고, 이 창조는 그리스도인들의 모든 소망의 전제가 되기 때문이다.

의로운 영혼들과 불의한 영혼들에도 적용되며, "물과 물 가운데에" 견고하게 만들어진 "궁창"으로 표현된 성경 기자들, 즉 하나님의 율법을 기록해서 우리에게 전해 준 성경 기자들에도 적용되고, "바다"로 표현된 것, 즉 타락하여 사악해진 사람들의 사회에도 적용되며, "뭍"(마른 땅)으로 표현된 경건한 영혼들의 열심에도 적용되고, "씨 맺는 채소와 열매 맺는 나무"로 표현된 것, 즉 현세에서 행해지는 구제의 일들에도 적용되며, "하늘의 궁창에" 있는 "광명체들"로 표현된 것, 즉 각 사람의 유익을 위하여 주어지는 영적인 은사들에도 적용되고, "생물"로 표현된 것, 즉 육정들이 절제된 산 자들에도 적용됩니다.

이 모든 것들은 "생육하고 번성합니다." 하지만 하나의 것이 여러 가지로 표현되고, 하나의 표현이 여러 가지로 이해될 수 있는 방식으로 "번성하는" 것은 이 모든 것들 가운데서는 단 하나도 발견되지 않고, 오직 우리의 마음이 인식해서 유형적인 기호들로 표현하는 것들 속에서만 발견됩니다. 따라서 성경은 사람들이 지독하게 육신적이어서 흑암에 뒤덮인 "깊음"과 같기 때문에 필요하게 된 유형적인 기호들의 발달을 "물들에서 생겨난 생물들"이 생육하고 번성하는 것으로 표현하고, 인간이 이성으로 인해서 마음으로 인식하는 것들이 증가하는 것은 사람들이 생육하고 번성하는 것으로 표현하고 있는 것입니다.

따라서 주님이여, 우리는 주님이 그런 이유로 오직 물들에서 생겨난 생물들과 사람에게만 "생육하고 번성하라"고 복을 주신 것이라고 믿습니다. 나는 주님이 이렇게 복을 선언하신 말씀 속에서, 우리가 이해한 하나의 의미를 여러 가지 다른 방식으로 표현할 뿐만 아니라, 한 가지로 모호하게 표현된 것을 여러 가지로 이해하는 자질과 능력이 주님에 의해서 우리에게 주어졌다는 것을 알게 됩니다. 그러므로 "바다"에 물들이 충만하다는 것은 여러 가지 유형적인 기호들이 차고 넘치는 것을 상징하고, "땅"에 인간의 자손들이 충만하다는 것은 사람들의 이성의 활발한 활동으로 인해서 진리가 "뭍"처럼 드러나게 되는 것을 상징합니다.

제25장

창세기 1:30의 "땅의 모든 짐승과 하늘의 모든 새와 생명이 있어 땅에 기는 모든 것에게는 내가 모든 푸른 풀을 먹을 거리로 주노라"(1)

38. 주 나의 하나님이여, 나는 성경에서 그 다음에 나오는 말씀이 내게 무엇을 일깨워 주는지를 계속해서 말하고자 하고, 정말 두려움 없이 말하고자 합니다. 왜냐하면, 나는 주님이 나를 감동시키셔서 이 말씀에 대하여 말하게 하시는 것을 따라 진리를 말하고자 하기 때문입니다. 주님은 진리이신 반면에, 사람은 다 "거짓말쟁이"이기 때문에, 주님이 나를 감동시키지 않으시면, 나는 진리를 말할 수 없다는 것을 믿습니다. "거짓을 말하는" 자는 "제 것으로," 즉 자기 생각을 말하는 자입니다(요 8:44). 그러므로 주님이 내게 말씀해 주셔야만, 나는 진리를 말할 수 있습니다.

보십시오. 주님은 "온 지면의 씨 맺는 모든 채소와 씨 가진 열매 맺는 모든 나무"를 우리에게 "먹을 거리"로 주셨고(창 1:29), 단지 우리에게만이 아니라, "땅의 모든 짐승과 하늘의 모든 새와 생명이 있어 땅에 기는 모든 것"에게도 주셨지만, 물고기들과 "큰 바다 짐승들"에게는 주지 않으셨습니다.

우리는 앞에서 이러한 "땅의 열매들"은 자비와 긍휼을 베푸는 일들을 알레고리적으로 표현한 것이라고 말한 바 있습니다. 왜냐하면, 땅의 열매들이 우리에게 양식을 공급해 주는 것처럼, 자비와 긍휼을 베푸는 일들은 사람들이 살아가는 데 꼭 필요한 것들을 공급해 주기 때문입니다. 경건한 오네시보로가 바로 그러한 "땅"이었습니다. 그는 바울을 "자주 격려해 주고" 바울이 "사슬에 매인 것을 부끄러워하지 아니하였기" 때문에, 주님은 "오네시보로의 집에 긍휼을 베푸셨습니다"(딤후 1:16). "마게도냐에서 온 형제들"도 바울에게 "부족한 것을 보충해" 줌으로써 그러한 열매를 맺었습니다(고후 11:9).

반면에, 바울은 어떤 나무들이 자기에게 내어 주어야 할 합당한 열매를 내어 주지 않을 때에는 몹시 슬퍼하여, "내가 처음 변명할 때에 나와 함께 한 자가 하나도 없고 다 나를 버렸으나 그들에게 허물을 돌리지 않기를 원하노라"(딤후 4:16)고 말하였습니다. 왜냐하면, 우리는 하나님의 신비들을 깨달아서 우리에게 영적인 가르침을 베푸는 사역자에게 그러한 열매를 드리는 것이 마땅하기 때문입니다. 우리가 그들에게 열매를 드려야 하는 이유는, 첫째로는 그들이 인간이기 때문이고, 둘째로는 그들이 절제의 삶을 통해서 우리에게 본을 끼치고 있는 "산 자들"이기 때문이며, 셋째로는 그들은 자신들이 전하는 "소리가 온 땅에 통하고 세상 끝까지 이르러서"(시 19:4), 하나님이 주시는 복들이 이 땅에서 점점 더 번성하게 만드는 "날짐승들"이기 때문입니다(새처럼 사방으로 다니며 복음을 전함).

제26장
창세기 1:30의 "땅의 모든 짐승과 하늘의 모든 새와 생명이 있어 땅에 기는 모든 것에게는 내가 모든 푸른 풀을 먹을 거리로 주노라"(2)

39. 그러한 열매들을 기뻐하는 자들은 그 열매들을 자신의 양식으로 삼지만, 자신들의 "배"를 하나님으로 섬기는 자들은 그러한 열매들을 달가워하지 않습니다(빌 3:19). 왜냐하면, 그 열매들을 드리는 자들은 열매들을 드리는 것이 아니라 자신들의 마음을 드리는 것이기 때문입니다. 자신의 배를 섬기지 않고 하나님을 섬기는 자였던 바울이 그 열매들을 기뻐한 이유를 나는 분명히 압니다. 나는 그 이유를 분명히 알기 때문에, 바울과 함께 크게 기뻐합니다. 바울은 빌립보 교인들이 에바브로디도 편으로 보낸 것들을 받고서 기뻐하였는데, 나는 그가 그렇게 기뻐한 이유를 압니다.

바울은 빌립보 교인들이 자기에게 보낸 것이 그들이 제대로 잘 자라서 맺게 된 열매라는 것을 알고서 기뻐하며, 자신의 진심을 담아서 이렇게 말합니다: "내가 주 안에서 크게 기뻐함은 너희가 나를 생각하던 것이 이제 다시 싹이 남이니 너희가 또한 이를 위하여 생각은 하였으나 기회가 없었느니라"(빌 4:10). 빌립보 교인들은 오랫동안 지치고 피곤하고 메말라서, 열매를 맺지 못하는 마른 나무와 같이, 선한 열매를 맺지 못하고 있었는데, 바울은 이번에 그들이 자신의 궁핍함을 도움으로써, 그들이 다시 싹이 나서 번성하게 된 것을 기뻐한 것이었고, 자기가 그들로부터 도움을 받아 궁핍함에서 벗어나게 된 것을 기뻐한 것이 아니었습니다. 그래서 그는 곧바로 이어서, "내가 궁핍하므로 말하는 것이 아니라 어떠한 형편에 든지 나는 자족하기를 배웠노니 나는 비천에 처할 줄도 알고 풍부에 처할 줄도 알아 모든 일 곧 배부름과 배고픔과 풍부와 궁핍에도 처할 줄 아는 일체의 비결을 배웠노라 내게 능력 주시는 자 안에서 내가 모든 것을 할 수 있느니라"(빌 4:11-13)는 말을 덧붙입니다.

40. 그러면, 오, 위대한 바울이여, 당신은 무엇을 기뻐하였습니까? "자기를 창조하신 이의 형상을 따라 지식에까지 새롭게 하심을 입은 자"(골 3:10)였던 당신, 육신의 정욕을 절제하고 잘 다스렸던 "산 자"였던 당신, 날아다니는 "새"처럼 온 땅을 두루 다니며 그 혀로 하나님의 신비를 전하였던 당신이 기뻐하였던 것은 무엇이었고, 자신의 양식으로 삼았던 것은 무엇이었습니까? 그러한 영혼에게는 어떤 양식이 합당한 것입니까? 당신이 양식으로 삼아 먹었던 것은 무엇이었습니까?

그것은 "기쁨"이었습니다. 바울이 계속해서 들려주는 말을 들어 보십시오: "그러나 너희가 내 괴로움에 함께 참여하였으니 잘하였도다"(빌 4:14). 그가 기뻐한 것은 그들이 자신의 "괴로움에 함께 참여해서" 자신의 괴로움을 덜어 주었기 때문이 아니라, 그들이 그렇게 한 것이 "잘한" 일이었기 때문에, 그는 바로 그들이 그렇게 선한 일을 할 수 있게 된 것을 기뻐한 것이었고, 그러한 기쁨을 자신의 양식으로 삼았던 것입니다. 왜냐하면, 그는 앞에서 말하였던 것처럼 자기에게 능력을 주시는 자 안에서 모든 것을 할 수 있어서, 궁핍함에도 대처할 줄 알고 풍부함에도 대처할 줄 알았던 까닭에, 그의 궁핍함은 문제가 되지 않았기 때문입니다. 그래서 그는 이어서 이렇게 말합니다: "빌립보 사람들아 너희도 알거니와 복음의 시초에 내가 마게도냐를 떠날 때에 주고 받는 내 일에 참여한 교회가 너희 외에 아무도 없었느니라 데살로니가에 있을 때에도 너희가 한 번뿐 아니라 두 번이나 나의 쓸 것을 보내었도다"(빌 4:15-16). 이것은 마치 메마른 땅이 비옥하게 되어서 다시 많은 열매를 맺게 된 것처럼, 빌립보 교인들에게서 다시 싹이 나서, 그들이 이렇게 선한 일을 할 수 있게 된 것이, 그가 기뻐하였던 이유였다는 것을 분명하게 보여 줍니다.

41. 바울은 "너희가 나의 쓸 것을 보내었도다"라고 말한 것으로 보아서, 그들이 자기의 쓸 것을 보내 주었기 때문에 기뻐한 것입니까? 그렇지 않습니다. 그렇다면, 우리는 그것을 어떻게 알 수 있습니까? 우리는 그가 곧이어서 "내가 선물을 구함이 아니요 오직 너희에게 열매를 구함이라"(빌 4:17)고 말한 것에서 그것을 알 수 있습니다.

나의 하나님이여, 나는 주님으로부터 "선물"과 "열매"가 어떻게 다른 것인지를 배웠습니다. "선물"은 누가 돈이나 음식, 마실 것이나 옷, 집이나 도움 같이 삶에 필요한 것들을 다른 사람에게 줄 때에 그가 주는 물건들을 가리키는 반면에, "열매"는 주는 자의 선하고 바른 뜻을 가리킵니다.

그래서 선한 선생이신 그리스도께서는 단지 "선지자를 영접하는 자는 선지자의 상을 받을 것이요"라고 말씀하지 않으시고, 거기에 "선지자의 이름으로"를 덧붙이셨고, 단지 "의인을 영접하는 자는 의인의 상을 받을 것이요"라고 말씀하지 않으시고, 거기에 "의인의 이름으로"를 덧붙이셨습니다. 또한, "이 작은 자 중 하나에게 냉수 한 그릇이라도 주는 자는 내가 진실로 너희에게 이르노니 그 사람이 결단코 상을 잃지 아니하리라"고 말씀하실 때에도, 거기에 "누구든지 제자의 이름으로"를 덧붙이셨습니다(마 10:41-42). 여기에서 선지자와 의인을 영접하는 것과 냉수 한 그릇을 그리스도의 제자에게 주는 것은 "선물"이고, "선지자의 이름으로"와 "의인의 이름으로"와 "제자의 이름으로" 이런 일들을 하는 것은 "열매"입니다.

마찬가지로, 엘리야는 과부가 가져다준 "열매"를 먹고 살았습니다. 왜냐하면, 그 과부는 엘리야가 하나님의 사람이라는 것을 알고서, 그에게 먹을 것을 가져다준 것이었기 때문입니다. 반면에, 까마귀가 엘리야에게 가져다주어서 먹게 한 것은 "선물"이었습니다. 엘리야는 이 "선물"을 자신의 겉사람이 필요로 하는 양식으로 삼아서 목숨을 부지할 수 있기는 하였지만, 그 선물은 그의 속사람을 먹이지는 못하였습니다.

제27장

"물고기들과 큰 바다 짐승들"이 의미하는 것

42. 그러므로 주님, 나는 주님 앞에서 참된 것을 말하고자 합니다. 우리는 성경에 나오는 "물고기들"과 "큰 바다 짐승들"은, 신앙 속으로 들어오게 하기 위해서는 눈에 보이는 상징들과 큰 이적들을 필요로 하는 무지한 자들이나 믿지 않는 자들을 가리키는 것이라고 믿습니다. 그들은 주님의 종들을 돕고자 할 때, 육신적으로 필요한 것들이나 현세의 삶을 살아가는 데 필요한 것들로 돕는데, 이것은 그들이 자신들이 왜 그렇게 해야 하고, 무슨 목적으로 그렇게 하는 것인지를 제대로 알지 못하기 때문에 그렇게 하는 것입니다. 따라서 실제로 그들은 주님의 종들을 먹여 살리는 것도 아니고, 주님의 종들도 그들이 주는 것으로 먹고 사는 것도 아니게 됩니다. 왜냐하면, 그들은 거룩하고 바른 뜻으로 주는 것이 아니어서, 그들이 주는 것들은 "열매"가 아니라 단지 "선물"일 뿐인 까닭에, 주님의 종들은 그러한 선물을 받고 결코 기뻐할 수도 없고 자신의 양식으로 삼을 수도 없기 때문입니다. "산 자들"의 영혼은 오직 "열매"를 기뻐하고, 그 기쁨을 먹고 살아가는 반면에, "물고기들"과 "큰 바다 짐승들"은 바다의 쓴 "물들"로부터 분리되어 나온 후에도 땅이 내어 놓는 양식만을 먹고 살아가지 못합니다.

제28장

창세기 1:31의 "하나님이 지으신 그 모든 것을 보시니 보시기에 심히 좋았더라"(1)

43. 하나님이여, 주님이 자기가 만드신 모든 것을 보셨을 때, 그것은 "심히 좋았는데"(창 1:31), 우리가 보기에도 주님이 창조하신 세계는 너무나 좋습니다. 주님은 만물을 종류에 따라 "있으라"고 말씀하셨을 때에 그것들은 지은 바 되었고, 그렇게 창조된 것들은 주님이 보시기에 "좋았습니다." 주님이 만드신 것들이 주님이 보시기에 "좋다"고 하는 말씀은 일곱 번 나오고, 마지막으로 여덟 번째에는

모든 것을 다 창조하신 후에, 자신이 "지으신 그 모든 것"을 전체로 보셨을 때에는 그냥 "좋았다"가 아니라 "심히 좋았다"는 말씀이 나옵니다. 왜냐하면, 주님이 지으신 각각의 것들도 보시기에 "좋았지만," 모든 것을 전체로 볼 때에는 단지 "좋았을" 뿐만 아니라 "심히 좋았기" 때문입니다.

이것은 모든 아름다운 것들에도 그대로 적용됩니다. 즉, 어떤 아름다운 것이 있을 때, 그것을 구성하고 있는 각각의 부분들도 다 아름답지만, 모든 부분들이 다 합쳐져서 이루어진 그것은 훨씬 더 아름답습니다. 왜냐하면, 각각의 부분들도 아름답기는 하지만, 그 모든 것들이 서로 아주 조화롭게 결합되어서 완벽한 전체를 만들어 낸 것이 더욱 아름답기 때문입니다.

제29장
창세기 1:31의 "하나님이 지으신 그 모든 것을 보시니 보시기에 심히 좋았더라"(2)

44. 나는 주님이 어떤 것들을 만드신 후에, 자신이 만드신 것이 주님의 마음에 드셔서, 보시기에 좋았다고 하신 말씀이 일곱 번 나오는지 아니면 여덟 번 나오는지를 확인하기 위해서 성경을 주의 깊게 살펴보면서, 문득 주님은 시간 속에서 보시는 것이 아닌데, 내가 시간 속에서 주님이 자신이 만드신 것들을 보시고 몇 번이나 좋다고 하셨는지를 따지는 것이 무의미하다는 생각이 들어서, 속으로 이렇게 말했습니다: "오, 주님, 주님은 참되시고, 진리 자체이신 주님이 성경을 기록하신 것이기 때문에, 이 성경은 참된 것이 아니겠습니까? 그런데 왜 주님은 내게 주님 자신은 시간 속에서 보시는 것이 아니라고 말씀하시고, 이 성경은 주님이 매일매일 자신이 만드신 것을 보시니 보시기에 좋았다고 내게 말해 주어서, 나로 하여금 주님이 좋았다고 하신 것이 몇 번인지를 세어 보게 만드시는 이유가 무엇입니까?"

주님은 나의 하나님이시기 때문에, 이것에 대하여 내게 대답해 주셨는데, 귀 먹은 이 종이 잘 알아들을 수 있도록 나의 내면의 귀에 대시고 큰 소리로 이렇게 외쳐 말씀해 주셨습니다: "오, 인간이여, 나의 성경이 말하는 것은 곧 내가 말하는 것이다. 하지만 성경은 시간 속에서 말하는 반면에, 나의 말은 내 자신과 동일하게 영원한 까닭에 시간과는 아무 상관이 없다는 것이 다를 뿐이다. 마찬가지로, 네가 나의 영을 통해서 말하는 것은 내가 말하는 것이듯이, 네가 나의 영을 통해서 보는 것은 내가 보는 것이다. 하지만 너는 시간 속에서 말하는 반면에, 나는 시간 속에서 말하지 않고, 너는 시간 속에서 보는 반면에, 나는 시간 속에서 보지 않는다는 것이 다를 뿐이다."

제30장
창세기 1:31의 "하나님이 지으신 그 모든 것을 보시니 보시기에 심히 좋았더라"(3)

45. 주 나의 하나님이여, 나는 주님의 대답을 듣고, 주님의 진리로부터 흘러나오는 달콤한 물 한 잔을 들이마신 것 같이 정신이 번쩍 들어서, 왜 어떤 사람들이 주님이 지으신 세계를 안 좋게 생각하는지 그 이유를 깨닫게 되었습니다.

그들은, 주님이 지으신 것들 중에서 많은 것들, 즉 하늘들의 구성이나 별들의 배치 같은 것들은 어쩔 수 없는 필연에 의해서 만들어진 것이며, 주님의 것인 어떤 재료로부터 그것들을 직접 만드신 것도 아니고, 누군가가 다른 곳에서 이미 만들어 놓은 것들을 가져와서 한데 모아 엮어 짜고 조립하여, 주님이 정복하신 원수들이 두 번 다시 주님을 대적하여 반기를 들 수 없도록 막기 위한 장벽으로 피조 세계를 세우신 것이라고 말합니다.

또한, 그들은, 육체를 지닌 동물들, 미생물들과, 땅에 뿌리를 내리고 살아가는 모든 것들은 주님이 만드시거나 배치하신 것이 아니고, 어떤 적대적인 영적인 존재, 즉 주님이 창조하지도 않았고, 주님과 전혀 다른 본성을 지니고 있어서 모든 면에서 주님을 대적하는 어떤 존재가 열등한 아랫세상에 그런 것들을 낳았거나 형성시켜 놓은 것이라고 말합니다.

그렇게 말하는 자들(플라톤, 마니교, 바빌론 창조 신화 등)은 정신 나간 자들입니다. 왜냐하면, 그들은 주님이 지으신 피조세계를 주님의 영을 통해서 보지도 않고, 그 피조세계 속에서 그 세계를 창조하신 주님을 알아보지도 못하기 때문입니다.

창세기 1:31의 "하나님이 지으신 그 모든 것을 보시니 보시기에 심히 좋았더라"(4)

46. 반면에, 사람들이 주님이 지으신 세계를 주님의 영을 통해서 볼 때, 그들 속에서 그 세계를 보시는 분은 바로 주님이십니다. 그러므로 주님이 지으신 세계가 그들이 보기에 좋다면, 그 세계는 주님이 보시기에 좋은 것이고, 주님으로 말미암아 그들이 어떤 것을 기뻐하면, 그들 속에서 기뻐하시는 분은 바로 주님이시며, 주님의 영으로 말미암아 어떤 것이 그들을 기쁘게 한다면, 그것들은 우리 안에 계시는 주님을 기쁘시게 하는 것입니다. 그래서 성경은 "사람의 일을 사람의 속에 있는 영 외에 누가 알리요 이와 같이 하나님의 일도 하나님의 영 외에는 아무도 알지 못하느니라 우리가 세상의 영을 받지 아니하고 오직 하나님으로부터 온 영을 받았으니 이는 우리로 하여금 하나님께서 우리에게 은혜로 주신 것들을 알게 하려 하심이라"(고전 2:11-12)고 말합니다.

나는 이 말씀과 관련해서 한 가지 의문이 생겨서 주님께 이렇게 물었습니다; "하나님의 영 외에는 아무도 하나님의 일을 알 수 없다는 것은 분명합니다. 그런데 어떻게 우리가 하나님이 우리에게 주신 것들을 알 수 있다는 말입니까?"

그러자 주님은 내게 이렇게 대답해 주셨습니다: "너희가 하나님의 영을 통해서 하나님의 일을 알았을 때에도, 그 일을 안 것은 너희 자신이 아니라 하나님의 영이다. 왜냐하면, 어떤 사람이 하나님의 영을 통해서 말한 경우에, 그 사람이 말한 것이 아니라 하나님의 영이 말한 것이라고 하는 것이 옳은 것과 마찬가지로, 너희가 하나님의 영을 통해서 알았을 경우에도, 너희가 안 것이 아니라 하나님의 영이 안 것이라고 하는 것이 옳기 때문이다. 마찬가지로, 어떤 사람이 하나님의 영을 통해서 무엇을 보았다면, 그 사람이 아니라 하나님의 영이 그것을 본 것이라고 말하는 것이 옳다. 따라서 하나님이 지으신 어떤 것이 하나님의 영으로 말미암아 너희가 보기에 좋았다면, 사실 그것은 너희 자신이 보기에 좋았던 것이 아니라, 하나님이 보시기에 좋았던 것이다."

위에서 이미 언급한 자들 같이, 좋은 것을 나쁘다고 생각하는 사람들이 있는가 하면, 주님이 만드신 피조물들은 좋은 것이어서 많은 사람들에게 기쁨을 주기 때문에, 좋은 것을 좋다고 보기는 하지만, 창조주보다 피조물들을 더 기뻐해서 주님이 기뻐하지 않으시는 사람들도 있습니다. 하지만 어떤 사람들이 어떤 것을 보았을 때, 그들이 보기에 그것이 좋을 때, 사실은 그들 안에 계시는 하나님이 보시기에 그것이 좋은 것인 그런 사람들도 있습니다. 그런 경우에는 하나님은 자신이 만드신 것을 통해서 사랑을 받으시는 것이 되는데, 그들이 그런 식으로 하나님을 사랑할 수 있게 된 것은 그들에게 주어진 성령으로 인한 것입니다. 성령으로 말미암지 않고는 하나님을 사랑하는 것은 불가능하기 때문입니다. 그래서 성경은 "우리에게 주신 성령으로 말미암아 하나님의 사랑이 우리 마음에 부은 바" 되었다고 말합니다(롬 5:5). 성령은 주님이 지으신 모든 계층의 피조물들이 우리에게 좋게 보이게 만드는데, 모든 피조물들이 어느 계층에 속하였는지를 불문하고 다 보기에 좋은 이유는, 그것들이 모두 어느 계층에 속해 계시지도 않으시고 오직 홀로 스스로 존재하시는 분이신 하나님으로부터 왔기 때문입니다.

제32장
창세기 1:31의 "하나님이 지으신 그 모든 것을 보시니 보시기에 심히 좋았더라"(5)

47. 주님이여, 감사합니다! 우리는 "하늘과 땅"을 봅니다. 이 둘은 물질적인 세계의 윗부분과 아랫부분을 가리키는 것일 수도 있고, 영적인 피조세계와 물질적인 피조세계를 가리키는 것일 수도 있습니다. "하늘과 땅"으로부터 물질세계라는 덩어리 전체 또는 모든 피조물 전체가 만들어졌는데, 우리는 이 두 부분, 즉 "하늘과 땅"을 장식하기 위해서 주님이 만드셔서 어둠으로부터 분리하신 "빛"을 봅니다.

우리는 "하늘의 궁창"을 봅니다. "궁창"은 위에 있는 영적인 물과 아래에 있는 물질적인 물 사이에 두어진 세계의 시초의 형체이거나 공기가 있는 공간이고, "하늘"이라고도 불립니다. 수증기의 형태로 위에 있다가 맑은 밤에는 다시 땅 위에 이슬로 내리는 물과, 무게가 무거워서 위로 올라가지 못하고 땅에서 흐르는 물 사이에 있는 이 공간에는 하늘의 "새들"이 날아다닙니다.

우리는 바다라는 광활한 공간에 한데 모아져 있는 "물들"을 보고, 처음에는 공허하였다가 나중에는 눈에 보이는 형체를 갖추고 정리가 되어서 풀과 나무가 자랄 수 있는 토양이 된 "뭍"(마른 땅)을 봅니다.

우리는 위에서 빛나는 "광명체들"을 봅니다. "해"는 낮에 빛을 공급하고, "달"과 "별들"은 밤을 위로해 주는데, 이것들은 "계절과 날과 해"를 표시해 줍니다. 우리는 도처에 물의 성분이 있어서 물고기들과 짐승들과 새들이 번성하는 것을 보고, 물이 증발해서 공기의 밀도를 증가시켜서 새들의 비행에 도움을 주는 것을 봅니다.

우리는 땅의 생물들이 지표면을 장식하고 있는 것을 보고, "주님의 형상을 따라 주님의 모양대로" 지음을 받은 인간이 "주님의 형상과 모양"을 따라, 즉 이성과 지성의 능력을 따라 이성을 지니지 않은 모든 생물들을 다스리고 있는 것을 봅니다. 인간의 심령에는 숙고해서 결정하고 명령을 내리는 부분이 있고, 그 명령에 순종하는 부분이 있어서, 행동하고자 하는 의지는 어떻게 행동해야 옳은 것인지에 대해서 이성의 결정과 명령을 받아들여야 하는 것과 마찬가지로, 남자와 여자는 이성과 지성이라는 정신적인 면에 있어서는 동등하지만, 육체적인 성(性)과 관련해서는 여자는 남자에게 종속되어 있기 때문에, 육신적으로는 여자가 남자를 위해 지음 받은 것입니다.

우리가 이것들을 개별적으로 볼 때에도 그 하나하나가 다 "좋지만," 그 모든 것을 전체로 볼 때에는 "심히 좋습니다."

제33장

창조의 문자적인 의미

48. 주님이 지으신 피조물들이 주님을 찬송하는 것은 우리로 하여금 주님을 사랑하게 하기 위한 것이고, 우리가 주님을 사랑하는 것은 주님이 지으신 피조물들로 하여금 주님을 찬송하게 하기 위한 것입니다. 주님의 피조물들에는 시간 안에서 시작과 끝이 있고, 흥망성쇠가 있으며, 그 아름다움은 있다가 사라집니다. 따라서 때에 따라서 분명하게 드러나기도 하고 잘 드러나지 않기도 하지만, 모든 피조물에는 낮과 밤의 교대가 있는데, 이것은 주님이 그것들을 무에서 창조하셨기 때문입니다.

주님은 모든 피조물들을 자신의 본체로부터 만드신 것도 아니었고, 주님 자신의 것이 아닌 어떤 것으로부터 만드신 것도 아니었으며, 이미 존재하고 있던 어떤 것을 사용해서 만드신 것도 아니었습니다. 주님은 절대적인 무에서 무형의 질료를 만들어 내심과 동시에, 그 어떤 시간적인 간격도 없이 그 무형의 질료에 형상을 부여하셔서 모든 것들을 만들어 내셨습니다. "하늘과 땅"의 질료와 "하늘과 땅"이라는 형체는 서로 별개의 것이어서, 주님은 절대적인 무에서 무형의 질료를 만드신 후에, 그 무형의 질료에서 피조세계라는 형체를 만드신 것이지만, 절대적인 무에서 무형의 질료를 만들어 내신 것과 무형의 질료에서 피조세계라는 형체를 만들어 내신 것 사이에는 시간적인 간격이 전혀 없었기 때문에, 우리는 주님이 이 둘을 동시에 만드셨다고 말합니다.

제34장

창조의 영적인 의미

49. 또한, 우리는 주님이 이런 순서로 만유를 창조하시고, 이런 순서로 성경에 기록하게 하신 데에는 어떤 은유적인 의미가 있는 것인지도 살펴보았고, 주님이 지으신 모든 것들은 개별적으로 보았을 때에도 그 하나하나가 다 좋기는 하지만,

모든 것을 전체적으로 보았을 때에는 심히 좋다는 것도 알게 되었습니다. 또한, 교회의 "머리"와 "몸"을 의미하는 "하늘과 땅"이 모두, 주님의 말씀이시고 주님의 독생자이신 그리스도 안에서, 모든 시간 이전에 아침과 저녁이 없던 때에 미리 예정된 것이라는 사실도 알게 되었습니다.

하지만 우리가 우리를 위에서 짓누르는 우리의 죄로 말미암아 주님을 떠나서 흑암이 뒤덮인 "깊음" 속으로 빠져 들어가자, 주님은 모든 시간 이전에 예정하신 그것을 시간 속에서 실행하셔서 감춰져 있던 것들을 드러내심으로써, 형체도 없고 질서도 없었던 우리에게 질서를 부여하셨고, 경건하지 않은 자들을 의롭다 하셔서 악인들로부터 구별하셨으며, 성경의 권위라는 "궁창"을 주님께 순종하는 윗사람들과 그런 그들에게 순종하는 아랫사람들 사이에 두셨고, 서로 뜻이 맞는 믿지 않는 자들("물들")을 한데 모으셔서 하나의 사회를 이루게 하셔서, 믿는 자들("뭍")의 열심이 드러나서, 자신들이 가진 이 땅의 재물들을 가난한 자들에게 나누어 주는 자비의 일을 주님께 드림으로써 하늘의 보화를 얻게 하셨습니다.

그런 후에, 주님은 "궁창에 있는 광명체들" 같은 주님의 성도들을 세우셨고, 생명의 말씀을 맡은 그들의 고귀한 권위는 주님이 그들에게 주신 영적인 은사들에 의해서 밑받침되었습니다. 또한, 주님은 그 성도들을 통해서 눈으로 볼 수 있고 귀로 들을 수 있는 성례전들과 이적들과 성경이라는 "궁창"에 의거한 설교를 만들어 내셨는데, 이 모든 것은 믿는 자들에게도 축복의 통로가 되는 것이기는 하였지만, 일차적으로는 믿지 않는 자들에게 초보적인 가르침을 베푸시기 위한 것이었습니다.

그런 후에, 주님은 믿는 자들에게 절제의 능력을 주셔서 정욕을 다스리게 하심으로써, 그들을 "산 자들"이 되게 하셨습니다. 이렇게 해서, 믿는 자들의 영혼은 이제 오직 주님께만 순종하게 되어서, 그 어떤 인간의 권위를 따르거나 본받을 필요가 없게 되었습니다. 왜냐하면, 주님은 자신의 형상과 모양을 따라 그들의 영혼을 새롭게 하셔서, 마치 여자가 남자에게 순종하듯이, 그들의 영혼의 활동이 영적인 지각에 순종하게 하셨기 때문입니다. 또한, 믿는 자들이 이 현세의 삶 속에서 온전함에 이르기 위해서는 주님의 종들의 사역이 꼭 필요하기 때문에, 주님은 믿는 자들이 내어 놓는 열매로, 그 종들이 현세에서 살아가는 데 필요한 것들을 얻어서 살아가게 하셨습니다.

우리가 이 모든 것들을 보니 "보기에 심히 좋습니다." 왜냐하면, 우리는 주님이 우리에게 주신 주님의 영에 의지해서 이 모든 것들을 보는 것인 까닭에, 실제로 우리 안에서 그것들을 보시는 분은 바로 주님이시기 때문입니다. 그리고 우리는 이 모든 것들을 통해서 이 모든 것을 지으신 주님을 사랑하게 됩니다.

제35장
창세기 2:2의 "하나님이 그가 하시던 모든 일을 그치고 일곱째 날에 안식하시니라"(1)

50. 주 하나님이여, 주님이 모든 것을 우리에게 주셨으니, 우리에게 주님의 평화, 곧 안식의 평화, 안식일의 평화, 저녁이라는 것이 없는 평화를 주십시오. 만물이 이렇게 너무나 아름답게 어우러진 질서는 "심히 좋기는" 하지만, 그 달려갈 길을 다 마친 후에는 사라지고 없어질 것인데, 그것은 그 질서 속에는 여전히 아침과 저녁이 존재하기 때문입니다.

제36장
창세기 2:2의 "하나님이 그가 하시던 모든 일을 그치고 일곱째 날에 안식하시니라"(2)

51. 하지만 일곱째 날은 저녁이 없고 해가 지는 것도 없습니다. 왜냐하면, 주님이 그날에 복주셔서 영원토록 지속되게 하셨기 때문입니다. 주님은 자신의 창조 사역을 다 마치시고서, 자신이 창조하신 모든 것을 "심히 좋다"고 하신 후에, 이 창조의 모든 날 동안에도 평안히 일하시기는 하셨지만, 특별히 일곱째 날에 안식하셨는데, 이것은 성경으로 하여금 우리도 주님이 우리에게 주신 모든 일들을 다한 후에는, 물론 그 일들도 아주 좋은 것이기는 하지만, 영생의 안식일에 들어가서 주

님 안에서 영원히 안식하게 될 것임을 미리 말해 주게 하기 위한 것이었습니다.

제37장
창세기 2:2의 "하나님이 그가 하시던 모든 일을 그치고 일곱째 날에 안식하시니라"(3)

52. 지금은 주님이 우리 안에서 일하시지만, 그때에는 우리 안에서 안식하게 되실 것입니다. 지금 우리가 행하는 선한 일들은 주님이 우리를 통해서 일하시는 것이듯이, 그때의 우리의 안식은 주님이 우리 안에서 안식하시는 것이 될 것입니다. 그러나 주님이여, 주님은 시간 속에서 보지도 않으시고 시간 속에서 움직이지도 않으시며 시간 속에서 안식하지도 않으시기 때문에, 사실은 항상 일하시고 항상 안식하시는 것인데도, 시간 속에서 보이는 것들을 만드시고, 시간 자체와 시간 속에서의 안식도 만드십니다.

제38장
창세기 2:2의 "하나님이 그가 하시던 모든 일을 그치고 일곱째 날에 안식하시니라"(4)

53. 우리가 주님이 창조하신 모든 것들을 볼 수 있는 것은 그것들이 존재하기 때문이고, 그것들이 존재하는 것은 주님이 그것들을 보고 계시기 때문입니다. 우리는 그것들이 존재한다는 것은 육신의 눈으로 보지만, 그것들이 보기에 좋다는 것은 내면의 눈으로 봅니다. 그러나 주님의 경우에는 자신이 창조하고자 하시는 것들을 보시는 순간, 그것들이 창조되어 존재하는 것을 보시게 됩니다.[12]

---

12) 세계는 하나님의 지성 속에서 하나의 생각으로 존재한다는 아우구스티누스의 사상에 대해서는 『하나님의 도성』(XI.10)을 참조하라.

우리는 우리의 마음이 주님의 영에 붙잡힌 때에는 선한 일을 하는 쪽으로 움직이지만, 그 이전에는 주님을 떠나서 악을 행하는 쪽으로 움직였습니다. 반면에, 유일하게 선하신 하나님은 선을 행하시기를 그치시는 법이 결코 없습니다. 우리가 주님의 은혜를 힘입어서 행하는 선한 일들이 있기는 하지만, 그런 것들은 영원한 것은 아닙니다. 우리는 그런 일들을 마친 후에는 우리를 거룩하게 하시는 주님의 은혜를 입어 안식하게 되기를 소망합니다. 하지만 주님은 또 다른 선을 필요로 하지 않는 선 자체이신 까닭에 항상 안식하고 계십니다. 주님 자신이 주님의 안식이기 때문입니다.

어느 사람이 이것을 사람에게 가르쳐서 깨닫게 할 수 있겠습니까? 어느 천사가 이것을 천사에게 가르쳐서 깨닫게 할 수 있겠습니까? 어느 천사가 이것을 사람에게 가르쳐서 깨닫게 할 수 있겠습니까? 주님께 "구하고," 주님 안에서 "찾으며," 주님이라는 "문을 두드리면," 그리하면 "받을" 것이고, 그리하면 "찾아낼" 것이며, 그리하면 "열릴" 것입니다(마 7:7-8).

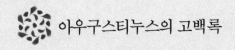 아우구스티누스의 고백록

이 석 우

(전 경희대학교 사학과 교수)

책은 인류의 지혜의 산물

문화의 전달을 가능하게 하는 가장 중요한 수단은 언어이고, 책은 이 언어를 시각화해 온 것 중 대표적인 형식이라 하겠다. 인류문화가 오늘의 수준에 이를 수 있는 것은 문화의 저장탱크라고 할 수 있는 책의 덕(德)이라고 말해도 지나치지 않다. 이를 바꾸어 말하면 책이 없는 문화의 축적이란 불가능한 것이다.

이런 점에서 책은 인류의 가장 위대한 지혜의 산물이다. 앞으로 컴퓨터혁명이 일어나면 종이에 기록한 책은 사라질지 모르지만 인류의 지식을 보존전달해 가는 전통은 결코 없어지지 않을 것 같다.

책은 또한 우리 삶의 정신적인 '밥'이다. 우리가 먹는 음식이 신체적인 성장과 활력을 공급한다면 우리가 읽는 책은 우리의 정신적인 성장과 삶의 농도를 짙게 해왔다. 그래서 이들은 어떤 형태로든 우리의 의식과 무의식, 가치세계의 한 부분을 차지하고 있을 것임에 틀림없다. 우리가 사랑하는 책을 다시 음미해 보는 것도 이같은 까닭에 연유하리라 생각된다.

선택의 논리가 부딪치는 문제점은 한 쪽을 선택하면 다른 쪽을 배제해야 한다는 어려움이다. 마치 선택된 쪽만 전부이고 배제된 쪽은 전혀 무시되는 관념의 오류를 범하게 되는 것이다. 비록 이 주제 아래서 내가 사랑하는 책으로 아우구스티누스의 고백록을 선택하였다는 것이 다른 책의 영향을 배제하는 것은 아니어야겠다. 같은 맥락에서 다른 책들의 존재를 의식하고 있다는 점을, 또한 고백록과 나와의 사이에 맺어진 깊은 관계의 중요성을 감소시켜서는 안 될 것이다.

삶의 의미를 상실할 때 고백록을 읽어

내가 아우구스티누스의 고백록을 읽었던 것은 대학 2학년 초였던 것 같다. 당위 이원설(李元卨) 박사의 서양고대사 시간을 아주 재미있게 듣고 있었는데 로마 말기의 '로마의 약탈'(410, Sack of Rome)에 관한 역사적 배경을 설명하는 과정에서 아우구스티누스에 대해 언급하게 되었다. 그때 이박사는 미국에서 학위를 하고 갓 돌아온 30대 초반의 젊음과 지성과 신앙, 그리고 정열을 고루 갖춘 교수로서 학생들의 존숭을 한 몸에 받고 있었다. 그의 막힐 줄 모르는 해박한 강의와, 정연한 논리, 새로운 역사연구의 세계적 조류에 대한 소개 등은 우리를 사로잡기에 충분하였다. 그 시간에 아우구스티누스의 「하나님의 도성」(City of God)에 관한 내용설명이 있었고, 겸하여 과제물을 내주었는데 아우구스티누스에 관한 리포트를 써 오라는 것이 계기가 되어 아우구스티누스의 고백록을 읽게 되었던 것이다.

당시의 나는 삶의 의미가 무엇인지에 관한 깊은 회의에 붙잡혀 있었다. 나의 '존재'의 의미를 찾아 방황하고 있었던 나는 솔직히 말해 "삶의 의미를 상실"하고 있었다고 해도 지나친 말은 아닐 것이다. 내가 선택하여 오지 않은 나의 삶이란 타율적인 것이며, 산다는 것은 맹목적인 것이고, 다만 그것은 존재한다는 것 외에 다른 의미가 없는 것 같았다. 무목적인 행위의지의 반복이라고 할까? 뿐만 아니라 삶의 고통과 삶의 의미가 갖는 관계를 이해할 수가 없었으며 그것들을 감수하며 「존재」(存在)해야 할 이유를 찾기가 참으로 어려웠다. 더구나 그때부터 나는 죄의식(罪意識) 같은 것이 가슴속 깊이까지 파고 들기 시작하였다. 대학에 들어오면서부터 내 자신의 일그러진 모습을 뚜렷이 발견하기 시작한 것이다. 인간의 이중성을 뼈저리게 느끼게 되면서 나는 내면의 나와 밖의 나에 대해 느끼는 거리감을 떨쳐 버릴 수가 없었다. 그리고 마음의 바람과 행위 사이에 생기는 갈등과 괴리를 절감할 때마다 자신이 주체스럽기까지 했다. 그러면서 삶은 어떤 형태로든 주변 사람들을 헤집고 살아가며 의도적이건 아니건 간에 누구에겐가 손해를 끼치며, 적어도 빚을 지면서 살아가는데, 그것은 직접적인 것은 아니더라도 강자의 논리를 강요당하고 있었다. 그리고 지나온 날들을 회상하며 산다는 것이 더 많은 죄와 잘못을 더해 가는 것 같아서 부담스러웠다. 당시 나는 스스로는 분명히 깨닫고 있지는 못했지만 죄(罪)와 악(惡)의 문제, 진실과 위선의 문제에 깊이 고뇌하고 있었던 것이 틀림없다.

1960년 무렵 대학가에서는 카뮈, 사르트르와 같은 실존주의자들의 저서 「시지프스의 신화」, 「이방인」, 「존재와 무」 같은 책들이 읽혀지고 있었는데 나도 예외 없이 이들에 매료되어 있었다. 그것은 적어도 이 책들이 공허와 인생의 무목적성, 의미를 잃어버림에 고통받고 있는 젊은이들에게 한 가닥의 존재이유들을 제시해 주고 있기 때문이었을 것이다.

고백록은 하나님 찬양이 중심

불확실성의 시대에 살고 있었던 우리들은 무언가를 붙잡지 않고는 견딜 수가 없었다. 이같은 정신적인 공허와 좌절에 시달리고 있던 나에게 아우구스티누스의 고백록은 강한 호소력을 가질 수밖에 없었던 것 같다. 사실 아우구스티누스의 고뇌는 거의 나의 고뇌를 외치고 있었다. 물론 그의 고백의 목적은 과거의 자기의 잘못을 낱낱이 고발하는 데 있는 것이 아니라, 그것을 통하여 하나님의 위대함과, 하나님에 대한 감사를 말하려는데 더 중점을 두고 있다는 점에서 단순한 고백록과는 성격이 다르다. 하지만 그의 지난날의 오만과 독선에 대한 회오, 더 높은 곳에서 진실을 찾고자 하는 그의 몸부림은 나의 공감을 얻기에 충분하였다. 그가 자신의 영혼의 고뇌, 진실에의 갈구, 가장 인간적인 아픔을 숨김 없이 쓰고 있다는 것은 이 고백록이 시대성을 초월하여 현재성을 갖는 가장 큰 이유이다. 그래서 1600년 전에 쓰여진 고백이지만 그것은 바로 오늘 우리들의 이야기를 들려주고 있는 것이다.

쉰(Fulton J. Sheen)은 아우구스티누스의 고백록이 갖고 있는 근대성의 이유를 그가 태어난 유사성과 그 같은 시대상황 속에서 배태할 수밖에 없는 심리상태의 유사성에서 구하고 있다. 그는 로마의 몰락과 더불은 고대문명의 쇠퇴기와 근대 20세기 서구문명의 기울음을 같은 맥락에서 파악하고 있다. 동시에 역사를 통하여 변함 없이 작용하고 있는 도덕률과 심리적 법칙의 동일성이 아우구스티누스의 고백록이 역사를 초월하여 모든 사람에게 신선감을 주는 또 다른 이유라고 지적하고 있다.

아우구스티누스가 고백록을 쓰기 시작한 것은 그가 세례 받은지 12년만의 일이며(397년), 이는 그가 아프리카의 주교가 된지 수년 후의 일이다. 그가 354년 생이니 그의 나이 40대 초반으로 완숙기에 들어간 시기이며 더구나 당시 안정되어 가는 그리스도교권내에서는 귀중한 '회심'의 이야기를 듣고 싶어 하는 분위기가 고조되고 있었다. 그러나 아우구스티누스는 그의 고백을 단순히 지난날의 잘못에 대한 회오만으로 채우고자 하지 않았다. 그는 고백의 본질을 두 가지 측면에서 파악하였는데 '하나는 우리의 죄들에 관한 것이었으며 다른 하나는 하나님에 대한 찬양'으로 이해하였다. '죄에 대한 고백은 의사에게 상처를 보여주는 것이지만, 하나님에 대한 찬양은 건강(치유)에 대한 감사를 드린다'는 점에서 사실 아우구스티누스의 고백록의 일차적인 목적은 하나님 찬양에 있는 것이며 죄의 폭로는 좀 더 부차적인 것이라 하겠다. 그래서 아우구스티누스의 고백록은 회오와 죄의 고백으로 가득 차 있지만, 고백록에 일관되게 흐르고 있는 분위기는 찬양과 감사, 그리고 용서받음에 대한 기쁨과 진리탐구의 열정이다. 모두 13권으로 이루어져 있는 고백록은 9권까지 과거의 죄악을 고백하고 있지만, 마지막 11, 12, 13권은 완전한 하나님의 인식을 위한 창조의 말씀, 시간의 철학, 창세기의 풀이를 통하여 하나님의 위대함을 찬양하고 있다.

아우구스티누스의 고백록을 번역하는 사람들이 종종 죄의 고백으로 이루어진 9권까지만 취급하는 경우가 있는데 이는 아우구스티누스의 본 의도를 외면한 것이다. 사실 고백만을 기대하며 이 책에 들어서는 독자는 그가 궁극적으로 바라보고 있는 영원한 소망으로 인하여 스릴감이 줄어드는 것을 느낄지도 모른다. 그래서 최민순이 그의 「고백록」 해설에서 말했듯이 명상록과 같은 독백이나 정신분석 카타르시스(Catharsis)도 아니다. 그것은 '처음부터 끝까지 하나님과의 대화요 기도'라고 하겠다.

인간과 선과 악의 문제로 고심

아우구스티누스는 죄로부터의 구원이 바로 인간의 구원이며 자아완성이라고 생각하였다. 그러나 죄에서 구원에 이르기 위해서는 하나님 앞에 이를 고스란히 보여 주어야 하며, 이를 고스란히 보여 준다는 것은 죄의 회개를 통하여서만 가능하다.

이같은 맥락에서 아우구스티누스는 고백록 제1권 제1장 전체에서 하나님의 위대하심을 찬양한 다음, 제7장에서 단도직입적으로 "오호라! 사람의 죄악이여"라고 탄식하며 죄의 문제를 다루는 것은 필연적인 순서라고 하겠다. 그는 죄의 원천이 하나님께 있지 않음을 분명히 한다. "당신은 사람을 만들었으되 그의 안에 있는 죄악은 당신이 만들지 않았습니다"라고 밝힌다. 하지만 "당신 앞에 죄에서 깨끗한 자가 한 사람도 없으니" 하루밖에 되지 않은 갓난아이라도 예외일 수가 없다고 선언한다. 그 같은 고백은 곧 자신의 체험에서 나온 것으로 어린 아이의 순결은 그 신체가 어린 데서 오는 것이지 그 마음의 바름에서 오는 것은 아니라는 것이다. 아직 말도 할 줄 모르는 갓난아이가 제 몫의 젖을 먹는 애를 보자 눈을 부라리며 새파랗게 질린 얼굴을 하고 있었다는 것이다. "젖통에 샘솟는 젖이 넘쳐 흐르고 있는데 … 한 가닥 젖줄로 목숨을 이어가는 놈에게 나눠 먹기를 용납하지 않는 일이 어찌 죄스럽지 않다고 하겠는가"라고 거듭 강조하고 있다.

그 일말고도 회개로 가득찬 그에게는 너무도 부끄러운 일들이 많았다. 질투, 부모와 스승의 명령에 대한 불순종, 오락 즐기기, 우쭐하는 승리감 등의 옛 일들이 떠올라 그는 부끄러워 어쩔 줄 모르고 있다. 배를 도둑질한 것은 배가 고파서가 아니라 다만 도둑질하고 싶은 마음 때문이었으며, 우정을 빙자하여 공범을 행하고, 공부조차도 사실은 자기 자랑 때문이었다는 것이다. 이같은 죄를 범하는 까닭은 무엇인가를 얻으려는 의욕에서든지 아니면 잃어버릴까 두려워한 데 있다고 보았다.

이 죄의 문제와 더불어 그를 떠나지 않고 괴롭혔던 문제는 선(善)과 악(惡)의 문제였다. 죄에 관해 그처럼 예민하게 느꼈던 아우구스티누스가 악과 선의 문제에 대한 해답을 구하지 않고는 도저히 마음의 평화를 찾을 수가 없었을 것이다. 그는 사람이 죄를 범하는 것이 자유의지 때문이고 인간이 벌을 받는 것은 엄청난 심판 때문이라는 말을 쉽게 받아들일 수가 없었다. 사람이 무엇을 하고 싶어하거나 하고 싶지 않아 하는 것은 남이 아닌 내가 하는 것임을 인정하였다. 그러나 만일 내가 하지 않고 억지로 하도록 하게 되면 이는 내가 하는 것이 아니므로 그것은 죄가 아니요 벌만 받는 것으로 충분하다고 생각하였다. 자기가 스스로 죄를 택하지 않더라도 자기가 죄를 짓도록 만들어졌다면 그의 죄는 자신의 잘못이 아니라 그 죄를 짓도록 만든 자의 잘못이라는 생각을 그는 떨쳐버릴 수가 없었다. 그래서 그는 지선(至善)하신 하나님이 어떻게 내 마음에 악을 두어 고통의 씨앗을 뿌려 놓았으며, 만약 악마가 한 일이라면 그 악마는 어디에서 생겨날 수 있단 말인가? 그는 이런 생각에 숨이 막힐 지경이라고 고백하고 있다. 사실 선악의 문제는 우리 삶의 가장 기본적인 출발점이 되는 것이었다. 종국에 아우구스티누스는 하나님은 완전 선(善)이시며 존재하는 모든 것은 선하다는 결론에 이른다. 다만 악해 보이는 것은 그것이 실체가 아니라 선의 부족상태에 불과하다는 것이다.

악은 신앙의 결단에 있을 때 해결가능

기나긴 고뇌의 여정을 통해 그는 죄와 악의 문제에 대한 결론에 도달하였으나 어째서 사람은 여전히 죄를 범하고 악을 행해야만 하는지 알 수가 없었다. 다시 말해, 마음과 행위가 다른 결과를 낳게 되는 근본적인 이유는 무엇인가? "마음이 육체에게 명령할 때 곧 따르지만 마음이 제게(마음) 명할 때는 따르지 않는 이유가 무엇인가?" 마음이 손더러 움직이라 하면 쉽게 행해지지만 "마음이 마음더러 마음먹으라" 하면 잘 되지 않는 이유는 어디 있는가 고민하고 있다. 이는 인간의 행위와 생각 속에 내재하는 간격을 깊이 인식하고 있는 것이며 동시에 인간의 약점을 솔직히 시인하고 있는 것이다. 이 점에서 그는 바울의 곤고한 고뇌를 온 몸으로 체험하고 있다. 마음이 마음을 따르지 않는 것은 완전히 의지하지 않기 때문이라고 했다. 결국 행위는 의지의 정도에 따르는 것인데 의지가 명령하는 것이 아니되는 것은 의지가 그 정도밖에 안 되기 때문이라고 생각하였다. 이런 이유 때문에 아우구스티누스는 의지(意志)에 매우 중요한 의미를 부과하고 있다.

신국론에서 분류되는 신국 시민과 지상국(地上國) 시민의 구분도 사랑의 의지에 그 기준을 두고 있다. 아우구스티누스는 두 도시의 성격을 말하면서 "육신의 본성 자체는 악(善)이 아니지만 육(肉)에 따라 사는 것은 확실히 악"이라고 보면서 자기(自己)에 대한 사랑의 의지는 지상국 시민을, 하나님에 대한 사랑은 신국의 시민을 만든다고 말하였다. 그래서 버크(Bourke)가 주장한 대로 두 도시를 구분하는 원리적 모체는 사랑이며, 문제는 의지(意志), 즉 선(善)의 의지(意志)냐 악(惡)의 의지냐의 선택에 달려 있는 것이다.

아우구스티누스의 회심 장면 또한 극적이고 감동적이다. 아우구스티누스는 아직도 과거에 대한 달콤한 기억과 습관 때문에 그들과의 결별을 선언하지 못한 채 '분열의 처참한 고통'을 겪고 있었음이 그의 고백록 제8권에 생생하게 노출되어 있다.

"자, 이제 하자꾸나, 이제 하자꾸나" 하면서 결단의 시기를 미루고 있었다. 몸에 익하지 않은 선(善)보다는 버릇되어 온 악(惡)이 오히려 더 힘세게 느껴졌기 때문이다. "내가 사귀어 오던 옛날의 헛된 일, 어리석은 일들이 내 육체의 옷자락을 붙들고 놓아주지를 않았다"고 부르짖는다. 그러던 8월 어느 날 그의 마음은 참담한 고통으로 쏟아지는 눈물을 가눌 길이 없었다. 그는 어느 무화과 나무 밑에 주저앉아 강물처럼 쏟아지는 눈물을 가누지 못하고 있었다. 때마침 이웃에서 들려오는 소리가 있었는데 "집어라, 읽어라, 집어라, 읽어라"라는 소리였다. 그는 이 소리를 듣자 울음을 뚝 그치고 일어섰다고 한다. 이것은 분명히 하늘이 시키는 일이라 확신하고 아까 그의 친구와 같이 있었던 곳에 돌아가 사도 바울의 서신을 펴 들었는데 "낮에와 같이 단정히 행하고 방탕과 술취하지 말며 음란과 호색하지 말며 쟁투와 시기하지 말고 오직 주 예수 그리스도로 옷입고 정욕을 위하여 육신의 일을 도모하지 말라"(로마서 13:13)는 성구였다. 아우구스티누스의 33년여에 걸친 고통스러웠던 진리탐구의 역정은 이로써 끝난 것이다.

나는 아직 아우구스티누스의 결단과 같은 위대한 결단에도, 그의 깊고 심원한 믿음과 같은 신앙에도 이르지 못하였다. 그러나 아우구스티누스의 삶과 믿음의 편력을 나는 사랑한다. 그는 이론적인 신앙인도 온실에서 자란 한 편의 선만을 아는 도학적인 신앙인도 아니다. 그는 하나님과 바른 신앙을 찾아 온 몸으로 부딪치며 그의 삶을 살았고, 그 삶은 하나님의 사랑과 그에 힘입은 자신의 결단으로 승리의 길을 택하였다. 이것은 한 신앙인의 위대한 승리이지만 동시에 믿음이 약한 사람에게 큰 소망을 주는 위대한 인간의 승리이기도 하다.

그래서 고백록은 인간 영혼의 고통을 말하여 주지만 동시에 우리들에게 커다란 위로와 격려를 보내주고 있는 것이다.

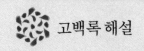 고백록 해설

김명혁

(전 합동신학대학원 교수)

　고백록은 아우구스티누스가 개종한 후 11년 되던 해인 397년 그가 43세 되던 때 출생 후부터 그 당시까지의 그의 전생애의 내면생활의 변화 과정을 적나라하게 파헤쳐 묘사한 "영혼의 자서전"이다. 회심 초기의 플라톤주의적 낙관적 이상주의에서 바울적 실재주의(realism)로 변화된 아우구스티누스의 성숙한 신앙의 모습이 잘 드러난 작품이다.

　아우구스티누스는 고백록에서 갓난 아기때 어머니의 젖을 게걸스럽게 빨던 탐욕과 시기가 가득 찬 자신의 모습을 비롯하여 십대 소년으로 남의 집 배나무에서 배를 몽땅 털어 돼지에게 던지며 좋아하던 장난꾸러기의 모습, 그리고 정부와 동거하다가 그를 차 버리는 육욕에 얽매여 살던 청년 시절의 방탕의 모습을 적나라하게 묘사했으며, 마니교, 신플라톤주의 등을 추구하다가 결국 로마서 13:13을 읽고 극적 회심을 경험한 회심사건과 회심후 카시키아쿰에서 은거생활을 한 때의 자신의 내면 생활 등을 솔직하게 묘사했다.

　고백록은 인간을 상대로 쓰여진 글이라기보다는 하나님을 상대로 쓰여진 글이다. 고백록은 단순한 한 인간의 자기고백이 아니라 하나님 앞에 모든 것을 아뢰며 감사와 찬양과 회개를 하나님께 드린 "신앙의 고백서"라고 하겠다. 그는 자기의 일생을 간섭하신 하나님의 섭리의 손길을 가까이 느끼며 하나님께 감사하며 하나님께로 더욱 가까이 달려갔다.

　아우구스티누스는 1권 초두에 자신의 모습을 하나님 앞에 적나라하게 드러낸다. "그러면, 제가 말씀드리겠습니다. 먼지와 재 같은 제가 말씀드리겠습니다. 제가 말씀드리는 것은 사람에게 드리는 것이 아니옵니다. 저를 조롱할 사람에게 드리는 것이 아니라 당신의 긍휼을 바라보고 말씀드리옵니다"(I. vi. 7). 그리고 그는 하나님의 창조와 섭리를 찬양한다. 사람이 하나님을 갈망하게 된 것도 하나님께서 그렇게 하셨기 때문이라고 하나님을 찬양한다. 신앙도 하나님이 주셨고 갈망도 하나님이 주셨다.

"여호와는 위대하시니 크게 찬양할 것이다. 그 능력이 크시며 지혜가 무궁하시나이다. 인간이 당신을 찬양하기를 원하는 것은 당신이 인간을 지으셨기 때문입니다. 인간이 비록 죽음을 짊어지고 다니며 죄악의 흔적을 나타내며 다닐지라도 여전히 당신을 찬양하기를 원하는 것은 당신이 인간을 지으셨기 때문입니다. 참으로 당신께서 인간으로 하여금 당신을 찬양하도록 만드셨습니다. 당신은 인간을 당신을 위하여 지으셨습니다. 그러므로 인간은 당신 안에서 쉼을 얻기까지는 마음의 평안을 얻지 못하옵니다. 오! 주님이시여, 나로 하여금 알게 하시고 깨닫게 하시옵소서! 먼저 기도해야 하는지 또는 찬양해야 하는지를. 먼저 당신을 알아야 하는지 또는 당신께 부르짖어야 하는지를. 오 주님이시여! 나는 당신을 찾고 당신께 부르짖겠습니다. 오 주님이시여! 나는 당신이 주신 믿음을 가지고 당신께 부르짖겠습니다"(I. i. 1).

이와 같은 아우구스티누스의 고백과 기도 가운데 하나님께 전적으로 의탁하는 하나님 중심적 신앙이 잘 나타나 있다. 고백록은 단순한 하나의 회고록이라기보다는 하나님의 눈 앞에서 과거의 죄스러운 자신의 삶을 재평가하며 중년에 선 자신의 현재를 재정립하고, 미래를 내다보는 철저한 자기 평가라고 하겠다.

아우구스티누스는 고백록을 기록하면서 인간의 타락과 죄성을 철저히 느낀다. "오 하나님! 나의 기도를 들으소서. 인간의 죄에 화가 미칠지어다. … 누가 나의 어린 아이 때의 죄를 기억하게 하겠나이까? 당신의 눈 앞에서는 죄 아닌 것이 하나도 없나이다. 땅 위에서 하루만 살다가 죽은 아이에게도 죄 아닌 것이 하나도 없나이다. … 그때에 내가 어떻게 죄를 범했습니까? 내가 젖을 달라고 운 것이었습니까? … 어린아이가 천진난만하게 보인 것은 몸이 연약했기 때문이지 그의 마음이 천진난만했기 때문은 아니었습니다. 나는 시기가 가득 찬 어린아이였습니다. 말은 할 줄 몰랐지만 다른 아이가 어머니의 품속에 있는 것을 보면 분이 치밀기도 했습니다. … 만약 내가 죄중에 잉태되었고 어머니가 죄중에서 나를 양육했다면 내가 천진난만한 삶을 산 시간이나 장소는 도대체 언제 어디란 말입니까?"(Ⅰ. vii. 11-12).

아우구스티누스는 계속 소년시절의 죄된 생활상을 다음과 같이 묘사했다. "그러나 내게는 도둑질하고 싶은 소원이 있었습니다. 배고픔이나 가난 때문은 아니었고 선행을 멸시하고 죄를 추구하는 강한 욕망 때문이었습니다. … 나는 어느날 늦은 밤 여러 소년들과 함께 배나무를 흔들어 배를 몽땅 도둑질한 후 그것을 돼지들에게 던져 주었습니다. 그렇게 하는 것이 우리들을 즐겁게 해주었습니다. 그것이 금지된 일이었기 때문입니다. 그것이 나의 마음의 모습이었습니다. 오 하나님! 그것이 나의 마음이었습니다. 내가 사랑하고 추구한 것은 죄악 자체였고 잘못 자체였고 부끄러움 자체였습니다"(Ⅱ. iv. 9).

아우구스티누스는 또한 육체의 정욕에 얽매여 있던 31살 때의 청년의 모습을 다음과 같이 묘사했다. "그때 내 죄악은 점점 증가되기만 했습니다. 내 정부는 내 곁을 떠나야만 했습니다. 그녀가 나의 결혼에 방해가 되었기 때문입니다(이때 아우구스티누스의 어머니 모니카는 아우구스티누스로 하여금 정부를 돌려보내도록 했고 정식 결혼을 주선하고 있었다). 그녀에 대한 나의 가슴은 찢어지는 것 같았습니다. 상처를 입어 피를 흘리는 것 같았습니다. 결국 그녀는 아프리카로 돌아갔습니다. 그녀는 다시는 남자를 알지 않기로 당신께 서원하면서 아프리카로 돌아갔습니다(이때가 385년인 데 15년간의 동거생활을 청산한 것이었다). 그녀는 우리 사이에 얻은 아들을 나에게 남겨두고 떠나갔습니다. 그러나 나는 불행을 느끼며 여자보다도 약해져서 내가 구하던 정식 신부를 맞기도 전에, 즉 2년을 기다리지도 못하고 또 하나의 정부를 얻었습니다. 나는 결혼을 사랑한 사람이 아니라 정욕의 노예였기 때문입니다. 병든 내 영혼은 정욕의 노예가 되어 더욱더 곪아가기만 했습니다"(Ⅳ. xv. 25).

결국 아우구스티누스는 고백록 8권에서 인간의지의 무능과 제한성을 강하게 묘사했다. 원수가 자기의 의지를 장악하고 쇠사슬에 얽매고 있다고 고백했다. "원수는 나의 의지를 꽉 붙잡고 그것으로 쇠사슬을 만들어 나를 꽁꽁 묶어 놓았습니다. 도태된 의지로부터 정욕이 발생했고 정욕에의 순복은 결국 죄악의 습관을 초래했습니다. … 그런데 내 속에서 새로운 의지가 솟아나기 시작했습니다. 나의 유일하고 확실한 기쁨인 나의 하나님, 당신을 자유롭게 기뻐하고자 하는 새로운 의지였습니다. 그러나 새로운 의지는 옛 의지를 정복할 만한 힘이 없었습니다. 옛 의지는 너무 오랜 방종으로 너무 강해져 있었기 때문입니다. 그래서 내 속에 두 의지, 즉 옛 의지와 새 의지, 육체적인 의지와 영적인 의지가 서로 싸우고 있었습니다. 그들의 싸움으로 내 영혼은 찢어지고 있었습니다"(Ⅷ. v. 10).

이와 같은 의지의 갈등이 그의 무화과나무 밑에서의 개종의 체험에서 절정에 달했다. "우리가 숙박하고 있는 곳에는 조그만 정원이 있었습니다. 나는 가슴 속을 찢어대는 고뇌에 밀려 이 정원으로 피해 나오고 말았습니다. 거기서는 아무도 나의 피맺힌 투쟁을 방해하지 못했습니다. … 나는 머리칼을 쥐어뜯고 주먹으로 이마를 쳤습니다. 손가락을 쥐어틀며 무릎을 껴안았습니다. 나는 여러 가지로 내 몸을 움직였는데 내 몸이 내 의지에 따르지 않았습니다. … 내 몸은 영혼의 소원에 쉽게 복종하려고 하지 않았습니다"(Ⅷ. viii. 19-20).

"내 영혼 깊은 곳에 숨겨져 있던 나의 불행을 살피며 그것을 나의 마음의 눈 앞에 쌓아 놓았을 때 내 속에서 커다란 폭풍이 일어났습니다. 그리고 눈에서는 홍수 같은 눈물이 쏟아져 흘렀습니다. … 나는 무화과나무 아래 몸을 던지고 강물처럼 흐르는 눈물을 하염없이 흐르도록 내버려 두었습니다. 그것은 당신께 드려진 합당한 제사였습니다"(Ⅷ. xii. 28).

여기서 아우구스티누스는 의지의 갈등의 절정을 경험했다고 하겠다. 그는 386년 그가 32세 되던 해에 개종의 체험을 함으로 의지의 변화를 경험한 것이었다. 그러나 아우구스티누스에게 있어서 개종의 체험으로 모든 것이 바꾸어진 것은 아니었다. 아우구스티누스가 고백록을 9권으로 끝내지 않고 13권까지 계속한 것도 개종의 체험으로 모든 것이 끝난 것이 아님을 보여 준다. 개종자가 도달한 은혜의 항구에는 아직도 폭풍이 불고 있었다. 그는 고백록 10권에서 개종 후의 자기의 내면상을 아직도 갈등과 어둠에 쌓인 불완전하고 무능한 존재로 묘사했다.

"오 주님이시여! 내 속에 있는 것을 어찌 당신에게 숨길 수 있나이까? 나는 내 자신에게 만족을 느끼지 못하므로 아직껏 탄식하고 있나이다. 그래서 나는 스스로 부끄러워하며 나 자신을 거부하고 당신을 택하옵니다"(X. ii. 2). 즉 플로티노스에게 있어서는 인간의 내면적 자아가 하나의 신적 요소로 간주되었는데 비해 아우구스티누스에게 있어서는 개종 후의 인간의 내면적 자아가 하나의 불안과 갈등의 요소로 남아 있었다.

그는 계속 이 내면적 자아가 무엇인지를 분명히 이해할 수도 없다고 토로했다. "오 주님이시여, 당신만이 나를 판단하십니다. 사람의 사정을 사람 속에 있는 영 외에는 누가 알리요라고 했지만 실상은 사람 속에 있는 사람의 사정을 모르는 것 이 있습니다. 사람을 지으신 주님 당신만이 사람을 완전히 아십니다. … 내가 고백하겠습니다. 나는 나 자신에 대해서 알지 못합니다"(X. v. 7).

아우구스티누스는 계속해서 자기 내면의 병들고 추한 모습을 다음과 같이 묘사했다. "나는 망할 자이옵니다. 주님이시여, 나를 불쌍히 여기소서 나의 악한 슬픔이 나의 선한 기쁨과 싸우고 있는데 승리가 어느 편에 돌아갈지 나는 알지 못합니다. 나는 망할 자이옵니다. 주님이시여 나를 불쌍히 여기소서. 나는 병든 사람입니다"(X. xxviii. 39).

"나의 모든 소망은 당신의 넘치도록 크신 자비에만 있습니다. 당신이 명하시는 것을 나에게 주시옵소서. 그리고 당신이 원하시는 것을 나에게 명하옵소서"(X. xxix. 40).

"분명히 당신은 내가 '육체의 정욕과 안목의 정욕과 이생의 자랑으로부터 벗어나라'고 명하십니다. 당신은 음란을 삼가라고 명하십니다. 그리고 결혼에 관해서 더 좋은 길을 보여 주셨습니다. 당신이 명하셨으므로 내가 그렇게 하기는 했습니다. 내가 성직자가 되기 이전에 그렇게 했습니다. 그러나 아직도 내 기억 속에는 나의 옛 습관이 고착시켜 놓은 그와 같은 것들에 대한 영상이 그대로 남아 있습니다. 내가 깨어 있을 때는 그와같은 영상이 내 생각 속에 들어와 큰 힘을 발휘하지 못하지만 내가 잠잘 때는 그와 같은 영상이 내 속에 들어와 나에게 즐거움을 제공할 뿐 아니라 나의 동의를 얻어내고 그리고 실제 행동과 매우 유사한 행위를 유발하고 맙니다. … 오 주 나의 하나님, 그와 같은 때에 나는 도대체 누구입니까?"(X. xxx. 41).

"오 전능하신 하나님이시여, 당신의 손이 내 영혼의 모든 병을 고칠 수 없으십니까? 당신의 크고 넘치는 은혜가 잠잘 때의 음란한 움직임을 제지할 수는 없으십니까?"(X. xxx. 42).

결국 아우구스티누스는 바울처럼 죄성으로 인한 고민 가운데서 그리스도의 구주의 은혜를 의지하며 하나님을 찬양했다. "나의 죄악들과 불행의 무거운 짐에 짓눌려 나는 공포 가운데서 빈들로 도망칠 생각을 하고 있었습니다. 그러나 당신은 그것을 금하셨습니다. 그리고 이렇게 말씀하시면서 나를 강하게 하셨습니다. '그리스도께서 모든 사람을 대신하여 죽으심은 산 자들로 하여금 다시는 저희 자신을 위하여 살지 않고 오직 저희를 대신하여 죽은 자를 위하여 살게 하려 함이니라.' 오 주님이시여, 나의 모든 근심을 당신께 맡깁니다. 당신은 나의 무능과 약함을 아십니다. 나를 가르치고 나를 고치시옵소서. 당신의 독생자가 그의 피로 나를 구속하셨는데 그 안에는 '지혜와 지식의 모든 보화가 감취어 있사옵니다.' 교만한 자가 나의 악함을 말하지 말게 하시옵소서. 나는 그리스도의 속죄를 나의 마음에 꼭 붙잡으며 나의 음식과 음료인 그의 살과 피를 먹고 마십니다. 나는 가난하오나 그리스도로 말미암아 충족되기를 소원합니다. 그를 먹는 자는 충족하게 될 것이고 그를 찾는 자는 그를 찬양하게 될 것입니다"(X. xliii. 70).

아우구스티누스는 이렇게 고백록 1권에서 10권까지 유아, 소년 및 청년 시절의 죄상을 비롯하여 밀라노에서의 개종의 체험과 그 이후 자신의 내면생활의 갈등상을 적나라하게 고백하고 묘사했다.

고백록의 마지막 3권은 영혼의 자서전에 대한 하나의 결론이다. 아우구스티누스는 고백록 11권 초두에서 지혜와 삶의 진보가 성경과 하나님의 조명에 의한 마음의 각성과 인식임을 깨닫고 "주시옵소서, 계시하옵소서, 완전케 하시옵소서, 불쌍히 여기시옵소서"라고 부르짖으며 지혜와 삶의 진보를 추구했다(XI. ii. 2-4). 아우구스티누스는 계속해서 창세기 1장을 근거로 천지의 창조와 시간의 창조와 인간의 창조 문제를 취급했다. 특히 11권에서는 시간론을 취급했는데 과거의 현재와 현재의 현재, 그리고 미래의 현재를 말하며 시간의 신비로운 현재성을 논했다. 12권과 13권에서는 창세기 1:1-31을 주석하며 우주 창조의 특성과 인간 창조의 특성을 논했다. 인간이 하나님의 형상을 따라 지음을 받은 사실을 지적하며, 마지막으로 영원한 천국의 안식을 묘사함으로 고백록을 마쳤다.

"오 하나님, 당신의 평화를 주시옵소서. 당신은 모든 것을 우리에게 주셨기 때문입니다. 평온의 평화를 우리에게 주시옵소서. 안식의 평화를 주시옵소서. 저녁이 없는 평화를 주시옵소서. 이 세상의 가장 아름다운 모든 것들은, 그것들이 모두 매우 선하지만, 그것들은 그들의 과정이 지나면 다 사라져 버리고 맙니다. 왜냐하면 거기에는 모두 아침과 저녁이 있기 때문입니다. 그러나 일곱째 날에는 저녁이 없습니다. 당신께서 그날을 영원한 날로 거룩하게 하셨기 때문입니다. 당신이 창조의 사역 후에 일곱째날 안식하셨던 것처럼 우리도 영생의 안식의 때에 당신 안에서 쉬게 될 것입니다"(XⅢ. xxxv. 50–51).

"크리스천의 영적 성장을 돕는 고전"
세계기독교고전 목록

1   데이비드 브레이너드 생애와 일기
    조나단 에드워즈 편집

2   그리스도를 본받아 | 토마스 아 켐피스

3   존 웨슬리의 일기 | 존 웨슬리

4   존 뉴턴 서한집 - 영적 도움을 위하여 | 존 뉴턴

5   성 프란체스코의 작은 꽃들

6   경건한 삶을 위한 부르심 | 윌리엄 로

7   기도의 삶 | 성 테레사

8   고백록 | 성 아우구스티누스

9   하나님의 사랑 | 성 버나드

10   회개하지 않은 자에게 보내는 경고
    조셉 얼라인

11   하이델베르크 요리문답 해설 | 우르시누스

12   죄인의 괴수에게 넘치는 은혜 | 존 번연

13   하나님께 가까이 | 아브라함 카이퍼

14   기독교 강요(초판) | 존 칼빈

15   천로역정 | 존 번연

16   거룩한 전쟁 | 존 번연

17   하나님의 임재 연습 | 로렌스 형제

18   악인 씨의 삶과 죽음 | 존 번연

19   참된 목자(참 목자상) | 리처드 백스터

20   예수님이라면 어떻게 하실까 | 찰스 쉘던

21   거룩한 죽음 | 제레미 테일러

22   웨스트민스터 소교리문답 강해
    알렉산더 화이트

23   그리스도인의 완전 | 프랑소아 페넬롱

24   경건한 열망 | 필립 슈페너

25   그리스도인의 행복한 삶의 비결 | 한나 스미스

26   하나님의 도성(신국론) | 성 아우구스티누스

27   겸손 | 앤드류 머레이

28   예수님처럼 | 앤드류 머레이

29   예수의 보혈의 능력 | 앤드류 머레이

30   그리스도의 영 | 앤드류 머레이

31   신학의 정수 | 윌리엄 에임스

32   실낙원 | 존 밀턴

33   기독교 교양 | 성 아우구스티누스

34   삼위일체론 | 성 아우구스티누스

35   루터 선집 | 마르틴 루터

36   성령, 위로부터 오는 능력 | 앨버트 심프슨

37   성도의 영원한 안식 | 리처드 백스터

38   웨스트민스터 소요리문답 해설 | 토마스 왓슨

39   신학총론(최종판) | 필립 멜란히톤

40   믿음의 확신 | 헤르만 바빙크

41   루터의 로마서 주석 | 마르틴 루터

42   놀라운 회심의 이야기 | 조나단 에드워즈

43   새뮤얼 러더퍼드의 편지 | 새뮤얼 러더퍼드

44-46 기독교 강요(최종판) 상·중·하 | 존 칼빈

47   인간의 영혼 안에 있는 하나님의 생명
    헨리 스쿠걸

48   완전의 계단 | 월터 힐턴

49   루터의 탁상담화 | 마르틴 루터

50-51 그리스도인의 전신갑주 I, II | 윌리엄 거널

52   섭리의 신비 | 존 플라벨

53   회심으로의 초대 | 리처드 백스터

54   무릎으로 사는 그리스도인 | 무명의 그리스도인

55   할레스비의 기도 | 오 할레스비

56   스펄전의 전도 | 찰스 H. 스펄전

57   개혁교의학 개요(하나님의 큰 일)
    헤르만 바빙크

58   순종의 학교 | 앤드류 머레이

59   완전한 순종 | 앤드류 머레이

60   그리스도의 기도학교 | 앤드류 머레이

61   기도의 능력 | E. M. 바운즈

62   스펄전 구약설교노트 | 찰스 스펄전

63   스펄전 신약설교노트 | 찰스 스펄전

64   죄 죽이기 | 존 오웬